作 者 简 介

郑云瑞 江西上饶人，1990年考入北京大学法学院，分别于1993年和1998年获得硕士和博士学位。现为华东政法大学民商法学教授，兼中国保险法学研究会理事，中国石化上海石油化工股份有限公司、建信人寿保险股份有限公司、江西新余国科科技股份有限公司等独立监事和独立董事，深圳国际仲裁院仲裁员，上海市第二中级人民法院特邀调解员，上海市杨浦区人民检察院咨询专家委员会委员；曾为新加坡国立大学访问学者、江苏省无锡市中级人民法院副院长、上海市杨浦区人民检察院副检察长。主要从事民法总论、物权法、合同法、公司法、保险法以及社会保险法等领域的研究和教学工作。著有《民法总论》《合同法学》《保险法论》《物权法论》《社会保险法论》《民法物权论》，译著有《合同法的丰富性：当代合同法理论的分析与批判》《法理学：从古希腊到后现代》。

Company Law

(2nd edition)

公司法学

（第二版）

郑云瑞 著

北京大学出版社
PEKING UNIVERSITY PRESS

图书在版编目(CIP)数据

公司法学/郑云瑞著. —2 版. —北京:北京大学出版社,2019.10
ISBN 978-7-301-30747-2

Ⅰ. ①公… Ⅱ. ①郑… Ⅲ. ①公司法—法的理论—中国—高等学校—教材
Ⅳ. ①D922.291.911

中国版本图书馆 CIP 数据核字(2019)第 191153 号

书　　　　名	公司法学(第二版)	
	GONGSI FAXUE(DI-ER BAN)	
著作责任者	郑云瑞　著	
责 任 编 辑	徐　音　王业龙	
标 准 书 号	ISBN 978-7-301-30747-2	
出 版 发 行	北京大学出版社	
地　　　　址	北京市海淀区成府路 205 号　100871	
网　　　　址	http://www.pup.cn　新浪微博:@北京大学出版社	
电 子 信 箱	sdyy_2005@126.com	
电　　　　话	邮购部 010-62752015　发行部 010-62750672　编辑部 021-62071998	
印 　刷 　者	河北滦县鑫华书刊印刷厂	
经 　销 　者	新华书店	
	787 毫米×1092 毫米　16 开本　36.5 印张　757 千字	
	2016 年 6 月第 1 版	
	2019 年 10 月第 2 版　2019 年 10 月第 1 次印刷	
定　　　　价	88.00 元	

第 二 版 序

    《公司法学》在 2016 年出版后的年内重印及本次修订,的确是当初未曾想到的,这本书原本仅为我在法院挂职锻炼的答卷和成果而已。2014 年 5 月初,我惜别了挂职一年零两个月的无锡市中级人民法院(以下简称"无锡中院"),又回到象牙塔,重启了教学与写作生涯,便开始了《公司法学》的资料收集、整理和时断时续的写作。到第二年的 5 月份出版计划正式确定,我便开始了紧张、有序的写作工作,年底完成了书稿的写作。由于首次尝试将案例大规模地引入教科书,我心里没底,也不知效果会如何。

    在公司法领域,国内已有大量的经典教材。如果仅仅是对公司法理论进行简单的梳理,终将沦为现有教材的翻版而已,不可能会有任何创新。在无锡中院参与民商事审判实务工作的过程中,我逐渐领悟到如何将案例融入法学教材。《公司法学》源于日立泵制造(无锡)有限公司僵局案(〔2012〕锡商外初字第 32 号),由于合资方株式会社日立工业设备技术、日立(中国)有限公司的拖延,导致原审限内无法完成案件的审理,承办法官报请我批准延长审限,由此介入此案,并开启了我的公司法研究之旅。

    从法院挂职回到大学已四年有余,我出版、修订了六本教材,深刻体会到法院挂职经历对教学和研究工作的深远影响。在法院挂职期间,我走访了无锡中院所辖的江阴市、宜兴市、崇安区、南长区、滨湖区、锡山区和开发区法院,遍访"中国资本第一县"[①]江阴市六个派出法庭和"陶的古都"宜兴市六个派出法庭,深入基层法庭了解民商事审判实务。经济发达的苏南地区的民商事纠纷审判实务,为我对民商法的研究工作积累了丰富的素材。感谢无锡中院、江阴法院和宜兴法院对我挂职工作的支持和帮助!

    随着经济活动繁荣所产生的利益摩擦和冲突深化,公司纠纷日益增多。从国美公司控制权之争,到万科宝能股权之争,公司纠纷有愈演愈烈之势,吸引了理论界与实务界对公司并购、公司治理问题的关注。《最高人民法院关于适用〈中华人民共和国公司法〉若干问题的规定(四)》针对我国公司诉讼中的突出问题,围绕股东权利保护和公司治理的主题,涉及公司决议效力、股东知情权、利润分配请求权、优先购买权和股东代表诉讼等五个方面的问题,试图解决股东意思自治与公司自治、公司自治与管制、司法判断与商业判断、资本民主与股东平等、股权行使与限制之间的矛盾,为公司决议无效

---

    ① 截至 2018 年 12 月 31 日,江阴市拥有上市公司 48 家,包括境外上市 16 家和境内上市 32 家(其中主板 19 家、中小板 7 家、创业板 6 家)。参见《2018 年江阴市国民经济和社会发展统计公报》,http://www.jiangyin.gov.cn/doc/2019/03/15/694237.shtml,2019 年 8 月 8 日访问。

和不成立之诉、公司决议撤销之诉、公司决议的外部效力、股东法定知情权保护、不当使用知情权的损害赔偿、股东利润分配请求权保护、股东优先购买权行使保护、股东优先购买权损害救济以及股东代表诉讼机制等股东权和公司治理纠纷案件提供了审判依据，是一部非常重要的司法解释，构建了规范公司诉讼案件审判活动的基本司法准则，其中的"决议不成立"解决了《中华人民共和国公司法》第22条长期困扰司法审判实践的问题，妥善处理了先前司法解释草案中"决议不存在"和"未形成有效决议"的问题。本次修订突出体现了最高人民法院的司法解释内容和最新判例规则，大幅增加了案例的数量，共引用了267个案例，对公司法的规则进行了全面的诠释，对案例判决的内容有一定程度的展开，且对典型案例的判决还进行了详尽的评述，改变了先前对案例仅引用不评述的状况，试图为读者展现出一部富有生命力的公司法。

本次修订，亦对读者指出的错误和纰漏——进行了更正，在此深表感谢！

郑云瑞

2018 年秋日·上海·苏州河畔

序　言

公司法律制度反映了一定历史时期的社会经济、政治、文化等发展的内在需求,体现了一定阶段社会经济发展的基本目标和政策导向。世界各国公司法在公司治理结构、股权、资本市场与商业文化上的差异性较大,但公司法基本理念和公司运作机制均反映了市场经济的普遍性规律。随着现代社会生产、资本和公司的国际化,公司治理的基本法律渐次出现趋同之势,即向单一标准模式发展。①

有限责任公司和股份有限公司是世界各国公司法广泛使用的公司组织形式,两种公司组织形式适用不同的法律原则并形成不同的法律规则。有限责任公司更多适用私法自治原则,体现效率原则;股份有限公司则适用强制性规范多于自治性规范,体现公平原则。

2013年中央政法委和教育部启动的"双千计划"为法学院教授提供了到法院任职交流的机会,让学者接触、了解乃至亲身参与司法审判实践。我首批入选"双千计划"到法院任职,在任职期间对公司审判实务的参与,特别是日立泵制造(无锡)有限公司僵局案②的办理,引发了我对公司法律实务研究的浓厚兴趣。此外,在国有、民营上市公司独立董事、独立监事的任职中,我亲身感受了独立董事、独立监事在公司治理中的地位和作用,体验到各种不同类型公司的公司治理文化差异,也切实体会到我国公司治理结构实践的弊端。公司审判经历和公司治理实践是我研究公司法的一个动因。

大陆法系教科书注重对公司法律制度和理论的介绍,不具有英美法系教科书的可操作性和实践性,理论脱离实践致使法学院学生难以学以致用。教科书理论与公司法实践严重脱节,可能是我国法学教育中一个迫切需要解决的问题。近年来大量的司法审判实践案例,为公司法理论研究提供了丰富的素材。本书尝试作些改变,引用了大量相关的最高人民法院公报案例和指导案例,希望通过引入公报案例、指导案例及其他典型案例,将教科书死板的制度和理论与现实社会中鲜活的公司司法案例、公司实

---

① See Henry Hansmann and Reinier Kraakman, The End of History for Corporate Law, 89 *Georgetown Law Journal* 439(2001).

② 2006年,日立泵制造(无锡)有限公司设立,无锡锡泵(利欧股份〔002131〕的控股子公司)出资5850万元,出资比例为30%;株式会社日立制作所出资13650万元,出资比例为70%。2011年,日立泵的两个股东出现了严重的对立,经营管理发生严重困难,出现亏损且亏损呈不断扩大之势,使各方股东利益受到重大损失,日立泵陷入公司僵局。2012年,无锡锡泵向无锡市中级人民法院诉请解散合资公司。2014年,经无锡中院调解,无锡锡泵将所持有的30%日立泵股权以1.3亿元的价格转让给株式会社日立制作所,破解了日立泵的僵局。

践有机结合起来,批判性地解释现行的公司法律制度。本书通过引入一百多个案例将公司法律制度与公司法律实务紧密结合起来,使学生充分了解公司法实务的操作性问题。

  民法总则理论在公司审判活动中的应用,则是我研究公司法的最初动因。公司法是商法的核心,而商法是民法的重要组成部分,是民法基本理论的外化和具体运用。公司(法人)是商事主体,法人与自然人共同构成民法典民法总则的权利主体制度。在对《民法总论》(第五版)进行修订的过程中,我一直在思考民法基本理论的应用,萌发了研究公司法的想法。法院任职期间对商事审判实践的接触和了解,是我将研究公司法的想法付诸实施的契机。从法院回到法学院后,我立即投入本书的写作,尝试以民法视角诠释公司法的立法规范和司法审判规则,尽可能体现和反映我国公司法律实务的现状和最新发展。

  在本书写作过程中,特别是在收集相关的案例方面,我得到了诸多友人的帮助,有熟悉的,也有不熟悉的,还有未曾谋面的,在此一并表示感谢。

郑云瑞

2015 年冬至日·上海·苏州河畔

法律法规和司法解释缩略语

一、法律法规

《宪法》——《中华人民共和国宪法》

《刑法》——《中华人民共和国刑法》

《公司法》——《中华人民共和国公司法》

《合同法》——《中华人民共和国合同法》

《物权法》——《中华人民共和国物权法》

《证券法》——《中华人民共和国证券法》

《保险法》——《中华人民共和国保险法》

《破产法》——《中华人民共和国破产法》

《信托法》——《中华人民共和国信托法》

《会计法》——《中华人民共和国会计法》

《民法通则》——《中华人民共和国民法通则》

《民法总则》——《中华人民共和国民法总则》

《侵权责任法》——《中华人民共和国侵权责任法》

《商业银行法》——《中华人民共和国商业银行法》

《外商投资法》——《中华人民共和国外商投资法》

《行政许可法》——《中华人民共和国行政许可法》

《民事诉讼法》——《中华人民共和国民事诉讼法》

《反不正当竞争法》——《中华人民共和国反不正当竞争法》

《中外合资经营企业法》——《中华人民共和国中外合资经营企业法》

《全民所有制工业企业法》——《中华人民共和国全民所有制工业企业法》

《涉外民事关系法律适用法》——《中华人民共和国涉外民事关系法律适用法》

《公司登记管理条例》——《中华人民共和国公司登记管理条例》

《中外合资经营企业法实施条例》——《中华人民共和国中外合资经营企业法实施条例》

二、司法解释

《公司法司法解释(一)》——《最高人民法院关于适用〈中华人民共和国公司法〉若

干问题的规定（一）》

《公司法司法解释（二）》——《最高人民法院关于适用〈中华人民共和国公司法〉若干问题的规定（二）》

《公司法司法解释（三）》——《最高人民法院关于适用〈中华人民共和国公司法〉若干问题的规定（三）》

《公司法司法解释（四）》——《最高人民法院关于适用〈中华人民共和国公司法〉若干问题的规定（四）》

《公司法司法解释（五）》——《最高人民法院关于适用〈中华人民共和国公司法〉若干问题的规定（五）》

《合同法司法解释（一）》——《最高人民法院关于适用〈中华人民共和国合同法〉若干问题的解释（一）》

《诉讼费用缴纳办法》——《最高人民法院诉讼费用缴纳办法》

《民事诉讼法司法解释》——《最高人民法院关于适用〈中华人民共和国民事诉讼法〉的解释》

《关于民事诉讼证据的若干规定》——《最高人民法院关于民事诉讼证据的若干规定》

《涉外民事关系法律适用法司法解释（一）》——《最高人民法院关于适用〈中华人民共和国涉外民事关系法律适用法〉若干问题的解释（一）》

目 录 | Contents

第一编　公司法总论

第一章　公司法的历史沿革 / 003

003 | 第一节　公司法律制度的变迁
024 | 第二节　公司法律理念的变迁

第二章　公司与公司类型 / 033

033 | 第一节　公司的概念
040 | 第二节　公司的类型

第三章　公司法 / 056

056 | 第一节　公司法的概念
063 | 第二节　公司法的基本原则

第四章　公司人格制度 / 086

086 | 第一节　公司人格的概念
100 | 第二节　公司人格的取得
107 | 第三节　公司人格的否认

第五章　公司股东与股东权 / 119

119 ｜ 第一节　公司股东

129 ｜ 第二节　股东资格的认定

144 ｜ 第三节　股东权

154 ｜ 第四节　股东权的行使

182 ｜ 第五节　股权转让

第六章　公司资本制度 / 192

192 ｜ 第一节　公司资本的概念

201 ｜ 第二节　公司资本的种类

206 ｜ 第三节　我国公司资本制度

第二编　公司设立制度

第七章　公司股份 / 217

217 ｜ 第一节　股东出资制度

226 ｜ 第二节　公司股份

241 ｜ 第三节　股份发行

246 ｜ 第四节　公司股份的转让

第八章　公司章程 / 253

253 ｜ 第一节　公司章程的概念

259 ｜ 第二节　公司章程的内容

267 ｜ 第三节　公司章程的效力

273 ｜ 第四节　公司章程的制定与修改

第九章　公司设立制度 / 277

277 ｜ 第一节　公司设立

283 | 第二节　公司设立方式

288 | 第三节　公司设立条件和程序

292 | 第四节　公司设立登记

295 | 第五节　公司登记效力

第十章　公司发起人 / 300

300 | 第一节　公司发起人概述

303 | 第二节　公司发起人的权利和义务

306 | 第三节　公司发起人的责任

308 | 第四节　设立中公司

第三编　公司融资制度

第十一章　公司融资 / 315

315 | 第一节　项目融资

324 | 第二节　银团贷款

331 | 第三节　公司其他融资方式

第十二章　公司上市 / 349

349 | 第一节　公司上市的概念

355 | 第二节　股票公开发行制度

360 | 第三节　股票公开发行条件

364 | 第四节　股票公开发行程序

367 | 第五节　股票上市程序

369 | 第六节　借壳上市

376 | 第七节　上市公司再融资

第十三章　公司债券 / 380

380 | 第一节　公司债券与企业债券

383 | 第二节　公司债券的分类

387 | 第三节　可转换公司债券

391 | 第四节　公司债券的发行与上市

第十四章　公司财务、会计制度 / 396

396 | 第一节　公司财务、会计制度

398 | 第二节　公司财务会计报告

405 | 第三节　公司公积金

408 | 第四节　公司利润的分配

第四编　公司治理结构制度

第十五章　公司治理结构 / 413

413 | 第一节　公司治理结构理论

417 | 第二节　公司治理结构模式

423 | 第三节　我国公司治理结构

第十六章　公司股东会 / 432

432 | 第一节　股东会

435 | 第二节　股东会会议

438 | 第三节　股东表决权

446 | 第四节　股东会决议

第十七章　公司董事会 / 455

455 | 第一节　董事会

460 | 第二节　董事会会议

465 | 第三节　董事会专门委员会

470 | 第四节　公司董事

第十八章　公司监事会 / 479

479 | 第一节　监事会
487 | 第二节　独立董事
493 | 第三节　两种监督制度

第五编　公司变更与终止制度

第十九章　公司并购 / 499

499 | 第一节　公司合并制度
503 | 第二节　公司并购制度
514 | 第三节　公司管理层收购
516 | 第四节　上市公司重大资产重组

第二十章　公司僵局 / 518

518 | 第一节　公司僵局的概念
524 | 第二节　公司僵局的构成与救济

第二十一章　公司重整 / 529

529 | 第一节　公司重整制度
535 | 第二节　公司重整程序

第二十二章　公司解散、清算与终止 / 540

540 | 第一节　公司解散
545 | 第二节　公司清算
558 | 第三节　公司终止

案例索引 / 561

第一编

公司法总论

第一章 公司法的历史沿革

公司法发展史是社会经济发展史,公司法发展水平体现了社会经济发展水平。公司法律制度变迁与公司法律制度立法理念密切相关,公司法律制度变迁主要体现为公司设立原则、公司资本制度、公司治理制度等方面的发展演变。

第一节 公司法律制度的变迁

公司法律制度是社会经济发展的必然产物。在人类社会最早出现商品经济的地中海沿海地区,出现了世界上最早的公司和公司法。工业革命后伴随经济的发展,英国逐渐形成近代公司法。20世纪之后,美国引领世界经济发展,美国公司法成为现代公司法典范。

一、公司法的起源

公司制度是资本主义商品经济关系的产物,起源于古代罗马和中世纪。公司制度萌芽于一种数个自然人共同经营的企业组织形式(合伙),合伙是这种共同经营形式在法律上的反映。公司制度是由合伙制度逐渐演变而来的,而合伙企业的形成与个人独资企业关系密切。

人类社会最初的商事组织形式是个人独资企业。这种财产所有人与财产所有权相结合,以生产商品为目的的商事组织形式,适应了古代社会简单商品经济的发展需要。个人独资企业是建立在古代家长制家庭个人权威基础上的,家长是家庭和家族的代表,是个人独资企业的唯一所有权人,家长之外的其他家庭成员不可能成为个人独资企业的所有权人。在长子继承制时期,个人独资企业一直独自发展而未遭到破坏,并在商品经济发展初期发挥了应有的社会经济作用。合伙企业产生的最直接原因,是家庭财产继承制度发生了变化。在长子继承制遭到破坏之后,个人独资企业家长的子女、亲属得以平等身份共同继承个人独资企业。为避免个人独资企业创造的财产(如商誉等无形资产)在分家析产中消失,将个人独资企业以价值化的产权形式分配给所有继承人,所有继承人共同成为个人独资企业所有权人,而个人独资企业则以家庭合伙形式仍然继续存在。因此,家庭合伙企业是在传统家庭财产继承制度的变革中出现的。

家庭合伙企业毕竟不能成为一种普遍社会现象。随着商品经济发展和社会分工程度的提高、不同生产者和经营者之间协作的深入发展，各自分散独立的生产者和经营者主动结合在一起，形成单个主体之间以协商为基础的各种合伙企业。

古罗马时期，合伙制度已经有了一定程度的发展，但罗马法上出现的索塞特（Societates）（团体组织）仅为个人团体。到了中世纪，意大利和地中海沿岸城市出现的家族经营团体，已是合伙企业发展的一种形式，是无限责任公司和有限责任公司的前身。

中世纪初期，地中海沿岸是欧洲与近东之间的贸易和航海中心，海上贸易兴旺发达。海上贸易可以获得较高的利润，但当时海上交通不发达，从事海上贸易具有极大的风险。伴随着地中海沿岸城市贸易和海运的持续发展，出现了一种与海运关系密切的经济组织形式——康孟达（Commonda）。

康孟达起源于11世纪意大利北部的威尼斯和热那亚，后来逐渐成为英国和欧洲其他国家从事海上贸易和其他高风险项目时广泛使用的一种商事组织形式。为规避中世纪教会禁止高利贷的规定而产生的康孟达，原本是一种商事合同，是资本所有人与船舶所有人或者经营者合作的合伙形式。根据康孟达合同，一方合伙人提供资金或者货物，交由另一方合伙人（船舶所有人或经营者）负责海上贸易经营，即跟随货物通过海上运输将货物运送到目的地，并承担经营失败风险和无限责任。[1] 提供资金或者货物的合伙人通常获得 3/4 利润，且仅以投资额为限承担责任；从事航行的船舶所有人或者商人则以双方投入的全部财产独立从事航海交易，可获得 1/4 利润，并对外承担无限责任。[2] 合伙合同通常是为特定航行设定的，该航行完成即告终止。这种产生于欧洲中世纪地中海沿岸各个城市的贸易方式，最初盛行于海上贸易，由资本所有人提供贸易所需资金，而航海人负责向海外运销货物。一旦发生经营亏损，航海人承担无限责任，而出资人仅在出资范围内承担有限责任。这种合伙形式后来逐渐发展到陆上贸易，最终演变成为隐名合伙和两合公司。

索塞特是一种比康孟达更为稳定的合伙形式。在索塞特中，合伙各方共同经营，经营风险由所有合伙人共同承担，并以合伙人全部财产对债务承担无限责任。每个合伙人均为其他合伙人的代理人，并以合伙人个人的全部私人财产对合伙组织的债务承担清偿责任。合伙企业（索塞特）存续期由合伙合同规定，合伙人在合伙期限内不得任意抽回资本。合伙合同期限届满，合伙企业自行解散，全体合伙人取回各自本金和盈利。

索塞特与康孟达是欧洲中世纪最为盛行的两种商业模式，也是最早的企业组织形态。这两种企业组织形态仍然以普通合伙（general partnership）与有限合伙（limited liability partnership）的形式保留至今。随着社会经济发展，索塞特逐步演化为普通合

---

[1]　保险也起源于一方经营而由另一方提供资金的康孟达。参见郑云瑞：《保险法论》，北京大学出版社2009年版，第4页。

[2]　有些海上合伙则规定，从事航行的合伙人提供 1/3 的资金，不从事航行的合伙人提供 2/3 的资金，最后双方平分利润。

伙、无限公司以及股份公司,其共同特征是合伙人或者是股东之间对外均应承担无限责任。当皇家或者国家权力直接干预自发设立的企业形态时,股份公司又逐步分化为特许和非特许股份公司。特许合股公司具有法律上的人格,非特许合股公司仅仅基于契约的组合而不具有法律上的人格。康孟达的发展则进入一个全新的领域,一些特许股份公司借康孟达的理念,逐步通过申请或者议会特许,为股东获得有限责任特权。有限责任的出现使已经具有法律人格的特许股份公司又能同时享有限责任特权,为现代公司制度的兴起和发展奠定了基础。因此,现代有限合伙制度源于康孟达。

二、公司法的形成和发展

两大法系公司法律制度的发展,有着不同的发展思路和轨迹。大陆法系以法国公司法和德国公司法为代表,而英美法系则以英国公司法和美国公司法为代表。近代资本主义起源于英国,英国公司法的形成充分展示了近代公司法的历史演变过程。现代资本主义的繁荣以美国经济为代表,美国公司法的发展引领了现代公司法的发展趋势。

（一）大陆法系公司法

法国和德国采纳了民商分立的立法体例,形成大陆法系民商分立制度。公司立法既有包含在商法典中的公司立法,又有单行的公司立法。法国公司法和德国公司法的形成和发展,代表了大陆法系公司法的形成和发展。

1. 法国公司法的形成和发展

法国公司制定法出现较早,法王路易十四制定的 1673 年《商事条例》即包含公司制度,是最早的公司制定法。在《商事条例》的基础上,1807 年法国又颁布了《法国商法典》。《法国商法典》第一编商事行为的第三章规定了公司制度,但仅有 29 个条款。《法国商法典》首次以立法形式确认了股份有限公司。1867 年颁布的《公司法》是对《法国商法典》的一个补充,规定了有限责任公司之外的其他公司组织形式。1925 年,法国制定了单行的《有限责任公司法》。1966 年,法国制定了统一的《商事公司法》,取代了之前单行的《公司法》和《有限责任公司法》,共有 509 个条款。其后,法国公司法又不断被修订,以适应现代社会经济发展需要。法国公司法中的有限责任公司和股份公司制度如下:

（1）有限责任公司。有限责任公司由一名或者多名管理人员管理,管理人员应为自然人,由股东会决议任命或者由公司章程随后任命。股东会决议应由代表半数以上股权的股东同意,但在无法达到的情形下可以由投票数的半数以上通过。公司管理人员可以公司名义从事各种经营活动,但应遵守特定的限制,如不得违反公司章程、超越经营范围等。管理人员对其任何违反有关有限公司的法律、公司章程、故意或者过失的不当行为对公司所造成的损害承担责任,如果公司不对管理人员提起诉讼,那么股东有权以公司的名义提起诉讼,所获得的赔偿归属于公司。股东提起的诉讼称为派生诉讼,诉讼时效为 3 年。公司股东享有法定知情权,可以在任何时候检查公司近 3 年的文件。公司股东也可以在股东会召开之前以书面形式向公司管理人员进行质询，管理人员必须在股东会上予以回答。

（2）股份有限公司。法国股份有限公司有单层制和双层制两种形式，而以单层制为主，以双层制为辅。

一是单层制。法国股份有限公司通常采纳单层制，即公司管理结构由单一的董事组成。管理机构职能由董事会主席和首席执行官行使，董事会其他成员行使监督权。董事会决定公司经营活动方针并监督其实施，是公司最高管理机构。董事会成员最初由公司章程指定，后来由股东会选举产生。董事会人数通常应为3至18人，董事必须是股东。公司章程确定董事会最高人数，但最高不得超过24人。董事由公司章程确定或者由股东大会任命。章程任命的董事任期不得超过3年，股东会任命的董事任期不得超过6年，可以无限期连任，但超过70岁以上的董事不得超过董事会的1/3，且董事通常不得担任5个以上公司董事或者监事。对股东会决议事项以外的所有公司事务，董事会通过开会以董事会决议的方式集体行动，董事会决议可以约束公司。对董事会权力的内部限制，对第三人不产生约束力。首席执行官由董事会提名。

二是双层制。法国股份有限公司也采纳双层制，即公司管理结构由董事会和监事会组成，双层制应由公司章程选择适用。董事会对公司享有管理权，而监事会对公司享有监督权。董事会由1至5名自然人组成，上市公司最高为7名。董事会成员由监事会任命，任期为2至4年，非股东可以出任董事，但不得超过65岁。

2. 德国公司法的形成和发展

德国最早的公司制定法是1861年《普通德意志商法》（General German Commercial Code），其中第二编规定了公司制度，但对公司设立规定了较多的限制。德国现代公司法则始于1870年，在《普通德意志商法》的基础上，1870年《新公司法》（New Company Act）和1892年《有限责任公司法》（Limited Liability Company Law）不断对商法典进行修改。

在自由主义思潮影响下，1870年对股份有限公司的设立由特许主义改为准则主义，[①]取消了公司设立的国家许可制度，赋予了人们设立股份有限公司的自由，促使股份有限公司数量快速增长，但股份有限公司在运行过程中逐渐暴露出一些弊端，侵害了债权人和股东利益。1884年，德国对股份有限公司制度进行了修改，对公司设立和信息披露规定了更为严格的要求，并限制合同自由原则在这个领域的适用。德国修订后的公司法，对股份有限公司的设立有严格要求，而设立成本过高的股份有限公司，已经不适合向公众筹集资金的中小企业的需要。

1892年《有限责任公司法》创设的有限责任公司，恰好满足了中小企业的需求，是

---

① 参见〔德〕格茨·怀克、克里斯蒂娜·温德比西勒：《德国公司法》（第21版），殷盛译，法律出版社2010年版，第288页。

基于社会现实需求进行的一种制度创设。[1] 有限责任公司自身享有权利和承担义务，并以自身财产向公司债权人承担责任。有限责任公司内部组织结构较为简单，股东会和管理董事会是必设机构，监事会的设置则由公司章程决定。有限责任公司制度填补了资合性股份有限公司与人合性合伙之间的空白，可使股东通过有限责任限制风险，设立简便，组织灵活，从而兼具股份有限公司和合伙的优点，便利于中小企业。有限责任公司在德国取得的成功，影响了葡萄牙（1901 年）、奥地利（1906 年）、法国（1925 年）、瑞士（1936 年）、意大利（1942 年）、荷兰（1971 年）、丹麦（1973 年）等欧洲国家。

1897 年《德国商法典》在第二编商事公司和隐名合伙中规定了公司制度，该编共分五章，前四章分别规定了无限公司、两合公司、股份公司、股份两合公司四种公司组织形态。《德国商法典》中公司法仍然沿袭先前的基本结构，与《法国商法典》相比，公司类型和内容较为丰富。在对《德国商法典》中股份公司和股份两合公司修改的基础上，1937 年德国颁布的《股份及股份两合公司法》废除了《德国商法典》中的股份公司和股份两合公司。

1965 年德国《股份公司法》分五编共 410 条，由股份公司、股份两合公司、联合企业、公司的合并和罚则等构成。1892 年《有限责任公司法》和 1965 年《股份公司法》经历次修改，现在仍然有效，是德国公司法的重要组成部分。德国公司法中的有限责任公司和股份公司制度分述如下：

(1) 有限责任公司。有限责任公司由《有限责任公司法》第三部分调整，法律或者公司章程将公司管理权授予一名或者多名执行董事，而将一般控制权授予股东会。公司章程记载的职权限制对第三人无效，仅在内部有效（《有限责任公司法》第 37 条第 1 款）。公司机构通常仅有常务董事和股东会，雇员达 500 人以上的公司必须设立监事会。常务董事由股东任命。常务董事负有与管理权相关的各种义务，负有谨慎、忠实义务（《有限责任公司法》第 43 条）。股东会决定常务董事的任免、任期、资本的变更以及公司章程的修改等（《有限责任公司法》第 46 条），除公司章程修改和资本变更需要 3/4 多数通过和公证之外，股东会决议通常以简单多数通过（《有限责任公司法》第 53 条）。全体股东一致同意而作出书面决议的，可以不正式召集股东会（《有限责任公司法》第 48 条）。股东享有知情权和账簿查阅权（《有限责任公司法》第 51 条）。

(2) 股份有限公司。股份有限公司由《股份公司法》调整，采纳双层制，设置股东会、董事会、监事会。董事会负责公司的经营管理，由一名或者多名自然人组成，法人不能成为董事会的成员（《股份公司法》第 76 条第 3 款）。董事由监事会任命，任期最长为 5 年，可连选连任（《股份公司法》第 84 条第 1 款）。董事仅由监事会罢免，但罢免理由有严格限制，即严重违反职责或者不称职（《股份公司法》第 84 条第 3 款）。董事应尽勤勉与忠实义务、保密义务（《股份公司法》第 93 条第 1 款）。董事违反注意义务的，未受偿的公司债权人有权对董事提起诉讼。监事会成员由股东任命，由 3 至 21 名

---

① 参见〔德〕格茨·怀克、克里斯蒂娜·温德比西勒：《德国公司法》（第 21 版），殷盛译，法律出版社 2010 年版，第 287 页。

成员组成,任期为 4 年,可连选连任(《股份公司法》第 102 条)。监事会享有管理人员任免权、对董事会的监督权、财务报表的批准权等(《股份公司法》第 84 条和第 111 条),在特殊情形下,监事会还享有召集股东会的权利(《股份公司法》第 111 条第 3 款)。股东大会通常由董事会召集,特殊情形下经持股 5% 以上的股东请求也可召集股东会(《股份公司法》第 110 条和第 174 条)。股东会享有监事和审计人员任免权、财务报表的批准权、董事会和监事会确定的利润分配方案批准权、公司章程的修改权和资本的变更权等(《股份公司法》第 121 条和第 122 条)。

(二) 英美法系公司法

英美法系公司法是以英国和美国为代表的公司法,英国公司法和美国公司法对近现代公司法的形成和发展影响巨大。英国公司法引领了近代公司法的形成,而美国公司法则引领了现代公司法的发展。

1. 英国公司法的形成和发展

英国是资本主义经济发展最早的国家,英国公司法对世界各国公司制度影响巨大。早期英国公司法以普通法为主,到 19 世纪中叶才出现公司立法。源于古代罗马的公司组织形式,在中世纪的英国被用于建立大学、村镇和行会等,国王以特许状的方式设立公司组织并授予相关特权为公共利益服务。在 18 世纪的英国,法律制度已经确立了私人公司为公共目的而存在并享有垄断权利的原则。股份公司最早出现在英国。股份公司的设立采取了皇家特许状(Royal Charter)或者议会法案(Act of Parliament)特许方式,赋予该公司在特定领域内的垄断经营权,采纳了最为严格的公司设立原则。

这个时期英国主要有以皇家特许状方式、议会特殊议案方式以及协议契约方式设立的公司。以皇家特许状和议会特殊议案方式设立公司成本极高,普通民众通常采取协议契约方式设立公司。19 世纪初,以协议契约方式设立的公司不断涌现,股东之间根据合同成立公司,具有特许公司的优点,公司股份固定且可在股东间自由转让。股东之间的协议规定公司应当记载发起人名字、资本以及公司其他条款。为保证当股东死亡或者不能管理公司的其他情形出现时,公司可以继续经营,这种形式的公司把管理权移交给董事委员会,董事则以信托受托人身份持有公司财产。以协议契约方式设立公司,逐渐成为英国公司法改革和发展的方向。英国公司法立法发展历程如下:

(1)《1844 年股份公司法》(Joint Stock Companies Act 1844)。《1844 年股份公司法》第一次允许私人以注册方式设立公司,成为非法人社团(unincorporated associations),废除了通过皇室令状和议会法案设立公司的做法。《1844 年股份公司法》确立了公司的注册制度,公司注册分为临时注册(provisional registration)与完全注册(complete registration)两种形式,注册内容不仅包括公司名称、设立目的、公司住所、发起人姓名,还包括公司招股章程、协议书、发行资本额、股份总额、发起人所占股份比例、股份转让以及成员与董事姓名和住址等内容。公司经完全注册之后,即拥有统一印鉴(common seal),可以注册名称起诉或者应诉、签订合同、出具股份证书、筹集借款、制定章程等。此外，对于董事与审计人员、股东对账簿的查阅权等公司治理结构问题也作出了规定。《1844 年股份公司法》奠定了英国公司法的立法模式与基本框架，成为现代公司法律制度中的股东会、董事会、监事会、经理人机构以及信息披露制度的雏形。

《1844 年股份公司法》规定股东对公司债务仍然承担无限责任。虽然获得完全注册资格的公司具有法人人格，但由于公司股东未能获得有限责任制度的保护，公司责任并未真正独立于股东责任，公司债务与股东债务不分，直接导致公司人格与股东人格的混同。此外，股份公司设立程序非常烦琐，在正式登记前要根据不同的目的进行多次临时登记，仅在通过正式登记后，公司才宣告设立。

（2）《1855 年有限责任法》（Limited Liability Act 1855）。《1855 年有限责任法》确立了股东对公司债务承担有限责任。股东以所持有股份票面价值为限对公司债务承担责任，公司至少有 25 名股东，至少持有公司 3/4 以上的名义股本，每个股东至少已经交付 20% 的股款，公司名称的最后应当标明"有限"字样。

无限责任制度被英国当时的保守势力视为具有高度道德责任感的债务承担模式，有限责任制度则被认为彻底破坏了英国合伙法律制度中由来已久的道德责任感。但无限责任制度已经不能满足资本主义工业革命后大规模资本投入的时代要求，有限责任形态的公司是现代公司法律制度最伟大的创造。

《1855 年有限责任法》对股东有限责任作了原则性的规定。公司获得完全注册后，公司股东不再对公司债务承担个人责任，从而将公司股东与公司在法律上相互分离，使得公司获得了独立于公司股东的法律人格。公司以自身拥有的财产对外承担责任，公司股东原则上对公司债务不再承担个人责任，这是股东有限责任的核心所在。《1855 年有限责任法》是近代以来首次以"有限责任"命名，且专门规制股东有限责任的公司法。立法对股东有限责任所涉及的根本性问题的规定，具有可操作性，既能为投资人提供有限责任的法律保护，也充分考虑到了对公司债权人利益的保障，体现了法律在权利与义务规制上的均衡性。[①] 股东承担有限责任的公司，公司名称最后应有表明"有限公司"（Ltd）的字样。

（3）《1856 年股份公司法》（Joint Stock Companies Act 1856）。《1856 年股份公司法》标志着公司法进入一个新的发展时期，奠定了英国现代公司法律体系的基础。该法废除了先前法案烦琐的设立程序，适应了自由资本主义发展的需要，促进有限责任公司发展，既赋予有限责任公司在设立和运行方面的充分自由，又确保公司的外部交易人能够及时了解股东对公司债务承担的有限责任。公司设立程序简单，仅需要 7 人对公司章程大纲（memorandum of association）和公司章程细则（articles of association）签名即可登记设立公司。《1856 年股份公司法》修改确立的公司注册制度一直延续到

---

① 英国是判例法国家，有限责任制度最终是通过司法判例确立的。1897 年的所罗门案（Salomon v. A Salomon & Co Ltd〔1897〕AC 22）确立了公司具有独立于股东之外的法人人格，从而将股东与公司作为不同的法律主体加以区分，在英国的判例法中真正确立了有限责任制度。

2006 年。

（4）《1862 年公司法》（Companies Act 1862）。《1862 年公司法》是英国首次以公司法命名的法律，融合了《1856 年股份公司法》以及其他公司法案，成为第一个内容较为简洁的公司法，对先前的法律进行了较为彻底的修改和整合，确定了有限公司和无限公司两种公司组织形式，完善了有关公司清算规则。《1862 年公司法》经 1929 年、1948 年、1985 年等历次修订，成为英国最有影响的公司法。

（5）《2006 年公司法》（Companies Act 2006）。《2006 年公司法》是英国立法史上最长的一部法案，有 1300 个条文，共 47 个部分和 16 个附件。《2006 年公司法》的修改始于 1998 年，历时 8 年，是对 1862 年以来的公司法的承继，相当一部分内容是对 1985 年公司法的合并，移植了约 400 余个条文。这次公司法修订是 150 年以来最大规模的一次公司法改革，主要目的是适应经济全球化发展的需要，提升英国公司在全球经济中的竞争力。

2. 美国公司法的形成和发展

在美国社会经济、政治、思想文化等诸多因素的影响下，美国公司法在不同的历史发展阶段，经历了一个从限制到放任，再从放任到限制的曲折发展过程。美国公司法形成和发展的路径，不同于英国公司法。美国公司法与财产法、合同法和侵权法相比，受到英国公司法的影响较小。

（1）美国公司法的形成。从 1776 年建国到 19 世纪 70 年代，是美国公司法的创立和初步发展时期。在南北战争之前，美国工业不发达，大多数公司属于公用事业公司，制造业公司的比例非常小。建国初期，美国沿袭了英国特许状制度，公司设立应获得各州议会授予的特许状。州议会特许状对公司从事经营活动的范围和规模等，有较为详尽的规制。为适应对北美大陆开发的需要，各州议会向大型公用事业企业大量颁发特许状。到 1800 年，美国各州已向 335 家公司颁发了特许状。各州立法机关颁发的特许状构成美国普通公司法的雏形，特许状是当时美国各种公司设立的唯一途径。

在这个时期，一方面美国公用事业公司得以快速发展；另一方面，美国在新英格兰、大西洋沿岸以及中部各州的制造业，逐步从家庭小作坊和小型车间的生产转变成工厂化大生产，从而推动制造业公司的发展。当公司的数量和规模不断发展，公司这一形式逐渐得到普遍采用，原来的公司设立方式已经不能满足美国社会经济发展的需要。

19 世纪伴随工商业的快速发展，美国逐步放开了对公司设立的限制，公司设立制度从特许状制逐步转变为注册制。1811 年纽约州、1836 年宾夕法尼亚州和 1837 年康涅狄格州分别制定了普通公司法，此后其他各州也相继颁布普通公司法，逐步废除了特许状制度。

最初的美国普通公司法实际上是公司设立制度，主要是关于公司设立条件的规定。美国公司法的绝大部分制度留给了法官，由法官在司法实践中通过判例不断创设。法官以判例形式逐渐确立了公司法规则，再由立法者以制定法形式渐次吸收到普通公司法中。制定法和判例法是美国公司法的两种基本渊源,随着公司制定法和判例法的不断确立,逐渐形成美国公司法。

在公司法的创立和发展过程中,美国判例法和成文法基本上奉行严格限制公司活动的理念,主要表现为对公司的经营范围和经营规模进行限制。公司作为一个法律意义上的人,仅在特定权力机构授予的权利范围内具有权利能力。在英美法中,公司实施任何超越特许证或者执照范围的行为,均被视为"越权"(ultra vires)行为而归于无效。早期美国公司法,根据越权理论严格限制公司经营活动范围。当时的美国公司法理论认为,公司经营活动是为了实现单一目标进行的单一性投机事业。在确定公司经营范围时,立法机关贯彻了单一目的原则,公司设立仅以从事某一种经营活动作为公司成立目的。在案件审理时,法院也倾向于对公司特许证或者执照中有关公司成立目的的条款作限制性解释,作出限制公司权利的判决。早期公司法规定了公司可拥有资本的最高限额。例如,纽约州1811年通过了一部针对制造业的《普通公司法》(Act Relative to Incorporations for Manufacturing Purposes),其中规定制造业公司拥有的资本不得超过10万美元;马萨诸塞州最初规定某些商业公司可以拥有不超过20万美元资本,而其他公司最多可拥有5000美元资本。

19世纪末,新泽西州和特拉华州通过修改公司法,①放松对公司设立的管制,以吸引其他州公司到本州来注册,通过收取公司税和公司注册费增加财政收入。其他州也相继修改公司法,取消或者放松对公司设立和经营的各种限制性规定。美国公司法放松规制源于公司法的联邦体制,即州享有各自独立的公司法立法权,联邦政府不享有公司法立法权。这个时期促使美国各州对公司法进行改革的一个直接动因是各州争夺大公司的竞争。

(2)美国公司法的改革。从19世纪80年代开始,美国进入垄断资本主义时期。托拉斯和控股公司先后发展起来,公司法对公司规定的各种限制措施,严重地妨碍了垄断公司的发展。为适应垄断公司的发展,19世纪末20世纪初,美国公司法取消了对公司的各种限制性规定。各州先后修改了公司法,取消或者放宽了对公司经营活动的各种限制,赋予公司最大限度的经营自由。到20世纪20年代,各州制定了基本适应垄断公司发展需要的现代公司法,充分体现了极端的经济放任主义理念。

19世纪末20世纪初的美国公司法改革,主要涉及四个方面的内容:一是放宽或者取消了对公司经营范围和经营规模的限制;二是放宽了对股票认购的限制,取消了

---

①　1889年新泽西州陷入经济困境,州政府为改善财政状况,放弃了反托拉斯政策,对公司法进行全面修改,确认了一种新的垄断组织形式——控股公司的合法地位。修改后的新泽西州公司法,吸引了大批外州公司,特别是纽约州的公司。纽约州针对新泽西州的公司法通过若干公司法修正案,1892年的修正案允许州内的公司持有其他州公司的股票。1896年,新泽西州又对公司法进行了彻底的改革,通过了影响深远、对大公司最具吸引力的公司法。到1902年,新泽西州通过向在该州成立的公司征收成立费和特权税,就已偿清了所有的债务。

继纽约州之后,特拉华州成为新泽西州的竞争对手。1897年的特拉华州公司法,不仅保留了新泽西州公司法中对大公司最有吸引力的制度,而且在原有基础上有所创新和发展。1913年新泽西州以反对托拉斯的垄断为理由,在公司法中重新加进了一系列限制公司活动的规定。此后,特拉华公司法便取代了新泽西公司法的地位,成为美国最开放的公司法。在纽约证券交易所上市的公司中,有1/3的上市公司是在特拉华州注册的。

以现金认购股票的限制；三是放宽了对股息分配的限制，分配非营业盈余和盈余；四是允许董事会和少数股东控制公司。

（3）现代美国公司法的发展。1933年罗斯福新政宣告极端经济放任主义统治时代的结束，否定了极端经济放任主义政策。新政对公司法律制度造成较大的冲击，《1933年证券法》(Securities Act of 1933)和《1934年证券交易法》(Securities Exchange Act of 1934)颁布，证券交易委员会(Securities and Exchange Commission)设立，形成的美国公司法现代体制的基本构架一直延续到现在，即各州公司法规范公司的治理结构，如股东权利、董事资格、诚信义务标准等，证券交易委员会则根据联邦立法规范公司的信息披露、财务制度、投票权征求和管理层的内幕交易等。在美国联邦行政机构的直接干预下，美国公司法开始转向纠正大公司弊端、维护广大股东和债权人的利益。

21世纪以来，雷曼兄弟控股公司、华盛顿互助银行、世界通信公司[1]、安然公司、康赛可公司、克莱斯勒公司等相继破产，不仅重创美国的资本市场，直接对美国经济产生了负面影响，而且导致了公司法制度的修改。为应对安然公司和安达信掀起的会计丑闻风暴，2002年美国国会通过了公司改革法案——《2002年萨班斯-奥克斯利法案》(Sarbanes-Oxley Act of 2002)。[2] 这是《1933年证券法》以来对美国证券法的最大修改，主要从加强高级管理人员责任、强化审计的独立性和完善信息披露制度等三个方面规范上市公司，以确保公司财务报告的真实性，维护投资人的利益。

美国公司判例法产生于各州普通公司法。普通公司法实际上是公司设立制度，主要是公司设立条件的规则体系，公司法的组织规范和行为规范则留给了法官，由法官在司法实践中以判例形式加以确立并完善。然后普通公司法再不断吸收公司判例法确立的规则，逐步完善和丰富自身。

1950年，美国律师协会制定《标准商事公司法》(Model Business Corporation Act)，旨在促进各州公司法的统一，并作为公司制度范本向各州推荐。该法虽没有强制执行力，但有很强的示范作用，一些条款为大多数州所采用。美国各州公司立法虽不完全一致，但关于公司制度的基本原则和主要规范大致相同，公司制度的运作也呈现出基本一致的特征和发展趋势。

改革时期的美国公司法否定了创立和发展初期美国公司法的各种限制性规则，形成了符合垄断资本主义发展需要的公司法律体系。美国现代公司法否定了改革时期美国公司法所奉行的极端放任主义理念，确立了既能适应现代垄断公司发展需要又能兼顾广大投资人和债权人利益的公司法律体系。

---

[1] 2001年，时任世界通信公司前首席执行官的伯纳德·埃贝斯(Bernard Ebbers)年薪1000万美元，同时拥有1700万股世界通信公司的股票和830万股的世界通信公司期权。2002年4月世界通信公司财务作假丑闻曝光，涉及金额高达110亿美元，成为美国历史上最大的公司欺诈案。丑闻披露后，世界通信公司很快申请破产保护，后获得重组，并更名为美国微波通信公司。

[2] 《2002年萨班斯-奥克斯利法案》为确保公司和会计人员为公司董事会、债权人和股东提供足够的信息以监管公司的发展，要求董事会审计委员会中必须有独立董事。

（三）欧洲公司法

欧洲公司法由特定类型商事组织的法律规范构成。换言之，公司法规定了商事组织的法律结构，包括含公司在内的商事组织形态。从事欧洲跨境商业活动的商事组织应当遵循成员国的国内法，公司的设立和运作，应当由成员国的国内法决定。[①]

1. 欧洲公司立法

2001 年颁布的《欧洲公司法》于 2004 年生效。《欧洲公司法》是一部可以直接适用的法律，效力高于国内法，仅在个别事项上适用国内法，即欧洲公司的登记应当适用住所所在地成员国的公司法。[②] 欧洲公司法指令，则是欧盟为协调各成员国公司法的差异，对各国公司法的某些方面作出的统一规定。《欧洲公司法》和欧洲公司法指令各有自己的适用对象和范围，互不取代。[③]

欧洲公司法律文件有指令（directives）、条例（regulations）、公约与建议（conventions and recommendations）和司法裁决（judicial decisions）。[④] 欧盟利用指令协调成员国公司法，而指令的实施需要转化成为成员国公司法。

欧盟颁布的公司法指令主要有：

（1）《第 1 号公司法指令——信息披露》。1968 年《第 1 号公司法指令》规定了特定文件的披露、公司义务的有效性及公司无效。[⑤] 欧盟指令对公司设立无效的规定非常严格。根据该指令第 11 条，无效只能由法院根据第 2 条规定的理由依法裁决。这类理由包括未签署任何设立文件、未遵循必要的法律手续，或者未遵循国内法要求的最低资本规定等。[⑥]

（2）《第 2 号公司法指令——资本》。在《第 2 号公司法指令》实施之前，各国采取的措施极不相同，如最低资本在几个成员国属于强制性规定，在比利时和荷兰却仅适用于公司设立时，在公司成立后最低资本不作为法律的强制性规定。《第 2 号公司法指令》专门针对公众公司，为确保对公众公司的股东和债权人的保护，作出了详细规定：其一，任何感兴趣的人均可获得该公司资本构成的信息；其二，公司股东必须认购最低资本；其三，指令禁止以向股东分配股利的方式减资，并对公司取得自己股份的权

---

① 参见〔荷〕阿德里安·德瑞斯丹等：《欧洲公司法》，费煊译，法律出版社 2013 年版，第 1 页。
② 同上书，第 2 页。
③ 例如，甲公司在法国注册经营，不在其他欧盟成员国设立机构，那么甲公司仅为法国公司，适用法国公司法。
④ 欧洲法院的判决大多数涉及第 1 号、第 2 号和第 3 号指令，其中 Centros 案是具有里程碑意义的裁决。在 1999 年的 Centros 案中，一对丹麦夫妇在英国登记了一家名为 Centros 的私人公司。1992 年，该夫妇向丹麦贸易部的贸易与公司委员会申请，在丹麦设立 Centros 公司的分公司。丹麦的贸易与公司委员会拒绝了该申请，理由为 Centros 公司不在英国营业，丹麦是其主要办事机构而不是分公司，其在英国设立公司是为规避丹麦最低资本限额的规定。Centros 公司向法院起诉，但法院驳回了 Centros 公司的诉讼请求。Centros 公司向最高法院上诉，最高法院将涉及《欧共体条约》有关条款的解释问题提交欧洲法院，请求预先裁决。欧洲法院以拒绝登记违反了不得限制公司自由设立的《欧共体条约》为由作出判决。
⑤ 参见〔荷〕阿德里安·德瑞斯丹等：《欧洲公司法》，费煊译，法律出版社 2013 年版，第 48 页。
⑥ 同上书，第 59 页。

利进行限制，以达到维持资本的目的；其四，指令确保同类股东受到同等的对待，确保资本变更时对债权人利益的保护。[①]

欧洲公司法实行最低资本制。指令第 6 条要求成员国维持公众公司的最低资本：成员国法律应当规定公司成立或者取得营业批准证书须认购的最低资本，其数额不低于 25000 欧洲货币单位。[②]

欧洲公司法实行资本维持原则，如果公司本年度财务报表中列出的净资产将低于已认购资本额与法律或者章程禁止分配的公积金，则不得向股东分配利益。分配数额不得超过利润额与可分配提取的公积金之和，减去已发生的亏损与列入不可分配公积金的数额差额。[③]

《第 2 号公司法指令》对公众公司的资本条件达成一定程度的协调，仅适用于公众公司，但并不适用于私人公司，私人公司不属于该指令的调整范围。

（3）《第 3 号公司法指令——合并》。《第 3 号公司法指令》将公司合并规则引入各成员国法律，规定了在信息、股东和债权人利益保护方面的协调。

（4）《第 4 号公司法指令——年度财务报表》。《第 4 号公司法指令》适用于年度财务报表和年度报告的提交、内容、采用的估值方法以及这些文件的审计和公开。《第 4 号公司法指令》与关于合并年度报表的《第 7 号公司法指令》以及关于审计的《第 8 号公司法指令》一起构成欧洲会计法的萌芽。

（5）《第 5 号公司法指令草案》（已撤销）。1972 年欧盟委员会作出了关于公众公司结构的《第 5 号公司法指令草案》。欧共体内有两种不同类型的管理机构，即英国的单层制和德国的双层制。

（6）《第 6 号公司法指令——股份有限公司分立》。该指令关注公司分立，但并未要求成员国在立法中规定公司的分立程序。

（7）其他指令。《第 7 号公司法指令——合并财务报表》；《第 8 号公司法指令——法定审计》；《第 9 号公司法指令——公司集团》（已撤销）；《第 10 号公司法指令——跨国并购》；《第 11 号公司法指令——分公司》；《第 12 号公司法指令——一人公司》；《第 13 号公司法指令——收购要约》；《第 14 号公司法指令——公司住所变更》（计划中）。

欧洲公司的设立制度和公司结构制度如下：

（1）欧洲公司设立适用的法律。设立公司通常表现为公司的创设。[④] 欧洲公司是由来自不同成员国公司参与设立的，从而引起一个法律问题，即适用哪个国家的法律

[①] 参见〔荷〕阿德里安·德瑞斯丹等：《欧洲公司法》，费煊译，法律出版社 2013 年版，第 60 页。

[②] 同上书，第 62 页。

[③] 同上书，第 64 页。

[④] "公司的设立，要么通过登记，要么通过公证。通常登记是取得法人人格的先决条件，例如欧洲公司（SE）以及部分成员国国内法中的公司。在有些国家中，设立公司要通过公证，例如，比利时、德国和波兰，但在公司实际成立前仍要求登记。相比之下，在荷兰，法人人格在完成公证时获得，虽然登记是强制性的，但并不是公司最初成立的条件。"〔荷〕阿德里安·德瑞斯丹等：《欧洲公司法》，费煊译，法律出版社 2013 年版，第 5 页。

设立公司。无论以何种方式,欧洲公司在其住所所在成员国登记之日即取得法律人格。公司登记时要求欧洲公司的名称必须冠以或者缀以缩写"SE"。欧洲公司成立与登记以各有关成员国法依据《第 1 号公司法指令》规定的方式公布。欧洲公司资本和股份以欧元计价,最低认购额不得低于 120000 欧元。

（2）欧洲公司结构。欧洲公司结构有单层制和双层制两种形式,公司可以选择采纳单层制或者双层制。欧洲公司结构包括股东大会以及双层制下的管理机构和监督机构,或者单层制下的管理机构。公司章程在两种制度之间作出选择。在双层制下,管理机构（董事会）负责管理公司,管理机构成员由监督机构（监事会）任命和解任,但如果成员国允许公司章程另行规定的话,该权力可以归于股东会。在单层制下,行政机构（董事会）有权管理欧洲公司。在双层制下,管理职责和监督职责自动分离;在单层制下,管理职责和监督职责应当划分清楚。

2. 欧洲公司组织形式

欧洲公司组织形式不同于欧盟成员国公司法规定的组织形式,欧洲公司主要有欧洲公司和欧洲私人公司两种形式:

（1）欧洲公司。欧洲公司（societas europaea,SE）,又称欧洲股份有限公司,是一种资本分为股份的公众公司,其股份份额可以在证券市场上市交易。[①] 欧洲公司一旦登记,即取得独立的法律人格。欧洲公司是根据《欧洲股份有限公司条例》设立的,《欧洲股份有限公司条例》在成员国可以直接适用,但由于缺乏完整的规则,对于没有规范的领域,则可以直接援引欧洲公司住所地成员国的法律。

欧洲公司的股东主要是各国的有限责任公司,且必须包括两个以上成员国的有限公司。欧洲公司的设立有合并、改制和新设三种方式:

一是合并方式。数个不同成员国的股份有限公司可以通过合并方式设立欧洲公司,但其中至少有两个公司分属不同的成员国。

二是改制方式。一个成员国的股份有限公司可以通过改制方式设立欧洲公司（即欧洲股份有限公司）,但至少有两个股东分属不同的成员国。

三是新设方式。两个以上成员国有限责任公司可以发起设立欧洲公司,但至少需有两个公司分属不同的成员国。新设方式有两种情形:一种情形是数个不同成员国的发起人没有股权关系的;[②]另一种情形是数个不同成员国的发起人有股权关系的。[③]

欧洲公司的发起人对公司实行单层制或者双层制结构享有选择权。欧洲公司的资本和股份以欧元计算,120000 欧元为最低认购额。欧洲公司是一种旨在促进企业在欧洲层面重组的资合型公司。

---

① 参见〔德〕格茨·怀克、克里斯蒂娜·温德比西勒:《德国公司法》（第 21 版）,殷盛译,法律出版社 2010 年版,第 677 页。

② 例如,法国的甲公司与德国的乙公司（甲公司与乙公司没有股权关系）,在包括法国和德国在内的欧盟成员国内发起设立的丙公司,即为欧洲公司。

③ 例如,荷兰的甲私人有限公司,在西班牙设立乙公司（乙公司为甲公司的子公司）,甲公司与乙公司在任何一个成员国内设立的丙公司,亦为欧洲公司。

（2）欧洲私人公司。欧洲私人公司（european private company，SPE）是1973年提出的，由2008年欧盟委员会关于欧洲私人公司法的理事会条例议案正式确立。[1]欧洲私人公司是一种欧洲超国家层次的私人有限责任公司，具有其他欧洲国家公司形态的基本特征和传统益处。欧洲私人公司是轻量版的欧洲公司，是为适应中小企业的发展需要而特别定制的一种简单而灵活的公司类型。但是，由于法律对欧洲私人公司的规模并未作出严格的限制，较大型公司和公司集团也可以采用欧洲私人公司。[2]

（四）中国公司法

中国漫长的封建社会以自给自足的自然经济为主，绝大部分人力从事农业生产，而低下的农业生产所获得的微薄的个人收入，无法形成资本主义经济发展所需的资本。由于资本主义经济发展非常缓慢，与资本主义经济相适应的公司法律制度到清末才出现。中国公司法的发展大致可分为中华人民共和国成立前和成立后两个大的发展阶段。

1. 1949年以前的公司法

中华人民共和国成立前公司法的发展大致可分为清末和中华民国时期两个发展阶段：

（1）清末公司法。我国公司法起步较晚，第一部公司法是在1904年出现的。清朝的《钦定大清商律·公司律》共十一节131条，[3]主要参照英美法系公司法，采纳了近代企业组织架构，规定了合资公司、合资有限公司、股份公司和股份有限公司四种形式。《公司律》的颁行标志着我国开始以公司制企业模式发展国家经济，出现了包含平等、自由等经济民主理念的企业组织法律，开启了我国公司立法的先河。由于《公司律》缺乏对我国传统商事习惯的调查、融合和改造，移植法的特征过于明显，不符合社会经济发展的需要。

（2）中华民国时期公司法。1914年，北洋政府颁布了我国第二部公司法，即《公司条例》。《公司条例》分总纲、无限公司、两合公司、股份有限公司、股份两合公司及罚则等六章，共251条，基本沿袭了清朝的《公司律》，明确了公司的法人地位，立法体例更为科学，立法语言更为规范，制度更为全面合理，是近代以来一部较为成熟的公司法。《公司条例》删除了《公司律》中的"合资有限公司"（有限责任公司），因为不符合当时的立法潮流。《公司条例》在颁行时并没有经过法定的立法程序，只是由农工商部呈请大总统批准颁布。此外，北洋政府还制定了《公司条例施行细则》《公司注册规则》《公司保息条例》《证券交易所法》和《破产法草案》等配套法规，初步形成了较为完备的公司法律体系。其中，《公司条例施行细则》《公司保息条例》和《证券交易所法》，在我

---

① 参见〔荷〕阿德里安·德瑞斯丹等：《欧洲公司法》，费煊译，法律出版社2013年版，第147页。

② 同上书，第148—149页。

③ 第一节"公司分类及创办呈报法"，第二节"股份"，第三节"股东权利各事宜"，第四节董事，第五节"查账人"，第六节"董事会议"，第七节"众股东会议"，第八节"账目"，第九节"更改公司章程"，第十节"停闭"，第十一节"罚则"。

国公司立法史上具有首创意义。

1929年南京国民政府颁布的《公司法》是我国的第三部公司法。《公司法》共有六章233条,在1914年《公司条例》基础上,主要参照大陆法系公司法,是一部比较完整的现代公司立法,规定了无限公司、两合公司、股份有限公司和股份两合公司等四种形式的公司。1946年,南京国民政府又颁布了我国第四部《公司法》。该公司法分定义、通则、无限公司、两合公司、保证有限公司、股份有限公司、股份两合公司、外国公司、公司之登记及认许和附则,共十章361条,大量借鉴英美公司法,规定了有限责任公司制度,篇幅较之前的《公司法》大为增加,集实体规范与程序规范于一体。

2. 1949年以后的公司法

中华人民共和国成立之后的公司法分为改革开放前和改革开放后两个发展阶段。1949年以后的公司制度,实际上延续了1949年以前的公司法律制度。1950年《私营企业暂行条例》(共32条)和1951年《私营企业暂行条例施行办法》(共105条)规定了私营企业有独资、合伙和公司三种形式,同时对公司仍延续了1946年《公司法》中规定的五种形态。《私营企业暂行条例》强调国家的强制性,取消了公司的行为自由和营业自由。

1954年《公私合营工业企业暂行条例》确认了公私双方的股份及合营企业股东的有限责任,规定了合营企业的法人机关为董事会和股东会会议以及盈余分配办法等。1956年全国实现全行业公私合营,宣告社会主义改造完成,私营公司不复存在,这表明1950年《私营企业暂行条例》及1951年《私营企业暂行条例施行办法》失效,无限公司、两合公司、股份有限公司、股份两合公司也随之消失。

1956年《国务院关于在公私合营企业中推行定息办法的规定》和《国务院关于对私营工商业、手工业、私营运输业的社会主义改造中若干问题的指示》将私有股份变为债权,私有股东因此不复存在,同时表明1954年《公私合营工业企业暂行条例》所规范的有限公司也归于消失,中国企业全部转为国营企业和集体企业,公司立法全部被全民所有制企业立法和集体所有制企业立法所替代。

在全行业公私合营后,按行业组建的各种专业性公司是国家对同行业的企业进行管理的工具,具有行政性公司性质,后转变为各种行业主管机关。从所有制角度看,在全面实行集中计划经济后,企业组织形式逐渐演变为国营、集体企业两种公有形式,现代意义上的公司制度在这个时期已经不复存在。

1978年,我国实行改革开放,进入经济体制改革时期,作为经济体制微观基础的企业组织形式是经济体制改革的重点,这标志着我国公司法进入一个逐步建立和渐进发展的阶段。随着经济体制改革的开展,公司制度逐渐开始恢复,公司立法也逐步推进,并以有限公司制度的建立为中心。1979年《中外合资经营企业法》是公司企业制度走上法制化的新起点,因为该法确认了有限责任公司制度。1986年《外资企业法》和1988年《中外合作经营企业法》则确立了在外商投资领域的有限公司制度。

1988年《私营企业暂行条例》规定私营企业可以采用独资企业、合作企业和有限公司三种形式,确认了自然人作为股东设立有限责任公司的合法性。1992年《有限责任公司规范意见》和《股份有限公司规范意见》以大陆法系的公司制度为蓝本,规定了有限公司和股份公司的基本原则、设立、公司治理、资本(股份)、合并与分立、解散与清算、财务会计、法律责任等基本制度。以上两个规范意见所要解决的主要是国有企业进行股份制改造试点方面的问题,由于是以部门规章形式制定的,适用效力有较大的局限性。

1993年《公司法》的颁布,标志着我国公司制度进入一个确立和完善的发展阶段。为适应我国社会经济发展,《公司法》先后进行了一次修订和四次修正,以不断完善我国公司制度:

(1)公司法制定。1993年《公司法》是为国有企业改制而颁布的,明确规定了公司为法人,仅规定了有限责任公司与股份有限公司两种形式,共11章230条。[①]为适应我国经济转型时期特殊需求制定的公司法,在规范和推动公司设立、运营方面发挥了积极作用,加快了国有企业公司制改革进程,促进了公司型非公有制企业的发展壮大。在我国企业制度改革过程中,公司法发挥了重要作用,但随着市场化程度的加深,在立法观念、立法体系、立法技术等方面原本存在的问题逐步显现。例如,对较高的法定最低资本限额的规定,对出资种类和比例的严格限制,阻碍了投资自由;对转投资和股份回购的限制,对增减资本不区分究竟属于实质还是形式增减,一律实行相同的严格程序,丧失了公司经营上的灵活性;按股份持有者身份的不同划分为国家股、法人股和个人股,违反了股权平等原则,阻碍了股份流通,丧失了股份优化配置公司资源的功能。从行政管理法规脱胎而来的公司法,带有浓厚的行政管理色彩和较强的计划经济痕迹,权利义务规范欠缺,特别是程序性法律规范的缺失导致公司与股东寻求司法救济途径的缺失。一些重要的实体制度和诉讼制度,如法人人格否认、关联交易、公司僵局、股东代表诉讼、利润分配请求权等制度的缺失,以及公司法理论储备和法院判例的积累不足,导致审判和仲裁机构在受理和审理这类案件时无法可依、无据可循,这个阶段的公司诉讼不多。

(2)公司法第一次修改。1999年对《公司法》进行了修改,但仅限于国有独资公司监事会问题[②]和属于高新技术的股份有限公司上市问题。[③]本次修订增设了国有独

[①] 根据世界各国公司立法例,公司法除上述有限责任公司及股份公司外,还包括无限公司、两合公司等。为弥补不足,1997年《合伙企业法》和1999年《个人独资企业法》,对于合伙与个人独资作出了规定。个人独资企业与合伙企业为非法人商事主体,注册资本无最低资本额限制,投资人对企业债务承担无限责任,设立程序较公司更简便,条件限制较少。

[②] 1993年《公司法》对有限责任公司、股份有限公司的监事会组成、职权等已分别作了明确规定,但是未对国有独资公司的监事会作出规定,只是在第67条中对国有独资公司的国有资产实施监督管理作了原则规定。在现实生活中,国有独资公司在经营、财务等方面出现了不少问题。

[③] 1999年《中共中央、国务院关于加强技术创新,发展高科技,实现产业化的决定》中提出:"要培育有利于高新技术产业发展的资本市场","优先支持有条件的高新技术企业进入国内和国际资本市场。在做好准备的基础上,适当时候在现有的上海、深圳证券交易所专门设立高新技术企业板块。"高新技术企业是以转化科技成果为主,开业时间一般比较短,股本规模一般比较小,如果完全根据公司法有关规定执行,处于创业阶段的高新技术企业就难以通过设立股份有限公司进入证券市场直接融资。只有修改公司法有关条款,才能有利于培育我国高新技术产业发展需要的资本市场。

资公司监事会,授权国务院放宽高新技术股份有限公司中发起人以工业产权和非专利技术作价出资的金额占公司注册资本的比例以及公司发行新股和申请股票上市的条件,允许在证券交易所内部为高新技术股份有限公司股票开辟新的市场板块。对公司实务和司法审判实践中出现的大量问题,本次修订并没有进行相应的回应。

(3)公司法第二次修改。因《行政许可法》实施,2004年《公司法》又进行了修改,但仅删除了第131条第1款,即"以超过票面金额为股票发行价格的,须经国务院证券管理部门批准",基本上是仅涉及技术层面的修改。第一次和第二次对《公司法》的修改只是局部性的,并未涉及公司实务中的重大问题。

(4)公司法第三次修改。2005年《公司法》的修改在一定程度上遵循了私法自治的立法理念,修订比较全面,结构上由原来的11章增加到13章,具体条文有大量的新增、删除和修改,条文虽然由原来的230条减少到219条,但有近50个管制性条文被删除,上市公司的有关规定被纳入《证券法》中。公司法对公司法律关系中的一些重要制度作了重新安排,充分考虑了公司法律关系当事人之间的利益平衡。公司法加强了商事主体的意思自治,取消了不合理的管制性规定,强化了公司治理结构方面的程序性规范,规定了控股股东、董事、监事和高管的诚信义务和法律责任,完善了中小股东合法权益的保护机制,增强了公司法的可诉性,导致这个阶段的公司诉讼大幅度增加。此次公司法修改的主要内容有以下四个方面:

第一,公司设立和公司资本制度方面的修改。公司法较大幅度地降低了公司注册资本的最低限额,实行分期缴付注册资本;扩大了出资财产的范围,明确非货币出资可达70%;确立了一人公司制度;废除了公司转投资制度;增设了股份有限公司的定向募集设立方式;废除了股份有限公司设立由国务院或者省级政府审批的制度。

第二,公司法人治理结构的完善。公司法通过对股东大会制度和董事会制度的健全、监事会作用的强化,以及公司董事、监事、高级管理人员约束机制的建立,进一步完善了公司法人治理结构。

第三,股东合法权益保护机制的健全。股东了解公司有关事务的措施和办法增加,以保证股东知情权的实现,如增加了有限责任公司股东可以查阅公司财务会计账簿的规定。股东会召集程序与议事规则以及有关股东代表诉讼规则得以完善,如补充和完善了股东会的召集程序、议事规则。

第四,公司法人人格否认制度的确立。公司股东滥用公司法人独立地位和股东有限责任以逃避债务,并严重损害公司债权人利益的,公司股东则丧失以其对公司的出资为限对公司承担有限责任的权利,而是对公司的全部债务承担连带责任。

2005年修订的《公司法》,确立了世界各国公司法普遍适用的法人人格否认、一人公司、关联交易、累计投票权、股东知情权、利润分配请求权、异议股东股份回购请求权、临时股东会议召集请求权和召集权、公司僵局、董事监事高管对公司的勤勉义务、股东派生诉讼等制度。此外,商业判断规则、公司自治等制度和理念在实践中已经逐渐被采纳,司法解释和司法判例作出了制度创新的尝试。

（5）公司法第四次修改。2013 年《公司法》修改的条文仅涉及公司资本制度，将注册资本由实缴登记制改为认缴登记制，取消了注册资本的最低限额，放宽注册资本登记条件，降低了公司设立门槛，实行由公司股东（发起人）在公司章程中约定认缴出资额、出资方式、出资期限等，为我国推行注册资本登记制度改革提供了法律保障。资本登记制度的改革主要体现在，分别取消了对公司注册资本最低限额的限制、对公司注册资本实缴的限制、对公司货币出资的比例限制、公司登记提交验资证明的要求等。

（6）公司法第五次修改。2018 年《公司法》对第 142 条作出修改，旨在完善公司股份回购制度，修正主要从三个方面进行：一是补充完善允许股份回购的情形；二是适当简化股份回购的决策程序，提高公司持有本公司股份的数额上限，延长公司持有所回购股份的期限；三是补充上市公司股份回购的规范要求。本次《公司法》的修改，一方面夯实了资本市场的法律制度，使上市公司回购股份的用途增加、灵活性增强，有助于刺激上市公司回购的积极性，充分发挥股份回购制度优化资本结构，为促进公司建立长效激励机制、稳定公司控制权、提升公司投资价值、提升上市公司质量、建立健全投资者回报机制，提供了强大的法律支持；另一方面完善股份回购制度，股份回购情形的增加，允许上市公司为维护公司整体价值及广大中小投资者股东权益进行股份回购，有利于增加每股净资产，夯实估值的资产基础，健全资本市场内生稳定机制，促进资本市场整体平稳运行和发展。

1993 年《公司法》经过以上几次修改，在一定程度上适应了我国社会经济发展的需要，但公司法对有些问题的规定仍然过于原则化，最高人民法院根据立法原则和司法审判实践的需要不断作出司法解释，分别对诉讼时效、股东代表诉讼的股东资格、公司的解散与清算、公司设立、出资、股权确认、公司决议的效力、股东知情权、利润分配请求权、优先购买权和股东代表诉讼等问题作出规定，增加了公司法的可诉性，健全了公司股东权益的保护机制。

三、公司法形成的基础

公司法是人类社会发展到一定阶段的产物，公司法的形成必须具备一定的经济基础和必要的法律理论基础。

（一）公司法形成的经济基础

公司法最早源于英美法系国家。英国是资本主义经济发展最早的国家，英国公司法的形成代表公司法的形成。英国是工业革命的发源地，工业革命促进了近代资本主义经济的发展。公司制度的产生既适应了近代资本主义发展的需要，又促进了近代资本主义市场经济的发展。

从 16 世纪开始的圈地运动，为英国工业革命提供了大批廉价劳动力。殖民地掠夺与奴隶贸易，给英国带来了巨额的货币资本，为工业革命奠定了经济基础。工场手工业的高度发展是工业革命不可缺少的技术前提。在 15 世纪，英国农村家庭手工业非常普遍，有分散的手工工场和集中的手工工场两种形式。在 16 世纪，分散的手工工场占主导,但伴随圈地运动范围的扩大,商人所创办的集中的手工工场得以逐渐发展起来。到了 17 世纪,有数百名工人的手工工场在英国已经非常普遍。这些手工工场已经扩大到采矿、冶金、制盐、造纸、玻璃、制硝、啤酒等领域。

英国工场手工业的发展,不仅表现为生产规模的扩大,还表现为技术上的进步。英国手工工场在生产技术方面的进步,与欧洲大陆上的大量工匠迁居英国关系密切。在中世纪末期,法国与尼德兰①等国在手工业技术方面,特别是丝织业技术方面拥有很多技术熟练的工匠。但是,不断发生的宗教战争,迫使许多信奉新教的熟练工匠逃亡到英国避难。这些技术熟练的工匠涌入英国后,对改良和革新英国手工业技术,特别是对英国染织业、制糖业、陶瓷业的发达,起到了很大的促进作用。在 17 世纪以后建立和发展起来的各种工业部门中,棉纺织业发展尤其迅速。飞梭和珍妮纺纱机的发明是棉纺织技术上巨大的飞跃,引起了纺织业的一系列变化,并且带来了巨大的社会影响。蒸汽机的发明使机械化生产冲破自然条件的限制,是人类社会进入机械化时代的标志,加速了工业革命进程。蒸汽机的广泛利用,掀起了发明和使用机器的热潮,促使工业革命开展起来。

1840 年前后,英国大机器生产已基本取代工场手工业,机器制造业也建立起来,工业革命基本完成,宣告英国成为世界上第一个工业国家。机器的广泛使用,根本改变了工业技术的面貌,提高了劳动生产率。工业革命促成了生产力大发展,使英国经济出现了空前繁荣。英国资本主义经济的产生和发展,是英国公司法律制度形成的社会经济基础和前提。

(二)公司法形成的理论基础

在公司法形成过程中,公司独立人格和有限责任理论奠定了近代公司法理论的基础。公司独立人格和有限责任是一个问题的两个方面,两者关系密切,共同构成近代公司法形成的理论基础。

(1)公司独立人格。公司独立人格是公司作为独立存在的实体在法律上享有权利承担义务的资格。公司作为一个独立于成员存在的实体,是公司具有法律上人格的基础。公司具有法律人格的最重要表现是公司存在的永续性,可以自己的名义拥有财产所有权、设立债权债务关系、参加法律诉讼等。公司债务不是公司成员债务,公司成员对公司债务仅以出资额为限承担有限责任。

公司实体概念在英国曾经历长期的发展。1066 年之前,英国已经确立了享有某些特殊权力的城市、镇、城堡的存在。14 世纪,英国法中出现的"community"(团体)泛指县、区、城镇、行会、大学和修道院。15 世纪,英国法规定一些团体的成员享有的权利义务必须转移给"继承者"而不是"后裔",说明这些团体已经成为独立于成员而存在

———————

① 尼德兰(Netherlands)指莱茵河、马斯河、斯海尔德河下游及北海沿岸一带地势低洼的地区,相当于现在的荷兰、比利时、卢森堡和法国东北部的一部分。尼德兰濒临北海,地势低平,耳德河的深水便于大船出入,海外交通十分便利。

的实体。16 世纪,英国法律承认公司作为独立实体而具有人格,表现在公司可以享有财产权、诉讼权和永久经营权。英国成熟的公司独立人格制度是英国公司法形成的基础。

公司独立人格的产生和确立经历了一个漫长的演变发展过程,由分散的个人人格到数人聚集而成的团体人格,再到公司独立人格,表现为从低级到高级的辩证统一的发展演变过程。在人类社会早期简单商品经济时期,独资和合伙等小规模的手工生产经营方式,可以满足社会经济发展的需求。随着资本主义经济的发展,企业规模不断扩大,客观上需要资本联合,吸收更多成员加入企业,企业资本规模和生产经营规模的扩大,有效地推进了生产力发展。合伙企业作为公司的起点,是人类社会最早出现的个体联合经营形式,但不具有独立人格。在合伙经营、利益共享、风险共担的基础上,公司发展成为具有独立人格的实体。公司具备独立人格不仅是法律上的一个制度安排,其实质是日益扩大的生产规模、不断进步的技术手段以及经营管理对企业组织形式的客观要求。

英国公司的独立人格制度,促进了美国公司独立人格制度的确立。1824 年,联邦最高法院首席大法官约翰·马歇尔(John Marshall)通过对达特茅斯学院诉伍德沃德案[①]的判决,确认了公司独立人格制度。首席大法官马歇尔对该案的判决理由为美国公司独立人格制度奠定了理论基础。

(2) 有限责任理论。有限责任是公司股东不对公司债务承担责任,即股东仅在出资范围内对公司债务承担责任。有限责任制度的核心是公司责任与股东责任分离,公司以自己的独立财产承担清偿债务的责任,公司股东对公司债务不承担超过其出资义务的责任。公司作为现代企业基本形态,以有限责任为责任形式,有限责任制度构成现代公司制度的基础。公司法规则很大程度上是由有限责任制度决定的,现代企业制度的主要内容是有限责任制度。

股东承担有限责任的前提条件是公司的独立性。公司作为一个独立于成员存在的实体,有独立支配自身财产的能力。股东作为整体是公司财产所有权人,在成为公司股东之后,投资人投入公司的财产已为公司所有并成为公司财产。例如,在万家裕股东资格确认纠纷案中,[②]最高法认为,股东向公司出资后,出资财产即转变为公司的法人财产,独立于股东个人的财产而构成公司法人人格的物质基础。公司财产与公司成员财产是应当严格区分开来的。债权人债权的标的仅限于公司财产,而不包括股东个人财产。有限责任制度使股东的偿债义务仅限于出资范围,从而有效地降低了股东

---

① Trustees of Dartmouth College v. Woodward, 17 U. S. 518〔1819〕.

② 在万家裕诉丽江宏瑞水电开发有限公司股东资格确认纠纷案(〔2011〕丽中民二初字第 19 号、〔2012〕云高民二终字第 89 号、〔2014〕民提字第 00054 号)中,法院裁判要旨认为,股东进行出资后,股东的出资财产即转变为公司的法人财产。股东将出资财产抽回,会导致公司资本的减少,对公司、其他股东和公司债权人的权益均会造成损害。公司法禁止股东抽逃出资,企业法人将股东的出资转化为借款予以归还,改变了股东出资的性质,实质上应属于抽逃出资的行为,违反了法律禁止性规定而无效。公司将股东的出资转化为借款的行为无效,股东的身份也就不会因出资情况的变化而改变。因此,股东并未丧失股东资格。

风险。有限责任制度有利于鼓励人们以公司形式发展社会经济，创造财富。

有限责任制度源于欧洲中世纪的康孟达。在康孟达出现之前，公司已经长期存在，但并非依法注册，公司对外承担无限责任。在康孟达出现之后，有限责任制度被广泛运用于地中海沿岸海运和贸易，逐渐取代无限责任制度成为各国的立法选择。有限责任制度所确立的股东有限责任的核心准则，在保护投资人利益的同时为资本主义初期发展所需要的大量资金提供了制度保障。

英国从 15 世纪开始实行的有限责任制度主要适用于城市、教会、大学等非商业组织，而并未适用于商业组织。在 16 世纪末之前，英王仅向那些从事海外贸易的商业组织颁发特许状；到了 16 世纪末，英王才开始向少数国内商业组织颁发特许状。在获得特许状的商业组织中，仅有一部分被授予有限责任特权。但从 17 世纪下半叶起，所有获得特许状的商业组织均被授予承担有限责任的权利。

1688 年革命后，国会控制了公司执照的颁发权，向国会申请公司执照比向国王申请特许状更为困难。18 世纪初，英国出现了大量没有执照的公司。1720 年《泡沫法》（Bubble Act）①颁布后，无照经营公司受到严厉打击。工业革命时期的英国企业大多属于合伙企业，有限责任制度在英国并未得到普遍采用。尽管无限公司和两合公司促进了自由资本主义生产方式的发展，但随着商品经济的发展和规模社会化大生产的出现，无限责任在经营风险、管理体制、资本规模等方面的缺陷日益显现，需要具有完全独立责任的公司组织形式。

社会化大生产需要聚集资本和减少投资风险，这是股东有限责任制度产生的经济根源。公司股东从无限责任到有限责任，是在公司从非独立责任到独立责任的演进中逐步确立起来的，是公司人格独立的产物。随着工业化的发展，早期自由资本主义经济和个人本位主义思想，受到社会化大生产和团体主义思想的冲击，人们在观念上接受了与个人人格相对的团体人格，为公司法人制度和股东有限责任制度的确立奠定了理论基础。有限责任制度是市场经济发展到一定阶段的必然结果。

公司是发展资本主义的工具，有限责任对鼓励人们投资、促进公司发展具有重要作用。有限责任制度的确立，美国要先于英国。在确认公司独立人格之后，美国法官采纳了有限责任制度。马萨诸塞州最高法院 1804 年的判决认为，公司成立的本身体现了有限责任。1811 年的纽约州《普通公司法》，是世界上第一部确立有限责任制度的立法。到 19 世纪 30 年代，有限责任制度已为美国大多数州所采纳。法国有限责任制度是 1807 年确立的，而英国有限责任制度则是由半个世纪之后的《1855 年有限责任法》确立的。

---

① 1720 年《泡沫法》规定下列行为非法和无效：(1) 未经国会法令或者皇家特许状授权，以法人社团的身份开展经营活动，向公众募集可转让的股份或者转让股份；(2) 用已废止的特许状假冒法人社团，承销或包销非法人社团的证券。《泡沫法》最大的失误在于不是正本清源、努力改革诱发投机的行政性垄断和法人社团特许制度，而是寄希望于通过强化法人社团许可制度、阻碍合股公司取得法人资格、减少法人社团数目等来避免另一次危机的发生。该法案阻碍了股份有限公司的发展，将其推迟了近百年。

近代公司法的形成，是一个渐进的发展、演变过程。公司独立人格和有限责任理论的形成，奠定了近代公司法形成的理论基础，标志着近代公司法的形成。

第二节　公司法律理念的变迁

公司法的发展与公司法的理念密不可分，公司法律制度和原则是公司法理念的具体表现。在公司法不同的发展阶段，有着不同的公司法理念。

一、公司法律制度的变迁

公司法律制度的变迁主要体现在公司设立原则、公司资本制度、公司权力等方面的发展演变。

（一）公司设立原则的变迁

公司设立原则是指公司设立的基本依据和方式，是公司法的一个重要制度。公司设立原则直接体现了公司法的理念和价值追求，反映了国家对公司准入门槛的高低以及对社会经济秩序方面的控制程度。由于世界各国政治、经济、文化和法律传统的差异，公司法对公司设立经历了自由主义原则、特许主义原则、核准主义原则和准则主义原则等四个发展阶段：

（1）自由主义原则。自由主义原则是指对公司设立没有任何限制性的措施。公司可以自由设立，国家对公司设立没有任何干预，公司设立是商事主体之间的私人行为，适用私法自治原则。欧洲中世纪早期的地中海沿岸国家即采纳自由主义原则。自由主义原则在促进地中海沿岸贸易繁荣的同时，也导致公司的滥设，危害了交易安全。

（2）特许主义原则。特许主义原则是指公司设立应当通过特别立法程序或者经国家元首的特别许可。自由主义原则导致公司设立的泛滥，破坏了正常的社会经济秩序。为维护正常的交易秩序和债权人合法权益，17世纪初英国、荷兰等国家普遍采纳了特许主义原则。特许主义原则避免了自由主义原则在公司设立中的种种弊端，有利于社会经济的稳定发展。

（3）核准主义原则。核准主义原则是指公司设立在符合法定条件之外，还要经行政主管机关批准。由于特许主义原则对公司设立采取了限制性措施，设立公司的条件苛刻、手续繁杂，难以适应社会经济发展的需要，核准主义原则通过行政主管机关对公司设立的实质性审查，排除和减少了投资人投资受损的机会和程度。17世纪末法国设立公司开始采纳核准主义原则，18世纪德国设立公司开始采纳核准主义原则。

（4）准则主义原则。准则主义原则是指法律规定了公司设立条件，只要符合法定设立条件，设立人即可直接向公司登记机关申请公司设立登记。准则主义原则出现在英国《1862年公司法》中，19世纪为近代资本主义国家所普遍采纳。准则主义原则减少了政府对公司设立的行政干预，简化了公司设立手续，适应了自由资本主义经济和公司制度发展的需要。但准则主义原则对公司设立条件规定得过于简单，出现了大量的公司滥设和欺诈行为,破坏了正常的交易秩序和交易安全。为弥补准则主义原则可能导致的公司滥设,现代各国公司法对准则主义原则进行了修正,开始实行严格准则主义原则,如严格规定公司设立的法定条件、加重公司发起人的设立责任、对公司财务和重大经营活动实行公示等制度。严格准则主义出现在垄断资本主义阶段,在政府监管和公司自治之间找到平衡点,实现了效率与安全的统一,满足了垄断阶段资本主义经济发展的需要,适应了现代公司制度的发展。

（二）公司资本制度的变迁

公司资本制度是指公司资本在形成、维持、退出等方面的制度安排,贯穿于公司的设立、运营和终止的全过程。公司资本制度是公司法的基石。在公司法的发展史上,公司资本制度弥补了有限责任制度的不足,平衡了股东和债权人之间的利益。在公司独立人格和有限责任制度基础上,公司法通过资本制度实现了股东和债权人利益的平衡。公司资本制度经历了从法定资本制到授权资本制以及折中资本制的演变过程,公司资本制度的变迁涉及公司资本制度理念和设计功能的变迁。公司资本制度经历了如下三个发展阶段:

（1）法定资本制。法定资本制是指公司在设立时必须在章程中规定资本总额并由股东全部认缴。法定资本制源于大陆法系,为法国和德国所创立。法定资本制在价值观念上采取安全取向,公司立法注重严密性,以保持公司法体系的和谐与约束力。在法定资本制下,资本确定原则得以彻底执行,真实的公司资本可防止公司设立中的欺诈和投机行为,维护公司债权人的合法权益,保护正常的社会交易秩序与交易安全。根据法定资本制,公司设立时公司发起人应当足额缴付大量的注册资本,这不利于公司的快速设立。公司成立之初拥有大量资金,经营活动尚未全面展开,会导致公司资本的积压和闲置。同时,公司注册资本的确定使得公司注册资本的变更极为不便。

法定资本仅为股东出资的责任范围,在交易活动中公司信用的高低取决于公司实际拥有的财产,而不是章程中规定的以注册资本为责任的财产基础。法定资本仅仅是法律虚拟的抽象资本,既无法体现资产运营的实际状况,又不能反映公司的实际信用能力。

（2）授权资本制。授权资本制是指在公司设立时发起人仅在公司章程中确定资本总额,[①]仅需认足一定比例或者章程所规定的最低限额的股份,公司即告成立。在公司成立后,公司章程确定的资本总额可经董事会同意陆续分次发行。授权资本制源于英美法系,为英国公司法所创立。在英国公司特许设立时期,公司设立应得到国家元首或者议会法令授予的特权。公司资本的发行是基于国家授权,授权资本制中的"授权"原本是指国家授予公司创办人设立公司、发行股份的权利。在准则主义时期,国家取消了对创办公司的授权,只要符合法定条件的投资人均可经登记获准设立公

---

① 授权资本制普遍没有最低资本额的要求,但并不完全排斥最低资本额的规定,如美国绝大多数州、加拿大、澳大利亚、新西兰等国均无最低资本额的要求,但英国公司法仍然有最低资本额的限制。

司。公司资本的筹集和发行,是董事会根据公司发展需要依法享有的权利而不是国家权力。由于受到特许主义时期国家授权思想的影响,英美法在传统上仍然沿用了"授权资本"。

法定资本制的立法理念是公共利益至上的社会本位,授权资本制的立法理念则是以平等、自由、竞争等为目的的个人本位。授权资本制在价值观念上采取自由与效益的取向,公司立法注重灵活性,以确保公司法的可操作性和实效性。

授权资本制充分体现了有限责任原则。在公司设立之初,投资人并没有为公司设立支付对价,成为公司股东后应在股份对价额的范围内对公司债务承担有限责任。可见,授权资本制放弃了以公司资本担保公司债务的功能。

（3）折中资本制。折中资本制是指公司成立时应在章程中载明公司资本,但发起人无须足额认购,仅规定了认购比例和足额认购的期限。在公司资本形成方面,折中资本制对公司资本的授权发行额度和发行期限均有严格的限制。折中资本制是介于法定资本制和授权资本制之间的一种资本制度,既有法定资本制保障交易安全的优点,也有授权资本制公司设立便利、运作灵活的优点,具有较强的生命力,代表着现代公司资本制度的发展趋势。

折中资本制是法定资本制与授权资本制规制理念的折中,即"法定"与"授权"之间的妥协制度安排,是董事会的商业判断决策权与法律的事先安排之间的折中设计,是资本筹集中的规制安排与资本维持原则的底线设计之间的折中机制。

在英美法系授权资本制的影响下,大陆法系国家也逐渐摈弃了严格的法定资本制,在借鉴英美法系授权资本制的基础上,将法定资本制改造为折中资本制。德国在1937年率先采纳了折中资本制,日本在1950年开始采用折中资本制,随后法国公司法也采纳折中资本制。

法定资本制注重交易安全,以牺牲公司的效率为代价获得公司的安全。授权资本制具有灵活性,以牺牲公司安全为代价获得公司效率。折中资本制则在公司安全和效率之间找到平衡点,既保障了公司安全,又兼顾了公司效率,符合市场经济追求资源优化配置的内在要求,成为各国公司资本制度的必然选择。

（三）公司权力的变迁

从19世纪到20世纪,公司法经历了从股东大会中心主义到董事会中心主义的变迁。传统公司法以股东大会中心主义理念构建公司法律制度,以委任制理论规制股东大会和董事会之间的关系,即董事会是股东大会的代理人,由股东大会选举产生并受股东大会委托实施公司管理事务。近代以来,各国公司法均规定股东大会有权选任或者解聘董事会成员,董事会受股东大会支配并对股东大会负责。股东大会中心主义主要表现为:公司董事由股东大会选举产生;公司章程的制定和修改、公司增资与减资均应由股东大会批准;公司重大事项由股东大会决定等。近代公司法普遍关注公司股东权限,特别是体现股东意志的股东大会权力,而公司董事会却成为股东大会决议消极的、被动的执行者。股东大会中心主义的权力结构最初形成于17、18世纪,到了19世纪,股东大会作为公司最高权力机构最终在近代公司法中得以确立,两大法系中,近代公司法均贯彻的是股东大会中心主义的理念。

20世纪以来,现代公司法以有机体理论代替了传统公司的委任理论。有机体理论把公司视为一个有机整体,认为公司组织机构的权力来源于国家法律的直接授权,而不是来自股东大会的委托。两大法系公司法均出现了削弱股东大会权力、强化董事会权力的立法趋势,并以不同方式将公司经营管理权授予董事会。有机体理论最早为法国公司法所采纳,其后又为德国公司法所采纳。德国1937年《股份及股份两合公司法》废除了股东本位的法律理念,强化了董事会相对于股东大会的独立性,增加了董事会的公司经营权限,从而削弱了股东大会的权限。董事会中心主义体现了公司专业化经营的优势,使具备现代企业经营和管理技能的职业经理人能够更好地从事公司经营管理事务。董事会中心主义不仅是社会经济发展和社会分工的必然结果,而且有利于保护公司债权人和中小股东的利益。

(四)一人公司制度的出现

一人公司是指公司股东仅为一人并由该股东缴付全部出资或者持有公司所有股权的有限公司。一人公司股东可以是自然人,也可以是法人。世界各国公司法,对一人公司均经历了从禁止一人公司的设立,到逐步承认存续中的一人公司,再到承认一人公司的合法性的过程。我国《公司法》在2005年修订时采纳各国公司法通行规则,承认了一人公司制度。

传统公司法理论认为,公司是两个或者两个以上股东共同出资所形成的社团法人,具有资合与人合的双重属性,即公司既是资本的联合,也是人的联合。公司作为一个社团法人,至少应有两个股东,这是社团法人的本质要求。传统公司法不仅明确要求公司在设立时必须有两个或者两个以上发起人,而且在公司运行过程中因某种原因而导致公司股东少于两个人时应立即解散。在一人公司出现之前,投资人为避免造成公司损失,通常以名义股东形式满足股东人数的法定要求,这种实质意义上的一人公司既满足了公司法对最低股东人数的要求,又避免了公司解散造成损失。但是,这种实质意义上的一人公司容易产生各种纠纷,造成社会的不安。

一人公司挑战了传统公司法的社团法人理论,改变了传统公司法制度。社团法人理论的突破,主要基于两方面的原因:

(1)股权集中的结果。公司设立之初有较多的股东,但伴随客观经济形势和公司内部的变化,公司股权逐渐趋于集中,股东人数渐次减少到一人。一人公司虽然受到法律禁止,但监管机构却无能为力,一人公司以这种方式存续并不断扩大,从而挑战了传统公司法的社团法人理论。

(2)小微企业发展的需要。一人公司的产生是基于社会经济发展的客观需要。个人独资企业因规模小、成本低,能够快速适应市场需求的优势,但无限责任成为制约个人独资企业发展的制度障碍。法律赋予个人独资企业有限责任制度,是社会发展的客观需要在法律制度上的体现。

一人公司虽为有限公司，但资合性与人合性的丧失，导致一人公司的设立与运行不同于普通的有限公司，法律对一人公司有限制性的规定。一人公司在设立与运作时，应当注意以下两方面的问题：

（1）公司设立的限制。自然人设立的一人公司不得再设立一人公司，而法人设立的一人公司则可再设立一人公司。我国公司法严格限制自然人设立一人有限责任公司，规定一个自然人仅能设立一个一人有限责任公司，且该一人有限责任公司不得再新设一人有限责任公司。

（2）公司法人人格的否认。一人公司股东不能证明公司财产独立于股东个人财产的，股东应当对公司债务承担连带责任。一人有限责任公司被视为股东意志和行为的延伸，在认定其独立法人资格时，股东负有严格的维持公司财产独立的义务。例如，在淮安市晒晚娱乐企业管理有限公司房屋租赁合同纠纷案、浦卫国房屋租赁合同纠纷案和邱纪棉民间借贷纠纷案中，①②③法院生效判决均要求股东证明公司财产独立于股东个人财产。

二、公司法理念的变迁

近现代公司法律制度的形成、发展与近现代公司法理念的变迁密切相关，公司法律制度是公司法理念的具体表现，公司法理念体现在公司法律制度之中，并促进公司法律制度的确立和完善。

以股东利益和盈利最大化为基本理念的近代公司法形成于 19 世纪，20 世纪末以来的社会经济发展变化，逐渐改变了近代公司法的传统理念，现代公司法理念历经革命性变迁。公司治理理念从委任制发展到有机体，公司出资理念从物质资本发展到人力资本，公司规范理念从规范单一公司发展到既规范单一公司又规范关联公司，公司目标理念从营利至上发展到营利与社会责任并重。总之，公司法的基本理念经历了传统股东本位到现代社会本位的变迁。

（一）传统公司法理念

股东本位是传统公司法理念，股东本位的公司法理念不仅是一个抽象的理论概括，而且还有一套完整的制度框架。股东在公司中处于核心地位，股东本位理念的基

---

① 在淮安市晒晚娱乐企业管理有限公司诉淮安美力富齐商业经营管理有限公司房屋租赁合同纠纷案（〔2014〕淮中商外初字第 0006 号、〔2016〕苏民终 504 号）中，江苏高院认为，一人公司股东提供了公司的审计报告，在无法同时提供完成该审计报告的原始会计凭证及银行账户的往来记录情况下，仅凭审计报告无法证明财产独立。

② 在浦卫国诉苏州智成投资置业有限公司房屋租赁合同纠纷案（〔2014〕姑苏民五初字第 00821 号、〔2015〕苏中民终字第 03686 号、〔2016〕苏民申 530 号）中，江苏高院再审认为，原始记账凭证是审计报告出具的基础和依据，在缺乏原始记账凭证、银行往来明细等材料的情况下，审计报告的中立、客观性将大打折扣。

③ 在邱纪棉诉王庆丰民间借贷纠纷案（〔2016〕津 0114 民初 220 号、〔2016〕津 01 民终 3818 号、〔2016〕津 01 民终 3818 号）中，天津高院认为，在股东提供了审计报告的情况下，依据此前存在以股东或者公司高级管理人个人账户流转公司款项的经营模式，股东和公司不能证实其提供的账户明细已穷尽名下所有银行账户的款项流转情况，无法达到财产独立的证明标准。

本内涵是股东利益至上。股东本位理念的公司法决定了公司法领域内的具体制度架构,如资本多数决原则、董事经理的信托义务、权力制衡的公司机构等。

股东本位的确立与近代西方政治生活密切相关,是资本民主在公司治理中的体现。政治领域的自由平等理念直接推动了私法立法理念的变化,1804 年《法国民法典》直接体现了权利本位的立法理念,确立了意思自治、所有权绝对和过失责任等近代民法三大原则。[①] 在《法国民法典》的影响下,近代西方国家确立了权利本位的立法理念,对个人权利的保护成为法律的终极目标。

在公司法领域,对股东利益的保护成为法律的核心。公司是股东获利最大化的工具,是由股东出资设立,并为股东利益存在的。在分权制衡政治理论的影响下,公司法将股东会设定为最高意思机构,有权决定公司一切事务,董事会仅为股东会的执行机构。关于股东本位的公司内部权力配置,主要有三个方面的内容:

(1)股东会中心主义。公司法将股东大会设定为最高意思机构,股东会是公司的最高权力机关,有权决定公司的一切事务,董事会仅为股东大会的执行者,并依附于股东大会。我国公司法仍然贯彻股东会中心主义,股东大会是公司的最高权力机关,股东大会上的股东享有公司的各种权力,与公司经营有关的事务均包含其中,董事会仅为股东大会决议的执行者,是股东大会的消极、机械的附庸。

(2)股东平等原则。股东平等原则是指股东基于自己的出资为基础而享有平等待遇的原则,是权利主体平等原则在公司法中的具体体现。股东平等原则的内容主要体现在股份平等上,是以股份平等为基础的,体现了股东主体平等、意志平等,对资本多数决原则加以限制。股东平等原则是包括资本多数决原则和股东主体平等原则的对立统一体,以资本多数决原则为基础、以股东主体平等原则为限制的股东平等原则作为构造公司制度的根本理念,如《公司法》规定的"一股一权"。公司权力分配中彻底贯彻股东平等原则,权力配置贯彻按资分配原则,股权分配遵循绝对客体标准,而不考虑股权主体标准。股东股权平等并不排除股权内容的不同,股权可以划分为普通股、特别股,享有不同股权的股东享有的权利和承担的义务是有区别的。

(3)资本多数决原则。资本多数决是指股东在股东大会上按照各自所持股份或者股权比例对公司重大事项行使表决权,经代表多数表决权的股东通过,才能形成有效的公司决议。股东享有的表决权的大小与其所持有的股份数额或者股权比例大小成正比,股东持有的股份越多,股权比例越大,所享有的表决权就越大。公司权力运行中彻底贯彻资本多数决原则。在 1919 年 Dedge v. Ford Motor Co. 案中,福特汽车公司的小股东道奇兄弟要求获利丰厚的公司(6000 万美元)分配高额的红利,遭到公司董事会拒绝,公司大股东福特(持有 58% 股份)声称公司巨额利润应当用以扩大生产规模,创造更多的就业机会以及降低汽车价格回馈消费者。密歇根州最高法院以资本多数决原则支持了公司大股东福特的主张,驳回了公司小股东道奇兄弟的权利主张。

---

① 近代民法典确立的民法三大原则并非民法基本原则。参见郑云瑞:《民法总论》(第八版),北京大学出版社 2018 年版,第 53 页。

传统公司法贯彻股东本位理念,体现为股东会中心主义和股东有限责任:

(1) 股东会中心主义。公司作为一种典型的营利法人形态,属于私法人。私法主体应遵循私法的基本原则,即意思自治原则。在公司法领域,意思自治原则最为重要的体现是承认股东为公司真正的权力主体,把股东追求利益最大化的行为视为一种合理、合法的正当行为。股东作为公司中心,通过公司章程构建公司的权利与义务架构,股东大会处于公司权力的核心,董事会和监事会的设立则是为确保股东利益最大化理念的实现。

股东会中心主义盛行于公司法早期立法中,德国、日本等大陆法系国家公司法均确认股东会为公司的最高权力机构。股东大会享有对任免董事和监事、审批公司决策、公司利润分配以及其他公司经营项目进行控制和监督的权力。我国《公司法》及相关司法解释仍然在不同地方体现股东会中心主义,如《公司法》第102条规定的股东提案权,《公司法司法解释(二)》第18条将公司的清算义务人规定为"有限责任公司的股东、股份有限公司的董事和控股股东"。

(2) 股东有限责任。股东有限责任制度是近代工业化的产物,工业化需要大规模投资,为规避经营风险,享受经营成果,公司法设计了具有独立人格的公司,股东仅以出资额为限对公司承担有限责任。股东有限责任极大地促进了投资人的投资积极性,将股东本位理念通过公司法具体制度充分体现出来。有限责任制度具有限定投资风险的作用,避免了无限责任条件下要求公司投资人承担无限责任的风险,分散了投资风险,从而使投资人的投资安全有了制度保障。有限责任制度使企业能够大规模吸收到众多投资人和社会的闲散资金,迅速聚集大量资本。有限责任制度的资本聚集功能,容易使企业产生规模经济。在资本主义发展初期,经济增长主要依赖于物质资本,投资增长推动经济发展。在这种经济增长和利润追求高于其他追求的时代,法律对投资人提供强有力的保护,使得股东本位得以确立。

(二) 现代公司法理念

社会本位是现代公司法理念,现代公司法理论对公司现实存在和价值功能作出了完全不同于传统公司法的解释,这些解释路径基本可以用社会本位理念加以概括。20世纪以来,股东本位受到前所未有的挑战,公司契约理论、社会责任理论等不断挑战传统公司法理念,社会本位理念是资本主义经济危机的产物。亚当·斯密经济学理论所倡导的完全、充分的自由竞争市场经济,在推进社会经济发展的同时不断引发经济危机,从而使人们开始质疑斯密所倡导的经济理论,公司社会责任理论成为公司法传统理念与现代理念的区别标志。现代公司法以社会本位理念审视公司与公司法律制度,全面解构传统公司法制度。

公司契约理论(corporate contract theory)涉及企业的所有权问题、代理人问题、如何监督和激励管理层等方面的问题。进入20世纪之后,公司规模越来越大,大公司的股权越来越分散,尽管小股东持有了公司的大多数股权,但普遍存在对公司监督上的"搭便车"行为,对公司运作的监督有限,公司经营管理权实际上为公司管理层控制。

在1932年出版的《现代公司与私有财产》中,伯利(Berle)和米恩斯(Means)指出,公司股权日趋分散和控制权日益为管理层所控制,普遍出现了"所有与控制分离"。与所有权相分离的控制权是公司制度的特殊产物,理论上公司控制权由股东所有权派生产生,但实践中伴随着公司制度的发展而变化。在公司控制权组织结构的形成方面,现代公司股东丧失了对公司财产的法律上的权利(legal title),公司资产的法律地位是公司所有权的对象。公司财产和全部利润的最终归属仍属于股东,公司为股东的利益而存在和运作。

在1937年发表的《企业的性质》中,罗纳德·科斯(Ronald Coase)认为,企业的标志是对价格机制的替代,企业的出现体现了对交易费用节约的关切,因为企业方式的交易费用低于市场方式的交易费用。

在1976年发表的《企业理论:经理行为、代理成本与所有权结构》中,迈克尔·詹森(Michael Jensen)和威廉·麦克林(William Meckling)将企业理解为个人之间的一组合同关系的连接点(nexus)。从委托代理关系的角度,詹森和麦克林进一步说明了企业经营管理中存在的代理人问题,把委托关系定义为合同关系。委托人授权代理人某些决策,要求代理人提供有利于委托人利益的服务。企业委托代理关系是通过双方订立的明示或者默示的合同进行的,管理和实施合同的全部费用,即为代理成本。

在1990年发表的《产权与企业的本质》中,奥利弗·哈特(Oliver Hart)与约翰·摩尔(John Moore)阐述了从不完全契约的角度分析企业产权的新框架。企业所有者与控制人之间的合同,也无法避免不完全性,代理人有动机也有操作空间牟取不当私利。特别在上市公司中,所有人高度分散,多数投资人没有能力也缺乏足够意愿去尽职监督控制人,从而产生了很强的道德风险。此外,哈特与格罗斯曼还创造性地提出了剩余控制权(residual control)的概念,并重新定义了企业概念,即企业是由其所拥有或者控制的资产构成的,所有权即为实施控制的权力。所有权就是所购入的这些剩余控制权。在企业中管理层负责企业的日常经营管理活动,但所有者掌握剩余控制权,可以决定管理层的聘任。如果没有信息不对称,所有者根据管理层的努力水平决定是否继续聘用管理层,就可以形成对管理层的有效约束。在现实中,由于信息不对称的存在,所有者很难直观地观察到管理层的努力程度。由于所有者与管理人的利益并非完全一致,在合同不完全和信息不对称的情况下,管理人谋求自身利益最大化的行为选择可能与所有者的利益发生冲突,导致了"代理人问题"。

公司合同理论还从信息不对称的角度,研究了对代理人的监督与激励问题。由于信息不对称,合同中的代理人可能掌握一定的私人信息,代理人的行为选择就可能出现逆向选择(adverse selection)。

公司社会责任理论(corporate social responsibility)是对传统公司理念最大的挑

战。公司社会责任理论是建立在利益相关者①基础上的，而利益相关者理论是针对以股东为中心的公司权力分配和机构运行的规则，否定股东本位主义理论的。利益相关者理论的形成和发展，受到公司契约理论影响。公司契约理论认为，公司是一种契约，是一系列契约的有机结合，是由各种要素（劳动、资本等）投入者为实现各自利益组成的联合体。利益相关者理论认为，凡与公司发生或者可能发生契约关系的主体均为公司利益相关者，这些主体包括但不限于股东、管理层、雇员、债权人、供应商、消费者和政府等。

公司社会责任理论对股东本位的股东利益至上理念进行了修正，公司不能仅以股东利益最大化为目的，而应最大限度地增进股东之外的其他所有社会利益，这些利益包括董事、管理层、债务人、消费者、竞争者的利益等，这些利益相关者应共同分享公司的剩余控制权。

---

① 利益相关者既包括公司股东、债权人、雇员、消费者、供应商等交易伙伴，也包括政府部门、本地居民、媒体、环保主义组织等压力集团。这些利益相关者与公司的生存和发展密切相关，分担了企业的经营风险，或者为公司的经营活动付出了代价，或者对公司进行监督和制约，公司经营决策必须要考虑其利益要求或者接受其约束。公司是一种智力和管理专业化投资的制度安排，公司的生存和发展依赖于公司对各利益相关者利益要求的回应而不仅仅取决于股东。

第二章　公司与公司类型

公司是人类社会创造的最有影响力、最有效率的企业组织形式,是社会经济生活的基本细胞,市场经济活动离不开公司和公司法。公司的活跃程度是市场经济的晴雨表。公司与公司法是公司法律制度中两个基本的概念,两者之间关系密切。公司是公司法的基本细胞,是公司法构建的基础,而公司法则是规范公司设立、运行和终止的规则体系。

第一节　公司的概念

公司是投资人投资营利和规避风险的工具,而盈利分配最大化与成本风险最小化是股东追求的终极目标。公司成为满足股东(特别是控股股东)谋取利益的需求,实现盈利分配最大化与成本风险最小化的有效工具。现代公司法明确了公司的营利性与公司的社会责任之间的关系,并将公司社会责任理念融入公司法的各种具体制度之中。

一、公司的概念

公司是指根据法律规定的条件和程序,由公司设立人设立的以营利为目的并具有独立人格的一种企业组织形式。[①] 换言之,公司是根据法律规定由股东出资设立的以营利为目的的社团法人。公司在英国称为"company",在美国称为"corporation",在法国称为"société commerciale",在德国称为"Handelsgesellschaft",在日本称为"会社"。公司是营利法人的代名词,法人身份和营利性是公司的基本内涵,而公司人格的

[①]　企业(enterprise)是从事生产、流通与服务等经济活动的营利性组织,即把人的要素和物的要素结合起来、自主地从事经济活动、具有营利性的经济组织。企业基本上属于一个经济概念而不是法律概念,企业概念本身并没有反映出参与企业活动主体之间的法律关系。参见甘培忠:《企业与公司法》(第7版),北京大学出版社2014年版,第1页。

公司具有企业的所有属性,但企业与公司又不是同一概念。公司与企业是种属关系,公司均为企业,但企业未必均为公司,公司仅为企业的一种组织形态而已。

"'商事企业'(business enterprise)、'企业'(enterprise)、'商行'(firm)和'公司'(company)被交替使用,但始终都指一个独立的经济实体,而不论其法律形态如何。在欧共体竞争法和政策文件中,替代术语'企业'(undertaking)经常被用于这些实体。"〔荷〕阿德里安·德瑞斯丹等:《欧洲公司法》,费煊译,法律出版社2013年版,第266页。

独立性则是公司最重要和最基本的法律特征。

公司是由全体股东出资设立的，股东以自己所认缴的全部出资额或者认购的股份为限对公司承担有限责任，而公司则以自己名下全部资产为限对公司债务独立承担责任。《公司法》第3条规定："……公司以其全部财产对公司的债务承担责任。有限责任公司的股东以其认缴的出资额为限对公司承担责任；股份有限公司的股东以其认购的股份为限对公司承担责任。"

（一）公司的起源和发展

公司法律概念源于欧洲大陆，古罗马起源说和中世纪起源说，是公司起源的两种主要学说：[①]

（1）古罗马起源说。古罗马起源说认为，随着商品经济的发展，古罗马开始出现了合伙经营，在合伙基础上形成的船夫协会等组织，是人类社会最为原始的公司组织形态。虽然罗马法既无法人概念也无法人制度，但一些地方自治团体、寺院等宗教团体以及养老院等公益慈善团体，具有类似于法人实体的特点，为近代法人制度的产生奠定了基础。[②]

（2）中世纪起源说。中世纪起源说[③]认为，公司起源于欧洲中世纪后期的康孟达。康孟达是两合公司的雏形，是股份有限公司的早期形态。公司的产生与合伙关系密切，公司出现是为规避合伙企业的弊端，合伙以人合为基础，投资人对合伙债务承担无限责任，巨大的经营风险显然会影响投资人的投资积极性；公司则以资合为基础，投资人仅以出资为限对公司债务承担责任。

公司起源并非单一因素的结果，可能是多种因素相互作用的产物。公司起源于中世纪欧洲大陆地中海沿岸贸易与中世纪的海上贸易，是由家族经营团体、康孟达和船舶共有等合伙组织渐次发展而来。

公司形成与资本主义生产关系的产生关系密切。从14、15世纪开始，地中海沿岸城市资本主义生产关系的萌芽，到16世纪西欧封建制度的解体以及资本主义生产关系统治地位的确立，需要大量的资本积累。伴随着国际贸易中心由地中海转移到大西洋，英国逐渐成为国际贸易中心。在重商主义和对外殖民扩张的双重政策影响下，英国、荷兰、法国等欧洲国家出现了一批政府特许建立的以股份集资经营为主的贸易商事组织。

公司设立主要经历了自主设立、特许设立和依法设立三种方式。公司出现之初主要是自主设立，即由投资人共同的意思表示推动公司设立，但公司概念不清晰，数量非常少。14世纪英国政府以特许设立方式在海外设立公司，这个时期特许贸易公司得

---

① 参见范健、王建文：《公司法》（第三版），法律出版社2011年版，第30—32页。
② 参见郑云瑞：《民法总论》（第八版），北京大学出版社2018年版，第222页。
③ 中世纪起源说是公司起源的通说，有三种观点：一是大陆起源说，认为公司起源于中世纪欧洲大陆地中海沿岸，由家族经营团体发展而来；二是海上起源说，认为公司起源于中世纪海上贸易，由康孟达、船舶共有等组织发展而来；三是综合起源说，认为公司起源应综合考虑各种组织形式在公司形成中的影响。

到快速发展。19世纪的公司由特许设立转变成为依法设立,公司独立法人人格确立,作为市场主体的公司在社会经济生活中的地位和作用不断增强。

根据不同法律标准和条件所形成的结构,公司产生了不同形态的组织形式。公司的组织形式决定了公司内部的组织结构和公司法律地位,同时也决定了投资人的投资风险责任范围。不同形态组织形式的公司,有着不同的发展历程,但各种形态组织形式公司的产生和发展,有着明显的关联性。公司组织形式经历了从无限责任公司、两合公司、股份两合公司、股份有限公司到有限责任公司的发展历程:

(1) 无限责任公司(unlimited liability company)。无限责任公司起源于索塞特,由索塞特演变而来。早期的索塞特具有一定的期限性,以全体成员名义从事交易活动,缺少客观化的标识。随着索塞特契约性的不断减弱、经营持久性和客观性的不断增强,索塞特渐次发展成为一种客观、持久的经营实体,形成了无限责任公司。[①] 在意大利得到认可之后,无限责任公司在欧洲大陆国家获得普遍的发展。1673年法国《陆上商事条例》正式确立了无限责任公司,对实践中早已存在的公司组织形式以立法形式正式确认,名称为普通公司。1807年《法国商法典》将无限责任公司改称为合名公司,并作了更为详尽的规定。欧洲国家立法将无限公司称为合名公司,合名公司是以全体股东姓名联合为名或者以部分股东姓名代表公司名称,即公司名称应当包含所有股东的名字,以便他人能够从公司名称中知晓公司股东的构成。随着股东人数的增加,公司名称无法包含所有股东的名字,德国将合名公司改称为"开名公司",表明公司股东名字公开,无须将所有股东的名字纳入公司名称,但至少应包含一个股东的名字,以此识别公司为无限责任公司。德国、意大利、比利时、西班牙、瑞士和日本等国的公司法也相继确认了无限责任公司。

无限责任公司应使用一个共同的商号,商号应具有一定的可识别性,并包含无限责任公司的法定形式。无限责任公司是以民事合伙为基础构建的,不具有社团法人资格,[②]属于人合公司,是共同共有的共同体。[③] 无限责任公司是以经营一个商事营业为基础的商事公司,仅适用于经营小营业和管理财产的公司,其所实施的法律行为均为商事行为,受商事规则调整。在内部关系上,无限责任公司适用意思自治原则,[④]每个股东原则上均可在经营范围内对外代表公司实施经营行为。公司股东不得通过竞争损害自己公司的利益,不得利用公司业务经验和业务秘密。无限责任公司以其商号对外享有权利、承担义务,取得所有权和其他物权,在法院起诉或者被诉。

---

① 无限责任公司与合伙组织并无本质的区别,两者均对外承担无限连带责任。

② 参见〔德〕格茨·怀克、克里斯蒂娜·温德比西勒:《德国公司法》(第21版),殷盛译,法律出版社2010年版,第140页。

③ 与有限责任公司和股份有限公司不同,无限责任公司并非法人所得税纳税主体,各个股东应将其股份盈利作为收入纳税。但在土地税、营业税和销售税上,无限责任公司则是纳税主体。参见〔德〕格茨·怀克、克里斯蒂娜·温德比西勒:《德国公司法》(第21版),殷盛译,法律出版社2010年版,第140页。

④ 参见〔德〕格茨·怀克、克里斯蒂娜·温德比西勒:《德国公司法》(第21版),殷盛译,法律出版社2010年版,第171页。

（2）两合公司(joint liability company)和股份两合公司(joint stock limited liability partnership)。从 13 世纪开始,意大利等国教会教义规定禁止收取利息,违反者一律逐出教会。从 13 世纪到 16 世纪,在教会强大势力的高压下,几乎看不到直接反抗禁令的现象,但还是有许多间接反抗禁令的现象存在。为规避教会禁止利息的禁令,资本所有人以合伙为名投资商业活动,约定分红,开始投资于海上商业活动,后来渐次扩展到陆上商业活动,逐步形成隐名合伙和两合公司两种组织形式。

两合公司是在无限责任公司之后出现的一种公司组织形式,是在康孟达基础上发展演变而来的,是无限责任公司的变形。在两合公司中,至少应有一个无限责任公司股东和一个有限责任公司股东,即两合公司应同时包含无限责任公司股东和有限责任公司股东。两合公司是一种典型的人合兼资合公司,人合性表现为承担无限责任的股东相互间的联合,而资合性表现为承担有限责任的股东在两合公司中的投资。换言之,股东承担无限责任体现了两合公司的人合性,股东承担有限责任则体现了两合公司的资合性。两合公司是狭义上的合伙公司,不具有社团法人资格。①

在两合公司中,无限责任股东以承担无限责任形式向社会提供信用,无限责任股东承担的责任形式迫使其更为关注公司经营状况,因而被赋予更多权利,如经营管理权。有限责任股东仅以投资财产为限承担有限责任,这种责任方式导致有限责任股东不可能像无限责任股东一样关注公司经营状况。有限责任股东以丧失公司经营管理权为代价获得了承担有限责任的特权,而无限责任股东则以承担无限责任为代价获得公司经营管理权。两合公司满足了不同利益需求的投资人的要求,得以快速发展起来,最终具备了较为独立的法律人格。早期法国、德国和日本等大陆法系国家对两合公司均有明确规定,但德国不承认其具有法人人格。第一次世界大战之前,德国很少采用两合公司,大多采用有限责任公司以避免个人责任。第一次世界大战之后,因税负原因,两合公司在德国获得较大的发展。②

大陆法系两合公司相当于英美法系有限合伙。英国有限合伙源于《1907 年有限合伙法》(Limited Liability Partnerships Act 1907)。美国有限合伙则源于 1916 年《统一有限合伙法》(Uniform Limited Partnership Act)、1985 年《修订统一有限合伙法》(Revised Uniform Limited Partnership Act)、2001 年《统一有限合伙法》(Uniform Limited Partnership Act)。

在两合公司向股份有限责任公司发展进程中,形成了一种同时具有股份有限责任公司和两合公司性质的股份两合公司,即两合公司的一种变化形态,由无限责任公司和股份有限责任公司混合而成。法国、德国、意大利、西班牙和日本的商法典承认了股份两合公司,英国 1867 年修订的《公司法》也承认了股份两合公司。股份两合公司弥补了股份有限责任公司的不足,因为股份有限责任公司虽然可以吸收巨额资本却无人

---

① 参见〔德〕格茨·怀克、克里斯蒂娜·温德比西勒:《德国公司法》(第 21 版),殷盛译,法律出版社 2010 年版,第 230 页。
② 同上书,第 231 页。

承担无限责任,公司债权人会担心发生意外时无人承担债务清偿责任。

（3）股份有限责任公司(company limited by shares)。股份有限责任公司是随着资本主义经济发展,在17世纪诞生并成长起来的。美洲大陆的发现和东方新航线的开辟,使国际贸易逐步由地中海转移到大西洋和印度大陆,西欧国家出现了一批具有垄断特权、以国外贸易和殖民为目的的贸易公司。从1553年莫科尔公司成立到1680年,英国先后设立了49个这种类型的公司。1600年,英国第一家股份有限公司,即由英格兰人设立的东印度公司,被授予皇家特许状,赋予在印度地区从事贸易活动的特权。[①] 1602年,荷兰以特许状方式设立东印度公司。通过股份募集公司经营所需的资金,股份有限公司为资本主义的原始积累提供了巨额资本。1606年,弗吉尼亚公司和普利茅斯公司是美洲建立最早的股份有限公司。

随着资本主义原始积累的完成和机器大工业的兴起,现代意义上的股份有限责任公司在18世纪快速发展起来。资金来源的扩大和远程运输的发展,已成为资本主义经济发展的先决条件,银行、运输业等部门首先提出了集中资金的要求。1694年成立的英格兰银行和1790年成立的合众美国银行均通过股份筹集资金。英美挖掘运河和修筑铁路所需资金,主要是通过股份有限责任公司的形式筹集获得的。20世纪初,随着资本主义进入垄断阶段,股份有限责任公司在西方社会进一步发展壮大,已成为主导制造业、采掘业、运输业、公用事业和银行、保险业的主要组织形式,如美孚石油公司、美国钢铁公司、美国电话电报公司等均采纳了股份有限责任公司的组织形式。

17世纪的股份有限公司制度已基本成熟,但未形成统一立法。股份有限公司的设立均须通过国王、议会或者政府的特许。18世纪开始,世界各国相继进行了股份有限公司立法,使股份有限公司的设立从特许主义转化为准则主义。1844年英国《股份公司法》实行注册制,废除了皇家令状和议会法案制度。1870年德国对《普通德意志商法典》公司法部分进行修改,对股份有限公司的设立由特许改为准则主义,给予人们设立股份有限公司的自由,从而使得股份有限公司成为当时非常普遍的公司组织形式。

（4）有限责任公司(limited liability company)。有限责任公司是最晚出现的一种公司组织形式,形成于19世纪末的德国。1892年德国颁布的《有限责任公司法》规定了有限责任公司。这种公司组织形式与前述各种公司组织形式不同,并非自发产生而是立法者的创设。[②] 有限责任公司是立法者基于投资人的现实需要而实施的一种制度创设,是立法者对社会现实需要的一种积极回应。自1870年德国股份有限责任公司采取准则主义的设立方式以来,股份有限责任公司成为一种非常普遍的公司组织形

---

① 东印度公司及其子公司完全垄断了东印度群岛地区的贸易,并由于皇家特许状赋予其政治、军事职能权力,东印度公司逐渐从商贸公司转型为印度地区的统治实体,直至公司解散。

② "不同于人合商事公司和股份有限公司,有限责任公司在德国是由立法者于1892年在没有历史先例的情况下,为满足确定的目的而新增创设的。"〔德〕格茨·怀克、克里斯蒂娜·温德比西勒:《德国公司法》(第21版),殷盛译,法律出版社2010年版,第287页。

式,但过于自由的股份有限责任公司在运行中不断暴露弊端,严重侵害了股东和债权人的利益。为避免股东和债权人受到欺诈和因公司管理不当受到的损害,1884 年德国修改了股份有限责任公司制度,严格了公司的设立条件和信息披露要求。修改之后的股份有限责任公司制度,大幅度提高了公司的设立门槛和设立成本,极大地制约了中小企业的发展要求。在对股份有限责任公司进行严格规定之外,为投资人设计一种新的公司组织形式,是当时德国公司立法所必须解决的重大问题。这种组织形式应当是介于无限责任公司或者两合公司与股份有限责任公司之间的一种公司组织形式,既有无限责任公司或者两合公司股东的凝聚力,又有股份有限责任公司的有限责任。《有限责任公司法》正是立法者基于这样的社会现实需要进行的一种制度创设,立法者的出发点是有限责任公司制度会获得社会的高度认可。从有限责任公司制度实施以来,有限责任公司的数量持续稳定增长,成为世界各国最为广泛使用的公司组织形式。

公司组织形式的形成和发展,经历了从自行创设到法律确认的发展过程。在公司立法对公司组织形式规范之前,个人独资、合伙、无限责任、两合公司、股份有限责任公司等组织形式已经在社会经济活动中被创制出来,成为社会现实存在,法律仅是对已经存在的组织形式的承认而已。

(二) 中国公司的形成和发展

公司的语源在中国并不十分清楚,学理上存在着一些不确切的说法。魏源的《海国图志·筹海篇》中的"公司"可能是中国最早公司法意义上的公司概念。[①]

从 17 世纪开始,公司在中国南方沿海地区出现并流行,19 世纪的洋务运动促成了中国最早公司的设立。1872 年,中国第一个股份制公司——轮船招商局设立,[②]此后相继设立的开平矿务局、上海机器织布局、中国电报局等开创了中国设立公司的先例。这些公司均是以政府特许令方式设立的,采取官督商办、官商合办的方式,[③]从而有效地规避了当时中国市场经济不发达、信用基础薄弱等弊端,协助、孕育了公司的产生,并在政府庇护下得到快速发展。

中华民国时期,北洋政府也创办了一些公司,如 1915 年设立的华新纺织公司、河北斋堂煤矿公司等。1904 年《公司律》规定了公司的概念:"本法所称公司,谓以营利为目的而设立之团体。"但《公司律》未规定公司独立的法人地位。1914 年《公司条例》

---

① ［清］魏源:《海国图志·筹海篇》:"西洋互市广东者十余国,皆散商无公司,惟英吉利有之。公司者,数十商辏资营运,出则通力合作,归则计本均分,其局大而联。"

② 成立于 1872 年的轮船招商局是中国最早的航运企业。时代的变迁造就了我国当今最大、效率最高的大型远洋油轮运输企业之一——招商局能源运输股份有限公司。

③ 官办企业有江南制造总局(1865 年)、金陵制造局(1865 年)、福州船政局(1866 年)、天津机器制造局(1867 年);官督商办的企业有轮船招商局(1872 年)、开平矿务局(1878 年)、天津电报总局(1880 年)、上海机器织布局、中国电报局等;官商合办的企业有上海华新纺织新局(1891 年)、湖北纺纱局(1894 年)等;民营公司有上海顺记洋杂货号(1862 年)、上海发昌机器船厂(1866 年)、天津自来火公司(1866 年)、中国机器轨铜公司(1866 年)、广州宏远堂机器造纸公司(1889 年)、上海棉利公司(1891 年)、重庆繁昌自来火公司(1893 年)等。参见史际春:《企业和公司法》(第三版),中国人民大学出版社 2013 年版,第 34—36 页。

重新界定公司的概念和内涵,①且明确了公司的法人地位。1929 年《公司法》完善了公司的概念,②明确提出社团法人仅以营利为目的,对公司营利性的强调使公司形式有力地摆脱了行业的局限性,扩展了公司适用范围,获得了更大的活动空间和范围。中国近代公司概念的形成路径发生了断裂,缺失了孕育培植的自主建立阶段,直接采取了政府特许建立与依法设立两种形式。从 1904 年《公司律》到 1946 年《公司法》,从仅对公司募集资本功能的关注,到对公司适用范围的明确、公司法人地位的确立、公司营利性的强调等,表明我国对公司概念思考的逐步深入,一直处于有意构建适合中国国情的公司制度进程之中。近代公司概念的变迁表明我国公司内涵不断地充实,反映了我国对公司认识的不断深化。

1949 年之后,我国仍然保留了公司组织形式,但计划经济时期的公司大多数并不符合传统公司法中对公司的要求,仅有公司之名而无公司之实,实践中对公司概念的使用非常混乱。从中华人民共和国成立之初到 20 世纪 50 年代下半期,公司经历了一个逐步萎缩直至消亡的过程。1978 年之后,伴随经济体制改革的深入发展,我国公司经历了复兴的过程。1993 年《公司法》明确在法律上界定了公司概念,恢复了公司原本的内涵。

二、公司的特征

公司是以资本联合为基础,以营利为目的,根据法律规定的条件和程序设立的,具有法人资格的企业组织。在现代社会中,产权关系明晰、组织结构合理、管理科学的公司,已成为最重要的企业组织形式。公司作为一个经营组织形式,具有营利性、社团性和独立性三个方面的基本特征:

(1) 公司的营利性。公司的营利性是指公司必须以从事经营活动、追求利润最大化为目的。公司是以营利为目的的社团法人,营利性是公司的基本性质,不具有营利性的团体不能成为公司,营利性是公司设立和存续的基本要件。股东设立公司的目的是通过公司经营活动获取利润,以营利为目的是公司企业性的重要表现。以营利为目的是指公司股东出资经营事业并将经营所获利益分配给公司股东。公司的营利性包括公司本身的营利性和股东的营利性两个方面:公司的营利性是指公司可以在不违反法律和公序良俗的范围内从事各种生产经营活动,通过生产经营活动获取利润。股东的营利性是指股东从公司盈利中分取利润是股东应有的权利,股东利益最大化是公司经营的最高价值目标。公司为满足股东的营利性要求,必须最大限度地追求经济利益,实现经济利益的最大化;公司的营利性要求公司为营利而活动,还要求公司盈利应当分配给股东。

(2) 公司的社团性。公司是两个或者两个以上股东出资设立的社团法人。公司的特点是股东的多元化,强调人合与资合的双重属性。法人分为社团法人与财团法

---

① "所谓公司,谓以商行为为业而设立之团体。"
② "本法所称公司,谓以营利为目的而设立之团体。"

人。社团法人以社员结合为基础,是人的集合体,如公司、合作社等;财团法人则以财产捐助为基础,是财产的集合体,如慈善机构、基金会等。公司的社团性要求公司成立之初和存续期间均应由两个以上的股东构成。股东多元化是公司社团性的表现,对一人有限责任公司的承认并不是对公司社团性的否定,而仅为一种例外情形。公司的社团性强调人的集合,表现在两个方面:一是公司是由人组成而不是财产组成的,强调人的价值;二是公司是由数人组成的,强调人的集合价值。人的集合主要是为满足集资、分散风险及保持公司人格独立性的需要。

（3）公司的独立性。公司的独立性是指公司应当具有独立的法人人格,即公司根据法定条件和程序设立之后,取得独立的法人人格。公司的独立性主要表现在三个方面:一是财产独立性。公司应当有独立财产,股东出资必须转移财产所有权,公司不接受留有任何控制权的出资。公司财产主要由股东出资和公司盈利积累构成。公司对其财产享有直接控制和支配的权利。股东将财产投入公司,股东财产便转化为公司财产,股东丧失对该公司财产的直接支配权,仅享有公司股权。二是组织机构的独立性。公司拥有独立的权力机构、业务执行机构和监督机构,公司依法设立股东会、董事会、监事会等机构以及业务发展需要的经营机构,这些机构根据法律和公司章程的规定独立行使职权。三是责任承担的独立性。公司对外承担责任的独立性表现为公司责任与股东责任的相互独立。有限责任公司股东以其认缴出资额为限对公司承担责任;股份有限责任公司股东以其认购股份为限对公司承担责任。责任承担的独立性是公司独立性的核心,公司具有法人人格,独立承担责任,股东对公司债务不承担连带责任。个人独资企业和合伙企业则不具有法人资格,不能独立承担法律责任,需要投资人承担无限(连带)责任。

第二节　公司的类型

公司的类型是公司法的基础问题,公司法规范是以公司类型为基础而设计的规则体系。公司类型化的意义在于不同类型的公司可以找到最为适合的法律规范,公司在不同的发展阶段需要不同类型的组织形式及与之相适应的公司治理模式。

尽管我国公司法仅规定了有限责任公司和股份有限公司两种类型,但公司法理论上存在不同类型的公司,即使是有限责任公司和股份有限公司,也可以根据不同标准而将其分别归入不同类型的公司分类之中。

一、公司类型的学理分类

在公司法上,公司类型的学理分类具有重要意义。对公司类型学理分类的明晰,具有重大实践意义,有助于理解公司法对不同类型公司所确立的不同规则。同时,对不同类型公司法律适用的研究,不但可以促进公司的立法发展,而且还可以更好地指导公司司法审判实践。

（一）无限责任公司、两合公司、股份两合公司、股份有限公司和有限责任公司

以公司股东所承担的责任范围为标准，公司可以分为无限责任公司、两合公司、股份两合公司、股份有限公司和有限责任公司。这是最主要的公司分类，也是公司立法上的公司分类方式。[1]

（1）无限责任公司、两合公司和股份两合公司。无限责任公司是指由两个以上股东组成，全体股东对公司债务承担连带无限责任的公司。[2] 两合公司是指由部分无限责任股东和部分有限责任股东共同组成，无限责任股东对公司债务承担连带无限责任，而有限责任股东仅以出资额为限承担责任的公司。股份两合公司是指由部分对公司债务承担连带无限责任的股东和部分仅以所持股份对公司债务承担有限责任的股东共同组建的公司。由于无限责任公司、两合公司、股份两合公司这三种公司固有的缺陷，其数量已经很少，特别是股份两合公司。但西方国家公司法上，仍然规定了这三种类型的公司，尽管其数量仅占少数。

（2）股份有限公司。股份有限公司是指由一定以上人数组成，公司全部资本分为等额股份，股东以其所持股份对公司承担责任，公司以其全部资产对公司债务承担责任的公司组织形式。在公司发展历史上，股份有限公司是在两合公司之后产生较早的公司形式。由于具备筹集资金的广泛性、股份的自由转让、所有权与经营权分离的经营方式、分权制衡机制以及股东有限责任等特征，股份有限公司特别适合于大型企业的经营，已成为十分重要的公司形式。

（3）有限责任公司。有限责任公司是指股东仅以其出资额为限对公司承担责任，公司则以其全部资产对公司债务承担责任的公司组织形式。在公司的发展史上，有限责任公司出现较晚，较好地吸收了其他公司形式的优点并克服其不足，在世界各国公司法中，这种公司形式得到了迅速发展。有限责任公司是世界各国数量最多、运营最为广泛的公司组织形式。

（二）人合公司、资合公司和人合兼资合公司

以公司信用基础为区分标准，公司分为人合公司、资合公司和人合兼资合公司。

（1）人合公司。人合公司是指以股东个人信用而不是以公司资本作为信用基础所组成的公司。公司对外关系的基础不是公司本身的资本或者资产状况，而是股东个人的信用状况。由于相对人是基于对股东个人的信赖与公司进行交易的，从而股东责任不能仅限于其出资，而应以其全部个人资产承担责任。换言之，人合公司股东对公司债务承担无限连带责任，公司资不抵债时，股东应以个人全部财产清偿公司债务。人合公司通常具有家族性，被称为"家庭性公司"。无限公司是典型的人合公司。

（2）资合公司。资合公司是指以公司资本而非股东个人信用作为信用基础所组

① 例如，《公司法》第2条规定："本法所称公司是指依照本法在中国境内设立的有限责任公司和股份有限公司。"
② 英国《2006年公司法》第一部分第3条第4款规定了无限责任公司。

成的公司。资合公司以公司资本和资产条件作为公司信用基础,公司对外关系的基础不是股东个人信用状况,而是公司本身的资本和资产。资合公司股东对公司债务仅在出资额范围内承担责任,公司股东之间以出资相结合,公司具有公众化的特点。股份有限公司是典型的资合公司。

(3) 人合兼资合公司。人合兼资合公司是指公司兼以股东个人信用和资本信用为信用基础所组成的公司。人合兼资合公司的信用基础包括了股东个人信用与公司资本和资产信用两个方面,公司既有人合性质又有资合性质。两合公司和股份两合公司是最典型的人合兼资合公司,有限责任股东的出资或者股份为公司提供资本信用基础,而无限责任股东则以个人信用为公司提供一般担保。有限责任公司是典型的人合兼资合公司。

以公司信用基础为依据的公司分类,揭示了公司法的立法意旨。公司法对有限公司、股份有限公司和无限公司所作的不同的具体规定,在很大程度上是基于公司信用基础的不同。这种分类对于理解公司法的许多规定和原理具有重要的作用。

(三) 国营公司、公营公司和民营公司

以公司资本的构成为区分标准,公司可以分为国营公司、公营公司和民营公司。

(1) 国营公司。国营公司是指资本主义国家的国有化企业,虽名为"公司"但并非商法意义上的公司,不受公司法调整。公司全部资本由国家投资,国家作为股东参与公司利润分配,公司经营管理由国家代表、企业代表和工会代表组成的董事会负责,公司资本也不分为股份,被视为国家"独资"经营的公司。在20世纪90年代之前的计划经济年代,我国国营公司占主导地位,但仅有公司之名却无公司之实,并非现代公司法意义上的公司。现在仍然还有少数大型国有企业并非公司法意义上的公司,如中国铁路总公司、[①]中国石油化工集团公司、[②]中国化工集团公司、国家核电技术公司、中国冶金地质总局、中国煤炭地质总局等,但绝大部分中央大型国有企业在21世纪初按照公司法进行了大规模的现代公司制改造,成为有限责任公司或者股份有限公司。近年来仍有部分企业进行公司制改造,如2008年中国保利集团公司改制为中国保利集团有限公司,2010年中国五矿集团公司改制为中国五矿集团有限公司、中国铝业公司改制为中国铝业集团有限公司,2012年中国盐业总公司改制为中国盐业集团有限公司、中国轻工集团公司改制为中国轻工集团有限公司,2014年中国黄金集团公司改制为中国黄金集团有限公司。

(2) 公营公司。公营公司指政府独资经营或者政府与私人合资经营而政府资本超过50%或者政府在经营管理中起决定性作用的公司。换言之,公营公司是各国政府直接或间接控制经营的公司,是现阶段普遍存在的一种经济成分。公营公司仅受产

---

① 中国铁路总公司是经国务院批准,依据《全民所有制工业企业法》设立,由中央管理的国有独资企业,注册资金10360亿元。

② 中国石油化工集团公司是1998年7月,国家在原中国石油化工总公司基础上重组成立的特大型石油石化企业集团,注册资本2749亿元。

权关系约束,而不受行政关系管辖,并由拥有所有权的那一级政府全权负责。作为现代社会大生产的一种组织经营形式,公营公司无论在发达国家还是在发展中国家都占据着重要地位。学界将国外公营公司等同于我国国有公司,认为国外公营公司是国有公司,我国全民公司也是国有公司,两者无须再作区分。事实上,世界各国广泛存在的公营公司,既不是国家资本主义或者国家垄断资本主义性质,也不是社会主义公有制性质。国家与政府是不能等同的,公营公司只是政府所有的公司。公营公司在现代社会广泛存在,如中国核工业集团有限公司、中国商用飞机有限责任公司、中国航天科技集团有限公司、中国节能环保集团有限公司、中国航天科工集团有限公司、中国航空工业集团有限公司、中国诚通控股集团有限公司、中国船舶工业集团有限公司、中国中煤能源集团有限公司、中国船舶重工集团有限公司等。

（3）民营公司。民营公司是指公司完全由私人投资经营或者私人与政府合资而政府资本未超过50%的公司,即指所有非公有制公司。民营公司是在我国经济体制改革过程中产生的,并非严格意义上的法律概念。与民营公司相对的概念是国有公司,国有公司是指公司资本全部或者主要部分由国家投入,其全部资本或主要股份归国家所有的公司。华为投资控股有限公司、苏宁控股集团有限公司、正威国际集团有限公司、京东商城电子商务有限公司、山东魏桥创业集团有限公司、联想控股股份有限公司、恒大集团有限公司、国美控股集团有限公司、恒力集团有限公司等九家民营公司,2017年营业收入突破3000亿元。[1]

（四）母公司和子公司

以公司外部组织关系为区分标准,公司可以分为母公司和子公司。

（1）母公司（parent company）。母公司,又称为控股公司（holding company）或者控制公司（controlling company）,是指拥有其他公司一定数额股份或者根据协议能够控制、支配其他公司人事、财务、业务等事项的公司,即为以拥有其他公司多数控制股权方式掌握其管理及营运的公司。母公司通常可被描述为任何拥有特定公司大部分股份的公司,但严格来说母公司仅为持有其他公司股份或者股权的公司,自己不生产商品或者提供服务,而纯粹以持股营运为目的。在以母公司方式取得其他公司所有权及控制权时,这种持股方式可以有效地降低持股人风险。例如,银行控股公司（bank holding company）或者金融控股公司（financial holding company）通过成立一个控股公司的间接方式来进行金融业跨业整合。金融控股公司本身并不能直接从事金融业务或其他商业活动,但其投资控股范围则包括了银行业、票券金融业、信用卡业、信托业、保险业、证券业、期货业、创投业、外国金融机构等。例如,在中化国际（新加坡）有

---

[1]　参见《2018 中国民营企业 500 强出炉 超大型企业进一步增加》,http://finance.people.com.cn/n1/2018/0829/c1004-30258938.html,2019 年 8 月 8 日访问。

限公司国际货物买卖合同纠纷案中，[①]江苏高院审理查明，中化国际（控股）股份有限公司是中化国际（新加坡）有限公司的母公司。

（2）子公司（subsidiary company）。子公司，又称为附属公司（affiliated corporation），是指一定数额的股份被另一公司控制或者根据协议被另一公司实际控制、支配的公司。对子公司股份的拥有，使母公司有足够的表决权票数决定子公司经营团队的组成而控制公司运作。母公司拥有子公司通常必须拥有其 50% 以上的股份，但也有其他控制方式。[②] 根据我国《公司法》第 14 条规定，子公司具有独立法人资格，拥有自己所有的财产、公司名称、章程和董事会，对外独立开展业务和承担责任。但涉及公司利益的重大决策或者重大人事安排，仍要由母公司决定。例如，在大庆凯明风电塔筒制造有限公司买卖合同纠纷案中，[③]黑龙江高院认为，虽然大庆凯明风电塔筒制造有限公司与凯明（大庆）新能源开发有限公司的出资人均有香港凯明公司，肇源新龙顺德风力发电有限公司是凯明（大庆）新能源开发有限公司的全资子公司，但三个公司均为独立法人。

（五）总公司和分公司

以公司内部管辖关系为区分标准，公司可分为总公司和分公司。

（1）总公司（head office）。总公司是指依法设立管辖公司全部组织并具有法人资格的总机构。总公司通常先于分公司设立，在公司内部管辖系统中，处于领导、支配地位。

（2）分公司（branch office）。分公司是指在业务、资金、人事等方面受总公司管辖而不具有法人资格的分支机构。分公司不具有法律上和经济上的独立地位，设立程序较为简单。分公司设立需要向公司登记机关申请登记，领取营业执照。

总公司在法律上具有法人资格。分公司是总公司所管辖的分支机构，在业务、资金、人事等方面均受制于总公司。分公司在法律上和经济上均没有独立性，不具有法人资格。尽管分公司不具有法人资格，不享有独立的财产权利，不能独立承担责任，但分公司能够以自己的名义实施法律行为，有相应的权利能力和行为能力，如银行和保

[①] 在中化国际（新加坡）有限公司诉蒂森克虏伯冶金产品有限责任公司国际货物买卖合同纠纷案（〔2009〕苏民三初字第 0004 号、〔2013〕民四终字第 35 号）中，法院裁判摘要认为，国际货物买卖合同纠纷的双方当事人营业地分别位于新加坡和德国，当事人在合同中约定适用美国法律。新加坡、德国、美国均为《联合国国际货物销售合同公约》缔约国，当事人未排除公约的适用，案件的审理应首先适用《联合国国际货物销售合同公约》。对于审理案件中涉及的问题公约没有规定的，如合同效力问题、所有权转移问题，应当适用当事人选择的美国法律（2015年最高法公报案例）。

[②] 例如，根据香港《公司条例》第 2(4) 条的规定，有以下情形之一的，一个公司成为另一个公司的子公司：公司由母公司持有过半数表决权；公司是母公司的集团成员，母公司并具有委任或罢免该公司的董事局过半数董事的权利；公司是母公司的集团成员，母公司并根据一项与其他股东或成员达成的协议，独自控制该公司的过半数表决权；母公司凭借该公司的章程大纲或章程细则或相等的章程性质的文件所载的条文而有权对该公司发挥支配性影响力；母公司凭借控制合约而有权对该公司发挥支配性影响力。

[③] 在大庆凯明风电塔筒制造有限公司诉华锐风电科技（集团）股份有限公司买卖合同纠纷案（〔2012〕黑高商初字第 9 号、〔2013〕民一终字第 181 号）中，法院裁判摘要认为，合同必须严格遵守。如果合同义务有先后履行顺序，先履行一方怠于履行给后履行一方履行合同造成困难的，后履行一方因此取得先履行抗辩权，并有权要求对方履行全部合同（2015 年最高法公报案例）。

险公司等分支机构,[①]而且银行和保险公司分支机构还享有独立的诉讼法律地位。[②]例如,在李建国案外人执行异议之诉案中,[③]最高法认为,分公司的财产属于公司所有,分公司对外进行民事活动所产生的法律责任由公司承担。

（六）本国公司、外国公司和跨国公司

以公司国籍为区分标准,公司可分为本国公司、外国公司和跨国公司。

（1）本国公司（domestic company）和外国公司（foreign company）。公司国籍确定标准主要有住所地标准、[④]设立登记（注册）地标准、设立人国籍标准和公司资本控制人国籍标准。多数国家采用设立准据法主义和设立行为地主义来确定公司国籍,以区分本国公司和外国公司。凡是根据一国法律在该国境内登记设立的公司,无论有无外国股东,无论外国股东出资多少,均为本国公司;反之,则为外国公司。例如,在中化国际（新加坡）有限公司国际货物买卖合同纠纷案中,最高法认为,涉案国际货物买卖合同纠纷的双方当事人中化国际（新加坡）有限公司和蒂森克虏伯冶金产品有限责任公司,均为外国公司。

（2）跨国公司（multinational corporation,MNC）。跨国公司,又称跨国企业（multinational enterprise,MNE）,是指以本国为基地并在其他国家或者地区设立分公司、子公司或者其他参股性投资公司,从事国际性生产和经营及服务活动的大型经济组织。跨国公司在不同国家或者地区设有办事处、工厂或者分公司,通常还有一个总部用以协调全球管理工作。跨国公司通常利用承包商来制造特殊商品,即经常使用外包经营方式。大型跨国公司的预算甚至超过许多国家政府预算,对全球政治具有很大的外交影响力。国家与地区政府通常会提供优惠条件以吸引跨国公司投资,如财税优惠、承诺给予政府协助或者较低的环境标准。第一家跨国公司是1600年成立的英国东印度公司。世界500强公司大多数属于跨国公司。

二、公司类型的立法分类

由于语言、思维模式和历史传统的不同,大陆法系和英美法系公司类型在立法上有不同的公司形态。

（一）大陆法系公司分类

大陆法系一般把公司分为无限责任公司、两合公司、有限责任公司、股份有限

---

① 《商业银行法》第22条第2款规定:"商业银行分支机构不具有法人资格,在总行授权范围内依法开展业务,其民事责任由总行承担。"

《保险法》第74条第2款规定:"保险公司分支机构不具有法人资格,其民事责任由保险公司承担。"

② 《民事诉讼法司法解释》第52条规定:"民事诉讼法第四十八条规定的其他组织是指合法成立、有一定的组织机构和财产,但又不具备法人资格的组织,包括:……（六）依法设立并领取营业执照的商业银行、政策性银行和非银行金融机构的分支机构;……"

③ 在李建国诉孟凡生、长春圣祥建筑工程有限公司等案外人执行异议之诉案（〔2014〕长民二初字第5号、〔2015〕吉民一终字第72号、〔2016〕最高法民再149号）中,法院裁判要旨认为,被执行人为企业法人的分支机构的,当其不能清偿债务时,可以裁定企业法人为被执行人。同理,当被执行人为企业法人时,如果不能执行该企业法人分支机构的财产,将有违权利义务对等原则（2017年最高法公报案例）。

④ 住所地标准有依公司管理中心所在地、依公司营业中心所在地、依公司章程的规定确定等。

公司。

（1）无限责任公司。无限责任公司，又称无限公司，是指由两个以上股东组成的，股东对公司债务承担连带无限责任的公司。无限责任公司在日本称"合名会社"，在法国称"合股公司"，由两个以上自然人股东组成，法人不得成为公司股东。各个股东对公司债务承担无限连带责任，清偿公司全部债务的股东对其他股东享有追偿权，类似于英美法系中的普通合伙。公司所有权和管理权一体化，每个股东对外均可以代表公司，公司具有法人资格。由于无限责任公司规模不大，经济实力相对弱小，社会影响力不大，并非现代社会主要的公司形式，在有些大陆法系国家事实上已经趋于消亡。

（2）两合公司和股份两合公司。两合公司，又称简单两合公司，指由无限责任股东和有限责任股东共同投资设立的公司。两合公司在日本称"合资会社"，属于人合兼资合公司，但更偏重人合，类似于英美法系的有限合伙。

股份两合公司是指由无限责任股东和有限责任股东组成，有限责任部分的资本分为等额股份，由有限责任股东认购，仅就其认购的股份对公司债务承担责任。股份两合公司在日本称"株式合资会社"，是两合公司的一种特殊形式，两合公司兼有无限公司和有限公司的特点，而股份两合公司则兼有无限公司和股份有限责任公司的特点。[①] 理论上，两合公司、股份两合公司作为中小企业的组织形式，具有制度设计上的优势，将无限公司与有限公司或者股份有限责任公司的优势结合为一体，[②]成为无限公司和有限公司、股份有限责任公司之间的中间形式。但实践中，两合公司已经很少为投资人所采用，而股份两合公司基本上名存实亡。一些大陆法系国家的公司法已经废止了股份两合公司，仅德国、法国等少数国家还有保留。[③]

（3）有限责任公司。有限责任公司，又称有限公司，是指由两个或者两个以上股东共同出资，每个股东以其所认缴出资额为限对公司承担有限责任，公司则以全部资

---

① 两合公司和股份两合公司的共同之处是均由无限责任股东和有限责任股东组成。法律通常不限制无限责任股东的出资形式，但却限制有限责任股东的出资形式；无限责任股东管理公司事务，有限责任股东不得执行公司业务以及对外代表公司，无权参与公司管理。股份两合公司区别于两合公司之处是有限责任股东出资划分为等额股份，对外发行股票从而使得其吸收社会公众投资比两合公司更容易。

② 既有承担无限责任的股东以取得外界信任，又可吸收有限责任股东以扩大公司的资金来源。

③ 根据德国联邦统计局的信息，2005年的公司形式与销售额如下：

公司形式	数量	百分比（%）	销售额（百万欧元）	百分比（%）
个体企业	2130837	70.17	492827	10.79
无限公司	261705	8.62	228480	5.00
两合公司	121653	4.01	1070680	23.44
股份有限公司、股份两合公司	7258	0.24	895755	19.61
有限责任公司	452946	14.91	1578845	34.57
其他	50885	1.68	218730	4.79
总计		100.00	4567397	100.00

参见〔德〕格茨·怀克、克里斯蒂娜·温德比西勒：《德国公司法》（第21版），殷盛译，法律出版社2010年版，第61页。

产对债务承担责任的法人。有限公司在日本称为"有限会社",它是大陆法系公司法的特有概念,与英国私人公司和美国的封闭公司相近。公司资本不划分为等额股份,每一个股东所持的出资证明书仅为证明其出资比例,出资证明书不是有价证券,不能流通,不得公开募集资本。股东出资的转让受到一定限制,包括实体限制与程序限制,且不存在公开交易市场。股东人数法定上限大致在 20—50 人,有限公司募集资本的能力有限,立法者创设有限公司的本意是为中小企业提供一种适合的组织形式。有限公司制度内容的设计介于股份有限责任公司和无限公司之间,实质上是一种小型股份有限责任公司。① 股东人数受到限制,在很大程度上决定了有限公司封闭性的特征,人数不多的股东相互之间通常比较熟悉,具有良好的人身信任关系,是最适合中小企业的组织形式。在大陆法系五种法定公司类型中,唯有限公司是立法者的立法创造,是在立法者意图克服其他类型公司缺陷的基础上创设出来的。

（4）股份有限公司。股份有限公司,又称股份有限责任公司或者股份公司,是指注册资本由等额股份构成,并通过发行股票筹集资本,股东以其所认购股份对公司承担有限责任,公司则以全部资产对公司债务承担责任。股份有限责任公司在日本称"株式会社",它是大陆法系公司法特有的概念,英美法对应的概念是公众公司,二者之间共同的本质特征在于股份的公开发行和自由转让。股份有限责任公司全部资本分为等额股份,以适应大规模募集资本及股份自由转让的需要,股份向社会不特定多数人发行并自由转让,是股份有限责任公司与其他类型公司的本质区别。股份有限责任公司通过公开发行股票来筹集资本,股票可依法在证券交易所自由流通。股份自由转让所形成的资本证券化的运行,使股份有限责任公司实现了比其他公司类型更彻底的"两权分离",从而影响了公司的财产结构与治理结构。股份有限责任公司筹资渠道多、筹资能力强,适应了大规模社会集资时代的发展需求。股份有限责任公司股东众多,股份分散,从而有效地分散了投资人的投资风险,每个投资人仅承担较小的投资风险,股份自由转让也极大地便利了投资人的风险转移。

（二）英美法系公司分类

英美法系国家公司法对公司类型有不同分类,英国将公司分为注册公司和非注册公司,而美国则将公司分为公众公司和封闭公司。

（1）英国公司分类。以公司注册为标准,英国将公司分为注册公司（registered company）和非注册公司（unregistered company）。注册公司是指根据公司法注册成立的公司。非注册公司是指根据特许制度或者各种特别法令而设立的公司。

注册公司有公众公司和私人公司之分。公众公司（public limited company,PLC）是指在章程中载明公众公司的股份有限公司。公众公司必须标明"PLC",至少有五万

---

① 为在形式上区别于股份有限责任公司,股东人数一旦突破上限就应当立即变更公司组织形态。例如,法国《商事公司法》第 36 条规定,有限公司的股东人数超过 50 人的,应在两年内转变为股份有限责任公司;否则,公司予以解散。

英镑的授权资本。私人公司（private limited company，LTD）是指公众公司之外的其他任何公司，主要有私人有限公司、保证有限公司和私人无限公司三种类型，名称必须以"limited"或者"LTD"结尾。公众公司和私人公司之间可以相互转化。

非注册公司有特许公司（chartered company）和法定公司（statutory company）之分。特许公司是指根据王室颁发的特许状设立的，且享有特权或者特别法定权利的公司。特许状主要用于设立学术团体、行业组织，已经不适用于工商业。法定公司是指通过议会特别立法设立的公司，主要用于电力、煤气、供水、铁路等公用事业。

以承担责任方式不同，公司可以分为有限责任公司（limited company）和无限责任公司（unlimited company）。有限责任公司股东依法对其固定投资额或者公司章程中记载投资额承担有限责任。无限责任公司股东对公司债务承担无限责任。

有限责任公司又可分为股份有限公司（company limited by shares）和保证有限公司（company limited by guarantee）。股份有限公司是指股东责任仅限于其所持股份未缴付金额的公司。股份有限公司股东对超过其未缴付股份数额的公司债务不承担责任。例如，甲认购了 A 股份有限公司发行的票面价值为 1000 英镑的股份并缴付了 600 英镑，假设 A 股份有限公司有 10 万英镑到期不能清偿的债务，甲（及该股份的后续持有人）对公司的债务仅承担 400 英镑的清偿责任。

保证有限公司是指股东承诺在公司发生清算时，会根据章程规定数额向公司承担缴付责任的有限公司。在保证有限公司设立时，公司股东无须缴付任何资本，仅需承诺在公司清算时承担一定数额的缴款责任即可。

（2）美国公司分类。以公司股份是否公开发行及股份是否允许自由转让为标准，美国将公司分为公众公司（public corporation）和封闭公司（private corparation，closed corporation）。公众公司，又称为上市公司（listed corporation），是指可以在证券市场上向社会公开发行股票，股东拥有的股票也可以在证券交易所自由买卖或者交易的公司。封闭公司，又称为不上市公司，是指公司股份只能向特定范围股东发行，而不能在证券交易所公开向社会发行，股东拥有的股份或者股票可以有条件地转让，但不能在证券交易所公开挂牌买卖或者流通的公司。

有限责任公司是美国的一种非常重要的公司类型。在借鉴欧洲有限责任公司法的基础上，1977 年美国怀俄明州制定了《有限责任公司法》，佛罗里达州紧随其后。1988 年美国国税局对有限责任公司作了免税待遇裁决，极大地推动了各州有限责任公司法的制定。1994 年美国统一州法全国委员会制定《统一有限责任公司法》（Uniform Limited Liability Company Act），1996 年又对该法进行了重大修改。有限责任公司作为新型公司组织形式在美国得以完全确立。在该法中，美国称公司为"company"而不是"corporation"。有限责任公司必须办理法定手续才能设立，应向州务秘书交存组织章程（articles of organization，certificate of formation），有一个或者一个以上成员，成员可以是自然人，也可以是法人。有限责任公司是为适应中小投资人需要而设计的一种公司类型，对双重纳税的避免受到中小投资人的欢迎。

三、我国《公司法》的公司分类

我国公司立法对公司的分类较为简单,《公司法》第 2 条对公司类型进行了区分,公司仅分为有限责任公司和股份有限公司。《公司法》第 3 条则对公司类型进行了界定,有限责任公司股东以其认缴出资额为限对公司承担责任;股份有限公司股东以其认购股份为限对公司承担责任。《公司法》对有限责任公司和股份有限公司适用不同的法律规则,采取了先有限责任公司,后股份有限公司的体例设置,这种设置方式给法律适用带来了极大的问题。这种设置方式和理念突出了有限责任的属性,而忽视了两种组织形式应有的特性和内在的不同,对两种组织形式的机构和职权配置完全相同,这种体例设置强化了法律对有限责任公司的干预,弱化了有限责任公司的灵活性,也削弱了股份有限公司的强制性。

(1)有限责任公司。有限责任公司是由 50 个以下股东出资在中国境内设立,每个股东以其所认缴出资额对公司承担有限责任,公司以其全部资产对债务承担责任的法人。有限责任公司包括国有独资公司以及其他有限责任公司。有限责任公司的设立程序比较简单,不必发布公告,也不必公布账目,尤其是公司资产负债表一般不予公开,公司内部机构设置灵活。但是,有限责任公司不能公开发行股票,筹集资金范围和规模通常比较小,难以适应大规模生产经营活动的需要。因此,有限责任公司这种形式通常适合于中小企业。

(2)股份有限公司。股份有限公司是指将全部资本划分为等额股份,股东以其认购股份为限对公司承担责任,公司以其全部财产对公司债务承担责任的法人。股份有限公司的设立,应当有 2 个以上 200 个以下发起人,且半数在中国境内有住所。公司资本总额平分为金额相等的股份;公司可以向社会公开发行股票筹资,股票可以依法转让;法律对公司股东人数只有最低限度,没有最高人数规定;股东以其所认购股份对公司承担有限责任,公司以其全部资产对公司债务承担责任;每一股有一表决权,股东以其所认购的股份,享受权利,承担义务;公司应当将经注册会计师审查验证的会计报告公开。在通过上市审查后,股份有限公司股份(股票)可以在股票公开市场流通买卖,称为上市公司。上市是公司筹资以扩充规模的重要途径之一。

(3)国有独资公司。国有独资公司是指根据《公司法》规定由国家授权投资机构或者国家授权部门单独投资设立的有限责任公司,即国家单独出资并由国务院或者地方人民政府授权同级人民政府国有资产监督管理机构履行出资人职责的有限责任公司。在《公司法》实施前已设立的国有企业,符合《公司法》规定设立有限责任公司条件——单一投资主体的,可以根据《公司法》改制为国有独资有限责任公司。国有独资公司是一种特殊的有限责任公司,其特殊性表现为有限责任公司股东只有一个——国家。国家以其出资额为限对公司承担责任,公司以全部法人财产对公司债务承担责任。国有独资公司是《公司法》为适应建立现代企业制度的需要,结合我国实际情况创设的公司类型。

国有独资公司章程由国有资产监督管理机构制定，或者由董事会制定，报国有资产监督管理机构批准。国有独资公司不设股东会，由国有资产监督管理机构行使股东会职权。国有资产监督管理机构可以授权公司董事会行使股东会的部分职权，决定公司重大事项，但有关公司合并、分立、解散、申请破产等事项，应当由国有资产监督管理机构决定。国有独资公司设董事会，董事会职权与普通有限责任公司相同。董事会每届任期不超过 3 年。董事任期届满，连选可以连任。

国有独资公司的设立方式主要有改制设立和投资设立两种。实践中，国有独资公司普遍采取改制设立方式，即原有国有企业依法改建为国有独资有限责任公司。投资设立方式是指国家投资人单独重新投资设立国有独资有限责任公司。根据 1993 年《公司法》第 64 条规定，①国务院确定生产特殊产品的公司②或者属于特定行业的公司③，应当采取国有独资公司形式。换言之，生产提供特殊产品或者属于特定行业的公司应当采取国有独资公司形式，如中国印钞造币总公司。当然，先前的《公司法》只是限定这两类特殊公司必须采用国有独资公司形式，而没有禁止或者限制除上述两类特殊企业以外的其他国有企业采取国有独资公司形式。现行的《公司法》删除了前述对国有独资公司的限制性规范，从而在法律上对国有独资公司没有任何限制性的规定。国有独资公司有中央国有独资公司和地方国有独资公司，总的数量不多，但对社会经济生活影响巨大，如中国投资有限责任公司④、中央汇金投资有限责任公司⑤、中国建银投资有限责任公司等为中央国有独资公司，申能（集团）有限公司、上海机场（集团）有限公司、上海国际集团有限公司、上海申迪（集团）有限公司等为上海地方国有独资公司。

2013 年，我国启动了混合所有制改革工作。2014 年 9 月，中国石油化工集团公司

---

① 1993 年《公司法》第 64 条规定："本法所称国有独资公司是指国家授权投资的机构或者国家授权的部门单独投资设立的有限责任公司。国务院确定的生产特殊产品的公司或者属于特定行业的公司，应当采取国有独资公司形式。"

2004 年修改《公司法》时删除了第 2 款，即"国务院确定的生产特殊产品的公司或者属于特定行业的公司，应当采取国有独资公司形式"。

② "生产特殊产品的公司"主要指生产货币、法定纪念币、邮票、预防用生物制品、具有军事用途的核心产品和关键部件等产品的公司。

③ "特定行业的公司"主要指自来水、煤气、供电、供热等城市公用事业，以及跨省电网、基本邮政和电信、铁路、国防工业、航天航空、核工业、石油开采、出口信用保险、广播电台、电视台、新闻出版等行业的公司。

④ 中国投资有限责任公司是 2007 年设立的国有独资公司，注册资本金为 2000 亿美元，有中投国际有限责任公司、中投海外直接投资有限责任公司和中央汇金投资有限责任公司三个子公司。

⑤ 中央汇金投资有限责任公司是 2003 年根据《公司法》规定由国家出资设立的国有独资公司，代表国家依法行使对国有商业银行等重点金融企业出资人的权利和义务。根据国务院授权，中央汇金公司对国有重点金融企业进行股权投资，截至 2018 年 12 月 31 日，中央汇金公司管理的国有金融资本为 4.3 万亿元人民币，控股参股机构包括国家开发银行股份有限公司、中国工商银行股份有限公司、中国农业银行股份有限公司、中国银行股份有限公司、中国建设银行股份有限公司、中国光大银行股份有限公司、中国出口信用保险公司、中国再保险（集团）股份有限公司、新华人寿保险股份有限公司、中国建银投资有限责任公司、中国银河金融控股有限责任公司、申万宏源集团股份有限公司、中国国际金融股份有限公司、中信建投证券有限责任公司、中国中投证券有限责任公司、建投中信资产管理有限责任公司、国泰君安投资管理股份有限公司等 17 家公司。

全资子公司——中国石化销售有限公司引入社会和民营资本,实现混合经营。① 第一批混合所有制改革、第二批混合所有制改革和第三批混合所有制改革陆续展开,分层分类积极稳妥推进混合所有制改革。

（4）一人有限责任公司。一人有限责任公司是指只有一个自然人股东或者一个法人股东的有限责任公司。一人有限责任公司有狭义和广义之分。狭义的一人有限责任公司,即形式意义上的一人有限责任公司,指公司股东仅为一人,即公司全部股份由一人拥有的有限责任公司。广义的一人有限责任公司包括形式意义上的一人有限责任公司和实质意义上的一人有限责任公司。实质意义上的一人有限责任公司,是指公司真实股东仅为一人,其余股东均属挂名。这种实质意义上的一人有限责任公司在美国较为普遍。根据美国一些州的公司法律规定,董事必须拥有一定数额公司股份即资格股份,因而许多公司股份的绝大部分比例由一个股东拥有,其余极小比例股份由公司董事拥有。此外,家族式公司也通常表现为实质意义上的一人有限责任公司。实际上,实质意义上的一人有限责任公司,真实股东最低持股比例不低于95％。我国《公司法》上的一人有限责任公司是狭义上的概念,即公司全部股份为一个股东所持有。在股东为公司法人时,公司股东所设立的一人有限责任公司是通常所称的全资子公司。《公司法》规定的国有独资公司,性质也是一人有限责任公司,是一种特殊类型的有限责任公司。根据《公司法》第58条的规定,一人有限责任公司的再投资有两个方面的限制:一是一个自然人只能投资设立一个一人有限责任公司,不能投资设立第二个一人有限责任公司;二是由自然人投资设立的一人有限责任公司不能再作为股东投资设立一人有限责任公司。《公司法》对一人有限责任公司设立的限制仅适用于自然人,而不适用于法人。一个法人可以投资设立多个一人有限责任公司,由一个法人设立的一人有限责任公司,可以再投资设立一人有限责任公司,成为一人有限责任公司股东。在对外承担债务方面,一人有限公司也不同于普通的有限责任公司。例如,在应高峰其他合同纠纷案中,②上海长宁区法院一审认为,股东应对一人公司债务承担连带责任,而上海一中院二审判决则否定了股东对一人公司债务承担连带责任。案件的生效判决表明,一人公司的财产与股东个人财产是否混同,应当审查公司是否建立了独立规范的财务制度、财务支付是否明晰、是否具有独立的经营场所等进行综合

---

① 2014年9月12日,中国石化销售有限公司与25家境内外投资人签署了《关于中国石化销售有限公司之增资协议》,25家投资人出资从4亿元到100亿元人民币不等,以现金共计1070.94亿元人民币（含等值美元）认购增资后的销售公司29.99％的股权。通过增资扩股,大润发、腾讯、海尔、汇源等多家企业成为中石化的战略投资人。中石化的销售业务将从单独的油品供应商向综合服务商转变。

② 在应高峰诉嘉美德（上海）商贸有限公司、陈惠美其他合同纠纷案（〔2013〕长民二（商）初字第S829号、〔2014〕沪一中民四（商）终字第S1267号）中,法院裁判摘要认为,在一人公司法人人格否认之诉中,应区分作为原告的债权人起诉的事由。如果债权人以一人公司的股东与公司存在财产混同为由起诉要求股东对公司债务承担连带责任,应实行举证责任倒置,由被告股东对其个人财产与公司财产之间不存在混同承担举证责任。其他情形下须遵循关于有限责任公司法人人格否认举证责任分配的一般原则,即折中的举证责任分配原则。一人公司的财产与股东个人财产是否混同,应当审查公司是否建立了独立规范的财务制度、财务支付是否明晰、是否具有独立的经营场所等进行综合考量（2016年最高法公报案例）。

考量。一人公司股东仅提供了审计报告、会计师事务所审计报告而未提供公司投资、经营、预决算、亏损弥补、个人分红等各个环节的书面决议和相应的财务凭证等相关证据的，不能证明股东个人财产与公司相互独立，应承担举证不能的法律后果。

以上是我国《公司法》规定的公司组织形式的类型，由于国有独资公司和一人有限责任公司属于有限责任公司，因而我国的公司类型实际上仅为有限责任公司和股份有限公司两种。从1993年《公司法》开始，我国一直保持有限责任公司和股份有限公司的划分，公司法修改和理论研究均建立在这个分类基础之上。有限责任公司对应封闭公司，股份有限公司对应公众公司，以这种简单的对应为基础展开了对域外公司法律规范的借鉴和移植。由于公众公司概念明显小于股份有限公司，我国比照公众公司来设计股份有限公司法律规范，则出现了制度无法对接的问题，因而只能通过对股份有限公司进行二次分类方式予以解决，即单独划分出来一类公司——上市公司。尽管《公司法》对上市公司仅有数个条文的规定，但由于存在证券市场，证券市场法律规范巨大的影响力，导致上市公司法律规范在《公司法》之外具有相对独立运作的基础和运作能力。《公司法》成为上市公司的一种过渡性规范和基础性规范，上市公司法律规范在《公司法》之外已经渐次体系化。证券市场法律规范逐渐超越证券发行和交易范围，扩展到《公司法》调整的公司组织和行为领域，对包括上市公司章程、股东大会、独立董事、董事会秘书等均以专门规范文件确定下来，并根据证券市场的发展需要随时加以修改调整。因此，证券市场的法律规范逐渐取代《公司法》而成为上市公司组织和行为的主导性法律规范。

四、我国香港地区《公司条例》的公司分类

由于我国香港地区《公司条例》受到英国公司法影响，香港公司类型与英国公司类型基本相同。香港是离岸公司注册地，我国内地有大量公司在香港地区注册，且有超过一千家内地公司在香港联合交易所上市。① 香港公司包括两类，即具有法人资格的经营团体：私人公司、公众公司、上市公司、控股公司、公司集团、海外公司、无限公司、有限公司；不具有法人资格的经营团体：个人企业和合伙企业。

（1）私人公司（private company）。私人公司，又称封闭式公司、不公开公司、少数人公司或者不上市公司，是指一个公司章程细则应当载有适当条文并作出以下三方面限制的公司：限制股份转让的权利；公司成员的人数不超过50人；禁止邀请社会公众认购公司任何股份或者债权证（债券）。私人公司至少有2名成员和2名董事。

（2）公众公司（public company）。公众公司，又称开放式公司、公开公司、多数人公司或者上市公司。香港公众公司股票可在联合交易所挂牌公开进行交易，且成员人

---

① 截至2018年12月31日，我国内地有1146家公司在香港地区上市，占香港2315家上市公司总数的49.5%。参见《香港交易所市场资料2018》，http://www.hkex.com.hk/-/media/HKEX-Market/Market-Data/Statistics/Consolidated-Reports/HKEX-Fact-Book/HKEX-Fact-Book-2018/FB_2018_c.pdf? la=zh-HK，2019年8月8日访问。

数也没有法定最高数额限制。香港公众公司的经营要贯彻"公开原则"的要求,以保护投资人和与公司进行交易的第三人利益。香港公众公司不能等同于上市公司。在符合一定条件后,香港公众公司可以申请公司股票在香港联合交易所上市交易,而香港上市公司是其股票已经在香港联合交易所挂牌交易的公司。即上市公司必然是香港公众公司,而香港公众公司不一定是上市公司。香港公众公司在募集资本、扩大经营规模以及股东通过股份的转让随时转移风险等方面,具有私人公司所不具有的优点。但香港公众公司的公开制度容易暴露公司的经营秘密,股东人数众多也会导致公司缺乏凝聚力等。香港私人公司数量远远超过公众公司,但公众公司在商业及工业中所起的作用仍是巨大的。香港私人公司可依法改制为香港公众公司,香港公众公司也可依法改制为香港私人公司。

(3) 上市公司(listed company)。上市公司是指股份在香港联合交易所上市的公司。2018 年,香港共有上市公司 2315 家,总市值为 29.9 万亿港币,其中主板市场有1926 家公司,创业板市场(GEM)有 389 家公司。非上市公司(unlisted company)是指股份没有在香港联合交易所上市的公司。上市公司必须符合香港《证券上市管理规则》《上市条例》和《公司条例》的有关规定,即《证券上市管理规则》中关于证券首次上市的一般规则[1]和申请上市的公司应符合的特别条件[2]。

(4) 控股公司(holding company)。控股公司是指根据《公司条例》第 2(4)条,一个公司满足下列条件之一的即为另一个公司的控股公司:控制另一法人公司董事会的组成;控制另一法人公司过半数的表决权;控制另一法人公司过半数的已发行股本,但在所持股本中如部分在分派利润或者资本时无权分享超逾某一指明数额之数,则该部分不计算在该股本内。另一法人公司是该公司附属公司的附属公司。

控股公司又分为单纯控股公司和混合控股公司。单纯控股公司是以控制其他公司为专门目的而设立的公司;混合控股公司是指除了掌握其他公司的股份外,本身也从事经营活动的公司。

(5) 公司集团(group companies)。公司集团是指由数个公司组成的多元的、多层次的一种垄断性联合组织。公司集团本身并非一个独立法人组织,而其成员公司均为独立法人。作为公司集团成员的公司均有自己的名称和章程,有自己的财产和账目,并以自己名义进行经营活动。在集团内部,各成员公司既相互独立,又相互关联和约束。这是公司集团利益、成员公司利益、投资人利益要保持平衡的体现。

---

[1] 公司向香港联合交易所上市部申请批准股份上市,应当符合下列条件:(1) 申请上市的公司应为公众公司,私人公司不得申请;(2) 申请上市的公司的主要业务应是公众有兴趣的;(3) 申请上市的公司应最少获得 1 名交易所会员的提名;(4) 申请上市的公司所有在上市前公布的资料应当经联合交易所上市部批准;(5) 申请上市的公司应交纳首期上市费 10 万元。

[2] 公司申请上市的特别条件有:(1) 公司股份在上市时以上市价格估算的总市值不少于 5000 万元;(2) 公众持有公司股份一般不能少于公司已发行股本的 25%;(3) 申请上市的公司应有相当年期的业绩记录;(4) 申请上市的股份配售与公司或其附属公司的雇员或过去雇员的比例在正常情况下不得超过 10%;(5) 所呈交的各项账目,应符合法例规定及上市委员会接纳的会计标准,以及应经符合资格的核数师审核。

（6）海外公司(oversea company)。海外公司是指在香港以外地区成立为法人并在《公司条例》生效后在香港设立营业地点的公司，或者在香港以外地区成立为法人并在《公司条例》生效前已在香港设有营业地点，且在《公司条例》生效时仍继续在香港设有营业地点的公司。《公司条例》第 11 章对海外公司作了专门规定。

（7）无限公司(unlimited company)。无限公司是指根据《公司条例》注册成立，股东对公司债务承担无限责任，具有法人资格的注册公司。无限公司分为无股份划分无限公司和有股份划分无限公司，股份划分并不影响股东对公司承担责任，股份划分的意义在于划分股东之间的责任和控制权。股东也可转让股份，但无限公司股东即使已经离开公司，仍然要承担偿还公司债务的责任。不过，尽管无限公司股东承担无限责任，无限公司与其成员仍是相对独立和相互分离的权利主体。无限公司债务与其成员债务相互分开，无限公司债权人不能对个别股东起诉，被诉的无限公司将视情况要求股东按比例向公司承担责任。

（8）有限公司(limited company)。有限公司可以分为股份有限公司与担保有限公司、私人有限公司和公众有限公司等类型。① 贸易公司或者营业公司通常采用股份有限公司，公司股本分为若干股，每股有一定价值。公司股份在发行时，通常要求股东完全缴足股本。会所、社团、学校、慈善团体等则通常采取担保有限公司形式，公司成员责任限于在公司清算时承担的缴款责任（即公司债务的清偿责任）。担保有限公司成立时，成员不必出资，仅需承诺公司清算时承担一定数额的缴款责任即可，如香港国际仲裁中心(Hong Kong International Arbitration Centre)是一家非营利有限担保公司。不过，担保有限公司在香港并不常见。

私人有限公司通常用以经营小型业务，成员人数不超过 50 人，股份转让权利受到限制，不必将账目提交公司注册处，公司财务状况较为保密。反之，公众有限公司要将周年账目提交公司注册处，以便存盘供公众查阅。

（9）个人企业(sole or individual proprietorship)。个人企业，又称独资经营，是指个人单独出资经营而不具备法人资格的企业。个人企业出资人即个人企业的企业主。个人企业负债和资产，即出资人负债和资产。个人企业的资产不足以偿付营业债务时，出资人应以个人的其他资产填补，出资人对个人企业的债务承担无限责任。

（10）合伙(partnership)。合伙是指以营利为目的，根据合伙人之间的协议设立的商业组织。合伙有无限责任合伙和有限责任合伙之分。无限责任合伙适用《香港特别行政区合伙条例》的规定，有限责任合伙则适用《香港特别行政区有限责任合伙条例》的规定。根据合伙业务不同，合伙又分为专业合伙和非专业合伙。除非是律师、会计师、证券经纪等专业合伙，合伙人数不可超过 20 人。超过 20 人的非专业合伙，应当注册为法人公司。非专业合伙与注册公司之间的界限，并非十分严格。

---

① 有限公司有很多类别，但绝大多数创业者选择成立私人有限公司。香港的私人有限公司超过 50 万家，但公众有限公司则只有一两千家。

五、离岸公司

离岸公司(offshore company)是指只能在公司注册地以外经营而不能在注册地经营的公司。离岸公司注册地主要有英属维尔京群岛、开曼群岛、巴哈马群岛、百慕大群岛、塞舌尔群岛、萨摩亚群岛、马恩岛等,其中百慕大群岛、开曼群岛和英属维尔京群岛是世界上企业注册数量最多的三大离岸公司注册地。这些国家和地区通过法律手段培育出一些特别宽松的经济区域——离岸法区。离岸公司泛指在离岸法区内成立的有限责任公司或者股份有限公司。在离岸法区注册的海外离岸公司,均具有高度的保密性、减免税务负担、无外汇管制三大特点,从而吸引了众多商家与投资人选择其作为发展模式。离岸公司与一般有限公司的主要区别在税收上,与通常使用的按营业额或者利润征收税款的做法不同,离岸法区政府仅向离岸公司征收年度管理费,不再征收任何税款。离岸公司股东资料、董事名册、股权比例、收益状况等资料高度保密并受法律保护,公众人士不能查阅。

我国外商投资和境外上市公司出现了一种新现象,外商投资来源地以我国香港地区为主,英属维尔京群岛占第二位,开曼群岛等离岸法区为第三位。通过在香港、英属维尔京群岛、开曼群岛、百慕大群岛等地注册离岸公司,再通过离岸公司返回我国内地设立外商投资企业或者实现境外上市和海外收购,已经成了我国很多内地公司的常态。[1]

在离岸法区设立离岸公司的主要目的有:以海外红筹方式私募进而实现在美国、英国、我国香港地区、新加坡等地上市;曲线规避对外资限制性行业的限制,进行境内经营;跨境并购;设立控股公司,进行资本运作;税收筹划;全球贸易;合资公司等。

---

[1] 众多国有公司(如中国银行、国家电网、中国移动、中国联通、中国电信、中国网通、中石油、中海油等)、众多民营公司(如新浪、网易、搜狐、盛大、百度、亚信、碧桂园、SOHO、阿里巴巴、巨人集团、熔盛重工等)以及几乎所有的国际风险投资与私募并购基金(如 IDG、软银、赛富亚洲、红杉资本、鼎晖创业投资、华平投资集团、高盛集团、摩根士丹利、华登国际、霸菱、集富、英特尔、智基、联想投资、弘毅投资、德丰杰、普凯、北极光创投、梧桐、祥峰、富达、新桥、黑石等)均通过在离岸法区设立离岸控股公司实现巨大成功。

第三章 公 司 法

公司法是现代企业法律制度的核心,是以公司为调整对象的法律规范体系。在规范结构上,公司法有形式意义上的公司法和实质意义上的公司法之分。形式意义上的公司法即狭义上的公司法,是冠以公司法名称的,如《公司法》。实质意义上的公司法即广义上的公司法,指所有涉及公司法律、法规、规章、其他规范性文件和司法解释的总称,包括公司法、证券法、商事登记法等法律规范。实质意义上的公司法是公司法理论研究对象,即公司法教科书的研究对象。公司法的基本原则是公司法的重要内容,体现了公司法的基本理念和价值。

第一节 公司法的概念

公司法是关于公司设立、运营和终止的法律规范体系,既是公司组织法,也是公司行为法。公司法旨在鼓励投资,降低交易成本,保护交易安全,强化公司自治,保护债权人利益,平衡公司大股东和中小股东之间的利益。

一、公司法的概念

国内理论对公司法的概念主要有两种不同的观点:一种观点认为,公司法是指规定公司的设立、组织、经营、解散、清算以及其他对内、对外关系的法律规范的总称;[①]另一种观点认为,公司法是规定公司组织和公司行为的法律规范的总称。[②] 第一种概念是学界对公司法的多数观点,但这个概念不够精练、用语不够准确。第二种概念简单明了,但未能全面概括公司法特征。

公司法(corporation law,company law)是指公司设立、存续和运行机制的法律规范的总称。[③] 公司法既是组织法,也是行为法和裁判法。公司法概念涵盖了公司设立、公司存续和公司运行机制三个方面的内容:

(1) 公司设立制度。公司设立制度是公司法的重要组成部分,是公司法的起点。

---

① "公司法者,规律公司企业之组成、经营、解散及其他对内对外法律关系之一种商事法也。"郑玉波:《公司法》,三民书局股份有限公司 1980 年版,第 1 页。

② 参见杨紫烜、徐杰主编:《经济法学》(新编本),北京大学出版社 1994 年版,第 67 页。

③ "公司法是为实现一定的共同目的而由法律行为设立的私法上的人的联合体法。"〔德〕格茨·怀克、克里斯蒂娜·温德比西勒:《德国公司法》(第 21 版),殷盛译,法律出版社 2010 年版,第 3 页。

公司设立首先涉及公司组织和公司类型,不同类型的公司有不同的设立规则,这是公司法要解决的首要问题。公司设立涉及公司章程的制定,公司章程是公司设立的起点。公司章程制定是公司设立阶段的核心内容,公司章程决定股东的权利义务、公司经营方向、公司治理结构等内容。《公司法》规定了有限责任公司和股份有限公司两种公司组织形式,而国有独资公司和一人有限责任公司是有限责任公司的两种特殊情形。《公司法》对两种公司组织形式的设立人数、设立方式等均确立了不同规则:有限责任公司股东人数为 50 人以下,国有独资公司和一人公司的股东均为一人,而股份有限公司股东为 2 人以上 200 人以下;有限责任公司的设立仅限于发起设立方式,而股份有限公司的设立可采取发起设立和募集设立两种方式。

(2)公司存续制度。公司存续制度涉及公司的变更、解散和清算等公司组织的发展、变化和消灭过程。公司变更制度主要包括公司名称、住所、法定代表人、注册资本、公司组织形式、经营范围、营业期限、有限责任公司股东或者股份有限公司发起人的姓名或名称的变更。公司组织形式的变更包括有限责任公司变更为股份有限公司、有限责任公司变更为一人公司、非公司企业变更成为有限责任公司等。公司组织的变更有公司分立和公司合并两种形式。公司分立是指一个公司根据公司法规定经股东会决议分立成为两个或者两个以上公司的法律行为。公司合并是指两个或者两个以上公司根据公司法规定的条件和程序,通过订立合并协议共同组成一个公司的法律行为。公司合并有吸收合并和新设合并两种形式。公司组织形式的变更和公司分立与合并通常应由董事会拟订方案,经股东大会决议。公司解散制度是指公司基于一定事由停止经营活动而开始处理公司未了结事务的法律行为。公司解散有自愿解散和强制解散之分。自愿解散是指根据公司章程规定或者股东会决议而自动解散公司,是基于公司自己的意愿而自行进行解散;强制解散是指公司因违反法律、行政法规规定,被行政机关或者法院撤销、裁定解散,是公司基于法律或者主管机关命令而被迫进行解散。公司一旦解散即进入公司清算程序,公司清算制度是指在公司解散时为终结公司作为当事人的各种法律关系,使公司法人资格归于消灭而对公司未了结的业务、财产及债权债务关系等进行清理、处分的行为和程序。

(3)公司运行机制。公司运行机制主要是指公司治理结构、资本运行规则以及相应的运作程序。公司治理结构因公司类型的不同而存在差异,公司类型决定了公司内部组织机构运作方式的不同,股份有限公司组织机构运作较为复杂,涉及股东大会、董事会和监事会的运作规则,而有限责任公司组织机构运作相对较为简单。资本运作规则涉及资本三原则,即资本确定原则、资本维持原则、资本不变原则,是有限责任制度的产物。在有限责任制度中,公司责任与股东个人责任相分离,有限公司以其全部资产对公司债务承担责任,股东以其出资或者所持股份为限对公司承担责任。在公司因经营失败而破产时,债权人不能越过公司直接追索股东个人财产偿债,公司债权人在交易中处于不利地位。法律为保护债权人以及维持公司正常经营确立了一系列规范,这些具有共同法理基础的条文,在学理上归纳为资本三原则。

二、公司法的性质

公司法最大的价值追求是保障商事主体的意思自治、商事行为活动的效率与安全。作为商法的一个重要组成部分，公司法是重要的私法，是公法化的私法。公司法既是主体法，也是行为法。关于公司法的性质，理论上存在多种不同观点。[①] 公司法的性质主要体现在以下两个方面：

（1）公司法是私法、公法化的私法。公司法是商法的重要组成部分，而商法与民法一样同属于私法范畴，公司法应归属于私法，是关于私权利和利益的法律。私法自治和权利保障是公司法的最高理念，公司法的宗旨是维护公司股东意思自治和权利自由，[②] 如关于公司类型的选择、公司经营范围、公司管理方式、股份转让等均建立在股东意思自治的基础上。

公司法又是公法化的私法。20 世纪以来，随着社会经济的发展，公司法逐渐出现了公法化趋向。公司法私法公法化表现为公司法中强制性规范不断增加，体现了国家对公司法干预的不断加强，如公司法中有关法定事项的公示主义、登记要式主义、公司章程中必要记载事项、公司财务会计制度、公司名称的要求、股份转让规则，以及董事、高级管理人员任职资格的规定等。一旦违反强制性规范，可能就要追究行政责任，甚至是刑事责任。《公司法》第十二章规定了法律责任，对公司、发起人、股东、董事、监事、清算组成员等违反公司法规定了相应的法律责任。此外，《刑法》还规定了与公司有关的犯罪，如职务侵占罪、挪用资金罪、违法运用资金罪、集资诈骗罪、妨害清算罪、虚假破产罪、非法经营罪以及违规披露、不披露重要信息罪等。[③] 因此，公司法已经逐渐被公法化，是最典型的公法化的私法。

（2）公司法是组织法、行为法。公司法既是组织法，也是行为法，是组织法与行为法的结合。公司法是一种公司组织法，是以公司这种社会经济组织为调整对象，通过对公司法律地位、公司设立条件和程序、公司意思机关和代表机关的确立、公司股东权利和义务、公司合并与分立、公司解散条件和程序等的规定，构建了公司法人组织，使公司具有独立于公司股东的法律人格。公司法作为一种组织法，主要体现在以下三个方面：一是公司法规范公司的组织形式以及公司设立、变更和终止。二是公司法规范公司章程。公司章程是公司的基本法律文件，对公司股东、董事、监事和公司管理人员均具有法律约束力。三是公司法规范公司内部组织机构的设立。公司法规范公司决

---

① 参见范健、王建文：《公司法》（第三版），法律出版社 2011 年版，第 47 页。

② 2005 年《公司法》的修订体现了公司法的私法属性，体现了放松管制、尊重公司自治的立法精神。如强调了股东在决定公司重大事项中的地位，取消了对公司转投资的比例限制，将转投资的决定权交由股东决定；突出了公司章程作为自治法在调整公司内部关系中的地位和作用；放松了公司对外担保的规定等。

③ 例如，2013 年，广州中院(2013)穗中法民二终字第 1276 号刑事判决：蔡达标犯职务侵占罪，判处有期徒刑 10 年，并处没收财产 100 万元；犯挪用资金罪，判处有期徒刑 6 年；数罪并罚，决定执行有期徒刑 14 年，并处没收财产 100 万元。2018 年，上海高院(2018)沪刑终 43 号刑事判决：安邦保险集团原董事长吴小晖犯集资诈骗罪、职务侵占罪数罪并罚，判处有期徒刑 18 年，剥夺政治权利四年，并处没收财产 105 亿元。

策机构(股东大会)、公司执行机构(董事会)和公司监督机构(监事会)的设立。

公司法是一种公司行为法,是调整公司组织行为所产生的各种法律关系的规范体系。公司法规定了与公司组织有直接关系的公司行为,如公司设立行为、募集资本行为、股票和债券发行和交易行为、投资经营行为等。19世纪末以来,各国通过反垄断法对公司行为进行规制,此后公司行为不断受到证券法、消费者权益保护法、产品质量法、环境法、劳动法、社会保险法等法律规范的约束和规制,公司权力不断受到法律限制。

三、《公司法》的制定与修改

公司法是现代市场经济的基础性法律规范,是社会内在经济运行规律的法律表达形式。公司法的立法理念和制度设计,应当满足市场主体的设立、财产权保护、资本运作、交易方式的需要。

(一)《公司法》的制定

1983年由国家经委、国家体改委开始起草《公司法》。由于缺乏制定公司法的实践和外部环境,1986年改为分别起草《有限责任公司条例》和《股份有限公司条例》。1992年国家体改委制定并颁布了《有限责任公司规范意见》和《股份有限公司规范意见》。1992年我国确立了社会主义市场经济体制。为转换国有企业经营机制,规范主要市场竞争主体的组织和行为,全国人大常委会在审议《有限责任公司条例》草案时提出,为适应社会主义市场经济发展的需要,应当制定一部覆盖面更宽一些、内容比较全面的《公司法》。1993年颁布的《公司法》起到了指导我国经济体制转轨初期国有企业改革、按资本运作形式划分企业性质以及规范民营企业及混合所有制企业的组织架构等方面的作用,在法律上确立了现代企业制度的基本框架,明晰了产权,强调公司自主经营、自负盈亏,在公司内部建立了股东大会、董事会、监事会的公司治理结构。由于在公司实践和立法方面的先天不足,《公司法》承载整顿公司和改造国有企业的历史使命,在立法理念和具体规范上强调政府管制,具有明显的计划经济时代特点以及为国有企业改革服务的制度框架,从而具有管制法、身份法的特点。1993年《公司法》的不足主要表现在如下四个方面:

(1)任意性规范的缺失。1993年《公司法》有非常浓厚的政府管制色彩,有很多的强制性规范,而缺少任意性规范,公司自主权受到抑制,缺乏契约自由精神,限制了市场主体的自主发展、自由竞争和自我管理。1993年《公司法》的强制性规范较多,如第11条"公司应当在登记的经营范围内从事经营活动"的规定,第45条法定代表人只能由董事长担任的规定,第12条关于公司对外投资的比例不得超过公司净资产50%的限制,第33条公司股东根据出资比例分红的规定等,限制了公司意思自治的空间和范围。

(2)主体平等性的缺失。1993年《公司法》过分强调了国企改制的需要,强调国有企业、国有资产的独特地位,违反了公司法股东平等原则,如第4条强调公司中的国有资产所有权属于国家,第 75 条规定国有企业改组为股份有限公司的发起人可以少于 5 人,第 152 条规定原国有企业改建设立或组建股份公司且主要发起人为国有大中型企业的可连续计算三年盈利记录等。此外,第 7、71、72、159 条等的规定均过分强调"国有"优先地位,未能为国有企业的壮大和资本市场的发展提供制度保障,反而妨碍了资本市场的发展。

（3）公司资本制度的缺陷。1993 年《公司法》实行法定资本制,注册资本成为资本制度的核心,制度设计是围绕保障注册资本的充实展开的。资本制度的缺陷主要表现在以下四个方面:一是法定资本制。1993 年《公司法》实行严格法定资本制,坚持资本三原则,确立过高的注册资本最低限额,[①]且一次性缴付出资,束缚了经济发展。二是公司出资方式。1993 年《公司法》规定的出资方式仅有货币、实物、工业产权、非专利技术、土地使用权等五种方式,排除了股权、债权、劳务、信用等出资方式。三是对于无形资产出资的限制。1993 年《公司法》严格限制无形资产的出资比例,不得超过注册资本的 20%,高新技术企业的最高比例可以达到 35%,这种限制对高新技术企业的发展造成了很大的负面影响。四是转投资的限制。1993 年《公司法》规定公司对外"累计投资额不得超过本公司净资产的 50%",严重阻碍了资产重组和收购兼并,不利于公司资本经营和社会资源的优化配置。

（4）中小股东保护机制的缺失。[②] 1993 年《公司法》对股东保护特别是中小股东利益的保护机制缺失,股东权利保护缺乏相应的救济程序和措施,导致股东权利得不到真正的落实,主要表现在三个方面:一是知情权缺乏保障。第 32 条规定了股东知情权,股东仅有权查阅股东会会议记录和公司财务会计报告,查阅的范围过窄。如果股东知情权遭到拒绝,法律也没有规定股东救济方式,从而使股东缺乏行使权利的基础。二是异议股东的股份回购请求权的缺失。第 33 条仅规定了利润的分配方式,但并未规定利润分配请求权受到损害的救济方式。三是累积投票制度的缺失。根据累积投票制,股东既可以把拥有的投票权集中于一人,也可以分散投给数人,从而保障小股东将其代理人选入董事会和监事会,扩大小股东的话语权。

---

① 1993 年《公司法》第 23 条第 2 款规定:"有限责任公司的注册资本不得少于下列最低数额:(一)以生产经营为主的公司人民币五十万元;(二)以商品批发为主的公司人民币五十万元;(三)以商业零售为主的公司人民币三十万元;(四)科技开发、咨询、服务性公司人民币十万元。"

1993 年《公司法》第 78 条第 2 款规定:"股份有限公司注册资本的最低限额为人民币一千万元,股份有限公司注册资本最低限额需高于上述最低限额的由法律、行政法规另行规定。"

② 中小股东的保护机制即公司诉讼制度,公司诉讼制度的形成与公司法关系密切。伴随公司法的实施和修改,我国公司诉讼分为三个发展阶段:

(1)起步阶段(1994—1999 年)。股东权益和公司内部治理问题矛盾不突出,案件类型较为单一,即股东瑕疵出资。股东瑕疵出资纠纷暴露了公司法严格法定资本制和较高最低资本限额制度的缺陷。

(2)发展阶段(2000—2005 年)。案件类型表现为多样化:公司内部治理结构、股东资格纠纷、股权转让纠纷、股东会议召集权纠纷、股东会或者董事会决议无效、剩余财产分配权纠纷。

(3)成熟阶段(2006 年至今)。2006 年开始,各种新类型公司诉讼案件不断出现,如股东代表诉讼、股东知情权诉讼、股份回购诉讼、利润分配权、优先购买权、公司解散、公司清算等。

（二）《公司法》的修改

伴随市场经济体制改革的不断深化和社会经济的快速发展,《公司法》存在和运行的社会经济条件已经发生了重大的变化,《公司法》与公司运营和证券市场的发展冲突不断,急需修改《公司法》以适应社会经济发展的客观需要。《公司法》颁布之后经历了1999年、2004年、2005年、2013年和2018年五次修改,其中2005年和2013年作了两次较大的修改。

1. 2005年《公司法》修订

2005年的修订是《公司法》颁布以来最大的一次修改,修订内容较为全面。在原来总共230个条文中,删除了46个条款,增加了41个条款,修改了137个条款,内容修改主要体现在以下五个方面:

（1）公司意思自治的加强。修订后的《公司法》遵循公司自治原则,合理界定政府管制和企业自治的权力边界,减少了行政权和国家意志对公司生活的不必要干预,加大任意性规范的比重,扩张公司意思自治空间,允许公司章程和股东协议在不违反强行性规范和诚实信用原则的基础上,对公司内部有关事项作出安排:一是公司法定代表人根据章程规定由董事长、执行董事或者经理担任;二是有限责任公司股东可以在公司章程里约定利润分配比例和公司新增资本时股东优先认缴出资比例;三是公司章程可以约定有限责任公司股东会议表决权行使方式;四是公司章程可以规定有限责任公司股权转让办法;五是公司章程可以规定股份公司不按照持股比例分配利润;六是在营业期限届满或者公司章程规定的其他解散事由出现的情况下,股东会可以通过修改公司章程使公司存续。

（2）资本制度的变革。资本制度的修改主要表现在以下五个方面:一是注册资本最低限额的降低。修订后的《公司法》仍然实行法定资本制,但大幅降低了最低注册资本限额,有限责任公司最低注册资本限额从先前的10万元降低到3万元,股份有限公司最低注册资本限额从先前的1000万元降低到500万元。二是货币资本出资比例降低。修订后的《公司法》降低了货币资本出资比例,即货币出资金额不得低于有限责任公司注册资本的30%,极大地提高了非货币资本出资比例。三是出资方式的增加。修订后的《公司法》扩大了出资范围,增加了出资方式,规定股东可以用货币出资,也可以用实物、知识产权、土地使用权等可用货币估价并可依法转让的非货币财产作价出资。四是分期缴付制。修订后的《公司法》允许公司全体发起人首次出资额不得低于注册资本的20%,其余部分由发起人自公司成立之日起两年内缴足。五是转投资限制的废除。修订后的《公司法》废除了对公司转投资的限制,放宽转投资限制可鼓励企业经营的自由化,赋予企业经营极大的自主能力,增加投资渠道,有效运用资本,分散投资风险。

（3）对中小股东利益保护的加强。修订后的《公司法》对股东尤其是中小股东利益保护机制的完善,改进了实体权利,落实了程序保障。主要表现在六个方面:一是股东知情权。第34条的规定扩大了股东知情权的行使范围,落实了知情权救济措施。

二是异议股东股份回购请求权。第 75 条规定,在公司连续五年盈利但不分配利润,股东对公司的合并、分立、转让主要财产以及不解散公司的决定投反对票的情况下,股东可以请求公司按照合理价格收购其股权。三是股东解散公司请求权。第 183 条规定,在公司经营管理发生严重困难的情形下,股东可以请求法院解散公司。四是累积投票制度。第 106 条规定,股东大会选举董事、监事,可以根据公司章程的规定或者股东大会的决议,实行累积投票制。五是股东代表诉讼制度。第 152 条规定,股东有权为公司的利益以自己的名义直接向法院提起诉讼。六是对股东会、董事会决议的撤销请求权。第 22 条规定,股东会或者股东大会、董事会的会议召集程序、表决方式违反法律、行政法规或者公司章程,或者决议内容违反公司章程的,股东可请求法院撤销。

（4）公司治理结构的完善。修订后的《公司法》通过完善股东会会议制度,弱化董事长的职权,强化监事会的监督职能以及强调公司董事和高级管理人员的忠实和勤勉义务等措施,实现公司治理作用的实质性发挥。主要表现在以下三个方面:一是股东会会议的表决机制和召集制度的完善。对股东会表决方式予以灵活规定,既可以按照出资比例行使表决权,也可以由公司章程规定表决方式。二是董事会制度的完善。公司治理的核心是董事会制度,修订后的《公司法》突出董事会集体决策作用,明确规定董事会决议的表决实行一人一票,弱化了董事长的职权。三是监事会职权的扩张。修订后的《公司法》极大地扩张了监事会职权,赋予监事会提议罢免董事和高级管理人员的权利。

（5）董事、监事、高级管理人员对公司的忠实义务和勤勉义务。修订后的《公司法》明确提出了公司董事、监事、高级管理人员的忠实义务和勤勉义务,强调董事、高级管理人员等必须遵循诚信原则,真诚地以公司利益最大化为出发点,谨慎、认真、勤勉地在其职权范围内行使职权。

2. 2013 年《公司法》修正

2013 年的修正仅涉及公司资本制度的大幅度调整,特别是对公司设立阶段资本形成制度进行的改革,表明对公司资本的功能认知、债权人的保护理念有较大的改变。修正后的《公司法》进一步降低了公司设立门槛,减轻了投资人负担,便利了公司准入,鼓励创新创业,增强了经济发展的内生动力。此次修正仅涉及 12 个条款的修改,内容主要有注册资本登记条件的放宽、注册资本的认缴登记制以及注册的登记事项和登记文件的简化等方面:

（1）注册资本最低限额的废除。在保留法定资本制的前提下,修正后的《公司法》废除了公司注册资本最低限额制度。第 23 条有限责任公司设立条件中的"股东出资达到法定资本最低限额"修改为"有符合章程规定的全体股东认缴的出资额",以及第 77 条股份有限公司设立条件中的"发起人认购和募集的股本达到法定资本最低限额"修改为"有符合章程规定的全体发起人认购的股本总额或者募集的实收股本总额"。因此,一人有限责任公司最低注册资本 10 万元的限制以及股份有限公司最低注册资本 500 万元的限制均被取消。

（2）首次出资比例和货币出资比例限制的废除。修正后的《公司法》不再限制公司设立时全体发起人首次出资比例、货币出资比例和缴足出资期限，删除原来《公司法》第 26 条第 1 款和第 81 条第 1 款中有关公司全体发起人首次出资比例的规定；将第 84 条第 1 款中的"一次缴纳的发起人应即缴纳全部出资，分期缴纳的发起人应即缴纳首期出资"修改为"并按照章程规定缴纳出资"。第 27 条第 3 款"全体股东的货币出资金额不得低于有限责任公司注册资本的百分之三十"的规定被删除。即使全部使用非货币出资也将不会受到限制，对以知识产权出资的投资人可能将更有利于体现其所持有科技成果的价值，而不必再缴付一定比例的现金。

（3）注册资本认缴制的确立。修正后的《公司法》实行较为宽松的法定资本制，将注册资本的实缴登记制改为认缴登记制。① 注册资本认缴登记制度的实行，并非股东无须再缴纳公司注册资本，而是政府不再将实收资本作为登记事项进行登记，不再登记审核实收资本，也不再要求公司提交验资报告，但股东仍应当按照章程约定的时间和方式缴纳出资，充分体现了公司自治。公司实收资本以及发起人认缴和实缴的出资额、出资方式、出资期限不再作为登记事项。

（4）公司注册登记事项和登记文件的简化。注册资本实缴登记改为认缴登记后，公司股东认缴出资额、公司实收资本不再作为公司登记事项。在公司登记时，不再要求提交验资报告，减少了注册登记事项和登记文件，便利了公司设立。

第二节　公司法的基本原则

公司法的基本原则是公司法所蕴含的基本价值和理念的最高抽象与概括。公司法基本原则应充分体现公司运行的基本规律，效力贯穿公司法始终，并规范公司设立、变更、终止的全过程。《公司法》并未像其他民商事立法一样开宗明义宣示基本原则，如《民法总则》第 4 条至第 9 条宣示了民法基本原则，《合同法》第 3 条至第 6 条和《物权法》第 4 条至第 7 条也同样宣示了其基本原则。可能是基于前述原因，国内公司法教科书对公司法基本原则的介绍基本缺失，仅有《公司法学》②《中国公司法原理》③以

---

① 在 2005 年之前，如果公司注册资本认缴 100 万，应当实际缴付 100 万；在 2005 年之后，公司注册资本认缴 100 万，应当先实际缴付 20 万，剩余出资应当在两年内缴清。在 2014 年，注册资本的实缴制改为认缴制后，注册资本的出资缴付期限没有时间限制。

② 鼓励投资原则、公司自治原则、公司及利益相关者保护原则、股东平等原则、权力制衡原则、股东有限责任原则、公司社会责任原则为公司法的七个基本原则。参见赵旭东主编：《公司法学》（第四版），高等教育出版社 2015 年版，第 36—39 页。

③ 准则设立原则、依公司章程自治原则、公司的权利和合法权益不受侵犯原则、有限责任原则、股东权利受到平等对待原则、利益相关者受到尊重与保护原则、社会责任原则为公司法的七个基本原则。参见王保树、崔勤之：《中国公司法原理》（最新修订第三版），社会科学文献出版社 2006 年版，第 50—56 页。

及《公司法学》①等少数教科书论述了公司法基本原则。私法自治原则、股东有限责任原则、股东平等原则，是前述著述共同确认的公司法基本原则。除此之外，商业外观主义原则和资本多数决原则，也体现了公司法的基本价值和理念，是公司法基本原则。

一、公司自治原则

私法自治原则是私法的基本原则，是大陆法系国家规范私权关系的基本原则，适用于私法所有领域，体现了经济自由和自由竞争理念。公司法是私法领域的重要部门法，理应适用私法自治原则。私法自治原则在民法领域表现为意思自治原则，在合同法领域表现为合同自由原则，在公司法领域则表现为公司自治原则，特别表现为公司章程自治，如在董海凤股东资格确认纠纷案中，②最高法判决充分体现了公司章程的自治性，认为公司章程是规定公司组织及行为的基本规则的重要文件，订立公司章程是股东的共同行为，公司章程中"在职持股、退职转股、退股"的约定是公司自治的结果，且不违反法律强制性规定，应为有效约定。隐名股东的意思通过显名股东表示，也应受到公司章程的约束。因此，公司自治原则是私法自治原则在公司法领域的体现和延伸。③

意思自治是指在私法领域内权利主体按照自己的意思实施法律行为，包含行为自由和责任承担两个方面的内容。在公司法领域，意思自治表现为在公司治理结构中对股东自由意志的尊重，股东对自己的决策、选择行为负责，公司以章程为基础，自主应对市场变化并对由此产生的后果负责，如贵州捷安投资有限公司股权确权及公司增资扩股出资份额优先认购权纠纷案。④该案件争议焦点表面是股权增资扩股决议是否有效，但背后的实质是对公司章程自治空间范围的认可。最高法判决指出，公司章程是公司治理结构的总纲领，公司完全按意思自治原则决定自己应该决定的事情，该章程规定性质上并不违反公司法有关强行性规范，与《公司法》有关内容并不冲突。因此，该股东会决议是有效的，各股东应按照股东会决议内容执行。

现代公司自治是公司独立法人意志的体现，而不是公司股东个人意志的体现，也

---

① 保护股东、公司和债权人合法权益原则、有限责任原则、股权平等原则、公司内部权力合理配置原则、公司职工民主管理原则为公司法的五个基本原则。参见雷兴虎主编：《公司法学》（第二版），北京大学出版社 2012年版，第 23—30 页。

② 在董海凤诉河南天海电器有限公司股东资格确认纠纷案（〔2008〕鹤民二初字第 7 号、〔2013〕豫法民二终字第 188 号、〔2015〕民申字第 710 号）中，法院裁判要旨认为，公司章程是关于公司的组织结构、内部关系和开展公司业务活动的基本规则和依据，是股东自治意思规则的载体，具有公司自治特点。只要股东达成合意，且不违背法律的强制性规范，公司章程即为有效。

③ 例如，在兰州神骏物流有限公司诉兰州民百（集团）股份有限公司侵权纠纷案（〔2008〕甘民二初字第 10 号、〔2009〕民二终字第 75 号）中，甘肃高院一审判决直接适用了公司自治原则，认为按照公司资本多数决和公司意思自治原则，公司股东会决议合法有效，对神骏公司也具有约束力。最高法维持了甘肃高院一审判决。

④ 在贵州捷安投资有限公司诉贵阳黔峰生物制品有限责任公司、重庆大林生物技术有限公司、贵州益康制药有限公司、深圳市亿工盛达科技有限公司股权确权及公司增资扩股出资份额优先认购权纠纷案（〔2007〕黔高民二初字第 28 号、〔2009〕民二终字第 3 号、〔2010〕民申字第 1275 号）中，法院裁判要旨认为，在公司章程中已经给予安排的事项，在不违反公司强制法的前提下，应当遵循公司章程的安排。

不是全体股东一致的意思。公司是由股东投资集合而成的组织体,公司意志源自股东意志,股东意志依据法律规定或者公司章程通过会议表决形成的决议,即上升为公司意志。例如,在赵小菊公司决议效力确认纠纷案中,[①]广州中院判决认为,公司意思表示不能机械地理解为全体股东的一致意思表示,更不是完全一致的共同行为。为照顾多数表决者的意思表示并兼顾公司决策的效率,股东会决议不能遵循一致决议原则。

在法律范围内,为公司自身利益最大化,公司可充分运用其自由意志实施各种法律行为,并承担法律行为所产生的法律后果。公司自治是公司从自身利益出发进行理性决策,进行经济活动和公司内部管理事务,不受公司意志之外其他因素干涉。例如,在骆志平公司决议效力确认纠纷案中,[②]重庆五中院判决认为司法应尽量减少对公司治理的干预以遵循公司自治的要求。

传统公司自治本质上是形式意义上的股东自治,强调各个股东自治。传统意义上的公司自治有两个方面的含义:一是公司作为私法自治主体,以公司名义享有私法自治的权利,公司本身作为平等独立交易的主体在私法领域享有与自然人大体相同的广泛自由;二是指股东作为公司所有人,享有对公司进行自主管理和经营的自由,包括公司设立与解散自由、公司事务决定自由、公司高管任命与解任自由。

现代公司自治的实质不是形式意义上的股东自治。公司自治的基础摆脱了个人本位,强调团体本位。在某种程度上,公司行为不受各个成员个人意思的约束,强调以团体利益限制个人意思。现代公司法为避免公司内部控制与操纵,对大股东进行了一定规制,对中小股东进行保护与救济。

《公司法》第 4 条体现了意思自治原则互为依存的两个方面的内容:一是股东享有重大决策权和管理者的选择权,股东对自己行使权利的后果承担责任;二是公司根据市场规律,判断市场风险,自主组织生产经营活动,并对自己的行为后果承担责任。公司自治的意义表现在以下三个方面:

(1) 公司人格独立。公司自治意味着公司在法律上具有独立人格,公司人格的独立性是公司自治的前提和基础。公司人格独立性表现为,公司人格与股东人格的区别以及公司独立的权利能力和行为能力。公司人格与股东人格的区别表明,公司与股东在人事、财产和财务上各具独立性,公司具有行使权利和承担义务的独立性;公司独立的权利能力和行为能力表明,公司有权以自己名义通过公司代表机关实施公司经营活动所必需的所有法律行为。公司自治性与公司人格独立性成正比,公司自治性越高,则表明公司独立性越高,越有利于摆脱大股东及内部人控制。

---

① 在赵小菊诉孙小芬、广州新创博文具有限公司公司决议效力确认纠纷案(〔2014〕穗越法民二初字第 1394 号、〔2015〕穗中法民二终字第 138 号)中,法院裁判摘要认为,公司决议为公司的意思表示,股东会行为均被拟制为公司行为。股东出席了涉案的股东会并对有关议决事项作出表态,在股东会内容及程序均符合公司法规定的情形下,股东会决议成立。

② 在骆志平诉重庆中东投资有限公司公司决议效力确认纠纷案(〔2015〕南法民初字第 01040 号、〔2015〕渝五中法民终字第 03370 号)中,法院裁判要旨认为,公司主要通过内部自治和自我调节机制来保持顺畅运作,公司自治要求尽量减少司法对公司治理的干预,司法介入必须持谨慎态度,除非这些公司决策或者考量因素违背强行法或者严重侵害公共利益或他人利益。

（2）公司财产独立与责任独立。公司自治意味着公司拥有自己独立的财产并以其财产对外独立承担法律责任。公司是资本联合，包括股东出资和公司经营积累的财产。公司自治表现为公司在法律上对公司财产拥有所有权，并能以该财产偿还公司在经营过程中产生的所有债务，而公司股东仅以出资额或者股份为限对公司债务承担有限责任。公司财产独立性是公司承担责任独立性的前提和基础。

（3）公司意思自由与行为自由。公司作为营利性社团法人，应具有一定的意思自由和行为自由。公司自治表现为公司在法律上享有充分的意思自治和高度的行为自由，并通过科学合理的公司内部治理结构和高效的公司决策、管理、监督等治理机构来行使，从而使公司自治建立在健全的组织保障基础上。

股东意思通过公司章程最终形成公司意思，公司章程自治最终体现为股东自治，股东自治是公司章程自治的实质内容。公司章程是公司自治的体现，而公司通过章程来实现公司自治，即对公司章程所涉及事项的自由决定权，如在郑州国华投资有限公司股权确权纠纷案中，[①]最高法判决充分体现了公司自治原则。最高法再审撤销了一审、二审法院判决，认为在注册资本符合法定要求的情况下，法律并未禁止股东内部对各自实际出资数额和占有股权比例作出约定，这种约定并不影响公司资本对公司债权担保等对外基本功能的实现，且该约定是各当事人的真实意思表示，并非规避法律的行为，应属于公司股东意思自治的范畴。

二、股东有限责任原则

从交易实践中逐渐发展演变形成的股东有限责任原则，是构成两大法系公司法的基石，是19世纪法典化的产物。股东有限责任原则是股东以投入公司资本为限对公司承担责任，公司则以全部资产对外承担责任。在公司资产不足以清偿全部债务时，公司不得将债务转嫁给股东。股东有限责任原则构成现代公司法的基础。例如，在柳州市区农村信用合作联社借款合同纠纷案中，[②]广西高院认为，股东有限责任原则和公司法人人格独立是公司法的核心理念，也是公司制度得以运作的基石。

---

① 在郑州国华投资有限公司诉深圳市启迪信息技术有限公司、开封市豫信企业管理咨询有限公司、珠海科美教育投资有限公司股权确认纠纷案（〔2007〕汴民初字第69号、〔2009〕豫法民二终字第20号、〔2011〕民提字第6号）中，法院裁判摘要认为，在公司注册资本符合法定要求的情况下，各股东实际出资数额和持有股权比例应属于公司股东意思自治的范畴。股东持有股权比例一般与其实际出资比例一致，但有限责任公司全体股东内部也可以约定不按实际出资比例持有股权，这种约定并不影响公司资本对公司债权担保等对外基本功能的实现。如该约定是各方当事人的真实意思表示，且未损害他人利益，不违反法律和行政法规的规定，应属有效，股东按照约定持有的股权应当受到法律保护（2012年最高法公报案例）。

② 在柳州市区农村信用合作联社诉柳州市明朝饮料有限责任公司、刘朝晖借款合同纠纷案（〔2009〕柳市民二初字第16号、〔2009〕桂民一终字第118号）中，法院裁判摘要认为，债权人要求涉案股东在承担抵押担保责任后对欠款余额仍需承担连带清偿责任，即通过否认股东有限责任将股东个人直接等同于公司法人，由股东对公司债务承担连带清偿责任。公司法人人格否认制度的适用应当具备三个要件：一是股东有滥用行为，二是有逃避债务的恶意，三是严重损害了债权人的利益，以上三个要件属于适用法人人格否认制度的充分必要条件，且还必须存在因果关系，缺一不可。但本案不符合公司法人人格否认制度三大要件的损害结果要件，故不应当适用公司法人人格否认制度。

（一）股东有限责任原则的历史沿革

股东有限责任原则产生于 19 世纪，是工业革命技术、政治平等自由、经济自由放任主义以及责任限定法律实践共同作用的结果。股东有限责任原则的形成，与债权人地位的弱化、所有权与经营权相分离密切相关。1807 年《法国商法典》规定了股份有限公司，确立了股东有限责任原则。此后，1855 年《英国有限责任法》确立了股东有限责任原则，1892 年《德国有限责任公司法》也同样确立了股东有限责任原则，美国股东有限责任原则是在 19 世纪通过判例确立的。

股东有限责任原则产生于商业实践，从商业实践中演化而来。社会经济发展产生了对股东有限责任原则的内生需求，19 世纪欧洲国家以立法的形式确认了股东有限责任原则，是对社会自发生成秩序的承认与发展。股东有限责任原则从产生以来，逐渐成为经济发展最为有力的法律工具，有效地减少了交易风险，降低了交易成本，维护了股东的正当权益，促进了社会经济的发展。例如，在上海承彩投资管理有限公司债权转让合同纠纷案中，①上海二中院认为，公司人格独立与股东有限责任原则是现代公司制度的基石，仅在股东实施滥用上述原则的行为以逃避债务且严重损害公司债权人利益时，才可否认公司法人人格。

股东有限责任原则是公司制度对效益价值优先考虑而得以确立的，但绝非完全背离公平正义的法律基本价值。股东有限责任原则以牺牲公平换取效率的制度安排，在公平正义价值上始终是有所缺失的。例如，在陈强股东损害公司债权人利益责任纠纷案中，②佛山中院认为，股东有限责任原则和公司人格独立是公司法的理念，也是现代公司制度得以运行的基石。公司人格独立制度属于本位的主导性规则，而公司人格否认制度仅为适用于特定场合和特定事由的例外性规定。

（二）股东有限责任原则的内涵

股东有限责任原则是指股东以出资额或者股份为限对公司承担责任。在有限责任公司中，股东有限责任表现为股东以出资额为限对公司债务承担责任；在股份有限公司中，股东有限责任则表现为股东以持有股份为限对公司债务承担责任。在司法实践中，法院判例严格遵循股东有限责任原则，如在中国长城资产管理公司武汉办事处债务纠纷案中，③最高法判决体现了股东的有限责任。世界各国大多以有限责任公司和股份有限公司为公司的主要组织形式，股东有限责任成为现代各国公司法的基石。

---

① 上海承彩投资管理有限公司诉上海宏铭投资管理有限公司、上海世真投资管理中心（普通合伙）、叶世真、陈铭锡债权转让合同纠纷案（〔2016〕沪 0109 民初 3880 号、〔2017〕沪 02 民终 5478 号）。

② 陈强诉林楚明、何秋娜股东损害公司债权人利益责任纠纷案（〔2017〕粤 0605 民初 1349 号、〔2017〕粤 06 民终 11069 号）。

③ 在中国长城资产管理公司武汉办事处诉中国民用航空湖北省管理局、武汉七环科技开发总公司、武汉七环电子公司债务纠纷案（〔2003〕武民初字第 102 号、〔2004〕鄂民二终字第 84 号、〔2004〕武民二重字第 4 号、〔2006〕鄂民二终字第 25 号、〔2008〕鄂民监一再终字第 00102 号、〔2010〕民提字第 32 号）中，法院裁判要旨认为，有限责任公司股东以其认缴出资额为限对公司承担责任。公司债权人请求未履行或者未全面履行出资义务的股东在未出资本息范围内对公司债务不能清偿的部分承担补充赔偿责任的，法院应予支持，但未履行或者未全面履行出资义务的股东已经承担上述责任，其他债权人提出相同请求的，法院不予支持。

现代公司以有限责任为公司的责任形式，即公司以全部资产对外承担责任，股东则以出资额或者股份为限对公司的债务承担责任。在公司资产不足以清偿全部债务时，不得将公司债务转嫁于公司股东，由股东承担清偿责任。现代公司法的形成和完善以及公司各种具体制度的构建，均与股东有限责任原则密切相关。如果股东有限责任制度缺失，现代公司法律体系便失去构建的基础。

股东有限责任原则作为公司法的基本原则，既符合现代各国公司法的发展，也符合我国公司法立法和司法审判实务。例如，在中国计算机世界出版服务公司股东损害公司债权人利益责任纠纷案中，①北京一中院认为，有限责任是现代公司制度的重要原则，即股东以出资对公司承担责任，公司以全部财产对外承担责任，通常情况下股东对公司债务不承担责任。股东有限责任原则包含两个方面的含义：

（1）股东对公司负有出资义务。对公司出资的义务既是股东约定义务，也是股东法定义务。股东出资构成股东承担有限责任的前提和基础。根据《公司法》第3条规定，股东以出资额或者股份为限对公司债务承担责任。例如，我国台湾地区"公司法"第2条规定，有限责任公司以出资为限对公司承担责任，股份有限公司以所认购的股份为限对公司承担责任。例如，在周春梅、三亚中海生态旅游发展有限公司股东出资纠纷案中，②最高法认为，股东出资是指股东根据协议的约定以及法律和章程的规定向公司交付财产或履行其他给付义务，股东出资义务既属于约定义务又属于法定义务，从而股东出资方式在公司设立后是否发生变更应结合股东会决议、公司章程及公司工商登记事项作出综合认定。

（2）股东对公司债务不承担责任。公司财产独立是公司人格独立和责任独立的前提和基础，即公司具有独立的与出资人财产相分离的财产是公司独立人格的前提和基础，也为出资人的人格独立于公司人格奠定了物质基础。公司债权人只能向公司主张债权，股东不对公司债务承担任何责任。例如，在中国信达资产管理股份有限公司黑龙江省分公司借款合同纠纷案中，③最高法判决充分肯定了股东对公司债务不承担清偿责任。又如，在辽源卓力化工有限责任公司买卖合同纠纷案中，④吉林高院认为，公司具有独立的法律人格，以财产独立承担公司债务，股东对公司债务不承担责任。但实践中却出现股东利用公司独立人格损害债权人利益的现象。为保护债权人的利

---

① 中国计算机世界出版服务公司诉李方、刘涛、胡勃股东损害公司债权人利益责任纠纷案（〔2016〕京0108民初2589号、〔2017〕京01民终5521号）。

② 周春梅、三亚中海生态旅游发展有限公司诉海南三亚国家级珊瑚礁自然保护区管理处股东出资纠纷案（〔2011〕三亚民一初字第12号、〔2014〕琼民二终字第22号、〔2016〕最高法民再87号）。

③ 在中国信达资产管理股份有限公司黑龙江省分公司诉邢佩国、大庆市银兴化工有限公司、太福化工集团有限公司借款合同纠纷案（〔2008〕黑高商初字第45号、〔2010〕民二终字第77号）中，法院裁判要旨认为，案件诉讼请求涉及三个方面的内容，主要争议是股东是否应当对公司对外债务向债权人承担清偿责任。涉诉股东已经履行了实物出资义务，实物价值总额已经超过其承诺的实物出资价值，也不存在其侵害公司财产的其他事实的，债权人以股东出资不足为由，向股东主张债权没有法律依据。

④ 辽源卓力化工有限责任公司诉吉林通钢矿业有限公司、通钢集团敦化塔东矿业有限责任公司买卖合同纠纷案（〔2016〕吉04民初46号、〔2017〕吉民终44号）。

益,仅在特殊情况下即当股东滥用公司独立人格,与公司存在人员、财产、业务混同的情况时,对公司独立人格进行否认,股东才需对公司债务承担连带责任。

在商品经济发展过程中渐次形成的股东有限责任原则,有效地防止了投资风险,鼓励投资,促进了资本的流动,减少了交易成本。但在现代社会中,世界各国普遍存在股东滥用公司人格、利用股东有限责任制度侵害公司及其债权人利益的状况。为防止股东滥用股东有限责任原则,逃避法律责任,损害社会利益,现代公司法在维持有限责任原则的同时,渐次确立了股东有限责任原则的例外,即公司人格否认制度。

三、股东平等原则

股东平等原则是法律的公平、正义价值在公司法中的体现,是世界各国公司法普遍承认的根本理念和基本原则。股东平等原则所体现的是一种相对的、实质的平等,并不禁止所有股东间的不平等待遇,而是禁止那些不具备正当理由的不平等待遇。股东平等原则是在股份平等原则基础上发展而来的,具有矫正和补充股份平等原则不足的功能。

股东平等原则是公司存在和运作的基础。否则,公司法所构建的制度体系将失去存在意义和价值。股东平等原则是指股东以自己出资为基础而享有平等待遇的原则。例如,在曹光农公司决议效力确认纠纷案中,[①]济南中院认为,公司股东会决议内容不得违反有限责任公司本质,如违反股东平等原则、违反股东有限责任原则。股东平等原则具有形式上的平等和实质上的平等两个方面:

(1)形式上的平等。从形式上的平等来看,股东平等原则表现为一股一权,公司发行每一股份所代表的股东享有的权利、利益以及股东对公司承担的责任、风险程度应该是相同的。股东出资性质和数额相同,在公司运营中应得到平等对待。

(2)实质上的平等。从实质上的平等来看,股东平等原则表现为按照股东所持有的股份性质和数量实行平等对待。股东按照各自缴纳的出资额或者持有的股份数额享有权利、承担义务,股东所享有的权利、承担义务的多少与其向公司出资额的多少成正比例。

股东平等原则形式与实质上的平等两者相结合,即表现为相同的事情同等对待,不同的事情不同对待。股东平等原则是存在差别待遇的平等,但这种差别待遇仅建立在股份种类和数量差别之上,而不是其他任何因素之上。

股东平等原则的基础是资本而不是股东,股东平等原则在公司具体运作中的实际表现为资本(股份)平等原则,即以资本平等运作方式实现股东平等的要求。股东平等原则具体体现为资本多数决原则,资本多数决原则是股东平等原则在决策机制上的必

---

① 在曹光农诉济南四喜居快餐有限责任公司、宋晓萍公司决议效力确认纠纷案(〔2014〕槐商初字第463号、〔2015〕济商终字第459号)中,法院裁判摘要认为,公司法对确认股东会决议无效限定了严格的条件,仅在决议内容违反法律、行政法规时,才能确认为无效。所谓决议内容违反法律、行政法规规定,大致可概括为三类情形:一是决议内容违反法律原则;二是决议内容违反有限责任公司本质;三是决议内容违反强行法规定。

然逻辑延伸,并构成公司决策基本原则和公司法基本原则。但是,股东平等原则不能完全等同于以资本为标准的资本多数决原则,将股东平等原则简单等同于资本平等原则进而实施资本多数决原则的理念,违背了股东平等原则设计的初衷。股东平等原则旨在确保股东之间的平等,特别是确保公司资本处于劣势地位的中小股东权益,如邢美云等公司盈余分配纠纷案。① 资本多数决原则最终导致资本决定一切和中小股东利益受损,从而违背了股东平等原则的初衷。② 例如,在戴登艺与公司有关的纠纷案中,③南京中院认为,章程是经过股东会决议通过,不仅约束对该章程投赞成票的股东,同时也约束对该章程投弃权票或者反对票的股东。反之,如果公司依照法定程序通过的章程条款仅约束投赞成票的股东而不能约束投反对票的股东,那么既违背了股东平等原则,也动摇了资本多数决的公司法基本原则。

股东平等原则逻辑上要求资本多数决原则,但实践中却导致大股东对中小股东权益的侵犯,大股东、中小股东权益的失衡,最终违背股东平等原则的理念。在公司制度初期,股东主体平等原则是股东平等原则的核心思想和理念。公司是社团法人,即是人与人之间基于一定目的而形成的契约结合,是民法契约思想在公司设立中的体现。因此,双方必须具有平等性,即法律地位的平等。

股东平等原则应当同时包含资本多数决原则和股东主体平等原则。资本多数决原则是基于资本标准的股东平等原则,侧重于公司效率提高、大股东权益保护;股东主体平等原则是基于主体(股东)的股东平等原则,侧重于股东地位的平等、股东意志的平等、中小股东权利的保障、大股东权利滥用的限制。股东平等原则应当是资本多数决原则和股东主体平等原则的对立统一体,资本多数决原则是基础性原则,是股东主体平等原则的基础和前提,股东平等原则为辅助性原则,其根本在于保障中小股东利益之需要。例如,在石翠珍公司盈余分配纠纷案中,④南京中院认为,如果公司依照法定程序修改的章程条款仅约束投赞成票的股东而不能约束投反对票的股东,那么既违

---

① 在邢美云等诉南通友谊实业有限公司公司盈余分配纠纷案(〔2015〕港商初字第00079号)中,法院裁判要旨认为,盈余分配是指公司向股东分派税后净利润的行为,应当遵循同股同利、股东平等的基本原则,并不得违反公司自治规范——公司章程的规定。

② 一方面资本多数决原则排除了中小股东对公司事务的管理决策权。由于实行资本多数决,大股东的意志总是处于支配地位,当中小股东的意志与大股东的意志一致时,则被大股东的意志所吸收;当中小股东的意志与多数股东的意志不一致时,则被多数股股东的意志所排斥。少数股股东的意志对公司的决策难以产生有效的影响。另一方面,在资本多数决原则下,大股东支配选举权,控制公司经营管理机关,导致中小股东选举权有名无实。公司绝大多数权力集中在董事会手中,但董事会被"股东或者股东持有的多数表决权"控制,大股东有能力实施侵害中小股东利益的行为。

③ 在戴登艺诉南京扬子信息技术有限责任公司与公司有关的纠纷案(〔2015〕六商初字第40号、〔2016〕苏01民终1070号)中,法院裁判摘要认为,章程是经过股东会决议通过,不仅约束对该章程投赞成票的股东,同时也约束对该章程投弃权票或者反对票的股东。

④ 石翠珍诉南京市规划设计研究院有限责任公司公司盈余分配纠纷案(〔2012〕鼓商初字第1086号、〔2013〕宁商终字第1336号)中,法院裁判摘要认为,涉案公司初始章程有关"股随岗变"、股东离职须转让股权等内容,体现了全体股东的共同意志,是公司、股东的行为准则,对全体股东有普遍约束力。《股权管理办法》是实施"股随岗变"的具体细则,经过资本多数决的表决程序而上升成为公司自治规范,具有与公司章程同等的效力,对全体股东均具有约束力。

背了股东平等原则,也动摇了资本多数决的公司法基本原则。

股东股权平等原则也有例外,如为防止资本多数决原则的滥用,消除股东事实上的不平等,通过引入异议股东股份评估补偿权制度、表决权限制制度、表决权回避制度、表决权代理制度以及累积投票制度等,对股东股权平等原则作了适当限制。

四、资本多数决原则

公司制度形成初期,公司决策一致同意原则体现了公司股东意志的平等性、地位的平等性,而公司制度成熟时期的资本多数决原则则体现了公司效率、中小股东表决权滥用的防止和大股东利益的保护。

(一)资本多数决原则的概念

资本多数决原则是指股东大会或者股东会作为公司最高意思机关,公司股东按照各自所持股份或者出资比例对公司重大事项行使表决权,经代表多数表决权股东意思所形成的公司决议,对公司和少数股东均具有约束力。根据资本多数决原则,将持有多数股份股东的意思视为公司意思,控股股东意思对少数股东产生约束力。资本多数决原则的实质是在公司内部实行少数服从多数原则,使公司根据持股多数股东意思而不是所有股东意思对经营作出判断,便于公司机关及时有效地作出决策。《公司法》遵循资本多数决原则,如《公司法》第 42 条、第 43 条、第 103 条及第 121 条等规定。例如,在刘碧英公司决议纠纷案中,①成都中院认为,资本多数决原则是公司法的一项基本原则,是维持公司治理结构的正常运转所不可或缺的基础性制度,应当在公司运行过程中得到充分的贯彻。

资本多数决原则起源于英国福斯诉哈博特尔案(Foss v. Harbottle〔1843〕67 ER 189)。② 公司最高意思机关的决策机制,经历了从一致同意原则到资本多数决原则的发展演变过程。在公司法律制度发展初期,一致同意原则是公司法的正确选择。一致同意原则以绝对平等观为其哲学基础,旨在追求一种绝对平等。在公司制度发展初期,公司业务和组织结构相对简单,规模较小且由家族经营,在公司运营过程中能够做到全面考虑全体成员的意志和利益。从而公司法规定对公司收购、章程修改、公司合并与分立、重大资产的出售等公司重大事项的变更,均应获得全体股东一致同意,有深

---

① 在刘碧英诉成都君客木业有限公司公司决议纠纷案(〔2017〕川 0184 民初 1682 号、〔2017〕川 01 民终 12913 号)中,法院裁判摘要认为,涉案股东会决议的召集程序、表决程序符合法律、行政法规及公司章程规定,股东会决议内容也不存在违反公司章程的情形,股东会决议有效。

② 在福斯诉哈博特尔案中,少数股东要求公司对五名董事的不当行为提起诉讼,公司大多数股东则作出了不对五名董事起诉的决议。对公司决议不服的少数股东向法院提起诉讼,要求五名董事对公司承担赔偿责任。法院认为董事的不当行为虽然损害了公司利益,但因公司大多数股东对该行为的追认而对公司产生了约束力,少数股东不得再对该行为提起诉讼。

这个案例所作出的裁决规则被固定下来,称为"福斯规则"。福斯规则由适格原告原则和多数决原则构成。适格原告原则是指行为人的过错行为损害公司利益,此时适格的诉讼主体是公司而不是股东个人。多数决原则是指公司通常是根据多数股东意志的决定运作的。法律诉讼作为公司事务,也是由公司的多数股东决定的,如果多数股东不愿意提起诉讼,少数股东必须证明所诉事实处于福斯规则之外,才能提起诉讼。

刻的社会经济基础。

伴随工业化的发展,公司资本规模不断扩大,股东人数不断增加,股权逐渐分散。由于各个股东对公司利益的预期各不相同,在公司重大事项决策上要获得所有股东一致同意的难度非常大。此外,一致同意原则逐渐显现出使公司运营低效率、小股东权利滥用、大股东和公司利益受损等弊端。因此,公司意思决定程序中的一致同意原则逐渐让位于资本多数决原则。

资本多数决原则产生的合理性表现为,公司是股东出资建立的资本企业,公司股东是公司受益人。公司是股东追求利益最大化的工具,公司制度设计应以股东权利平衡和股东利益保障为中心。股东平等原则作为法律公平、正义价值的体现,是公司法基本原则,而衡量股东平等原则的标准应该是资本而不是人。股东平等原则在公司运作中必然演变为资本(股份)平等原则,即以资本平等运作方式体现股东平等要求,既体现经济、效率的价值目标,也体现法律的公平、正义基本要求。在现代公司制度下,股东个人身份为资本所替代,股东平等即表现为资本平等,拥有等质等量资本即意味着享有相同权利和利益。作为公司最高权力机构和意思机关的股东会在作出意思表示时需要一定的机制,即通过资本进行表决,集合股东意思形成股东会决议。按照资本数额进行表决,有利于鼓励投资人的投资积极性,体现了股东投资风险系数与投资回报率之间的正比例关系,是对股东承担投资风险所付出代价的补偿,具有合理性。例如,在刘旭股东会决议撤销纠纷案中,[①]北京一中院认为,资本多数决原则贯穿了公司经营的整个过程。在公司经营过程中,在股东利益不一致的情况下,应当由持有公司多数资本的股东按符合公司章程或者法律规定的表决程序来决定公司的重大事项,即少数服从多数。资本多数决原则体现了公司独立于股东,股东根据持股比例行使权利的原则,体现了资本的平等原则。这也是公司法明确规定股东大会通过决议并不需要全体股东一致同意,而是需要法定多数股东的同意即可形成决议的本质所在。

资本多数决原则是决定团体意思的制度和方法,是作为社团法人的公司应当遵循的基本原则。公司股东通过股东会对公司重大事项进行充分讨论,在决定公司重大事项意见不一致时,则根据资本多数决原则对公司重大事项进行表决,形成公司意思。在股东利益出现不一致时,依照公司法规定的资本多数决原则方式处理问题,体现了对持股资本的公平性。持反对意见的股东可以选择保留意见,服从大多数股东的意见,持有股份继续投资经营,也可以采取《公司法》规定的其他救济方式保护自己的合法权利。在股东大会决议依法定程序通过后,持反对意见的少数股东必须接受股东大会决议的约束,不能因为持股比例不足以否决股东大会通过的决议就认为股东会决议违反了公平原则。在公司股东出现矛盾时,坚持资本多数决原则并不违反股东利益的

---

① 在刘旭诉北京艺进娱辉科技投资股份有限公司股东会决议撤销纠纷案(〔2008〕海民初字第 21078 号、〔2009〕一中民终字第 7749 号)中,法院裁判摘要认为,北京瑞星科技股份有限公司股东按照资本多数决的原则,依法变更公司名称、经营范围、设立宗旨并按照公司章程规定的法定程序修改公司章程,均为公司法和公司章程所允许的事项,由此形成的股东会决议只要内容不违法,即应受到法律保护。

一致性原则。因此,资本多数决原则成为股东会运作的根本原则。

根据资本多数决原则,股东具有的表决力与所持有的股份成正比,股东所持股份越多,股东的表决力越大。在股东大会中,多数股东意思被视为公司意思,并对少数股东产生约束力。资本多数决原则的合理性在于要鼓励股东的投资积极性,应确认股东投资风险与投资回报之间的正比例关系,以补偿股东为此而承担的风险,因而必须赋予股东对公司事务切实的发言权即表决权,而不是抽象空洞的其他权利。在股东会的表决中,拥有控制权的股东通常处于支配地位,可以将自己意志直接上升为公司意志,从而对公司和少数股东产生约束力。资本多数可能是简单的多数,即 1/2 的多数;也可能是特定的多数,即 2/3 或者 3/4 的多数。

(二)资本多数决原则的限制

资本多数决原则以牺牲少数股东意思为代价,在实践中由于多数股东持有公司多数有表决权的股份,能够容易地将自己的意思上升为公司意思,在缺乏强有力制约的情况下,大股东可能采取各种手段损害公司和其他股东利益。例如,在陈玉和公司决议效力确认纠纷案中,[①]无锡中院认为,联通公司召开的四次股东会均未通知陈玉和参加,利用大股东的优势地位,以多数决的形式通过了不同比减资的决议,[②]直接剥夺了陈玉和作为小股东的知情权、参与重大决策权等程序权利,损害了陈玉和作为股东的实质利益。[③]

公司法确立一系列制度对少数股东提供救济,以弥补资本多数决原则所带来的不良后果。对资本多数决原则的限制性措施主要有异议股东股份回购请求权制度、表决权限制制度、表决权回避制度、表决权代理制度以及累积投票制度。

1. 异议股东股份回购请求权

异议股东股份回购请求权,又称为异议股东股份评估权、股份评估补偿权,[④]是指当公司股东大会基于多数表决,对有关公司收购与兼并、重大资产出售、换股计划、公司章程修改等公司重大事项作出决议时,持异议的少数股东有权要求公司对其所持股份价值进行评估,并以公平价格予以收购。

---

① 在陈玉和诉江阴联通实业有限公司公司决议效力确认纠纷案(〔2016〕苏 0281 民初 10874 号、〔2017〕苏 02 民终 1313 号)中,法院裁判摘要认为,公司大股东滥用多数表决权,在未经全体股东一致同意的情况下,作出不按照股权份额同比例减资的决议(大股东减资、小股东不减资),违反了股东平等原则,直接侵害了小股东的实质性股东权益,应属无效。

② 减资分为同比减资和不同比减资两种情况。同比减资通常仅需 2/3 以上表决权的股东通过即可,而不同比减资则需经全体股东一致同意。不同比减资会直接突破公司设立时的股权分配情况,如果仅经 2/3 以上表决权的股东通过即可作出不同比减资的决议,实际上是以多数决的形式改变公司设立时经发起人一致决所形成的股权架构。

③ 在联通公司仅对部分股东(即大股东)进行减资而未对陈玉和与刘林海(即小股东)进行减资的情况下,注册资本从 19516 万元减到 6245.12 万元,股东人数也从 8 名股东减少到 3 名。从联通公司提供的资产负债表、损益表看,联通公司的经营显示为亏损状态,陈玉和与刘林海持股比例的增加在实质上增加了陈玉和与刘林海作为股东所承担的风险,从而损害了陈玉和与刘林海的股东利益。

④ 股份评估权制度并非立法概念,是公司法理论对法律制度的概括,因而有不同的称谓,我国称为异议股东股份回购请求权制度。

异议股东股份回购请求权起源于英美法系，出现在 1851 年美国俄亥俄州的判例之中，被称为股份评估权制度。股份评估权制度的产生与股东大会表决原则的历史演变密切相关。19 世纪的美国，在各州制定公司法之前，公司合并、分立、收购、章程修改、重大资产出售之类的重大事项应获得每一位股东的同意，一致同意原则实质上赋予每个股东阻止公司重大变更的权利。但该原则助长股东的机会主义行为，导致个别股东以投否决票相威胁，向公司和其他股东索取额外利益；同时伴随公司规模的迅速膨胀，公司决议要获得全体股东的一致同意也不可能。各州通过制定公司法，以"资本多数决"原则取代"一致同意"原则，股东丧失了否决公司重大变更的权利，而作为交换获得了股份评估权。股份评估权创设的目的是基于利益平衡的考虑，既满足了大股东变更公司经营的权利，又给异议股东提供了补偿，使他们的股份具有流动性。

美国公司法中的异议股东股份评估权制度，旨在保护中小股东利益，维护公司的正常生产经营，使公司和大股东的整体利益、长远利益和个别股东的个人利益、短期利益和谐共存于公司利益共同体中，是对公平与效率价值的平衡。19 世纪中叶以来，英国、加拿大、澳大利亚等英美法系国家，相继借鉴了美国异议股东股份评估权制度，使得该制度逐渐国际化。德国、意大利、日本、韩国及我国台湾地区等大陆法系公司法也借鉴吸收了该项制度。由于历史传统、文化背景和公司治理观念方面的不同，异议股东股份评估权的具体制度设计也因国而异。

我国公司法借鉴吸收了股份评估权制度，称为异议股东股份回购请求权。在 2005 年修订《公司法》之前，异议股东股份回购请求权制度体现在 1994 年《到境外上市公司章程必备条款》第 149 条[①]和 1997 年《上市公司章程指引》第 173 条[②]。现行《公司法》第 74 条和第 142 条分别规定了有限责任公司和股份有限公司的异议股东股份回购请求权。例如，在刘胜请求公司收购股份纠纷案中，[③]湖北潜江市法院认为，异议股东股份回购请求权制度，是一种保护中小股东，特别是少数异议股东权利的有效机制，旨在公司结构发生重大变化时，赋予异议股东在获得合理的补偿后退出结构业已发生重大变化的公司的权利。

根据《公司法》第 74 条的规定，异议股东股份回购请求权是指当公司股东会基于多数表决原则，对有关利润分配、公司合并、分立、重大资产出售、公司章程修改等公司重大事项作出决议时，持反对意见的少数股东拥有要求公司对其所持股份的价值进行

---

① 《到境外上市公司章程必备条款》第 149 条规定："公司合并或者分立，应当由公司董事会提出方案，按公司章程规定的程序通过后，依法办理有关审批手续。反对公司合并、分立方案的股东，有权要求公司或者同意公司合并、分立方案的股东，以公平价格购买其股份。……"

② 1997 年《上市公司章程指引》第 173 条规定："公司合并或者分立时，公司董事会应当采取必要的措施保护反对公司合并或者分立的股东的合法权益。"

③ 在刘胜诉潜江市天驰汽车大市场有限公司请求公司收购股份纠纷案（〔2017〕鄂 9005 民初 1100 号）中，法院裁判摘要认为，《公司法》第 74 条规定的"主要财产"是适用异议股东股份回购请求权的前提条件之一。"主要财产"应以转让该财产后所导致的公司结构与运营情况为标准，而不是单纯以该财产占公司资产总额的比例进行计算。"主要财产"主要是判断公司转让财产后，是否会影响公司的正常经营和盈利，从而导致公司发生根本性变化。

评估,并由公司以公平合理价格进行回购的权利。异议股东股份回购请求权为小股东提供了法定的退出机制,当小股东与大股东发生利益冲突时,小股东主张股权回购,可以避免违背自己意志的股东会决议给自己带来的不利影响。股东对异议决议明确提出反对意见,是适用异议股东股份回购请求权的前提。回购方式有协议回购和诉讼回购两种,在从股东会会议决议通过之日起 60 日内,异议股东应向公司行使股权回购请求权。协议回购是诉讼回购的前置程序,异议股东自股东会会议决议通过之日起 90日内向法院提起诉讼。异议股东股份回购请求权的适用有以下三种情形:

(1)公司连续 5 年不向股东分配利润。"连续 5 年"是指持续的、不间断的 5 年,既有可能表现为事实上未分配任何利润,也可能是没有按照公司章程约定或者公司法规定的比例分配,以这个理由请求回购股份还需要以公司连续 5 年盈利为前提。

(2)公司合并、分立、转让主要财产。公司合并包括吸收合并和新设合并两种方式,分立也包括解散分立和存续分立。主要财产应从转让财产的量和质上进行综合评价,一方面要考虑转让财产占公司财产的比重,另一方面也要考虑该财产对公司生产经营的影响程度。

(3)营业情形届满或者解散事由出现。即公司章程规定的营业期限届满或者章程规定的其他解散事由出现,股东会会议通过决议修改章程使公司存续的。按照公司法的规定,公司解散直接导致公司清算,公司股东有权基于剩余财产分配请求权而依据股权比例或者公司章程的约定请求分配公司的剩余财产,从而最终实现投资收益或者承担亏损。如果股东会会议通过决议修改章程使公司存续的,则阻却了股东的合法投资权益的实现,应当允许异议股东行使股权回购请求权。

例如,在株洲市建筑设计院有限公司股权转让纠纷案中,[①]湖南高院认为,《公司法》第 74 条是关于有限责任公司中异议股东股份回购请求权的规定,具有该条规定的三项法定事由之一,公司即有义务回购异议股东的股份,而并非规定公司只能回购异议股东的股份以及除此之外不得回购公司其他股东的股份。法律对有限责任公司回购股权并无禁止性规定。

2. 表决权限制制度

表决权限制制度是指股东所持股份中超过某一特定比例以上股份的表决力弱于一般股份,即在一定比例以上股份不再适用一股一票原则,而是若干股份仅有一个表决权。股东享有表决权数,本应以其所持有股份数为准,但由于大股东可能滥用表决权多数决定原则损害小股东利益,一些国家和地区对大股东表决权加以适当的限制,

---

① 在株洲市建筑设计院有限公司诉谢辉股权转让纠纷案(〔2011〕株天法民二初字第 154 号、〔2012〕株中法民二终字第 10 号、〔2016〕湘民再 1 号)中,法院裁判摘要认为,股东"离职即退股"的回购条款,如果不违反公司资本维持的原则,不损害第三人的合法权益,经全体股东决议通过,则合法有效,但公司需按照合理价格向被回购股东支付转让款。

以保护小股东的合法权益。① 为解决"一股一票"资本多数决原则所产生的弊端，②世界各国对资本多数决原则不断加以规制和修正，建立了表决权限制制度。表决权限制的方式有间接限制和直接限制：

（1）表决权的间接限制。表决权的间接限制，即限制股东表决权效力，以法律规定特定情况下股东行使表决权通过的股东大会决议无效或者可撤销。换言之，通过规定不同公司股东大会议案的通过所需要的最低出席人数和最低表决权数的方式，增加大股东滥用表决权的难度，从而达到限制大股东表决权的效果。这种限制表现为对股东大会决议效力的限制。

（2）表决权的直接限制。表决权的直接限制，即以立法明文规定持股一定比例以上的股东，其超过上述比例部分股份的表决力弱于一般股份。表决权的直接限制具体有两种方式：一种方式是以法律或者章程直接规定一定比例的持股数，超过该比例的股份实行若干股份仅一个表决权，③法律限制比章程限制更为有效；另一种方式是直接规定表决权行使的上限，超过限额部分的股份便不再享有表决权。④ 对大股东表决权进行限制，可以在一定程度上防止投票权过分集中，增加大股东操纵股东大会的难度，从而适度平衡大股东和小股东表决力的不平衡。

我国立法和实践中并无表决权限制制度，《公司法》仍然坚持资本多数决原则，如《公司法》第42条规定："股东会会议由股东按照出资比例行使表决权；但是，公司章程另有规定的除外。"从前述法律规定看，对表决权限制仅可表现在公司章程中，而公司章程本身的表决适用资本多数决原则，显然大股东不可能在公司章程中限制自己的表决权。《公司法》可以借鉴外国通行的表决权限制制度，对大股东的表决权予以限制，以制衡大股东控制决策权。我国可以通过立法或者司法解释细化《公司法》第42条的但书条款，确立表决权限制制度的具体规则，如最高表决权限制度和股东大会最低参会股份比例等规则。⑤

3. 表决权回避制度

表决权回避制度，又称为表决权排除制度，是指当某个股东（特别是控股股东）与股东大会讨论的议案有利害关系时，有利害关系的股东不能以自己所持有的表决权参

---

① 表决权限制制度已成为各国公司法通行规则，如比利时和卢森堡法律规定，在股东大会上掌握超过公司股份40%的股东，其超过的股份丧失表决权。1982年《意大利商法典》第157条规定，股东在100股内的，每5股一个表决权；超过该限度的部分，每20股一个表决权。

② "一股一票"的资本多数决原则在大多数的情况下可以提高公司的决策效率，但是大股东也可能利用这个规则将自己的利益凌驾于公司利益之上，侵害中小股东利益，这是我国A股市场最大弊端之一。此外，由于持股分散的中小投资人参与表决尤其是现场表决还要花费一定成本，不少中小股东因此会放弃参与表决，而即使那些中小股东参与表决，也难以影响最终表决结果，这使得这部分中小投资人不再愿意参与表决，结果形成恶性循环。

③ 例如，我国台湾地区"公司法"规定，一名股东拥有已发行股份总数的3%以上者，应以章程限制其表决权。

④ 例如，美国宾夕法尼亚州公司法规定，任何股东不论其持股多少，最后只能享有20%的表决权。

⑤ 最高表决权限制度是指不管持股多少比例，所有股东的表决权不超过所有表决权的一定百分比。股东大会最低参会股份比例是指在股东年会和特别股东大会上，参加会议的股东所持有股票的总数必须达到一定的数量，通常为所有的已发行股份中的简单多数，即50%以上。

与投票表决的制度。表决权回避制度旨在规制不公平关联交易,矫正失衡的股东利益关系,以防止控股股东滥用资本多数决,完善公司法人治理结构和股东会制度的一种表决权行使机制。

表决权回避制度为修正资本多数决原则而产生,是在承认控股股东控制地位的前提下对控股股东与其他股东利益的调整。资本多数决是指股东会以持有多数股份的股东意志作出决议,法律将持有多数股份的股东意思上升为公司意思,且多数股东意思对少数股东产生拘束力。资本多数决原则在实行过程中最主要的问题是大股东对中小股东利益的侵害,有违公司法强调的保护中小股东利益,而表决权回避制度的出现在一定程度上缓和了两者之间的冲突。

表决权回避制度适用于所有股东,但在实践中通常仅针对大股东,并在解决小股东与大股东冲突时发挥作用。表决权回避制度可以在一定程度上事先消除有特别利害关系的大股东滥用表决权的可能性,从而保护小股东和公司的利益。与股东大会决议撤销之诉、无效确认之诉等救济措施相比,表决权回避制度具有明显的预防性。世界各国法律对关联交易普遍适用表决权回避制度。例如,在黄菊公司决议撤销纠纷案中,[①]上海一中院认为,对于公司除名决议来说,被除名股东不但要遵守表决权回避制度,而且所拥有的表决权数也不应该记入为计算特定多数的总表决权之内,即公司章程规定的表决比例是以除了被除名股东以外的其他股东所持的股份数作为基数。我国法律对表决权回避制度缺乏完整、系统的规定,仅有零星的规定,即《公司法》第16条之规定,[②]且主要适用于上市公司。《公司法》确立了表决权回避制度,但适用范围非常狭窄,仅限于公司为股东提供担保。对有限责任公司和股份有限公司,向公司股东或者实际控制人提供担保的,关联股东应当回避表决;对上市公司,股东大会审议关联交易事项的,关联股东应当回避表决。《公司法》中有关上市公司的表决权回避制度,仅限于对外担保中的表决权回避制度。[③]

在政府规章层面上,我国确立了股东表决权回避制度,也仅适用于上市公司,如《上市公司章程指引》规定股东大会审议有关关联交易事项时,关联股东不应参与投票表决;[④]《上市公司股东大会规则》规定股东与股东大会拟审议事项有关联关系时,关

---

① 黄菊诉上海上审工程造价咨询有限公司公司决议撤销纠纷案(〔2013〕沪一中民四(商)终字第926号、〔2013〕长民二(商)初字第406号)。

② 《公司法》第16条第2、3款规定:"公司为公司股东或者实际控制人提供担保的,必须经股东会或者股东大会决议。前款规定的股东或者受前款规定的实际控制人支配的股东,不得参加前款规定事项的表决。该项表决由出席会议的其他股东所持表决权的过半数通过。"

③ 上市公司对外担保的滥用,造成巨额资金被占用或者逐渐蒸发,导致公司之间的风险相互转嫁,一旦出现问题不仅影响到对外提供担保的上市公司,而是还冲击整个证券市场的稳定性。一些上市公司对外担保金额巨大,担保风险已经超出了上市公司正常的承受能力。例如,2003年年末发生了轰动证券市场的"啤酒花"事件,股价连续13个跌停,致使广大股民深受其害,其根源就是近10亿元的违规对外担保。

④ 《上市公司章程指引》第79条规定:"股东大会审议有关关联交易事项时,关联股东不应当参与投票表决,其所代表的有表决权的股份数不计入有效表决总数;股东大会决议的公告应当充分披露非关联股东的表决情况。"

联股东应当回避表决。[①] 但是，仅仅限制股东在表决关联交易或者表决与自己有关联关系事项时的表决权是不够的，大股东漠视并侵害中小股东利益，并非仅仅利用这些有关联关系事项，其他表决事项同样可能形成利益侵害。例如，在武汉供销集团有限公司小额借款合同纠纷、公司决议撤销纠纷案中，[②]武汉洪山区法院认为，表决权回避制度是指在公司股东与股东大会讨论的决议事项有特别的利害关系时，该股东或者代理人均不得就持有的股份行使表决权。由于关联交易的机会一方面容易把握在控股股东手中，另一方面正当的关联交易对公司是有利的，从而公司法并不禁止关联交易，而是规范关联交易。根据《公司法》第124条的规定，我国仅对上市公司有表决权回避制度之规定，对非上市公司则没有相应的规定。

此外，《上市公司证券发行管理办法》第44条、《上市公司重大资产重组管理办法》第24条、《上市公司收购管理办法》第51条以及《公开发行证券的公司信息披露内容与格式准则第1号——招股说明书（2015年修订）》第56条等条文规定了表决权回避制度。

《公司法》应当建立完整的表决权回避制度，对大股东表决权予以限制，以制约大股东控制决策权，保护中小股东权益。表决权回避制度能够有效地限制大股东表决权，强化中小股东表决权，更好地保护公司和中小股东利益。表决权回避应当基于法律的明确规定，而不能任意对法律进行扩大解释，如果法律并未规定股东表决权回避的情形，则不能排除股东表决权。股东表决权回避制度的适用范围应当由法律明确规定，以避免股东表决权回避制度在司法实践中被滥用，毕竟资本多数决原则是公司治理过程中的根本原则，表决权回避并非公司治理的常态。

4. 表决权代理制度

表决权代理（proxy voting）[③]制度，又称为股东投票权征集制度，是指公司股东将自己所持有股份的表决权以书面授权方式授予他人代为表决的制度。表决权代理制度的产生起因于股权不断分散化的现代公司。在公司产生初期，投资人可投资领域较少，股东将资本投入公司后一般会关心公司生产经营活动，能够积极地亲自行使投票权，使公司能按照设立时确定的目标从事经营活动。伴随现代公司制度和证券市场的发展，公司规模不断扩大，股权极度分散，且公司所有权与管理权高度分离。此外，伴随着投资多元化，股东更为关注公司投资回报，而没有兴趣参与公司经营管理。在这种环境下，表决权代理制度逐渐形成并发展起来。高度分散的股权为股东表决权代理制度的产生创造了条件。

表决权代理制度从最初的股东主动委托演变为股东表决权的征集，适应了公众公

---

① 《上市公司股东大会规则》第31条第1款规定："股东与股东大会拟审议事项有关联关系时，应当回避表决，其所持有表决权的股份不计入出席股东大会有表决权的股份总数。"

② 武汉供销集团有限公司诉武汉市洪山区鑫德莱小额贷款股份有限公司小额借款合同纠纷、公司决议撤销纠纷案（〔2016〕鄂0106民初6551号）。

③ 又称为投票代理权的征集、委托书的收购、征集投票权、征集表决权、委托书的劝诱。

司在表决权代理运作上的规模化需要。从主动状态走向被动状态,表决权代理制度反映了表决权成为争夺公司控制权工具的社会现实。股东表决权代理的行使有两种方式:

(1)股东主动委托。在股东主动委托情形下,股东表决权是由持有股票的股东自行委托授予,而不是由代理人主动争取获得的,我国台湾地区称之为"非属征求代理"。在股东主动委托方式下,不会产生太多法律问题,即使双方当事人之间发生争议,也可适用委托代理制度解决。

(2)股东表决权的征集(proxy solicitation)。股东表决权的征集是代理人劝诱股东将表决权委托给自己代为行使,即征集者通过征集行为获得大量的表决权,有可能获得影响公司经营决策的表决权。代理人通过劝诱的方式主动、公开征求表决权,则构成"表决代理权的征集",韩国和日本称之为"表决权代理行使的劝诱",英美法系国家称之为"代理委托书的劝诱"。

在公司实务中,表决权代理征集是一种较为通行的做法。我国表决权代理征集主要发生在证券市场,[1]通过《股票发行与交易管理暂行条例》《上市公司章程指引》《上市公司治理准则》和《上市公司股东大会网络投票工作指引(试行)》等政府规章,建立了上市公司表决权代理征集制度。《公司法》仅对股东表决权代理的行使作了原则性的规定,并未确立完整的表决权代理征集制度(《公司法》第 106 条)。

《上市公司治理准则》第 16 条规定:"上市公司董事会、独立董事和符合有关条件的股东可以向公司股东征集其在股东大会上的投票权。上市公司及股东大会召集人不得对股东征集投票权设定最低持股比例限制。投票权征集应当采取无偿的方式进行,并向被征集人充分披露具体投票意向等信息。不得以有偿或者变相有偿的方式征集股东投票权。"

5. 累积投票制度

累积投票制度是指股东大会选举董事、监事时,每一股份拥有与应选董事或者监事人数相同的表决权,股东拥有的表决权既可集中使用,也可分散使用。根据累积投票制度,股东所持有的每一股份拥有与当选董事总人数相等的投票权,股东既可以把所有投票权集中选举一人,也可分散选举数人,按得票数的多少决定董事人选。累积投票制度起源于英国,形成于 19 世纪的美国,在 20 世纪后逐渐为世界各国公司法所采用。累积投票制度是相对直接投票制度提出来的概念,在未实行累积投票制度之前,股东大会选举董事均是通过直接投票选举产生。[2]

---

[1]　如 1994 年"君安万科"事件、1998 年"金帝建设"董事会选举事件和 2000 年"通百惠对胜利股份"等属于股东投票委托书的征集,而"郑百文""国际大厦""华北制药""广西康达"湖南"电广传媒"等属于表决权代理征集事件。

[2]　直接投票制度是指在选举董事时,每个股东以自己所持有的股份数量为限对每个董事候选人进行意思表示。在采取直接投票制选举董事时,持 50%以上股权的大股东便可以完全操纵股东大会的每次选举,其他股东根本无法对董事的选举作出独立的意思表示。

我国累积投票制度仅适用于股份有限公司，特别是上市公司。从 2003 年开始，我国 A 股市场开始强制推行累积投票制。累积投票权是上市公司股东大会在投票表决一些重要事项，实践中主要是在选举董事或者监事时，给予全体股东的一种与表决公司其他一般事项所不同的特别表决权利，这种权利的特别之处主要表现在表决权数额上。在实行累积投票制时，股东表决权票数是按照股东所持有股票数与所选举董事或者监事人数的乘积计算，而不是直接按照股东所持有股票数计算。换言之，股东表决权票数等于股东所持有股票数乘以所选举董事或者监事人数。例如，在陈立兵公司决议撤销纠纷案中，①上海一中院认为，涉案 2016 年度第一次临时股东大会采取现场和网络投票相结合的方式，涉及补选的两名非独立董事的累积投票表决赞成均超过 50%。

2002 年《上市公司治理准则》对累积投票制作出过尝试性规定，②以防止大股东利用表决权优势操纵董事的选举，矫正"一股一票"表决制度存在的弊端。2018 年《上市公司治理准则》对累积投票制的规定，总体上属于任意性规范，但对单一股东及其一致行动人拥有权益的股份比例在 30% 以上的上市公司，则属于强制性规范，强制实行累积投票制。《保险公司章程指引》规定了董事和监事的选举实行累积投票制，③并规定单个股东持股比例超过 50% 的，强制实行累积投票制。《保险机构独立董事管理办法》在《保险公司章程指引》的基础上再次强调独立董事的选举实行累积投票制。④

《公司法》第 105 条明确规定了累积投票制，⑤但并不属于强制性规范，公司可以选择适用，可以在章程中规定累积投票制。因此，在非上市公司中，累积投票制可以实行，也可以不实行。

累积投票制通过投票数的累积计算，扩大了股东表决权数量。通过限制表决权的重复使用，限制了大股东对董事、监事选举过程的绝对控制力。2011 年在格力电器的

---

① 陈立兵诉上海神开石油化工装备股份有限公司公司决议撤销纠纷案（〔2017〕沪 0112 民初 2137 号、〔2017〕沪 01 民终 9322 号）。

② 《上市公司治理准则》(2002) 第 31 条规定："在董事的选举过程中，应充分反映中小股东的意见。股东大会在董事选举中应积极推行累积投票制度。控股股东控股比例在 30% 以上的上市公司，应当采用累积投票制。采用累积投票制度的上市公司，应在公司章程里规定该制度的实施细则。"

③ 《保险公司章程指引》第 32 条规定："公司应当在章程中明确规定股东大会选举董事、监事时，是否实行累积投票制和其具体实施规则等相关内容。股东大会就选举董事、监事进行表决时，鼓励公司实行累积投票制。公司单个股东（关联股东或者一致行动人合计）持股比例超过 50% 的，股东大会就选举董事、监事进行表决时，必须实行累积投票制。"

④ 《保险机构独立董事管理办法》第 18 条第 2 款规定："保险机构单个股东（关联股东或一致行动人合计）持股比例超过 50% 的，股东（大）会选举独立董事时，应当实行累积投票制。"

⑤ 例如，某公司要选举产生 5 名董事，公司股份共 100 股，股东共 10 人。其中 1 名大股东持有 51 股，即拥有公司 51% 股份；其他 9 名股东共计持有 49 股，合计拥有公司 49% 的股份。按照直接投票制度，每一股有一个表决权，则控股 51% 的大股东能够使自己推选的 5 名董事全部当选，其他股东没有话语权。按照累积投票制，表决权的总数就成为 $100 \times 5 = 500$ 票，控股股东总计拥有的票数为 255 票，其他 9 名股东合计拥有 245 票。根据累积投票制，股东可以集中投票给一个或者几个董事候选人，并按所得同意票数多少的排序确定当选董事，其他股东至少可以使自己的 2 名董事当选，而控股比例超过半数的股东也最多只能选上 3 名自己的董事。

案例中,累积投票制已经开始发挥作用。当时,持有上市公司 18.22% 股份的第一大股东——珠海市国有资产监督管理委员会提名的董事候选人,遭到机构投资人、中小股东联手反对而被否决,由中小股东推荐的董事则当选。

五、商事外观主义原则

在权利外观与实际权利不一致的情形下,为维护交易秩序、保护交易安全,商事外观主义原则要求对善意第三人因信赖权利外观所实施的法律行为予以保护。在公司审判实务中,商事外观主义原则适用的必要性已经为理论和实务所认同。但是具体案件中,商事外观主义原则有被滥用的情形,如在中航证券有限公司股权确认纠纷案中,[①]西安中院判决似乎有滥用商事外观主义原则之嫌。[②] 法院在确认西安成城经贸有限公司代中航证券有限公司持有江南期货经纪有限公司 33.33% 的情形下,仍然以工商登记具有公信力为由,认为西安成城经贸有限公司的债权人中国银行股份有限公司西安南郊支行基于江南期货经纪有限公司的工商登记而申请法院对西安成城经贸有限公司名下讼争股权采取强制执行措施的信赖利益应予保护。涉案债权人(中国银行股份有限公司南郊支行)并非针对债务人(西安成城经贸有限公司)名下的股权从事交易,仅因债务纠纷寻查债务人的财产偿还债务,并无信赖利益保护的需要。如果适用商事外观主义原则,将实质权利属于中航证券有限公司的股权用以清偿西安成城经贸有限公司的债务,将严重侵犯中航证券有限公司的合法权利。商事外观主义原则旨在减少交易成本,保护交易安全,适用范围应仅限于从事交易活动的第三人。当商事主体真实意志被虚伪表象所掩盖时,法律基于保护第三人利益与交易安全的考虑,使表见权利成为合法权利。

(一)商事外观主义原则的历史沿革

商事外观主义原则起源于古罗马法,源于罗马法的法律行为形式主义。[③] 罗马法中法律行为形式的外观主义,具有浓厚的宗教色彩,正是通过严格的形式,买卖交易才发生财产所有权转移的效力。

现代商事外观主义原则主要来源于日耳曼法中的动产保护制度,即占有(Gewere)——对物的事实上的支配状态——这一外观事实。这种状态通常与背后法律上的支配权密切相关,占有作为法律上的支配权的外在形式,受到法律保护。日耳曼

---

① 在中航证券有限公司诉西安成城经贸有限公司股权确认纠纷案(〔2011〕西民四初字第 00024 号)中,法院裁判要旨认为,对于西安成城公司债权人中行南郊支行基于江南期货公司的工商登记而申请法院对西安成城公司名下讼争股权采取强制执行措施的信赖利益,应予保护。在系争股权被冻结后,即使查明中航证券公司是实际出资人,也不能确认中航证券公司为享有该讼争股权的股东,也不能判令西安成城公司协助将股权变更至中航证券公司名下,中航证券公司的诉讼请求不能成立,法院不予支持。

② 中航证券有限公司股权确认纠纷案(〔2011〕西民四初字第 00024 号),西安中院在 2010 年 4 月 20 日作出〔2010〕西民四初字第 002 号民事判决。陕西高院于 2010 年 12 月 13 日作出〔2010〕陕民二终字第 00065 号民事裁定,撤销了〔2010〕西民四初字第 002 号民事判决,发回重审。

③ 参见郑云瑞:《民法总论》(第八版),北京大学出版社 2018 年版,第 349 页。

法对物的占有有占有委托物和占有脱离物之分。占有委托物是指基于所有人意思而占有他人之物，如因租赁、借用、承揽、保管等法律关系而占有他人之物。占有脱离物是指非基于所有人意思而对物的占有，如盗窃物、遗失物的占有等。根据日耳曼法的规定，只有对占有委托物，才可以适用善意取得制度。因此，占有委托物的占有是外观事实的最初表现形态。

商事外观主义原则是德国私法学者在20世纪初所创立的。德国私法理论提出基于外观上的信赖所实施的法律行为有效，并为信赖利益理论保护提供了理论依据，也为外观主义原则的产生奠定了理论基础。随着商业社会快速发展，商事交易多元化导致纠纷不断，使得商业外观主义理论受到大陆法系国家关注，并为各国立法所直接认可。外观主义的法律后果是外观事实取得真实状态的地位，第三人被置于如同其所设想的法律状态为真实存在时同样的法律地位，借以保护第三人的信赖利益。外观主义的思维模式则以行为引发的外观事实为中心，根据法律上有重要意义的外观事实，并以此作为联结点决定法律关系的效力和责任归属。

（二）商事外观主义原则的概念

商事外观主义原则是指名义权利人行为所表现出来的或者有关权利公示所表现出来的法律关系外观，使第三人对这种法律关系产生合理信赖并基于该信赖而为法律行为时，即使有关法律关系真实状况与第三人主观信赖状况不符，只要该第三人主观信赖合理，第三人所实施法律行为效力即受到法律保护。商事外观主义原则贯穿于公司设立到公司终止的始终，[①]是维护交易安全、分配交易风险的重要规则，为促进社会经济发展，维护社会利益平衡提供了重要的制度保障。

外观主义中的外观事实是指商事交易时行为人在交易中表现出来的重要事项。外观事实是一种客观真实存在，而这种客观性也是外观主义产生法律效力的原因所在。一些外观事实通过单一事实即体现出来，如票据记载是票据行为外观、股票和出资证明书是股东资格外观；另一些外观事实则需通过系列事实的结合共同传递特定信息，如未收回的委托授权书以及表见代理人以被代理人名义从事的行为是表见代理的外观事实等。

外观事实有法定外观事实和自然外观事实两种形式。商事登记、股东名册、记名股票、票据记载均为法定外观，法定外观事实是借助国家机关形成的，具有极强的公信力。自然外观则需要根据一般交易观念进行认定，可以根据交易发生的场合、交易习惯、相对人身份和能力以及事实状态的存续期间来判断。

适用外观主义的法律效果是由造成外观事实的主体承担相应法律责任，即使责任者主观上并无过错。外观主义的独特构造使其成为过错责任体系之外的独立归责原

---

① 参见胡田野：《公司法律裁判》，法律出版社2012年版，第9页。

则。例如,在申银万国证券股份有限公司财产权属纠纷案中,①上海高院二审认为,根据《公司法》和《证券法》的相关规定,公司股权转让应办理变更登记手续,以取得对外公示效力;否则,不得对抗第三人。该规定遵循了商法的外观主义原则,立法目的在于维护商事交易安全。鉴于该种对抗性登记所具有的公示力,第三人有权信赖登记事项的真实性。同时,根据《证券法》公开、公平、公正的交易原则以及上市公司信息公开的有关规定,对上市公司信息披露的要求,关系到社会公众对上市公司的信赖以及证券市场的交易安全和秩序。作为上市公司上海九百的股东持有股权和变动的情况应当以具有公示效力的登记为据。申银万国称为规避证监会有关规定而通过关联企业国宏公司隐名持有股权,并要求确认已登记在国宏公司名下的股权实际为其所有,显然不符合上述相关法律规定,也有违《公司法》所规定的诚实信用原则。

(三)商事外观主义原则的适用

商事外观主义原则为《民法总则》和《公司法》所认可,《民法总则》第65条②和《公司法》第32条③的规定体现了商事外观主义原则。此外,《公司法司法解释(三)》第26条和第28条的规定也体现了商事外观主义原则。商事外观主义原则强调相对人对商事主体对外公示的外观事实产生合理信赖,因信赖外观事实所实施的法律行为,即使外观事实与真实权利状况不一致,仍然应当根据外观事实认定法律行为效力,如在中国银行股份有限公司太原并州支行借款担保合同纠纷案中,④最高法的判决体现了商事外观主义原则。公司的原法定代表人在工商变更登记后仍以公司名义和法定代表人的身份对外签订抵押合同,并加盖了任职期间私刻且在工商备案的公章,在没有证据证明相对人知道或者应当知道的情形下,法律应保护相对人因信赖行为人的权利外

---

① 在申银万国证券股份有限公司诉上海国宏置业有限公司财产权属纠纷案(〔2008〕沪二中民三(商)初字第6号、〔2008〕沪高民二(商)终字第106号)中,法院裁判摘要认为,法人股隐名持有存在实际出资人和挂名持有人,双方应签订相应的协议以确定双方的关系,从而否定挂名股东的股东权利。对一方原本就是法人股的所有人,对方则是通过有偿转让的方式取得法人股的所有权,双方所签订的是法人股转让协议,协议中确定了转让对价以及所有权的转移问题的,不属于股权的代持,可以认定双方是通过出售方式转移法人股的所有权。根据《公司法》和《证券法》的相关规定,公司股权转让应办理变更登记手续,以取得对外的公示效力,否则不得对抗第三人。因此,作为上市公司股东持有股权和变动的情况必须以具有公示效力的登记为据(2010年最高法公报案例)。

② 《民法总则》第65条规定:"法人的实际情况与登记的事项不一致的,不得对抗善意相对人。"

③ 《公司法》第32条规定:"有限责任公司应当置备股东名册,记载下列事项:(一)股东的姓名或者名称及住所;(二)股东的出资额;(三)出资证明书编号。记载于股东名册的股东,可以依股东名册主张行使股东权利。公司应当将股东的姓名或者名称向公司登记机关登记;登记事项发生变更的,应当办理变更登记。未经登记或者变更登记的,不得对抗第三人。"

④ 在中国银行股份有限公司太原并州支行诉太原市大复盛房地产开发有限公司借款担保合同纠纷案(〔2004〕并民初字第340号、〔2009〕晋民终字第282号、〔2010〕晋民再终字第132号、〔2011〕民提字第316号)中,法院裁判要旨认为,商事外观主义原则是交易行为效果以交易当事人行为和交易事项信息外观为判断标准,从而保护交易相对人基于外观信息的信赖利益,维护交易安全。在法律行为架构下,存在意思主义和表示主义两种判断标准的博弈。意思主义主张探求当事人内心意思,是理想的制度设计诉求,但在实践中却极有可能损害善意第三人利益并危害交易安全。基于维护交易安全的需要,表示主义客观化视角逐渐扩大到主体资格、权利等各项信息,从而发展成外观主义原则。外观主义原则在商事交易中体现得尤为明显,外观主义原则也成为商事案件中法官作出判断的重要尺度。

观所实施法律行为的效力。

商事外观主义原则是处理实际权利人与善意第三人之间利益冲突应当遵循的基本原则，即要求对善意第三人因信赖交易相对人权利外观而实施的法律行为效力予以认可，对善意第三人前述法律行为取得的权利予以保护，实际权利人由此产生的损失，只能在内部关系中予以解决。例如，甲、乙约定，由甲出资，乙作为名义股东在登记机关办理登记。后来，乙将登记在自己名义下的股权转让给不知情的丙并在登记机关办理股权变更登记，甲向法院提起诉讼要求宣告转让合同无效。案件涉及实际权利人（甲）、名义权利人（乙）和善意第三人（丙）三方当事人之间的权利义务关系，产生了甲和乙之间的股权代持关系（内部关系）、乙和丙之间的股权转让关系（外部关系）。甲和乙之间内部的股权代持关系导致股权虚假权利外观，乙和丙之间外部的股权转让关系是建立在前述虚假权利外观基础上的，即源于丙对登记于乙名下股权的权利外观信赖，从而导致了甲的权利与丙的权利冲突。根据外观主义原则，法院应当适用《公司法》第 32 条的规定保护丙的权利，甲作为真实股东对乙转让的股权享有的财产权，不能对抗丙的股权。

商事外观主义原则仅适用于交易情形，但并非所有情形均可以适用。以下情形不适用商事外观主义原则：[①]

（1）内部法律关系。商事外观主义原则的适用导致实际权利人利益受到损害。在通常情形下，实际权利人权利应当受到法律保护，仅在与外部第三人合法权益发生冲突时，才有适用商事外观主义原则的必要和可能。在实际权利人与名义权利人产生纠纷时，既无合法权益的冲突，也无外部第三人权益的衡量，因而《公司法司法解释（三）》第 25 条明确排除了名义股东与实际出资人因投资权益纠纷以权利外观对抗实际出资人的可能性。例如，在上例中，公司经营状况良好，投资回报较高，乙获得公司红利，但拒绝将已经获得的红利交付给甲，并主张自己为登记股东，理应享有股东权益。甲对公司出资应属于乙的借款，乙愿意承担还款责任。甲到法院起诉，请求乙返还其股权分红。在处理甲、乙之间的分红纠纷时，法院没有必要适用商事外观主义原则。

（2）非交易的外部关系。商事外观主义原则旨在降低交易成本，保护交易安全，仅适用于外部交易关系，非交易的外部关系不能适用商事外观主义原则。例如，在上例中，乙因个人债务纠纷，被法院查封其名下股权，并拟处置股权所得清偿乙的债务。甲提出异议，主张自己对股权享有实际权利，乙仅为名义股东，不得用以清偿乙的债务。如果将属于甲的股权用以清偿乙的债务，则有悖于法律的公平正义原则。[②] 由于

---

① 参见张勇健：《商事审判中适用外观主义原则的范围探讨》，载《法律适用》2011 年第 8 期。

② 在中航证券有限公司股权确认纠纷案（〔2011〕西民四初字第 00024 号）中，初审法院和终审法院均适用《公司法》第 32 条的规定，以遵循商事外观主义原则为由，拒绝承认实际出资人的权利，即中航证券有限公司的股东资格。西安成城经贸有限公司为中航证券有限公司代持江南期货有限公司的股权，被债权人查封了其所代持的股权。法院执行了西安成城经贸有限公司名下的股权，却拒绝承认中航证券有限公司的股东资格。参见赵小平：《外观主义原则在股权确认案件中的应用》，载《中国审判》2011 年第 12 期。

法院的查封行为不属于交易行为,与商事外观主义原则旨在降低交易成本、保护交易安全的目的无关,不能适用《公司法》第 32 条的规定。例如,在中国银行股份有限公司西安南郊支行执行异议之诉案中,①陕西高院二审判决认为,商事外观主义原则的立法目的在于维护交易安全,适用范围应局限于就相关标的从事交易的第三人。最高法再审认为,商事外观主义作为商法的基本原则,实际上是一项在特定场合下权衡实际权利人与外部第三人之间利益冲突所应遵循的法律选择适用准则,通常不能直接作为案件处理依据。外观主义原则的目的在于降低成本,维护交易安全,但适用也可能会损害实际权利人的利益。如果法院适用商事外观主义原则处理涉案纠纷,将实质权利属于上海华冠公司的股权用以清偿成城公司的债务,将严重侵犯上海华冠公司的合法权利。该案的判决表明商事外观主义原则的适用范围不包括非交易第三人,执行案件申请执行人并非针对名义股东的股权从事交易,仅仅因为债务纠纷而寻查名义股东的财产偿还债务,并无信赖利益保护的需要,也不涉及交易安全,公司股权实际权利人能对抗该股权名义持有人的债权人对该股权申请司法强制执行。

（3）被冒名的名义权利人。在名义股东被冒名的情形下,权利外观的形成并非名义股东与实际出资人之间合意形成的,而是实际出资人实施侵权行为的结果。记载于股东名册的名义股东是侵权行为的受害人,对于权利外观的形成既无过错,也无原因力,从而被冒名的名义权利人没有适用商事外观主义原则的理由。例如,在李植国股东资格确认纠纷案中,②厦门中院认为,顺鑫盛公司虽以李植国的名义出资并进行工商登记,但李植国并无实际出资,也没有作为公司股东的真实意思表示,不具备股东的基本要件。

---

① 在中国银行股份有限公司西安南郊支行诉上海华冠投资有限公司申请执行人执行异议之诉案(〔2013〕西民一初字第 00014 号、〔2013〕陕民二终字第 00077 号、〔2015〕民申字第 2381 号)中,法院裁判要旨认为,名义股东债权人申请执行名义股东名下的股权,在执行程序中,债权人知道实际出资人通过法院确权取得名义股东代持股权后尚未办理股权变更登记,名义股东债权人提起执行异议之诉,要求依据外观主义对登记在名义股东名下的股权许可执行的,不予支持。

② 在李植国诉厦门顺鑫盛机械有限公司、宋建蓉、宋世国股东资格确认纠纷案(〔2011〕集民初字第 932 号、〔2011〕厦民终字第 2928 号)中,法院裁判摘要认为,被冒名登记为有限责任公司股东,后该股权又被冒名签字转让的人,自始不享有公司股权,但享有排除冒名行为所致妨害的权利。被冒名人在与公司有关诉讼中提起的多项诉讼请求,可从案由类型、诉讼效率、当事人讼累等因素综合考虑分案或并案审理。

第四章　公司人格制度

公司人格是公司作为独立商事主体的法律资格,即公司成为法律关系主体,享有权利及承担义务的资格。公司人格制度是以市场经济环境下的投资利益和投资风险在股东和债权人之间的合理分配为标准,从而实现股东和债权人之间利益平衡的规则体系。公司人格制度构成公司法律制度的核心和基础,而公司人格否认制度是对公司人格制度缺陷的必要补充和例外情形,如中国信达资产管理公司成都办事处借款担保合同纠纷案。①

第一节　公司人格的概念

公司人格制度和有限责任制度共同构成现代公司制度的基础,没有公司人格制度和有限责任制度就失去了公司法律制度构建的基石。公司人格制度阻断了公司债权人和公司股东之间的关系,防止公司债权人直接向公司股东追偿。

公司人格制度的设计是基于公司出资人和公司债权人之间的利益平衡,规定公司应当具有独立财产,股东应当履行出资义务并通过正当程序行使权利。在严格遵守公司人格制度的前提下,股东可以充分利用公司独立人格和股东有限责任制度,实现自己的投资利益,而将投资风险转移给公司债权人。

一、公司人格的概念

公司人格(corporate personality)是指公司具有独立的法律上的权利主体资格,即公司以自己名义享有权利、承担义务的法律资格。《公司法》第 3 条确立了公司人格制度。公司人格取得以公司具有独立财产为基础,而独立财产的取得必须由投资人通过投资协议将各自出资的财产转移给所设立的公司,投资人放弃对出资财产的占有、使用、收益和处分的权利,而仅保留对公司盈利的收益权和公司剩余财产索取权。例如,

---

① 在中国信达资产管理公司成都办事处诉四川泰来装饰工程有限公司、四川泰来房屋开发有限公司、四川泰来娱乐有限责任公司借款担保合同纠纷案(〔2007〕川民初字第 17 号、〔2008〕民二终字第 55 号)中,法院裁判摘要认为,对于股权关系交叉、同一法人出资设立、同一自然人担任各个公司法定代表人的关联公司,如果法定代表人利用对这些公司的控制权,无视各公司的独立人格,随意处置、混淆各个公司的财产及债权债务关系,造成各个公司的人员、财产等无法区分的,这些公司法人表面上虽然彼此独立,但实质上构成人格混同。因此,债权人合法权益受到侵害,这些公司法人应承担连带清偿责任(2008 年最高法公报案例)。

在高光合资、合作开发房地产合同纠纷案中，[①]最高法认为，根据《公司法》第 3 条规定，涉案公司是具备独立法人资格的有限责任公司，公司股东无权处分公司的财产，只能基于股权享有对公司的权益。法人财产和股东财产是相互独立的，股东虽然享有资产收益的权利，但不能直接对法人财产主张实体权利。

公司人格独立的基础包括公司财产独立和公司意思独立两个方面。

(1) 公司财产独立。公司财产独立是指公司拥有与股东财产相分离并由其独立支配的法人财产。公司独立财产是公司独立承担责任的前提条件：一方面公司财产是公司作为市场主体参与经营活动的物质基础；另一方面公司财产是公司履行债务的担保，决定了公司履行债务的能力和公司交易相对人的交易风险。例如，在梁清泉委托合同及撤销权纠纷案中，[②]最高法认为，公司与股东是不同的权利主体，公司财产独立于股东的自有财产，即使公司接受了股东财产，也不构成公司对股东债务承担共同责任的理由。涉案的豪迪公司具有独立法人人格，公司财产独立于股东财产。

(2) 公司意思独立。公司意思独立是指公司意思与股东意思相分离。股东不得以自己意思直接等同于公司意思，是公司独立承担责任的另一个条件。公司意思独立表现为公司有自己的意思机关，通过意思机关形成自己的意思，即公司以独立健全的组织机构为意思机关独立地为意思表示。股东通过股东会决议所体现的意志，已经不再是股东个人意志，也不仅仅是股东共同意志，而是公司法人意志。公司通过公司的意思机关(股东会、董事会)在各自职权范围内的活动，形成作为法人的独立意志。股东仅能通过公司的意思机关表达自己的意思，由公司机关按照一定程序作出决议，从而形成区别于股东意思的公司意思。例如，在麦考科船舶技术(上海)有限责任公司公司证照返还、返还原物纠纷案中，[③]上海闵行区法院认为，公司意思独立是公司法律制度赋予公司人格独立并能以自己名义独立参与商事活动，独立实施法律行为的基本假设与制度安排，没有公司意思独立，公司权利能力即公司独立人格将受到严重影响甚至不复存在。公司意思表示应来源于公司股东、董事的整体意志，但又绝不是个别股东意思或者股东意思的简单相加。

公司人格的确立是奠定股东有限责任制度的基础。公司具有独立法人人格，实现

---

①　在高光诉三亚天通国际酒店有限公司、海南博超房地产开发有限公司、三亚南海岸旅游服务有限公司、北京天时房地产开发有限公司合资、合作开发房地产合同纠纷案(〔2015〕琼民一初字第 43 号、〔2017〕最高法民终 63 号)中，法院裁判摘要认为，股东和公司之间是天然的利益共同体。公司对外交易活动、民事诉讼的结果均会影响到公司资产状况，从而间接影响到股东的收益。由于公司利益与股东利益的一致性，公司对外活动应推定为股东整体意志的体现。公司在诉讼活动中的主张应认定为代表股东的整体利益，虽然公司诉讼的处理结果会间接影响到股东的利益，但股东的利益和意见已经在诉讼过程中由公司所代表，则不应再追加股东作为第三人参加公司对外进行的诉讼(2018 年最高法公报案例)。

②　在梁清泉诉襄樊豪迪房地产开发有限公司、雷鸣委托合同及撤销权纠纷案(〔2008〕鄂民二初字第 9 号、〔2009〕民二终字第 97 号)中，法院裁判摘要认为，公司与股东是不同的权利主体，公司财产独立于股东的自有财产，即使公司接受了股东的财产，也不构成公司对股东的债务承担共同责任的理由。

③　麦考科船舶技术(上海)有限责任公司诉吴军公司证照返还、返还原物纠纷案(〔2011〕闵民二(商)初字第 1856 号、〔2012〕沪一中民四(商)终字第 1340 号)。

了公司财产与股东财产的分离,股东仅以自己出资部分对公司债务承担有限责任。在公司发生债务危机时,公司债权人仅可在公司财产范围内求偿,而不能越过公司向股东主张债权。有限责任制度将股东投资风险控制在可预见范围之内,有效地保护了投资人利益,构成公司法人制度的核心内容。有限责任制度的合理性表现为:

（1）资本聚集机制的形成。有限责任制度将投资人风险控制在允诺出资或者实际出资范围内,在公司经营良好的情形下,投资人资产随公司资产增加而增加;在公司经营亏损或者失败的情形下,投资人的损失仅限于允诺出资或者实际出资份额。投资风险的可控制性和投资回报的最大化,鼓励资本聚集和形成,加速了现代经济的发展。

（2）所有权与管理权的两权分离制度。有限责任制度确立了所有权与管理权的两权分离。公司不同于合伙企业的一个主要方面是公司股东对公司不享有经营管理权,这是股东享有有限责任的重要条件。公司股东将公司经营管理权委托给董事会,董事会根据公司章程的规定对公司事务进行具体的管理。所有权与管理权分离是现代公司制度的主要特点。例如,在香港大千国际企业有限公司民间借贷纠纷案中,①最高法指出《公司法》已经为公司所有权和经营权分离所产生的风险提供了救济途径。

公司人格制度始于19世纪的欧洲公司法。以公司人格独立和股东责任有限为核心内容的公司法人制度,通过精巧的立法技术,以独立公司人格为基础,在公司投资人和债权人之间设立法律保障措施,构建了各种利益群体之间的利益均衡。现代商事组织有独资企业、合伙企业（无限责任公司）、两合公司（有限合伙企业）和公司四种形式,各种商事组织形式有其不同的适用对象和范围,相互不可替代。有限责任公司和股份有限公司构成现代商事组织形式的核心和基础。例如,在亿达信煤焦化能源有限公司买卖合同纠纷案中,②最高法认为,人格独立与股东有限责任作为公司制度得以确立的基石,表现为公司具有独立财产,独立承担法律责任以及股东仅以出资额为限对公司债务承担责任两个方面,但股东与公司债务的分离常导致股东利用其优势地位从事滥用法人人格损害债权人利益的行为,为实现公平正义的法律价值,《公司法》第20条第3款规定特定情形下公司债权人可直接请求股东偿还公司债务,股东不再受有限责任的保护。涉案的大股东以零对价转让股权,是否构成滥用法人人格逃避债务因视情况而定。股权转让行为是否属于滥用公司人格,损害债权人利益的行为,应从公司人格与股东人格是否混同,股权转让行为是否造成公司责任财产的不当减少,从而降低公司对外偿债能力等方面进行分析判断。涉案的红嘴集团、李鹏飞转让股权的行为是

---

① 在香港大千国际企业有限公司诉于秋敏、海门市大千热电有限公司民间借贷纠纷案（〔2015〕苏商撤终字第00010号、〔2016〕最高法民申1045号）中,法院裁判摘要认为,第三人撤销之诉是针对生效裁判提起的诉讼,一方面是对于因故未能参加诉讼而没有获得程序保障,却可能受到生效裁判拘束的第三人提供救济途径,另一方面则是防止第三人的合法权益受到他人虚假诉讼的侵害（2017年最高法公报案例）。

② 在亿达信煤焦化能源有限公司诉四平现代钢铁有限公司、四平红嘴集团总公司买卖合同纠纷案（〔2016〕吉民初17号、〔2017〕最高法民终87号）中,法院裁判摘要认为,大股东零对价转让股权,是否属于滥用公司人格、损害债权人利益的行为,应从公司人格与股东人格是否混同,股权转让行为是否造成公司责任财产的不当减少,从而降低公司对外偿债能力等方面进行分析判断。

股东对自有权利的处分,仅影响股东自身权益,并未导致公司财产的减少进而影响公司的债务清偿能力,损害到公司债权人的利益。

二、公司名称

公司名称是指公司在经营活动中用以确定和代表自身并区别于其他商事主体的文字符号和标识。公司名称是公司这种商事主体在商事活动中所使用的称谓,有广义与狭义之分。狭义的公司名称指记载于公司章程并经国家机关核准表示公司人格的专属性标志;广义的公司名称泛指公司在经营活动中所使用的各种称谓。公司名称是公司组织的对外标志,有效地区分了公司组织的形式、法律性质、所在地区、字号以及行业。

(一) 公司名称的构成

世界各国对公司名称的选用有不同的立法政策,主要有真实主义和自由主义两种立法例。

根据真实主义的立法例,法律对公司名称的设定予以严格限制,公司名称应反映公司真实情况,与经营者名称和营业内容相一致。德国、法国、瑞士等国家采用这种立法例。

根据自由主义的立法例,法律对公司名称的设定不予限制,名称可由公司任意选择设定,公司选用名称与公司营业内容是否有关,法律不加限制。美国[①]、英国、日本等国家采用这种立法例。实际上,自由主义立法例对公司名称的设立还是有一定限制的,并非无条件。

我国公司立法采纳了真实主义的立法例。根据《企业名称登记管理规定》,公司名称应由行政区划、字号、行业和组织形式等四个要素构成,[②]其中行政区划、行业、组织形式三个要素属于公司名称共有要素,而字号则是独占要素。在同一登记主管机关辖区内,企业名称中的行政区划、行业、组织形式三个要素在所有同行业企业名称中都可能完全相同,唯独字号是不同的。字号是公司名称中的一个核心要素,是公司名称中最显著和最重要的组成部分。公司名称的四个构成要素如下:

---

① 美国公司名称的选用,主要有以下三种方式:

(1)以经营范围命名。公司名称与公司的经营范围一致,如瓦莱罗能源公司(Valero Energy Corporation)、标准石油公司(Standard Oil Company)、西方石油公司(Occidental Petroleum Corporation)、通用电气公司(General Electric Corporation)等。

(2)以投资人名字命名。公司名称以投资人名字命名,如麦克森公司(McKesson Corporation)、摩根大通(J. P. Morgan Chase & Co.)、杜邦公司(E. I. Du Pont Company)、迪士尼(Walt Disney Company)、斯伦贝谢(Schlumberger Limited)、强生(Johnson & Johnson)等;

(3)以投资人名字与经营范围命名。公司名称既有投资人名字又有经营范围,如陶氏化学(Dow Chemical Company)、福特汽车(Ford Motor Company)、艾默生电气(Emerson Electric Company)等。

② 《企业名称登记管理规定》第7条规定,企业名称应当由以下部分依次组成:字号(或者商号)、行业或者经营特点、组织形式。企业名称应当冠以企业所在地省(包括自治区、直辖市)或者市(包括州)或者县(包括市辖区)行政区划名称。

（1）行政区划。公司名称应当冠以公司所在的省、直辖市、自治区或者设区的市或者县（市）行政区划名称。公司名称中的行政区划是公司所在的县级以上行政区划名称（不包括乡镇、街道等其他地域名称）。公司名称通常冠以公司所在地行政区划名称，但可以省略省、市等文字。行政区划名称通常放置在公司名称最前部分，如北京控股有限公司、上海电气集团股份有限公司、江苏沙钢集团有限公司、浙江浙能电力股份有限公司、杭州娃哈哈集团有限公司、天津荣程联合钢铁集团有限公司等。在实践中，一些大公司在外省市设立控股公司的，可以将行政区划放置在公司名称中间，如中国石化上海石油化工股份有限公司、中国铁路物资北京有限公司、中船上海船舶工业有限公司等。此外，有些大公司的名称中没有行政区划，如京东商城电子商务有限公司、联想控股股份有限公司、万科企业股份有限公司、美的集团股份有限公司、腾讯控股有限公司、阿里巴巴集团控股有限公司、碧桂园控股有限公司、苏宁易购集团股份有限公司、复星国际有限公司、百度股份有限公司、唯品会控股有限公司等均无行政区划名称，前述公司均为2018年中国200强的民营企业。

国家工商总局负责登记的全国性公司通常冠以"中国"名称，如中国石油化工股份有限公司、中国石油天然气股份有限公司、中国建筑股份有限公司、中国移动有限公司、中国投资有限责任公司和中国建设银行股份有限公司等。冠以"中国"名称的公司主要有三种情形：

一是国务院批准设立的或者行业归口管理部门审查同意由国务院各部门以及科技性社会团体设立的全国性公司和大型企业，如中国投资有限责任公司、中国华融资产管理股份有限公司、中国信达资产管理股份有限公司、中国长城资产管理股份有限公司和中国东方资产管理股份有限公司等；

二是国务院批准设立的或者国务院授权部门审查同意设立的大型企业集团，如中国核工业集团有限公司、中国船舶工业集团有限公司、中国航空工业集团有限公司、中国保利集团有限公司等；

三是国务院授权部门审查同意由国务院各部门设立的经营进出口业务、劳务输出业务或者对外承包工程的公司，如中国国际技术智力合作有限公司、中国机械进出口（集团）有限公司、中国成套设备进出口集团有限公司、中国技术进出口集团有限公司、中国轻工业品进出口集团有限公司等。[①]

（2）字号。公司名称应有字号，字号是经营活动中使用的标志性称谓，是公司名称中的核心部分，未经许可擅自使用其他公司字号即构成侵权，如申花足球俱乐部侵害名称权纠纷案。[②] 字号由两个以上文字组成，但不得少于两个文字（如华为、腾讯、

[①]　关于使用"中国""中华"或者"国际"字词的法律、法规的规定有《企业名称登记管理规定》第13条。

[②]　在申花足球俱乐部诉特雷通贸易有限公司侵害名称权纠纷案（〔1999〕静民初字第1668号、〔2000〕沪二中民终字第2162号）中，法院裁判要旨认为，在未经原告同意的情况下，被告将具有一定知名度的专属于原告所有的"申花"名称使用在其商业广告中，造成原告无法控制这一无形财产并从中受益的损害。这种行为对原告的名称权已构成损害，应承担侵权法律责任（2001年最高法公报案例）。

百度、联想、万科等），没有上限，可以是三个文字（如碧桂园、健力宝、苏泊尔、富士康、比亚迪等），也可以是四个文字（如阿里巴巴）。公司字号通常以两个文字为常态，以三个文字来表示字号的也不少，但也可以是以四个及四个以上的文字表示字号的。

字号只是一种符号，仅具有识别功能，可以是任何文字组合，且文字可以没有任何含义。但由于中国文字的特殊性，每个字均有一定寓意。字号通常使用一些吉利字词，寓意投资人的美好愿望。字号具有区别性、显著性、表意性和经济性，著名字号是指公司在一定范围内在某一行业或者多个行业为社会所共知的字号。字号驰名说明了社会公众对公司为社会所做出贡献的认同，如在镇江唐老一正斋药业有限公司不正当竞争纠纷案中，[①]镇江中院和江苏高院均认为，知名度和影响力是老字号保护的核心要素。涉案争议商标的申请注册时间虽然晚于引证商标，但争议商标经过实际使用，已建立了较高的市场声誉，形成了相关的公众群体并在 2008 年被认定为驰名商标。在争议商标具有较高知名度的情况下，相关公众能够将争议商标与引证商标区分开来，不会造成混淆误认。

法律对字号有些限制，如不得使用县以上行政区划名称作字号，[②]不得使用外文字母、汉语拼音，不得使用行业字词，公司所起字号应符合国家各项法律、法规要求，不能在客观上使公众产生误解和误认等。[③]

公司名称权可能会与商标权发生冲突，知名商标可能被其他公司作为公司名称使用，引起注册商标与公司名称的混淆，使国家对商标专用权的保护和对公司名称权的保护发生冲突。例如，在上海建设路桥机械设备有限公司侵害商标权、不正当竞争纠纷案中，[④]上海高院再审认为，对于违反自愿、平等、公平和诚实信用原则，不遵守公认的商业道德，使用与他人注册商标中的文字相同或者近似的企业字号，足以使相关公众对商品或者服务的来源产生混淆的，应当根据当事人的诉讼请求依照民法以及反不正当竞争法的有关规定判决被诉侵权人变更企业字号。在山宝公司使用涉案字号"山

---

① 在镇江唐老一正斋药业有限公司诉吉林一正药业集团有限公司、一正集团吉林省医药科技实业有限公司、江苏大德生药房连锁有限公司、江苏大德生药房连锁有限公司镇江新概念药房不正当竞争纠纷案（〔2007〕镇民三初字第 43 号、〔2009〕苏民三终字第 0091 号）中，法院裁判要旨认为，在审查具有一定知名度的老字号企业依据反不正当竞争法所规定的知名商品特有名称权和企业名称权，主张禁止同业竞争者使用其注册商标与企业名称时，需要根据反不正当竞争法的立法目的、法律条文及司法解释的规定，综合考量老字号企业的历史沿革以及现有社会影响力的范围、同业竞争者及其商品知名度的范围以及其是否具有攀附老字号企业现有商誉的主观故意等因素予以确定。即使法院在考虑上述因素的基础上，认定同业竞争者不构成不正当竞争，但为了更好地保护老字号企业，同时促进同业竞争者正当权益的进一步发展，法院也可以要求双方当事人各自诚实经营，各自规范使用其商品名称和商标，以防止市场主体的混淆和冲突，保护消费者权益，维护市场正当的竞争秩序（2011 年最高法公报案例）。

② 地理名称作为字号使用容易构成不正当竞争，对其他竞争对手不公平。

③ 名称不得违反公序良俗，如北京的"叫个鸭子"、上海的"叫了个鸡"等网红店的名称。

④ 在上海建设路桥机械设备有限公司诉江苏山宝集团有限公司侵害商标权、不正当竞争纠纷案（〔2015〕浦民三（知）初字第 192 号、〔2015〕沪知民终字第 754 号、〔2016〕沪民申 1365 号）中，法院裁判摘要认为，建设路桥公司未能及时制止山宝公司的商标侵权行为，致使山宝公司认为建设路桥公司已经放弃了权利。山宝公司基于建设路桥公司弃权的合理信赖已经构建了利益体系，建设路桥公司再行使权利的行为将严重损害山宝公司的利益。因此，山宝公司的行为不构成侵权。

宝"后的十余年的时间里,建设路桥公司并未对此提出异议,且长期与山宝公司保持着频繁的业务往来。山宝公司通过自身的长期经营,字号已经承载了公司商誉。因此,"江苏山宝集团有限公司"的名称并不违反自愿、平等、公平和诚实信用原则,符合商业道德。

在前述案件中,法院以建设路桥公司违反民法的诚实信用原则为由,确立了山宝公司名称权的正当性。建设路桥公司未能及时对山宝公司的商标侵权行为进行制止,致使山宝公司认为建设路桥公司已经放弃了权利。山宝公司基于建设路桥公司弃权的合理信赖已经构建了利益体系,建设路桥公司再行使权利的行为将严重损害山宝公司的利益。

（3）行业。公司名称中应标明公司从事经营活动的行业,公司应根据自身主营业务按照国家行业分类标准划分的类别,标明公司从事的经营行业,应体现公司生产、经营、服务范围、方式等特点,如投资、银行、保险、证券、贸易、技术、制造、咨询等。行业分类是有规则地按照一定的科学依据,对从事国民经济生产和经营的单位或者个体的组织结构体系进行的详细划分。国民经济行业分类包括:A 农、林、牧、渔业;B 采矿业;C 制造业;D 电力、热力、燃气及水生产和供应业;E 建筑业;F 批发和零售业;G 交通运输、仓储和邮政业;H 住宿和餐饮业;I 信息传输、软件和信息技术服务业;J 金融业;K 房地产业;L 租赁和商务服务业;M 科学研究和技术服务业;N 水利、环境和公共设施管理业;O 居民服务、修理和其他服务业;P 教育;Q 卫生和社会工作;R 文化、体育和娱乐业;S 公共管理、社会保障和社会组织;T 国际组织。公司经营业务跨国民经济行业分类大类的,可以选择一个大类名称或者使用概括性语言在名称中标示公司所从事的行业。公司名称中的"行业"可以清晰地区分公司主要经营范围,知晓公司从事经营活动的领域。

（4）组织形式。公司名称中还应标明公司的组织形式,公司的组织形式表明公司承担法律责任的形式。公司组织形式应当符合所在地国家法律规定,如我国《公司法》第 8 条规定,设立有限责任公司必须在公司名称中标明"有限责任公司"或者"有限公司"字样,设立股份有限公司则必须在公司名称中标明"股份有限公司"或者"股份公司"字样。《合伙企业法》第 56 条规定特殊的普通合伙企业名称中应当标明"特殊普通合伙"字样,第 62 条规定有限合伙企业名称中应当标明"有限合伙"字样。

公司名称前述四个要素缺一不可,构成公司名称的整体。如在"深圳华为技术有限公司"名称中,"深圳"是公司所在地的行政区划,"华为"是公司的字号,"技术"是公司所属的行业,"有限公司"是公司组织形式。

我国公司名称的取得实行预先核准制,公司名称的取得分为申请、审查和核准三个阶段。申请人应在公司注册前预先提出名称核准申请,公司登记机构对名称申请的审查实行简易审查,经审查对符合条件的名称予以核准。经核准登记注册后的公司名称才可以使用,并在规定范围内享有专用权。公司仅能使用一个名称,在登记机关辖区内,不得与已经登记注册的相同行业公司名称相同或者相近。

从 1995 年起,除国务院决定设立的国家重点、国家直接授权从事某项重要业务的垄断性行业企业外,公司名称一律不得使用"中国""中华""全国""国家""国际"等字样。① "国际"是一个区域性限制词,在公司名称中间使用可作为行业或者经营特点字词的修饰,表示特定行业,如"国际贸易""国际经济技术合作""国际工程""国际运输"等,应予核准。根据国际惯例,外商独资公司使用出资的外国(地区)公司字号的,可以在公司名称中间加"(中国)"字样。②

在经营活动中,公司所使用的名称不仅仅是一个简单的商业符号,还是公司人格特定化的标志,是公司整个商业信誉的象征,是公司重要的无形资产。③ 公司名称与商标在形态上均属于商业标志,在使用和保护上还可能呈现出交叉状态,如健力宝、加多宝、王老吉等既是公司字号也是商标,全聚德是由字号演变成为著名商标的,而红豆则是由著名商标演变成为公司字号的,有些国家还将商标和公司名称统一纳入商标法调整。公司名称和商标仍然有些重大区别,具体有如下三个方面的区别:

(1) 公司名称和商标表示的对象不同。公司名称用以表示的对象是公司本身,是商事活动的主体;而商标表示的对象则是商品或者服务,是商事活动本身。公司名称只有一个,而商标数量却没有限制。例如,上海牙膏厂使用了"美加净""中华""黑白""庆丰"等多个商标,青岛海尔公司在国内申请了 700 多个商标,日本三菱公司在我国申请了 200 多个商标,美国宝洁公司在我国申请了 1400 多个商标,美国强生公司在我国申请了 2000 多个商标等。

(2) 公司名称和商标的标志构成不同。公司名称仅为文字性标志,且仅限于国家规范的汉字,不得使用汉语拼音字母、阿拉伯数字,也不得使用外国文字,结构单一;商标则由文字、图形、字母、数字、三维标志、颜色组合和声音等构成,或者前述各种要素的组合构成,商标的文字和图形简单、醒目,具有标识性,商标结构则较为复杂。

(3) 公司名称和商标的专用性不同。商标的专用性较强,而公司名称的专用性则较弱。商标实行统一注册制度,由国家商标局集中注册,在全国范围内享有专用权。公司名称实行分级注册制度,有国家、省级、市级和县级四级注册,公司名称的专用性

---

① 参见《国务院办公厅关于公司名称冠以"中国"等字样问题的通知》(国办发〔1995〕36 号)。

② 例如,沃尔玛(中国)投资有限公司、巴斯夫(中国)有限公司、西门子(中国)有限公司、百事(中国)有限公司、微软(中国)有限公司等。

③ 2014 年世界公司品牌价值前二十名的排名:(1) 苹果的品牌价值为 1532.85 亿美元;(2) 谷歌的品牌价值为 1114.98 亿美元;(3) IBM 的品牌价值为 1118.49 亿美元;(4) 麦当劳的品牌价值为 810.16 亿美元;(5) 微软的品牌价值为 782.43 亿美元;(6) 可口可乐公司的品牌价值为 737.52 亿美元;(7) AT&T 的品牌价值为 699.16 亿美元;(8) 万宝路(Marlboro)的品牌价值为 675.22 亿美元;(9) 中国移动的品牌价值为 573.26 亿美元;(10) 通用电气的品牌价值为 503.18 亿美元;(11) 中国工商银行的品牌价值为 444.4 亿美元;(12) 沃达丰的品牌价值为 436.47 亿美元;(13) 威瑞森(Verizon)的品牌价值为 428.28 亿美元;(14) 亚马逊(Amazon.com)的品牌价值为 376.28 亿美元;(15) 沃尔玛的品牌价值为 372.77 亿美元;(16) 富国银行(Wells Fargo) 的品牌价值为 368.76 亿美元;(17) UPS 的品牌价值为 357.37 亿美元;(18) 惠普的品牌价值为 354.04 亿美元;(19) 德国电信(Deutsche Telekom)的品牌价值为 297.74 亿美元;(20) Visa 的品牌价值为 285.53 亿美元。

受到地域和行业的限制。

一些由中央政府监督管理的国有公司（中央国有企业）和大型公司名称并未遵循《企业名称登记管理规定》第 7 条的规定，主要有以下两种例外情形：

（1）公司名称没有行政区划。公司名称通常以行政区划开头，但大量在上海和深圳两地的上市公司似乎并非如此，主要有以下三种情形：

第一，以控股公司名称为公司名称抬头的，如中国石化上海石油化工股份有限公司、中国石化山东泰山石油股份有限公司、中海油田服务股份有限公司等，这种情形较少；

第二，以控股公司字号为公司名称抬头的，如中银国际控股有限公司、中金黄金股份有限公司、中铝矿产资源有限公司、保利房地产（集团）股份有限公司、华电国际电力股份有限公司、中信证券股份有限公司、招商银行股份有限公司、大唐电信科技股份有限公司、国电电力发展股份有限公司、中粮地产（集团）股份有限公司等，这种情形较多；

第三，以字号为公司名称抬头的，如建信人寿保险有限公司、建信金融租赁有限公司、万科企业股份有限公司、宝山钢铁股份有限公司、美的集团股份有限公司、海信科龙电器股份有限公司、阿里巴巴集团控股有限公司、联想集团有限公司、新华人寿保险股份有限公司、华润创业有限公司、恒大地产集团有限公司、苏宁云商集团股份有限公司等，这种情形也不少。

（2）公司名称没有行业。这类公司名称中有字号，但没有行业，如招商局集团有限公司、神华集团有限责任公司、金地（集团）股份有限公司、华润（集团）有限公司、南光（集团）有限公司、腾讯控股有限公司、百度股份有限公司、中国华录集团有限公司、中国诚通控股集团有限公司、中国国新控股有限责任公司、碧桂园控股有限公司、金融街控股股份有限公司、申能股份有限公司等。

（二）公司名称权

公司名称权是指公司依法对登记注册名称所享有的权利。公司的营利性决定了公司不仅可以依法享有决定、使用、变更自己名称并排除他人非法侵害的权利，而且还有依法转让自己名称的权利。

在现代社会中，公司名称通常以登记方式获得法律保护，公司名称的权利人通过登记方式取得对公司名称的专用权。《企业名称登记管理规定》第 3 条明确规定，公司名称经核准登记注册后方可使用，并在规定的范围内享有专用权。可见，我国公司名称的取得必须经过登记，登记是公司名称权取得的唯一途径。

公司名称权包含公司名称的专用权、变更权和转让权三个方面的内容：

（1）公司名称的专用权。公司名称的专用权是一种独占的、排他性的权利，表现为排除同一的或者类似名称登记以及不正当使用的权利。根据《企业名称登记管理规定》，公司名称应经工商登记机关核准登记注册后方可使用，并在规定的范围内享有专用权。公司名称专用权具有排除登记和排除不当使用的效力，两者互为补充。根据

《企业名称登记管理规定》，排除登记的效力仅限于公司名称登记机关所属行政区域和所属行业。根据《反不正当竞争法》，未经公司同意擅自使用公司名称的行为，应认定为不正当竞争行为，不受公司名称登记机关所属行政区划的限制。例如，在上海三联（集团）有限公司、上海三联（集团）有限公司吴良材眼镜公司商标权侵权及不正当竞争纠纷案中，[①]江苏高院的判决体现了这一观点。

　　排除不当使用效力不受行政区划限制，而排除登记效力仅限于登记机关行政区域内，超出该行政区域则不受限制。例如，在江苏省的苏州和无锡两个城市，甲投资人在苏州市有效登记了"苏州（行政区划）华盛（字号）投资（行业）有限责任公司"，乙投资人仍然可以在无锡市登记设立"无锡（行政区划）华盛（字号）投资（行业）有限责任公司"，但是乙投资人不能在江苏省工商行政管理机关登记设立"江苏华盛投资有限责任公司"。如果乙投资人登记设立"江苏华盛投资有限责任公司"，则该公司名称权的效力及于整个江苏省，必然与"苏州华盛投资有限责任公司"的名称权发生冲突。如果公司名称在国家工商管理总局注册成功，则该公司名称专用权的效力范围及于全国，任何其他公司名称均不得与其相同或者相近。但是，知名公司名称专用权效力不受所属区域和行业限制，知名公司可以在全国范围内禁止其他公司注册或者使用与其相同或者相近的字号，如三一重工股份有限公司侵害商标权及不正当竞争纠纷案。[②] 例如，在成都同德福合川桃片有限公司侵害商标权及不正当竞争纠纷案中，[③]重庆高院认为，"同德福"商号享有较高商誉。同德福斋铺先后由余鸿春、余复光、余永祚三代人经营，尤其是在余复光经营期间，同德福斋铺生产的桃片获得了较多荣誉。余晓华是余复光之孙、余永祚之子，基于同德福斋铺的商号曾经获得的知名度及其与同德福斋铺经营者之间的直系亲属关系，将个体工商户字号登记为"同德福"具有合理性。余晓华登记个体工商户字号的行为是善意的，并未违反诚实信用原则，不构成不正当竞争。基于经营的延续性，余晓华变更个体工商户字号的行为以及重庆同德福公司登记公司名称的行为也不构成不正当竞争。

---

　　① 在上海三联（集团）有限公司、上海三联（集团）有限公司吴良材眼镜公司诉苏州市吴良材眼镜有限责任公司商标权侵权及不正当竞争纠纷案（〔2007〕苏中民三初字第0089号、〔2009〕苏民三终字第0181号）中，法院裁判要旨认为，公司未经权利人许可，擅自将他人的企业名称或者姓名作为其企业字号进行注册并使用，属于《反不正当竞争法》第5条第3项规定的"擅自使用他人的企业名称或姓名，引人误认为是他人的商品"的行为，该行为构成不正当竞争行为（2010年最高法公报案例）。

　　② 在三一重工股份有限公司诉马鞍山市永合重工科技有限公司侵害商标权及不正当竞争纠纷案（〔2011〕长中民五初字第0351号、〔2012〕湘高法民三终字第61号）中，湖南高院判决认为："'三一'文字是三一重工公司企业名称中最为显著和核心的部分，构成其企业字号，具有较高的知名度，应认定为《反不正当竞争法》第5条第1款第3项规定的'企业名称'，依法受法律保护。"（2012年中国法院商标保护10大案件）

　　③ 在成都同德福合川桃片有限公司诉重庆市合川区同德福桃片有限公司、余晓华侵害商标权及不正当竞争纠纷案（〔2013〕渝一中法民初字第00273号、〔2013〕渝高法民终字00292号）中，法院裁判要点认为，与"老字号"无历史渊源的个人或者企业将"老字号"或者与其近似的字号注册为商标后，以"老字号"的历史进行宣传的，应认定为虚假宣传，构成不正当竞争。与"老字号"具有历史渊源的个人或者企业在未违反诚实信用原则的前提下，将"老字号"注册为个体工商户字号或者企业名称，未引人误认且未突出使用该字号的，不构成不正当竞争或者侵犯注册商标专用权（指导案例58号）。

（2）公司名称的变更权。公司名称的变更权是指公司在使用名称过程中可以依法变更自己注册登记使用的公司名称。公司名称既可以部分变更，也可以全部变更，但不管是部分还是全部变更，均不得违反法律规定。公司名称变更必须依法进行变更登记，变更名称程序与设定名称程序相同，均须经过登记与公示等环节；否则，名称变更行为无效。公司名称一经变更登记并公示后，原登记名称即视为被撤销，不得继续使用，其他公司可以使用该名称进行重新登记。变更名称后的公司应当使用新登记名称进行经营活动，并对新公司名称享有专有使用权。

（3）公司名称的转让权。公司名称权转让是指公司依法将自己名称权转让给受让人的法律行为。公司将名称权对外有偿转让，是对名称权进行资本运营最为有效的途径，是对公司名称权利使用的最直接方式。世界各国立法均允许对公司名称权进行转让，即公司可以按照一定程序转让名称权。公司名称权转让的核心是字号转让，而且仅在其效力范围内才有效。

公司名称转让有两种立法例：一是合并转让主义，即公司名称与公司营业同时转让。公司名称转让后，转让人丧失公司名称权，且在一定期限内不得经营相同营业。德国和日本采取合并转让主义立法例。二是自由转让主义，即公司名称转让与公司营业没有直接关系，公司名称转让既可以是单独转让，也可以与部分营业或者全部营业一起转让。在名称转让之后，转让人仍然可以继续经营相同营业。我国《企业名称登记管理规定》第 23 条的规定，属于自由转让主义的立法例。

公司名称权转让有公司名称权部分转让与公司名称权整体转让两种形式。公司名称权部分转让是双方当事人对公司名称使用达成协议，名称权所有人准许名称权受让人使用公司名称的行为。公司名称权部分转让，在名义上是名称权部分转让，实质上是名称权使用许可，核心内容是权利人许可受让人在约定期间内有条件地使用公司名称，是双方当事人对公司名称许可使用所订立的合同。公司名称权利人应当保证受让人在约定期间内有效地使用公司名称，不会受到任何第三人干扰。受让人则应依照合同约定向权利人支付公司名称使用费，并应保证其使用公司名称行为的合理性与正当性。

公司名称权整体转让即名称权让与，是公司将享有的名称权利全部转让给受让人，受让人成为名称权的权利主体。公司名称权转让后，出让人丧失了公司名称权，在名称登记行政区域内，出让人不得再使用已转让的公司名称，也不得再重新登记该公司名称。名称权受让人受让该公司名称权后成为名称权人，可以继续使用该名称。受让人受让该公司名称权时，应就原公司债权、债务关系与原名称权人协商处理。出让人与受让人有明确约定的，按照约定处理；出让人与受让人没有约定或者约定不明确的，公司与公司名称一并受让的，受让人承担清偿责任。

三、公司人格权

公司人格权是指因对公司人格利益保护而产生的权利,[①]即法人性质所限之外可以享有的以权利主体尊严和价值为保护内容的权利,如名称权、名誉权、信用权等。《民法总则》第110条规定了法人享有名称权和名誉权。

在人格权发展历程中,自然人人格与人格权理论是通过引入人格尊严思想而联系起来的,自然人的尊严是以人类理性为基础的,从而说明人格权的产生与公司人格创制没有关系。自然人人格与公司人格并非属于同类,自然人人格权所具有的伦理性要素,公司人格权并不享有。公司人格权是一种财产权,是某种财产利益的载体,具有使用价值和交换价值。对公司名称、名誉、信用、商业秘密等的侵害,仅损害公司商业上的利益。因此,公司人格权是一种财产性质的权利。

在公司实务中,公司人格权侵权主要表现为公司名誉权侵权。公司名誉权是指公司对自己全部活动而产生的社会评价所享有的不可侵犯的权利。商誉是公司名誉权中的核心利益,对公司名誉权保护既要考虑社会公共利益、公司的社会影响力和知名度等因素,也要考虑行为人实施的行为是否符合社会公认的价值观,用以判断是否构成侵权。公司名誉权侵权大多数表现为捏造、散布虚假事实,损害公司商誉、商品信誉,在公开媒体上发表内容不实的文章或者进行有失公允的评论。公司名誉权属人格权,侵犯公司名誉权的后果主要是造成公司财产损失,而不会像自然人那样造成其精神痛苦。侵犯名誉权的认定应具备四个要素:行为人所实施的包括诽谤、诋毁等行为违法;受害方确有商誉被贬损的事实;侵权行为与损害后果之间存在着因果关系;行为人在主观上有过错。

侵犯名誉权责任是否构成,应当根据受害公司确有名誉被损害的事实、行为人行为违法、违法行为与损害后果之间有因果关系、行为人主观上有过错四个方面的因素来认定。[②] 消费者对公司的产品质量或者服务质量进行批评、评论,不应当认定为侵犯他人名誉权,但借机诽谤、诋毁,损害公司名誉权的,应当认定为构成名誉权侵权。[③]我国司法审判实践应当区分侵犯公司名誉权与其他行为的界限。

(1)消费者对公司产品质量或者服务质量正常的批评、评论与侵犯公司名誉权之间的界限。司法审判实践认为,消费者对公司产品质量或者服务质量进行批评、评论,不应当认定为侵犯公司名誉权,但借机诽谤、诋毁,损害公司名誉权的,应当认定为侵犯名誉权。

(2)小区业主监督管理权与侵犯公司名誉权之间的界限。审判实践中存在着大量业主间及业主与物业管理人间的名誉权纠纷。物业公司根据业主委托管理建筑区

---

①　大陆法系国家商法典对商号的保护性规定,被视为法人人格权的理论依据,但大陆法系国家的学者对法人人格权没有过多的论述。参见尹田:《论法人人格权》,载《法学研究》2004年第4期。

②　参见《最高人民法院关于审理名誉权案件若干问题的解答》(法发〔1993〕15号)第7条。

③　参见《最高人民法院关于审理名誉权案件若干问题的解释》(法释〔1998〕26号)第9条。

划内的建筑物及其附属设施,并接受业主监督。按照建筑物区分所有权理论和现行法律规定,业主按照在建筑物中的房屋面积,按份享有权利和分担义务。业主包括建筑物区分所有权人在行使权利时,与其他业主、物业公司、业主管理委员会、广告人等发生的纠纷为物业纠纷。司法审判机关应当正确区分业主正当行使所有权权利和业主监督权与侵犯公司名誉权的界限。

（3）侵犯公司名誉权与反不正当竞争等行为的关系。侵犯公司名誉权的行为通常与不正当竞争行为、名称权行为竞合。不正当竞争的目的是排挤竞争对手取得竞争优势,而侵犯名誉权的目的是多元化的,不局限于排挤竞争对手。在商业竞争中,行为人实施的不正当竞争行为,侵害了竞争对手名誉权的,应优先适用反不正当竞争法律规定。

四、公司住所

公司住所地作为公司的总部或者主要办事机构的所在地,对公司登记监管、国家税收、诉讼管辖的确定、法律文书的送达、交易安全的保障等,具有重大的法律意义。公司住所作为法定的公司登记事项,是公司从事经营活动的基础和公司正常运转的物质条件。

（一）公司住所的概念

公司住所是指公司主要办事机构所在地。《公司法》第10条规定,公司主要办事机构所在地是公司住所。公司主要办事机构所在地是公司发出指令的业务中枢机构所在地,公司董事会是公司经营管理决策机构,对外代表公司,是公司主要的办事机构。公司可以建立多个生产、营业场所,但是经公司登记机关登记的公司住所仅有一个,且公司住所通常应在公司登记机关的辖区内。但也有公司注册地与公司住所地是两个不同的地方,如国电电力发展股份有限公司（公司注册地为辽宁大连、住所地为北京朝阳区）、华电国际电力股份有限公司（公司注册地为山东济南、住所地为北京西城区）、江西铜业股份有限公司（公司注册地为江西贵溪、住所地为江西南昌）。

2013年自由贸易区建立后,大量的公司在自由贸易区内注册,而住所地则在自由贸易区之外的其他地方,如国泰君安证券股份有限公司（公司注册地为中国（上海）自由贸易试验区商城路618号、住所地为上海市静安区南京西路768号）。

公司住所与经营场所不同,经营场所是指公司主要业务活动、经营活动的处所,是公司从事生产、经营、服务的基本条件。公司住所和经营场所是公司设立和存续的基本条件,也是公司进行经营活动的必要条件。公司住所只能有一个,而公司经营场所则可以有多个。

公司住所是公司章程记载的地点,是公司章程的必要记载事项,并应在公司登记机关办理登记。公司住所一经登记,即具有公示效力,对确定诉讼管辖、送达法律文书以及保护交易安全等均有重要法律意义。登记后的公司住所,非依法定程序办理变更登记,不得擅自变更;否则,不得以变更住所对抗第三人。公司一旦发生住所变更,即应及时到公司登记机关办理变更登记手续。

世界各国和地区关于公司住所的确定,有三种不同的立法例:

(1)管理中心主义。管理中心主义的立法例是以公司管理机构所在地为公司住所。公司主要办事机构所在地通常是公司董事会所在地,作为决定和处理公司事务的机构所在地,是管辖全部公司组织的中枢机构。日本和我国台湾地区采纳了管理中心主义的立法例,以公司管理机构所在地为公司住所,如《日本商法典》第 4 条之规定、我国台湾地区"公司法"第 3 条之规定。

(2)营业中心主义。营业中心主义的立法例是以公司经营场所为公司住所。营业中心主义以营业中心地为法人的住所地。营业中心地是公司进行生产、交易、投资或者其他活动的地方。营业中心地是公司主要财产收入来源地,但公司通常有多个经营场所,不易确定公司住所。

(3)公司章程主义。公司章程主义的立法例是以公司章程确定的地点为公司住所。公司章程主义的立法例有两种模式:一是对公司章程记载公司住所的选定,法律有限制性规定,如德国《股份公司法》第 5 条之规定。二是对公司章程记载公司住所,法律没有限制性规定,可以由公司章程自由确定。

我国《公司法》采取了管理中心主义的立法例。《民法通则》第 39 条、《民法总则》第 63 条规定,法人以主要办事机构所在地为住所。《公司法》第 10 条规定,公司以主要办事机构所在地为住所。

《民法总则》《民法通则》和《公司法》均规定设立公司应有自己的住所,但是未明确公司住所的具体条件和要求。《公司登记管理条例》和《企业法人登记管理条例》规定应向公司登记机关提交住所证明文件,而公司住所证明是指能够证明公司对住所享有使用权的文件。《企业法人登记管理条例施行细则》将公司住所使用权证明文件解释为能够证明对住所享有使用权的文件,包括房屋产权证明和房屋租赁合同两种形式。

公司登记机关原则上不应对房屋用途进行审查,但应对公司住所证明文件所体现的房屋用途进行形式审查,从形式上审查房屋用途属于居住用房还是商业用房,如果属于居住用房则不得核准登记,即从房屋权属证书中能够直接判断是否属于居住用房。公司登记机关有形式审查的法定义务。

(二)公司住所的意义

公司作为一种重要的商事主体,应有自己的住所。公司住所是公司从事经营活动的基础,是公司正常运转的基本物质条件,作为法定登记事项,具有重要法律意义。

(1)公司住所是诉讼管辖依据。诉讼管辖权的确定是解决法律纠纷的先决条件。根据《民事诉讼法》第 21 条的规定,对法人或者其他组织提起的民事诉讼,由被告住所地法院管辖。以公司为被告的民事诉讼，由公司住所地法院管辖。[①]

（2）公司住所是法律文书的送达地。根据《民事诉讼法》的规定，法院送达诉讼文书应直接送交受送达人。直接送达法律文书有困难的，可以邮寄送达。无论是直接送达还是邮寄送达，均以公司住所地为送达地。

（3）公司住所是债务履行地。《民法通则》和《合同法》规定，合同履行地点不明确的债务，给付货币的，在接受给付一方的所在地履行；其他标的则在履行义务一方的所在地履行。公司住所是合同履行的地点，明确公司住所可以减少合同履行地的纠纷。

（4）公司住所是确定涉外诉讼准据法的依据。在涉外民事诉讼中，按属人法原则适用当事人本国法律时，通常以公司住所来确定所应适用国家的法律。《涉外民事法律关系适用法》第14条规定："法人及其分支机构的民事权利能力、民事行为能力、组织机构、股东权利义务等事项，适用登记地法律。法人的主营业地与登记地不一致的，可以适用主营业地法律。法人的经常居所地，为其主营业地。"《涉外民事关系法律适用法司法解释（一）》第16条规定："人民法院应当将法人的设立登记地认定为涉外民事关系法律适用法规定的法人的登记地。"例如，在同兴药业有限公司股东知情权纠纷案中，[②]广州中院认为，同兴药业的登记注册地为中国香港，是香港公司，属于涉港纠纷，应参照涉外商事案件处理。根据《涉外民事关系法律适用法》第14条第1款的规定，法人及其分支机构的权利能力、行为能力、组织机构、股东权利义务等事项，适用登记地法律。因王老吉公司的登记注册地在中国内地，股东同兴药业的股东权利应适用王老吉公司登记地法律，从而确认中国内地法律作为解决本案争议的准据法。

第二节　公司人格的取得

公司人格是公司法律制度的核心和基础。公司人格反映了公司是具有独立法律地位的商事组织，作为商事主体应具有权利能力和行为能力，并通过公司行为享有权

[①]　甲有限责任公司是在北京市通州区注册登记的企业法人，但其主要的营业场所在原告起诉前已搬迁至北京市朝阳区。原告因欠款纠纷到甲有限责任公司住所地通州法院起诉，后甲有限责任公司向通州法院提出管辖异议，认为公司实际经营地已搬迁至北京市朝阳区，当实际经营地和注册地不一致时，应当以实际经营地为准，案件应由朝阳区法院管辖。通州区法院认定甲有限责任公司异议理由成立，裁定将案件移送朝阳法院。原告不服通州区法院的裁定，认为案件应当由甲有限责任公司注册地法院管辖，提出上诉。实践中对案件争议通常有两种观点：一是认为甲有限责任公司工商登记注册的住所地法院有管辖权；二是认为如果法人工商登记地、实际营业地、办事机构地不在同一个法院辖区，实际经营地法院具有管辖权。第一种观点符合我国法律规定，甲有限责任公司注册地通州区法院有管辖权，通州区法院不应再移送案件。甲有限责任公司应办理住所变更登记，否则，不能对抗第三人。

[②]　在同兴药业有限公司诉广州王老吉药业股份有限公司股东知情权纠纷案（〔2014〕穗云法民三初字第23号、〔2015〕穗中法民四终字第81号）中，广州中院认为，同兴药业与加多宝集团均为凉茶经营者，双方存在同业竞争关系。会计账簿和会计凭证记载着王老吉公司生产经营的大量信息。结合同兴药业与王老吉公司因公司解散、公司清算纠纷在法院也有多起诉讼及同兴药业董事王某乙身兼多职的背景，如同兴药业获得上述会计账簿和会计凭证，将存在王老吉公司竞争对手取得王老吉公司生产经营信息的重大风险，势必影响王老吉公司的正常生产经营。

利、承担义务。

公司人格的取得是公司权利能力和行为能力的取得。公司经公司登记机构注册登记,公司人格即告取得。公司因登记而取得公司人格,如同自然人因出生而取得权利主体资格。公司人格的取得包括公司权利能力的取得和行为能力的取得两个方面。

一、公司的权利能力

公司的权利能力是指公司依法享有权利和承担义务的资格。公司的权利能力始于公司成立而终于公司终止。《公司法》第7条规定,依法设立的公司由公司登记机关发给公司营业执照,公司营业执照签发日期为公司成立日期。《公司法》第188条规定,公司终止之前应对公司进行清算,公司清算结束后,应当将清算报告报股东会或者法院确认,并报送公司登记机关申请注销公司登记,公告公司终止。

公司的权利能力有两种立法例:一是公司仅在目的范围内享有权利能力,日本采纳这种立法例;二是公司的权利能力范围与自然人相同,但不享有专属自然人的权利能力,瑞士采纳这种立法例。我国公司立法显然采纳了第一种立法例,规定了公司的目的、范围。公司的权利能力是判断公司能否享有特定的权利或者承担义务的依据。法律在赋予公司权利能力的同时,也限制了公司的权利能力范围。公司的权利能力有在性质上、法律上和目的上的三种限制。

(1)性质上的限制。作为组织体的公司与作为生命体的自然人,权利能力有本质上的区别。自然人享有生命权、身体权、健康权、肖像权、亲属权、身份权、自由权、继承权等,如《民法总则》第110条第1款规定,自然人享有生命权、身体权、健康权、姓名权、肖像权、名誉权、荣誉权、隐私权、婚姻自主权等权利。公司不得享有前述人格权,但公司享有名称权、名誉权、著作权、商标权和专利权等,如《民法总则》第110条第2款规定,法人享有名称权、名誉权等。

(2)法律上的限制。公司权利能力受到法律的限制,特别是公司法的限制。大陆法系国家公司法对公司权利能力均有不同程度的限制,主要表现在法律对投资、贷款、担保和股份回购等四个方面进行限制:

第一,对投资的限制。公司法对投资的限制有投资对象的限制和投资数额的限制两个方面:一是投资对象的限制。法律通常限制公司成为其他无限责任公司的股东或者合伙企业的合伙人。《公司法》第15条明文禁止公司成为对所投资企业的债务承担连带责任的出资人。二是对投资数额的限制。法律对公司的对外投资数额进行了限制。如1993年《公司法》限制了公司的转投资,即公司对外累计投资额不得超过本公司净资产的50%,但2005年修订《公司法》时废除了该限制性规定。①

---

① 2005年修订后的《公司法》取消了对公司转投资的限制,主要有以下几个方面的原因:一是在公司实务中,有大量的公司对外投资超过50%的现象;二是工商行政管理机关在登记和年检中对超过50%的转投资现象采取了默许的态度;三是对于超过50%的转投资行为,法律没有明确的责任规定,而公司实践证明对公司转投资限制缺乏可操作性。

第二，对贷款的限制。公司资本是公司运营和对外承担责任的物质基础，保持资本充足是公司法原则。公司借贷行为会导致公司资本结构发生变化，使公司部分资金处于风险之中，为保护公司股东和债权人利益，法律限制公司的借贷行为，如《公司法》第 148 条之规定。

第三，对担保的限制。公司对外担保是一种潜在债务，担保人承担巨大风险，可能损害股东和债权人利益。法律限制了公司对外担保的行为，如《公司法》第 16 条规定，公司为公司股东或者实际控制人提供担保的，必须经股东会或者股东大会决议。

第四，对股份回购的限制。股份回购使公司持有自己股份，减少了发行在外的股份，可能损害股东和债权人利益。法律限制公司股份的回购，如《公司法》第 142 条规定："公司不得收购本公司股份。但是，有下列情形之一的除外：（一）减少公司注册资本；……"上市公司股份回购制度是资本市场的基础性制度安排，一方面股份回购是上市公司回报投资人的重要方式，且相较股票分红具有一定的税收优势；另一方面股份回购也是稳定公司价值的重要手段。2018 年修改《公司法》第 142 条关于股份回购条款的内容表现在股份回购情形的增加、实施股份回购决策程序的完善及库存股制度的建立三个方面。

（3）目的上的限制。公司均具有一定的目的，即经营范围，公司目的属于公司章程的必要记载事项。关于公司权利能力是否受到经营范围限制，世界各国立法呈现一种逐渐宽松的趋势，超越公司经营范围的行为，即为越权原则（the doctrine of ultra vires），曾经一度是各国公司法的基本法则，由最初的绝对无效发展到相对无效，直至为现代各国公司法所遗弃。我国立法和实践经历了从超越经营范围的法律行为无效，到法律行为不受经营范围限制的发展历程。《民法通则》第 42 条的规定采纳了越权原则，[①]《合同法》第 50 条规定了公司、公司法定代表人的表见代理制度而否定了越权原则，[②]《民法总则》第 68 条则抛弃了越权原则，《合同法司法解释（一）》第 10 条明确规定，不得以超越经营范围认定合同的无效。[③] 最高法的司法解释，表明我国司法审判实践直接抛弃了越权原则。

二、公司的行为能力

公司的行为能力是指公司以法律行为方式取得权利和承担义务的资格。公司的权利能力与行为能力不仅同时产生与同时消灭，而且两者的范围还是完全一致的。

公司实现行为能力的方式不同于自然人，公司行为能力是通过公司代表机关来实现的。公司意思来源于公司机关，公司机关通常由股东会、董事会和监事会构成。股

---

① 《民法通则》第 42 条规定："企业法人应当在核准登记的经营范围内从事经营。"
② 《合同法》第 50 条规定："法人或者其他组织的法定代表人、负责人超越权限订立的合同，除相对人知道或者应当知道其超越权限的以外，该代表行为有效。"
③ 《合同法司法解释（一）》第 10 条规定："当事人超越经营范围订立合同，人民法院不因此认定合同无效。但违反国家限制经营、特许经营以及法律、行政法规禁止经营规定的除外。"

东会是决策机关,董事会是执行机关,监事会是监督机关,三个机关依照公司法规定的职权和程序相互配合又相互制衡,实施公司意思表示。

董事会是公司对外代表机关,公司行为能力通过董事会行使,但董事会是由自然人组成的组织体,对公司行为能力的行使应落实到自然人,即法定代表人。例如,在青海碱业有限公司损害公司利益责任纠纷案中,[①]最高法认为,公司不能自行起诉自己的法定代表人。青海碱业公司是以自己的名义起诉公司法定代表人冯光成。根据法律规定,[②]青海碱业公司作为法人提起诉讼,与自然人不同,应当由公司法定代表人进行。青海碱业公司起诉状上的公章和授权委托书上的公章并非青海碱业公司的法定代表人或者股东会同意加盖,不能认定为是青海碱业公司的意思表示。根据《民法总则》第 61 条的规定,法定代表人以法人名义从事的民事活动或者其他执行职务的行为,法律后果由法人承受,法人与法定代表人的关系具有同一性,相互之间不能直接诉讼。从而法定代表人的意思表示即代表法人的意思表示,法定代表人以法人的名义进行法律行为,最后的法律责任直接由法人承担。实践中,法定代表人通过授权方式赋予代理人行使相应职权。因此,法定代表人及其授权代理人是直接实施公司行为能力人。

公司董事长(执行董事或者总经理)作为公司法定代表人,[③]应当按照公司意思以公司名义对外实施法律行为。在公司权利能力范围内,法定代表人及其授权代表所实施的法律行为,即为公司自身实施的法律行为。法律行为所产生的法律后果即权利和义务,应当由公司承担。例如,在游斌琼民间借贷纠纷案中,[④]最高法判决认为,万翔公司是否应当承担合同义务,应当先判断翁炎金的行为是否符合《合同法》第 49 条关于表见代理的规定。表见代理的构成必须符合两个条件:一是代理人表现出了具有代理权的外观;二是相对人相信行为人具有代理权且善意无过失。根据《公司法》的有关规定,董事长比公司其他管理人员享有更大的权力,对外实施的法律行为更能使交易相对人产生合理信赖。同时,翁炎金还是万翔公司的股东,且在签订涉案担保合同时持有万翔公司的公章,尽管刑事判决已经认定该公章为翁炎金私刻,但结合翁炎金在万翔公司所任董事长的特殊职务以及股东身份等权利外观,已经足以让交易相对人游斌琼对翁炎金产生合理信赖,让相对人对公章真实性进行实质性审查,要求过于严苛,

---

① 在青海碱业有限公司诉宁波市康盛投资有限公司、冯光成损害公司利益责任纠纷案(〔2012〕青民二终字第 60 号、〔2014〕民提字第 143-1 号)中,法院裁判摘要认为,法人由其法定代表人进行诉讼,法人的起诉没有经过法定代表人同意,没有经过股东会讨论通过,虽然起诉状和授权委托书上加盖了法人的公章,但不能认定为法人意思表示,对其起诉不应受理。

② 《民事诉讼法》第 48 条第 2 款规定:"法人由其法定代表人进行诉讼。其他组织由其主要负责人进行诉讼。"

③ 1993 年《公司法》第 45 条规定法定代表人只能由董事长担任,现行《公司法》第 13 条规定法定代表人可以是董事长、执行董事或者经理。

④ 在游斌琼诉福建省万翔房地产开发有限公司、翁炎金等民间借贷纠纷案(〔2015〕岩民初字第 147 号、〔2015〕闽民终字第 1747 号、〔2016〕最高法民申 733 号)中,法院裁判要旨认为,他人伪造公司印章对外签订合同构成表见代理的,即使该伪造印章的行为后被认定为伪造印章罪,也不影响所签订合同对公司的约束力。

不利于保护交易安全。① 翁炎金的行为已构成表见代理，万翔公司应对翁炎金的涉案债务承担连带责任。

公司行为是通过意思表示体现的，而公司意思是以一定形式表现出来的。公司意思表示的外在推定形式，是证明公司意思的形式。公司意思表示的外在推定形式，有法定代表人签字和公司印章。例如，在海南虹艳贸易有限公司股权转让纠纷案中，②最高法认为，公司印章是公司人格的象征，交易文本上加盖公司印章，即具有推定为公司意思表示的法律效力。但这种推定效力可以为相反的证据所推翻，因为公司印章既可能被公司授权的人持有和合法使用，也可能被未经公司授权的人占有和滥用。如果公章被盗用，公司印章脱离公司主体的控制而被他人滥用，印章所表征的意思表示与公司的真实意思表示并不一致，从而意思表示推定效力应予否定。又如，在中国建设银行上海市浦东分行借款合同纠纷案中，③最高法认为，盖章也可以产生合同成立的效果。合同书上盖章的意义在于证明该合同书的内容是印章记载当事人的意思表示，合同书上的印模具有证据的作用。加盖真实印章的合同，权利义务由加盖印章的当事人承受。

公司法定代表人在公司经营范围内和自身职权范围内所签署的合同，即使没有加盖公司公章，合同仍然有效。例如，在浙江东航建设有限公司装饰装修合同纠纷案中，④浙江宁波中院认为，周杰及东航公司的法定代表人在合同落款处签字，签字行为属职务行为，在东航公司对此也无异议的情况下，该签字行为与盖章具有同等效力，该证据具有真实性、合法性，且与案件具有关联性，对其证明力应予确认。

公司证照印章等作为公司财产和公司经营活动中进行意思表示的手段，应当由公

---

① 例如，在白增江诉湛江市第一建筑工程公司租赁合同纠纷案（〔2015〕冀民一终字第 38 号、〔2015〕民申字第 3402 号）和靖江市润元农村小额贷款有限公司诉陆东武、潘冬英、江苏天盛工程设备制造有限公司借款合同纠纷案（〔2013〕苏商终字第 0018 号、〔2014〕民申字第 1544 号）中，最高法判决认为，伪造印章构成刑事犯罪，并不当然导致所签合同无效。在邱赐添诉九江周大生实业有限公司、刘财、廖红霞、福建省虹盛电器有限公司民间借贷纠纷案（〔2012〕岩民初字第 53 号、〔2014〕闽民申字第 309 号）、北京瑞图科技发展有限公司诉宜昌博奥科工贸有限公司不当得利纠纷案（〔2014〕鄂宜昌中民二初字第 00201 号、〔2015〕鄂民一终字第 00163 号）、张家口市景泰商贸有限公司诉河南兴隆建筑工程公司买卖合同纠纷案（〔2013〕张商初字第 78 号、〔2014〕冀民二终字第 102 号）中，福建高院、湖北高院和河北高院均判决认为，伪造印章构成刑事犯罪，并不当然导致所签合同无效。

② 在海南虹艳贸易有限公司诉海南金泰房地产开发公司股权转让纠纷案（〔2010〕琼民抗字第 1 号、〔2012〕民提字第 35 号）中，法院裁判摘要认为，仅凭盖有公章认定股权转让协议是当事人的真实意思表示，进而认定当事人之间签订的转让协议及补充协议生效，证据不足。

③ 在中国建设银行上海市浦东分行诉中国出口商品基地建设总公司、上海中益国际贸易发展有限公司借款合同纠纷案（〔1998〕沪高经初字第 10 号、〔2001〕经终字第 179 号、〔2001〕沪高经重字第 2 号、〔2001〕民二终字第 155 号）中，法院裁判摘要认为，有争议的合同文本经司法鉴定认定，一方当事人的签名系伪造，印章系变造，且经当事人举证和法院查证均不能证明变造的印章为该当事人自己加盖或者授意他人加盖，也不能证明该当事人有明知争议合同文本的存在而不予否认，或者在其他业务活动中使用过变造印章，或者明知他人使用变造印章而不否认等情形，从而不能认定或者推定争议合同文本为当事人真实意思的表示（2004 年最高法公报案例）。

④ 在浙江东航建设有限公司诉周杰装饰装修合同纠纷案（〔2015〕甬慈民初字第 2050 号、〔2017〕浙 02 民终 3901 号、〔2017〕浙民申 896 号）中，法院裁判摘要认为，根据《合同法》第 32 条，自双方当事人签字或者盖章时，以书面形式订立的合同即成立。法定代表人代表公司与对方签订合同时，法定代表人的签名和公司盖章无须同时具备，有其一合同即成立。

司法定代表人进行管理。在公司控制权争夺中,严格按照公司法及公司章程规定的程序召开股东会,特别是在股东会的召集、通知、表决等各关键环节通过公证手段、公证方式可以使股东会决议在程序上的瑕疵降到最低,保证股东会决议合法有效。例如,在于守河、滨州市中金豪运置业有限责任公司证照返还纠纷案中,[①]山东高院二审认为,涉案股东会决议已产生了新的公司法定代表人,作为公司法人的意思表示机关,对外有权以公司的名义实施法律行为,对内有权主持公司的经营管理事务。公司证照印章等作为公司财产和公司经营活动中进行意思表示的手段,应当由公司法定代表人控制。又如,在北京兴园顺达市政工程有限公司公司证照返还纠纷案中,[②]北京三中院认为,公司是企业法人,有独立的法人财产,享有法人财产权。公司公章、证照是公司合法财产,公司对公章、证照所有权受法律保护,任何单位和个人不得侵犯。当公司公章、证照由他人无权控制、占有时,公司有权要求返还。

三、公司的侵权行为能力

公司的侵权行为能力是指公司具有因自己的行为承担侵权责任的资格。侵权行为能力的性质有责任成立说和责任归属说两种学说。[③] 有关公司侵权行为能力有分拆式立法例和一体式立法例两种模式。

(1) 分拆式立法例。分拆式立法例仅以公司侵权行为能力制度解决公司机关及其他有代表权人,因执行公司职务实施侵权行为所产生的侵权责任;而以雇主责任法律构造来解决公司其他受托人或者受雇人,因执行职务实施侵权行为的责任承担问题,即公司作为雇佣者因他人行为承担侵权责任。这种分别以公司侵权行为能力和雇主责任分配公司机关及其他有代表权人和公司受托人或者受雇人因执行职务实施侵权行为后果的立法模式,即拆分式立法例。

分拆式立法的目的在于将公司机关及其他有代表权之人和公司受托人或者受雇人,在执行职务时实施的侵权行为区别对待,缩小公司承担侵权责任的范围,降低公司营业风险,体现了立法对公司使用受雇人从事营业的鼓励。德国和日本等大陆法系公司法,采纳了这种分拆式立法例。

(2) 一体式立法例。一体式立法例的民法典没有专门的公司机关责任条款,不区分公司对公司机关及公司受托人或者受雇人侵权行为的责任,直接确认包括公司在内的雇主责任为严格责任。对公司机关及其受托人或者受雇人因执行职务实施侵权行

---

① 在于守河、滨州市中金豪运置业有限责任公司诉司荣彬、青岛中金实业股份有限公司证照返还纠纷案(〔2012〕滨中商初字第 88 号、〔2013〕鲁商终字第 145 号)中,法院裁判摘要认为,法定代表人作为公司法人的意思表示机关,对外有权以公司名义实施法律行为,对内有权主持公司的经营管理事务。公司证照印章作为公司财产和公司经营活动中进行意思表示的手段,在股东没有特别约定的情况下,公司法定代表人有权进行管理并可代表公司要求他人返还证照印章。

② 北京兴园顺达市政工程有限公司诉唐立华公司证照返还纠纷案(〔2015〕怀民(商)初字第 02189 号、〔2015〕三中民(商)终字第 08974 号)。

③ 责任成立说认为,侵权行为能力是要解决行为人对其不法行为能否成立过失责任的问题;责任归属说则认为,侵权行为能力是要解决对不法行为的制裁是否归属于不法行为人的问题。

为的责任分配进行一体化把握，将二者同样拟制为公司行为，将公司因自然人侵权行为所应承担的责任全部纳入公司侵权行为能力范围之内。公司承担侵权责任的范围包含两个方面：一是公司机关和其他有代表权人在执行职务时的侵权行为；二是公司受托人或者受雇人在执行职务过程中实施的侵权行为。法国、比利时、希腊、卢森堡、葡萄牙、荷兰等国采纳了一体式的立法例。

公司侵权行为的构成，除应符合侵权责任的一般要件之外，还应满足以下三个构成要件：

（1）实施主体。公司侵权行为必须是公司机关实施的，即公司机关是通过法定代表人或者公司代理人实施的侵权行为。公司法定代表人在公司章程规定范围内所实施的法律行为即为公司行为，法定代表人在实施职务行为时的侵权行为，即构成公司侵权行为。公司雇员在执行职务过程中所实施的侵权行为，也应由公司承担侵权责任。

（2）职务行为。公司侵权行为是公司法定代表人或者公司代理人在执行职务过程中实施的，属于公司行为，应由公司承担行为的法律后果。例如，在仇玉亮、卞光林意外伤害保险合同纠纷案中，[①]连云港中院判决认为，灌云高级中学教师在不适宜室外活动时间及在学生未做好准备活动时，让学生做跑步运动，对此未尽到注意义务。教师在校的相关教学活动应为职务行为，造成的相应后果应由灌云高级中学承担。

（3）违法行为。公司实施的行为必须违反法律强制性规定，如因生产过程中污染环境侵害他人人身、财产安全，因产品存在缺陷造成人身、财产损害等。例如，在陈汝国水污染责任纠纷案中，[②]泰州医药高新技术产业开发区法院认为，泰州市天源化工有限公司应当对排污造成的鱼塘损失承担损害赔偿责任。

我国公司侵权责任立法采纳了一体式的立法例，《民法通则》第 43 条规定了公司侵权责任能力，相关司法解释又进一步明确了公司代理人或者雇员以公司名义实施的行为即为公司行为。《侵权责任法》第 34 条的规定适用于公司侵权责任，《民法总则》第 61 条和第 62 条关于法人侵权责任的规定也同样适用于公司侵权责任。

---

① 在仇玉亮、卞光林诉中国人民财产保险股份有限公司灌云支公司意外伤害保险合同纠纷案（〔2015〕连商终 126 号）中，法院裁判摘要认为，学校的教学环境、活动设施必须符合安全性要求，以保障学生生命健康不受侵害。如果因可归责于学校的原因导致学生生命健康权受到侵害，按照投保的校园方责任险应由学校承担赔偿责任的，应当依据保险合同的约定由保险公司代为赔偿。学校以免除自己责任为条件与家长签订人道主义援助补偿协议，并非免除保险公司的赔偿责任，在学校怠于请求保险赔偿时，不应依据援助补偿协议剥夺受害人的保险索赔权（2017 年最高法公报案例）。

② 在陈汝国诉泰州市天源化工有限公司水污染责任纠纷案（〔2013〕泰高新环民初字第 0001 号）中，法院裁判摘要认为，因污染环境造成损害的，污染者应当承担侵权责任。因污染环境发生纠纷，污染者应当对法律规定的不承担责任或者减轻责任的情形及其行为与损害之间不存在因果关系承担举证责任。污染者不能举证证明其排放的污染物没有造成被侵权人损害可能的，法院应当认定污染行为与损害之间存在因果关系（2016 年最高法公报案例）。

第三节 公司人格的否认

以公司人格独立和股东有限责任为核心内容的公司法人制度,通过精巧的立法设计,以公司人格为基础在股东与债权人之间构筑了法律屏障,平衡了两个利益群体之间的关系。在推动社会经济发展的同时,公司人格独立制度也带来了严重的社会问题。在公司实践中,公司控股股东滥用公司独立人格和股东有限责任,损害债权人利益和社会公共利益的情形普遍存在,出现了公司人格的滥用。英美法系国家通过判例创设了公司人格否认制度。

一、公司人格否认的概念

公司人格否认(disregard of corporate personality)制度是指为防止公司滥用公司人格和保护公司债权人利益,在特定法律关系中否认公司与股东的人格独立,要求公司股东对公司债权人直接承担责任的制度。[①] 公司人格否认制度是对公司有限责任制度的一种否定,要求公司股东对公司债务直接承担清偿责任。公司人格否认是公司人格独立制度的一种例外情形,公司人格制度仍然是公司法的基本制度,公司股东对公司仍然承担有限责任。例如,在宜兴市工业设备安装有限公司建设工程施工合同纠纷案中,[②]江苏高院认为,根据《公司法》第20条和第21条的规定,公司股东滥用公司法人的独立人格和股东有限责任,或者利用对关联企业的控制,造成关联企业人格混同,严重侵害债权人利益的,债权人可以要求股东对公司债务承担连带责任。债权人适用法人人格否认制度应满足两个要件:一是股东应有滥用法人独立地位的行为,即使得公司的核心人格特征如人员、机构、经营业务、财务、财产与股东或者关联企业间混同。二是股东滥用权利的行为与债权人损失之间存在因果关系,且唯有否认法人的人格方能保护债权人的利益。如果债权人的债权之上已经设立了保证、抵押、质押等债的担保,债权人的债权基本能够通过债的担保而获得救济,则没有适用法人人格否认的必要。

(一)公司人格的否认

公司人格否认制度最初是由美国法院创设的。1905年,美国诉密尔沃基冷藏运输公司(U.S. v. Milwaukee Refrigerator Transit Co.)一案中,法官桑伯恩(Sanborn)

---

① 公司人格否认是大陆法系的称谓,英美法系称之为"刺破公司的面纱"(piercing the corporate veil)或者"揭开公司面纱"(lifting the corporate veil)。

② 在宜兴市工业设备安装有限公司诉连云港海鸥可可食品有限公司、上海天坛国际贸易有限公司、双林集团股份有限公司建设工程施工合同纠纷案(〔2012〕连民初字第0118号、〔2015〕苏民终字第0069号)中,法院裁判摘要认为,公司法人独立地位是《公司法》总则的规定,否认公司法人人格仅为在例外情况下对债权人的特别救济。在公司运作严重背离公司法的宗旨、股东严重无视公司人格独立、不否认公司人格即无法对债权人利益进行有效保护的情况下,才可适用公司人格否认制度。

的判决正式确立了公司人格否认。1912年,美国学者正式提出了揭开公司面纱理论。这种理论被其他国家广泛借鉴和接受,在此基础上形成了各具特色的法人人格否认制度,后逐渐为其他国家所认可,现已经成为英美法系和大陆法系国家所共同认可的制度。英美法系国家将公司人格否认视为一种司法规制或者事后救济措施,而不是一种立法规制。与英美法系国家相比,大陆法系国家适用公司人格否认制度的范围要小,而且较为谨慎、严格。

公司人格否认是在承认公司具有法人人格的前提下,否定在特定法律关系中的公司人格,直接追索滥用公司人格的股东的责任。公司人格否认制度的适用确实否定了公司独立人格,但这种对公司人格的否定是一种相对否定,主要表现在以下四个方面:

（1）公司人格否认是以公司人格独立为前提。公司人格独立和有限责任是公司法律制度的基石。公司人格否认并非对公司人格独立的彻底否定,而是对公司人格制度的补充和完善。公司人格是公司所具有的独立法律主体资格,公司法人制度是通过股东财产权与公司财产权、股东所有权与公司经营权相分离,确立了公司法人人格,从而使公司成为具有独立财产、独立意志的市场交易主体。公司人格取得是以公司具有独立财产权为基础的,而这种独立财产权是通过一定的法律程序确立的。[①] 因此,公司人格否认的逻辑前提条件是公司具有独立法人人格。

（2）公司人格否认是对公司人格暂时的和部分的否定。公司人格否认是在特定法律关系中对公司人格的否定,仅适用于个案,而非彻底否定公司人格制度。在揭开公司面纱、追索滥用公司人格的股东责任后,公司人格仍然为法律所承认,公司人格的否认在时间上表现为暂时性。公司人格的部分否认表现在两个方面:一方面对公司多个债权人来说,只有特定法律关系中的债权人可以追索滥用公司人格的股东责任,即公司人格否认效力仅及于部分债权人;另一方面,公司人格否认并不一定否定所有股东的有限责任,效力仅及于部分股东,即滥用公司人格谋取不当利益的控股股东。

（3）公司人格否认属于司法原则。公司人格制度充分考虑到公司出资人与公司债权人之间的利益平衡,法律保障股东的有限责任以及利用公司法人制度实现正当商业目的,前提是股东应履行出资义务和公司应有独立财产。公司人格否认不是一种立法预先设计,而是一种事后救济措施,是对滥用公司人格行为法律责任的追究。只有公司控股股东滥用公司独立人格损害债权人利益时,司法审判机关才能运用公权力强制调整失衡的公司利益关系,对在传统公司法律制度框架内无法获得救济的债权人给予一种特殊保护。公司人格否认制度既制裁了公司控股股东滥用公司人格的行为,又保护了利益受到损害的债权人。

（4）公司人格否认仅适用于特定案件。公司人格否认并非对公司法人制度的否定,而是对公司法人制度缺陷的弥补,旨在消除滥用公司法人人格后再恢复法人功能,公司独立人格仍然为法律所承认。公司人格否认仅适用于特定法律关系、特定案件和

[①] 如两个或者两个以上的投资人通过订立投资协议,将各自出资的财产移交给拟成立的公司并承认公司对这些财产的所有权。

特定当事人,解决个案中存在的不公正现象,是一种司法救济措施而并非普遍原则。例如,在比亚迪欧洲有限公司买卖合同纠纷案中,[①]浙江嘉兴中院认为,法人人格否认仅在特定案件中对公司独立人格予以否认,并不是对该公司法人人格的全面、永久性否认。公司人格否认针对的特定事由,主要有滥用公司人格规避法律义务、逃避合同义务、公司与股东混同、母公司对子公司过度操纵等。公司人格否认针对的特定人,主要是实施了滥用公司人格行为的控股股东,而非公司全体股东。在承认公司具有独立人格的前提下,在特定法律关系中个别、相对、暂时地否认公司法人人格,要求公司控股股东直接承担责任。公司人格否认效力既不及于公司其他法律关系,也不影响公司作为一个独立实体的继续存在。

(二)公司人格否认的三种类型

公司人格从否认方向上进行分类,有公司人格的顺向否认、公司人格的反向否认和公司人格的横向否认三种类型。

(1)公司人格的顺向否认。公司人格的顺向否认是指传统公司人格否认,即由公司股东为公司债务承担连带责任的人格否认模式。从公司人格否认方向上,是因公司债务引起的顺向否认,是一种典型的公司人格否认,《公司法》第20条规定的公司人格否定属于这种情形,如在中国建设银行成都市金河支行借款担保纠纷案中,[②]最高法认为,控股股东与公司存在人格混同,且将公司作为融资工具侵害债权人利益的行为可认定为滥用法人人格。又如,在宁波贝来旅游用品有限公司股东损害公司债权人利益责任纠纷案中,[③]浙江宁波北仑区法院认为,根据《公司法司法解释(二)》第18条的规定,有限责任的股东等清算义务人,怠于履行清算义务,导致公司主要财产、账册、重要文件等灭失,无法进行清算,清算义务人对公司债务承担连带清偿责任。有限责任公司股东因公司具有独立人格,通常仅以出资为限对公司债务承担有限责任,但如股东怠于履行清算义务,导致公司无法清算,债权人求偿无门,则股东须直接对债权人清偿,这种清偿是无限连带责任。

(2)公司人格的反向否认。公司人格的反向否认是由公司为股东债务承担连带

---

① 在比亚迪欧洲有限公司诉优太太阳能科技(上海)有限公司、浙江优太新能源有限公司买卖合同纠纷案(〔2014〕浙嘉商外初字第12号、〔2015〕浙商外终字第23号)中,法院裁判摘要认为,判断三者是否应承担连带责任的关键在于判断三者在优太国际公司与比亚迪欧洲公司单、多晶太阳能组件交易期间,是否已经因在人员、业务、财务等方面存在混同,导致各自财产无法区分,丧失了各自的独立法人人格,严重损害债权人利益,从而有必要以法人人格否认制度予以规制。

② 在中国建设银行成都市金河支行诉四川通信服务公司、四川金租实业有限公司借款担保纠纷案(〔2002〕川民初字第17号)中,法院裁判摘要认为,控股股东与公司之间在人员、财产、业务上存在混同。为规避相关政策限制,控股股东将公司作为融资工具,由公司代其他人借款后未按时还款,导致公司债权人利益受到损害的,属于公司股东滥用法人人格的情形。根据诚实信用原则和权利不得滥用原则,控股股东应当对该借款承担偿还责任。

③ 在宁波贝来旅游用品有限公司诉唐梦俊、陈志明股东损害公司债权人利益责任纠纷案(〔2016〕浙0206民再3号)中,法院裁判摘要认为,强制清算程序中,因未提交账册致无法清算,法院裁定终结清算程序的,债权人可向公司股东主张连带清偿责任。

责任。在一些特殊情况下,公司特定股东主动要求否认公司独立人格,将公司与该股东视为一体,承担债务清偿责任,或者是公司特定股东的债权人要求将特定股东与公司视为一体,从而使公司对该股东个人债务承担责任。这种试图以公司财产清偿股东债务的模式,在方向上恰好与传统公司人格否认相反,被称为公司人格的"反向否认"。公司人格反向否认起源于美国,在美国称为"反向刺破"(reverse pierce)。反向刺破又可以分为两类:一是公司特定股东(公司内部人)主动要求刺破公司面纱,即内部人反向刺破(insider reverse pierce);二是公司特定股东的债权人(公司外部人)要求刺破公司面纱,即外部人反向刺破(outsider reverse pierce)。这两种反向刺破的基本区别在于寻求刺破公司面纱者及其对手各自所处的相对地位。例如,在沈阳市第二市政建设工程有限公司建筑工程施工合同纠纷案中,[1]沈阳中院适用了公司人格的反向否认。

又如,在梁清泉委托合同及撤销权纠纷案中,湖北高院一审认为,雷鸣利用其对豪迪公司的绝对控制,无偿转移个人财产到豪迪公司,而将全部债务留给自己,导致豪迪公司资产与雷鸣的个人财产无法区分,已经构成财产混同。因雷鸣个人资产与豪迪公司资本混同,既无法保证公司贯彻资本维持和资本不变的原则,又无法确定股东个人资产与公司资产的区别,进而影响到公司、股东对外承担清偿债务的物质基础。最高法二审认为,公司财产独立于股东的自有财产,即使公司接受了股东的财产,也不构成公司对股东的债务承担共同责任的理由。当股东债权人依法受偿时,可申请法院强制执行股东对公司所享有的股权。原审法院判令豪迪公司与雷鸣共同承担雷鸣的个人债务不当,应予纠正。因此,豪迪公司无须对股东雷鸣的债务承担连带责任。

(3) 公司人格的横向否认。公司人格的横向否认是指公司债权人要求该公司的关联公司对公司债务承担连带责任。公司人格被横向否认的公司之间存在某种程度的关联,如被同一母公司控制,导致两个公司人格和财产的混同,或者两个公司均由同一自然人担任法定代表人,而该法定代表人又持有这两个公司的控制股权,由法定代表人作为连接点产生两个公司人格和财产的混同或者不当利益转移等。[2]

《公司法》第 20 条的规定,仅适用于顺向的公司人格否认,而不能适用于反向和横向的公司人格否认。实际上,反向和横向的公司人格否认与顺向的公司人格否认的法理是相同的,均为滥用公司独立人格和财产,以逃避债务,损害债权人利益。为保护公司债权人利益,维护正常的市场经济秩序,有必要适当扩张适用《公司法》第 20 条规定。最高法已经出现了横向否认公司人格的判例,如在中国信达资产管理公司成都办

---

[1]　在沈阳市第二市政建设工程有限公司诉沈阳惠天热电股份有限公司建筑工程施工合同纠纷案(〔2009〕北新民初字第 2256 号、〔2010〕沈民二终字第 264 号)中,法院裁判摘要认为,公司法人独立地位和有限责任是现代公司两大基石,如果股东滥用法人人格独立和股东有限责任,导致股东与公司人格混同的,则要求滥用独立人格的股东对公司债务承担法律责任,《公司法》第 20 条有明确规定。由于股东与公司之间存在人格混同,股东应对公司债务承担责任,而公司应为股东债务承担责任,应是《公司法》第 20 条有关法人人格否认规定的应有之义。

[2]　参见虞政平:《公司法案例教学》(上),人民法院出版社 2012 年版,第 311 页。

事处借款担保合同纠纷案中，[①]最高法判决将公司人格否认适用到关联公司中，关联公司之间严重的人格混同行为违背了法人人格独立制度设计的初衷，是对民法中诚实信用原则和公平原则的严重违反，极大地损害了债权人的利益，因而关联公司应对外部债务承担连带清偿责任。最高法参照适用了《公司法》第 20 条的规定，但并未援引该条款作为判决的直接法律依据，而是援引《民法通则》的诚实信用原则作为案件的判决依据。实际上，《公司法》第 20 条的规定是案件判决的法理依据。因此，《公司法》第 20 条的规定可以扩张适用到反向和横向的公司人格否认案件中。

（三）公司人格否认的情形

公司人格否认从立法和司法审判实务上分类，主要有公司股东滥用公司独立地位和股东有限责任、一人有限责任公司人格否认、清算中公司人格的否认和关联公司人格否认四种情形。

（1）公司独立地位和股东有限责任的滥用。根据《公司法》第 20 条规定，公司股东滥用公司法人独立地位和股东有限责任，逃避债务，严重损害债权人利益的，应当对公司债务承担连带责任。这是对公司法人人格否认的原则性、一般性的规定，也是公司人格否认的主要情形，如在宜兴市工业设备安装有限公司建设工程施工合同纠纷案中，江苏高院认为，公司股东滥用公司法人的独立人格和股东有限责任，或者利用对关联企业的控制，造成关联企业人格混同，严重侵害债权人利益的，债权人可以要求股东对公司债务承担连带责任。

（2）一人公司人格否认。《公司法》第 63 条规定，一人有限责任公司的股东不能证明公司财产独立于股东自己的财产的，应当对公司债务承担连带责任，即一人有限责任公司人格的否认。一人公司人格否认仅适用于自然人和普通法人而不适用于国有独资公司。《公司法》第 64 条明确排除了一人有限责任公司人格否认的适用，国有独资公司人格否认制度仅适用《公司法》第 20 条的规定。公司法对国有独资公司和普通的一人公司进行区别对待，有违《宪法》《民法总则》和《物权法》的平等保护原则，既没有必要，也没有实意。

与其他类型的公司股东相比，一人公司股东实际对公司债权人承担更大的连带责任风险。债权人以一人公司股东与公司存在财产混同为由起诉要求股东对公司债务承担连带责任，实行举证责任倒置，即由股东证明股东个人财产与公司财产之间不存在混同。例如，在应高峰其他合同纠纷案中，上海长宁区法院一审适用人格否认制度，要求股东为一人公司债务承担连带责任。上海一中院二审则拒绝适用人格否认制度。

[①]　在中国信达资产管理公司成都办事处诉四川泰来装饰工程有限公司、四川泰来房屋开发有限公司、四川泰来娱乐有限责任公司借款担保合同纠纷案中，法院裁判要旨认为，公司之间股权关系交叉，均为同一法人出资设立，并由同一自然人担任各个公司法定代表人，属于关联企业。关联企业法人代表人利用各公司控制权，无视各公司独立人格，随意处置，混淆各个公司财产及债权债务关系，造成各个公司的人员、财产等无法区分，该多个公司法人表面上虽然彼此独立，但实质上构成人格混同。由于关联企业人格混同而严重侵害债权人合法权益的，可以将各关联企业视为同一主体，判令其承担连带清偿责任（2008 年最高法公报案例）。

在一人公司未提供审计报告的情况下，一审法院要求股东向债权人承担连带责任；在公司二审中补充提交了审计报告、财务报表等文件后，二审法院认为审计报告足以证明公司财产的独立性，驳回了债权人要求股东承担连带责任的请求。

（3）清算中公司人格否认。根据《公司法司法解释（二）》第18条的规定，有限责任公司的股东、股份有限公司的董事和控股股东因怠于履行义务，导致公司主要财产、账册、重要文件等灭失，无法进行清算的，债权人可以主张股东对公司债务承担连带清偿责任。如果股东能够证明公司已经发生亏损，且即使按期进行清算，也不存在或者仅存在部分剩余财产，则股东应在仅存的剩余财产范围内对公司债权人承担法律责任，而不是只要股东怠于履行清算义务，即否认公司法人人格，令责任股东承担连带责任。股东怠于履行清算义务与公司主要财产、文件、账册灭失致无法清算存在法律上的因果关系，[①]是承担连带清偿责任的关键要素。例如，在上海存亮贸易有限公司买卖合同纠纷案中，[②]上海一中院认为，房恒福、蒋志东和王卫明作为拓恒公司的股东，应在拓恒公司被吊销营业执照后及时组织清算。房恒福、蒋志东和王卫明怠于履行清算义务，导致拓恒公司的主要财产、账册等均已灭失，无法进行清算。房恒福、蒋志东和王卫明怠于履行清算义务的行为，违反了《公司法》及相关司法解释的相关规定，应当对拓恒公司的债务承担连带清偿责任。

前述案件的判决依据是《公司法司法解释（二）》第18条之规定，即将有限责任公司的清算义务人确定为全体股东（股份有限公司则为控股股东）。对公司不具有控制力的小股东在未及时对公司进行清算时对公司债务承担连带清偿责任，有违基本的法理。基于连带清偿责任制度，控股股东可能故意造成公司主要财产、文件、账册灭失致无法清算，将公司债务风险转嫁给小股东，则明显违背了清算义务人的连带清偿责任制度设立的初衷。

（4）关联公司人格否认。根据《民法总则》第7条规定的诚实信用原则，在特定情形下，法院否认关联公司人格之间的独立性，将公司人格否认适用于关联公司。否认关联公司法律人格独立是将数个关联公司视为一个实体，对外承担连带责任。例如，在闽发证券有限责任公司合并破产清算案中，[③]福州中院认为，四家关联公司虽然为形式上的独立法人，实际上是闽发证券开展违规经营活动的工具，不具备独立的法人

---

① 例如，在南通市崇川兴强织布厂诉赵雪琴、赵雪萍股东损害公司债权人利益责任纠纷案（〔2013〕常商终字第169号、〔2014〕苏审二商申字第107号）中，江苏高院再审认为，现有证据不足以证明股东怠于履行清算义务的行为导致公司财产损失，从而驳回了债权人要求股东承担连带清偿责任的诉讼请求。

② 在上海存亮贸易有限公司诉蒋志东、王卫明等买卖合同纠纷案（〔2009〕松民二（商）初字第1052号、〔2010〕沪一中民四（商）终字第1302号）中，法院裁判要点认为，有限责任公司的股东、股份有限公司的董事和控股股东，应当依法在公司被吊销营业执照后履行清算义务，不能以其不是实际控制人或者未实际参加公司经营管理为由，免除清算义务（指导案例9号）。

③ 在闽发证券有限责任公司诉北京辰达科技投资有限公司、上海元盛投资管理有限公司等合并破产清算案（〔2008〕榕民破字第2号）中，法院裁判摘要认为，关联公司资产混同、管理混同、经营混同以致无法个别清算的，可将数个关联公司作为一个企业整体合并清算（2013年最高法公报案例）。

人格,不具备分别进行破产清算的法律基础。又如,在邵萍民间借贷纠纷案中,①最高法认为,兴通达公司的设立目的是为通过兴通达公司恢复昆通公司的生产经营,两公司在财务人员、工作人员、经营场所、生产经营等方面存在高度混同的现象。昆通公司通过这种方式设立兴通达公司并利用了兴通达公司的法人独立地位和股东有限责任,损害了邵萍作为债权人的利益。

二、公司人格否认的理论基础

公司人格否认制度成为两大法系国家共同认可的法律制度。公司人格否认制度作为一种法律制度,有确立和存在的法理基础。英美法系国家将公司人格否认制度作为一种事后的司法规制措施。当公司人格的滥用行为违反正义时,英美法系国家通常以公司人格否认制度实现法律所追求的正义价值。英美法系国家主要是以维护和实现法律所追求的公平、正义价值作为公司人格否认制度的法理基础。大陆法系国家则主要将公平正义、禁止权利滥用原则、法人制度和债的理论等作为公司人格否认的法理基础。

(1)公平和正义原则。公平、正义是法律制度追求的永恒目标,是立法者的根本任务。正义是一种正当利益的分配方式,通过这种利益分配方式能使参与者各得其所,从而构建一种理想状态的社会秩序。法律制度一旦缺乏正义就必须加以改造,使法律制度沿着正义的方向运行,发挥积极的社会作用。在现实中被股东滥用的法人人格制度有悖于正义,特定法律关系中的公司法人人格否认则适度地维护了债权人的合法利益,使得现代市场经济条件下容易失衡的各个主体之间的利益关系趋于平衡,从而使法律所追求的正义得以实现。正义的核心是公平,这是法律的本质要求。公司法人制度在公司出资人与公司债权人之间构建的利益和负担的均衡分配制度,体现了一种公平的社会经济秩序。公司股东滥用权利行为破坏了公平的社会经济秩序,法律通过公司人格否认制度,可以矫正股东与债权人之间失衡的利益关系,维护法律的公平正义性,使法律从形式公平走向实质公平,重建公平的市场经济秩序。

(2)禁止权利滥用原则。禁止权利滥用是指权利的行使不得超出正当界限。禁止权利滥用原则是诚实信用原则的具体化,要求权利人行使权利时不仅要实现个人利益,而且还要兼顾他人利益和社会公共利益。权利人行使权利如果违反法律赋予权利的宗旨,那么这种权利的行使将受到法律的禁止。在现代民商法中,禁止权利滥用原则是诚实信用原则内容的延伸和发展。权利主体所享有的权利受法律保护,超出权利行使的限制,即构成权利滥用。股东利用股东对公司的有限责任制度,实施规避法律

---

① 在邵萍诉云南通海昆通工贸有限公司、通海兴通达工贸有限公司民间借贷纠纷案(〔2014〕云高民再初字第1号、〔2015〕民一终字第260号)中,法院裁判摘要认为,依据《公司法》第20条第3款的规定,认定公司滥用法人人格和有限责任的法律责任,应综合多种因素作出判断。在实践中,公司设立的背景,公司的股东、控制人以及主要财务人员的情况,该公司的主要经营业务以及公司与其他公司之间的交易目的,公司的纳税情况以及具体债权人与公司签订合同时的背景情况和履行情况等因素,均应纳入考察范围(2017年最高法公报案例)。

义务的行为,违背了公司人格独立制度和股东有限责任制度所赋予股东对公司债务承担有限责任权利的目的,从而损害社会公共利益和债权人的利益。因此,按照禁止权利滥用的原则对股东滥用权利的行为适用公司人格否认制度。

(3) 公司法人制度构建的本质要求。公司法人人格制度的设计,使公司债务由公司法人独立承担。有限责任原则不仅减少投资风险,避免投资人受到公司债权人的直接追索,而且使投资人能够预知投资最大风险,从而提高了投资人的积极性,推动了社会经济的发展。公司股东的有限责任隐含着道德风险,资本的趋利性可能使投资人滥用公司的独立人格,将投资风险和意外风险由公司承担,假借公司法人的独立性,违背公司经营的基本原则。法律应当给予这种情形的受害者得到救济的权利,否认公司的法人人格,由公司股东承担相应的责任。公司人格否认制度的产生是基于对债权人和社会公共利益的保护。在公司法人利用法律漏洞合法逃避合同责任的情况下,法律制定了让受害人可以刺破公司形式上的法人外衣而直接向公司股东索赔的制度,有效地防止了公司法人制度机制目标的偏离和异化。

(4) 法人制度和债的理论。公司与债权人之间发生债权债务关系,是公司法人人格否认存在的前提。股东对公司法人人格的滥用导致公司实际上丧失了独立人格,作为发生债原因的公司的法律行为,实际上不是公司法人意志的结果,而是控股股东操纵公司谋取非法利益的意志。公司丧失独立的意思表示能力,公司的独立财产和独立承担责任的能力受到了严重损害,公司已成为控股股东实施法律行为的工具,丧失了作为独立权利主体的法律特征。当公司作为法人的本质特征已经不存在时,应视同公司法人人格不存在,则导致债务发生的法律行为应该视为控股股东所为,即公司与债权人之间的债权债务实际上发生在控股股东和债权人之间,控股股东实际上已取代公司成为真正的债务人。公司法人人格否认是在揭开公司独立人格面纱的前提下,让真正的债务人来承担相应的法律责任,是对债的法律关系的实质性确认和保护。例如,在上海丰瑞投资咨询有限公司企业借贷纠纷案中,[①]最高法判决理由中明确适用了债权侵害理论,认为清算义务人承担清算赔偿责任,应符合三个构成要件:第一,清算义务人有违反法律规定,怠于履行清算义务的行为,即在公司解散后未在法定时间内开展清算事务或未在法定时间内完成清算事务,主观上存在不作为的过错,或者不适当执行清算事务,侵犯债权人利益;第二,清算义务人的行为造成了公司债权人的直接损失;第三,清算义务人怠于履行清算义务的行为与公司财产或债权人的损失之间具有法律上的因果关系。

---

① 在上海丰瑞投资咨询有限公司诉上海汽车工业销售有限公司、扬州市机电设备总公司企业借贷纠纷案(〔2014〕扬商初字第0019号、〔2015〕苏商终字第00012号、〔2016〕最高法民再37号)中,法院裁判摘要认为,清算义务人承担清算赔偿责任应符合三个要件:第一,清算义务人有违反法律规定,怠于履行清算义务的行为;第二,清算义务人的行为造成了公司债权人的直接损失;第三,清算义务人怠于履行清算义务的行为与公司财产或者债权人的损失之间具有法律上的因果关系。

三、我国公司人格否认制度

我国公司人格否认制度的确立路径大致与大陆法系国家相同。司法实践较早适用了公司人格否认制度,即最高法通过一系列司法解释渐次形成公司人格否认制度的雏形,又通过《公司法》的修改以立法的方式使之得以最后确立。

在司法实践中,最高法通过批复和司法解释逐渐形成公司人格否认制度的雏形,如 1987 年《最高人民法院关于行政单位或企业单位开办的企业倒闭后债务由谁承担的批复》①、1994 年《最高人民法院关于企业开办的其他企业被撤销或者歇业后民事责任承担问题的批复》②、1998 年《最高人民法院关于人民法院执行工作若干问题的规定(试行)》、2002 年《最高人民法院关于审理与企业改制相关的民事纠纷案件若干问题的规定》。2005 年修订后的《公司法》将司法审判实践中形成的制度以立法的形式加以确认,即第 20 条第 3 款规定了公司人格否认制度,第 63 条则规定了一人公司的人格否认。一人公司的人格否认实行举证责任倒置,即由一人公司股东举证不存在滥用人格行为。例如,在应高峰其他合同纠纷案中,上海一中院认为,《公司法》第 63 条的规定旨在限制一人有限责任公司股东采用将公司财产与个人财产混同等手段,逃避债务,损害公司债权人的利益,股东对公司债务承担连带清偿责任的前提是该股东的个人财产与公司财产出现了混同,股东对财产是否混同承担举证责任。

(一)公司人格否认适用的条件

根据《公司法》第 20 条第 3 款的规定,公司股东滥用公司法人独立地位和股东有限责任、逃避公司债务、严重损害公司债权人利益的,公司股东应对公司债务承担连带责任。公司人格否认的适用,应满足以下三个方面的条件:

(1)公司人格独立。公司具有独立的人格是公司人格否认适用的前提条件。公司应合法有效设立并取得独立的法人资格,如果公司欠缺法律规定的法人设立条件,

---

① "陕西省高级人民法院:你院陕高法研〔1987〕29 号请示收悉。关于行政单位或企业单位开办的企业倒闭后债务由谁承担的问题,经研究,我们基本上同意你们的意见,即:一、中共中央、国务院中发〔1986〕6 号文件《关于进一步制止党政机关和党政干部经商办企业的规定》第六条规定:'党政机关及所属编制序列的事业单位及其干部开办的企业停办以后,应由直接批准的业务主管部门负责清理。由于违法经营导致亏损倒闭、资不抵债,或者造成其他严重后果的,要由直接批准的业务主管部门和企业共同承担经济责任和法律责任。'国务院国发〔1985〕102 号文件《关于要进一步清理和整顿各类公司的通知》第三条第一款中规定:'呈报单位和各级人民政府、各有关部门,要对成立公司进行认真审核,因审核不当而造成严重后果的,要承担经济、法律责任。'因此,行政单位(包括党政机关及其所属序列的事业单位及其干部)开办的企业、公司停办后,凡符合上述两个文件规定的应由直接批准的业务主管部门负责清理,企业、公司所欠债务先由企业、公司的财产清偿,不足部分由直接批准开办企业的业务主管部门或由开办公司的呈报单位负责清偿。……"

② "广东省高级人民法院:你院《关于审理企业开办的其他企业被撤并后的经济纠纷案件是否适用国发〔1990〕68 号文规定的请示》收悉。经研究,答复如下:一、企业开办的其他企业被撤销、歇业或者依照《中华人民共和国企业法人登记管理条例》第二十二条规定视同歇业后,其民事责任承担问题应根据下列不同情况分别处理:……3. 企业开办的其他企业虽然领取了企业法人营业执照,但实际没有投入自有资金,或者投入的自有资金达不到《中华人民共和国企业法人登记管理条例施行细则》第十五条第(七)项或其他有关法规规定的数额,或者不具备企业法人其他条件的,应当认定其不具备法人资格,其民事责任由开办该企业的企业法人承担。……"

未能有效设立,则不具有独立的法人资格。公司没有独立的法人资格,公司人格否认就失去适用的对象。以不具有独立人格的公司名义实施法律行为,该法律行为所产生的法律后果应由行为人承担。

（2）公司人格行为的滥用。公司人格独立和公司人格否认制度的目的,均为在公司股东与公司债权人之间合理地分配商业风险,是股东利益与交易安全平衡的结果。只有在公司股东滥用对公司的控制权,且因滥用行为造成公司的对外负债时,才能适用公司人格否认制度。公司控股股东滥用公司人格的行为,有人格混同、财产混同、虚拟股东、不正当控制等。

（3）债权人或者社会公共利益的损害。公司控股股东滥用公司人格的行为造成公司债权人或者社会公共利益受到损害,而且滥用公司人格行为与债权人利益或者社会公共利益损害之间具有因果关系。公司人格滥用行为应当是严重损害债权人或者社会公共利益,只有股东滥用公司人格行为导致公司丧失清偿能力的,才有必要适用公司人格否认。在公司具有清偿能力的情形下,则不存在公司人格否认的适用问题。

（二）公司人格否认适用的情形

公司人格否认制度适用的情形,是一个较难确定的问题。由于公司法律制度的不同（特别是公司类型的差异）以及社会经济发展状况的不同,世界各国对适用公司人格否认的情形存在较大的差异。在我国司法实践中,司法审判机关可以适用公司人格否认的情形有:[①]

（1）股东与公司的混同。公司与控股股东之间存在财产混同、业务混同、人员混同等情形。财产混同是指公司财产不能与公司控股股东财产作清楚的区分,表现为公司与控股股东之间的资金混同、财务混同,造成公司财产与控股股东财产、公司盈利与股东收益之间没有区别,难以实行有限责任,极易产生隐匿财产、非法转移财产、逃避债务等。业务混同主要表现为公司与控股股东业务范围的重合或者主营业务互有交叉。人员混同主要表现为控股股东与公司法定代表人、董事、监事以及高级管理人员的相互兼任。[②] 公司与控股股东之间财产混同、业务混同、人员混同的结果导致两者人格的混同,从而产生了适用公司人格否认的条件。例如,在徐工集团工程机械股份有限公司买卖合同纠纷案中,[③]江苏高院判决关联公司之间的人格混同导致公司人格

[①] 参见最高人民法院民事审判第二庭编:《公司案件审判指导》,法律出版社 2014 年版,第 45 页。

[②] 例如,一人出资设立数个公司,各个公司表面上是各自独立的,实际上在财产利益、盈余分配等方面形成一体,董事、监理相互兼任,且各个公司的经营决策等权利均由投资人一人掌握。投资人通常采用将债务集中于甲有限责任公司,利润集中于乙有限责任公司的做法,借助于甲有限责任公司的破产,逃避债务。如果不适用公司人格否认制度,将严重威胁交易安全,侵害交易相对人利益,鼓励一些人不法牟利。因此,数个公司的董事长为同一个人时,属于适用公司人格否认制度的情形。

[③] 在徐工集团工程机械股份有限公司诉成都川交工贸有限责任公司等买卖合同纠纷案（〔2009〕徐民二初字第 0065 号、〔2011〕苏商终字第 0107 号）中,法院裁判要旨认为,关联公司人员、业务、财务等方面交叉或混同,导致各自财产无法区分,丧失独立人格的,构成人格混同。关联公司人格混同严重损害债权人利益的,关联公司相互之间对外部债务承担连带责任（指导案例 15 号）。

的否认。该案争议焦点为川交机械公司、瑞路公司与川交工贸公司是否人格混同,应否对川交工贸公司的债务承担连带清偿责任。法院判决认为川交工贸公司与川交机械公司、瑞路公司人格混同的理由表现为三个方面:一是三个公司人员混同,三个公司的经理、财务负责人、出纳会计、工商手续经办人均相同;二是三个公司业务混同,三个公司实际经营中均涉及工程机械相关业务,经销过程中存在共用销售手册、经销协议的情形;三是三个公司财务混同,三个公司使用共同账户,以王永礼的签字作为具体用款依据,对其中的资金及支配无法证明已作区分。因此,三个公司之间表征人格的因素(人员、业务、财务等)高度混同,导致各自财产无法区分,已丧失独立人格,构成人格混同。

(2)股东对公司的过度控制。公司控股股东对公司的过度控制是指公司控股股东通过对公司的控制而实施不正当影响,使公司丧失了独立意志和利益,成为为控股股东牟取利益的工具。公司控股股东对公司的过度控制,通常表现为股东利用关联交易非法隐匿、转移公司财产,或者母公司完全操纵子公司决策过程,使被操纵子公司完全丧失独立性,成为母公司的工具。例如,中国信达资产管理公司成都办事处借款担保合同纠纷案,即属于股东对公司的过度控制。涉案的装饰公司、房屋公司、娱乐公司股权关系交叉,均为关联公司,实际均为沈氏公司出资设立,沈华源作为公司的董事长,同时身兼三公司的法定代表人。装饰公司、房屋公司、娱乐公司表面上是彼此独立的公司,但各公司之间已实际构成了人格混同,违背了法人制度设立的宗旨,违反了诚实信用和公平原则,损害了债权人利益。

(3)公司资本显著不足。《公司法》第26条规定有限责任公司的注册资本为在公司登记机关登记的全体股东认缴的出资额。公司承担有限责任是由于公司股东足额缴纳注册资本,公司经营状况不影响股东其他财产。公司以资本作为其对外事务的最低担保,与债权人利益密切相关。资本显著不足通常是揭开公司面纱的因素。投资人没有足额缴纳注册资本,表明公司股东利用公司独立人格组织经营的诚意欠缺,公司没有负担经营风险和债务的物质基础,投资人没有履行足额投资的法定义务。如果坚持公司人格独立,实际上是将应由投资人承担的经营风险转嫁给债权人,从而违背了公平、公正原则。例如,在DAC中国特别机遇(巴巴多斯)有限公司债权纠纷案中,[1]最高法再审认为,蛟龙公司存在的出资不实和不当减资等情形不足以否定其独立法人资格,也不足以构成股东"滥用"股东权利。福建高院二审判决腾龙公司和远洋公司对蛟龙公司债务承担连带责任是错误的,涉案出资不实未到达一定程度不构成人格否认。

---

[1] 在DAC中国特别机遇(巴巴多斯)有限公司诉江西远洋运输公司、福建宁化腾龙水泥有限公司、福建省宁化蛟龙水泥有限公司债权纠纷案(〔2009〕榕民初字第135号、〔2010〕闽民终字第256号、〔2012〕民提字第25号)中,法院裁判要旨认为,存在出资不实和不当减资等情形,不足以否定蛟龙公司的独立法人资格,也不足以构成股东"滥用"股东权利,二审适用公司法相关规定判决腾龙公司和远洋公司对蛟龙公司债务承担连带责任也是错误的。

四、公司人格否认的意义

法人人格否认制度是法人制度在具体运用中发生变异，产生的一种新的法律制度。公司人格否认和公司人格独立具有相同的法理基础，公司人格否认的实质是对公司人格制度的维护和肯定。公司人格否认制度不是简单的对股东人格与公司人格分离原则的否认，而是对公司人格制度的严格遵守，维护公司人格的独立。公司人格否认和公司人格独立从正反两个方面证明了公司人格制度的独立性，确保了公司法的公司人格独立和公司股东有限责任制度。在法人具备人格独立性时，适用法人制度，股东享受有限责任制度保护；在法人人格独立性被滥用时，则适用法人人格否认制度，否认滥用者的有限责任，直接追究滥用者对法人债务的无限责任。法人人格否认是对法人制度必要、有益的补充，是对法人制度的严格遵守。

公司人格否认仅是对公司人格的相对否定，仅否定实质上已经丧失独立人格的公司人格，并未否定公司人格独立原则和有限责任原则。公司人格否认弥补了公司人格独立运行中的漏洞，平衡了公司人格独立制度运作过程中可能出现的权利义务失衡，纠正了公司人格独立制度运作中发生的价值背离。公司人格否认的适用，应当严格遵循个案审查、审慎认定原则。

公司人格否认制度对公司人格独立制度的补充，表现为事后救济和事先预防两方面。公司人格否认通过揭开公司面纱，追索滥用公司人格的股东责任，惩罚侵害公司人格独立的股东，恢复丧失独立人格的公司人格。公司人格否认制度的存在，使滥用公司人格独立谋求不当利益的股东，失去公司人格制度的保护，增加了股东滥用公司人格制度风险，从而减少了股东滥用公司人格的行为。

综上，公司人格制度限制了公司股东的责任范围，在保护公司股东利益的同时可能损害债权人利益，危及社会公平、正义。公司人格制度隐含着道德风险，即公司股东将投资风险和经营风险过度转移给公司债权人。在法律约束不足时，公司股东的道德风险迅速增加，出现出资不足、抽逃资金、欺诈债权人、规避法律义务等滥用公司独立人格的行为。因此，公司人格否认制度维护了社会公平、正义。

第五章　公司股东与股东权

公司是以营利为目的的社团法人。近现代公司法以保护股东利益为己任,以实现股东利益最大化为公司法的最高价值目标。公司股东是公司不可或缺的组成部分,是成立公司的基础。公司股东利益不能得到切实保护,必然动摇公司法的基础。

对公司股东利益的保护不仅涉及股东利益,还涉及公司经营者、消费者、债权人、雇员以及公司所在地政府的利益和社会公共利益,关系到公司制度本身的存续和发展。

第一节　公司股东

公司股东是享有股东权的权利主体(自然人、法人或者非法人组织)。[①] 股东资格认定是公司实务中发生纠纷较多的问题,股东名册和股东登记均可成为股东资格认定的依据。股东名册是公司处理内部关系的依据,股东登记则是公司处理外部关系的依据。

一、公司股东的概念

公司股东(shareholder)是指基于对公司出资或者其他合法原因而持有公司一定数额股份,并对公司以所持有股份享有权利和承担义务的自然人、法人或者非法人组织。根据《公司法》规定,公司股东是指有限责任公司股权或者股份有限公司股份持有人。股东是公司出资人或者投资人,在公司设立阶段向公司投入一定数额的资本,或者在公司存续阶段依法受让取得公司股权而成为权利义务的主体。自然人、法人、非法人组织和国家均可以成为公司股东。股东可以是完全行为能力人,也可以是无行为能力或者限制行为能力人。[②]

---

①　《民法总则》第 2 条规定:"民法调整平等主体的自然人、法人和非法人组织之间的人身关系和财产关系。"

②　《公司法》和《证券法》仅规定了股东的权利义务,并未规定取得股东的年龄资格。娃娃股东是我国证券市场的一个奇特现象,是指年龄很小的公司股东。最早报道见于北京银行,1997 年北京银行发行股份时有近千名娃娃股东,其中最小的股东仅 1 岁,到 2007 年上市时仍有 84 名未成年股东。吴沁怡是较为有名的上市公司娃娃股东,6 岁时成为浙江向日葵光能科技股份有限公司(300111)股东。在创业板上市交易的上市公司中有许多娃娃股东,如宝德股份(300023)的赵紫彤、莱美药业(300006)的党唯真、三五互联(300051)的龚含远等。

（一）公司股东的含义

公司股东有两个方面的含义：一是公司股东是公司组织的成员，是公司组织不可或缺的。数个股东通过投资联合，使公司得以成立。二是股东是股权享有者，一旦具有股东资格，必然与公司产生权利义务关系。股权与股东之间关系密切，股东资格是享有股权的前提和基础，而股权则是股东资格的实质内容。公司可能由以下三种股东构成：

（1）原始股东。原始股东是指参与公司设立或者认购公司首次发行股份或者出资的发起人。公司原始股东对公司有两个方面的意义：一是原始股东参与公司章程的制订，决定公司基本架构和公司治理结构；二是原始股东承担了公司资本真实的担保责任。例如，在沈均武、罗少清股东出资纠纷案中，[①]湖北高院认为，公司注册资本具有对外公示效力，公司股东应负有保证注册资本真实的义务。十堰市国鼎汽车零部件有限公司股权几经转让，公司原股东谢昊炜、毛兰芳以及后来的股权受让人沈均武、罗少清在取得公司股东身份时，均对公司负有全面履行出资的义务，对补足公司注册资本承担连带责任。沈均武、罗少清在补足公司注册资本后，有权向连带责任人追偿。

（2）继受股东。继受股东是指在公司存续期间依法受让公司原始股东的出资或者股份而取得股东资格的持股人，通常以买卖、继承、赠予或者法院强制执行等方式取得股东资格。继受股东必须接受原始股东制订的公司章程的约束，但对公司资本的真实性不承担担保责任。例如，在徐荣志公司决议效力确认纠纷案中，[②]广西高院认为，股东在公司中的合法权益受法律保护。股东资格的解除仅适用于未出资和抽逃全部出资等严重违反出资义务的情形，未完全履行出资义务和抽逃部分出资的情形则不应包括在内。徐荣志成为米兰公司的股东并非是原始取得，而是通过受让曾剑民持有的米兰公司股权的形式取得股权及股东资格的。前述案件的判决表明，股东会解除股东资格，仅限于原始股东，不包括继受股东。又如，在金军、金杰妮股票权利确认纠纷案中，[③]上海一中院认为，自然人股东死亡后，合法继承人可以继承股东资格。继承人依法取得股东资格后，有权要求涉案公司办理相关股东变更登记手续。

---

① 在沈均武、罗少清诉谢昊炜、毛兰芳股东出资纠纷案（〔2012〕鄂十堰中民二初字第 00038 号、〔2013〕鄂民二终字第 00035 号、〔2014〕鄂民监三再字第 00008 号）中，法院裁判摘要认为，有限责任公司的股东未履行或者未全面履行出资义务即转让股权，受让人对此知道或者应当知道，公司请求该股东履行出资义务的，受让人对此应当承担连带责任。

② 在徐荣志诉藤县米兰房地产开发有限公司、刘芳平公司决议效力确认纠纷案（〔2014〕梧民三初字第 2 号、〔2015〕桂民四终字第 36 号）中，法院裁判摘要认为，徐荣志成为米兰公司的股东，并非是原始取得，而是通过受让曾剑民持有的米兰公司股权的形式取得股权及股东资格的。因此，米兰公司主张徐荣志存在未履行出资义务的情形与事实不符。

③ 在金军、金杰妮诉上海维克德钢材有限公司股票权利确认纠纷案（〔2008〕浦民二（商）初字第 2541 号、〔2009〕沪一中民五（商）终字第 7 号）中，法院裁判摘要认为，根据《公司法》第 75 条的规定，在公司自然人股东死亡后，除非公司章程另有约定，合法继承人可以继承股东资格而无须公司过半数以上股东的同意。根据注册资本来源地原则，外国人继承内资公司股权不改变公司的注册资本来源地，不导致公司的性质变更为外商投资公司，该公司股东的变更无须外资审批机构的审批。在合法继承人继承股东资格后，公司有义务到工商登记机关办理相应的工商变更登记手续。

（3）新股东。新股东是指通过公司增资扩股的方式取得公司股东资格的人。新股东和继受股东均是在公司成立后加入公司成为股东的，但两者有很大的不同：继受股东是继受他人股份成为股东的，所继受的股份先前已经存在；新股东所取得的股份先前是不存在的，是公司新发行的股份，在股份取得的性质上，属于原始取得而不是继受取得。新股东同样要受到公司章程的约束，但对公司资本的真实性也不承担担保责任。例如，在上海高金股权投资合伙企业损害公司利益责任纠纷案中，[①]最高法认为，根据《公司法》及相关司法解释，有限责任公司股东会有权以股东会决议的形式解除股东资格。增资协议约定投资款分三期缴纳，未全面缴纳出资将取消出资资格。上海高金合伙企业未按增资协议约定缴纳第三期增资款，在经过两次函告仍未缴纳的情况下，华东有色公司召开股东会年度会议并作出决议，以减少注册资本的形式解除了上海高金合伙企业的股东资格。最高法确认了除名决议的效力，认定该股东丧失股东资格。

原始股东、继受股东和新股东在成为公司股东时间和方式上的差异，导致各自对公司承担的义务有所不同，但所有股东均受到公司章程的约束。

（二）股东代表

股东代表（shareholder representative）是指代表公司股东行使股东权的人。公司股东可以是自然人，也可以是法人。在股东为自然人的情形下，通常是由作为股东的自然人直接行使股东权，当然也可以委托其他自然人为代表行使股东权。但在股东为法人的情形下，法人行使股东权应通过法人代表，即股东代表行使股东权。股东权利的行使必然要通过自然人，可以是公司的法定代表人，也可以是法定代表人之外的普通自然人。

国有股股东通过股东代表行使股东权。国有股股东应当委派国有股股东代表，出席股东大会并行使股东权利。出席股东大会行使股东权的代表，可以是法定代表人，也可以是其他自然人。国有股股东委托股东代表时，应当填写"国有股股东代表委托书"作为股东代表在股东大会上行使表决权的证明。1997年《股份有限公司国有股股东行使股权行为规范意见》规定了国有股股东行使股权的程序和方式，但该规范意见已经在2008年被废除。[②]

普通公司与国有公司这两类公司股东代表违反委托义务，各自要承担的法律责任是有差异的。普通公司股东代表违反委托义务，仅承担损害赔偿责任，即民事责任。

---

① 在上海高金股权投资合伙企业诉许建荣、谢兴楠、江南、范啸山、江有学、刘沈衡、田敬斌、刘小冬、邵毅、张跃宁、卢三轩、周旭斌、刘鹭妍、江苏省有色金属华东地质勘查局损害公司利益责任纠纷案（〔2014〕苏商初字第7号、〔2014〕民一终字第295号）中，法院裁判摘要认为，在公司章程、协议没有约定的情况下，股东除名制度仅适用于全部未出资或者全部抽逃出资的情形。章程及股东协议可以约定部分未出资或部分抽逃出资适用股东除名制度，未履行部分出资义务或者抽逃部分出资的股东资格解除，还须满足公司催告缴纳或者返还，瑕疵出资股东在合理期间内仍未缴纳或者返还出资，方可以适用除名制度。

② 参见《财政部关于公布废止和失效的财政规章和规范性文件目录（第十批）的决定》（中华人民共和国财政部令第48号）。

国有股股东代表违反委托义务,不但要承担损害赔偿责任,而且还可能承担刑事责任。

（三）公司股东的分类

公司股东按不同的标准,可以有以下五种主要分类:

（1）隐名股东和显名股东。以出资实际情况与登记记载是否一致为标准,公司股东可以分为隐名股东和显名股东。隐名股东是指出资人虽然实际认缴出资、认购公司出资额,但在公司章程、股东名册和工商登记等材料中却记载他人为投资人,隐名股东又称为隐名投资人、实际出资人。[①] 显名股东是指在公司隐名投资过程中,约定将隐名股东的出资以自己名义出资、登记的名义投资人。隐名股东是公司实际出资人,但在公司章程、股东名册和登记机关的登记资料中记载的股东均为显名股东,又称为名义股东。例如,在张建中股权确认纠纷中,[②]上海静安区法院审理确认了张建中是隐名股东,而杨照春则是显名股东。

隐名股东和显名股东纠纷是司法审判实务中经常发生的问题。实际出资人与名义股东之间的代持协议是内部法律关系,可以在合同当事人之间产生效力但不能约束公司。股东与公司之间可以根据股东的记载相互确定身份,并主张权利义务。在股东与公司外部第三人之间的关系上,坚持商事外观主义原则,应优先保护善意第三人的合法权益。例如,在申银万国证券股份有限公司财产权属纠纷案中,上海二中院认为,上市公司股东持有股权和变动的情况应以具有公示效力的登记为依据,而申银万国为规避证监会有关规定却以关联的国宏公司隐名持有股权,并要求确认已登记在国宏公司名下的股权实际为其所有,这显然不符合法律规定,也有违《民法总则》的诚实信用原则。涉案判决直接适用了商事外观主义原则。

（2）个人股东和机构股东。以股东主体身份为标准,公司股东可分个人股东和机构股东。个人股东是指公司股东为自然人。法律对自然人股东在某些情形下可能会有限制,如《保险公司股权管理办法》第6条的规定,自然人不得成为保险公司的投资人(自然人购买上市保险公司股票的除外)。机构股东指公司股东为享有股东权的法人和其他法人组织。机构股东可以分为国有股股东和法人股股东,国有股股东又可分

---

① 隐名出资有合法与非法之分。在合法隐名出资中,隐名股东与显名股东之间的权利义务关系通常以合同方式约定,有代理、信托等形式。《公司法》并未禁止隐名出资,隐名投资行为合法有效。隐名股东与显名股东之间的权利义务关系按照双方共同的意思表示来确定,隐名股东与公司及其他股东的权利义务关系应考虑隐名股东是否出资,其他股东是否知晓隐名股东的存在,是否同意隐名股东以股东身份行使权利等因素。非法隐名出资主要有以下两种情形:

(1)资金违法。隐名出资的资金是犯罪所得,如将走私、贩毒、贪污、受贿等所得进行隐名投资,出资行为无效,隐名股东和显名股东均不得享有任何股东权利,善意显名股东权利因此受到损害的,隐名股东应当予以赔偿。

(2)出资行为违法。公务员等为法律所禁止参加营利性活动的人,其隐名投资行为无效,隐名股东与显名股东之间的委托投资行为也归于无效,出资应当返还给隐名股东。

② 在张建中诉杨照春股权确认纠纷案(〔2009〕静民二(商)初字第585号)中,法院裁判摘要认为,有限责任公司的实际出资人与名义出资人订立合同,约定由实际出资人出资并享有投资权益,以名义出资人为名义股东,如果没有《合同法》第52条规定的情形,应当认定为有效。实际出资人有权依约主张确认投资权益归属。如实际出资人要求变更股东登记名册,应当符合《公司法》第72条的有关规定(2011年最高法公报案例)。

为国家股股东和国家法人股股东。机构股东中的其他非法人组织主要表现为有限合伙,私募股权投资基金和风险投资基金通常采取有限合伙组织形式,是重要的机构股东。

(3) 创始股东和普通股东。以获得股东资格的时间和条件等为标准,公司股东可分为创始股东与普通股东。创始股东是指为组织、设立公司,签署设立协议或者在公司章程上签字盖章,认缴出资并对公司的设立承担相应责任的股东,如《公司法司法解释(三)》第 1 条的规定涉及创始股东。[①] 普通股东是指因出资、继承、接受赠予等方式取得公司股权而享有股东权利、承担股东义务的股东。创始股东对公司资本的真实性承担保证责任,而普通股东则无须对公司资本的真实性承担保证责任。

(4) 控股股东和非控股股东。以股东持股的数量与影响力为标准,公司股东可分为控股股东与非控股股东。控股股东又分为绝对控股股东与相对控股股东。控股股东是指出资额占有限责任资本总额 50% 或者出资额所享有的表决权已足以对股东、股东大会决议产生重大影响的股东。绝对控股股东是指持有公司股份 50% 以上的股东;相对控股股东是指持有公司股份最多的股东。非控股股东是指出资较少且对公司股东、股东大会决议没有影响的股东。

(5) 大股东和中小股东。以股东拥有公司股份数量的多少为标准,公司股东可以分为大股东与中小股东。大股东是指持有公司股份占比较大的股东。大股东与其他股东相比较,持有公司股份的占比较大。控股股东是指持股占比大到足以影响公司日常经营运作和重大事情决策的股东,控股股东一定是大股东,但大股东却并不一定是控股股东。大股东之外的股东均为中小股东。一方面,大股东经常侵害中小股东的利益;另一方面,为争夺对公司的控制权,中小股东通常成为大股东的争取对象。

二、股东名册

股东对公司主张股东权,公司对股东资格进行认定,均以股东名册作为认定的依据,且公司内部关系的处理通常也以股东名册为依据。

(一) 股东名册的概念

股东名册(stock ledger)是指由公司置备的记载股东个人信息和股权信息的法定簿册。股东名册以股东为中心,记载股东名称及股份相关事项。[②] 股东名册不仅有传统的书面形式,还有现代电子化的数字形式。《公司法》第 32 条明确规定公司应当置备股东名册,并规定应记载的事项:股东的姓名或者名称及住所、股东的出资额、出资证明书编号。

股东名册的置备是世界各国公司法的通行做法,公司置备股东名册是公司董事或

[①] 《公司法司法解释(三)》第 1 条规定:"为设立公司而签署公司章程、向公司认购出资或者股份并履行公司设立职责的人,应当认定为公司的发起人,包括有限责任公司设立时的股东。"

[②] "股东名簿乃以股东为中心,记载股东及股份有关事项之公司账簿也。"郑玉波:《公司法》,三民书局股份有限公司 1980 年版,第 116—117 页。

者董事会的一项法定义务。① 股东名册的置备虽然属于《公司法》的强制性规定,但我国法律并未明确股东名册置备的义务主体。在公司实践中,并非所有公司均按照法律规定置备股东名册。实际上,极少公司备置股东名册。股东名册的置备可以参照国外立法规定,明确董事会为置备股东名册的法定机关。股东名册具有以下四个方面的作用:

(1)股东与公司之间关系的证明文件。股东名册记载了股东与公司之间的法律关系,是证明股东与公司之间投资关系的法律文件。《公司法》第 32 条和第 130 条分别规定了有限责任公司和股份有限公司应当置备股东名册,记录股东身份状态、出资额、持股时间等。股东将出资交付给公司后,对所交付的出资不再享有所有权,这种权利转化为公司股权,而股权体现股东与公司之间的法律关系,股东名册则是记载和证明这种法律关系的文件。公司置备股东名册作为识别股东、确定股东股权份额和股权行使范围的依据。例如,在浙江和信电力开发有限公司等损害公司权益纠纷案中,② 浙江高院认为,涉案股权转让完成后,通和置业投资有限公司的股权结构和股东名册变更为富沃公司持有 40%股权、金科公司持有 60%股权。

(2)股东资格的推定效力。股东名册是股东和公司享有权利和承担义务的依据。股东名册记载的股东,应当推定为公司股东,向公司行使权利时无须提交其他证明文件,可以直接根据股东名册行使股东权利,公司不得拒绝;对于股东名册未记载的股东,在股东名册变更之前,公司可以拒绝其行使股东权利。公司按照股东名册履行职责的可以免责,如按照股东名册的记载进行分红、通知开会以及记录会议表决结果等;即使股东名册上记载的股东并非真实股东,公司也可以股东名册对抗真正股东,免于承担法律责任。股东与公司之间在公司内部按照股东名册行使权利、承担义务的理由是正当、合理的。

(3)对外没有约束力。股东名册置备于公司内部,公司登记机关没有备案,属于公司内部管理文件,仅在公司内部具有法律效力。公司之外的第三人不得以股东名册记载为由,向股东名册记载的股东主张权利,如公司债权人不得以股东名册为依据,要求被记载的股东在出资不足范围内承担公司债务。根据《公司法》的制度设计,公司内部以股东名册记载的方式公示股权状况,而公司外部则以公司登记机关登记的方式公

---

① 《日本商法典》第 263 条规定:"董事应将公司章程备置于本公司及分公司,将股东名册、零股存根簿及公司债存根簿备置于本公司……"

《韩国商法典》第 396 条规定:"董事应当将公司的章程、股东大会的会议记录备置于总公司及分公司,并将股东名册、公司债名册、董事会的会议记录备置于总公司……"

② 在浙江和信电力开发有限公司、金华市大兴物资有限公司诉通和置业投资有限公司、广厦控股创业投资有限公司、上海富沃企业发展有限公司损害公司权益纠纷案(〔2007〕浙民二初字第 5 号、〔2008〕民二终字第 123 号)中,法院裁判摘要认为,有限责任公司的股东依照《公司法》第 151 条的规定,向公司的董事、监事、高管人员或者他人提起股东代表诉讼后,经法院主持诉讼各方达成调解协议的,该调解协议不仅要经过诉讼各方一致同意,还必须经过提起股东代表诉讼的股东所在的公司和该公司未参与诉讼的其他股东的同意,法院才能最终确认该调解协议的法律效力(2009 年最高法公报案例)。

示股权状况。例如,在海南海联工贸有限公司合资、合作开发房地产合同纠纷案中,①最高法认为,根据《公司法》的规定,股东资格的认定是以工商登记和股东名册进行确认。

(4)股东股权的证明文件。股东名册是记载股东取得股权的文件,股东股权的取得是基于出资、受让、赠予、继承等法律事实,而不是股东名册的记载。例如,在润华集团股份有限公司股权确认纠纷案中,②最高法认为,股东取得股权与股东名册登记无关,应以实际出资和当事人之间的协议约定为准。股东取得股权后有权要求公司将其记载于股东名册中,以便于在公司内部行使股东权利。公司有义务将取得股权的权利主体记载于股东名册,但股东名册的记载并非股东股权取得的依据。公司拒绝记载或者记载错误的,股东可以通过司法程序获得救济。股东并非凭股东名册取得股权,股东名册仅为股东取得股权后在公司内部的一种记载形式。例如,在张桂平股权转让合同纠纷案中,③江苏高院认为,判断记名股票转让与否应当以股东名册和工商登记的记载为依据。根据南京浦东建设发展股份有限公司股东名册及该公司工商登记的记载,王华仍是浦东公司的股东和发起人,涉案标的股份至今仍属于王华所有。

(二)股东名册的效力

股东名册作为公司必备的法律文件,所记载事项应具有法律效力。在公司实务中,股东名册的效力问题具有重大实践意义。股东名册的效力主要表现为权利推定效力、对抗效力和免责效力。

(1)股东名册的权利推定效力。权利推定效力是指股东与公司的关系记载于股东名册的股东应推定为公司股东,但有相反证据足以推翻的除外。权利推定效力是股东名册最为重要的效力。在股东名册上记载为股东的权利主体,既没有必要向公司提示股票或者出资证明书,也没有必要向公司举证自己权利的真实性,权利人凭股东名册记载即可主张为股东,以股东名册记载的出资额作为股东在公司享有的股权份额。

---

① 在海南海联工贸有限公司诉海南天河旅业投资有限公司、三亚天阔置业有限公司合资、合作开发房地产合同纠纷案(〔2010〕三亚民一初字第 26 号、〔2012〕琼民一终字第 51 号、〔2015〕民提字第 64 号)中,法院裁判摘要认为,合作开发房地产关系中,当事人约定一方出地、一方出资以成立房地产项目公司的方式进行合作开发,项目公司只是合作关系各方履行房地产合作开发协议的载体和平台,合作各方当事人在项目公司中是否享有股权不影响其在合作开发合同中所应享有的权益;合作各方当事人在合作项目中的权利义务应当按照合作开发房地产协议约定的内容予以确定(2016 年最高法公报案例)。

② 在润华集团股份有限公司诉华夏银行股份有限公司、联大集团有限公司股权确认纠纷案(〔2005〕鲁民二初字第 20 号、〔2006〕民二终字第 6 号)中,法院裁判摘要认为,润华集团获取公司红利的依据是真实出资行为及三方当事人的协议约定,而不以其为华夏银行股份公司的在册股东为条件。联大集团作为华夏银行股份公司股东,转让股权行为不违反公司法对发起人转让股权的限制规定,不侵害华夏银行股份公司的利益。对于股权转让是转让方联大集团和受让方润华集团的真实意思表示,应予以确认。根据三方协议以及有关部门的监管规定,对办理该股权转让手续等相关事宜,华夏银行股份公司应履行必要的协助义务。

③ 在张桂平诉王华股权转让合同纠纷案(〔2006〕苏民初字第 0009 号)中,法院裁判摘要认为,双方当事人在《公司法》规定的发起人股份禁售期内签订转让股权协议但未办理过户手续,将股权委托给未来的股权受让方行使,不违反法律的强制性规定。当事人之间的行为并不能免除转让股份的发起人的法律责任,也不能免除其股东责任。因此,股权转让合同应认定为合法有效(2007 年最高法公报案例)。

公司没有查证股权实际持有人的义务,仅需向股东名册记载的股东履行义务。股东名册的权利推定效力,为英美法系和大陆法系国家所普遍认可。[①]《公司法》第 32 条明确规定,记载于股东名册的股东,可以根据股东名册主张行使股东权利。例如,在王云股东资格确认纠纷案中,[②]最高法认为,根据《公司法》的规定,股东应当在公司章程上签名、盖章,公司应当置备股东名册,记载股东姓名及出资额,记载于股东名册的股东有权向公司主张行使股东权利。

（2）股东名册的对抗效力。股东名册的对抗效力是指股权合法受让人在记载于股东名册前不得对公司主张股东权利。各国公司法均明确规定股东名册的对抗效力。[③] 公司股东依法转让出资后,应由公司将受让人名称或者姓名、住所及出资额等记载于股东名册,确保受让人可依股东名册向公司主张股东权利。公司股东将公司出资转让后,受让人名称或者姓名、住所等未记载于股东名册的,不得对抗公司。即使合法受让股份,如未对股东名册的记载进行变更,则不得对公司行使股东权。股权受让人要取得对抗公司的效力,则应及时变更股东名册的记载,将受让人姓名和联系地址等相关信息记载于股东名册。例如,在李汝刚股东资格确认纠纷案中,[④]河南汝南县法院认为,股东名册是公司置备的记载股东个人信息和股权信息的法定簿册,在公司因新股东出现导致注册资本增加及减少时,应及时报登记机关备案。依据股东名册的对抗效力,股权受让人如未进行名义更换,则不具有形式上的股东资格,不得对公司主张股东权。

（3）股东名册的免责效力。股东名册的免责效力是指公司向根据股东名册记载的股东发出会议通知、分配利润、分配剩余财产、确认表决权、确认新股认购权等,即使记载的股东不是真实股东,公司也是免于承担责任的。股东名册具有权利推定效力,股东名册记载的股东具有形式上的股东资格。此外,股东名册的免责效力也及于股东住所等其他记载事项。公司对股东的通知或者催告,发至股东名册上记载的住所即可。股东名册记的住所错误导致股东不能收到通知的,公司不承担责任。

三、股东登记

股东登记是在公司之外的有关登记机关对股东所作的记载。股东登记具有公示效力,是公司处理外部关系的依据。

[①] 德国《股份公司法》第 67 条第 2 款规定:"在与公司的关系上,只有在股票登记簿上登记的人,才能成为公司股东。"

[②] 在王云诉青海珠峰虫草药业有限公司股东资格确认纠纷案(〔2013〕青民二初字第 2 号、〔2014〕民二终字第 21 号)中,法院裁判摘要认为,隐名股东的股东资格确认应当具备的条件是:当事人之间的代持股协议合法有效,隐名股东必须实际出资,实际出资人请求公司变更股东应当征得公司其他股东半数以上同意。

[③] 《日本商法典》第 206 条第 1 款规定:"通过受让股份而取得股份者,未将取得人的姓名及住所记载于股东名册,就不得以之对抗公司。"第 209 条第 1 款规定:"以股份为质权标的,依据质权设定者的请求,公司在股东名册和股票上记载质权者的姓名、住所时,作为质权登记(登录质),产生特别效力。"

[④] 李汝刚诉汝南县中天药业有限公司股东资格确认纠纷案(〔2016〕豫 1727 民初字 736 号)。

（一）股东登记的概念

股东登记是指公司股权登记机关对股东姓名或者名称、持股数等事项所作的记载。股东登记表明公司股权登记机关对股东身份和股东权利的法律确认。公司设立时必须向公司登记机关提交有关申请材料，公司登记机关在公司成立后仍然持续保留公司有关档案资料。在公司登记事项中，公司股东名称或者姓名是登记的必要记载事项。

公司股权登记机关有公司登记机关、证券登记结算机构和股权托管机关。公司登记机构是《公司法》规定的股东登记机关，证券登记结算机构是《证券法》规定的股东登记机关，[①]股权托管机关是指地方政府设立的主要对未上市股份有限公司的股东和股权进行登记的机关。[②] 公司股东登记主要有三种情形：

（1）公司登记机关的登记。有限责任公司股东或者股份有限公司发起人的姓名或者名称，应在公司登记机关进行登记。公司登记机关登记的依据，是《公司法》第32条和《公司登记管理条例》第9条之规定。公司实务中，绝大部分公司股权登记是在公司登记机关登记的。

（2）证券登记结算机构的登记。证券登记结算机构对上市公司的股票进行股权登记。上市公司上市交易股票的股东身份的取得或者丧失，以在证券登记结算机构的登记过户为依据。证券登记结算机构的股权登记仅限于上市公司股东，登记依据是《证券法》第157条之规定。中国证券登记结算有限责任公司承担上海、深圳证券交易所全部证券登记结算业务。

（3）股权托管机关的登记。各个地方政府根据有关规定设立的股权托管机关，对未上市的股份有限公司股票进行股权登记。[③] 全国没有统一的股权托管机关，由各个地方自行设立股权托管机关。[④] 虽然股权托管机关不直接具有公司登记机关和证券登记结算机构的股东登记效力，但由于股权托管机关是一个公共机构，具有向社会公

---

① 证券登记结算机构是指为证券的发行和交易活动办理证券登记、存管、结算业务的中介服务机构。证券登记结算机构是为证券交易提供集中的登记、托管与结算服务的法人。中国证券登记结算有限责任公司是我国唯一的证券登记结算机构。

② 股权托管是指经政府有关部门批准的、具有普遍社会公信力的第三方机构，接受股份制公司的委托，对该公司股东所持股权进行集中登记管理的行为。由客观公正的第三方为非上市股份有限公司提供具有公示力和公信力的股东名册记载，为股东提供所持股权的有效权属证明。股权托管的业务范围主要有：

（1）股权托管登记业务。包括为非上市股份有限公司进行股权整体托管登记，为股东提供股权过户登记、股权质押登记等业务。

（2）股权托管服务业务。包括为非上市股份有限公司代理股权的分红派息、通知股东参加股东大会等公司活动，以及提供股权的查询和查证、办理股权冻结手续，对非上市股份有限公司的相关信息进行披露等一系列与股权托管相关的衍生服务。

③ 非上市公司股权集中托管始于1993年，股权托管的规范性文件有《定向募集股份有限公司内部职工持股管理规定》（体改生〔1993〕114号）、《关于清理定向募集股份有限公司内部职工持股不规范做法的通知》（体改生〔1993〕115号）、《关于对原有股份有限公司规范中若干问题的意见》（体改生〔1996〕122号）以及《关于未上市股份有限公司股票托管问题的意见》（证监市场字〔2001〕5号）等。

④ 如北京产权交易所、上海股权托管交易中心、齐鲁股权托管交易中心、安徽省股权托管交易中心、武汉股权托管交易中心等。

示的性质，还是比公司内部记载具有更高的证据效力。

（二）股东登记的效力

股东登记的效力是指股东经登记机关登记后所产生的法律效力。股东登记是商事登记，股东登记效力涉及商事登记效力。商事登记有设权性登记和宣示性登记两种类型：

（1）设权性登记。设权性登记是指登记能够产生创设权利或者法律关系的效力。公司设立登记应属于设权性登记，公司因设立登记而成立，设立登记为公司成立的先决条件。公司发起人因公司成立而成为公司股东，对公司享有股权。登记是有关权利得以产生的根据，未经登记者不产生法律上的效力。

（2）宣示性登记。宣示性登记是指有关事项未经登记不会使商事行为失效，仅表现为不具有对抗第三人的效果。宣示性登记事项一经登记，则能产生对抗第三人的法律效力。宣示性登记还具有公示力，第三人有权信赖登记事项的真实性，即使登记有瑕疵，按照商法外观主义原则，第三人仍可认为登记是真实的。例如，在深圳市蒲公堂信息咨询服务有限公司撤销权纠纷案中，[①]最高法认为，股权的工商变更登记仅为行政管理行为，该变更登记并非设权性登记，而是宣示性登记，旨在使公司有关登记事项具有公示效力。

《公司法》第32条和《公司法司法解释（三）》第28条的规定表明，股权登记仅是宣示性登记，不具有创设股权的效力。股东登记具有证明股权效力以及对抗效力。例如，在申银万国证券股份有限公司财产权属纠纷案中，上海高院判决认为公司股权转让应办理变更登记手续，以取得对外的公示效力；否则，不得对抗第三人。

《公司法》第32条对股东名册和股东登记的规定，解决了公司内部股权公示和公司外部公示的问题。股东名册体现了公司内部公示，而股东登记则体现了公司外部公示。股东名册和股东登记均不具有创设股权的效力。股东名册的记载和股东登记的登记手续，并不创设股东的股权，仅为对抗第三人的要件。

在公司实务中，发生股权确认纠纷时，股东名册和股权登记仅仅是证明股权的表面证据。在王德忠股权确认纠纷案中，[②]上海高院的判决体现了这种观点，认为沪德公司工商登记文件不是确认股权份额的唯一依据，如果有证据证明登记事项与事实不

---

① 在深圳市蒲公堂信息咨询服务有限公司诉深圳市南山区投资管理公司、深圳市科汇通投资控股有限公司撤销权纠纷案（〔2006〕粤高法民二初字第7号、〔2007〕民二终字第32号）中，法院裁判摘要认为，股权转让实质上是在公司内部产生的一种法律关系，股权转让合同签订后，是否办理工商变更登记，属于合同履行问题。股权的工商变更登记仅为行政管理行为，该变更登记并非设权性登记而是宣示性登记，旨在使公司有关登记事项具有公示效力。股权工商变更登记既不应对股权转让合同的效力问题产生影响，也不应影响股权转让行为是否生效或者有效。

② 在王德忠诉吕秀红、王锦忠、上海沪德汽车张紧轮有限公司股东权纠纷案（〔2006〕沪二中民三（商）初字第20号、〔2006〕沪高民二（商）终字第20号）中，法院裁判要旨认为，股东名册是有限责任公司股东主张股权的首要依据。当公司未置备股东名册，或者股东名册的记载与事实不符时，对公司内部股权份额，应当综合分析发起人协议、出资证明书、公司章程、盈余分配、经营管理等各项事实后作出认定。夫妻中的一人登记为股东，但有证据表明其配偶在股东资格方面与显名人有混同的，其二人可被视为享有股东权益的共同关联一方。

符,那么不能仅凭登记文件对争议事实作出认定。根据实体法没有取得股权的权利主体,即使被记载于股东名册或者在公司登记机关办理了股权登记手续,也不能据此取得股权。但是,否定股东名册和股东登记效力的一方当事人,应当承担举证责任,以推翻表面证据。

第二节 股东资格的认定

股东资格认定是一个公司法实务问题。在许多公司纠纷案件中,大多首先涉及股东资格问题,股东资格认定是处理公司纠纷案件的基础。股东资格是股东享有股东权的前提,所以股东资格认定具有重大的实践意义。

一、股东资格认定的标准

股东资格认定,需要有明确的股东资格认定的标准和条件。股东资格是股东身份的象征,是股东行使股东权利、承担股东义务的前提和基础。股东资格认定是一个非常复杂的问题,无法通过确立单一的标准来解决。股东资格的证据材料包括但不限于出资证明书、股票、工商登记资料、公司章程、股东名册、股东协议等。例如,在王云股东资格确认纠纷案中,青海高院认为,名义股东之间的公司股东权属纠纷属于公司内部股东资格确认纠纷,并不涉及公司外部善意第三人利益,应遵循实质要件优于形式要件的原则,以实际出资为权利归属的判断标准,而不能仅仅以工商登记、公司章程、股东名册等外部形式要件内容来否定实际出资人的权益。

(一)股东资格的证据

根据《公司法》的规定,公司章程、出资证明书、实际出资证明、股东名册、工商登记等均可以作为确定股东资格的依据:

(1)公司章程。公司章程是指公司根据法律规定制定的记载公司名称、住所、注册资本、组织形式、经营范围、经营管理制度、治理结构及其活动方式、权利义务分配等重大事项的基本文件,是公司设立和经营必备的规定公司组织及运营基本规则的基础性法律文件。《公司法》第 25 条规定:"有限责任公司章程应当载明下列事项:……(四)股东的姓名或者名称;……"公司章程是公司设立的必备文件,公司股东姓名和名称是有限责任公司章程的绝对必要记载事项,是确认股东资格的重要依据。在通常情形下,公司章程记载或者签署人即为公司股东。公司章程记载的股东,即使未履行出资义务,也应当认定为公司股东。例如,在万家裕股东资格确认纠纷案中,[①]最高法认为,股东身份的确认应根据当事人的出资情况以及股东身份是否以一定的形式为公众所认知等因素进行综合判断。基于万家裕对宏瑞公司实缴出资和万家裕的股东身

---

① 万家裕诉丽江宏瑞水电开发有限公司股东资格确认纠纷案(〔2011〕丽中民二初字第 19 号、〔2012〕云高民二终字第 89 号、〔2014〕民提字第 00054 号)。

份在宏瑞公司章程的记载两个方面的事实，最高法推翻了一审、二审和再审判决，确认了万家裕的股东身份。

（2）出资证明书。出资证明书是有限责任公司成立后向出资人签发的证明股东权益的凭证，是表现有限责任公司股东地位或者股东权益的一种要式证券，也是证明股东履行出资义务的法律文件。《公司法》第 31 条第 1 款规定："有限责任公司成立后，应当向股东签发出资证明书。"出资证明的签发是公司的法定义务，公司股东有权要求公司签发出资证明。例如，在海南海联工贸有限公司合资、合作开发房地产合同纠纷案中，最高法认为，有限责任公司在成立后应当向股东签发出资证明书。出资证明是公司在确认股东已经认缴出资后单方向股东签发的凭证，可以证明股东持有公司股权或者对公司实际出资。真实有效的出资证明，不仅是对证明股东资格有核心意义的出资事实，而且体现了公司对出资人的认可，是认定股东资格的充分依据，且具有要式性。例如，在朱绍义股东资格确认纠纷案中，①最高法认为，根据《公司法》第 31 条规定，出资证明书应当载明公司名称、公司成立日期、公司注册资本、股东姓名或者名称、缴纳的出资额和出资日期、出资证明书的编号和核发日期。出资证明书由公司盖章。因此，出资证明书具有要式性。

（3）实际出资证明。实际出资证明是指有限责任公司成立后向出资人签发的证明股东权益的书面凭证，是证明出资人履行出资义务的非要式的法律文件。《公司法》第 28 条规定："股东应当按期足额缴纳公司章程中规定的各自所认缴的出资额。……"实际出资证明是公司对股东实际出资情况的证明文件。我国公司运作不规范，公司极少向出资人出具出资证明，通常以出资收条、股金收条等其他凭证作为实际出资证明。出资证明书和实际出资证明均为证明股东向公司实际出资情况的证据，两者的区别是出资证明书是法律规定的规范化的出资证明，而实际出资证明则是非规范化的出资证明。在司法实践中，股东只要有出资证明书或者实际出资证明中的一种，即可认定公司股东资格。例如，在孙艳股东资格确认纠纷案中，②陕西镇巴县法院认为，股东资格确认应当结合公司章程、股东名册、工商登记、出资证明书、实际出资证明等依据来确定。

（4）股东名册。股东名册是指由公司置备的记载股东个人信息和股权信息的法定簿册。《公司法》第 32 条第 1 款规定："有限责任公司应当置备股东名册，……记载于股东名册的股东，可以依股东名册主张行使股东权利。……"股东名册作为有限责任公司的内部文件，不仅是公司股东资格确认的依据，而且是公司股东认知其他股东的依据。股东名册是认定公司股东资格的充分条件，在确认股东资格中具有优先效

---

① 在朱绍义诉嘉荫县红峰水利水电开发有限责任公司股东资格确认纠纷案（〔2012〕伊中商初字第 7 号、〔2014〕黑高商终字第 58 号、〔2017〕最高法民申 909 号）中，法院裁判摘要认为，股东资格的确认应当审查股东出资和股东身份记载是否满足法定实质要件和形式要件，即是否已经依法实际出资或者认缴出资，股东身份记载是否符合股东出资证明书的要式性，其他股东是否确认其股东身份以及退股事实。

② 孙艳诉镇巴县食品开发有限责任公司股东资格确认纠纷案（〔2013〕镇民初字第 00545 号）。

力,即股东凭借股东名册的记载,可以直接向公司主张权利而无须其他证据支持。在海南海联工贸有限公司合资、合作开发房地产合同纠纷案中,最高法认为,根据《公司法》的规定,股东资格认定是以工商登记和股东名册进行确认。

(5)工商登记。工商登记是工商行政管理部门通过对公司已经发生的事实的合法性、真实性予以审查,并向社会公众公示的一种行政管理手段。《公司法》第32条第3款规定:"……公司应当将股东的姓名或者名称向公司登记机关登记;……"有限责任公司股东姓名或者名称是公司的法定登记事项。公司登记机关在公司设立登记时,根据公司章程、验资证明或者财产转移证明文件对公司股东进行注册登记,但仅对登记资料进行形式性审查,而不审查内容的合法性。在原始登记的情形下,登记股东应当与公司章程和股东出资情况一致。在股权发生变动的情形下,登记股东与股东实际变动情形可能不一致。公司登记机关的登记效力仅及于公司之外的第三人,不能对抗公司及其他股东。例如,在万家裕股东资格确认纠纷案中,[①]最高法判决认为工商登记不是确认股东资格的法定要件,而是以工商登记以外的其他因素作为综合判断标准,确定涉案股东的股东资格。

(二)股东资格的确认

在通常情况下,股东资格的取得应具备形式要件和实质要件两个方面。股东资格的形式要件是指股东资格为公众所认知的方式,有公司出资证明书、股票、公司章程的记载、股东名册的记载、公司登记机关的登记等。股东资格的实质要件是指股东出资,股东出资是公司成立的物质基础。股东对公司出资是取得公司股东资格的对价,从而构成股东资格取得的实质性要件。股东资格的形式要件仅为实质要件的外在表现,是对股东出资事实的一种记载和证明而已。例如,在万家裕股东资格确认纠纷案中,最高法认为,股东身份的确认应根据当事人的出资情况以及股东身份是否以一定的形式为公众所认知等因素进行综合判断。

在公司实务中,对公司出资并非股东资格取得的实质性要件。我国司法审判实践确认,即使公司投资人未履行出资义务或者抽逃全部出资,仍然可以取得股东资格。例如,在郑州国华投资有限公司股权确认纠纷案中,最高法的判决确立了不出资也可以成为公司股东的观点。在万家裕股东资格确认纠纷案中,最高法的判决同样确立了抽逃全部出资也仍为公司股东的观点,认为股东抽逃出资的行为无效,股东身份不因无效的抽逃出资行为而改变。

在前述案件中,启迪公司并未出资,但法院确认了启迪公司的股东资格。未履行出资义务的投资人和抽逃全部出资的股东,可以取得股东资格,主要有三个方面的原因:

[①]　在万家裕诉丽江宏瑞水电开发有限公司股东资格确认纠纷案中,法院裁判摘要认为,股东身份的确认应根据当事人的出资情况以及股东身份是否以一定形式为公众所认知等因素进行综合判断。根据案件查明事实,涉诉当事人已经取得了公司股东身份,工商登记并非确认股东身份的法定条件。

（1）以公司成立和存续为条件。投资人在公司设立前称为发起人，公司设立失败，发起人不能取得股东资格；公司设立成功，发起人取得股东资格。公司发起人的身份伴随公司成立而转换为股东身份。这充分说明了公司成立和存续是股东资格的必要前提条件，而发起人是否出资却不一定是取得股东资格的必要条件。根据 2005 年修订的《公司法》，设立有限责任公司，只要部分发起人的出资达到"法定资本最低限额"的要求，公司即可成立。换言之，在部分发起人没有任何出资的情形下，公司依然成立，全体发起人取得股东资格。现行《公司法》没有"法定资本最低限额"的要求，即使在全体发起人没有任何出资的情形下，公司依然可以成立，发起人取得股东资格。

（2）司法解释对瑕疵股东的规则。公司因发起人的合意而设立，公司设立的基础是发起人之间的公司设立协议，出资是公司设立协议规定的合同义务，违反出资义务的发起人应向已经出资的发起人承担违约责任。此外，公司有权催收发起人应缴付的出资款。以上两种责任并不影响未出资发起人对公司所享有的股东资格，只有在未出资股东拒绝缴付出资时，公司股东大会才可以决议解除其股东资格。《公司法》没有规定未出资发起人的股东资格问题，但《公司法司法解释（三）》第 17 条的规定，从反面肯定了未出资或者抽逃全部出资股东的股东资格。例如，在宋余祥公司决议效力确认纠纷案中，[①]上海二中院确认了股东会解除抽逃全部出资大股东的股东资格效力，也从反面肯定了抽逃全部出资股东的股东资格。因此，司法解释和司法审判实践均承认了未出资或者抽逃全部出资股东的股东资格。

（3）保护交易安全和维护交易秩序。未出资股东在满足形式要件的情形下，为保护交易安全、维护正常交易秩序的需要，法律仍赋予其股东资格。公司章程记载、股东名册记载、登记机关的股权登记、出资证明书、股票等形式要件具有公信力，是保障交易安全和维护交易秩序的必然要求。在满足股东形式要件的情形下，即使不符合股东出资的实质要件，也应当确认其股东资格。

在股东资格纠纷中，股东资格的认定通常有实质要件和形式要件两个标准：一是实质要件，即出资行为本身，可通过转账凭证、收据等证据证明；二是形式要件，即公司对出资的认可，可通过公司章程、股东名册、股东会决议等股权内部变更登记证明。例如，在云南江东房地产集团有限公司股东资格确认纠纷案中，[②]最高法认为，当事人主张股东资格和股东权利，必须满足实质要件和形式要件。实质要件是以出资为取得股东资格的必要条件，形式要件是对股东出资的记载和证明，是实质要件的外在表现。股权取得实质要件是向公司认购出资或者股份而取得股权，包括原始取得和继受取得。股权取得形式要件多见于股东完成出资后在公司章程上的记载、股东名册上的记

[①] 在宋余祥诉上海万禹国际贸易有限公司等公司决议效力确认纠纷案（〔2014〕黄浦民二（商）初字第 589 号、〔2014〕沪二中民四（商）终字第 1261 号）中，法院裁判要旨认为，有限责任公司股东未按章程约定履行出资义务或者抽逃全部出资，经催告后在合理期限内仍未缴纳或者返还出资的，公司可以通过股东会决议解除该股东的股东资格。对该股东除名的决议，该未出资股东不具有表决权，即便该股东是控股股东。

[②] 云南江东房地产集团有限公司诉云南贡山华龙电力开发有限公司股东资格确认纠纷案（〔2013〕昆民五初字第 6 号、〔2015〕云高民二终字第 27 号、〔2016〕最高法民申 2613 号）。

载和工商机关的登记。

股东资格认定的实质要件与形式要件之间关系的实质,是真实权利的保护与交易安全的保障、交易秩序的维护之间的关系,如陈锦洪股权确认纠纷案。① 在真实权利与交易安全发生矛盾时,牺牲真实权利以保护交易安全、维护交易秩序,是处理股东资格认定纠纷的基本理念和准则。

二、股东资格的取得与认定

由于长期以来我国法律对公司投资领域的限制和社会经济文化因素的影响,公司运作不够规范,许多投资人不按照法定方式和程序取得公司股东资格,产生了隐名股东、冒名股东、②借名股东、干股股东、出资瑕疵股东等现象。一旦发生相关利益纠纷,股东资格认定成为解决问题的关键。此外,大量公司纠纷案件也涉及股东资格认定,股东资格认定是处理这些纠纷的前提和基础。

（一）股东资格的取得

股东资格的取得制度是股东资格认定的前提。股东资格取得应当具备实质要件和形式要件。实质要件是以出资为取得股东资格的必要条件,形式要件是对股东出资的记载和证明,是实质要件的外在表现。按照股东资格取得方式的不同,公司股东身份的取得有原始取得与继受取得两种形式。例如,在孙宝荣公司增资纠纷案中,③最高法认为,杨焕香与孙宝荣签订的投资入股协议书约定孙宝荣通过增资入股方式取得愉景公司 35% 的股权。作为股权取得的两种方式,股权转让与增资入股具有根本差异。股权转让属于股权的继受取得;增资入股则是通过向公司出资,认购公司增加的注册资本而成为股东,属于股权的原始取得。

（1）股东资格的原始取得。股东资格的原始取得是指直接向公司认购股份而取得公司股东资格,有设立取得股东资格、新增取得股东资格和合并取得股东资格三种情形:

一是设立取得股东资格。设立取得股东资格是指公司发起人在公司设立之前认

---

① 在陈锦洪诉张家口市东亚建材家具装饰有限公司股权确认纠纷案(〔2011〕东商初字第 442 号、〔2012〕张商终字第 281 号)中,法院裁判要旨认为,股东资格的工商登记是第三人确认公司股东的重要依据,但在公司内部关系的认定中,要探究当事人的真实意思表示,则依据当事人的真实意思表示和实际出资来确认。

② 在许光全、许光友诉涂开元、舒鑫股权纠纷案(〔2007〕攀民初字第 8 号、〔2007〕川民终字第 623 号、〔2011〕民提字第 78 号)中,法院裁判要旨认为,因许光全、许光友将身份证复印件借给涂开元时,二人并没有与涂开元共同设立开明房产公司的意思表示,涂开元也没有与二人共同设立公司的意思表示,涂开元向许光全、许光友隐瞒借用身份证复印件的真实目的,并暗中将开明房产公司的部分股权登记在许光全、许光友名下,属于冒名出资行为。因被冒名的股东名下股权的实际权益人为涂开元,涂开元以自己意思处分事前暗中登记在他人名下的股权,为实际出资人处分自己投资权益的行为,该行为虽可能损害他人姓名权,但没有损害被冒名者股权权益,股权处分行为应认定有效,受让人舒鑫的股东资格应予确认。

③ 在孙宝荣诉杨焕香、廊坊愉景房地产开发有限公司公司增资纠纷案(〔2014〕冀民二初字第 10 号、〔2015〕民二终字第 191 号)中,法院裁判摘要认为,股权转让属于股权的继受取得,增资入股则是股权的原始取得。当事人之间协议将取得股权的方式由股权转让变更为增资入股后,原始股权转让合同即被其后签订的增资入股合同所更替而终止(2017 年最高法公报案例)。

购出资而取得股东资格,这些股东属于原始股东。

二是新增取得股东资格。新增取得股东资格是指投资人认购公司成立后新增发的股份而取得股东资格。

三是合并取得股东资格。合并取得股东资格是指公司合并时原公司股东依法取得存续公司或者新设公司的股份而取得股东资格。

(2)股东资格的继受取得。股东资格的继受取得是指投资人因受让、继承、互换、赠予、夫妻共同财产的分割以及法院强制执行等方式而取得股东资格。股权受让是股东资格的继受取得中最为主要的方式,也极易产生公司纠纷。例如,在深圳市标榜投资发展有限公司股权转让纠纷案中,①最高法认为,股权转让人未履行报批义务违反诚信原则的,可认定存在缔约过失,应当赔偿由此给善意相对人造成的直接损失和间接损失。

(二)股东资格的认定

股份有限公司股东资格是以持有公司发行的股票为认定标准,通常不会出现纠纷而引发诉讼。股东资格的认定纠纷通常发生在有限责任公司,股东资格的认定是我国公司审判实践中经常涉及的问题,如在股权确认纠纷、股权转让纠纷、股东知情权纠纷、股东查阅权纠纷等案件中,股东资格认定是正确处理这些纠纷的前提条件。

在公司实践中,公司的设立和运作极不规范,公司法理论对股东资格的认定缺乏统一、明确的认识,司法审判机关审判准则和理念的缺失,导致相互矛盾的判决不断出现。例如,在尹国明公司决议撤销、股东资格确认纠纷案中,②驻马店中院判决瑕疵出资因而不具有股东资格。又如,在陈锦洪股权确认纠纷案中,张家口中院判决则以真实意思作为确定股东资格的依据。

公司设立和股东转让出资行为的不规范,导致股东资格的实质要件与形式要件、公司法上的外观与实质相互分离,公司法理论对公司股东资格认定基本理念的缺失导致标准不统一,如真实意思表示、股东义务的实际履行、外观上的股东名义以及区分内外部关系等规则,造成司法审判实践中对于股东资格的认定,从不同角度对相似的案件却作出相互矛盾的判决。

对股东资格的认定应当贯彻内外有别的判断标准,即公司外部法律关系适用外在标准,公司内部法律关系适用内在标准:

---

① 在深圳市标榜投资发展有限公司诉鞍山市财政局股权转让纠纷案(〔2015〕辽民二初字第00060号、〔2016〕最高法民终802号)中,法院裁判摘要认为,合同约定生效条件为报批允准,承担报批义务方不履行报批义务的,应当承担缔约过失责任。缔约过失人获得利益以善意相对人丧失交易机会为代价,善意相对人要求缔约过失人赔偿的,法院应予支持。除直接损失外,缔约过失人对善意相对人的交易机会损失等间接损失,应予赔偿。间接损失数额应考虑缔约过失人的过错程度及获得利益情况、善意相对人成本支出及预期利益等,综合衡量确定(2017年最高法公报案例)。

② 在尹国明诉驻马店市统领墙体新型材有限公司公司决议撤销、股东资格确认纠纷案(〔2011〕驿民初字第2040号、〔2012〕驻民四终字第78号)中,法院裁判摘要认为,原告在公司章程及股东名册上被记载为公司成立时的股东,但原告没有签署公司章程,也没有认缴公司出资额并实际出资,依据《公司法》及其司法解释的相关规定,原告并不具备该公司的股东资格。

（1）公司外部法律关系。公司外部法律关系，即涉及债权人与股东、债权人与公司之间的关系时，应当适用外部标准，遵从保护善意第三人和交易安全的原则。以商法公示主义与外观主义确认股东身份应当坚持形式要件优于实质要件，尊重公司登记机关登记材料等表面证据的公信力，登记资料可以作为确认股东身份的直接证据，如申银万国证券股份有限公司财产权属纠纷案。

（2）公司内部法律关系。股东与股东或者股东与公司间对股东身份发生争议时，不涉及善意第三人利益，不存在商法公示主义与外观主义的适用问题。公司股东资格认定应坚持实质要件优于形式要件，遵循意思主义原则，公司登记机关的登记内容等外观资料仅具有一般证据的效力，并非识别股东身份的绝对依据。例如，在何建华股东会决议效力纠纷案中，[①]将涉及登记机关登记的内容等外观资料能否作为识别股东身份的绝对依据。[②] 该案二审判决表明，对股东身份的识别应当坚持实质要件优于形式要件，公司登记机关的登记内容并非判断股东身份的绝对依据。取得股东资格最为核心的要素是合意，即投资人与投资人之间的合意、投资人与公司之间的合意。

非原始股东资格的确认，是股权转让中出现的问题。股东资格是投资人（即受让人）与公司之间的身份关系，必须在投资人与公司之间达成取得股东资格的合意。股权转让协议应按照《公司法》规定的程序，经公司其他股东半数同意。投资人应有成为股东的意思表示，且该意思表示被公司所接受和认可，即双方达成的合意外化为股东名册的登记。

三、股东资格认定的司法实务

股东资格认定是公司实务中非常重要又是发生纠纷较多的问题，存在于司法审判实践和公司登记实务中。《公司法》对公司资格认定标准不明确，公司纠纷中存在以下四种典型的问题：

（一）不出资股东资格的认定

公司发起人是基于共同出资设立公司的合意，获得股东资格并享有相对应的公司

---

① 在何建华诉嘉兴市聚力源典当有限责任公司决议效力纠纷案（〔2010〕嘉南商初字第951号、〔2010〕浙嘉商终字第429号、〔2013〕浙民再字第18号）中，南湖区法院判决认为，何建华通过竞拍取得聚力源公司股权，但未办理股权过户手续，其股东资格具有瑕疵，尚不能单独行使股东权利，原告请求确认聚力源公司股东会决议无效缺乏法律依据。嘉兴中院判决认为，何建华通过竞拍取得嘉兴市中小企业担保有限公司所持聚力源公司股权，已经嘉兴市国资委批准，股权转让合同依法成立并生效。工商变更登记须在股权转让合同生效并履行后才可实施，非股权转让合同生效的要件。何建华作为股权受让方，与聚力源公司股东会决议具有直接利害关系，作为原告主体适格。浙江高院在再审审理过程中，促成案件当事人及相关方达成和解，经聚力源公司全体股东同意，公司大股东以合理价位受让了何建华竞拍所得股权，何建华退出公司。

② 浙江省检察院向浙江高院提起抗诉，认为取得股东身份不仅需要股权转让合同成立且生效，更有赖于股权转让合同的实际履行。案涉股权转让合同成立并生效后，何建华虽然已支付股权转让款，但因尚未办理股权变更登记，故不具备股东身份，基于合同相对性可享有相应债权，却不享有股东权利，聚力源公司未通知其参加股东会并不违法。显然，浙江省检察院是将工商登记作为股东资格认定的绝对标准并以此作为抗诉理由。

股权。股东是否足额出资并不直接影响股东基于共同设立公司的合意而获得股东资格。出资是公司股东的基本法定义务,违反出资义务的股东仅承担违约责任,而股东资格不因未出资而被否定。未缴纳出资的股东应向其他股东承担违约等法律责任,公司的设立瑕疵可以产生法律责任,但并不否认股东的股东资格。不出资股东资格的认定有两种情形:

(1) 股东应出资而未出资。《公司法司法解释(三)》第 17 条的规定恰好从反面确立了未出资股东的股东资格。未出资股东的股东资格的撤销应当满足三个条件:一是完全未履行出资义务;二是经合理的期限催告股东缴纳出资仍未缴纳;三是有效的股东会股东除名决议。在股东会通过除名决议之前,未出资股东的股东资格仍然有效。例如,在宋余祥公司决议效力确认纠纷案中,上海黄浦区法院一审认为,豪旭公司是经过万禹公司股东会决议,以认缴增资形式进入万禹公司,万禹公司在公司章程中确认股东身份并完成了相应的工商登记,从而豪旭公司享有万禹公司的股东资格,有权依照法律规定、公司章程约定行使股东权利。上海二中院二审也确认了豪旭公司享有万禹公司的股东资格。又如,在姚富荣股东资格确认纠纷案中,[①] 四川高院认为,出资是股东对公司的义务,但在公司已经成立的情况下,股东不出资或者未足额出资的,所导致的相应的法律责任是向其他足额出资的股东承担违约责任,或者向公司全面履行出资义务的责任,并非不能获得股东资格。

(2) 股东按约定不出资。根据投资协议的约定,当事人无须出资却享有公司一定比例的股权,即公司实务中的所谓"干股"。在公司注册资本符合法定要求的情况下,各股东的实际出资数额和持有股权比例应属于公司股东意思自治的范畴。股东持有股权的比例通常与实际出资比例一致,但有限责任公司的全体股东内部也可以约定不按实际出资比例持有股权,约定不影响公司资本对公司债权担保等对外基本功能的实现。约定是各方当事人的真实意思表示,且不损害第三人的利益,不违反法律和行政法规的规定,应属有效,股东按照约定持有的股权应当受到法律的保护。股权比例经公司章程确定后不能擅自改变。公司章程确定和工商部门确认的股权比例,对各位股东均具有约束力,具有法定性。例如,在郑州国华投资有限公司股权确认纠纷案中,最高法判决认为,不出资的投资人也可以成为公司股东。在该案中,开封中院和河南高院分别作出的一审、二审判决,均支持按照股东实际出资的比例确认各方股权。没有实际出资但按照各方协议约定应享有 55% 股权的启迪公司向最高法申请再审,最高法再审判决,支持了启迪公司的再审请求。最高法的判决充分体现了公司自治原则,反映了商事交易规则,也符合诚实信用原则。

(二) 出资瑕疵股东资格的认定

出资瑕疵是指公司发起人没有按章程记载的出资额缴纳公司出资,出资瑕疵所形

---

① 姚富荣诉汶川县三江西河开发有限责任公司股东资格确认纠纷案(〔2015〕阿民初字第 28 号、〔2016〕川民终 1066 号)。

成的股权称为出资瑕疵股权。出资瑕疵股东对公司仍然享有股权,具有股东资格,因而出资瑕疵股东资格不会受出资瑕疵行为影响。例如,在万家裕股东资格确认纠纷案中,[①]最高法判决认为不能以抽逃出资行为,否定出资人已取得的股东资格。《公司法》第 28 条规定了股东的出资责任,股东应当按期足额缴纳公司章程中规定的各自所认缴的出资额。《公司法司法解释(三)》第 13 条规定,违反出资义务的股东,应当对公司、股东和债权人承担相应的法律责任:

(1) 对公司的资本充实责任。公司发起人对公司承担资本充实义务[②],以确保公司资本的充足和可靠,资本是保证公司人格健全的基础。根据资本充实义务,出资瑕疵股东与公司其他股东之间存在缴纳担保义务、差额填补义务、损害赔偿义务。股东对公司资本的充实义务属于法律强制性规定,出资瑕疵股东对公司承担资本补充责任。例如,在上海贞元投资管理有限公司股东损害公司债权人利益责任纠纷案中,[③]上海高院认为,《公司法司法解释(三)》第 13 条在原来立法空白的基础上规定了发起人的资本充实义务。我国公司制度虽以股东有限责任制为基本责任形式,但并非是以牺牲债权人为代价。有限责任制与资本充实责任制,是现代公司制度的两大原则,公司股东要享有有限责任,即必须承担资本充实责任,才能真正体现权利与义务的统一。

(2) 对股东的违约责任。公司发起人之间的关系是基于公司设立协议产生的,公司发起人股东之间属于合同关系,出资瑕疵股东未能出资的行为,违反公司设立协议规定的出资义务。出资义务属于合同义务,出资瑕疵股东应当承担违约责任,因而出资瑕疵股东对已经按期足额缴付出资的股东应当承担违约责任。例如,在香港锦城投资有限公司中外合资经营企业合同纠纷案中,[④]最高法认为,涉案纠纷产生的原因是心血管医院未能按照合资合同的约定办理土地使用权作价入股手续,从而导致合资合同无法继续履行,合作项目停止运作,合作公司未能成立。心血管医院作为合资

---

① 在万家裕诉丽江宏瑞水电开发有限公司股东资格确认纠纷案中,法院裁判要旨认为,将出资转变为借款归还,本质上是根本改变出资性质的违法行为,客观上导致股东抽回出资并退股的法律后果,是有违公司法的禁止性规定的,因而上述行为均应归于无效,当事人的股东身份自然也不应因无效行为而改变。因此,不能以无效的抽逃出资行为否定出资人已取得的股东资格。

② 资本充实义务是指为贯彻资本充实原则,由公司发起人共同承担的相互担保出资义务的履行,以确保公司实收资本与章程记载资本一致的义务。

③ 在上海贞元投资管理有限公司诉上海浦东江夏发展公司、NY North East Trading and Development Company,INC.股东损害公司债权人利益责任纠纷案(〔2014〕沪一中民四(商)初字第 S25 号、〔2016〕沪民终 444 号)中,法院裁判摘要认为,无论公司性质为内资还是外资,公司股东要享有有限责任,应当承担资本充实责任。中外合资经营有限责任公司的一方股东在设立时未履行出资义务,应在未出资本息范围内就公司债务不能清偿的部分对公司债权人承担补充赔偿责任的,其他发起人也应与未出资的股东一起承担连带责任。

④ 在香港锦城投资有限公司诉山西省心血管疾病医院中外合资经营企业合同纠纷案(〔2008〕晋民初第字 12 号、〔2010〕民四终字第 3 号)中,法院裁判摘要认为,当事人在履行合营企业协议或合同的过程中达成的补充协议,虽然属于对原合同的修改,但效力应当结合案情全面加以分析。如果补充协议内容不涉及必须报经审批机关审批的事项,对于已获批准的合营企业协议不构成实质性变更的,一方当事人仅以补充协议未经审批机关审批为由主张协议内容无效的,法院不予支持(2010 年最高法公报案例)。

方未能履行办理土地使用权作价入股的义务，依法应认定心血管医院构成违约。根据《合同法》第 107 条的规定，心血管医院应当向锦程公司承担违约责任并赔偿损失。

（3）对公司债权人的赔偿责任。股东出资瑕疵在一定程度上影响到债权人的权益。当公司财产不足以清偿公司债权时，出资瑕疵股东对公司债权人在未出资本息范围内承担赔偿责任。实际上，出资瑕疵股东对公司债权人的赔偿责任，是出资瑕疵股东对公司所承担的补足出资法定义务的体现，在出资不足的范围内对债权人承担清偿责任。例如，在上海市奉贤区水务局追偿权纠纷案中，[①]上海奉贤区法院认为，股东出资是公司资产的主要来源，股东虚假出资或者抽逃出资，势必会影响公司的偿债能力，并间接侵害公司债权人的利益，《公司法》及其司法解释和理论确认了瑕疵出资股东对公司债权人的赔偿责任。换言之，瑕疵出资股东之所以对公司债权人承担赔偿责任，是因为瑕疵出资股东未向公司履行出资义务。

除了以上出资瑕疵股东应承担法律责任之外，公司设立时的其他股东对出资瑕疵股东在不能履行债务的范围内应承担连带责任。《公司法》第 30 条、第 93 条及《公司法司法解释(三)》第 13 条规定，对出资瑕疵股东的补足出资，其他发起人股东应当承担连带责任。[②]例如，在联光投资有限公司股东出资纠纷案中，[③]最高法认为，《公司法》并未完整规定有限责任公司发起人未履行或者未全面履行出资义务时，其他发起人对瑕疵出资股东的连带责任，从而应将《公司法》第 93 条关于股份有限公司的相关规定扩张适用于有限责任公司。

此外，公司董事和高管基于忠实义务和勤勉义务对增资瑕疵股东的增资承担连带责任。《公司法司法解释(三)》第 13 条明确规定，公司董事和高管在公司增资时未尽忠实义务和勤勉义务的，应对增资瑕疵股东的增资承担连带责任。例如，在厦门卓信成投资有限责任公司股东损害公司债权人利益责任纠纷案中，[④]山东高院认为，司法解释关于增资瑕疵的规定，限于对董事、高级管理人员或者实际控制人提出诉讼请求，对该款的解释不能扩张适用于股东。

与瑕疵股东资格确认相关的一个问题是瑕疵股东的除名。对瑕疵股东的除名，

---

① 上海市奉贤区水务局诉上海东方基础工程有限公司追偿权纠纷案(〔2015〕奉民二(商)初字第 873 号)。

② 根据公司资本充足理论，公司股东对公司资本不足主观上有过错的，已经履行出资义务的股东在未履行出资义务的股东不能履行的范围内向债权人承担连带清偿责任。

③ 在联光投资有限公司(United Glory Investment Limited)诉中国煤炭开发有限责任公司股东出资纠纷案(〔2016〕京民终 139 号、〔2017〕最高法民申 1841 号)中，法院裁判摘要认为，1999 年修正后的《公司法》并没有规定公司设立时的股东对其他未履行或未全面履行货币出资义务的股东负有连带责任，《公司法》规定了股份有限公司发起人未按照公司章程的规定缴足出资，其他发起人承担连带责任。如果案件参照适用《公司法》以及《公司法司法解释(三)》第 13 条的规定，将极大地加重中煤公司的责任，导致权利义务严重失衡，远超出设立朗润公司时所应承担的股东责任的合理预期。

④ 在厦门卓信成投资有限责任公司诉浪潮集团有限公司、福海工业(私人)股份有限公司股东损害公司债权人利益责任纠纷案(〔2012〕济商初字第 87 号、〔2014〕鲁民四终字第 155 号)中，法院裁判摘要认为，公司在增资过程中催收资本应是公司董事、高管人员勤勉义务的内容，增资过程中股东未尽出资义务时，违反勤勉义务的董事、高管人员应当承担相应的责任，董事、高级管理人员承担责任后，可以向股东追偿。

《公司法司法解释(三)》第 17 条规定了股东除名的条件和程序。瑕疵股东除名仅适用于严重违反出资义务的情形,即未出资和抽逃全部出资两种情形。未完全履行出资义务和抽逃部分出资,则不应包括在内。在瑕疵股东除名前,公司应给予瑕疵股东补正的机会,即应当催告瑕疵股东在合理期间内缴纳或者返还出资。在瑕疵股东拒绝出资或者返还出资的情形下,公司应召开股东会作出瑕疵股东除名的股东会决议。例如,在上海象云化学纤维有限公司公司决议撤销纠纷案中,①上海浦东新区法院认为,公司以股东会决议解除股东的股东资格,符合《公司法司法解释(三)》第 17 条规定的条件和程序,则发生解除股东资格的效力。上海一中院二审认为,象云公司作为家兴公司的股东,没有实际履行出资义务。经公司催告缴纳或者返还,在合理期间内瑕疵出资股东仍未缴纳或者返还出资,公司可以股东会决议解除该股东的股东资格。

部分出资或者部分抽逃出资的瑕疵股东,不能适用股东除名制度。例如,在辜将公司决议效力确认纠纷案中,②北京三中院认为,宜科英泰公司股东赵志伟在公司设立时实际出资 1.6 万元,已经履行了部分出资义务,不应当认定为完全未履行出资义务。宜科英泰公司的股东会决议并未满足公司可以解除赵志伟股东资格的前提条件,涉案股东会决议无效。

(三) 出资瑕疵股权转让中股东资格的认定

出资瑕疵股权是指公司设立时股东未出资、出资不实以及公司设立后股东抽逃资金等形成的出资瑕疵股权。出资瑕疵股权转让是指出资瑕疵股东将出资瑕疵股权转让给受让人的情形。出资瑕疵股东资格认定的处理原则应适用于出资瑕疵股权受让人的股东资格认定,受让人理应取得股东资格并依法享有股东权利。

在股权转让协议签订之前,因对公司信息掌握得不充分,股权受让人对转让股东是否已足额缴纳股款并不知情。在股权转让协议履行后,受让股东才会发现转让股东未足额缴纳出资。在出资瑕疵股权转让行为中,出资瑕疵股权受让方的责任有以下两种情形:

(1) 受让方对出资瑕疵承担连带责任。受让方知道或者应当知道出让方出资存在瑕疵仍受让瑕疵股权的,受让人对未足额出资部分应承担连带补充责任(《公司法司

---

① 在上海象云化学纤维有限公司诉上海家兴房地产开发有限公司公司决议撤销纠纷案(〔2013〕浦民二(商)初字第 3721 号、〔2014〕沪一中民四(商)终字第 1255 号)中,股东表决权作为股东的一项重要权能,应依法律规定、章程约定等方式予以限制。《公司法司法解释(三)》对股东除名作出了规定,确定了解除股东资格的基本规则,为公司或其他股东追究未出资股东的责任提供了全新的救济途径。但关于股东除名的规定比较原则,形式上并未明确未出资股东是否有权行使表决权,容易引发司法实践中的误读。从股东除名规则规定的条件和程序等层面分析,应明确未出资股东表决权排除是股东除名规则适用的基本要件。

② 辜将诉北京宜科英泰工程咨询有限公司公司决议效力确认纠纷案(〔2015〕朝民(商)初字第 11517、〔2015〕三中民(商)终字第 10163 号)。

法解释（二）》第18条），如北京首都国际投资管理有限责任公司股东权确权赔偿纠纷案。① 出资瑕疵股权的转让方与受让方对补足出资有约定的，从约定。这种约定属于合同法中的债务转移，仅在出资瑕疵股权的转让方与受让方之间有效，不能对抗公司、公司其他股东和公司债权人。这种约定仅在取得公司、公司其他股东及公司债权人同意时，对同意人有效。

（2）受让方对出资瑕疵不承担责任。出资瑕疵股权的受让方对出让方出资存在瑕疵不知情的，受让方对出资瑕疵不承担缴付责任。出资瑕疵股东对公司承担资本补足义务，在股权转让后且没有法定理由的情形下，转让方股东的资本补足义务不能免除。例如，在本溪北方煤化工有限公司股东出资纠纷案中，② 最高法认为，攀海公司作为北方煤化工公司有限公司的股东，当北方煤化工公司认为攀海公司未全面履行出资义务时，有权请求攀海公司向北方煤化工公司全面履行出资义务，即使攀海公司已将股权转让，也应对出资义务承担责任。

（四）隐名股东资格的认定

隐名股东是指在公司中不具有股东资格形式要件的实际出资人。与隐名股东相对应的是显名股东，即在公司中具有股东资格形式要件而未出资的挂名股东。在公司实务中，隐名出资现象非常普遍，有各种各样的原因。可能出于不愿意公开个人经济状况方面的原因，也可能出于规避法律对投资的限制，投资人采取隐名出资方式。③ 因此，在股东身份确认、投资权益归属、股东显名以及股权转让等方面极易引发纠纷和诉讼。

最高法的《公司法司法解释（三）》、《上海市高级人民法院关于审理涉及公司诉讼

---

① 在北京首都国际投资管理有限责任公司诉安达新世纪·巨鹰投资发展有限公司股东权确权赔偿纠纷案（〔2006〕黑高商初字第27号、〔2007〕民二终字第93号）中，法院裁判摘要认为，在股权转让法律关系中，受让人对受让股权存在出资不实、股东资格有瑕疵是明知的，根据协议约定以及公司章程的规定，受让人应对公司承担出资不实的法律责任，即应向公司履行出资义务。在其未履行出资义务的情况下，与出资义务相对应的股东权利应当受到限制。

② 在本溪北方煤化工有限公司诉攀海国际有限公司股东出资纠纷案（〔2014〕辽民三初字第15号、〔2016〕最高法民终745号）中，法院裁判摘要认为，出让人作为公司的股东，履行出资义务是作为股东的一项必然要求，同时也是资本充实原则的体现。股东不履行出资义务，不仅应承担对公司资本的补足责任，也应对其他足额出资的股东承担违约责任。出资补足责任和违约责任是《公司法》及其司法解释规定的责任，不能任意约定加以排除。股东的补足责任有一定的身份限制，是基于股东作为设立公司人身份，对公司未履行足额出资的责任，即使将自己持有的公司的股权转让，也不能免除对公司足额出资的责任。

③ 在公司实务中，规避法律的隐名出资主要有以下三种情形：

（1）对投资主体限制的规避。法律之禁止性规定如：《公务员法》禁止公务员从事或者参与营利性活动，《公司法》规定董事、高级管理人员竞业禁止。

（2）对投资领域限制的规避。部分关系国计民生的领域是限制外商投资企业进入的。台商的隐名出资行为比较常见。根据我国台湾地区法律规定，经过"投审会"批准后再到大陆投资，既面临双重征税的可能，也被禁止到大陆投资某些产业。为此许多台商采用隐名的方式在大陆进行投资。

（3）对投资比例或期限限制的规避。根据我国有关税收政策，设立期限在10年或10年以上的中外合资企业、合作企业、外商独资企业，且合营、合作企业外方投资比例占注册资本不应低于25%，自盈利之日起在所得税方面可以享受"二免三减半"的税收优惠。部分企业在外商出资达不到25%的最低限额或未满10年经营期、外商将欲退出的情形下，中方投资人作为隐名出资人与外方显名股东合谋以取得税收优惠待遇。

案件若干问题的处理意见(二)》以及《江苏省高级人民法院关于审理适用公司法案件若干问题的意见(试行)》等规范性文件中涉及对隐名股东资格的认定。隐名股东确认公司股东资格有实质说与形式说两种学说:

(1)实质说。实质说认为,出资为取得股东资格的对价,实际出资人具有与公司建立股东关系的真实意思表示,实际出资人应确认为公司股东。例如,在张建中股权确认纠纷案中,上海静安法院判决支持了这种观点,但认为争议股权虽应为张建中所有,但张建中并不当然成为绿洲公司的股东,在代为持股期限届满后应当办理相应的股权变更登记手续。实际出资人办理股权变更登记手续形同股东向股东以外的人转让股权,应当按照《公司法》第71条第2款的规定,即股东向股东以外的人转让股权,应当经其他股东过半数同意。实质说强调了实质正义价值,主张"谁投资谁受益",实际出资人当然应为公司股东。

(2)形式说。形式说认为,名义出资人经公司章程记载和公司登记,符合法律规范意义上的形式特征,应确认为公司股东。形式说强调了程序正义价值,主张"谁登记谁受益",名义出资人当然应为公司股东。

在隐名股东确认公司股东资格的两种学说中,实质说强调股东资格的出资,仅考虑到维护投资安全而忽视了交易安全的维护,形式说则仅强调维护交易安全而忽视投资安全。实质说和形式说均有一定的缺陷,股东资格的确认应当着眼于适度平衡投资安全与交易安全的社会需要,公正合理地处理实际出资人的股东资格问题。司法审判实践主要考虑实际出资人的出资目的以及名义出资人与实际出资人的约定两个方面的因素:

(1)实际出资人的出资目的。出资目的在确认实际出资人的股东资格时非常重要。对于出于规避法律目的的出资,可根据违法性质和情节认定,司法审判原则上对实际出资人在纠纷中确认股东资格和行使股权的主张不支持。对于其他合法目的的名义出资,则尊重当事人意思自治,司法审判根据具体情形予以认定。

(2)名义出资人与实际出资人的约定。实际出资人与名义出资人约定,出资是名义出资人的借款或者垫付款,则实际出资人与名义出资人之间形成债权关系,名义出资人以借款或垫付款向公司出资,取得真实股东身份。无协议约定或者协议约定无效,也无其他实际股东行使股权的表征证明,则不应认定实际出资人的股东资格。协议约定了双方之间的股权信托或者委托关系的,则应视具体情形而确定股东资格。

《公司法》并未直接规定隐名股东,但第216条关于"实际控制人"的规定包含了隐名股东。在司法审判实践中,隐名股东资格的认定主要有以下两种情形:

(1)公司股东资格应当认定的情形。当事人之间的意思表示应当是认定股东资格的核心标准,隐名股东可以认定为具有公司股东资格的两种情形:

一是当事人明确约定隐名的。当事人双方约定以一方为名义出资人(显名投资),另一方为实际出资人(隐名投资),这种约定对公司不产生法律效力,实际出资人不得向公司主张行使股东权利。但在其他股东过半数同意的情形下,实际出资人可通过诉讼方式确认股东资格,如《公司法司法解释(三)》第 24 条之规定。

二是公司多数股东知晓隐名的。有限责任公司半数以上其他股东明知实际出资人出资,且公司一直认可出资人以实际股东的身份行使权利的,实际出资人对公司享有股权。隐名股东与显名股东之间的关系已为公司其他股东所知晓并认可,则无须再经过其他股东过半数的同意。例如,在林三、张静股东资格确认纠纷案中,①最高法认为,公司登记的股东是林志群(显名股东)、吴大朝,由于吴大朝对林三、张静作为实际出资人、隐名股东的身份是清楚并认可的,无须再经过股东半数同意即可办理工商变更登记手续,林志群应履行必要的协助义务。

(2) 公司股东资格不宜认定的情形。一方当事人实际出资,另一方当事人以股东名义参与公司经营管理活动,但双方当事人未约定实际出资人为股东或者承担投资风险,且实际出资人也没有以股东身份参与公司管理或者没有实际享受股东权利的,双方之间的关系不得认定为隐名投资关系,而是按债权债务关系处理,实际出资方不得认定为公司股东。例如,在襄樊市襄阳区农业开发经济技术协作公司股权纠纷案中,②最高法判决支持这种观点,认为是否具有成为股东的意思是判断当事人是否是公司股东的重要标准。公司设立时当事人受他人委托向公司支付出资款,因当事人自己并没有成为股东的意思,从而不是公司股东,仅与他人之间构成普通债务关系。

当事人之间的隐名持股关系损害社会公共利益、违反法律和行政法规的强制性规定的,当事人之间的隐名持股关系无效。当事人之间的隐名持股协议不得违反上市公司监管规定,上市公司中的股权代持协议无效。例如,在杨金国股权转让纠纷案中,③最高法再审认为,涉案协议既为上市公司股权代持协议效力的认定,则应根据上市公司监管相关法律法规及《合同法》等规定综合予以判定。根据《首次公开发行股票并上

---

① 在林三、张静诉太仓中凯联投资发展有限公司股东资格确认纠纷案(〔2012〕苏中商初字第 0016 号、〔2013〕苏商终字第 0084 号、〔2014〕民申字第 1053 号)中,法院裁判摘要认为,《公司法司法解释(三)》第 24 条第 3 款规定的"经公司其他股东半数以上同意"的隐名股东显名前置条件,是针对公司其他股东并不知道实际出资人存在的情形,是为保障有限责任公司的人合性,维持公司稳定。中凯联公司成立后,林三、张静作为该公司的工作人员参与了公司经营,作为代持协议中约定的实际出资人,请求结束其股权被代持的状况,并不违反当事人之间的约定。

② 在襄樊市襄阳区农业开发经济技术协作公司诉湖北东方农化中心股权纠纷案(〔2009〕鄂民二初字第 00011 号、〔2010〕民二终字第 113 号)中,法院裁判摘要认为,是否具有成为股东的意思,是判断当事人是否为公司股东的重要标准。公司设立时,当事人受他人委托向公司支付出资款,当事人自己并没有成为股东的意思,因而不是公司股东,当事人与委托人之间仅构成一般的债权债务关系,委托人是公司股东。受托人虽然可以对出资款项本身主张权利,但不能证明其在公司设立时具有成为股东的意思且以该款项作为出资款,则不能认定受托人为公司股东。

③ 在杨金国诉林金坤、常州亚玛顿股份有限公司股权转让纠纷案(〔2014〕常商初字第 183 号、〔2016〕苏民终 1031 号、〔2017〕最高法民申 2454 号)中,法院裁判摘要认为,上市公司不得隐名代持股权是对上市公司监管的基本要求,公司上市系列监管规定有些虽属于部门规章性质,但因经法律授权且与法律并不冲突,并属于证券行业监管基本要求与业内共识,且对广大非特定投资人利益构成重要保障,对社会公共利益构成必要保障,从而依据《合同法》第 52 条第 4 项等规定,股权代持类协议应认定为无效。

市管理办法》第 13 条①、《证券法》第 12 条、第 63 条②以及《上市公司信息披露管理办法》第 3 条③的规定,公司上市发行人必须股权清晰,且股份不存在重大权属纠纷,并公司上市须遵守如实披露的义务,披露的信息必须真实、准确、完整。上市公司发行人必须真实,并不允许发行过程中隐匿真实股东,否则公司股票不得上市发行,即上市公司股权不得隐名代持。此外,根据《证券法》的授权,中国证监会对证券行业进行监督管理,是为保护广大非特定投资者的合法权益,要求拟上市公司股权清晰,禁止上市公司隐名代持股权,是对上市公司监管的基本要求。否则如若上市公司真实股东不清晰,其他对于上市公司系列信息披露要求、关联交易审查、高管人员任职回避等监管举措必然落空,必然损害到广大非特定投资者的合法权益,从而损害到资本市场基本交易秩序与基本交易安全,损害到金融安全与社会稳定,从而损害到社会公共利益。因此,涉案的隐名持股协议因违反证券行业监管基本要求和《合同法》第 52 条第 4 款的规定而归于无效。

隐名持股协议违反保险业相关监管规则的,相关持股协议无效。代持保险公司股权即允许隐名持有保险公司股权,将使得真正的保险公司投资人脱离有关监管机构的监管,势必加大保险公司的经营风险,妨害保险行业的健康有序发展。例如,在福州天策实业有限公司营业信托纠纷案中,④最高法认为,由于天策公司、伟杰公司之间签订的信托持股协议违反了《保险公司股权管理办法》的禁止性规定,损害了社会公共利益,依法应认定为无效。⑤

杨金国股权转让纠纷案的判决一波三折,股权转让协议经历了不成立、有效和无

---

① 《首次公开发行股票并上市管理办法》第 13 条规定:"发行人的股权清晰,控股股东和受控股股东、实际控制人支配的股东持有的发行人股份不存在重大权属纠纷。"

② 《证券法》第 12 条规定:"设立股份有限公司公开发行股票,应当符合《中华人民共和国公司法》规定的条件和经国务院批准的国务院证券监督管理机构规定的其他条件……"

第 63 条规定:"发行人、上市公司依法披露的信息,必须真实、准确、完整,不得有虚假记载、误导性陈述或者重大遗漏。"

③ 《上市公司信息披露管理办法》第 3 条规定:"发行人、上市公司的董事、监事、高级管理人员应当忠实、勤勉地履行职责,保证披露信息的真实、准确、完整、及时、公平。"

④ 在福州天策实业有限公司诉福建伟杰投资有限公司营业信托纠纷案(〔2015〕闽民初字第 129 号、〔2017〕最高法民终 529 号)中,法院裁判摘要认为,信托持股协议违反了《保险公司股权管理办法》的禁止性规定,损害了社会公共利益,应认定为无效。《保险公司股权管理办法》不与更高层级的相关法律、行政法规的规定相抵触,也未与具有同层级效力的其他规范相冲突,制定和发布也未违反法定程序。因此,关于禁止代持保险公司股权的规定具有实质上的正当性与合法性。

⑤ 在此之前,最高法判例对保险公司代持股权是认可的,肯定了股权代持合同的效力。例如,在博智资本基金公司诉鸿元控股集团有限公司合同纠纷案(〔2013〕民四终字第 20 号、〔2015〕民申字第 136 号)中,最高法认为,博智公司委托鸿元公司投资新华人寿保险,正是由于外资股东投资境内保险公司受到 25% 投资比例的限制。虽然鸿元公司是受博智公司的委托投资新华人寿,但鸿元公司并未以博智公司的名义投资,也未将案涉股权登记在博智公司的名下,而是以自己名义投资并将案涉股权登记在鸿元公司名下,且该投资行为不仅已经获得保监会批准,鸿元公司还以自己名义参与了新华人寿的管理,履行了股东义务并行使了股东权利,认定案涉股权归鸿元公司享有,符合法律规定。股权归属关系与委托投资关系是两个层面的法律关系。股权归属关系是因合法的投资行为形成的,委托投资关系则是因当事人之间的合同行为形成,保监会的规章仅仅是对外资股东持股比例所做的限制,而非对当事人之间的委托合同关系进行限制。因此,实际出资人不能以存在合法的委托投资关系为由主张股东地位,受托人也不能以存在持股比例限制为由否定委托投资协议的效力。

效三种判决结果。常州中院一审判决委托投资协议书不成立,江苏高院二审判决认定双方代持协议有效。最高法再审作出裁定,认为双方签订的委托投资协议书违反公司上市系列监管规定而归于无效。福州天策实业有限公司营业信托纠纷案的一二审判决截然相反,福建高院一审认定信托持股协议有效,要求伟杰公司为天策公司办理股权过户手续,最高法二审作出了相反的裁定,认为协议违反了《保险公司股权管理办法》的禁止性规定,损害了社会公共利益,应认定为无效。从《保险公司股权管理办法》禁止代持保险公司股权规定的规范目的、内容实质以及代持保险公司股权可能的不良影响三个方面进行综合分析,最高法认为代持保险公司股权会加大保险公司经营风险,危及金融秩序和社会稳定,直接损害社会公共利益,从而认定代持协议无效。从前述最高法的两个案例可以看出,并非所有的股份代持协议都是有效的,实践中还有一些禁止性规定分散在不同的法律、法规、部门规章甚至行业规则中,实践操作中有可能因违反了这些规定而导致代持协议无效的法律风险,需要引起投资人的高度重视。

总之,隐名股东与显名股东对关于投资、持股以及投资权益之归属等事项所作出的约定,理应属于意思自治范畴,充分体现了公司自治原则。如果无《合同法》第 52 条规定的情形,双方约定即为有效约定,当事人应当严格遵循诚实信用原则,履行双方之间的约定。

在王云股东资格确认纠纷案中,最高法认为,王云作为珠峰公司的原始股东享有珠峰公司 40％ 的股权,为规避专利权转让合同为沈南英垫资的义务以及避免离婚有关财产分割争议等事由,王云将所持珠峰公司股份全部转让给其兄王辉。但王云未能提供与王辉及海科公司之间存在书面代持股合意的证据,而王辉与海科公司也否认存在代持股合意。根据《公司法》的规定,股东应当在公司章程上签名、盖章,公司应当置备股东名册记载股东姓名及出资额,记载于股东名册的股东有权向公司主张行使股东权利。选择隐名出资方式由他人代持股权的出资人,无权向公司主张行使股东权利。王云的珠峰公司股东身份应建立在与王辉之间存在合法有效的代持股协议,且王云向珠峰公司实际出资,经公司其他股东过半数同意显名为公司股东的基础上。但王云与王辉之间不存在股权代持合意的任何证据,且代持股合意目的在于逃避相关债务、损害第三人利益,股权代持协议因违反《合同法》第 52 条的规定而归于无效。王云投入珠峰公司相关款项产生的合法财产权益,可依其他法律关系另行主张权利。

第三节　股　东　权

股东权是股东因出资而对公司享有的权利,股东权的内容通常包括财产权和参与管理权两个部分。财产权是股东权的核心,是股东出资目的所在,而参与管理权则是获得财产权的手段及保障股东实现财产权的必要途径。

一、股东权

股东权是股东对公司享有的权利，但从股东权与股东之间的关系看，股东权还应包括股东对公司负有的义务。实际上，股东权是股东按照自己持有的股份对公司所享有权利和承担义务的总称。持有同类股份的股东，享有的权利和承担的义务是相同的。

（一）股东权利

股东权利，即股东权，简称股权，是基于股东资格而对公司依法享有的权利。股权是股东基于股东身份参与公司经营管理并获得经营收益的权利，是公司法的核心问题。《公司法》第 4 条概括性地规定了股东权，即公司股东依法享有资产收益、参与重大决策和选择管理者等权利。

股东权性质是理论上认识分歧较大的一个问题，形成了很多种学说，如所有权说、债权说、社员权说、股东地位说、集合体说等，各种学说均有一定合理性，但也存在理论上的片面性和缺陷。对股东权性质的讨论虽有一定的理论意义，但在公司实务中并无多大实际指导意义。

为正确认识股东权的性质以及合理行使股东权，学理上对股东权进行了分类。各国公司法理论对股东权的分类主要有：

（1）自益权与共益权。以股东行使权利的目的和内容为标准，股东权可以分为自益权和共益权。自益权与共益权是法理上对股东权最为基本的分类，也是公司实践中最为常见的分类。

自益权是指股东为自己的利益而行使的股东权利，即股东基于对公司出资而享受利益的权利，如利润分配请求权、股份转让权、剩余财产分配权、股权的优先购买权等。例如，在张春英财产损害赔偿纠纷案中，[①]最高法再审认为，根据《公司法》的规定，股票所代表的股权的内容包括自益权和共益权，其中的自益权主要包括股利分配请求权、剩余财产分割请求权、新股认购优先权等权利，其中的股利分配，实践中主要包括以配股方式分配股利和以现金方式分配股利。

共益权是指股东为全体股东的共同利益而间接为自己的利益所行使的权利，如表决权、查阅权、知情权、召集权、质询权、提案权等。自益权主要表现为财产权，以获得一定的经济利益为目的。共益权则主要表现为以参与公司管理为目的的权利，不直接

[①] 在张春英诉中国工商银行股份有限公司昌吉回族自治州分行、新疆证券有限责任公司、杨桃、张伟民财产损害赔偿纠纷案（〔2008〕乌中民一初字第 103 号、〔2010〕新民二终字第 14 号、〔2011〕民提字第 320 号）中，法院裁判摘要认为，证券公司员工利用职务之便盗卖客户股票获取价金，应承担赔偿损失的侵权责任。证券公司员工的职务身份增加了侵权行为发生的可能性和危险性，证券公司对此种行为应当预见到并应采取一定措施予以避免，但因其内部管理不善、内部监控存在漏洞导致未能避免，应当认定证券公司员工的侵权行为与其履行职务有内在关联，证券公司应承担赔偿责任。受害人的开户银行未履行相应审查义务，导致证券公司员工获取价金的，应在被盗卖股票的现金价值范围内承担连带责任（2013 年最高法公报案例）。

具有财产权内容。例如,在杨荣兴损害股东利益责任纠纷案中,[1]广西高院再审认为,股东权包括股东共益权和自益权两方面,其中股东共益权是基于股东的共同利益而享有和行使的权利,主要表现为如股东参与公司重大决策等有关带有人身性质的权利,股东自益权则是为实现自己的利益而享有和行使的权利,主要表现为股东所享有的各种财产权。股权冻结是法院在诉讼或者执行中采取的一种保全或者执行措施,主要是限制股东从公司获取利益(收取股利)以及处分股权(股权转让或者股权质押),防止股权收益的不当流失。股东共益权的行使以公司股东身份为前提,不会因股权冻结而限制股东对共益权的行使。

自益权与共益权均为确认和保护股东利益的权利,源于法律、章程和协议所创设的股东与公司之间的法律关系。共益权是实现自益权的手段,而自益权则是共益权行使的目的和归宿。

自益权与共益权又有一定的区别。自益权与共益权的区别,主要表现在三个方面:一是权利归属主体不同。自益权是为确保股东个体利益,而共益权则为确保公司利益和股东全体利益。二是权利内容不同。自益权主要与财产利益相关,而共益权则主要与公司治理利益相关。三是所涉法律关系性质不同。在利益归属关系中产生的权利为自益权,而在公司支配关系中产生的权利为共益权。

(2) 单独股东权与少数股东权。以是否需要持有一定比例股份作为行使权利的标准,股东权可分为单独股东权与少数股东权。自益权均属于单独股东权,而共益权是股东以参与公司经营为目的的权利,原则上也应属于单独股东权。

单独股东权是指不以股东持有股份数额的多少即可单独行使的权利,如表决权。法律对单独股权的行使没有设置限制措施,只要持有公司股份即可行使股权。少数股东权是指持有股份的数量占公司已发行股份总数一定比例以上的股东方能行使的权利。少数股东权的核心要求是"持有一定比例的股份",即股份数量的标准,可以是一个股东持有的股份,也可以是若干个股东持有股份的累计。少数股东权的设置在于制约股东滥用股东权造成对公司利益的损害。少数股东权有股东大会召集请求权(《公司法》第 101 条)、股东临时提案权(《公司法》第 102 条)、股东派生诉讼提起权(《公司法》第 151 条)、公司解散请求权(《公司法》第 182 条)等。

共益权原则上属于单独股东权,但其中部分易被滥用的权利被设置为少数股东权,可以限制股东行使这种权利,有利于防止个别股东滥用这种权利,维护公司经营和发展。为防止股东滥用权利给公司正常的经营活动带来不良影响,各国公司法均将股东的部分共益权规定为少数股东权。

(3) 固有权与非固有权。以股东权是否能够为公司章程和股东会决议限制或者剥夺为标准,股东权可以分为固有权与非固有权。

固有权是指基于股东资格所享有且未经股东同意不得以章程或者股东大会多数

---

[1]　杨荣兴诉李焕森、李军蓉、黄新福、李盛清、王堂喜、李源彬损害股东利益责任纠纷案(〔2015〕南市民二终字第 531 号、〔2016〕桂民申 680 号)。

决予以剥夺或者限制的权利。固有权又称为法定股东权,对固有权的限制均为违法行为,股东可依法采取措施维护其权利。固有权通常属于共益权范畴。例如,在杨霖股权转让合同纠纷案中,[①]湖南衡阳中院认为,股东对外转让股权是股东的固有权利,任何人均无权剥夺股东法律规定的固有权利,即使公司章程中有类似约定也因违反法律规定而不具有法律约束力。公司法基于有限责任公司的人合性及股东之间的人身信任关系,为确保有限责任公司闭合性,要求公司股东在转让所持有的公司股权时应先征得其他股东的同意,并赋予公司其他股东优先购买权。但这个规定并不意味着公司股东不能无条件地行使优先购买权,更不意味公司股权不能对外转让。

非固有权是指依章程或者股东会决议可剥夺或者可限制的权利。非固有权又称为可剥夺权,如有限责任公司股权的转让,可以通过公司章程作出禁止性或者限制性规定。固有权与非固有权区分的意义,主要在于明确哪些权利公司可以限制,哪些权利公司不得限制或者剥夺,以维护股东的合法权益。

(4)比例股东权与非比例股东权。以股东权内容是否依据股东持股比例予以确定为标准,股东权可以分为比例股东权与非比例股东权。

比例股东权是指股东权内容应当按照股东持有公司股份的比例来确定,如利润分配请求权、剩余财产分配请求权、新股认购权、表决权等。非比例股东权是指股东权内容不以股东持有股份比例为基础即可确定,如股东的各种诉权。

(5)普通股东权与特别股东权。以股东身份为标准,股东权可以分为普通股东权与特别股东权。

普通股东权是指公司普通股东所享有的权利。特别股东权是指公司特定类型股东所享有的权利,如公司发起人和特别种类股东(优先股股东、后配股股东、混合股股东等)所享有的股东权。特别股东权表面上似乎违反股东平等原则,其实不然。具体而言:

一是特别股东的权利与义务是完全对等的,某些方面的利益优于普通股东,但其他方面的利益则逊于普通股东。例如,在刘娟股东资格确认纠纷案中,[②]四川蒲江县法院一审认为,优先股股东不承担公司经营风险,享受股东大会每年确定的固定分红比例,公司解散优先股收回股金原值,但不享受公司各项表决权和风险效益分配。普通股股东承担公司经营风险,享受公司各项表决权利,分红与企业经营效益挂钩,并以出资额度承担公司债务。

二是特别种类股份的设定来源于公司章程,符合意思自治原则,且不违反公司法的强制性规定。

三是在同一种特别类型的股东之间仍然适用股东平等原则。但不同种类的特别类型股东之间不能适用股东平等原则。

---

① 杨霖诉吴根贵股权转让合同纠纷案(〔2014〕石民二初字第232号、〔2015〕衡中法民二终字第105号)。

② 刘娟诉四川省大鹏动物药业有限公司股东资格确认纠纷案(〔2011〕蒲江民初字第915号、〔2011〕成民终字第4850号)。

（二）股东义务

股东权是股东具体权利和义务的抽象概括，并非单一的权利，而是权利义务的集合体。股东享有权利的同时，也承担相应的义务。例如，在江苏西岛机电设备有限公司损害公司权益纠纷案中，①南京中院认为，被罢免的自然人股东（高欣）非法控制公司应承担损害赔偿责任。根据国家工商总局规范性文件，公司变更法定代表人，应当提供加盖公司印章的申请表、股东会决议、营业执照等材料。在被公司罢免执行董事后，高欣仍非法控制公司且拒绝交付公司印章、营业执照，给公司补缴税款造成障碍。案例判决表明公司股东在被罢免法定代表人职位后，应积极协助公司完成工商变更登记。涉案当事人作为公司股东，仍应履行股东义务。滥用股东权利给公司造成损失的，也应当承担赔偿责任。营业执照丢失补办，需登报公告，凭公告补办，但也必须在申请书上加盖公司印章，不能仅凭法定代表人签名。因此，公司公章在变更法定代表人程序中是不可或缺的。

根据《公司法》的规定，公司股东主要承担以下义务：

（1）公司章程的遵守。公司股东最基本的义务是遵守公司章程。《公司法》第11条规定公司章程对公司有约束力，公司股东应遵守公司章程。公司章程作为公司设立的基本法律文件，对公司股东具有法律约束力。无论是设立公司的原始股东，还是在公司成立后的继受股东，股东资格的取得均以承认公司章程记载内容、愿意接受公司章程的约束为前提条件。例如，在南京安盛财务顾问有限公司股东会决议罚款纠纷案中，②南京鼓楼区法院认为，公司章程是公司自治的载体，既赋予股东权利，也使股东承担义务，是股东在公司的行为准则，股东应当遵守公司章程的规定。

（2）公司出资的认缴。认缴公司出资是公司股东最基本的义务。《公司法》第28条规定股东有足额缴付出资的义务。公司股东应当按期足额缴纳公司章程记载各自所应认缴的出资额，按照章程记载的出资方式、出资比例进行出资。公司股东认缴出资后，即负有缴纳出资的义务。在认缴出资后，公司股东无正当理由拒不履行缴纳出资义务的，对其他已足额缴付出资的股东承担违约责任；对公司造成损失的，还应对公

---

① 在江苏西岛机电设备有限公司诉高欣损害公司权益纠纷案（〔2014〕玄商初字第144号、〔2015〕宁商终字第1225号）中，法院裁判摘要认为，被罢免公司法定代表人职位的股东，应履行股东的义务，协助公司完成工商变更登记。被罢免法定代表人职务后仍非法控制公司，拒绝交付公司印章、营业执照，给公司正常运转造成阻碍，滥用股东权利给公司造成损失的，应当承担赔偿责任。

② 在南京安盛财务顾问有限公司诉祝鹃股东会决议罚款纠纷案（〔2010〕鼓商初字第174号）中，法院裁判摘要认为，公司章程关于股东会对股东处以罚款的规定，是公司全体股东所预设的对违反公司章程股东的一种制裁措施，符合公司的整体利益，体现了有限公司的人合性特征，不违反公司法的禁止性规定，合法有效。但公司章程在赋予股东会对股东处以罚款的职权时，应明确规定罚款的标准、幅度，股东会在没有明确标准、幅度的情况下处罚股东，属法定依据不足，相应决议无效（2012年最高法公报案例）。

司承担损害赔偿责任。例如,在上海金桥工程建设发展有限公司股东出资纠纷案中,[①]上海浦东新区法院一审认为,股东应当足额缴纳公司章程规定的各自所认缴的出资额。上海一中院二审认为,股东出资义务是法律所规定的股东基本义务,陈坤校的行为违反了公司章程的约定和公司法的规定,应向公司履行相关的出资义务,且该项义务不适用消灭时效的规定。陈坤校虽已对外转让了全部股权,但股东出资不实的责任不应随着股权的转让而免除。

（3）公司资本的充实。为防止公司注册资本的不当减少,公司股东负有资本充实义务。股东资本充实义务主要表现为不得抽逃出资和填补公司资本两个方面。

一是不得抽逃出资义务。股东不得抽逃出资是股东的法定义务。《公司法》第35条和第91条禁止公司股东抽逃出资,并在第200条规定了对抽逃出资行为的处罚。在《公司法》规定的基础上,《公司法司法解释(三)》第14条进一步规定了抽逃出资相关责任人的损害赔偿责任。例如,在汤敏股权纠纷案中,[②]河南高院判决明确禁止抽逃出资,认为抽逃出资的股东有继续缴纳出资的义务,而且在缴纳全部出资前,不享有对应的股权的收益权、参与重大决策和公司选择管理人的权利。抽逃出资的股东继续履行出资义务是股东的法定义务,股东出资构成公司运营的财产基础,是认定股东享有股权的重要依据,也是公司债权人保证债权能够实现的基础。又如,在万家裕股东资格确认纠纷案中,最高法也直接否定了抽逃出资行为的效力,认为宏瑞公司将出资转变为借款归还,本质上是根本改变万家裕对宏瑞公司出资性质的违法行为,直接导致万家裕抽回出资并退股的法律后果,有违公司法的禁止性规定,因而抽回出资行为无效。

二是填补资本义务。填补资本义务包含未出资股东的填补资本义务和已出资股东的连带责任。《公司法》第30条规定了不足额缴付出资股东对出资差额的补足义务以及其他公司发起人股东对差额承担连带责任。《公司法司法解释(二)》第22条规定了未出资或者出资不足的股东在未缴出资范围内对公司债务承担连带清偿责任,《公司法司法解释(三)》第13条规定了未履行或者未全面履行出资义务的股东在未出资本息范围内对公司债务不能清偿的部分承担补充赔偿责任。例如,在广州万力集团有

[①]　在上海金桥工程建设发展有限公司诉陈坤校股东出资纠纷案(〔2010〕浦民二(商)初字第922号、〔2010〕沪一中民四(商)终字第2036号)中,法院裁判摘要认为,股东应当足额缴纳公司章程规定的各自所认缴的出资额。未足额出资的股东即使已对外转让了股权,但其出资不实的责任不应随着股权的转让而免除,仍须依据章程约定和法律规定向公司补足出资。

[②]　在汤敏诉胡元中股权纠纷案(〔2011〕郑民四初字第16号、〔2011〕豫法民二终字第199号)中,法院裁判要旨认为,在公司成立后,股东不得抽逃出资,这是公司法基本原则。股东出资是公司赖以存在和运营的基础,抽逃出资行为被《公司法》严格禁止并严厉惩处。股东出资后,随即将出资转走而用于非公司经营,是抽逃出资的典型情形。抽逃出资的民事法律后果:一是出资人对公司继续履行出资义务,并承担相应责任;二是如不履行该项出资义务,则不享有基于该项出资的资产收益、参与重大决策和选择管理者等权利。

限公司融资租赁合同纠纷案中，①最高法认为，根据《公司法》及其司法解释的规定，区国投公司、广保国发公司、电力改进公司、电力公司作为未履行或者未全面履行出资义务的股东应在各自未出资本息范围内对广保电力公司债务不能清偿的部分承担补充赔偿责任。前述四个股东作为广保电力公司设立时的发起人股东，应就前述责任对外承担连带清偿责任。

二、出资瑕疵股东的股东权

关于出资瑕疵股东的股东权，在理论和实践中长期以来有肯定说与否定说两种不同的观点。肯定说认为股东即使出资瑕疵，仍具有股东资格，享有股东权。否定说则认为根据权利义务一致性原则，股东未尽出资义务，不应享有相应的股东权。司法审判实践逐渐认可了肯定说，如万家裕股东资格确认纠纷案、宋余祥公司决议效力确认纠纷案、汤敏股权纠纷案等。

出资瑕疵股东资格的确认，基于对股东资格与股东权利义务之间关系的正确理解。股东资格是股东与公司之间存在的权利义务关系。从股东角度看，股东对公司享有权利、承担义务，但股东权利的享有和义务的承担并非等同于权利义务的实际行使和履行。股东与公司互享权利、互负义务，但股东出资义务在先。否则，公司即使成立也无法运行。公司成立之时，股东即享有股东资格，但并不必然有权请求公司履行义务。瑕疵出资股东的股东权应当受到一定的限制，但不是全部而是部分权利。例如，在辽宁中智房屋开发有限公司股权确认纠纷案中，②最高法再审认为，有限责任公司股东抽逃出资的，公司可以对股东的利润分配请求权、新股优先认购权、剩余财产分配请求权作出相应的合理限制。一、二审法院在中智公司起诉主张赵长勋或者归还2500万元投资款和红利，或者股东权利受到限制的情况下，要求赵长勋在没有补足应缴出资款前限制相应的股东权利，依据充分。瑕疵出资股东资格的享有，主要有以下四个方面的理由：

（1）股东出资不是股东资格取得的前提条件。世界各国立法通例是股东出资和股东资格之间并非对应关系，正如出资未必取得股东资格一样，股东资格的取得也未必是以出资作为前提条件。实际出资不是取得股东资格的决定性条件，不能仅以出资

---

① 在广州万力集团有限公司诉广保国际集团有限公司、广州市电力建设有限公司、广东省富银实业发展总公司、广东省电力技术改进公司、广州市电力有限公司、广州保税区广保电力发展有限公司、广州保税区国际投资发展有限公司、广保国际发展有限公司、广州保税区沈穗（国际）经济技术开发公司、海星实业集团有限公司融资租赁合同纠纷案（〔2009〕粤高法民四初字第 1 号、〔2014〕民四终字第 12 号）中，法院裁判摘要认为，公司财产不足以清偿债务时，债权人可以主张未缴出资股东以及公司设立时的其他股东或者发起人在未缴出资范围内对公司债务承担连带清偿责任。

② 辽宁中智房屋开发有限公司诉赵长勋股权确认纠纷案（〔2010〕沈中民三初字第 91 号、〔2012〕辽民二终字第 56 号、〔2013〕民申字第 286 号）。

瑕疵为由否定股东资格,也不能简单地认定实际出资者就是股东。① 英国和我国香港地区的担保有限公司在成立时,股东无须出资,仅须承诺公司清算时承担一定数额的缴款责任即可。

(2)出资瑕疵股东的法律责任。根据《公司法》规定,股东应当足额缴纳公司章程中规定的各自认缴的出资额,股东未缴纳所认缴的出资,应当向已足额缴纳出资股东承担违约责任。出资是股东最主要的义务,但股东未出资或有出资瑕疵,仅产生违约责任,并不必然否定股东资格。在公司内部关系中,出资瑕疵本身不影响股东资格的取得,出资瑕疵股东向公司主张股东权时,公司可行使抗辩权,既可要求股东补足认缴的出资额,以延续其股东资格;又可以出资瑕疵为由抗辩其行使股东权利的请求,并通过调整股权结构或者依法减资甚至取消出资瑕疵股东的股东资格,如在宋余祥公司决议效力确认纠纷案中,上海二中院认为,根据《公司法司法解释(三)》第 17 条,公司股东抽逃全部出资,经催告后在合理期限内仍未返还出资的,公司可以以股东会决议解除该股东的股东资格。对该股东除名决议,该未出资股东不具有表决权,即便该股东是控股股东。判决支持了持股 1% 的两个小股东通过公司股东会决议解除持股 99% 的大股东的公司股东资格。

(3)注册资本认缴制使瑕疵出资者取得股东资格成为可能。以出资取得股东资格是严格法定资本制的产物。在严格法定资本制下,股东向公司出资旨在确保公司资本的确定真实,尽可能地维护交易安全。2013 年修正后的《公司法》实行注册资本的认缴制,要求对公司出资的认缴是在公司成立之后的一定期限内完成,即在法律上出资与股东资格是两个不同的问题,出资并非股东资格取得的前提条件。

(4)公司债权人利益的保护。瑕疵出资股东资格的确认,为瑕疵出资的股东对外承担责任提供了依据。权利主体的法律资格,是享有权利、承担义务的基础和前提。公司股东资格的确认,并不仅意味着被确认的股东单纯地享受股东权,而且还意味着股东应对公司和公司债权人承担股东义务。例如,在中山市沙溪镇骏纺服饰有限公司加工承揽合同纠纷案中,②西安中院判决要求瑕疵股东对债权人承担赔偿责任。股东出资是股东的基本义务,瑕疵出资行为不仅侵害了公司和其他股东的利益,也损害了公司债权人的利益。出资不实股东对公司债权人的责任是一种赔偿责任,公司注册资本可以视为公司对外公示的债务担保能力,交易相对人基于对债务承担能力的信赖与公司进行交易,但股东虚假出资行为使得对外公示的债务担保能力与实际的偿付

---

① 例如,出资人虽然有出资行为,但既未签署公司章程,也未在工商登记中记载为股东,更未在公司中行使过任何股东权,无论以民法的真实意思主义还是商法的外观主义确认,此类实际出资人均不得被认定为公司股东,出资行为可认定为借贷行为或者赠予行为。

② 在中山市沙溪镇骏纺服饰有限公司诉陕西班博实业集团有限公司、戴慧敏、桑韩静加工承揽合同纠纷案(〔2007〕碑民三初字第 1122 号、〔2008〕西民四终字第 122 号)中,法院裁判摘要认为,出资不实股东对公司债权人的责任是一种赔偿责任,公司在登记机关所登记的注册资本,视为公司对外公示的债务担保能力,交易相对人基于对这种债务承担能力的信任而与公司进行交易,但股东恶意的虚假出资行为却使得公示的债务担保能力与实际的偿付能力不符。在公司没有能力偿付时,自然应当由出资不实股东承担赔偿责任。公司股东对债务公司出资不实,应在出资不实范围内对公司的对外债务承担补充赔偿责任。

能力不符。股东出资不实对不特定交易相对人构成欺诈，在公司没有能力偿付时，理应由出资不实股东承担赔偿责任。此外，出资瑕疵股东资格的确认，在实践中也有利于公司的稳定。瑕疵出资现象在公司实践中大量存在，以出资瑕疵为由否定股东资格，则导致大量的公司难以合法存续，这显然不符合公司法所倡导的商业维持原则。

出资瑕疵股东应具备股东资格，但并不意味着享有完整的股东权。换言之，出资瑕疵股东的股东资格应予认可，但出资瑕疵股东的股东权应当予以适当的限制。如何进行限制是理论和实践中争议较大的问题。股权是一种综合性的权利，既有实体的又有程序上的，包括自益权和共益权。自益权主要包括利润分配请求权、剩余财产分配权、认购优先权、出资转让权、股份转让过户申请权、可转换股份转换请求权。共益权主要包括表决权、选举权与被选举权、代表诉讼提起权、股东大会召集权、提案权、质询权、股东会或者董事会决议撤销诉权、查阅权。例如，在北京首都国际投资管理有限责任公司股东权确权赔偿纠纷案中，黑龙江高院一审认为，向安达巨鹰公司转让股权的股东未履行出资义务，安达巨鹰公司受让股权后也未履行出资义务。股东权利的享受和行使应当按投入公司资本额大小确定，股东在没有履行出资义务的情况下主张权利，则投资收益与出资风险之间应不存在联系，明显有违公平原则，也损害其他股东利益，应对股东权利加以限制。

自益权主要体现股东自身的经济利益，具有财产权的内容。《公司法》第34条明确规定利润分配请求权、新股优先认购权按照实缴出资比例行使，仅限制了利润分配权和新增资本优先购买权两个方面的自益权，《公司法司法解释（三）》在《公司法》的基础上扩大了自益权的范围，第16条规定了利润分配请求权、新股优先认购权、剩余财产分配请求权等。《公司法》第34条的规定表明立法既倡导股东按实际出资行使自益权，又明确允许实际出资与自益权脱钩（即但书条款规定股东可以作出相反的约定）。出资瑕疵股东自益权的行使应受到限制，即以实际出资额作为计算标准。投资收益与投资风险之间存在关联关系，符合公平、正义原则。例如，在亿中制衣厂有限公司股东出资纠纷案中，[①]最高法认为，根据《公司法司法解释（三）》第16条，限制股东利润分配请求权、新股优先认购权、剩余财产分配请求权等股东权利应当同时具备以下两个条件：一是股东未履行或者未全面履行出资义务或者有抽逃出资的行为；二是根据公司章程或者股东会决议作出的限制。但是，根据亿湖公司章程第25条的规定，出席董事会会议的法定人数不得少于全体董事的2/3，不足2/3人数时，通过的决议无效。[②]

① 在亿中制衣厂有限公司诉惠州市乐生实业发展总公司南澳公司股东出资纠纷案（〔2013〕粤高法民四终字第89号、〔2016〕最高法民再357号）中，法院裁判摘要认为，公司限制未履行或者未全面履行出资义务或者抽逃出资股东的利润分配请求权、新股优先认购权、剩余财产分配请求权等股东权利，应当同时具备以下条件：一是股东未履行或者未全面履行出资义务或者有抽逃出资的行为；二是根据公司章程或者股东会决议作出权利的限制。
② 我国外商投资企业法的立法早于公司法立法，1979年颁布的《中外合资经营企业法》及其实施条例关于合资企业的治理结构中没有关于股东会的规定，股东会的相应职责实际是由董事会行使。

亿湖公司共有 5 名董事,而亿湖公司限制乐生南澳公司股东权利的董事会仅有 3 名董事参加,未满足公司章程规定的条件,涉案董事会决议无效,[①]从而对股东权利进行限制的请求被否定。最高法的判决表明公司可根据公司章程或者股东会决议,对瑕疵出资股东的股东权利作出合理限制,具体包括利润分配请求权、新股优先认购权、剩余财产分配请求权等,但不能对瑕疵出资股东的股东知情权等权利作出限制。公司在对瑕疵出资股东的股东权利进行限制时,应当以章程或者股东会决议为依据,不能在公司章程没有规定的情况下或者未经股东会决议,直接向法院起诉,要求限制瑕疵出资股东的权利。[②]

　　共益权具有公共服务的性质,限制共益权的行使则可能影响公司的正常运行。例如,表决权的行使是股东参与公司管理的重要手段,表决权的行使不应受到限制。[③]表决权设立的目的是实现公司利益最大化。如果强调股东按照实际出资行使表决权,即以出资瑕疵为由限制股东表决权,实际上限制股东参与公司管理,公司利益可能受到损害。表决权是法律赋予股东最为基本的权利。股东的其他股东权是以表决权为中心展开的,或者为表决权的行使创造条件(如提案权),或者取决于表决权行使的效果(如利润分配权和剩余财产索取权等)。对出资瑕疵股东表决权的限制,不仅可能影响被限制股东本人的权利,而且还会影响其他股东享有的权利。但是,在某些特殊情形下,出资瑕疵股东的表决权也要受到限制,如在宋余祥公司决议效力确认纠纷案中,上海二中院认为,在特定情形下,股东除名决议作出时,会涉及被除名股东可能操纵表决权的情形。当特定股东与股东会讨论的决议事项有特别的利害关系时,该股东不得就其持有的股权行使表决权。

---

　　①　涉案的董事会决议应当是不成立而不是无效。涉案的公司董事会出席人数未能满足最低要求,决议行为成立的基本要件未能满足。董事会决议的无效是以董事会决议成立为前提的,已经成立的董事会决议因决议内容违法而归于无效。

　　②　在对瑕疵出资股东权利进行限制时,公司应当以章程或者股东会决议为依据,不能在公司章程没有规定的情况下或者未经股东会决议,直接决定限制股东权利或者请求法院限制股东的权利。如下案例均体现前述观点:

　　(1)在冯紫阳诉石志宝与公司有关的纠纷案(〔2016〕鲁 0391 民初 1463 号、〔2017〕鲁 03 民终 531 号)中,淄博中院认为,限制股东权利应当具备的条件,即股东未履行或者未全面履行出资义务或者抽逃出资,且根据公司章程或者股东会的决议作出限制。《公司法司法解释(三)》第 16 条将限制瑕疵出资股东权利的权利,赋予了公司或者股东会,属于公司自治的范畴,而非司法救济的范畴。

　　(2)在江苏南通二建集团长信建设工程有限公司诉上海沙家浜铮友实业有限公司、上海浦鑫置业有限公司股东出资纠纷案(〔2014〕金民二(商)初字第 1930 号、〔2015〕沪一中民四(商)终字第 929 号)中,上海一中院认为,如果大业公司或者长信公司认为沙家浜公司未履行或者未全面履行出资义务,应当由浦鑫公司根据公司章程或者通过股东会决议决定是否限制沙家浜公司的分红权。长信公司请求法院判决沙家浜公司不享有浦鑫公司股东分红权,没有法律依据。

　　(3)在泰州市凯运机械制造有限公司诉汤玉东与公司有关的纠纷案(〔2015〕泰开商初字第 00106 号)中,泰州医药高新技术产业开发区法院认为,凯运公司未根据公司章程或者股东会决议对股东权利作出合理限制,直接要求法院限制未缴纳出资的股东权利的条件尚不具备,凯运公司可依公司法相关规定通过公司内部自治程序对缴纳出资及限制股东权利等事宜作出处理。

　　③　参见樊荣禧:《瑕疵出资股东表决权的行使与限制》,载《人民司法·案例》2013 年第 10 期。

第四节　股东权的行使

《公司法》对股东权的具体内容没有列举式的规定,仅在第 4 条规定了资产收益权、参与重大决策权和选择管理者权,其他权利散见于《公司法》条文之中。学理上对具体的股东权有不同的归纳,股东可以行使的股东权主要有投资收益权、参与公司管理权、知情权、优先购买权和诉讼权等。司法审判实践也肯定了这些权利,如在刘常爱与公司有关的诉讼纠纷案中,[①]最高法认为,有限公司股东基于对公司投资比例所享有的股权内容主要包括股利分配请求权、公司清算剩余财产分配请求权、公司新增资本或者发行新股的优先购买权、表决权、知情权和相应的诉讼权,是股东基于股东身份和地位所享有的从公司获取经济利益和参与公司经营管理的权利。

一、投资收益权

投资收益权是股东按照投资或者所持有的股份请求公司分配盈余的权利。投资收益权是一种资产收益权,即公司获得投资收益的权利,包括利润分配请求权、剩余财产分配请求权、新股优先认购请求权等,是股权中具有经济价值的权利,与股权的性质密切相关。

（一）利润分配请求权

利润分配请求权是公司股东基于股东资格和地位而享有的请求公司向自己分配股利的权利。《公司法》第 4 条、第 34 条和第 166 条的规定涉及利润分配请求权。《公司法司法解释(四)》第 13 条至第 15 条规定了股东的利润分配请求权,涉及当事人的诉讼地位等程序性问题、载明具体分配方案的股东会的有效决议以及未载明分配方案的股东会决议。

股东投资的目的是盈利,利润分配请求权实质上是股东对自己的投资期望得到合理回报的一种权利。股利或者投资利润的收取是股东投资最主要的目的,投资收益权属于自益权,是股东最为基本的权利,也是最重要的权利。

利润分配请求权是股东基于股东资格所固有的权利,不得以章程或者股东大会决议方式予以限制或者剥夺。股东是否能够得到公司的股利,取决于公司是否盈利以及股东会是否决议在公司股东间分配利润。只有公司股东会决议分配公司利润时,股东才能获得公司分配的股利,如《公司法司法解释(四)》第 14 条规定,股东应提交有具体利润分配方案的有效股东会决议。公司不分配利润的决定通常是实际控制人的意志体现,从而股东盈余分配纠纷实际上是小股东和大股东、董事或者高管之间的纠纷。

---

① 刘常爱诉福建省平潭县福鑫围垦开发有限公司、林光忠与公司有关的诉讼纠纷案(〔2013〕榕民初字第 1182 号、〔2014〕闽民终字第 248 号、〔2015〕民申字第 1035 号)。

例如,在陈生财公司盈余分配权纠纷案中,[①]上海高院判决明确指出公司利润分配的程序,认为根据《公司法》第 38 条和第 46 条的规定,有限责任公司利润分配方案由董事会制订,股东会审议批准。只有在董事会、股东会就公司利润分配形成了决议之后,股东所享有的盈余分配权才转化成股东对公司的具体债权,股东才可以根据分配决议向公司主张相应的权利。又如,在谢华栋公司盈余分配权纠纷案中,[②]成都中院认为,一旦公司存在可分配股利的税后利润,且公司股东会或者董事会作出了股利分配的决议,股东的股利分配请求权即由期待权状态转化为债权状态。

股东会作出关于利润分配的决议后,公司应当向股东支付利润。在股东会对公司分配利润作出决议之前,我国司法实践通常否定股东的公司分配利润请求权,认为公司是否分配利润是公司自治范畴,属于商业判断领域,司法不宜主动干预。股东对于公司利润的请求仅表现为期待权,在诉讼上并不能够当然获得支持,仅在特定情形下适用,即违反法律规定滥用股东权利导致公司不分配利润并给其他股东造成损失(《公司法司法解释(四)》第 15 条规定的情形)。

利润分配涉及公司与股东之间的关系、控股股东与非控股股东之间的关系。在公司实务中,有大量股东请求公司分配利润但遭到公司拒绝的纠纷。股东投资是为获取回报,对有限责任公司小股东而言,公司的人合性使得股权转让受到限制甚至被章程禁止,加上缺乏公开的股权交易市场,小股东获取回报的主要方式就是分配股利。在公司实务中,多年盈利不分的情形较为常见,大股东利用资本多数决长期不分配利润,公司本身已成为控股股东压榨非控股股东、侵占公司利润的工具。大股东通常通过担任公司董事、高级管理人员等取得高额报酬,或者通过关联交易从公司获取利益等方式变相分取公司利润,但小股东却不能分享到公司发展的任何好处,投资目的无法实现。

在公司为大股东所控制、拒绝分配利润的情况下,股东是否有权请求法院判令公司分配利润,有否定和肯定两种观点。

(1)否定说。否定说认为法院不应介入公司利润分配,即在公司董事会、股东会未就公司利润分配方案进行决议之前,法院不得直接判决强制公司分红。例如,在胡克公司盈余分配纠纷案中,[③]最高法判决体现了这种观点,认为公司董事会、股东会未

---

① 在陈生财诉上海公准精密模具有限公司公司盈余分配权纠纷案(〔2004〕沪一中民五(商)初字第 35 号、〔2004〕沪高民四(商)终字第 25 号)中,法院裁判摘要认为,有限责任公司利润分配方案应当由董事会制订,股东会审议批准。只有在董事会、股东会就公司利润分配形成决议之后,股东所享有的盈余分配权才转化成股东对公司的具体债权,股东才可以根据分配决议向公司主张相应的权利。

② 谢华栋诉成都市双流县双远商贸、四川威远三益商业广场开发有限公司、何强、王照公司盈余分配权纠纷案(〔2006〕双流民初字第 2145 号、〔2008〕成民终字第 3038 号)。

③ 在胡克诉河南思维自动化设备有限公司公司盈余分配纠纷案(〔2005〕豫法民二初字第 15 号、〔2006〕民二终字第 110 号)中,法院裁判摘要认为,有限责任公司利润分配方案应由公司董事会制订并由公司股东会审议批准。在公司董事会、股东会未就公司利润分配方案进行决议之前,公司股东直接向法院起诉请求判令公司向股东分配利润缺乏法律依据。在思维公司董事会、股东会未就公司利润分配作出决议之前,胡克以股东身份直接向法院起诉请求分配公司利润,其诉讼请求法院不予支持。由于公司是否分配利润以及分配多少利润属公司董事会、股东会决策权范畴,原审判决认定思维公司有巨额利润而长期拒不向股东分配损害了占股比例较小的股东利益,并据此径行判决公司向股东分配利润,不符合公司利润分配的法律规定,应当予以纠正。

就公司利润分配方案进行决议之前，公司股东直接向法院起诉请求判令公司向股东分配利润缺乏法律依据，公司是否分配利润以及分配多少利润属公司董事会、股东会决策权范畴。《公司法》第 74 条的股东回购制度成为解决盈利分配纠纷的依据，即公司 5 年连续盈利且连续 5 年未向股东分配利润的，反对分配利润的股东应当以合理价格收购股权。但是，合理股权收购价格的确定，又成为司法审判中一个难以逾越的障碍。

（2）肯定说。肯定说认为法院应当介入公司利润分配，不能因纠纷属于公司内部关系而拒绝受理。司法介入是公司自治的特殊组成部分，司法不介入，小股东的投资目的就无法完全实现。例如，在胡克公司盈余分配纠纷案中，河南高院一审判决直接干预公司利润的分配。① 《公司法》第 20 条的规定，成为司法适时介入公司利润分配的法律依据（权利滥用）。但该案河南高院的一审判决为最高法二审判决撤销，并未成为生效判决，只能表明司法审判对股东权利给予救济的一种积极态度。两大法系既有拒绝分配利润的判例，② 也有主张分配利润的判例。③ 在《公司法司法解释（四）》颁行之前，我国公司审判实践中，也存在两种截然相对的判例，但以否定公司盈余分配请求权为主。在公司有可分配利润时，公司股东对可分配利润是否分配有不同的意见，即使股东会未形成盈余分配的决议，对希望分配利润的股东利益不会发生根本损害，这种冲突的解决属于公司自治范畴，是否进行公司盈余分配及分配多少，应当由股东会作出公司盈余分配的方案。但是，当控股股东变相分配利润、隐瞒或者转移公司利润时，则会损害其他股东的实体利益，已超越公司自治的范畴，司法不加以适度干预则不能制止权利滥用，也违反司法正义。《公司法司法解释（四）》第 15 条直接肯定了司法对公司利润分配的干预。法院介入公司事务保护股东利润分配请求权，应当是有限度的司法干涉，必须以大股东滥用职权损害小股东利益为前提。法院干涉公司盈余分配，应当遵循以下两个方面的条件：

（1）有可供分配的利润。公司有可供分配的利润是法院干涉公司盈余分配的前提条件。例如，在郑国凤公司盈余分配纠纷案中，④ 江苏淮安中院认为，公司无可供分

---

① 河南高院判决认为，思维公司成立以来，盈利丰厚，截至 2004 年年底，思维公司未分配利润已有 1 亿元以上，但公司成立以来至今没有向股东分红。思维公司有巨额利润而长期拒不向股东分配，违反了公司法规定，特别是在股东之间发生纠纷时，长期不分配利润损害了占股比例小的股东的利益。公司股东胡克可以通过诉讼要求公司分配利润，思维公司依法应向股东胡克进行分红。

② 在 1919 年 Dodge v. Ford Motor Co. 案中，福特汽车公司的小股东道奇兄弟要求获利丰厚的公司（6000万美元）分配高额的红利，遭到公司董事会的拒绝，公司大股东福特声称公司的巨额利润应用以扩大生产规模，创造更多的就业机会以及降低汽车价格回馈消费者。密歇根州最高法院以资本多数决原则支持了公司大股东福特的主张，驳回了公司小股东道奇兄弟的权利主张。

③ 1976 年，在法国 Langlois v. Peter 案中，公司在 20 年间一直没有派发股利，公积金数额高达公司资本的161 倍。在这 20 年中，小股东没有从公司获得任何投资回报，而大股东则通过提高其作为公司管理者报酬的方法获取了收益。法院认定，股利政策与董事、经理报酬政策的结合运用使小股东受到了压榨，从而判令公司向小股东分配股利。

④ 在郑国凤诉淮安第一钢结构有限公司公司盈余分配纠纷案（〔2010〕河商初字第 73 号、〔2011〕淮中商终字第 2 号）中，法院裁判摘要认为，公司无可供分配的利润，而通过决议把分配给股东的利润份额以借据的形式载明，因违反资本维持原则的强行规范而不能转化为合法的债权债务关系。

配利润的前提和合法性基础而将决议分配给股东的利润份额以借据的形式载明,不能当然地转化为普通的债权债务关系。股东借款合同违反了公司资本维持原则,损害了公司和公司债权人的利益,违反了法律和行政法规的强制性规定,应归于无效。根据我国《公司法》第166条的规定,公司分配当年的税后利润时,应当先提取利润的10%列入法定公积金,法定公积金累计超过公司注册资本50%的,公司可以不再提取法定公积金。公司从税后利润中提取法定公积金后,仍有盈余利润的,可以进行利润分配。如果公司股东会违反法律的规定,在公司弥补亏损和提取法定公积金之前向股东分配利润,股东应将违反规定分配的利润退还公司,如北京蓝色假日国际旅行社有限公司公司盈余分配纠纷案。[①]

(2) 股东权利滥用。大股东滥用股东权利,以变相分配利润、隐瞒或者转移公司利润或者利用关联关系等方式损害公司利益,导致公司不分配利润给其他股东造成损失。在公司实务中,公司不分配利润,但董事、高级管理人员领取过高薪酬,或者由控股股东操纵公司购买与经营无关的财物或者服务,用于自身使用或者消费,或者隐瞒或者转移利润等现象,均属于滥用股东权利损害其他股东利益的典型情形。例如,在甘肃居立门业有限责任公司公司盈余分配纠纷案中,[②]最高法认为,公司盈余分配属于公司自治范畴,是否进行公司盈余分配及分配多少,应当由股东会作出公司盈余分配的具体方案。但是,当部分股东变相分配利润、隐瞒或者转移公司利润时,则会损害其他股东的实体利益,已经超出公司自治范畴,如果司法不加以适度干预则不能制止权利滥用,也有违司法正义。最高法适用了《公司法司法解释(四)》第15条的规定,要求公司进行盈余分配,从而改变了先前以股东会决议的具体分配方案为前提的裁判模式。

法院应对利润分配请求权的基本思路是,坚持公司自治优先,兼顾小股东利益保护的基本价值取向,司法审慎介入。坚持平衡保护公司内外各相关利益主体的原则,尤其要坚持商业判断规则,强调对公司利益的维护。最高法的判例表明法院对公司股东利润分配是以公司自治为原则,以公权力介入救济为例外,而股东滥用权利导致公司不分配利润且对其他股东造成损失,是引入公权力救济的前提条件。

虽然法院应当审慎干预公司利润分配,但不能剥夺股东的诉权。例如,在山东汉

[①] 在北京蓝色假日国际旅行社有限公司诉北京嘉年华旅行社有限公司公司盈余分配纠纷案(〔2011〕海民初字第23421号、〔2012〕一中民终字第2476号)中,法院裁判摘要认为,公司弥补亏损和提取公积金后所余税后利润,有限责任公司由股东按照实缴的出资比例分取红利。如果公司的股东会、股东大会或者董事会违反法律的规定,在公司弥补亏损和提取法定公积金之前向股东分配利润,股东必须将违反规定分配的利润退还公司。

[②] 在甘肃居立门业有限责任公司诉庆阳市太一热力有限公司、李昕军公司盈余分配纠纷案(〔2013〕甘民二初字第8号、〔2016〕最高法民终528号)中,法院裁判摘要认为,股东违反法律规定滥用股东权利导致公司不分配利润,给其他股东造成损失的,其他股东在未提交载明具体分配方案的股东会或者股东大会决议情况下也可诉请公司分配利润。在盈余分配判决未生效之前,公司不负有法定给付盈余款利息的义务(2018年最高法公报案例)。

诺集团有限公司股权转让合同纠纷管辖权异议案中,①山西高院一审直接剥夺了股东诉权。最高法二审指出未经股东会决议分配公司盈余,股东直接诉请要求分配公司盈余的,法院应当立案受理并以实体判决方式作出处理,不得直接驳回股东的起诉。

甘肃居立门业有限责任公司公司盈余分配纠纷案,是最高法适用《公司法司法解释(四)》第15条的第一个公报案例,推翻了先前不干预公司盈余分配的陈规,开启了司法直接干预公司盈余分配。最高法对公司股东利润分配采取的是以公司自治为原则,以公权力介入救济为例外。滥用股东权利导致公司不分配利润,给其他股东造成损失是引入公权力救济的基础。《公司法司法解释(四)》第15条适用的前提是公司有可分配利润,而公司未分配利润造成其他股东损失,关键是存在滥用股东权利行为,且被诉的滥用权利行为与损失结果之间存在直接因果关系。在公司实务中,公司不分配利润但董事、高级管理人员领取过高薪酬,或者由控股股东操纵公司购买与经营无关的财物或者服务,用于自身使用或者消费,或者隐瞒或者转移利润等现象,均属于滥用股东权利损害其他股东利益的典型情形。公司股东滥用权利,导致公司不分配利润给其他股东造成损失的,司法可以适当干预,以实现对公司自治失灵的矫正。最高法选择直接作出分配盈余的判决方式,是在综合考量小股东行权成本、公司商业自治要求和未来发展以及案外人权益保护后作出的妥当处理。

《公司法司法解释(四)》对于股东利润分配请求权已赋予了相应的司法救济,但是实践中仍存在以下情形:公司已经作出利润分配的承诺,但却无利润分配的实施时限。《公司法司法解释(五)》又进一步提出了公司完成利润分配的时限要求,即分配方案中有规定的,以分配方案为准;分配方案中没有规定的,以公司章程为准;分配方案和公司章程中均没有规定,或者有规定但时限超过一年的,则应当在一年内分配完毕。司法解释的规定使股东利润分配请求权落到实处,充分保护了股东权利。

(二)剩余财产分配请求权

剩余财产分配请求权是指公司在清算后的剩余财产,股东有要求按照出资或者持股比例进行分配的权利。《公司法》第186条规定,清偿公司债务后的剩余财产,有限责任公司按照股东出资比例分配,股份有限公司按照股东持有股份比例分配。剩余财产分配请求权属于股东自益权的范畴。

剩余财产分配请求权的依据是《公司法》的规定和公司章程的记载。股东将财产

---

①　在山东汉诺集团有限公司诉山西寿阳段王煤业集团公司、山西寿阳段王集团平安煤业有限公司股权转让合同纠纷案(〔2012〕晋商初字第8号、〔2014〕民二终字第74号)中,法院裁判要旨认为,对当事人提起的某项诉讼请求应否受理的判断,并非要求该项诉讼请求需获得实体法上的支持,而是应以《民事诉讼法》关于案件受理标准的一般法律规定并结合与该具体诉请相关的具体法律规定进行综合认定。汉诺集团依据股权转让协议的有关约定起诉请求分配公司利润,根据《民事诉讼法》《公司法》以及相关司法解释的规定,对该诉请受理标准和条件法律均无要求公司内部先行决议的特别前置性规定。一审裁定驳回汉诺集团的该项诉请,属于适用法律错误,法院应当受理该诉讼请求。在案件受理以后,当事人诉讼请求能否获得实体法上的支持,应经案件实体审理以后由法院以实体判决的方式予以处理。

投资于公司并将所有权转移给公司，从而使公司享有完全所有权，由公司经营管理，一旦公司终止，公司剩余财产仍然归属于股东。在公司剩余财产少于原来投资时，剩余财产分配相当于股东对原来投资的部分收回；在公司剩余财产多于原来投资时，多出部分相当于公司股东投资所生孳息，即投资所获得利益。例如，在亿中制衣厂有限公司股东出资纠纷案中，最高法认为，根据《公司法》第 34 条的规定，享有股东权利的前提是承担股东义务，利润分配请求权、新股优先认购权、剩余财产分配请求权等股东权利是与出资义务相对应的，前述股东权利应按实缴的出资比例来行使。

剩余财产分配是公司清算程序中的一部分，清算程序是公司解散后以一定方式处分公司财产，了结公司法律关系。剩余财产分配请求权通常指对公司清算程序中的剩余财产进行分配的请求权。公司清算除了解散清算外，还有破产清算。破产清算通常没有剩余财产。

剩余财产的分配应体现股份平等原则，即同股同权，对同种类型股份按照持股比例分配公司剩余财产。对不同类型股份，则因各类股份权利不同在分配剩余财产时有不同顺序，如优先股股东优先于普通股股东分配剩余财产。在优先股股东分配结束后，才能对公司财产剩余部分向普通股股东分配。但在优先股股东之间适用同等分配权，在剩余财产不足以清偿所有优先股股东股票面值时，仍应按比例分配。

（三）新股优先认购请求权

新股优先认购请求权是指公司股东基于股东资格享有按照持股比例优先于普通投资人认购公司发行新股的权利。《公司法》第 34 条和第 133 条规定了新股优先认购请求权，《上市公司证券发行管理办法》第 41 条涉及上市公司新股优先认购权问题。新股优先认购请求权是为保护现有股东利益，避免新股发行稀释股东的股权，防止股东表决权比例下降，从而导致对公司控制力的减弱。新股优先认购请求权赋予股东新股优先认购权，既对公司产生约束力，同时又是对股东权利的一种限制，即股东只能按照各自持股比例认购新股，不得超出持股比例。否则，新股认购行为会损害其他股东利益。新股优先认购请求权，体现了股东权利平等原则。

公司赋予股东新股优先认购请求权的目的，是维持公司正常、有序的运营。在公司需要扩大规模或者筹措资金时，赋予股东优先认购权使股东维持原有的持股比例，不改变公司现有权利分配格局，维护了公司正常有效的运转秩序。例如，在黄伟忠股权转让纠纷案中，[①]上海二中院认为，在黄伟忠未处分股权的前提下，除非宏冠公司进行了合法增资，否则黄伟忠的持股比例不应降低。在没有证据证明黄伟忠明知且在股东会决议上签名同意增资的情况下，该增资行为对宏冠公司的原始股东无效，不应以

---

① 在黄伟忠诉陈强庆、陈琳、张洋、顾惠平、王秀英、上海新宝建筑安装工程有限公司、江苏恩纳斯重工机械有限公司股权转让纠纷案（〔2013〕虹民二（商）初字第 763 号、〔2013〕沪二中民四（商）终字第 188 号）中，法院裁判摘要认为，未经公司有效股东会决议通过，他人虚假向公司增资以"稀释"公司原有股东股份，该行为损害原有股东合法权益，即使该出资行为已被工商行政机关备案登记，仍应认定为无效，公司原有股东股权比例应保持不变（2015 年最高法公报案例）。

工商变更登记后的资本金额来降低黄伟忠在宏冠公司的持股比例,而仍应依照 20% 的股权比例在股东内部进行股权分配。该案件判决表明,未经有效的公司股东会决议通过,他人虚假向公司增资以"稀释"公司原有股东持股比例的行为损害原有股东的合法权益,即使该出资行为已办理工商登记,仍应认定为无效,公司原有股东股权比例仍应保持不变。换言之,未经有效的股东会决议增加公司注册资本,对增资不知情的股东可要求确认股权比例保持不变。

《公司法》第 34 条强调按照股东实缴出资比例认购新股,表明了对公司现有权利格局和正常运营秩序的维护。例如,在绵阳市红日实业有限公司股东会决议效力及公司增资纠纷案中,①最高法判决肯定了《公司法》第 34 条的规定,认为公司新增资本时,股东有权优先按照实缴出资比例认缴出资。最高法认为,科创公司股东会增资 800 万元和由陈木高认缴新增出资的决议,因侵犯了红日公司和蒋洋按照各自的出资比例优先认缴新增资本的权利而部分无效。股东会决议部分无效,导致科创公司与陈木高之间的入股协议书的意思存在瑕疵,但作为合同相对方的陈木高并没有审查科创公司意思形成过程的义务,入股协议书是科创公司与陈木高的一致意思表示,且不违反国家禁止性法律规范,应属有效。此外,股东优先认缴公司新增资本的权利属形成权,且属于典型的商事行为,应在合理期间内行使。在科创公司召开股东会时,红日公司和蒋洋已经知道新股优先认购权受到侵害,且要求行使新股优先认购权,但并未及时采取诉讼等方式积极主张权利。在股权变动近两年后,红日公司和蒋洋提起诉讼,争议的股权价值发生了较大变化,如果允许股东行使新股优先认购权将破坏稳定的法律关系,不利于维护交易安全和稳定经济秩序,极易产生显失公平的后果。

新股优先认购请求权制度保护公司原有股东的股权不因新增资本而被稀释,有效地处理了公司资本多数决原则与少数股东权保护之间的关系,平衡了个别股东的权益和公司整体利益的关系。但优先认购请求权作为一种排斥第三人竞争效力的权利,对相对人权利影响重大,其发生要件及行使范围应基于法律的明确规定。《公司法》第 34 条明确规定了全体股东无约定的情况下,有限责任公司新增资本时股东优先认缴出资的权利以及该权利的行使范围以实缴的出资比例为限,超出法定范围,则无权利存在。如果《公司法》第 71 条可适用于股东认缴公司新增资本的情况,则必然导致个别股东权益与公司整体利益之间失去平衡,公司股东因担心公司控制力在股东之间发生变化而不愿作出增资决定,影响了公司的经营发展。例如,在贵州捷安投资有限公司股权确权及公司增资扩股出资份额优先认购权纠纷案中,贵州高院一审认为,《公司

---

① 在绵阳市红日实业有限公司、蒋洋诉绵阳高新区科创实业有限公司股东会决议效力及公司增资纠纷案（〔2006〕绵民初字第 2 号、〔2006〕川民终字第 515 号、〔2010〕民提字第 48 号）中,法院裁判摘要认为,根据《公司法》第 34 条的规定,公司新增资本时,股东有权优先按照实缴的出资比例认缴出资。从权利性质上来看,股东对于新增资本的优先认缴权应属形成权。现行法律并未明确规定该项权利的行使期限,但从维护交易安全和稳定经济秩序的角度出发,结合商事行为规则和特点,法院在处理相关案件时应限定该项权利行使的合理期间,对于超出合理期间行使优先认缴权的主张不予支持（2011 年最高法公报案例）。

法》对股东行使增资优先认购权范围进行了压缩,并未明确规定股东对其他股东放弃的认缴出资有优先认缴的权利,从而否定了捷安公司对其他股东放弃份额的优先认购权。最高法二审认为,捷安公司对其他股东放弃认缴的增资份额没有优先认购权。《公司法》第34条并没有直接规定股东对其他股东放弃的认缴出资比例增资份额有无优先认购权。有限责任公司的股东会完全可以有权决定将这类事情及可能引起争议的决断方式交由公司章程规定,从而依据公司章程规定方式作出决议,也可以包括股东对其他股东放弃的认缴出资有无优先认购权问题。但黔峰公司股东会对优先权问题没有形成决议,从而应依据公司法规范来认定。在已经充分保护股东认缴权的基础上,捷安公司在黔峰公司的增资中利益并没有受到损害。当股东个体更大利益与公司整体利益或者有限责任公司人合性与公司发展相冲突时,应当由全体股东按照公司章程规定方式进行决议,从而形成各股东可以遵循的最终结论。最高法再审认为,捷安公司对其他股东放弃认缴的增资份额没有优先认购权。

二、参与公司管理经营权

公司所有权与经营权相分离,公司的经营管理权由公司董事会行使,股东所享有的经营管理权非常有限,仅为一种有限的参与权,主要包括以下两种具体的权利:

(一)股东表决权

股东表决权是指股东基于股东地位享有的对股东会、股东大会议案作出一定意思表示的权利。股东表决权是股东的一项重要权利,是股东参与公司重大决策和选择管理者的权利。股东表决权作为一种固有权、共益权,是股东权利的主要体现,与利润分配请求权一样居于股东权的核心。公司重大事项均由股东大会决议,在股东大会上股东对特定决议事项以表决方式来表达意思。基于决策效率方面的考虑,资本多数决是股东大会表决的一般规则,如在海南海钢集团有限公司损害股东利益责任纠纷案中,[1]最高法适用简单多数表决原则,认为控股股东的行为并未构成表决权的滥用。

股东表决权是股东最基本的权利,也是实现和保护股东权利的重要手段。非基于法律规定,公司章程或者股东会决议不得限制或者剥夺。法律不禁止股东根据自己的意愿放弃行使表决权。在某一次股东会上股东放弃行使表决权,并不代表股东在每一次股东会均放弃。未经股东同意,股东依法享有的表决权不能以股东在某一次股东会中放弃行使,即推定该股东在公司每一次股东会中均放弃行使。例如,在朱树美、刘傲

---

[1]　在海南海钢集团有限公司诉中国冶金矿业总公司损害股东利益责任纠纷案(〔2012〕民二初字第1号、〔2013〕民二终字第43号)中,法院裁判摘要认为,有限责任公司对外"土地开发合作事宜"属于公司一般性的经营活动,即使未依《公司法》规定经代表2/3以上表决权的股东通过,也不否定股东会决议效力,更不能以此作为判断股东在表决中是否滥用了股东权的依据。

雪、朱燕林、陈珍喜、苏维琰、胡镇海公司决议撤销纠纷案中，[①]南宁中院认为，股东放弃表决权，应有明确的意思表示。股东在某次股东会放弃行使表决权，并不代表股东在每次股东会都放弃。

有限责任公司股东按照出资比例对股东会决议事项行使表决权（《公司法》第42条）；股份有限公司股东所持有的每一股份享有一个表决权，股东按照自己所持有的股份数量对股东大会决议事项行使表决权（《公司法》第103条）。但是，股东表决权还可能受到法律和章程的限制，累积投票制（《公司法》第105条）的引入改变了传统的投票规则，保护了中小股东的利益。

在大股东与股东大会议案有特别的利害关系时，限制大股东的表决权，一定程度上能够事先消除有特别利害关系的大股东滥用表决权的可能性，保护小股东和公司的利益。例如，在宋余祥公司决议效力确认纠纷案中，上海黄浦区法院一审认为，豪旭公司（认缴出资比例为99％）作为股东违反出资义务，抽逃出资，但表决权并不应受到限制，豪旭公司应以认缴出资的比例行使表决权。上海二中院二审则推翻了一审判决，认为《公司法司法解释（三）》第17条中规定的股东除名权是公司为消除不履行义务的股东对公司和其他股东所产生不利影响而享有的一种法定权能，是不以征求被除名股东的意思为前提和基础的。在特定情形下，股东除名决议作出时，会涉及被除名股东可能操纵表决权的情形。当某一股东与股东会讨论的决议事项有特别利害关系时，该股东不得就其持有的股权行使表决权。

前述案例涉及股东除名和表决权排除两个问题。一审法院按照出资比例行使表决权，适用资本多数决原则，认定涉案股东会决议无效。二审法院则排除了瑕疵出资股东的表决权，认为豪旭公司是持有万禹公司99％股权的大股东，万禹公司召开股东会会议前通知了豪旭公司参加会议，并由代理人在会议上进行了申辩，已尽到了对拟被除名股东权利的保护。在涉案股东会决议表决时，豪旭公司所持股权对应的表决权应被排除在外。除名决议已获除豪旭公司以外的其他股东一致表决同意，即以100％表决权同意并通过，万禹公司股东会决议应属有效。瑕疵出资股东表决权的排除使得股东除名制度具有可操作性，如果允许瑕疵出资股东行使表决权，尤其是瑕疵出资大股东表决，则该制度将形同虚设。

表决权代理制度保障了股东表决权的行使，股东可以委托他人代理参加股东大会并行使表决权。股份有限公司股东表决权代理制度为世界各国公司法所肯定，而有限责任公司股东表决权是否可以代理行使，世界各国公司法有不同态度。《公司法》第

[①] 在朱树美、刘傲雪、朱燕林、陈珍喜、苏维琰、胡镇海诉南宁市红木棉运输有限责任公司公司决议撤销纠纷案（〔2012〕兴民二初字第569号、〔2014〕南市民二终字第339号）中，法院裁判摘要认为，有限责任公司股东就表决权的行使先后制定两个意思存在冲突的章程，而工商备案的章程签订时间在后，股东未就备案章程仅为工商备案对内不代表股东真实意思表示共同达成合意，应以备案章程确定股东表决权。股东可以根据自己的意愿放弃行使表决权，但未经股东同意，股东依法享有的表决权不能以股东在某一次股东会中放弃行使，即推定该股东在公司每一次股东会中均放弃行使。

106条规定了股份有限公司委托代理人出席股东大会制度,但有限责任公司却无相应的规定。

在股东大会的职权范围内,股东享有对董事、监事的任免权以及对公司重大事项的决策权,如公司经营方针和投资计划、公司年度财务预算方案、决算方案、公司利润分配方案和弥补亏损方案、公司增加或者减少注册资本、发行公司债券、公司合并、分立、解散、清算或者变更公司形式、修改公司章程等。

《公司法》第16条规定了关联股东表决权回避制度。关联股东表决权回避制度(股东表决权回避制度)是对股东表决权的限制,是指当某一股东与股东大会讨论的决议事项有特别利害关系时,该股东或者代理人均不得以自己所持有股份行使表决权的制度。关联股东表决权回避制度主要是针对控股股东设立的,中小股东对股东大会决议的通过与否,并无足够影响力和支配力。因此,关联股东表决权回避制度对中小股东没有适用的必要性。

(二) 股东选择权

股东选择权是对公司管理者的选择权,是股东的基本权利。《公司法》第4条明文规定了公司股东对公司管理者的选择权。例如,在北京东方燕园科技发展公司股权确认纠纷案中,[①]南宁青秀区法院一审认为,东方燕园公司通过竞买获得中大公司100万股股份,在持股后积极参与公司经营管理,参与公司事项决策,对公司管理者行使股东选择权和监督权。

公司股东作为公司的投资人,享有对公司的收益权、决策权和管理者选择权,三种权利是相辅相成、互为条件的。收益权是目的,决策权是手段,管理者选择权是措施。措施是实现目的和手段的具体路径。股东为实现投资最终目标而行使的管理者选择权,如果得不到应有的法律保护,股东决策权就形同虚设。公司决策是由公司管理者实施的,收益权是通过公司管理者实现的。如果公司股东无权选择管理者,不能按自己意志选择管理者,实际上剥夺了投资人所有的其他法定权利,《公司法》规定的所有其他权利均流于形式。公司管理者的选择权是股东的基础权利。例如,在大拇指环保科技集团(福建)有限公司股东出资纠纷案中,[②]最高法判决承认股东选择管理者的权利。环保科技公司作为大拇指公司的唯一股东,作出的任命大拇指公司法定代表人的决议对大拇指公司具有拘束力。案件判决表明对于公司与股东之间因法定代表人任

---

① 北京东方燕园科技发展公司诉广西中大股份公司股权确认纠纷案(〔2010〕青民二初字第715号、〔2011〕南市民二终字第503号)。

② 在大拇指环保科技集团(福建)有限公司诉中华环保科技集团有限公司股东出资纠纷案(〔2013〕闽民初字第43号、〔2014〕民四终字第20号)中,法院裁判摘要认为,《公司法》第13条规定,公司法定代表人变更应当办理变更登记。对法定代表人变更事项进行登记,意义在于向社会公示公司意志代表权的基本状态。工商登记的法定代表人对外具有公示效力,如果涉及公司以外的第三人因公司代表权而产生的外部争议,应以工商登记为准。对于公司与股东之间因法定代表人任免产生的内部争议,应以有效的股东会任免决议为准,并在公司内部产生法定代表人变更的法律效果(2014年最高法公报案例)。

免产生的内部争议,则应以有效的股东会任免决议为准,并在公司内部产生法定代表人变更的法律效果。该案判决体现了平等保护中外投资者合法权益、保障股东选择管理者的权利。又如,在辽宁华龙贸易有限公司股东资格确认纠纷案中,[①]最高法认为,王俊玲作为金域食府公司的法定代表人,撤回金域食府公司股东擅自加盖公司印章所形成金域食府公司再审申请的请求,不违反法律规定。案件判决表明法定代表人是股东选择的管理者,有权代表公司。

三、股东知情权

股东知情权是有限责任公司和股份有限公司股东享有的一种十分重要的股东权,是对一组股东权利的集合、抽象之后所作的理论概括,在股东权利体系中具有基础性的地位,是股东实现其他股东权的重要基础。股东知情权不仅是股东了解公司经营状况的手段,而且是股东监督管理层的重要方式。股东知情权是股东的法定权利,公司章程不得剥夺或者限制。《公司法》第33条和第97条规定了股东知情权,即股东可以要求查阅、复制公司章程、股东会会议记录、董事会会议决议、监事会会议决议和财务会计报告。《公司法司法解释(四)》第7条至第11条规定了股东知情权,涉及股东知情权的主体、知情权不当目的、知情权行使的保护、知情权的行使方式、知情权行使不当的损害赔偿等方面的问题。

股东知情权对公司治理意义重大,公司治理是现代企业制度的核心,公司治理的核心是所有权与经营权的分离。公司治理意味着不同公司主体之间通过行使各自的权利,发挥各自的作用,制约其他主体的恣意行为,从而实现公司利益的最大化。股东知情权是法律赋予股东通过查阅公司财务报告资料、账簿等有关公司经营、决策、管理的相关资料,了解公司运营状况和公司高级管理人员的业务活动的权利,是股东行使资产收益权利、参与公司重大决策以及选择经营管理者的前提和基础。

(一)股东知情权的概念

股东知情权是法律赋予股东通过查阅公司财务会计报告、会计账簿等有关公司经营管理方面的资料,以知晓公司经营状况并监督公司董事、经理活动的权利。股东知情权并非股东所享有的单一权利,而是若干权利组合的总称。股东知情权是查阅权、检查人选任请求权和质询权等权利的总称,如在李淑君等股东知情权纠纷案中,[②]江苏宿迁中院认为,股东知情权分为查阅权、检查人选任请求权和质询权。

(1)查阅权。股东查阅权是指股东对股东会会议记录和决议、公司会计账簿和会

---

① 在辽宁华龙贸易有限公司诉辽宁金域食府餐饮有限公司股东资格确认纠纷案(〔2014〕辽民二终字第00222号、〔2018〕最高法民申51号)中,法院裁判摘要认为,根据民事诉讼法的规定,公司的法定代表人在诉讼活动中当然可以代表公司,金域食府公司的法定代表人撤回金域食府公司再审申请的请求,法院予以准许。

② 在李淑君、吴湘、孙杰、王国兴诉江苏佳德置业发展有限公司股东知情权纠纷案(〔2009〕宿城民二初字第00448号、〔2009〕宿中民二终字第319号)中,法院裁判摘要认为,股东知情权指股东享有了解和掌握公司经营管理等重要信息的权利,是股东依法行使资产收益、参与重大决策和选择管理者等权利的重要基础(2011年最高法公报案例)。

计文书等相关的会计原始凭证和文书、记录进行查阅的权利。公司财务会计报告总体上反映公司的经营管理情况，原始会计账簿能够充分反映公司具体的经营管理情况。股东要获取充分的公司经营管理信息，应当查阅公司会计账簿。《公司法》第33条规定了查阅权，即股东有权查阅、复制公司章程、股东会会议记录、董事会会议决议、监事会会议决议和财务会计报告，可以要求查阅公司会计账簿。股东查阅权主要包括以下三种权利：

一是会议记录和决议的查阅权。股东会会议记录、董事会会议决议、监事会会议决议涉及公司重大决策、人事任免等重大事项，与公司经营活动密切相关，股东有权查阅股东会会议记录、董事会会议决议、监事会会议决议。在知晓公司相关信息的基础上，股东才可能行使对公司的监督权和重大经营决策权。

二是财务会计报告查阅权。公司财务会计报告查阅权是指股东对公司资产负债表、损益表、财务状况变动表等财务会计报告进行查阅的权利。财务会计报告反映了一定期间内公司运营的情况，可以知晓公司运营的真实状况。

三是账簿查阅权。账簿查阅权是指股东对公司的会计账簿、会计文书和有关记录进行查阅的权利。[1] 账簿查阅权是行使其他股东权利的前提和手段，股东只有通过查阅公司账簿才能掌握公司真实的经营情况。例如，在李淑君等股东知情权纠纷案中，[2]宿迁中院判决确认了股东账簿查阅权，认为账簿查阅权是股东知情权的重要内容。股东对公司经营状况的知悉，最重要的内容是通过查阅公司账簿了解公司财务状况。公司的具体经营活动只有通过查阅原始凭证才能知晓，不查阅原始凭证，中小股东可能无法准确了解公司真正的经营状况。根据会计准则，相关契约等有关资料也是编制记账凭证的依据，应作为原始凭证的附件入账备查。因此，查阅权行使的范围应当包括会计账簿（含总账、明细账、日记账和其他辅助性账簿）和会计凭证（含记账凭证、相关原始凭证及作为原始凭证附件入账备查的有关资料）。

在公司实践中，股东知情权的争议主要集中在股东账簿查阅权上，即财务账簿是否包括会计凭证的问题。[3] 会计账簿和会计凭证是两个不同的概念，账簿查阅权不应包括对会计凭证的查阅。会计账簿包括总账、明细账、日记账和其他辅助性账簿，是以经过审核的会计凭证为依据的（《会计法》第15条）。会计凭证包括原始凭证和记账凭证（《会计法》第14条），会计机构和人员根据经过审核的原始凭证及有关资料编制记账凭证，根据经过审核的会计凭证依法进行会计账簿登记。会计账簿与会计凭证关系

---

[1]　我国司法审判实践对账簿查阅权争议较大，主要源于立法对账簿查阅权规定不明确：一是会计账簿与会计凭证的分界不清；二是对会计账簿的查阅权是否包含会计凭证不明确；三是对会计凭证的查阅未作规定。

[2]　在李淑君、吴湘、孙杰、王国兴诉江苏佳德置业发展有限公司股东知情权纠纷案中，法院裁判摘要认为，账簿查阅权是股东知情权的重要内容。股东要求查阅公司会计账簿，但公司怀疑股东查阅会计账簿的目的是为公司涉及的其他案件的对方当事人搜集证据，并以此为由拒绝提供查阅，不属于股东具有不正当目的，可能损害公司合法利益的情形（2011年最高法公报案例）。

[3]　理论界和实务界的观点截然相反，理论界大多数认为尽管财务账簿与会计凭证有所区别，但对财务账簿的查阅应当包括会计原始凭证；实务界则更倾向于将会计凭证尤其是原始会计凭证排除在股东对财务账簿的查阅范围之外。

密切，但相互独立。例如，在黄曦股东知情权纠纷案中，①湖南高院再审认为，黄曦查阅权行使的范围应当包括会计账簿（含总账、明细账、日记账和其他辅助性账簿）和会计凭证（含记账凭证、相关原始凭证及作为原始凭证附件入账备查的有关资料）。黄曦要求查阅公司会计账簿及原始凭证的诉讼请求符合法律规定，但黄曦请求复制会计账簿及原始凭证没有法律依据。

根据《公司法》第33条的规定，股东查阅、复制的文件仅限于公司章程、股东会会议记录、董事会会议决议、监事会会议决议和财务会计报告。股东对会计账簿仅能查阅，但不能复制。例如，在王克股东知情权纠纷案和王捷股东知情权纠纷案中，②③厦门中院和北京一中院均认为，股东有权查阅会计账簿和原始凭证但无权复制。

（2）检查人的选任请求权。检查人选任请求权是指当股东有正当理由怀疑公司经营管理过程中存在违反法律、行政法规或章程的重大事实，或者公司经营者严重违反忠实义务和勤勉义务，损害公司和股东利益时，有权通过股东会或者司法机构选任检查人调查公司的业务和财产状况。股东检查人选任请求权在某种程度上引进和利用司法机构的强制权力保障股东权利的有效充分实现，通过公权力介入强制地要求公司及其主要经营管理者在保护股东权利方面予以重视、关注和配合。与股东所享有的查阅权和质询权相比，股东检查人选任请求权具有更为深入、直接的强制执行力，能够给股东带来最大、最真实的信息量，对公司特别是经理层的触动最深，为许多国家公司立法所采用。检查人选任请求权不仅能够使股东最终实现对公司特定信息知情的目的，同时还可以弥补公司内部治理失灵和调整公司利益冲突，实现对公司事务的外部监督。

股东检查人选任请求权制度起源于英国公司法，④英国、德国、日本对检查人选任制度规定了详细和具有可执行性的规则，⑤但我国《公司法》及其司法解释并未规定股东检查人选任请求权制度。

（3）质询权。质询权是指公司股东对公司的经营情况向公司经营者提出质询的权利。公司经营者有义务对股东的质询予以答复，并说明相关情况。股东质询权作为

① 在黄曦诉长沙蓄能工贸有限责任公司股东知情权纠纷案（〔2012〕雨民初字第2559号、〔2013〕长中民四终字第02808号、〔2016〕湘民再2号）中，法院裁判摘要认为，查阅权行使的范围应当包括会计账簿（含总账、明细账、日记账和其他辅助性账簿）和会计凭证（含记账凭证、相关原始凭证及作为原始凭证附件入账备查的有关资料）。因此，股东知情权查阅的会计账簿包含总账、明细账、日记账和其他辅助性账簿。
② 王克诉厦门穗林工贸有限公司股东知情权纠纷案（〔2011〕思民初字第5832号、〔2011〕厦民终字第2347号）。
③ 王捷诉北京贵德和时科技有限公司股东知情权纠纷案（〔2013〕西民初字第998号、〔2013〕一中民终字第9866号）。
④ 英国《1856年股份公司法》规定了检查人选任制度，该法授权贸易委员会（Board of Trade）可以任命检查人调查公司事务。1967年《英国公司法》将检查人选派的权力机关改为国务大臣（Secretary of State）。1985年《英国公司法》修订时，第十四章专门对检查人选任制度即公司调查制度进行了规定。
⑤ 例如，英国公司法赋予检查人广泛的调查权，检查人可以要求对调查事项知情的任何人提供信息。检查人不仅能调查母公司的情况，还可以调查持股公司的子公司、母公司或者其他任何子公司。董事及其他人员有协助调查的义务，包括调查董事的个人账户。

股东知情权的重要组成部分,是股东了解公司信息的重要渠道,是股东权的保障手段。质询权可以补充查阅权的不足,与查阅权形成互补。

《公司法》第 97 条规定股东有权对公司经营提出建议或者质询,第 150 条规定了股东质询的对象。《公司法》对质询权仅有原则性规定,缺乏具体的可操作性规则。股东质询权制度处于"宣示"性层面,在质询范围、质询权行使程序、被质询人的说明义务及质询权的法律救济等方面仍有缺陷:

一是质询范围不明确。质询权的质询范围不清晰,股东有权对公司任何事项进行质询,还是仅能对公司特定范围内的事项进行质询,《公司法》第 97 条规定得不明确,而《公司法》第 150 条也没有质询范围标准的规定。国外立法通常限制质询的范围,如德国《股份公司法》第 131 条明确将股东询问的事项限制在"对股东大会议题作出实际判断所必需"的范围内。

二是质询程序缺失。质询权行使程序不清晰。股东以书面还是口头形式、在股东大会进行期间何时提起质询权、质询次数及每次质询的时间等质询遵循的程序等问题缺失。股东的质询权应限制在股东大会上行使,股东质询既可以书面方式,也可以口头方式,对股东提问时间应加以限制。

三是说明义务不明确。被质询人的说明义务不清晰,不具有可操作性,如董事、监事、高级管理人员的履行方法、说明程度以及对于股东的质询是否必须回答,有无拒绝情形。

四是法律救济措施缺失。股东质询权的法律救济措施和手段缺失,股东质询权缺乏相应的制度保障,从而使质询权形同虚设。《公司法》对于说明义务人侵害股东质询权的法律救济没有作任何规定。

从外国立法规定的质询权制度看,质询权应包括如下内容:一是质询权的权利主体。质询权的权利主体应当是参加股东会的股东及其代理人。二是质询权的义务主体。质询权的义务主体应当是公司董事会和经理层。世界各国立法有不同的规定,如德国董事会、日本代表董事、法国监事会等,而我国立法则规定董事、监事、高级管理人员应当接受股东质询。三是质询权行使的场所。质询权通常仅限于在股东会会议上行使,在股东会休会期间,董事会有权拒绝回答。日本和法国等国家的公司法设立了事先书面质询制度,允许在股东会召开之前以书面方式提出质询,但仍然在股东会上予以答复。四是质询权的范围。股东质询权的范围仅限于与股东会议案有关的事项,超出议案的事项不属于质询范围。

(二) 股东知情权诉讼的主体资格

股东知情权诉讼的主体资格是公司诉讼中首先要解决的问题,公司股东是原告,公司本身则是被告。股东知情权诉讼的原告应当是公司股东,包括经过公司登记机关备案登记而具有公示效力的股东和未经公司登记机关备案但公司股东名册中明确记载的股东。根据《公司法司法解释(四)》第 7 条的规定,当事人在起诉时应当具有公司股东资格。股东资格是享有知情权的前提条件,股东资格一旦丧失即不应再享有知情权。从司法审判实践中的相关案例看，有关股东知情权诉讼中主体资格的确定，无论是在理论上还是司法实践中都存在着一定的分歧，有以下四种情形：

（1）原股东。在股权转让之后，股东就丧失对公司的知情权。但在转让股权后，原股东发现公司控制人曾通过做假账等手段侵害公司利润，损害自己的利益的，原股东仍有权提起股东知情权之诉。根据《公司法司法解释（四）》第 7 条的规定，原股东有初步证据证明在持股期间其合法权益受到损害的，可以请求依法查阅或者复制其持股期间的公司特定文件材料。但在通常情况下，一旦丧失股东身份，即丧失股东知情权。例如，在藏丽知情权纠纷案中，[①]南京白下区法院一审支持了原股东藏丽的知情权诉讼请求，南京中院二审维持了白下区一审法院判决，江苏高院再审驳回了藏丽的诉讼请求。最高法则以个案批复的形式，认为行使股东知情权应以股东身份为前提，丧失股东身份后，原股东就不能主张其任股东期间的知情权。《公司法司法解释（四）》则以司法解释的形式对该规则予以确认。

（2）新股东。新股东是否具有取得股权之前的相关资料的知情权，能否成为知情权诉讼的适格原告，存在不同的看法。新股东是以认购公司新增资本的方式加入公司的，新股东对加入公司之前的财务信息或者经营信息行使查阅权，不会对公司营运产生任何损害。新股东行使知情权，查阅公司章程、股东会会议记录、董事会会议决议、监事会会议决议、财务会计报告、公司会计账簿和原始凭证，有利于股东了解公司历史，应该具备原告主体资格。

（3）隐名股东。公司实际出资人不具有股东知情权诉讼的原告主体资格。实际出资人在实践中有两种形态：一种是通过协议成为公司注册资本的实际出资人，但并不为公司其他股东所知晓；另一种作为公司注册资本的实际出资人且为公司一半以上的股东所知晓。后一种情形的实际出资人通常通过显名股东行使股东权利和承担股东义务，如需行使股东知情权，应以自己股东身份的显名化为前提，但在未成为显名股东之前，不具有提起股东知情权诉讼的原告资格。

（4）出资瑕疵股东。出资瑕疵股东享有知情权，具有原告主体资格。对权利限制应以立法来确定，瑕疵股东因出资瑕疵存在补资、对其他股东承担违约责任等义务，但法律未禁止其享有知情权。对出资瑕疵股东权利的限制在公司法中仅有分红权按实缴出资予以限制。股东是否出资并非确定股东资格的唯一条件，如股东权内容和出资有关联性的应限制，无关联性的则无限制。知情、质询、建议等权利和出资都无直接联系，不应受到限制。司法实践通常认为瑕疵股东享有知情权。

股东知情权诉讼的被告只能是公司，控股股东、董事或高级管理人员并非知情

---

① 在藏丽诉江苏天衡会计师事务所有限公司知情权纠纷案（〔2002〕白经初字第 356 号、〔2002〕宁民一终字第 464 号、〔2007〕苏民再终字第 0017 号）中，法院裁判摘要认为，根据《公司法》的规定，股东有权查阅、复制公司章程、股东会会议记录、董事会会议决议、监事会会议决议和财务会计报告，股东可以要求查阅公司账簿。按照法律规定，行使股东知情权的主体应当是公司现任股东；在失去公司股东身份后，要求行使其担任股东期间的知情权的，没有法律依据。

诉讼的被告。但司法审判实践出现将公司其他股东、法定代表人和高管人员作为被告的情形。股东知情权属于股东为自身或者股东共同利益对公司经营中的相关信息享有知晓和掌握的权利,公司应当按照公司法和章程规定,向股东履行相关信息报告或者披露义务。知情权的义务主体是公司,即使是公司其他股东、董事、监事或者高级管理人员拒绝履行相关义务,导致股东知情权受到侵害,也应当由公司承担责任。[①] 例如,在宁源国际有限公司股东知情权纠纷案中,[②]最高法认为,股东知情权的义务人是公司而非其他主体。股东知情权纠纷所指向的诉讼标的是公司应当履行而未履行的配合行为,该行为的履行主体和履行内容具有特殊性和不可替代性。

(三)股东知情权的范围

《公司法》将股东知情权的范围限定为公司章程、股东会会议记录、董事会会议决议、监事会会议决议、财务会计报告和会计账簿。公司股东有权查阅和复制公司章程、股东会会议记录、董事会会议决议、监事会会议决议、财务会计报告,但只能查阅不能复制会计账簿。《公司法》没有规定会计凭证的查阅,但司法判例却肯定了股东对会计凭证的查阅权,而《公司法司法解释(四)》并未扩大或者细化股东知情权的范围。

《公司法》将股东知情权的范围规定为三个层面:一是公司章程、股东会会议记录、董事会会议决议、监事会会议决议;二是公司财务会计报告;三是公司会计账簿。根据《公司法》第165条的规定,公司根据章程规定向股东送交公司财务会计报告,构成公司无条件义务。对于公司章程、股东会会议记录、董事会会议决议、监事会会议决议和公司财务会计报告,股东有权要求查阅和复制,不论公司以何种方式拒绝,股东均可提起知情权之诉;对于公司会计账簿,股东只能要求查阅,而不能要求复制,且股东要求查阅会计账簿,应当先向公司提出书面请求,说明查阅财务账簿的目的,公司拒绝提供查阅的,股东可以提起股东知情权诉讼。

在公司实践中,对股东知情权范围的争论集中在股东账簿查阅权上,即会计账簿是否包括会计凭证。理论界和司法实务界存在两种截然相反的立场。根据我国《会计法》的规定及其实务操作规范,财务会计报告、会计账簿以及会计凭证是不同的概念。会计账簿的登记必须以经过审核的会计凭证为依据,财务会计报告则是根据经过审核的会计账簿记录和有关资料编制的。

从《公司法》的立法目的看,不查阅原始凭证就不能了解公司真正经营状况。股东即使耗费巨大财力取得胜诉判决,也得不到实质性的利益,违背了立法者保护中小股东合法权益的立法本意,可能使《公司法》在这方面所作的努力化为泡影。从我国公司

---

① 在执行公司事务过程中,公司中的董事、监事、经理等高级管理人员与公司之间形成委托代理关系,代理后果应由公司承担。个人行为形成的知情权纠纷能通过公司治理结构来解决,因而公司中的董事、监事、经理等个人不应作为知情权诉讼的被告。

② 宁源国际有限公司诉重庆中原房地产开发有限公司股东知情权纠纷案(〔2015〕渝高法民终字第00335号-1、〔2016〕最高法民申3785号)。

立法的发展历史来看,《公司法》对于股东知情权范围采取的是逐步扩张方法。2005年《公司法》修订之前,理论界对会计原始凭证能否列入股东知情权范围进行了广泛讨论,并基本上持肯定态度,司法实践中也有不少的类似案例。

从《公司法》对财务会计报告和会计账簿的知情权行使条件的规定看,查阅会计账簿的条件要比查阅财务会计报告的条件更为严格。立法本身显然将会计凭证排除在股东知情权的范围之外。

为保护中小股东利益,防止大股东滥用其优势地位,使股东账簿查阅权行之有效,应当尽量扩张账簿查阅权的对象范围,将能够反映公司财务与经营管理情况的会计账簿以及制作会计账簿所依据的各种会计文书(含会计原始凭证、发票、合同文书、纳税申报表、出口凭证等)包括在内。例如,在李淑君等股东知情权纠纷案中,一审法院判决驳回了股东查阅、复制公司会计账簿(包括会计原始凭证)的诉讼请求;二审法院裁判认为股东有权查阅公司会计账簿(含总账、明细账、日记账、其他辅助性账簿)和会计凭证(含记账凭证、相关原始凭证及作为原始凭证附件入账备查的有关资料)。该案作为最高法公报案例具有示范效应,界定了股东查阅权的范围。

对关联公司是否可以行使知情权是一个问题。关联公司是指参股公司、相对控股公司、绝对控股公司、全资子公司等形态的公司。全资子公司之经营利益和后果完全归属母公司,子公司经营决策也受制于母公司机关,作为母公司股东应该有权了解其经营状况和财务状况。各关联公司均有自身独立的经营决策机关,利益也独立于作为股东的公司(即母公司),该类公司的知情权应由其自身股东享有,作为关联公司股东的公司股东,不应享有对关联公司的知情权。

(四)知情权行使目的的正当性

股东会计账簿的查阅权是指股东对公司的会计账簿、会计书类和有关记录进行阅览的权利,构成股东知情权的核心内容。股东会计账簿的查阅权是股东享有对公司经营管理等重要情况或者信息真实了解和掌握的权利,是股东依法行使资产收益、参与重大决策、选择管理者和行使监督公司经营管理事务等权利的基础性权利。股东会计账簿查阅权既有利于股东高效、低成本地行使其他股权,也有利于提高公司对股东的透明度,规范公司治理与经营管理行为,提升公司的投资价值与核心竞争力。

查阅权是一把双刃剑,如果对股东会计账簿查阅权不加以适当限制,极易造成股东滥用查阅权,损害公司和其他股东利益,不利于保护公司商业秘密、防止恶意竞争等,从而影响公司正常经营管理。如果对股东会计账簿查阅权限制不当,可能使查阅权形同虚设,则从根本上损害股东权益乃至公司利益,使得股东的投资缺乏相应的法律保障。《公司法》第33条对股东会计账簿查阅权作出了限制性的规定,规定股东行使会计账簿查阅权应具有正当目的,即会计账簿查阅权规定了正当目的性限制原则,但没有对"不正当目的"作出界定,导致实践中对股东行使会计账簿查阅权之目的的正当性难以把握,在认识不一的情况下作出相互矛盾的裁判,影响法律适用的统一性和稳定性。由于查阅公司财务账簿案件在股东知情权案件中所占比例较大,直接影响对股东知情权的保护效果,对"目的正当性"认定已成为处理这类案件的关键。例如,在石秀丽、聂菊荣股东知情权纠纷案中,[①]一审、二审法院均以知情权缺乏目的正当性为由驳回了原告的诉讼请求。

"正当目的"却是一个相当模糊、不确定、主观性极强的概念,界定股东会计账簿查阅权行使之"正当目的"与"不正当目的",成为知情权案件审理的难点和焦点。例如,真功夫餐饮管理有限公司两次的股东知情权诉讼,真功夫公司均提出了不正当目的的抗辩理由。第一次真功夫拒绝潘宇海,[②]第二次真功夫拒绝蔡达标,[③]真功夫公司两次不正当目的抗辩理由,但法院均未予以采纳,支持了股东知情权的行使。在我国司法审判实践中,对知情权行使目的正当性的确定及处理问题,争议较大。实践中主要有以下两种做法:

(1)目的的正当性。股东知情权是股东固有的、法定的基础性权利,无合理根据证明股东具有不正当目的,则不应限制股东行使。目的的正当性要求是诚实信用原则在商事领域的延伸和演化,是对股东知情权的实质性检验标准。股东仅具有善意、正当、合理的目的,才可能正确行使查阅权,才可能避免恶意股东的侵权行为,如调查公司的财务状况、利润分配政策的妥当性、股权的真实价值、公司董监高经营活动中的不法行为与不妥行为、公司合并分立或者其他重组活动的必要性与可行性、股东提起代表诉讼的证据等,均属股东查阅会计账簿的正当目的。在知情权案件的审理中,法院先审查股东行使知情权的目的是否具有正当性,如股东目的是否具有表面正当的理由,再审查公司主张股东目的不正当的理由是否成立,但由公司承担举证责任。

(2)目的的不正当。在知情权案件的审理中,法院审查发现股东行使知情权时,确实存在以正当目的掩盖非正当目的的可能性。《公司法司法解释(四)》第8条对《公司法》第33条规定目的不正当进行了界定,规定了四种目的不正当的情形,最为主要的是同业竞争。股东与公司存在同业竞争关系,存在泄露公司商业秘密可能,股东查阅

---

① 在石秀丽、聂菊荣诉珠海市建安建筑装饰工程有限公司股东知情权纠纷案(〔2010〕香民二初字第1804号、〔2011〕珠中法民二终字第66号)中,法院裁判摘要认为,《公司法》第34条明确列举了股东查阅的具体文件种类,但在司法实践中,法院应当从正当目的、举证责任、主体确定和前置程序等方面作出审查,以认定股东查阅权的正确行使。

② 在潘宇海诉真功夫餐饮管理有限公司股东知情权纠纷案(〔2009〕天法民二初字第2010号)中,广州中院否定了真功夫公司对潘宇海查询目的不正当的抗辩,判令真功夫公司将财务报告、财务账册、会计凭证(包括与凭证对应的合同)、银行对账单提供给潘宇海委托的会计师事务所进行账目审计并提供不少于10平方米的办公场所供审计使用。

③ 在蔡达标诉真功夫餐饮管理有限公司股东知情权纠纷案(〔2015〕穗天法民二初字第2788号、〔2017〕粤01民终5896号)中,广州中院认为,真功夫公司提交的诉讼资料及微博截图仅能反映双方之间存在的一些诉讼、纠纷。作为真功夫公司股东,蔡达标与真功夫公司利益具有一致性,公司提供的前述资料并不足以证实蔡达标行使股东知情权可能会给公司利益造成损害。蔡达标委托的代理人有权查阅、复制会计账簿(会计账册)、记录、票据、合同和文件。

会计账簿不具正当性,如北京的陈锡联股东知情权纠纷案、[①]上海的复利得利吕策国际有限责任公司股东知情权纠纷案、[②]以及广州的同兴药业有限公司股东知情权纠纷案等。在知情权纠纷实务中,法院支持公司拒绝股东查阅公司会计账簿的案例,多是公司提交股东存在开展同业竞争,损害公司合法利益的情形,这种情形可通过公司的经营范围、实际营业状况等客观证据予以证明。

知情权不正当目的的认定,缺乏一个客观的标准。同样知情权的行为在不同案件背景中可能被不同法院认为正当或者不正当。知情权目的的正当性通常指人的行为的合理性和合法性。知情权的目的正当与否,属于主观判断范围,法律上缺乏客观标准。例如,在上海熊猫机械(集团)有限公司股东知情权纠纷案中,[③]北京宣武区法院一审认为,关于恒盛公司提出熊猫集团在北京成立分公司与其形成同业竞争关系,熊猫集团存在不正当目的……公司法并无股东与公司之间同业竞争的禁止性规定。根据《关于民事诉讼证据的若干规定》第2条的规定,当事人对自己提出的主张负有举证责任,恒盛公司未能举证证明熊猫集团具有不正当目的侵犯其商业秘密的事实,辩称理由不予采信。北京一中院二审则认为,熊猫集团一直向恒盛公司提供产品,由恒盛公司在北京进行销售,现在北京设立的分公司也在销售熊猫集团生产的同类产品……恒盛公司的账簿包括原始凭证中必然会涉及以往产品的销售渠道、客户群、销售价格等商业秘密。二审法院认为恒盛公司拒绝熊猫集团查阅公司会计账簿的请求,理由正当,予以支持。

前述案例的两个审级的不同判决揭示了《公司法》第33条的"有合理根据认为",是由公司证明根据的合理性,还是证明股东目的的不正当,可能是同一行为被不同法院认为正当或者不正当的最主要原因。一审法院以举证规则认为恒盛公司未能证明熊猫集团具有不正当目的,而二审法院则通过同业竞争等事实的分析,认为恒盛公司拒绝查阅理由正当,即认为公司证明了其有合理根据认为股东查阅目的的不正当,着眼点是合理根据,如同业竞争的事实,而一审法院则着眼于对不正当目的本身的证明。

---

① 在陈锡联诉北京法博洋国际科技发展有限公司股东知情权纠纷案(〔2009〕一中民初字第5147号)中,北京一中院认为,法博洋公司与爱迪士(上海)室内空气技术有限公司的经营均涉及中央式管道的吸尘、清洁,属于同类业务。法博洋公司有合理根据认为陈锡联查阅公司会计账簿以及公司原始凭证和记账凭证具有不正当的目的,可能损害公司合法利益。

② 在复利得利吕策国际有限责任公司诉吕策控制系统(上海)有限公司股东知情权纠纷案(〔2012〕闸民二(商)初字第S589号、〔2014〕沪二中民四(商)终字第S488号)中,上海二中院认为,在吕铁公司与吕策上海公司之间存在同业竞争关系和竞争事实,吕策上海公司有理由怀疑吕策德国公司查阅会计账簿存在不正当目的的情况下,吕策德国公司应当对其查阅的目的作出合理解释。吕策上海公司以吕策德国公司存在不正当目的、可能损害公司合法利益为由拒绝其查阅会计账簿,具有事实和法律依据。公司章程中有关股东查阅权的约定不能阻却法律赋予公司的对股东不正当目的的抗辩。

③ 在上海熊猫机械(集团)有限公司诉北京熊猫恒盛机械设备有限公司股东知情权纠纷案(〔2007〕宣民初字第8679号、〔2008〕一中民终字第5114号)中,法院裁判摘要认为,恒盛公司账簿包括原始凭证必然涉及恒盛公司以往产品的销售渠道、客户群、销售价格等商业秘密。现熊猫集团在北京设立的分公司从事同种类产品的销售工作,通过查阅账簿势必会掌握恒盛公司的商业秘密,有占领恒盛公司开发的市场、损害恒盛公司利益的可能。因此,恒盛公司有权拒绝熊猫集团查阅公司会计账簿的请求。

公司要证明股东查询目的不正当非常困难,而要证明合理依据则较为容易。

（五）股东知情权行使的方式

股东提起知情权诉讼时,请求法院判令对公司财务状况进行审计,或者要求带他人查阅账簿帮助其行使知情权,理由通常是股东自身财务知识缺乏、公司财务状况混乱等。司法审判实践中主要有三种做法:

（1）禁止股东通过审计方式行使知情权。司法审判实践禁止通过审计方式行使知情权的理由主要有三点:其一,《公司法》没有规定,如章程也无规定,则支持审计请求缺乏法律依据;其二,审计成本较高,如股东在行使知情权时不懂会计知识,可以考虑允许其聘请财务人员帮助查阅会计账簿;其三,审计本身基于查阅目的不同,范围和内容也不同,给审计带来很大不确定性。

（2）禁止股东带人查阅有关账簿资料等请求。会计账簿是公司重要的资料,涉及公司经营运作和商业秘密,《公司法》仅规定股东查阅而未规定可以委托他人查阅,因而股东不得委托他人查阅财务账簿资料。

（3）允许股东委托中介机构查阅账簿等行使知情权。股东可以委托会计师事务所查阅财务账簿。中介机构一般有职业规制,对于其受委托行为可以通过执业规范等加以约束,通常不会泄露公司商业信息。

在前述三种做法中,前两种做法过于简单,对《公司法》的相关规定解释较为狭隘,最后一种观点较为可行,有利于保护中小投资人利益。为维护实质正义、实现自然人股东知情权的立法价值,允许自然人股东聘请专业人员协助查阅会计账簿,既可保证自然人股东通过专业人员的协助切实获得自身所需要的公司信息,也可以节省查阅时间,避免不必要的麻烦。[①] 自然人股东通常并不具备财务会计知识,自然人股东本人查阅无法知晓公司经营和财务状况,应当允许自然人股东借助财务会计方面的专业人士帮助其实现知情权。例如,在蔡达标股东知情权纠纷案中,广州中院认为,真功夫公司应配合安排蔡达标指定的会计师事务所,对真功夫公司的账目进行审计。根据真功夫公司章程的规定,蔡达标享有委托会计师事务所查询财务账簿的权利。

四、股东优先购买权

股东优先购买权是指有限责任公司股东对外转让股权时,公司其他股东在同等条件下对该转让股权享有优先购买的权利。《公司法》第 71 条规定了股东优先购买权,股东向股东之外的第三人转让股权的,股东享有优先购买权。《公司法》第 72 条规定了法院强制执行股权时股东的优先购买权。股东优先购买权制度是对股份自由转让的一种限制性措施,主要是为维护有限责任公司的人合性并保持公司控制权的平衡。

[①]　如《北京市高级人民法院关于审理公司纠纷案件若干问题的指导意见》第 17 条第 1 款规定:"有限责任公司股东可以委托律师、注册会计师代为行使公司会计账簿查阅权。"

例如，在楼国君股权转让与优先购买权纠纷案中，[①]最高法的判决肯定了股东优先购买权，认为方樟荣等股东未如实向楼国君通报股权转让真实条件，采取内外有别的方式提高股权转让条件，不符合《公司法》相关规定，有违诚实信用原则。楼国君坚持明确主张按方樟荣等股东对外转让合同的条件行使优先购买权，是合理主张共有权益人的权利，符合《公司法》的规定。方樟荣等股东多次随意变更意思表示，不顾及对交易相对人合理利益的维护，对依法享有优先购买权的公司股东楼国君明显不公平，同时也是不诚信的行为。

股东优先购买权是对其他股东自由转让股权这种权利的限制，股东行使优先购买权应严格按照《公司法》第71条规定进行。股东行使优先购买权的前提是，拟出让股东与股东以外的人已经就股权转让达成合意，该合意不仅包括对外转让的意思表示，还应包括价款数额、付款时间、付款方式等在内的完整对价。股东行使优先购买权有三个方面的问题：

（1）同等条件的认定。股权转让条件一般包括转让价格、支付方式、履行期限和其他约定条件，其中转让价格是最重要的条件。对于影响转让价格的其他条件，如一些优惠条件或者利益交换，包括代偿债务、提供贷款保证、股权交换等，则应考虑其他因素的价值，综合评定其他因素的价值，最终确定转让真实价格。

（2）优先购买权的部分行使。股东出于控股或者无力购买全部转让股权等原因仅主张行使部分优先权。部分优先购买权原则上不应得到支持，因为部分优先购买权的行使不符合"同等条件"优先购买权。[②]对股东转让股权行为的限制，不能损害股东相对自由地转让股权的权利，不能损害受让人的合法权益。

（3）法院强制执行时的股权优先购买权。在采取拍卖、变卖和其他方式变卖股权时，在与法院确定的股权转让价格等同时，其他股东可以行使优先购买权。但其他股东行使优先购买权，有可能损害经拍卖、变卖或者以其他方式得到股权的第三人的合法利益。[③]

法院在执行股权时应当告知股权存在优先购买权的情况，由买受股权的人自行决定是否仍进行竞买或者购买。法院应通知其他股东出席拍卖现场，在拍卖落槌后，其

---

① 在楼国君诉方樟荣、毛协财、王忠明、陈溪强、王芳满、张铨兴、徐玉梅、吴广灯股权转让与优先购买权纠纷案（〔2009〕浙金商初字第27号、〔2010〕浙商终字第27号、〔2011〕民提字第113号）中，法院裁判摘要认为，股东对外转让股权中，已就转让条件已经达成合意，其他股东行使优先购买权后，拟对外转让股权股东恶意撤销已经成就的其他股东行使优先购买权条件，或者采取内外有别隐瞒股权转让条件的，属于滥用权利，损害其他股东利益的行为，其他股东可主张依照转让条件行使优先购买权受让转让股权。

② 优先购买权不得部分行使，主要有三个方面的理由：首先，违背了优先购买权行使的基础，即同等条件；其次，不合理地限制了股东转让股权的自由；再次，造成了大股东控制权的解构，导致拟交易股权实际价值的降低。

③ 在拍卖成交后，股东行使优先购买权直接违反《拍卖法》的规定。根据《拍卖法》的规定，竞买人应价仅在其他竞买人报出更高应价时才丧失约束力，而根据《最高人民法院关于人民法院民事执行中拍卖、变卖财产的规定》，优先购买权人仅需报出相同应价，即可使竞买人应价失效，从而改变了拍卖程序和价格形成机制，侵害了《拍卖法》规定的竞买人的权利。

他股东即决定是否行使优先购买权,以便及时确定股权受让人。

国有企业转让股权时必须进场交易(即产权交易所),但进场交易不能侵害其他股东的权利。产权交易所应当平等对待不同所有制股东,依法保护非公有制企业的优先购买权。例如,在中静实业(集团)有限公司股权转让纠纷案中,① 上海二中院认为,有限责任公司股东对外转让股权时,其他股东的优先购买权是股权的重要内容之一,应当依法予以保护。法院支持中静公司要求行使优先购买权的主张,体现了对混合所有制企业中非公有制股东的平等保护。前述案例是保护民营企业在有限责任公司股权转让时享有优先购买权的典型案例。电力公司作为国有企业,转让股权时必须进场交易,但进场交易不能侵害其他股东的权利。产权交易所在中静公司提出异议却未告知是否如期交易的情况下,将电力公司的股权转让给水利公司,侵害了中静公司的优先购买权。在混合所有制经济中,法律应当平等保护公有制经济主体与非公有制经济主体。由于混合所有制企业中,不同所有制经济主体的权利体现为对混合所有制企业的股权,保护非公有制经济主体的权利就体现为对其股东权利的保障。对中静公司优先购买权的保护,体现了对混合所有制企业中非公有制股东的平等保护。

在对外签订股权转让协议的过程中,股东应当充分考虑到其他股东享有的优先购买权对股权转让协议履行的影响。一旦其他股东行使优先购买权,导致股权转让协议无法履行,当事人可能承担融资损失,错失商业机会等。在转让协议中,当事人应当明确约定双方的权利、义务。如果公司存在可能行使优先购买权的股东,还应考虑因其他股东行使优先购买权导致合同无法履行时,双方应如何承担因准备履行或者实际履行转让协议所产生的损失。例如,在北京新奥特公司股权转让合同纠纷案中,② 最高法认为,华融公司和新奥特集团在签订股权转让协议时,均知晓其他股东的优先购买权,也知晓电子公司不放弃优先权的态度。由于法律对股东行使优先权的方式、期限等没有明确规定,华融公司采取通知函的形式限期电子公司行使优先权,逾期视为放弃。新奥特集团完全认同华融公司已经以这种方式排除了电子公司行使优先购买权。双方当事人在认为电子公司已丧失优先权的情况下签订了股权转让协议。此后的仲裁裁决没有支持华融公司与新奥特集团在优先权问题上的判断,而裁决电子公司可以行使优先权。电子公司实际行使优先权的行为,最终导致涉案股权转让协议终止履行。由于华融公司与新奥特集团在签约时,应当预见该合同可能因电子公司行使优先

---

①　在中静实业(集团)有限公司诉上海电力实业有限公司、中国水利电力物资有限公司股权转让纠纷案(〔2012〕黄浦民二(商)初字第 534 号、〔2014〕沪二中民四(商)终字第 1566 号)中,法院裁判摘要认为,虽然国有产权转让应当进产权交易所进行公开交易,但因产权交易所并不具有判断交易一方是否丧失优先购买权的能力,在法律无明文规定且股东未明示放弃优先购买权的情况下,享有优先购买权的股东未进场交易,并不能根据交易所自行制定的"未进场则视为放弃优先购买权"的交易规则,得出其优先购买权已经丧失的结论(2016 年最高法公报案例)。

②　在北京新奥特公司诉华融公司股权转让合同纠纷案(〔2003〕高民初字第 1 号、〔2003〕民二终字第 143 号)中,法院裁判摘要认为,在签订股权转让协议时,股权转让的双方当事人应当预见股权转让协议可能因其他股东行使优先权而终止但没有预见的,双方对合同的终止履行均有过错,一方当事人因准备合同履行及实际履行中产生的损失应由双方共同承担(2005 年最高法公报案例)。

权而终止，但没有预见，造成合同终止履行，双方均有过错。新奥特集团因准备合同履行及实际履行中产生的损失应由华融公司、新奥特集团各自承担 50%。

为规避目标公司其他股东的优先购买权，不直接收购目标公司的股权，而是收购目标公司股东的母公司 100% 股权，间接取得目标公司股权，也因违反股东优先购买权制度而归于无效。例如，在浙江复星商业发展有限公司股权转让合同纠纷案中，[1] 绿城公司、证大五道口公司是海之门公司的直接股东，而嘉和公司、证大置业公司分别持有绿城公司、证大五道口公司 100% 的股权。嘉和公司和证大置业公司分别与长昇公司签订股权转让协议，约定二者分别将所持有的绿城公司与证大五道口公司的 100% 股权出让给长昇公司。长昇公司通过直接控股绿城公司和证大五道口公司间接取得海之门公司 50% 的股权。通过上述股权收购的模式，完成了对绿城公司、证大五道口公司的间接控股，从而实现对海之门公司享有 50% 的权益，最终实现对项目公司享有 50% 的权益。上海一中院认为，股东优先购买权具有法定性、专属性，是一种附条件的形成权和期待权。绿城公司和证大五道口公司并未继续执行相关股东优先购买的法定程序，而是有悖于海之门公司的章程、合作协议等有关股权转让和股东优先购买的特别约定，完全规避了法律赋予复星公司享有股东优先购买权的设定要件，通过实施间接出让的交易模式，达到了与直接出让相同的交易目的。该种股权交易的实质，属于明显规避了《公司法》有关有限公司股东的优先购买权之规定，符合《合同法》第 52 条第 3 项规定的以合法形式掩盖非法目的的情形，应当依法确认为无效。前述案例的判决较为独特，认定股东优先购买权具有穿透效力，并不代表在其他案件中，该种交易模式也必然会被认定为无效。[2]

有限责任公司的股东因继承、遗赠等原因发生变化时，其他股东不得主张优先购买股权。股东之间转让股权，也同样不适用股东优先购买权。从股东优先购买权的立法目的看，有限责任公司的封闭性和人合性特征，使股东之间建立一种信赖关系，基于信赖关系实现股东之间资金联合。在股东向非本公司股东转让股权时，这种信赖关系可能被打破。法律有必要将公司人合因素的影响，控制在一个合理的范围内，立法规定了对外转让时其他股东的优先购买权。但是，股东内部的转让并不影响公司的封闭

---

[1] 在浙江复星商业发展有限公司诉上海长烨投资管理咨询有限公司、浙江嘉和实业有限公司、上海证大置业有限公司、上海长昇投资管理咨询有限公司、杭州绿城合升投资有限公司、上海证大五道口房地产开发有限公司股权转让合同纠纷案（〔2012〕沪一中民四（商）初字第 23 号）中，法院裁判摘要认为，股东优先购买权具有法定性、专属性，是一种附条件的形成权和期待权。公司外部第三人通过直接收购目标公司股东的母公司的 100% 股权的方式间接取得目标公司股权的交易模式，完成间接入股目标公司的交易目的，明显规避了股东优先购买权的规定，当属无效。

[2] 案件涉及潘石屹的 SOHO 中国与复兴集团因上海外滩 8-1 地块争夺。2010 年 2 月 1 日，上海外滩 8-1 地块以 92.2 亿元的价格成交，成为上海有史以来最昂贵的政府出让土地。同年 4 月，上海证大与复星国际、绿城及上海磐石共同成立上海海之门房地产投资管理有限公司，复星国际为大股东，拥有 50% 股份。2011 年 11 月，上海证大以 95.7 亿元向海之门出售外滩地块项目。海之门由浙江复星、证大房地产、绿城及磐石投资分别直接或间接占有 50%、35%、10% 及 5%。同年 12 月 29 日，SOHO 中国收购了证大五道口及绿城的全部股权，SOHO 中国将间接拥有外滩 8-1 地块 50% 的权益。同年 12 月 30 日，复星集团发布公告称，SOHO 中国和绿城关于外滩 8-1 地块的相关交易侵犯其合法权益。

性和人合性,不涉及第三人利益和公共利益,立法和司法无须对其进行强制性干预。虽然股东之间的股权转让可能涉及公司内部治理结构的调整和公司控制权的可能性变更,但这属于公司内部事务,不是法律应干预的范围。例如,在林梅灼股权转让纠纷案中,①最高法认为,根据《公司法》第 71 条第 1 款的规定,股东之间转让股权无须经过股东会决议程序,不涉及其他股东的优先购买权问题。涉案股权转让合同签订时,林梅灼及林俨儒均为鑫海公司的股东,是股东之间转让股权,而非对外转让股权,不涉及其他股东优先购买权。股东优先购买权的行使范围限于股权向公司股东以外的第三人转让的情况,不适用于有限责任公司股东内部间的股权转让行为。

五、股东诉讼权

股东诉讼权是指股东基于股东权受到侵害而享有提起诉讼的权利。为切实保障股东权利,世界各国公司法普遍确立股东诉讼的权利,对受到侵害的股东权给予法律救济。股东诉讼有股东直接诉讼和股东间接诉讼之分。

股东直接诉讼是指股东基于股东身份为自己的利益向其他侵犯自己利益的人提起的诉讼。直接诉讼与间接诉讼的本质区别不在于起诉主体,而在于起诉原因和目的。股东直接诉讼权行使的目的是维护股东自身利益,股东以个人名义向法院提起诉讼。股东直接诉讼权行使的结果归属于原告股东个人,其他股东不能享受诉讼利益。直接诉讼的被告为公司或者是公司大股东、董事、监事及高级管理人员。根据诉讼性质,股东直接诉讼可以分为以下五种形式:

(一)决议效力之诉

决议效力之诉是指股东对股东大会决议、董事会决议的效力提起的诉讼,提起诉讼的目的是请求法院确认股东大会和董事会决议的有效、无效、可撤销和不成立。《公司法司法解释(四)》规定了公司决议的效力问题,涉及公司决议的无效、可撤销和不成立问题,但缺失有效公司决议。公司决议的效力涉及成立、有效、无效和可撤销四个方面的内容:

(1)公司决议的成立。公司决议的成立与否,直接关系到公司决议的有效、无效和可撤销问题,仅在公司决议成立的前提下,公司决议才可能会产生有效、无效和可撤销问题。公司决议一旦确认不成立,则不存在公司决议有效、无效和可撤销问题。公司决议的成立是指公司股东会或者董事会按《公司法》和公司章程规定召集程序和表决程序作出的决议,决议即告成立。《民法总则》第 134 条第 2 款规定,法人、非法人组织依照法律或者章程规定的议事方式和表决程序作出决议的,该决议行为成立。公

---

① 在林梅灼诉林俨儒、福建鑫海冶金有限公司等股权转让纠纷案(〔2014〕闽民初字第 102 号、〔2015〕民二终字第 176 号)中,法院裁判摘要认为,股东优先购买权是有限责任公司股东所享有的法定权利,但该权利的行使范围应限于股权向公司股东以外的第三人转让的情况,在股东内部发生股权转让时,其他股东并不享有优先购买权,但可以要求其他股东或公司行使相应的附随义务。

司决议的成立解决了公司决议的有无问题，即公司决议已经存在的事实。例如，在赵小菊公司决议效力确认纠纷案中，广州中院认为，公司决议为公司的意思表示，股东会行为均被拟制为公司行为。但公司意思表示不能机械地理解为全体股东的一致意思表示，更非完全一致的共同行为。为照顾多数表决者的意思表示，并兼顾公司决策的效率，股东会决议不能遵循一致决议的原则。根据原审查明事实，赵小菊出席了涉案股东会并对有关议决事项作出表态，在股东会内容及程序均符合《公司法》规定的情形下，涉案公司股东会决议成立。

与公司决议成立相对的是公司决议的不成立，即公司决议的不存在。《公司法司法解释（四）》第5条规定了公司决议不成立的五种情形，如在张艳娟股东权纠纷案中，[①]南京玄武区法院认为，公司控制人虚构实际上不存在的股东会，股东会决议不成立。在吴国璋决议效力确认纠纷案中，[②]厦门中院认为，公司股东会决议未经公司章程规定的2/3以上表决权股东通过，股东会决议不成立。前述两个案例分别属于《公司法司法解释（四）》第5条规定的公司决议不成立的第一种和第三种情形。

（2）公司决议的有效。有效的公司决议是指按照法律或者章程规定的议事方式和表决程序作出决议的内容符合法律规定。例如，在贵州捷安投资有限公司股权确权及公司增资扩股出资份额优先认购权纠纷案中，贵州高院一审、最高法二审和再审均确认了公司股东会增资决议是有效的。在孟广海、范羽、崔岗、张琳、李辉洲公司决议效力确认纠纷案中，[③]北京二中院认为，《公司法》和《民事诉讼法》没有将确认公司决议有效明确排除在法院的受理范围外，但鉴于股东会决议为公司自治范畴，除被确认无效或者撤销，一经作出即为有效。因此，股东会决议的有效性无须经法院确认。

（3）公司决议的无效。无效公司决议是指按照法律或者章程规定的议事方式和表决程序作出决议的内容违反法律、行政法规的规定。《公司法》第22条第1款规定，公司股东会或者股东大会、董事会的决议内容违反法律、行政法规的无效。在公司实务中，非法解除股东资格的公司决议、非法变更股东出资额和持股比例的公司决议、侵犯股东法定权利的公司决议、损害公司或者公司债权人利益的公司决议等公司决议无效。例如，在徐荣志公司决议效力确认纠纷案中，广西高院认为，解除股东资格仅适用

---

① 在张艳娟诉江苏万华工贸发展有限公司、万华、吴亮亮、毛建伟股东权纠纷案（〔2006〕玄民二初字第1050号）中，法院裁判摘要认为，有限责任公司召开股东会议并作出会议决议，应当依照法律及公司章程的相关规定进行。未经依法召开股东会议并作出会议决议，而是由实际控制公司的股东虚构公司股东会议及其会议决议的，即使该股东实际享有公司绝大多数的股份及相应的表决权，个人决策也不能代替股东会决议的效力（2007年最高法公报案例）。

② 在吴国璋诉厦门市同安区捷强市政工程有限公司决议效力确认纠纷案（〔2012〕同民初字第2324号、〔2013〕厦民终字第668号）中，法院判决摘要认为，有限责任公司的股东会决议具有约束公司及其常设机关的效力，决议的内容和程序必须符合法律和公司章程的规定。公司股东会议案未能达到公司章程规定的表决权比例，均不能成立，不产生股东会决议应有的法律效力。

③ 在孟广海、范羽、崔岗、张琳、李辉洲诉北京兴地煤炭筛选有限公司公司决议效力确认纠纷案（〔2015〕房民（商）初字第04850号、〔2015〕二中民（商）终字第06748号）中，法院裁判摘要认为，公司作出变更法定代表人的决议后，公司原法定代表人及相关股东有配合办理工商变更的义务。拒不配合的，公司及公司股东均有权提起诉讼要求其协助办理工商变更登记手续。公司决议一经作出，除被法院确认无效或者撤销，有效性无须再经法院确认。

于严重违反出资义务的情形,即未出资和抽逃全部出资,未完全履行出资义务和抽逃部分出资的情形不应包括在内。徐荣志成为米兰公司的股东并非是原始取得,而是通过受让曾剑民持有的米兰公司股权的形式取得股权及股东资格的,因而解除徐荣志的股东资格的股东会决议无效。又如,在张王玉公司决议效力确认纠纷案中,[①]海南高院认为,张某作为公司的法定代表人,在张王玉未参加公司的股东会,未同意持股比例变更的情况下,擅自作出股东出资额和持股比例变更的股东会决议和章程修正案,属于无处分权人未经权利人许可,处分权利人财产的行为,该行为未得到张王玉的追认,应认定无效。法院认定涉案股东会决议的内容违反法律规定而归于无效,但实际上,涉案股东会决议因召集程序违法而未成立,并非决议无效。

(4)公司决议的可撤销。可撤销公司决议是指公司决议因公司股东会或者董事会的召集程序、表决方式违反法律、行政法规或者公司章程,或者公司决议内容违反公司章程的规定,权利人可以在法定期限内请求撤销。《公司法》第22条第2款规定了撤销公司决议,公司决议可撤销的原因包括:召集程序违反法律、行政法规或公司章程,表决方式违反法律、行政法规或公司章程,决议内容违反公司章程。例如,在李建军公司决议撤销纠纷案中,[②]上海二中院认为,在审理公司决议撤销纠纷案件中应当审查会议召集程序、表决方式是否违反法律、行政法规或者公司章程以及决议内容是否违反公司章程。在未违反前述规定的前提下,解聘总经理职务的决议所依据的事实是否属实,理由是否成立,不属于司法审查范围。

《公司法》第22条第2款关于可撤销公司决议存在明显的漏洞,违反《民法通则》第159条、《民法总则》第147条、第148条、第149条、第150条和第151条规定的可撤销法律行为,且与《公司法司法解释(四)》第5条规定的公司决议不成立相冲突。根据《民法总则》第143条的规定,公司依照法律或者章程规定的议事方式和表决程序作出决议的,决议行为成立。《公司法》第22条第2款将会议召集程序、表决方式违反法律、行政法规或者公司章程的,规定为可撤销的股东会决议,这些公司决议显然属于不成立的情形。显然,《公司法》第22条第2款的规定已经为《民法总则》所修改。在审判实务中,公司决议被撤销的判决是凤毛麟角。

(二)损害赔偿之诉

损害赔偿之诉是指公司、控股股东、实际控制人、董事、监事及高级管理人员,违背股东个人意愿,损害了该股东财产权益的,该股东对侵害人提起的诉讼,目的是请求获得赔偿或者返还财产。《公司法》第21条、第112条、第152条规定了损害赔偿之诉。例如,在甘肃居立门业有限责任公司公司盈余分配纠纷中,最高法认为,盈余分配是以公司利润进行给付,公司是利润给付义务主体,但如果公司应分配资金因被部分股

---

① 张王玉诉海南展泰科技有限公司公司决议效力确认纠纷案(〔2013〕海中法民三初字第105号、〔2014〕琼民终三字第1号)。

② 李建军诉上海佳动力环保科技有限公司公司决议撤销纠纷案(〔2009〕黄民二(商)初字第4569号、〔2010〕沪二中民四(商)终字第436号)。

东变相分配利润、隐瞒或者转移公司利润而不足以实现支付时，不仅直接损害了公司利益，也损害到其他股东利益，利益受损的股东可直接依据《公司法》第20条第2款的规定向滥用股东权利的公司股东主张赔偿责任，或者依据《公司法》第21条的规定向利用关联关系损害公司利益的控股股东、实际控制人、董事、监事、高级管理人员主张赔偿责任，或者依据《公司法》第149条的规定向违反法律、行政法规或者公司章程的规定给公司造成损失的董事、监事、高级管理人员主张赔偿责任。涉案的李昕军既是太一热力公司法定代表人，又是兴盛建安公司法定代表人，利用关联关系将太一热力公司5600万余元资产转让款转入关联公司，如果李昕军不能将相关资金及利息及时返还太一热力公司，则李昕军应当按照《公司法》第21条、第149条的规定对该损失向公司承担赔偿责任。李昕军利用关联关系转移公司资金直接损害公司利益，应对公司就不能收回的资金承担赔偿责任。

（三）查阅权请求之诉

查阅权请求之诉是指对公司拒绝提供股东查阅章程、股东会会议记录、董事会会议决议、监事会会议决议和财务会计报告的，股东可以向法院提起请求公司提供查阅的诉讼。股东有权查阅、复制公司章程、股东会会议记录、董事会会议决议、监事会会议决议和财务会计报告。公司拒绝提供查阅的，股东可以请求法院要求公司提供查阅。《公司法》第33条规定了股东的查阅请求权，为确保股东知情权的实现提供了法律上的救济途径。例如，在香港捷成有限公司股东知情权纠纷案中，[①]天津高院认为，根据《公司法》第33条规定，股东查阅、复制公司章程、董事会决议、财务会计报告等文件并无任何条件限制，公司无权拒绝。账簿查阅权是股东知情权的重要内容，股东对公司经营状况的知悉，最重要的内容之一是通过查阅公司账簿了解公司财务状况。有关账簿的范围，根据《会计法》第15条规定及知情权的立法宗旨，股东只有通过查阅原始凭证才能知晓公司真实的具体经营活动。根据会计准则，相关合同等有关资料也是编制记账凭证的依据，应当作为原始凭证的附件入册备查，从而捷成公司查阅权行使的范围应当包括会计账簿和会计凭证。从维持公司正常经营秩序、方便股东行使权利等因素考虑，捷成公司应当在北方食品公司正常的业务时间内且不超过10个工作日内查阅，查阅的方便地点应在北方食品公司。

（四）异议股东股份回购请求之诉

异议股东股份回购请求权是指在特定情形下对公司股东（大会）会议决议持反对意见股东所享有的一种"要求公司以合理公平的价格收购自己股份"的权利。公司股东大会基于"资本多数决"对有关公司的重大事项作出决议后，反对公司变化的少数股东有权表示异议，请求公司以公平价格回购其股份。异议股东股份回购请求权旨在当公司结构发生重大变化时，赋予异议股东在获得合理补偿后，退出已发生重大变化的

---

① 香港捷成有限公司诉天津北方食品有限公司股东知情权纠纷案（〔2009〕二中民三初字第15号、〔2011〕津高民四终字第170号）。

公司的权利。

异议股东股份回购请求权有狭义和广义之分。广义的异议股东股份回购请求权包括有限责任公司和股份有限公司异议股东股份回购请求权。狭义的异议股东股份回购请求权仅指股份有限公司异议股东股份回购请求权,尤其是上市公司异议股东股份回购请求权。异议股东股份回购请求权制度是对少数异议股东利益保护的一种有效机制,源于普通法国家,蕴涵了英美法系对不同利益股东之间平衡的追求。《公司法》第74条和第142条规定了异议股东股份回购请求权制度,如刘胜请求公司收购股份纠纷案、株洲市建筑设计院有限公司股权转让纠纷案均涉及异议股东股份回购请求权。

异议股东股份回购请求权起源于股东平等原则,旨在平衡多数股东和异议股东的利益,从而实现效率和公平的均衡。在少数股东和多数股东的利益发生冲突时,异议股东享有股份回购请求权,从而避免受多数股东操纵的股东会决议损害自己利益。

异议股东股份回购请求权最核心的问题是对回购股份价格的确定。从各国立法来看,确定股份价格的方式主要以公司和异议股东协商一致为主。如果公司和异议股东对股价公平价格不能达成一致意见,按照多数国家或地区立法的规定,将会启动股份估价司法程序,即请求法院在外部专家的参与下,确定回购股票的公平交易价格。

（五）公司解散请求之诉

公司解散请求权是指股东因权益受到损害而依法请求法院解散公司的权利。股东行使公司解散请求权应具有法定事由。《公司法》第182条规定了公司解散请求权并规定了解散事由。《公司法司法解释(二)》是关于公司解散和清算的专门规定,细化了公司解散条件,更具可操作性。公司解散的主要情形如下:

一是公司经营管理陷入僵局。公司经营管理事务陷入僵局,股东会或者董事会长期无法召开或者召开但无法形成决议,如林方清公司解散纠纷案。①

二是股东遭受不公正的压迫。"多数决"的公司资本制度下,权力机关的决议均严格实行"资本多数决"。当支配着公司的控股股东滥用权利,对其他股东造成欺压时,应当赋予后者解散请求权。

三是公司或者股东利益受到严重损害。公司董事以公司资产为大股东担保或者借款给大股东,造成公司资产严重减少,危害公司利益进而最终危及股东的利益。

四是公司经营目的发生重大变更。公司违反公司章程规定的目的或者社会公共利益以及法律规定,不能实现股东设立公司的目的,导致股东成立公司的合作目的丧失,股东可基于丧失成立公司之目的的理由请求解散公司。

股东间接诉讼,又称为股东派生诉讼,是指当公司的正当权益受到他人不法侵害,特别是受到有控制权的大股东、母公司、董事和管理人员的侵害,而公司怠于行使诉权时,符合法定条件的股东以自己名义为公司的利益对侵害人提起诉讼追究侵权人法律

---

① 林方清诉常熟市凯莱实业有限公司、戴小明公司解散纠纷案(〔2006〕苏中民二初字第0277号、〔2010〕苏商终字第0043号)。

责任的诉讼制度，如浙江和信电力开发有限公司等损害公司权益纠纷案。

股东派生诉讼不同于股东为维护自身利益向公司或者其他人提起的直接诉讼。直接诉讼的原告是最终受益者，而股东间接诉讼原告只享有名义上的诉权，胜诉后利益归属于公司，公司股东全体受益，提起诉讼的股东仅因持有公司股份间接受益，如林承恩损害公司利益纠纷案。[①]

《公司法司法解释（五）》第 2 条的规定为中小股东在控股股东及实际控制人利用关联交易损害公司及其他股东利益时维护公司及自身利益提供了法律依据，明确了关联交易合同无效和可撤销的情形，对关联交易中相关合同确认无效与撤销的请求权，为中小股东提供了追究关联人责任、保护公司和自身利益的制度保障。合同无效与撤销请求权实际上扩展了股东派生诉讼的适用范围，扩大到关联交易合同的确认无效和撤销纠纷。尽管司法解释为股东通过股东派生诉讼的方式介入关联交易合同提供了依据，但是诉讼的被告方是关联交易合同的相对方，诉讼请求是撤销合同或者确认合同无效、返还财物或价款，可撤销的关联交易合同应当注意行使撤销权的除斥期间。

第五节　股权转让

股权转让是指公司股东根据法律规定或者公司章程规定将自己的股权或者股份让与受让人，受让人以支付一定对价的方式取得公司股权的法律行为。在公司存续期间，公司投资人不得退股，但公司制度设计允许投资人以某种方式退出公司，公司股权转让制度成为投资人退出公司的唯一方式。股权转让是一种股权买卖行为，是引起股权变动的法律行为。

合理、顺畅的股权转让制度能够有效地促进公司筹资与资本流通、优化资源配置、完善公司治理结构及实现股东投资目的。我国《公司法》对股权转让的规定较为原则，股权转让实务中纠纷大量产生，影响了公司正常运营。股权转让纠纷的妥善解决，是司法审判实践面临的问题，股权转让合同的效力是司法实务中的难点。

一、股权转让合同的效力

股权转让合同是指股权转让方与股权受让方对股权转让过程中各自权利义务所

---

① 在林承恩诉李江山、涂雅雅损害公司利益纠纷案（〔2010〕赣民四初字第 4 号、〔2012〕民四终字第 15 号）中，法院裁判摘要认为，案件是香港股东代表香港公司向另一香港股东及他人提起的损害公司利益之诉。原告提起诉讼的基点是认为另一香港股东利用实际控制香港公司及该公司在内地设立的全资子公司等机会，伙同他人采取非正当手段，剥夺了本属于香港公司的商业机会，从而损害了香港公司及其作为股东的合法权益。但原告所称的商业机会并非当然地专属于香港公司，实际上能够满足投资要求及法定程序的任何公司均可获取该商业机会。原告在内地子公司经营效益欠佳时明确要求撤回其全部投资，其与另一香港股东也达成了撤资协议。鉴于另一香港股东及他人未采取任何欺骗、隐瞒或者其他非正当手段，且商业机会的最终获取系另一股东及他人共同投资及努力的结果，终审判决最终驳回了原告的诉讼请求（2014 年最高法公报案例）。

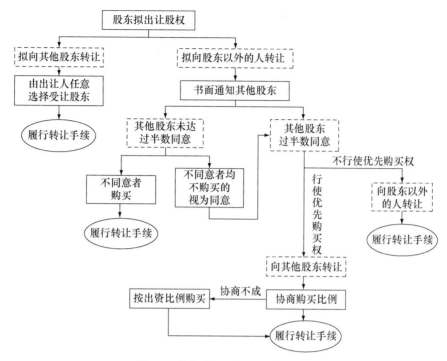

图 5-1　有限责任公司股权转让规则

达成的一致的意思表示。股权转让是一种较为复杂的法律行为,涉及多种法律关系,为避免转让方与受让方出现纠纷时缺乏书面证据,通常应签署书面股权转让合同,以明确双方的权利义务,股权转让合同在股权转让中意义重大。有些地方要求股权转让协议必须经过公证或者鉴证,并以此作为办理工商登记变更的依据。

(一)股权转让合同的成立

股权转让合同的成立是双方当事人对股权转让的一致意思表示,即股权转让的要约与股权转让的承诺过程。股权转让合同成立是一个事实问题,股权转让合同不成立由过错一方当事人承担缔约过失责任。股权转让合同生效是法律对股权转让事实问题的合法性判断,即法律对已经成立的股权转让合同所作出的肯定性评价。

股权转让合同的成立,适用《合同法》关于合同成立的一般规定,即《合同法》第 25 条之规定,承诺生效时合同成立。例如,在包家权公司盈余分配纠纷案中,[①]上海一中院认为,按照《合同法》的规定,除了法律规定或者当事人约定采用特定形式订立合同时须满足该形式要件外,缔约当事人就合同的主要条款达成一致合意,合同即告成立。《合同法》第 25 条明文规定,合同自承诺生效时即告成立。作为一种典型的合同关系,股权转让合同的成立同样适用前述规则。股权转让合同的成立与否,取决于对转让方

---

① 包家权诉上海浦东新区五金交电化工有限公司公司盈余分配纠纷案(〔2013〕浦民二(商)初字第 2465 号、〔2013〕沪一中民四(商)终字第 2134 号)。

与受让方意思表示的确认。涉案股权转让协议是双方真实意思表示，股权转让协议内容也不违反法律，股权转让协议一经签订即告成立并生效。

股权转让的意思表示形式，即股权转让的合同形式，是司法实务中经常遇到的问题，《公司法》没有规定股权转让合同必须采取书面方式，表明法律对合同形式没有强制性的规定。当事人既可以采取口头形式，也可以采取书面形式，只要当事人意思表示一致，合同形式不影响合同的成立。例如，在贺加军股权转让纠纷案中，①荆门中院认为，《合同法》第 10 条规定，当事人可以书面形式、口头形式或其他形式订立合同。对于股权转让，法律未规定必须订立书面合同，涉案股权转让双方当事人也未约定合同订立形式，当事人未在还款协议上签字，不妨碍股权转让合同的成立。但由于股权转让合同涉及当事人权利义务，而只有书面形式才可以明确当事人各自的权利义务，否则，当事人权利义务缺乏相应的证明。因此，股权转让合同在实践中通常采取书面方式。

（二）股权转让合同的生效

股权转让合同生效是法律对当事人之间的股权转让合同的肯定性评价，使已经成立的合同在当事人之间产生法律约束力。股权转让合同通常成立即告生效，除非当事人对合同生效另有约定。股权转让合同的生效，适用《合同法》第 44 条之规定，即合同成立时即告生效。但是，法律上，股权转让合同先成立后生效；事实上，股权转让合同成立与生效同时发生。工商变更登记仅为股权变更的公示方式，不能作为股权转让合同成立和生效的要件，股东未及时办理股权变更登记，仅为股权变更对第三人不发生效力。股权转让合同的生效有三种情形：

（1）合同成立即告生效。公司股东之间的股权转让合同，由于不涉及公司股东同意权问题，股权转让合同成立即告生效。例如，在赵宣股权转让纠纷案中，②深圳中院认为，对于股权转让合同的成立要件，《公司法》及其他法律并无特别规定，合同双方当事人也没有特别约定。涉案协议的合同主体明确、标的及数量明确、股权转让的价款明确，赵宣与樊劲、张继生（均为股东）达成的股权转让合意，股东之间的股权转让合同成立并生效。

（2）公司股东同意生效。公司股东之外的第三人为受让人的股权转让合同，涉及公司股东同意权问题，在公司股东半数同意之前，股权转让合同成立但未生效。公司股东半数同意，是股权转让合同生效的前提条件。核心问题是，股权转让合同是否要经股东半数同意才能生效。有限责任公司具有人合性特点，股东之间的信任和合作是有限责任公司存续的基础，股权外部转让意味着新股东的加入，可能影响到股东之间的信赖合作关系。因此，以股东半数同意作为股权转让合同的生效条件，有利于维护公司的稳定以及保护公司其他股东权益。

---

① 贺加军诉付华、阮立虎、沙洋金港制衣有限责任公司股权转让纠纷案（〔2016〕鄂 0822 民初 1174 号、〔2017〕鄂 08 民终 1093 号）。

② 赵宣诉樊劲、张继生股权转让纠纷案（〔2014〕深南法民二初字第 6 号、〔2014〕深中法商终字第 1175 号）。

（3）主管机构批准。根据法律规定，银行、保险、信托、证券等公司股东的变更超过一定持股比例的，应当获得主管部门的批准，如上海天迪科技投资发展有限公司股东资格确认纠纷案。[①]　又如，在中国华融资产管理公司贵阳办事处股权置换纠纷案中，[②]最高法认为，股权转让协议约定转让的股权为上市公司贵绳股份的发起人股份。国有法人股属于国家财产，国有企业不能自主转让国有股权，应经国家授权的具有管理职权的代理人财政部或者国资委代表国家行使审批权。当事人在 2005 年签订的股权置换协议应适用《国务院减持国有股暂行办法》的规定，该协议中关于股权置换的条款应由财政部（非金融类上市公司国有股权转让的审批机关为国资委，金融类上市公司的国有股权转让仍由财政部审批）审批后才生效。在案件一审法庭辩论终结前，当事人尚未办理股权置换的审批手续，从而应认定该股权置换协议中的股权置换条款未生效。

二、股权转让的效力

股权转让的效力是指股权转让导致股权的变动。股权转让合同从成立时生效，但股权转让合同生效并不等于股权转让生效。股权转让合同是债权合同，而股权变动则是物权合同。股权转让生效时间即股权发生转移的时间，即受让方取得股东身份的时间。股权转让合同生效并不必然导致股权转让，股权转让合同是股权转让（物权变动）的原因，只有通过股权转让合同并履行一定方式如股权凭证的交付后，股权转让才产生股权变动的效力。股权变动后，出让股东对公司权利义务全部同时移转于受让人，受让人成为公司股东，取得股东资格，享有股东权。

股权实际转让有赖于对已经生效的股权转让合同的实际履行，即股权交付。股权凭证的交付，产生股权变动的效力。股权凭证由出让人交付给受让人后，股权发生变动，受让人成为公司股东。股东名册记载的变更和公司登记机关登记的变更，均不是股权变动的标志。例如，在斯培西、宁瑛、斯培成损害股东利益责任纠纷案中，[③]最高法再审认为，股权转让合同当事人之间的股权变动应以股权的交付作为股权变动的认定标准，而非以股权转让款是否全部支付来认定。股东名册作为公司置备的记载股东个人信息和股权信息的法定簿册，具有权利推定效力。股权转让合同中，在证明权利

---

①　在上海天迪科技投资发展有限公司诉西部信托有限公司、陕西天王兴业集团有限公司股东资格确认纠纷案（〔2009〕西民四初字第 090 号、〔2010〕陕民二终字第 09 号）中，法院裁判要旨为，有限责任公司股东转让股权后，受让人不能依据股权转让协议而当然地成为有限责任公司的股东，法律、行政法规规定有限责任公司股东资格需要经过批准的，受让人应自批准之日取得有限责任公司的股东资格。在主管机关批准之前，转让人仍为公司股东。

②　在中国华融资产管理公司贵阳办事处诉贵州钢绳（集团）有限责任公司、贵州省冶金国有资产经营有限责任公司股权置换纠纷案（〔2006〕黔高民二初字第 18 号、〔2007〕民二终字第 190 号）中，法院裁判摘要认为，在股权转让条款经批准才生效的情形下，未经批准，股权转让条款未生效。在可以继续办理报批手续的情形下，法院可以要求当事人办理报批手续以促使合同生效。

③　斯培西、宁瑛、斯培成诉李明宝、贵溪市土地储备中心损害股东利益责任纠纷案（〔2015〕鹰民二初字第 25 号、〔2016〕赣民终 401 号、〔2017〕最高法民申 1513 号）。

归属的股东名册上进行记载的行为应视为股权交付行为。

对于股权的变动，立法未作明确规定。在公司审判实践中，各地法院的处理不统一，主要有以下三种认定标准：

（1）工商登记。股权转让未经工商登记的，股权未发生转移。工商登记是股权变动的要件，将工商登记视为设权性登记。

（2）股东名册。公司将受让方载入股东名册之时或者出资证明书转移之时，即发生股权转移的效力，股权变动与是否办理工商变更登记无关。

（3）股东会决议。股权转让协议经股东会同意并实际履行，即产生股权转让的效力。

根据现行立法，股东名册变更登记与工商变更登记均不构成股权转移的必备要件。但是股东名册变更登记以及工商变更登记之前，股权转让效力仅在出让人与受让人之间产生，不能对抗公司或者善意第三人。有限责任公司作为一种具有人合性质的团体，公司对受让人股东身份的确认应当成为衡量股权是否转移的标志。

在公司实务中，对于出让人与受让人是否对股权转让协商一致、是否办理了股东名册变更登记或者工商变更登记、公司章程对受让股东是否进行了记载、受让人是否以股东身份行使权利等因素，应当进行综合的衡量。在具体案件中，法院应当根据当事人实施法律行为的真实意思，认定股权的归属。

三、特殊情形下的股权转让合同效力

在通常情形下，股权转让合同在当事人意思表示一致时成立并生效，但在某些特殊情形下，在司法审判中对股权转让合同的效力有不同的观点。

（一）当事人违反法定程序订立的股权转让合同的效力

当事人违反法定程序订立的股权转让合同，主要有股权转让合同违反法定程序、国有股股权转让合同违反审批程序以及外资公司股权转让违反审批程序等三种情形。

（1）股权转让合同订立程序违法。当事人违反《公司法》规定的程序订立股权转让合同，即在未经其他股东过半数同意或者未让其他股东行使优先购买权的情况下，股东与股东之外第三人签订的股权转让合同的效力，在我国公司司法审判实践中，存在有效说、无效说、可撤销说、附生效条件说、效力待定说等，但前述观点均有法律上的缺陷，难以从法律或者法理上说通。[①]

当事人仅违反《公司法》有关股东优先购买权规定的，股权转让合同并非当然无效。根据《公司法》第71条的规定，公司章程可以对股权转让作出其他规定，公司章程

---

① 例如，效力待定的行为是指行为成立时有效或无效处于不确定的状态，有待第三人以同意、追认或拒绝的意思表示来确定其效力的民事行为。效力待定说与可撤销说均兼顾了股权受让方与享有优先购买权的股东的利益，存在一定的合理性。但两种学说均缺乏法律依据。作为效力待定的合同，必须是存在处分主体的行为能力欠缺、处分权限的欠缺或是代理权的欠缺，而可撤销的合同则是有重大误解、欺诈、胁迫、乘人之危、显失公平的情况存在。

规定应当优先适用,从而第 71 条应属于任意性规范而非强行性规范。当事人违反《公司法》优先购买权规定的行为不存在法定无效事由,不应认定为无效。例如,在林舜珊与公司有关的纠纷案中,①广州中院判决认为违反优先购买权的行为并非无效。

(2)国有股股权转让合同违反审批程序。国有股权的转让应当报国有资产监督管理委员会审批。根据《国有资产管理法》《企业国有资产监督管理暂行条例》和《企业国有产权转让管理暂行办法》等的规定,国有资产监督管理部门转让企业国有产权致使国家不再拥有控股地位的,应当报同级人民政府批准;国有企业重要子公司产权转让事项,应当报同级国有资产监督管理机构会签财政部门后批准。

当事人违反国有资产监督管理委员会批准程序订立的国有企业股权转让合同的效力,应视情况而定。根据《合同法》的规定,违反法律和行政法规的强制性规定的合同无效,但如果仅违反国有资产管理的行政规章,则合同仍然有效。例如,在巴菲特投资有限公司股权转让纠纷案中,②一审、二审法院均判决股权转让合同因违反《企业国有资产监督管理暂行条例》的规定而归于无效。但该案判决不甚合理,股权转让合同的效力不能适用政府规章性质的《企业国有产权转让管理暂行办法》作为判断依据。根据《合同法》第 52 条的规定,合同仅在违反法律、行政法规的强制性规定时无效。

(3)外资公司股权转让合同违反审批程序。外资企业股权转让应经有关部门批准,但对于未经批准的合同效力,最高法判例有两种不同的观点:

一种观点是无效说。无效说认为,股权转让合同无效。最高法早期的判例认为,违反审批程序的股权转让合同无效。例如,在香港裕正投资有限公司、湖南省金帆经济发展公司投资、借款纠纷案中,③最高法认定未经审批的股权转让合同无效,依据是《中外合资经营企业法实施条例》第 20 条第 4 款的规定,即未经批准的股权转让合同无效。

另一种观点是未生效说。未生效说认为,股权转让合同成立但未生效。股权转让合同已经成立,但由于当事人没有办理相应的审批手续,认定股权转让合同未生效。未生效说的法律依据是《合同法》第 44 条和《合同法司法解释(一)》第 9 条的规定。对

---

① 在林舜珊诉林键忠、林苑菁、广州宏璟物业管理有限公司与公司有关的纠纷案(〔2012〕穗越法民二初字第 5422 号、〔2013〕穗中法民二终字第 488 号)中,法院裁判要旨认为,股东向公司股东以外的人转让股权,未依照公司法的规定通知并征求其他股东的意见,导致其他股东没有行使优先购买权,股权转让行为并非无效。

② 在巴菲特投资有限公司诉上海自来水投资建设有限公司股权转让纠纷案(〔2007〕沪二中民三(商)初字第 81 号、〔2009〕沪高民二(商)终字第 22 号)中,法院裁判要旨认为,根据《企业国有资产监督管理暂行条例》第 13 条的规定,国务院国有资产监督管理机构可以制定企业国有资产监督管理的规章、制度。根据《企业国有产权转让管理暂行办法》第 4 条和第 5 条的规定,企业国有产权转让应当在依法设立的产权交易机构中公开进行,企业国有产权转让可以采取拍卖、招投标、协议转让等方式进行。企业未按照上述规定在依法设立的产权交易机构中公开进行企业国有产权转让,而是进行场外交易的,交易行为违反公开、公平、公正的交易原则,损害社会公共利益,应依法认定该交易行为无效(2010 年最高法公报案例)。

③ 在香港裕正投资有限公司、湖南省金帆经济发展公司诉湖南华天铝业有限公司、香港广银发展有限公司、湖南华天大酒店股份有限公司投资、借款纠纷案(〔1998〕湘法经二初字第 31 号、〔1999〕经终第 469 号)中,法院判决认为,广银公司与裕正公司之间存在转让股份法律关系。但股权转让未能得到相关部门的批准,因而本案所涉股份转让法律关系应认定无效。

于法律、行政法规规定应当办理批准手续的合同，当事人未办理的，法院应认定为未生效。例如，在广州市仙源房地产股份有限公司股权转让纠纷案中，[①]广东高院的判决体现了这种观点。

第一种观点已经过时，反映了我国法院早期的观点，主要是《合同法》实施前的做法。第二种观点较为合理，且法律依据充分，反映了商事司法审判的通行做法，符合鼓励交易的商事基本规则。2016 年 10 月，我国正式废除了外资审批制度，从而外资公司股权转让也无须审批。2019 年《外商投资法》废止了先前的《中外合资经营企业法》《外资企业法》和《中外合作经营企业法》等外资立法，从而在法律上正式废除了股权转让的审批制度，外资公司股权转让审批已经成为历史。

（二）公司章程限制股权转让的效力

股权属于私有财产，应当允许自由转让，股权自由转让是公司法的基本准则，法律禁止公司章程作出禁止或者变相禁止股权转让的条款。有限责任公司章程可以约定对股份转让的限制。为维护股东之间的关系及公司自身的稳定性，公司章程可以限制公司股权的转让，既是公司人合性的反映，也是公司自治原则的体现，而且《公司法》明确规定，公司章程可对股权转让另行作出规定，实际上赋予股东通过公司章程对股权转让进行限制的权利。公司章程中对股权转让所作的特别规定，股东应当遵守。例如，在蒋学文请求变更公司登记纠纷案中，[②]上海二中院判决确认了公司章程条款对股权转让限制的效力，认为赋予奇虎三六零公司对股权转让的一票否决权，是奇虎三六零公司认购新增资本的重要条件，这种限制是各方出于各自利益需求协商的结果，符合当时股东的真实意思表示，未违反《公司法》的强制性规定，应认定符合公司股东意思自治的精神，效力应得到认可。蒋学文在交易中尽到了合理谨慎的注意义务，与胡喆是在行使优先购买权通知发出一个半月后签订涉案股权转让协议。从维护商事交易安全考虑，应遵循商事外观主义原则，对善意第三人的信赖利益应予保护，老友计公司股东之间的内部约定不能对抗善意第三人。涉案股权转让协议的效力应予认可，继续履行股权转让协议办理股东工商变更登记。

在司法审判实践中，公司章程对股权转让作出特殊性规定引发争议的情形主要有两种：

---

① 在广州市仙源房地产股份有限公司诉广东中大中鑫投资策划有限公司、广州远兴房产有限公司、中国投资集团国际理财有限公司股权转让纠纷案（〔2008〕粤高法民四终字第 323 号、〔2009〕民申字第 1068 号）中，法院裁判摘要认为，合作者一方转让其在中外合作企业合同中的权利、义务，转让合同成立后未报审批机关批准的，合同效力应确定为未生效，而非无效。即使转让合同未经批准，仍应认定"报批"义务在合同成立时即已产生，否则当事人可通过肆意不办理或不协助办理"报批"手续而恶意阻止合同生效，有悖于诚实信用原则（2010 年最高法公报案例）。

② 在蒋学文诉上海老友计网络科技有限公司、胡喆请求变更公司登记纠纷案（〔2013〕杨民二（商）初字第 996 号、〔2014〕沪二中民四（商）终字第 330 号）中，法院裁判摘要认为，股东可以在章程和股东协议中约定"一票否决权"的限制性条款，这种限制是各方出于各自利益需求协商的结果，符合股东的真实意思表示，在不违反法律强制性规定的情况下，其效力应得到认可。在工商登记备案时，未在章程中明晰"一票否决权"的具体内容，在无证据证明存在恶意串通的情况下，根据商事外观主义原则，"一票否决权"的行使不能对抗善意第三人。

（1）强制股权转让。公司章程的"强制股权转让"的条款，即"人走股留"条款，即因辞职、辞退、退休、死亡等原因离开公司，公司股东应转让全部股权。基于公司章程的自治性特征，章程条款体现了公司的意思自治，在不违反公序良俗、公平正义等原则的情况下有效，法院肯定了"人走股留"条款的效力。例如，在戴登艺与公司有关的纠纷案中，①南京中院认为，根据扬子信息公司股东会决议通过的扬子信息公司章程、股权管理办法的规定，公司股东因故（含辞职、辞退、退休、死亡等）离开公司，必须转让全部出资。虽然戴登艺主张第一次股东会决议中的签名并非其所签，但章程是经过股东会决议通过，不仅约束对该章程投赞成票的股东，同时约束对该章程投弃权票或者反对票的股东。反之，如果公司依照法定程序通过的章程条款仅约束投赞成票的股东而不能约束投反对票的股东，那么既违背了股东平等原则，也动摇了资本多数决的公司法基本原则。扬子信息公司章程、股权管理办法中的规定，体现了全体股东的共同意志，是公司、股东的行为准则，对全体股东有普遍约束力。

（2）禁止股权转让。公司章程的"禁止或者变相禁止股权转让"的条款，如"公司股东的股权禁止转让""公司股东的股权转让必须经董事会全体董事一致通过"等。禁止或者变相禁止股权转让的条款阻断了股东退出的通道，违反了股权自由转让的规则，非法剥夺了股东自由转让股份的权利，违反了公序良俗原则，应被认定为无效。公司章程对股权转让限制的范围很广，但这种限制必须符合立法目的和法律强制性规定，公司章程限制不得过于严格，不能造成股权转让制度困难或者根本不可能，更不得禁止股权转让。公司章程虽未直接规定禁止股权转让，但通过其他条件和程序的设置，使股权转让不能实现的，属于变相禁止股权转让自由，应认定无效。

股权转让合同的生效，既要符合《公司法》规定，又要符合公司章程的限制性规定。股权转让违反公司章程限制性规定的，公司得以股权转让违反公司章程规定进行对抗，可拒绝股权登记要求并拒绝受让人行使股权。受让人明知股权转让违反公司章程的限制性规定的，股权转让合同无效；受让人不知道违反公司章程的限制性规定的，出让人承担缔约过失责任。

（三）瑕疵出资股权的转让

瑕疵出资股权是指因公司设立时股东未出资、出资不实以及公司设立后股东抽逃资金等形成的股权。股权受让方通常会以欺诈或者显失公平为由，主张股权转让协议无效，或者请求撤销转让协议，拒绝支付股权转让款，或者请求调整股权转让价款。瑕疵出资股权转让合同为有效合同。

在受让人明知出让人出资存在瑕疵仍受让股权时，受让人应当对未足额出资部分承担连带补充责任。我国司法审判实践要求受让人承担连带补充责任，如在北京首都

---

① 在戴登艺诉南京扬子信息技术有限责任公司与公司有关的纠纷案（〔2015〕六商初字第 40 号、〔2016〕苏 01 民终 1070 号）中，法院裁判摘要认为，"人走股留"如不违反公司资本维持的原则，不损害第三人的合法权益，经全体股东决议通过，则合法有效，但公司需按照合理价格向被回购股东支付转让款。

国际投资管理有限责任公司股东权确权赔偿纠纷案中，最高法确认了受让人对瑕疵出资应承担的法律责任。

在受让人对出让方出资存在瑕疵不知情时，受让人不承担连带补充责任。此外，受让人也有权以此为由，请求法院撤销股权转让合同。

（四）名义出资产生的股权转让纠纷

名义出资产生的股权转让合同纠纷，主要有名义出资人转让股权合同和实际出资人转让股权合同两种情形：

（1）名义出资人转让股权纠纷。即名义出资人向第三人转让股权而实际出资人不同意转让所产生的纠纷。名义出资人擅自签订股权转让合同，第三人为善意时，股权转让合同原则上应认定为有效。公司章程、股权名册等股东资格书面证据具有对外公示的效力，第三人有理由相信记名股东即为出资股东。

（2）实际出资人转让股权纠纷。即实际出资人向第三人转让股权而名义出资人不同意转让所产生的纠纷。在合同没有对实际出资人与名义股东之间的权利义务进行约定的情况下，未经名义股东同意，实际出资人股权转让合同有效。例如，在程俊股权转让纠纷案中，[①]北京一中院承认了实际出资人股权转让合同的效力。

以上两种纠纷解决的前提条件，是认定股东资格并确认谁享有股权。实际出资人签订股权转让合同引发的纠纷，法院应追加名义出资人参加诉讼，首先对股权的归属进行确认。如果股权归于实际出资人，股权转让也没有违反法律规定，则认定股权转让合同有效。例如，在毛光随股权转让纠纷案中，[②]最高法认为，在公司内部涉及股东之间的纠纷中，法律并未明确规定未经登记的股东不具备股东资格，而是应当结合其他证据综合认定。对公司外部而言，公司股权应当以对外公示的工商登记为准；在公司内部，有关隐名股东身份及持股份额之约定等属于公司与实际出资人或者名义股东与实际出资人之间形成的债权债务的合意，除非隐名股东要求变更为显名股东以外，该约定不会引起外界其他法律关系的变化，也不会破坏有限责任公司的人合性，通常应当认可约定有效性。最高法维持了辽宁高院一审判决，认为股权认购协议书合法有效的认定正确，毛光随（隐名股东）享有石圪图煤炭公司12％的股权合法有效，也有权转让该股权。

---

① 在程俊诉崔焱、王国林股权转让案（〔2012〕海民初13798号、〔2012〕一中民终字第10379号）中，法院裁判摘要认为，在没有明确约定的情况下，实际出资人以其实际出资而形成的股份投资权益应当归属实际投资人，名义股东不应享有股份的处分权，因为对股份处分的权利作为投资权益的一部分，应当归属实际出资人，这体现了股权最重要的属性——因出资形成的财产性权益。即使名义股东因为在法定登记机关的公示记载而可行使部分股东权利，但是处分权作为股权中最为重要的财产性权利，应当由实际出资人行使。在不违反法律、行政法规的其他规定的情况下，实际出资人有权决定股份的转让。

② 在毛光随诉焦秀成、焦伟、准格尔旗川掌镇石圪图煤炭有限责任公司股权转让纠纷案（〔2015〕辽民二初字第18号、〔2016〕最高法民终18号）中，法院裁判摘要认为，对公司外部，公司的股权应当以对外公示的工商登记为准；在公司内部，有关隐名股东身份及持股份额之约定等属于公司与实际出资人或名义股东与实际出资人之间形成的债权债务的合意，除非隐名股东要求变更为显名股东以外，该约定不会引起外界其他法律关系的变化，不会破坏有限责任公司的人合性，应当认可其有效性。

前述案件的判决表明,对隐名出资人股东资格的认定,可采取内外有别的双重认定标准。在公司内部关系中,隐名出资人与其他股东及公司关系的处理,着眼于实质要件,显名出资人与隐名出资人之间对隐名出资的股东地位有明确约定并实际出资,且为公司半数以上其他股东知晓,并无违反法律法规强制性规定的情形的,可以认定隐名出资人的股东资格。在公司外部关系中,隐名出资人与善意第三人关系的处理,着眼于形式要件,以工商登记、公司章程等记载的股东为准,以保护善意第三人的利益和交易安全。

第六章　公司资本制度

公司资本制度是公司法律制度的基石,贯穿于公司设立、运营和终止的始终。资本既是公司设立和存在的前提,也是保护公司债权人利益的基础。公司资本制度的完善有助于保护债权人利益,保障交易安全,促进市场经济有序、健康地发展。公司资本制度经历了从法定资本制到授权资本制和折中资本制的发展轨迹。随着我国社会经济的快速发展,传统公司法定资本制已经不能适应社会经济发展的内在要求,公司授权资本制和折中资本制是公司法律制度发展的必然选择。

第一节　公司资本的概念

公司资本制度是一种法律性质的产权制度安排。公司资本制度既反映了公司法现代化的程度,也反映了国家经济的国际竞争力。[①] 效益与公平是公司资本制度存在和演进的基本动因。伴随市场经济的发展,公司资本制度不断臻于完善,公司法渐次确认了法定资本制、授权资本制和折中资本制等三种基本类型的公司资本制度。

一、公司资本的概念

公司资本(corporate capital)是指公司章程所记载的并由全体股东认缴的出资总额,即以股东出资为基础形成并归公司所有的货币化的一定数额的公司资产。公司资本是由全体股东出资构成的公司资产,公司资本制度是公司法按照一定的立法原则对公司资本所作的一系列制度安排。[②] 公司资本由货币、实物和无形财产构成。

根据资本形成时间的不同,公司资本有初始资本和新增资本之分。初始资本指公司成立时公司章程所记载的资本;新增资本是指公司成立后因公司经营需要通过增资

[①] "英国传统上采取自由主义,因此在设立私人公司时无最低资本要求,而德国在 2008 年对有限责任公司(GmbH)立法进行现代化时保留了确定的法定资本。德国立法者没有遵从关于最低资本从 25000 欧元降低到 10000 欧元的建议……在法国,设立一家有限公司(SARL)的最低资本条件已于 2003 年废除。荷兰政府 2007 年提交的一份关于简化私人公司的立法提案中也有相同的建议。这种趋势可以被解释为担心公司更愿意设立在比本国条件更低或更少的海外。自从欧洲法院在一定程度上将设立公司的市场自由化以来,各国政府就开始重新考虑本国公司法的吸引力和灵活性。"〔荷〕阿德里安·德瑞斯丹等:《欧洲公司法》,费煊译,法律出版社 2013 年版,第 168 页。

[②] 公司资本制度有狭义和广义之分,狭义上的公司资本制度是指公司资本形成、维持和退出等方面的制度安排;广义上的公司资本制度则是指围绕股东股权投资而形成的有关公司资本运营规则的制度体系。

程序在原有资本基础上扩大的公司资本。新增资本主要有两种方式：一是吸收外部资金，如增加新股东或者由原来的股东追加投资；二是用公司公积金或者利润转增资本。

公司资本是公司获取独立法律人格以及公司得以营运和发展的物质基础，体现了股东的出资和权益。公司资本既是股东对公司承担有限责任的物质基础，也是公司对外承担债务的物质保障。在公司设立、存在和营运的整个过程中，由股东出资构成的公司资本意义重大。

（一）公司资本的形态

在经济学上，公司资本反映了市场主体之间的经济关系，即公司、股东和公司债权人之间的经济关系，是各个相关利益市场主体联系起来的物质基础。在法律上，公司资本反映了公司与股东、公司与公司债权人之间的权利、义务关系。股东向公司出资后，股东出资即构成公司资本。公司资本有不同形态，各种形态的公司资本有不同含义。公司资本有授权资本、发行资本、实收资本、注册资本、法定资本等不同形态：

（1）授权资本。[①] 授权资本指公司章程记载的公司所享有的可发行资本总额。公司资本数额是由章程授权可发行的资本总额，又称为核准资本（subscriber capital）；公司资本总额仅是公司章程记载的一个授权发行数额，不一定是实际发行的或者实际收到的资本数额，又称为名义资本（nominal capital）。核准资本的确定主要有两个目的：一是为公司注册登记；二是为社会公众了解公司资本状况。授权资本是英美法系授权资本制的产物。

（2）发行资本。发行资本是指公司实际已发行的并由投资人实际认购的资本额。[②] 发行资本由实缴资本与待缴资本构成，股东认购出资之后，可能一次性缴清全部出资，也可能在公司章程记载期限内分数次缴清出资，因而发行资本与实缴资本是两个不同的概念，即投资人认购出资后不一定立即缴付股款。在允许分期缴付股款的国家中，投资人股款未完全缴清前，发行资本总是大于实缴或者实收资本。在实行授权资本制和折中资本制的国家中，章程确定的资本总额可以分数次发行；在公司资本发行完毕前，发行资本通常小于核准资本。法律逻辑上，核准资本通常大于发行资本，发行资本通常大于实缴资本。

发行资本可能是授权资本的一部分，也可能是授权资本的全部。如果授权资本全部被发行，则发行资本与授权资本相同，称为授权并发行资本。发行资本的法律意义在于有限责任公司股东以股东认购资本数额对公司债务承担责任，而不是以实缴资本承担责任。大陆法系和英美法系的公司资本制度中均有发行资本的概念，但含义略有不同。

（3）实收资本。实收资本指公司实际收到或者投资人实际缴付的出资额总和，因

---

① 授权资本，又称为核准资本、设定资本、名义资本等。
② 发行资本是公司实际已向股东发行的股本总额，公司方面称之为发行资本，股东方面则称之为认购资本，即股东承诺缴付的股本。

而又称为实缴资本。在分期缴付认购出资制度下，投资人全额缴付所认购的公司出资的，则公司实收资本等于发行资本；投资人仅部分缴付所认购的公司出资的，则实收资本小于发行资本。实收资本通常小于发行资本。1993 年《公司法》实行非常严格的法定资本制，实收资本等同于发行资本。2005 年《公司法》出现了对法定资本制的缓和趋势，允许分期缴付出资，在股东缴付全部出资之前，实收资本小于发行资本。2013 年《公司法》实行非常宽松的法定资本制，废除了首次出资比例和出资期限，改实缴制为认缴制，从而实收资本可能小于发行资本。

（4）注册资本。注册资本是指公司登记成立时公司章程记载的并由登记机关登记核准的资本总额。《公司法》第 26 条规定，有限责任公司的注册资本为公司登记机关登记的全体股东认缴的出资额。《公司法》第 80 条规定，以发起方式设立的股份有限公司的注册资本为在公司登记机关登记的全体发起人认购的股本总额，以募集方式设立的股份有限公司注册资本为在公司登记机关登记的实收股本总额。2014 年《公司注册资本登记管理规定》重申了《公司法》的前述规定。我国注册资本制度经历了从 1993 年《公司法》实缴制到现行《公司法》认缴制的发展历程。

注册资本在两大法系中的含义不同：一是英美法系中的注册资本，即授权资本或者核准资本，是章程载明的公司有权发行的资本额，确定授权资本或者核准资本的目的之一是为公司注册登记。在授权资本制的国家，注册资本是名义资本，包括股东已缴纳的资本和未来要缴纳的资本。二是大陆法系实行法定资本制度的注册资本，即章程载明的公司有权发行且公司应全部、实际发行的资本。公司须全部缴付出资额并经过法定验资机构验资后，才可以到登记机关登记注册，注册资本与发行资本、实收资本完全一致。

（5）待缴资本。待缴资本是指投资人已经向公司认购但没有缴付股款，公司可以随时向股东催缴的资本，因而又称催缴资本。股东有义务按照公司章程记载的缴付期限、缴付方法等向公司缴付未缴的股款，公司有权要求未缴股款的股东缴付待缴股款。未按照缴付期限缴付出资的股东，应当向已按期足额缴纳出资的股东承担违约责任。待缴资本实际上是公司的应得财产，构成股东对公司债务的担保。《公司法》第 28 条规定，股东应当按期足额缴纳公司章程中规定的各自所认缴的出资额。

（6）储备资本。储备资本是指公司在正常营业限度内不得催缴的发行资本的保留部分。公司章程可以规定部分待缴资本在公司破产或者歇业时催缴。储备资本仅在公司歇业时才能根据股东会特别决议催缴，因而又称储备债权。

（7）法定资本。法定资本是指法律规定和公司章程载明应由股东全部足额认缴的公司资本。法定资本设置的目的是防止空壳公司的设立，使公司成立时就有承担责任的最低财产保障。法定资本主要是大陆法系国家的资本形式，也是我国《公司法》所确定的资本形式。

（8）最低资本。最低资本是指法律规定设立公司必须达到的最低限额的资本。最低资本是法定资本制的产物，2013 年之前《公司法》均有最低资本的规定，如 2005

年《公司法》规定设立有限责任公司最低限额的注册资本为 3 万元,而设立股份有限公司的最低注册资本为 500 万元。2013 年《公司法》废除了最低资本限额的规定,但最低注册资本限额在特别法中仍然存在,如商业银行的最低注册资本为 10 亿元、保险公司的最低注册资本为 2 亿元、证券公司的最低注册资本为 5000 万元等。

（二）公司资本与公司资金、股东权益、公司资产、公司净资产、投资总额

公司资本、公司资金、股东权益、公司资产、公司净资产和投资总额是公司法律实务中常见的概念。它们之间既有密切关系,又有本质区别。

（1）公司资金。公司资金（fund）是指可供公司支配的以货币形式表现出来的公司资产价值,主要包括公司股东对公司的永久性投资、公司发行的债券、向银行的贷款等。以公司债和贷款等方式所筹的资金实质上是公司债务,在公司资产负债表上是以债来表示的,只有公司股东出资才是公司自有资本。公司资金是一个外延比公司资本更加宽泛的概念,公司资本只是公司资金的组成部分。

（2）股东权益。股东权益（shareholders' equity）是指股东对公司净资产的权利,包括股本、资本公积、盈余公积和可分配利润,又称为"所有者权益"（owner's equity）。公司资本是股东权益的一部分,且股东权益通常大于公司资本。股东权益大于公司资本表明在股东出资基础上所形成的那部分公司资产值,是全体股东对公司资产量化的财产权利。公司资产属于公司法人所有,而不属于某个或者某些股东所有。

（3）公司资产。公司资产（assets）是指公司以自己名义实际占有使用的所有财产,既包括股东出资,也包括公司以承担债务为代价而获得的财产以及公司在经营期间获得的其他收入。公司资产实际上等于公司负债加股东权益（公司资产＝公司负债＋股东权益）。公司资产的具体形态主要有固定资产、流动资产和递延资产。公司资产是公司对债权人承担责任的物质基础,公司以全部资产对外承担债务责任。公司资本仅仅是形成公司部分资产的基础,公司资产还包括由公司负债形成的资产。因此,公司资产通常总是大于公司资本。[①]

（4）公司净资产。公司净资产（net assets）是指公司全部资产减去全部负债后的净额。净资产是股东权益,两者数额相等（净资产＝总资产—总负债＝股东权益）。总资产则是指公司拥有或者控制的、能够带来经济利益的全部资产（包含净资产在内）。净资产是反映公司经营状况的重要指标,经营好的公司净资产可能大大高于公司资本;经营不善的公司,可能资不抵债,净资产为零或者负数。

（5）投资总额。投资总额（aggregate investment）是指开办外资企业所需资金总额,即按生产规模需要投入的基本建设资金和生产流动资金的总和。投资总额是外商投资企业法中的特有概念,如《中外合资经营企业法实施条例》第 6 条规定了投资总额。投资总额包括投资人缴付或者认缴的注册资本和外商投资企业的借款。国家在

---

①　如果公司经营管理不善而亏损过大,可能将公司资产损耗殆尽。在这种情况下,公司资产可能小于公司资本。

批准设立外商投资企业的同时，就批准了该外商投资企业的规模，即外商投资企业投资总额。① 外资企业的注册资本要与经营规模相适应，注册资本与投资总额的比例最低不得低于1/3。② 《外商投资法》废除了前述规定，投资总额的概念已成为历史。

（三）《公司法》中的公司资本形态

在 2013 年《公司法》修正之前，我国实行严格法定资本制，公司资本的形态单一。公司资本是指公司章程确定并在公司登记机关登记的由公司全体股东实缴的出资总额。公司章程所规定的公司资本总额，应当全部发行并由股东全部认购。只有在投资人全部缴付所认购的出资额，并经法定验资机构验资以及公司登记机关注册登记后，公司方能成立。在 2013 年之前的《公司法》中，公司资本与注册资本、发行资本、实收资本的概念基本是一致的，但是外商投资有限责任公司除外。

《外资企业法》《中外合资经营企业法》和《中外合作经营企业法》三个外商投资企业法确立的公司资本制度不同于《公司法》的法定资本制，而是采纳了授权资本制，其所确立的外商投资企业的注册资本、投资总额等概念不同于国内公司注册资本等概念。外商投资企业的注册资本是指在公司登记机关注册登记的中外合资、合作各方或者外国投资人认缴的出资额总和。外商投资企业注册资本为投资人"认缴"的出资额总和，而（国内）公司的注册资本为投资人"实缴"的出资额总和。外商投资企业的注册资本相当于授权资本制的发行资本，即为投资各方以书面形式认购并在章程中载明的出资额。根据外商投资企业法的规定，投资人认购的出资可以分期缴付。在投资人全部缴付所认购的出资之前，外商投资企业的公司注册资本总是大于实收资本。投资各方是以认缴的而非实缴的出资额为限对公司承担责任。

投资总额是指按照中外合资经营合同和公司章程确定的生产规模需要投入的基本建设资金和生产流动资金的总和。投资总额是有关中外合资经营企业立法中的一个概念，如果合营各方的出资额达不到投资总额，公司要对外借款。投资总额包括注册资本和公司负债。公司负债过多，不利于保护公司债权人利益。法律通过限制公司股本与负债比例的方式，保护债权人利益和社会交易秩序。例如，1987 年《国家工商行政管理局关于中外合资经营企业注册资本与投资总额比例的暂行规定》规定，根据企业投资总额的不同规模，注册资本与投资总额的比例不同，但最低不得低于1/3。

---

① 在对外资企业的实际监管中，投资总额具有四方面的意义：一是依据投资总额确定外商投资企业的注册资本；二是依据投资总额确定外商投资企业免税进口自用设备的额度；三是依据投资总额确定外商投资企业外汇贷款的额度；四是依据投资总额确定外商投资企业的审批权限划分。

② 《国家工商行政管理局关于中外合资经营企业注册资本与投资总额比例的暂行规定》第 3 条规定：中外合资经营企业的注册资本与投资总额的比例，应当遵守如下规定：(1) 中外合资经营企业的投资总额在 300 万美元以下（含 300 万美元）的，注册资本至少应占投资总额的 7/10；(2) 中外合资经营企业的投资总额在 300 万美元以上至 1000 万美元（含 1000 万美元）的，注册资本至少应占投资总额的 1/2，其中投资总额在 420 万美元以下的，注册资本不得低于 210 万美元；(3) 中外合资经营企业的投资总额在 1000 万美元以上至 3000 万美元（含 3000 万美元）的，注册资本至少应占投资总额的 2/5，其中投资总额在 1250 万美元以下的，注册资本不得低于 500 万美元；(4) 中外合资经营企业的投资总额在 3000 万美元以上的，其注册资本至少应占投资总额的 1/3，其中投资总额在 3600 万美元以下的，注册资本不得低于 1200 万美元。

2013 年《公司法》修改了公司资本制度,废除了先前严格的法定资本制,公司注册资本由原来的实缴制改为认缴制,实行较为宽松的公司法定资本制。

二、公司资本三原则

为保护交易安全、保护债权人的债权,保证公司资本的稳定性和股东有限责任基本理论,大陆法系确立了公司资本三原则,即资本确定原则、资本维持原则和资本不变原则。公司资本三原则来源于大陆法系公司法法理的总结,而不是来源于公司法的直接规定。大陆法系国家以资本三原则为基础,确认了法定资本制。

(一)传统公司资本三原则

大陆法系资本三原则对我国的公司立法产生了深刻的影响。1993 年《公司法》实行法定资本制,确立了公司资本的三原则,即资本确定原则、资本维持原则和资本不变原则。公司资本三原则仍然是现行《公司法》确立的资本原则,如在纪定强合同纠纷案中,[①]最高法的再审判决体现了公司资本的三原则,认为公司以资本为信用,公司资本的确定、维持和不变,是保护公司经营发展能力,保护债权人利益以及交易安全的重要手段。

(1)资本确定原则。资本确定原则是指资本总额在公司设立时应明确记载于公司章程并由股东足额缴付。例如,在中国长城资产管理公司乌鲁木齐办事处借款合同纠纷案中,[②]最高法确认了资本确定原则和资本维持原则,认为注册资本是公司最基本的资产,确定和维持公司一定数额的资本,对于奠定公司基本的债务清偿能力,保障债权人利益和交易安全具有重要价值。股东出资是公司资本确定、维持原则的基本要求。出资是公司股东最基本、最重要的义务,同时也是公司法规定的股东必须承担的法定义务。

资本确定原则有两方面的内容:一是资本总额应记载于公司章程,资本的数额具体、确定;二是资本总额应由全体股东认购并足额缴付认购款,否则,公司不能成立。根据资本确定原则,公司设立后增加资本,必须修改公司章程,履行增资程序。

资本确定原则是大陆法系资本三原则中的首要原则,对公司设立提出了较高的资

---

① 在纪定强诉卓桂生、贵州省罗甸县茂钰石材开发有限公司合同纠纷案(〔2014〕浙丽商初字第 1 号、〔2014〕浙商终字第 44 号、〔2015〕民申字第 811 号)中,法院裁判摘要认为,公司资本一经增加,非经法定程序不得随意变更,任何股东不得以其他股东违约为由要求公司返还增资款。

② 在中国长城资产管理公司乌鲁木齐办事处诉新疆华电工贸有限责任公司、新疆华电红雁池发电有限责任公司、新疆华电苇湖梁发电有限责任公司、新疆华电哈密发电有限责任公司、新疆华电喀什发电有限责任公司、新疆华电昌吉热电有限责任公司、乌鲁木齐红能物业管理有限公司、新疆金马物业管理有限责任公司、新疆苇湖梁发电厂华源电力安装公司借款合同纠纷案(〔2007〕新民二初字第 25 号、〔2008〕民二终字第 79 号)中,法院裁判摘要认为,注册资本是公司最基本的资产,确定和维持公司一定数额的资本,对于奠定公司基本的债务清偿能力,保障债权人利益和交易安全具有重要价值。股东出资是公司资本确定、维持原则的基本要求,出资是股东最基本、最重要的义务,股东应当按期足额缴纳公司章程中规定的各自所认缴的出资额。以货币出资的,应当将货币出资足额存入公司在银行开设的账户;以非货币财产出资的,应当依法办理财产权的转移手续(2009 年最高法公报案例)。

本和程序要求，保证了公司资本的真实性，[1]防止公司设立中出现欺诈和投机行为。但是，公司资本总额不是在公司成立后根据实际需要确定的，而是在公司成立之前由发起人凭主观预测而定的，这可能产生两种情形：一是资本数额预测过高。足额认缴过高的资本数额，不仅可能影响公司设立，而且还可能造成因公司营运过程中的资本沉淀、积压闲置而导致公司资本利用率降低。二是资本数额预测过低。过低的资本数额可能造成公司在未来经营中需要增加资本时，还要经过烦琐的增资程序。

1993 年《公司法》实行传统法定资本制，确立了极为严格的资本确认原则，公司章程必须明确载明公司资本总额并由股东全部足额缴付，公司方能成立。资本确定原则要求《公司法》等法律法规应当设定注册资本的最低限额，而每个公司章程必须选择符合法律法规规定的注册资本最低限额。2013 年《公司法》虽然废除了注册资本最低限额制，但资本确定仍然是公司资本的首要原则。

（2）资本维持原则。资本维持原则，又称资本充实原则，是指公司在存续过程中应当保持与资本数额相当的资产，以保证公司的偿债能力，使债权人利益得到保护。例如，在上海德力西集团有限公司买卖合同纠纷案中，[2]上海二中院认为，《公司法》规定股东承担按照公司章程切实履行全面出资义务以及维持公司注册资本充实义务。尽管《公司法》规定公司减资时的通知义务人是公司，但公司是否减资取决于股东会决议，是否减资以及如何进行减资最终完全取决于股东意志。股东知晓公司减资的法定程序及法律后果，公司办理减资手续还需股东配合，公司通知义务的履行，股东也应当尽到合理注意义务。公司股东对公司减资事项先后形成股东会决议，德力西公司的债权早已形成，作为江苏博恩公司股东的上海博恩公司和冯军应当明知债权的存在。在未直接通知德力西公司的情况下，上海博恩公司和冯军仍然通过股东会决议同意冯军的减资请求，既损害江苏博恩公司的清偿能力，又侵害了德力西公司的债权，应当对江苏博恩公司的债务承担相应的法律责任。公司没有对已知债权人进行减资通知的情形与股东违法抽逃出资的实质以及对债权人利益受损的影响相同。由于江苏博恩公司减资行为上存在瑕疵，致使减资前形成的公司债权在减资之后清偿不能的，上海博恩公司和冯军作为江苏博恩公司股东应在公司减资数额范围内对江苏博恩公司债务不能清偿部分承担补充赔偿责任。

资本和资产是公司存在和经营的物质基础，公司资本对公司债权人仅为一种初期的、名义的资本保证，能切实保障债务清偿的是公司资产，公司净资产是公司信用和履

---

[1] "有限责任公司设立和增资之下的资本缴付规定，是为了确保股东按照章程确定的原始资本金真实缴付公司财产。"〔德〕格茨·怀克、克里斯蒂娜·温德比西勒：《德国公司法》（第 21 版），殷盛译，法律出版社 2010 年版，第 358 页。

[2] 在上海德力西集团有限公司诉江苏博恩世通高科有限公司、冯军、上海博恩世通光电股份有限公司买卖合同纠纷案（〔2016〕沪 0118 民初 5823 号、〔2016〕沪 02 民终 10330 号）中，法院裁判摘要认为，公司减资时对已知或应知的债权人应履行通知义务，不能在未先行通知的情况下直接以登报公告形式代替通知义务。公司减资时未依法履行通知已知或应知的债权人的义务，公司股东不能证明其在减资过程中对怠于通知的行为无过错的，当公司减资后不能偿付减资前的债务时，公司股东应就该债务对债权人承担补充赔偿责任（2017 年最高法公报案例）。

行清偿能力的标志。资本维持原则是大陆法系国家普遍适用的资本原则,[①]主要包括以下四个方面的内容:

一是防止公司资本的实质性减少。为防止公司资本的实质性减少,限制股份发行与交易行为,禁止公司成立后抽回出资、回购股份、折价发行股票、超额对外投资等。

二是防止公司过度分配盈利。为防止公司滥分盈利,禁止公司弥补亏损前分配股利、无利润时分配股利、不按照法定顺序和标准分配净利润。

三是补充公司经营中亏损的资本。为弥补公司经营过程中因亏损造成的资本损耗,维持公司经营实力,公司应依法提取公积金用于公司发展或者弥补亏损,公司提取法定公积金后方能分配股利。此外,公司对外负债不得超过公司净资产的一定比例。

四是公司固定资产的折旧。公司折旧费不得列入利润,仅用于固定资产的更新改造,且不得挪作他用。

我国《公司法》充分体现了资本维持原则,如《公司法》第27条关于非货币出资的限定性规定,第30条关于非货币出资股东的差额补充责任和其他股东的连带责任的规定,第127条关于股份有限公司的股票发行价格不得低于票面价值(par value),[②]第142条关于公司不得收购本公司股票、不得接受本公司股票作为质押的标的,第166条关于不得向股东分配利润的规定等。

资本维持原则是在公司净资产与静态的注册资本数额之间建立连接,使得公司净资产数额始终保持在公司注册资本数额或者该数额之上,防止公司净资产数额低于注册资本的数额,借此确保公司债权人等利益相关人的利益。

(3)资本不变原则。资本不变原则是指公司资本一经确定,非经法定程序修改公司章程,不得任意增加或者减少公司资本。例如,在中国黄金集团公司偿还黄金基金纠纷案中,[③]最高法确认了资本不变原则,认为股东要求返还出资,不仅违背国务院及财政部的授权,而且违反公司资本不变原则的基本精神。

资本不变原则可防止公司任意减少资本,造成公司清偿能力降低从而损害债权人利益;或者公司任意增加资本,使股东承担过多风险,损害股东利益。资本不变原则要求公司注册资本数额一经确定,非经股东大会或者股东会决议程序不得发生任何变动,以确保注册资本数额的稳定。

公司资本不变原则是大陆法系国家普遍适用的资本原则,公司资本的增加或者减少为世界各国法律所允许,且与资本不变原则不冲突。资本不变是指资本一经确定即

---

① “由于有限责任公司是资合公司并且只有公司财产对债权人承担责任,资本缴付和维持原则就成了一个重要的预防性保护措施。”〔德〕格茨·怀克、克里斯蒂娜·温德比西勒:《德国公司法》(第21版),殷盛译,法律出版社2010年版,第358页。

② 票面价值,又称名义价值(nominal value),是指公司章程记载的每股股份的票面金额。

③ 在中国黄金集团公司诉莱州市仓上金矿有限公司、莱州金仓矿业有限公司偿还黄金基金纠纷案(〔2005〕烟民二初字第45号、〔2005〕鲁民二初字第19号、〔2006〕民二终字第78号)中,法院裁判摘要认为,基建基金实施“债转股”行为已完成了要约与承诺过程,未办理股权工商登记,仅不对第三人产生法律效力,债转股协议在当事人之间仍具有拘束力。工商登记只是股权变更的公示方式,仅影响股权变更的外部效力,对双方的内部关系来说则不产生影响。

应维持资本相对稳定,不得任意增加或者减少。资本维持和资本不变均为防止公司资本总额减少而导致公司责任能力下降,以强化对交易安全和债权人的保护。法律对公司资本增加或者减少规定了较为严格的程序,公司增加或者减少资本,应按照法定程序修改公司章程,到登记机关办理变更登记手续并予以公告。在资本三原则中,资本维持原则是核心,资本确定原则是前提,资本不变原则服务于资本维持原则。例如,在杨敏捷股东出资纠纷案中,[①]上海一中院认为,根据公司资本三原则原理,资本确定是首要原则。

传统公司资本制度遵循资本确定、维持和不变的资本三原则。在公司设立时,公司章程记载的公司资本总额应全部认购并缴纳。在公司成立时,公司资本数额确定,严格执行资本确定原则。在公司成立后,公司不得任意增减资本,资本的增减应由股东会作出决议,修改公司章程的资本数额,办理变更登记手续。

(二)《公司法》对公司资本三原则的修正

2013年《公司法》对公司资本制度的改革,废除了注册资本的最低限额,公司注册资本由实缴制改为认缴制。资本认缴制对公司资本制度的三个原则构成极大的冲击。但公司资本制度的三原则仍然是公司资本制度的基本原则,如纪定强合同纠纷案。

《公司法》将先前的法定资本实缴制修改为资本认缴制,突破了传统资本制度三原则的基础。《公司法》规定的资本认缴制改变了先前的公司资本确定理念,股东虽然可以首次零出资设立公司,但在实务中却鲜有以0元或者1元出资设立公司的,从而仅在一定范围内修正先前的公司资本概念。公司初始资本不仅是公司运营的物质基础,也是公司的信誉基础和对债权人的物质担保。

《公司法》修改了公司资本制度,公司设立时不再以实收资本作为公司登记的必要事项,也不必提供验资证明文件,改变了以资本为核心的公司信用制度。但是,公司设立登记仍然要登记公司注册资本额,只不过没有最低限额的限制而已,表现为从先前的实缴制转变为现行的认缴制,股东仍然以注册资本额对外承担责任,从而资本确定原则仍然是公司资本制度的基本内容,仅为部分内容的修正而已。例如,在杨敏捷股东出资纠纷案中,上海一中院认为,资本确定原则是公司资本制度的首要原则。

资本确定原则的改变,导致资本维持原则和资本不变原则随之发生变化,但资本维持原状和资本不变原则仍应当被遵循,这是公司法关于公司资本的基本原则。按照资本维持原则,公司股东应当按照公司章程规定的时间、出资方式和出资数额缴付出资,如《公司法》第28条和第30条的规定。例如,在上海德力西集团有限公司买卖合同纠纷案中,上海一中院明确指出股东承担维持公司注册资本充实责任。按照资本不变原则,公司股东非经法定程序,不得抽逃出资,如《公司法》第35条的规定。

由于公司资本制度的价值理念变化,从资本信用到资产信用的转变,公司资本制

---

① 杨敏捷诉上海若来网络科技有限公司股东出资纠纷案(〔2015〕金民二(商)初字第1532号、〔2016〕沪01民终5205号)。

度呈现逐渐由法定资本制向授权资本制和折中资本制转变的趋势。公司资本三原则中的资本确定原则不可避免地出现了衰退趋势,而资本维持原则和资本不变原则却出现不断加强的趋势。这种趋势也体现在司法审判实践中,如在万家裕股东资格确认纠纷案中,[①]最高法判决禁止股东抽逃出资的行为,体现了资本维持原则和资本不变原则。又如,在上海贞元投资管理有限公司股东损害公司债权人利益责任纠纷案中,上海高院认为,《公司法司法解释(三)》第13条在原来立法空白的基础上规定了有限责任公司发起人的资本充实义务。

第二节　公司资本的种类

公司资本制度对保护交易安全和债权人利益意义重大,构成世界各国公司法的重要内容,从而形成了不同的公司资本制度,体现了不同的法律价值。资本制度有法定资本制、授权资本制和折中资本制三种,其中法定资本制体现了对债权人的保护,授权资本制度和折中资本制度则体现了股东有限责任。

一、公司资本制度的发展演变

公司资本制度的发展演变经历了从法定资本制到授权资本制,再到折中资本制的过程。法定资本制起源于大陆法系,而授权资本制起源于英美法系,折中资本制是由法定资本制和授权资本制发展演变而来的。

(一)两大法系公司资本制度的演变

公司资本是公司的启动资金和初始运作资金,在一定程度上体现了公司信誉。传统公司法对公司资本实施强制干预措施,对公司注册资本设定最低限额并采取注册资本实际缴付规则,由此形成法定资本制。严格的法定资本制在很大程度上损害了投资人的积极性,增加了公司的融资难度,干预了公司自主经营权,违反了市场经济规律。实际上,公司债务清偿能力主要取决于公司资产而不是公司资本,严格法定资本制无法实现公司制度设计所要解决的问题,反而削弱了公司自主经营权并遏制了投资人的积极性。法定资本制是大陆法系国家普遍采纳的一种资本制度。

英美法系没有采取大陆法系的法定资本制,而是从便利于公司设立的角度,实行授权资本制。在公司设立时,公司资本总额虽记载于公司章程,但并不要求发起人全部发行,仅认足并缴付资本总额的一部分,公司即可成立。未发行和认足部分的公司资本,授权公司董事会根据公司实际发展的需要在公司成立后随时募集。授权资本制

---

① 在万家裕诉丽江宏瑞水电开发有限公司股东资格确认纠纷案中,法院裁判摘要认为,将出资转变为借款归还,本质上是根本改变出资性质的违法行为,客观上导致股东抽回出资并退股的法律后果,是有违公司法的禁止性规定的,因而上述行为均应归于无效。抽逃出资并不限于抽逃注册资本中已经实缴的出资,在公司增资的情况下,股东抽逃尚未经工商部门登记,但已经成为公司法人财产的出资,同样属于抽逃出资的范畴,也为公司法所禁止。

度便于公司设立,赋予公司较大的经营灵活性,又可根据需要随时增加资本,免除了修改公司章程等增加资本的烦琐程序,能较好地适应市场经济对公司决策迅速高效的客观要求,极大地体现了公司自治原则的真实内涵。但在授权资本制下,公司实收资本可能较低,加之资本内容复杂,有可能被欺诈行为所利用,从而削弱对公司债权人利益的保护。

大陆法系法定资本制的主要内容集中体现于资本确定、资本维持和资本不变三原则。法定资本制基于维护交易安全、保护债权人利益的目的,将公示公司信用度作为资本主要功能加以设计。在公司文件中,注册资本仅为记账符号,难以真实反映公司财产实际运营状态。在交易活动中,公司以全部法人财产对外承担法律责任,公司信用取决于公司资产而不是法定资本。法定资本仅为股东出资责任范围,所传递的是与公司实际经济能力无关的历史信息,仅仅是法律虚拟的抽象资本,无法反映公司资产运营的真实状况,难以揭示公司的实际信用。

一方面受到英美法系授权资本制的影响,另一方面大陆法系传统法定资本制的缺陷越来越明显,导致20世纪以来大陆法系国家发生了改革公司资本运动,要求放弃过于严格的法定资本制,在借鉴授权资本制有效规范的基础上,废除了注册资本的最低限额要求,实行折中资本制。折中资本制的实行,极大降低了市场主体的准入标准,降低了公司的融资成本和设立成本,营造了良好的市场经济环境。

折中资本制下的法定最低资本限额不再是公司设立门槛,仅在于确定章程所拟订的资本总额下限或者首期缴付的出资比例基数。折中资本制使公司章程规定的注册资本总额不再受到资本确定原则的约束,能够确定的资本形式即为公司设立时股东的首次实缴资本。

在立法理念上,法定资本制强调公共利益至上的社会本位,授权资本制强调的则是确保平等、自由、竞争的个人本位。法定资本制基于防范有限责任可能出现的道德风险,以法律束缚了自由、平等的竞争力。在制度功能设计上,授权资本制不再以公司资本具有担保债权实现的功能为中心,而是为股东追求利益最大化提供充分的自由。授权资本制和折中资本制真正体现了股东有限责任。股东在认购股份范围内对公司承担有限责任,从而将对公司债权人从形式和程序上的保护转为实质上的保护。

(二)我国公司资本制度的发展演变

在立法理念上,我国公司资本制度经历了从社会本位向个人本位的发展过程。在清理整顿公司的历史背景下颁布的1993年《公司法》,留有较多计划经济时代的烙印,对公司资本制度采取了严格的法定资本制,规定了较高的法定最低资本限额,严格限制了出资种类和出资比例。1993年《公司法》是为配合国有企业改制需要而制定的,为保证国有企业改制成功,选择了优质国有企业进行改制,此时《公司法》规定较高的最低注册资本额,在国有企业改制实践中不会出现任何问题。在国有企业改制完成之后,随着社会主义市场经济的深入发展,民营经济获得较大的发展空间,严格的法定资本制已经不能适应我国社会经济发展的要求。从计划经济向市场经济过渡的转型时期的 1993 年《公司法》,实行严格的法定资本制,对设立公司有最低资本额、注册资本实缴制、出资形式特定、验资程序等多方面限制,如在最低资本额和资本实缴制问题上,将公司资本数额与公司信用直接相联系,应具备一定数额的资本且为实有和自有,从而构成公司对外承担债务的物质保障。

2005 年对《公司法》进行了较大的修改,对资本制度也进行了较大幅度的改革,修正了传统的法定资本制度。在维持法定资本制的基础上,《公司法》在很大程度上放松了对公司资本的管制,降低了公司设立的标准,赋予投资者和公司在融资上更大的灵活性,具体放宽了在最低资本额、资本缴纳、出资形式、股份发行、股份回购、对外投资等多方面的限制。原来僵化的严格的资本制度已经严重阻碍了经济发展,过高的公司设立标准阻碍了投资人投资,一次性缴足的注册资本造成资本积压和浪费,过于狭窄的出资种类未能及时反映知识经济时代市场资源的多元化特征,对转投资数额的限制有违公司自治原则。

2013 年《公司法》对公司资本制度进行了彻底改革,废除了最低注册资本和验资程序,将资本实缴制修改为资本认缴制,进一步放松了对公司资本的管制,实行较为宽松的法定资本制。[①] 2013 年《公司法》解决了资本制度在法律实践中遇到的诸多问题,如最低注册资本和验资程序问题。在实践中存在大量的中介机构以垫资的方式出具不真实的验资报告,而公司登记部门仅为形式审查。此外,虚报注册资本、虚假出资、抽逃出资等现象层出不尽,法律规定的资本制度流于形式,未能起到保护债权人、保障交易安全的作用。

我国公司资本制度的变迁,反映了从计划经济转入市场经济初期到市场经济深入发展阶段的改革发展历程,从严格的法定资本制到分期缴纳的法定资本制,再到取消最低出资限额的认缴登记制。资本制度体现了商事活动的宽进严出规则,减少行政干预,简化登记程序,不断加强商事主体的意思自治,以构建和谐的股东和债权人之间的利益关系,最大限度地调动投资人的投资积极性。

二、公司资本制度的类型

公司资本制度是立法围绕股东出资缴付行为创设的规则体系。在公司法发展历史上,资本制度是为弥补公司法基本原则——有限责任原则的不足而产生的,对实现保护股东利益、债权人利益的公司法宗旨至关重要,为世界各国公司法所重视。公司资本制度设计涉及公司是否能够被广泛地运用,涉及市场准入门槛的高低,进而关系到市场经济的繁荣和市场秩序的稳定。

英美法系和大陆法系的公司资本制度大概归纳为三种类型:法定资本制度(实缴资本制度)、授权资本制度(认缴资本制度)和折中资本制度。

---

① 1892 年德国《有限责任公司法》规定的最低注册资本为 2 万马克(相当于现代 25 万欧元),1980 年将最低注册资本提高到 5 万马克。参见〔德〕格茨·怀克·克里斯蒂娜·温德比西勒:《德国公司法》(第 21 版),殷盛译,法律出版社 2010 年版,第 283 页。

（一）法定资本制

法定资本制是指只有公司发起人在公司设立时全部缴付公司章程记载的资本总额，公司才能设立的一种公司资本制度。在公司设立时，公司章程必须载明公司注册资本总额，公司发起人应一次性全部缴付出资，不得分次缴付出资。公司成立后发行公司股份的，公司应启动增资程序，由股东大会通过增资决议并修改公司章程。

法定资本制度的核心是公司资本法定，实缴的注册资本可以成为公司交易的一般担保。法定资本制的宗旨是对公司债权人及社会交易安全的保护，体现了社会本位的价值观念。法定资本制能够有效确保公司资本的真实、可靠，并防止公司设立中的欺诈、投机等不法行为，但妨碍公司的快速设立，容易造成公司资本的闲置与浪费，且不利于公司资本的变更。

1993 年和 2005 年《公司法》采纳较为严格的法定资本制，即法定资本制加实收资本制结构，2013 年《公司法》则采纳了较为宽松的法定资本制，即法定资本制加认缴资本制结构。在法定资本制下，公司发起人缴纳出资是公司成立的基础和前提，公司发起人缴纳的出资财产构成公司对外承担法律责任的物质基础。严格的法定资本制是2013 年之前《公司法》的理论基础，发起人出资义务、发起人欠缴出资、出资违约、虚假出资及抽逃出资等制度，均建立在严格的法定资本制基础上。严格的法定资本制在我国公司实践中产生了不良的后果，一方面削弱了投资人设立公司的积极性，使公司难以成立；另一方面导致大量虚报注册资本、骗取公司设立登记的现象，严重扰乱了社会经济秩序，破坏了交易安全。因此，2013 年《公司法》修改了严格的法定资本制。

法定资本制起源于大陆法系的法国和德国，并为大陆法系国家所广泛采纳，但现代公司法发展趋势表明，大陆法系国家已逐渐转向采纳授权资本制或者折中资本制，法定资本制已成衰弱趋势。

（二）授权资本制

授权资本制是指对于公司设立时公司章程记载的注册资本，不要求发起人全部发行，仅需缴付部分发行的资本即可成立公司的资本制度。授权资本制要求公司章程既要载明公司的注册资本，又要载明公司成立之前第一次发行的股份资本，发起人仅需认购并足额缴纳章程所规定的第一次应发行的股份数，公司即告成立。在授权资本制度下，公司实收资本由股东自行决定，公司章程记载的公司注册资本通常仅为名义资本，对保障债权人利益和维护交易安全的作用非常有限。

授权资本制立法没有最低资本额的要求，但不排斥最低资本限额的规定，如英国私人公司放弃了最低资本限额的要求，但公众公司仍然有最低资本限额 50000 英镑的要求。英国最低资本限额的规定来源于欧共体《第 2 号公司法指令》，即成员国应要求在本国境内设立或者授权经营业务的公司具有不低于 25000 欧洲货币单位的资本。英国公众公司的最低资本限额为 50000 英镑，但在公司成立之时，涉及缴付的最低资本限额为 12500 英镑。

公司资本总额仅表明公司章程授权并经公司登记机关认可的公司可以发行的资

本数额,代表公司预期发展规模。公司章程记载的资本总额不要求全额发行,由公司发起人决定公司设立时应发行的资本数额,公司董事会在资本总额的范围内根据公司经营状况,再随时发行剩余部分的资本。公司发行资本小于公司注册资本,注册资本、发行资本、实缴资本、授权资本等资本形态同时存在,但内容各不相同。

授权资本制为英美法系公司法所创立,公司的设立手续简便,不易造成公司资本的闲置和浪费,免除了变更注册资本的烦琐程序,但较易引起公司设立中的欺诈和投机等非法行为,不利于对债权人利益和交易安全的保护。

(三)折中资本制

折中资本制是指公司章程记载的注册资本总额在公司设立时不必一次全部筹足,其余股份可以授权董事会根据实际情况随时发行,但首次发行股份不得少于法定比例,发行股份的授权应在一定期限内行使的公司资本制度。折中资本制是在授权资本制的基础上采纳了法定资本制的要素,核心仍然是授权资本制。德国、法国和日本采用折中资本制。

折中资本制是介于法定资本制和授权资本制之间的公司资本制度,在公平、安全与效率之间寻得了平衡,保障了公司资本的效率性,又兼顾了安全性,并将效率优先原则贯彻到公司资本制度中,已经成为现代国家公司资本制度的发展趋势。折中资本制可以分为缴付折中资本制和发行折中资本制两种形式:

(1)缴付折中资本制。缴付折中资本制是指公司注册资本应当全部发行与认购,但股东无须全部缴付公司所发行资本的一种资本制模式。公司章程授权董事会在公司设立后的一定期限内,在授权的公司资本一定比例范围内,发行新股、增加资本,而无须股东会的特别决议。缴付折中资本制改变了法定资本制一次发行、一次足额缴付的严格规定,允许分期缴付出资,且对分期缴付出资又无严格的限制性规定。缴付折中资本制是在法定资本制基础上,通过授权董事会增发股份、放宽限制、简化增资程序而形成的资本制度,既有法定资本制的刚性,又有授权资本制的灵活性,但核心仍为法定资本制。德国、法国、意大利等国采取了缴付折中资本制。

(2)发行折中资本制。发行折中资本制是指在公司设立时公司注册资本无须全额发行和认购,但股东对已发行和认购的股份应全额缴付价款的一种资本制模式。公司第一次发行资本不得低于资本总额的一定比例,未发行的股份授权董事会在公司成立后根据公司发展需要随时发行。日本和我国台湾地区采纳了发行折中资本制,如《日本商法典》第166条规定公司设立时发行的股份总数不得低于公司股份总数的1/4,我国台湾地区"公司法"第156条规定首次应发行股份不得低于股份总数的1/4。

折中资本制中的法定最低资本限额不再是公司设立的门槛,仅在于确定章程所拟订的资本总额下限或者确定首期缴付出资比例的基数,使公司章程记载的注册资本总额不再受到资本确定原则的约束,以公司设立时股东第一次实际缴付的资本来确定最终的资本形式。

三、三种资本制度的比较

公司资本制度的设计、选择、创新是以效率与公平为中心展开的,公司资本制度的设立与演进是效率和公平合力作用的产物。经过长期的实践和演进,两大法系公司法已经设计和确认了三种公司资本制度,即法定资本制、授权资本制和折中资本制。这三种资本制度既相互联系,又相互独立,对公司资本总额的形成作了不同程度的强制性制度安排。

授权资本制与折中资本制的共同点,是股东大会授权董事会随时对外发行新增股份。在股东会已授权范围内,董事会独立决定公司是否需要增加股份及增加股份的方式与时间,股东会不对公司增加股份作出决议。

授权资本制与折中资本制的不同点在于,授权资本制的股东会对董事会发行新股份的权利没有限制,董事会对新增股份的发行对象有相当程度的自由决定权;折中资本制则强调股东会对公司对外新增股份的数额、比例、时间、期限、程序和范围等方面的特别限制,股东会以公司决议方式决定公司新增股份发行总额,甚至授予公司现有股东新增股份的优先认购权。

与授权资本制和折中资本制相比,法定资本制在增加公司股份方式上更强调公司股东会决定增资的单方决定权,董事会对增资议案仅具有建议权,而没有决定增资的独立判断权,如我国《公司法》第37条规定的公司增加注册资本属于股东会决议事项,即为法定资本制的基础性规则。例如,在绵阳市红日实业有限公司股东会决议效力及公司增资纠纷案和贵州捷安投资有限公司股权确权及公司增资扩股出资份额优先认购权纠纷案中,最高法认为,涉案的公司增资均经全体股东持股比例2/3以上通过,符合公司法和公司章程的规定,公司增资的股东会决议有效。

第三节　我国公司资本制度

世界各国实行的公司资本制度均是与本国历史传统及实际情况相适应的,体现了不同立法宗旨和法律价值。我国公司资本制度立法旨在保护公司债权人和社会经济秩序,因而采取了法定资本制,公司资本制度的法律规定主要体现于《公司法》。

一、《公司法》的资本制度

法定资本制是我国《公司法》一直奉行的公司资本制度。1993年《公司法》的资本制度属于传统法定资本制,是非常严格的法定资本制,[①]实行严格的注册资本最低限额制,规定了较高的注册资本最低限额。注册资本实行实缴制,在缴付方式上采纳一

---

① 1993年《公司法》第23条第1款规定:"有限责任公司的注册资本为在公司登记机关登记的全体股东实缴的出资额。"

次足额缴付制,禁止分期缴付。1993 年《公司法》实行资本验证制度,在公司成立或者增资时,股东出资应经法定的验资机构验资并出具验资报告,方能得到公司登记机关的认可。例如,在海南金春实业贸易公司确认股权纠纷案中,[①]最高法认为,我国在公司注册资本上实行实收资本制,根据《公司法》和《公司注册资本登记管理暂行规定》的有关规定,有限责任公司股东在公司设立时,应足额缴纳所认缴的注册资金,不得分期缴纳。

2005 年《公司法》对公司资本制度进行了较大的修改,一定程度上放松了公司资本管制,较大幅度地降低了注册资本的最低限额,实行分期缴付注册资本的方式,但仍然维持了法定资本制。[②]例如,在北京城建集团有限责任公司合同纠纷案中,[③]北京高院二审认为,城建四公司作出的第二届股东会第四次股东会议决议有效,即同意变更股东的出资实缴时间,将分期缴付合并为一次性缴付,于 2008 年 10 月 31 日前一次性完成。

2013 年《公司法》取消了注册资本的最低资本限额,注册资本的缴纳也从实缴制改为认缴制,[④]有明显的从法定资本制度向授权资本制度转换的痕迹,但仍然保留了法定资本制。《公司法》的资本制度既非授权资本制,也非折中资本制,而是较为宽松的法定资本制。例如,在丹阳市唯益农村小额贷款有限公司民间借贷纠纷案中,[⑤]江苏高院再审认为,公司注册资本从实缴制变更为认缴制,并未从根本上改变股东需履行的出资义务,发起人的资本充实责任并不因为放宽了公司设立标准而得以免除,按期缴纳认缴的资本额依旧是股东的法定义务。

注册资本的实缴制与认缴制,不是法定资本制与授权资本制、折中资本制的根本区分标准。公司资本发行决定权的归属,才是公司资本制度判断的基本准则。法定资本制的特点是股东会决定股份发行,而授权资本制和折中资本制的特点是授权董事会决定股份发行,股东会不再决定股份发行的数额、期限等。根据《公司法》第 37 条的规定,公司资本发行决定权属于股东会而不是公司董事会。因此,《公司法》的资本制度属于法定资本制。

资本分期形成的方式,也是授权资本制与法定资本制的区别。[⑥] 在授权资本制

---

① 海南金春实业贸易公司诉北京格林兰科技开发有限责任公司确认股权纠纷案(〔2000〕内经初字第 2 号、〔2000〕经终字第 231 号)。

② 2005 年《公司法》第 26 条规定:"有限责任公司的注册资本为在公司登记机关登记的全体股东认缴的出资额。公司全体股东的首次出资额不得低于注册资本的百分之二十,也不得低于法定的注册资本最低限额,其余部分由股东自公司成立之日起两年内缴足;其中,投资公司可以在五年内缴。……"

③ 北京城建集团有限责任公司诉北京瑞丰恒基房地产开发有限公司、于天恩等 26 人合同纠纷案(〔2009〕一中民初字第 5568 号、〔2011〕高民再终字第 2015 号、〔2015〕民提字第 122 号)。

④ 2013 年《公司法》第 26 条第 1 款规定:"有限责任公司的注册资本为在公司登记机关登记的全体股东认缴的出资额。"

⑤ 丹阳市唯益农村小额贷款有限公司诉王渊龙、杨志清、江苏唐音光电有限公司、丹阳市宝通工具有限公司、冷云霞、朱保才、谢正谷、王凤英民间借贷纠纷案(〔2016〕苏 11 民终字 233 号、〔2017〕苏民申 101 号)。

⑥ 参见周友苏:《新公司法论》,法律出版社 2006 年版,第 180 页。

下,首期资本形成后,公司注册资本总额是否要分期发行,由董事会根据公司经营状况作出决议,如果董事会认为没有必要再发行股份,股东没有向公司缴付出资的义务。在法定资本制下,发起人缴付首期出资后,仍然负有按照章程规定按期缴付出资的义务。股东如未能按照规定履行缴付出资义务,将承担相应的法律责任。《公司法》第28条明确规定,股东应按期足额缴纳公司章程规定所认缴的出资额。

二、《公司法》对资本制度的修改

2013年《公司法》删除了关于最低注册资本限制、首次出资最低比例限制、货币出资最低比例限制的条款,对公司资本制度进行了较大幅度的修改,主要有以下三个方面的内容:

(一)注册资本最低限额的废除

注册资本最低限额是资本确定原则的重要内容,是《公司法》资本制度的核心。1993年《公司法》对公司注册资本规定了较高的最低限额,如股份有限公司最低注册资本为1000万元,有限责任公司最低注册资本则从10万元到50万元,设定了较高的公司准入标准。2005年《公司法》一定程度上放宽了对公司资本的管制,极大地降低了公司注册资本的最低限额,如股份有限公司最低注册资本为500万元,有限责任公司最低注册资本为3万元,设定了较低的公司准入标准。

2013年《公司法》则完全废除了注册资本最低限额。[1] 现行《公司法》第26条规定的注册资本为在公司登记机关登记的全体股东认缴的出资额,是指公司注册资本由公司股东(发起人)自主约定认缴出资额、出资方式、出资期限等,从而排除了法律的干预,充分体现了股东自治原则。

注册资本最低限额的废除并非取消注册资本,而是公司注册资本额由公司投资人自主决定,政府不得滥用权力干涉公司自主经营管理事务。注册资本最低限额不可避免会导致出现注册资本为名义资本或者1元公司。[2] 实际上,0元注册资本与1元注册资本没有本质区别,也不影响公司的设立登记。0元注册资本不影响股东权益比例的确定,如《公司法》第34条规定股东可以自行确定分红和增资比例,第42条规定股东表决权可以在章程中另行规定。0元注册资本也不影响公司所需的开办费。公司设立阶段所需的开办费,可以由设立中的公司通过向股东借款或者对外融资的方式解决,如《公司法司法解释(三)》第2条、第3条认可了设立中公司对外签订合同的权利。

公司注册资本通常是根据拟设立公司所从事的生产经营活动所需投入必要的启动资金,公司投资项目需要的资金数量较大,公司发起人需要投入较多的出资,从而公司注册资本总额较高。反之,公司设立时无须资金投入,发起人也可以仅为公司设立

---

① 《注册资本登记制度改革方案》(国发〔2014〕7号)明确规定无最低注册资本限制、无首期出资比例限制、无货币出资最低比例限制、无出资期限限制。

② 实务界甚至提出可以是0元注册资本,"《公司法》完全取消了注册资本最低限额,公司设立时注册资本可以为0元(即0元公司)。"杜军:《公司资本制度的原理、演进与司法新课题》,载《法律适用》2014年第11期。

而投入名义资本或者 1 元资本。公司注册资本高表明公司资金实力雄厚、公司信誉较高,对公司经营活动是较为有利的,而 1 元资本公司则没有资金实力和信誉,难以获得公司交易相对人的信赖。公司注册资本应由公司根据自身的经营状况自主决定,而无须通过法律强制手段作出统一规定。

(二)资本认缴制

1993 年《公司法》实行一次性足额缴付制,即发起人应足额缴付公司章程中规定的各自认缴的出资额,在公司设立登记之前一次性足额缴付全部出资款。否则,公司登记机关拒绝公司设立登记。2005 年《公司法》实行一定比例的实缴制,即有限责任公司首期出资额不得低于注册资本的 20%,也不得低于法定注册资本的最低限额,剩余部分应在公司成立之日起两年内缴足;一人公司则实行一次性足额缴付。

2013 年《公司法》废除了对资本缴付的法律管制,由实缴制改为认缴制。公司发起人根据公司章程记载的注册资本自行认购各自出资,对自己认购出资仅需按照公司章程规定缴付出资即可,可以是一次性足额缴付,也可以是分期缴付。注册资本的实缴制与认缴制的根本区别在于是否存在法律的干预,注册资本的认缴制排除了法律强制干预,对公司注册资本的认缴出资额、出资方式、出资期限等应完全由公司发起人通过公司章程自行决定。例如,在郑山江合同纠纷案中,[1]海南高院认为,对于公司设立及增加的注册资本实行认缴制,股东应何时、以何种方式、缴纳多少出资均由公司章程规定,股东是否存在投入注册资金不实的行为应当结合公司章程及其他相关材料作出判断。

股份有限公司的设立有发起设立与募集设立两种方式。公司注册资本认缴制仅适用于以发起设立方式设立的股份有限公司,而不能适用于以募集设立方式设立的股份有限公司。实际上,股份有限公司均以发起设立的方式成立,成立后再以新股发行的方式募集公司股份。

(三)强制验资制度的废除

1993 年《公司法》规定了强制验资制度,[2]一直延续到 2013 年。强制验资制度要求公司发起人缴纳全部出资后还应经法定验资机构验资并出具验资证明,注册资本实缴制与强制验资制度是一体的。在注册资本实缴制下,公司发起人向公司登记机关申请公司设立登记时应提交验资证明。例如,在溧阳市华盛染整有限公司承揽合同纠纷案中,[3]常州溧阳市法院认为,《公司法》规定了强制验资制度,规定公司成立或者增资

---

① 郑山江诉儋州鑫汉商务服务有限公司合同纠纷案(〔2015〕海仲字第 644 号、〔2016〕琼 72 执异 79 号、〔2016〕琼执复 96 号)。

② 1993 年《公司法》第 26 条规定:"股东全部缴纳出资后,必须经法定的验资机构验资并出具证明。"

第 27 条第 1 款规定:"股东的全部出资经法定的验资机构验资后,由全体股东指定的代表或者共同委托的代理人向公司登记机关申请设立登记,提交公司登记申请书、公司章程、验资证明等文件。"

③ 溧阳市华盛染整有限公司诉常州市康成紫阳旅游用品有限公司、常州永嘉会计师事务所有限公司、常州中瑞会计师事务所有限公司承揽合同纠纷案(〔2010〕溧商初字第 176 号)。

时的股东出资应经法定验资机构验资并出具验资证明，方能获得工商登记。强制验资制度仍然不能避免虚假出资的情形，由于为满足公司设立的法定资本条件与登记机关的要求，发起人可能通过与验资机构串通提供虚假验资证明。不合理的强制验资制度，使得虚假验资和抽逃出资现象层出不穷。

2013年《公司法》废除了强制验资制度，①验资证明不再作为公司申请设立登记必须提交的文件，公司发起人无须经法定验资机构验资以及向公司登记机关提交验资证明。

公司资本制度的改革还影响了刑法制度，2014年《全国人民代表大会常务委员会关于〈中华人民共和国刑法〉第一百五十八条、第一百五十九条的解释》明确规定，刑法中关于虚报注册资本罪、虚假出资、抽逃注册资本罪的规定仅适用于实行公司注册资本实缴登记制的公司。

三、《公司法》注册资本制度修改对股东权利的影响

注册资本登记制度改革是要放松对市场主体准入的管制，降低市场主体的准入门槛。在法律、行政法规、部门规章三个层次的法规中，完成了注册资本登记制度的改革。在认缴登记制下，注册资本的金额及缴付的时间等问题，可以由股东在公司章程中自由约定，股东缴付出资完全属于合同义务，不再涉及强制性法定义务，股东出资方面的问题可通过民事诉讼追究违约责任，而不牵涉任何行政处罚或者刑事责任。

注册资本的认缴制允许投资人自行确定注册资本的金额和缴付时间，投资人任意设定的注册资本对权利义务的影响主要有以下三个方面：

（1）注册资本决定了股东对公司债务的责任限额。注册资本直接对应股东对公司债务应当承担的责任限额。在股东没有足额交付注册资本的情形下，公司债权人有权要求股东直接承担与未缴足注册资本同等金额的公司债务，如上海市奉贤区水务局追偿权纠纷案。公司发起人设定过高的公司注册资本，相当于为同等金额的公司债务承担连带责任。认缴的注册资本一旦办理了注册登记，要降低认缴注册资本就需要按照减资的手续编制资产负债表、财产清单并进行公告。债权人有权要求公司在减资前提前清偿债务或者提供相应的担保。

（2）注册资本可能影响股东可分配的利润。根据《公司法》的规定，公司分配当年税后利润时应当提取利润的10%列入公司法定公积金，直到公司法定公积金累计额为公司注册资本的50%以上为止。公司注册资本设定得过高，则直接减少了股东可分得的利润。

（3）注册资本影响股东权的行使。《公司法》明确规定，除非公司章程另有规定，在默认情况下股东表决权按照各股东认缴出资比例确定，分红比例按照各股东实缴出资比例确定，对公司新增注册资本的认购权按照各股东实缴注册资本比例确定。因

① 《公司法》第29条规定："股东认足公司章程规定的出资后，由全体股东指定的代表或者共同委托的代理人向公司登记机关报送公司登记申请书、公司章程等文件，申请设立登记。"

此,注册资本直接影响股东在股东会中所享有的表决权、分红比例以及新增资本的优先认购权。例如,在辽宁中智房屋开发有限公司股权确认纠纷案中,最高法认为,有限责任公司股东抽逃出资的,公司可以对股东的利润分配请求权、新股优先认购权、剩余财产分配请求权作出相应的合理限制。

四、《公司法》的资本制度纠纷

在司法审判实践中,涉及适用公司资本制度法律关系发生的民商事纠纷主要有公司内部纠纷和公司外部纠纷两大类:公司内部纠纷涉及公司与股东、股东与股东之间及其与董事等高级管理人员之间的权利义务及责任引起的纠纷,如公司和董事催收出资等;公司外部因公司资本问题发生纠纷,如公司债权人请求否定法人资格、请求股东承担出资不实责任等。例如,在中国信达资产管理股份有限公司黑龙江省分公司借款合同纠纷中,①最高法明确了股东足额缴纳出资额的义务。公司资本制度的纠纷主要有以下三种类型:

(一) 公司资本催收纠纷

2013 年之前的《公司法》对股东出资要求比较严格,除公司设立登记时要求股东必须实际缴纳出资外,还需要由法定验资机构验资,以确保股东实际出资足额到位,因而公司成立后不会发生催收资本的问题。2013 年《公司法》则规定在公司设立时股东仅需认购公司章程记载的出资,但可以不向公司实际缴付出资,仅作书面认购出资承诺即可。公司注册资本及股东实际缴纳出资问题,成为公司自己内部的权利事项,完全由公司自己对缴纳出资情况的真实性、合法性负责。《公司法》将出资权力和责任交给了公司和股东,在公司设立时及设立后,股东未按照公司章程记载及时缴纳出资,将形成公司催收资本。催收资本是股东拖欠公司债务,对股东缴纳出资的催收,公司可以通过自力救济或者司法救济的路径完成。公司催收资本应当先采取自力救济方式。

(1) 保留资本方式。自力救济可以采取保留资本的方式处理,免除股东缴纳资本的义务,在公司章程中明确保留该股东名下的资本并予以公示,在公司破产或者清算时由该股东向全体债权人支付等。

(2) 公司章程修改方式。自力救济可以采取修改公司章程的方式,对未缴纳出资股东除名或者减持未缴纳出资股东的股份。公司催收资本涉及修改公司章程的,应及时将修改后的公司章程提交公司登记机关予以公示。

公司催收资本选择司法救济的,公司可以直接向法院提起诉讼,请求未缴纳认购出资的股东依照章程或者书面承诺认购的数额、期限和方式实际向公司缴纳出资。公

---

① 在中国信达资产管理股份有限公司黑龙江省分公司诉邢佩国、大庆市银兴化工有限公司、太福化工集团有限公司借款合同纠纷案中,法院裁判摘要认为,股东实际出资的实物价值已超过承诺的实物出资价值,且不存在侵害公司财产的其他事实,股东仅依出资财产对公司的对外债务承担有限责任。

司不及时行使权利的,公司其他股东也可以提起股东代表诉讼,向拖欠催收资本的股东追缴。

因公司自力救济催收资本可能派生出其他类型的民商事纠纷,如公司对未缴纳出资的股东决定除名、减持股份或者限制股东权利的,该股东有异议或者认为权利受到侵害时,可以向法院提起相关诉讼,请求确认相关决议无效或者确认股东资格、恢复持股及股东权利等。例如,在宋余祥公司决议效力确认纠纷案中,法院确认了将抽逃出资的股东除名的股东会决议的效力。

根据 2013 年《公司法》规定所设立公司发生的催收资本及因催收资本派生的其他类型民商事纠纷,案件当事人仅限于公司内部,即公司、股东及董事等高管。这类纠纷案件可能是公司直接诉讼,也可能是股东提起的股东代表诉讼。这类案件纠纷的解决应当围绕公司章程的规定进行,法律、行政法规对公司资本制度有特殊规定的,应当符合法律、行政法规的特殊规定,公司章程规定的标准不得低于法律、行政法规的特殊规定。对涉及股东会、股东大会决议或者董事会决议的,应注意股东会、股东大会决议或者董事会决议的效力问题。

（二）公司高级管理人员发行资本责任纠纷

2013 年《公司法》取消了注册资本实缴制,实行注册资本认缴制,公司资本及出资等问题由发起人在公司章程中自主约定。在公司治理结构中,股东会和董事会职权是有明确分工的,股东会是权力机关,董事会是执行机关,董事会依据公司章程及股东会具体授权行使公司经营和管理职权。董事和公司高级管理人员对公司资本的控制权力比较大,因而应加强对董事和公司高级管理人员的监督,以防止董事和公司高级管理人员违反忠实义务和勤勉义务。公司章程记载注册资本总额以及发行方式和期限等,董事会负责具体实施,安排股东履行缴纳出资义务,对股东未及时缴纳资本的,董事会负有催收责任。

董事会对公司资本筹集、发行、催收的控制权和执行职责,增加了公司董事等高级管理人员的权力和责任,董事和公司高级管理人员对公司资本制度的执行,应当更加勤勉、谨慎和忠诚。董事会或者董事和公司高级管理人员对该职责存在懈怠,存在违反忠实义务和勤勉义务的侵权行为,对公司或者股东造成损失的,公司或者股东可以提起民事诉讼,请求相关董事和公司高级管理人员承担相应的法律责任。例如,在厦门卓信成投资有限责任公司股东损害公司债权人利益责任纠纷案中,济南中院认为,公司在增资过程中催收资本应是公司董事、高管人员勤勉义务的内容,增资过程中股东未尽出资义务时,违反该勤勉义务的董事、高管人员应当承担相应的责任。

（三）股权转让引发的缴纳资本义务纠纷

在 2013 年《公司法》修正前的法定资本制度下,公司登记设立时股东应当足额缴纳认购资本,允许分期缴纳注册资本,有两年和五年两种情形,[①]允许延期的时间较短。在通常情况下,股东在转让股权时已经完成缴纳出资的义务,受让股权的股东对注册资本金没有缴纳义务。由于 2013 年《公司法》规定股东缴纳认购出资的数额、时间及财产方式等均由公司章程自主约定,未缴纳资本即转让股权的情形可能具有相当的普遍性。例如,在上海香通国际贸易有限公司股权转让纠纷案中,[②]上海普陀区法院判决指出,在注册资本认缴制下,公司股东在登记时承诺会在一定时间内缴纳注册资本,这可以认为是公司股东对社会公众包括债权人所作的一种承诺。

对于 2014 年之后登记设立的公司,股权转让合同签订之后,转让方在股权转让后离开公司或者减持股份,受让方进入公司或者增持股份的,转让方或者受让方应及时向公司通报转入股权事项,以便公司安排催收资本及股权变更登记等事项。如果存在未缴纳资本即转让股权情形,转让股东应当明确告知受让方未缴付资本数额,并与公司协商落实继续履行缴纳出资义务的方案。股东对公司资本的认购及实缴出资问题为公司发起人在公司章程中的约定,个别股东转让股权时可能涉及其他股东的权益。例如,在本溪北方煤化工有限公司股东出资纠纷案中,最高法认为,攀海公司作为北方煤化工公司有限公司的股东,当北方煤化工公司认为攀海公司未全面履行出资义务时,有权请求攀海公司向北方煤化工公司全面履行出资义务,即使攀海公司已将股权转让,也应对出资义务承担责任。

[①]　2005 年《公司法》第 26 条规定:"有限责任公司的注册资本为在公司登记机关登记的全体股东认缴的出资额。公司全体股东的首次出资额不得低于注册资本的百分之二十,也不得低于法定的注册资本最低限额,其余部分由股东自公司成立之日起两年内缴足;其中,投资公司可以在五年内缴足。……"

[②]　在上海香通国际贸易有限公司诉上海昊跃投资管理有限公司、徐青松、毛晓露、接长建、林东雪股权转让纠纷案(〔2014〕年普民二(商)初字第 5182 号、〔2015〕沪二中民四(商)终字第 1398 号)中,法院裁判要旨认为,认缴制下公司股东的出资义务只是暂缓缴纳,而不是永久免除,在公司经营发生重大变化时,公司包括债权人可以要求公司股东缴纳出资,以用于清偿公司债务。

第二编

公司设立制度

第七章 公 司 股 份

公司股份是公司筹集资金的方式,是通过公开发行募集资本的融资手段,体现着资本信用。公司股份既能为投资人带来收益,又能为公司筹集到生产经营所需资金。公司股份是有价证券,属于流通证券,可以在证券市场上自由买卖和转让。

第一节 股东出资制度

公司股份来源于公司股东出资,股东出资构成公司资本基础,全体股东出资的总和构成公司资本总额。公司资本制度应有与之相适应的股东出资制度。

一、股东出资

（一）股东出资的概念

股东出资是指在公司设立或者增加资本时,根据投资协议的约定、法律和公司章程的规定,股东向公司缴付一定数额金钱或者履行其他给付义务。股东出资是股东的基本义务,公司法关于股东出资的各种规定和要求,构成了股东出资制度。

公司资本来源于股东出资,全体股东出资总和构成公司资本总额。股东出资构成的公司资本,是公司取得独立人格并独立承担责任的要件,也是公司运营的物质基础和保障。股东出资既是股东义务,也是股东取得公司股权的对价。股东以出资额为限对公司债务承担有限责任。股东出资不以现金为限,也可以实物出资。实物出资在出资履行、出资风险、价值评估等方面与现金出资不同。

法定资本制的资本确定原则、资本维持原则和资本不变原则,是基于股东出资行为得以实现的。股东认缴出资确保了资本确定原则的实现,不得抽逃出资则体现了资本维持原则和资本不变原则的要求,股东出资制度是构建公司资本制度的基础。

（二）注册资本的最低资本额

1993年《公司法》沿袭了大陆法系传统公司法的注册资本最低限额制度,规定了较高的注册资本最低限额。① 2005年《公司法》对注册资本最低限额进行了大幅度的调整,较大幅度地降低了最低限额,其中有限责任公司注册资本的最低限额统一为人民币3万元,股份有限公司注册资本的最低限额则为人民币500万元。注册资本实行分期缴付制度,但首次出资额不得低于注册资本的20％,且不得低于注册资本最低限额。

2013年《公司法》对公司资本制度的修改包括,取消了最低注册资本限制、首期出资比例限制、货币出资最低比例限制以及出资期限限制,注册资本由实缴制改为认缴制。但是,根据《公司法》第26条第2款的规定,银行业金融机构、证券公司、期货公司、基金管理公司、保险公司、保险专业代理机构和保险经纪人、直销企业、对外劳务合作企业、融资性担保公司、募集设立的股份有限公司、劳务派遣企业、典当行、保险资产管理公司、小额贷款公司等实行注册资本最低限额制度,且仍执行注册资本实缴制。②

公司资本制度有公司设立的资本制度和公司存续的资本制度之分,公司设立的资本制度有注册资本最低限额制度、现金比例要求等,而公司存续的资本制度有股东不得抽回出资、保证出资的真实性、不得欺诈性转移资产等。《公司法》资本制度改革是对公司设立资本制度的修改,极大地降低了公司设立门槛,但未涉及对公司存续资本制度的修改。

二、股东出资的缴付

1993年《公司法》实行注册资本的实缴制,③2005年《公司法》则实行注册资本分期缴付制,规定了首期应缴付资本的最低限额(人民币3万元)和最长缴付期限(2年或者5年期限)。④

---

① 1993年《公司法》第23条第2款规定:"有限责任公司的注册资本不得少于下列最低限额:(一)以生产经营为主的公司人民币五十万元;(二)以商品批发为主的公司人民币五十万元;(三)以商业零售为主的公司人民币三十万元;(四)科技开发、咨询、服务性公司人民币十万元。"

第78条第2款规定:"股份有限公司注册资本的最低限额为人民币一千万元。……"

② 《商业银行法》第13条第1款规定:"设立全国性商业银行的注册资本最低限额为十亿元人民币。设立城市商业银行的注册资本最低限额为一亿元人民币,设立农村商业银行的注册资本最低限额为五千万元人民币。注册资本应当是实缴资本。"

《证券法》第127条第1款规定:"证券公司经营本法第一百二十五条第(一)项至第(三)项业务的,注册资本最低限额为人民币五千万元;经营第(四)项至第(七)项业务之一的,注册资本最低限额为人民币一亿元;经营第(四)项至第(七)项业务中两项以上的,注册资本最低限额为人民币五亿元。证券公司的注册资本应当是实缴资本。"

《保险法》第69条规定:"设立保险公司,其注册资本的最低限额为人民币二亿元。……保险公司的注册资本必须为实缴货币资本。"

③ 1993年《公司法》第25条规定:"股东应当足额缴纳公司章程中规定的各自所认缴的出资额。……股东不按照前款规定缴纳所认缴的出资,应当向已足额缴纳出资的股东承担违约责任。"

第78条第1款规定:"股份有限公司的注册资本为在公司登记机关登记的实收股本总额。"

④ 2005年《公司法》第26条规定:"有限责任公司的注册资本为在公司登记机关登记的全体股东认缴的出资额。公司全体股东的首次出资额不得低于注册资本的百分之二十,也不得低于法定的注册资本最低限额,其余部分由股东自公司成立之日起两年内缴足;其中,投资公司可以在五年内缴足。有限责任公司注册资本的最低限额为人民币三万元。……"

第81条第2款规定:"……股份有限公司注册资本的最低限额为人民币五百万元……"

　　2013年《公司法》取消了注册资本的最低限额制度,实行注册资本认缴登记制。公司股东认缴的出资总额或者发起人认购的股本总额(即公司注册资本)应当在公司登记机关登记。公司股东应当对认缴出资额、出资方式、出资期限等自主约定并记载于公司章程。有限责任公司股东以认缴的出资额为限对公司承担责任,股份有限公司股东以认购的股份为限对公司承担责任。公司应当将股东认缴出资额或者发起人认购股份、出资方式、出资期限、缴纳情况,通过市场主体信用信息公示系统向社会公示。公司股东对缴纳出资情况的真实性、合法性负责。例如,在中国长城资产管理公司乌鲁木齐办事处借款合同纠纷案中,[①]最高法认为,有限责任公司成立后,发现作为设立公司出资的非货币财产的实际价额显著低于公司章程所定价额的,应当由交付该出资的股东补足差额。股东不实出资,公司现有资产不足以偿还债权人债务的,公司股东应在不实出资数额的范围内向债权人承担补充赔偿责任。出资人未出资或者未足额出资,对于该企业财产不足以清偿债务的,由出资人在出资不实或者虚假资金金额范围内承担责任。红雁池发电公司、苇湖梁发电公司、哈密发电公司、喀什发电公司、昌吉热电公司应当在各自出资不实范围内对工贸公司所欠涉案债务承担补充清偿责任。

　　公司注册资本适用认缴登记制的公司,注册资本金额及缴付期限等问题由股东在公司章程中自由约定,股东缴付出资属于商事合同义务,不再涉及任何强制性法定义务,股东出资方面所有问题可通过民事诉讼追究违约责任,但不牵涉任何行政处罚或者刑事责任。

　　投资人仅需认缴出资即可成立公司,而实际缴付出资期限由公司自行决定。投资人违背缴付出资承诺,公司则可以起诉没有履行出资义务的股东,要求实际缴付到期出资。公司资本制度改为认缴制后,资本催缴制度是维护公司资本真实以及保护债权人利益的重要措施。公司因没有履行催缴职责,导致公司资本没有实际到位,影响到债权人利益的,负有催缴义务的公司董事和高级管理人员应承担连带责任,如厦门卓信成投资有限责任公司股东损害公司债权人利益责任纠纷案。

三、股东出资的方式

　　股东出资主要有货币出资和非货币出资两大类,世界各国立法和理论对货币出资均予以肯定,但对非货币出资则存在较大争议。我国公司法对非货币出资的规定经历了一个从严到宽的发展轨迹。1993年《公司法》采取列举方式,将非货币出资限定为

---

　　① 在中国长城资产管理公司乌鲁木齐办事处诉新疆华电工贸有限责任公司、新疆华电红雁池发电有限责任公司、新疆华电苇湖梁发电有限责任公司等借款合同纠纷案中,法院裁判摘要认为,注册资本是公司最基本的资产,确定和维持公司一定数额的资本,对于奠定公司基本的债务清偿能力,保障债权人利益和交易安全具有重要价值。股东出资是公司资本确定、维持原则的基本要求,出资是股东最基本、最重要的义务,股东应当按期足额缴纳公司章程中规定的各自所认缴的出资额,以货币出资的,应当将货币出资足额存入公司在银行开设的账户;以非货币财产出资的,应当依法办理财产权的转移手续。根据《物权法》第23条的规定,动产物权的设立和转让自交付时发生效力,动产所有权的转移以实际交付为准。股东以动产实物出资的,应当将作为出资的动产按期实际交付给公司。未实际交付的,应当认定股东没有履行出资义务,出资没有实际到位(2018年最高法公报案例)。

实物、工业产权、非专利技术、土地使用权，技术出资不得超过注册资本的20％；2005年《公司法》对股东出资方式进行了大幅度修改，拓展了出资方式，对非货币出资采取列举与概括相结合方式，即非货币出资为实物、知识产权、土地使用权等可以用货币估价并可依法转让的非货币财产，但非货币出资不得超过注册资本的70％，极大地降低了货币出资比例；2013年《公司法》没有改变非货币出资的立法方式和范围，但废除了非货币出资的最高限额。在公司实务中，股东非货币出资主要涉及股权出资、债权出资和已抵押财产出资三个方面。

（一）股权出资

股权作为一种无形财产出资在理论上具有可行性，在实践中也具有可操作性。《公司法司法解释（三）》第11条明文规定了股权出资的条件，充分肯定了股东以非货币资产出资的合法性。此外，行政规章明确肯定了股权出资。[①] 2009年《股权出资登记管理办法》规定了股权出资的条件和程序，但被2014年《公司注册资本登记管理规定》所废除。《公司注册资本登记管理规定》第6条规定，股东或者发起人可以持有的在中国境内设立的公司股权出资。

股权作为一种可以用货币估价并可以依法转让的非货币财产，在不违反法律、行政法规强制性规定的情况下，可以用来作价出资。在公司实务中，股权出资在公司设立和增资过程中较为常见，但股权出资也极易产生风险。在司法实践中，投资人以股权出资应满足以下四个条件：

（1）股权的合法持有并可依法转让。出资人合法持有拟出资股权，而不存在非法事由。拟出资股权可以自由转让，转让不受法律或者章程限制。出资人不得以禁售期内的股份作为出资，或者以公司章程限制转让的股权出资。

（2）股权无权利瑕疵及权利负担。拟出资股权没有权利瑕疵，即不存在出资不足、虚假出资、抽逃出资等情形或者股权的权属有争议。拟出资股权没有质押或者被冻结等权利行使受到限制的情形。股权上有权利瑕疵或者权利负担，导致股权出资存在不确定性，危及公司资本的确定与稳定。

（3）股权转让法定手续的履行。出资人以股权出资应当依法办理股权权属转移手续，即办理股权变更登记、无记名股票的交付、记名股票的背书。出资行为实质是出资人以出资财产所有权为代价，获得公司股权。出资财产的交付和所有权的转移，是出资人获得公司股权的对价。

（4）股权价值依法评估。股权是一种非货币财产，出资人以股权出资应当对股权依法进行评估，以保证股权出资的真实性，以防公司注册资本不实。依法对股权进行评估有两个方面的含义：一是拟出资股权应经合法专业评估机构进行价值评估；二是对拟出资股权的评估程序合法、评估方法合法、评估结果真实可靠，不存在高估或者低

---

① 如1999年《关于建立风险投资机制的若干意见》第7条，2001年《金融资产管理公司吸收外资参与资产重组与处置的暂行规定》第6条。

估的情形。

股东以持有的其他公司股权出资满足前述四个条件的，构成股权出资效力。我国司法审判实践以前述四个条件，作为认定股权出资效力的依据。例如，在华能山东里能煤电有限公司其他合同纠纷案中，①最高法认为，山东省人民政府批准里能集团与华能集团组建华能煤电公司，里能集团以持有的三家全资子公司的全部股权出资，其中包括圣城热电公司 37.93% 的股权。通过里能集团的该出资行为，华能煤电公司持有了前述涉案股权。华能煤电公司请求确认为圣城热电公司的股东，并请求办理相应的股东变更手续，证据充分，应予支持。

（二）债权出资

债权出资在立法上可行，虽然法律没有规定，但司法解释和部门规章有一系列规定。② 2011 年《公司债权转股权登记管理办法》规定了债权转股权的条件和程序，但被2014 年《公司注册资本登记管理规定》所废除。《公司注册资本登记管理规定》第 7 条规定，债权人可以将其依法享有的对在中国境内设立的公司的债权转为公司股权。虽然政府规章允许债权出资，但实践上还需谨慎。债权是一种请求权，债权出资具有不安全性。债权是一种期待权，债权是否能够实现具有不确定性。债权出资有两种形式，包括出资人对设立中的公司的债权和出资人对第三人的债权。例如，在深圳市蒲公堂信息咨询服务有限公司撤销权纠纷案中，广东高院审理查明，外方以从中国华融资产管理公司收购的债权出资，中方以所拥有的债权出资，双方在北京共同设立中外合作的"第一联合资产管理有限公司"。中国华融资产管理公司的债权及附属于该债权的所有从权利已经全部转让给第一联合公司。

公司实践中，债权出资主要有以下四种情形：

（1）债权人将原先对公司拥有的债权转变为对公司的出资。例如，甲原先对 A 公司拥有 100 万元债权，后经双方协商一致，甲将拥有的 100 万元债权转变为 A 公司股权，甲从 A 公司债权人转变为 A 公司股东。国有银行剥离不良贷款执行的债转股就属于这种形式，先由国有银行将不良贷款转让给金融资产管理公司，再由金融资产管理公司与债务人企业签订债权转股权协议，将金融资产管理公司持有的债权转变为股权。

（2）公司原来的股东把对公司债权转变为新的出资。例如，甲是 A 公司的股东，同时 A 公司曾经向甲借款 50 万元，后经其他股东同意，甲将对该公司拥有的 50 万元债权转变为股权，增加自己对该公司的出资。在公司实践中，这种出资方式较为常见。

① 在华能山东里能煤电有限公司诉曲阜圣城热电有限公司其他合同纠纷案（〔2013〕鲁商初字第 9 号、〔2014〕民二终字第 60 号）中，法院裁判摘要认为，现有工商登记没有真实、全面地反映圣城热电公司相关股权的实际变动情况，记载的信息不是确认该部分股权归属的唯一证据，建邦公司仅凭该工商登记资料主张该项权利依据不足，理由不能成立。

② 如 1998 年《最高人民法院关于企业的开办单位所划拨的债权能否作为该企业注册资金的答复》、1999 年《关于实施债权转股权若干问题的意见》、2000 年《关于债转股企业规范操作和强化管理的通知》。

（3）债权人把对第三人债权转变为对公司出资。例如，甲对乙拥有 100 万元债权，后甲以出资方式将此债权折价入股 A 公司，成为 A 公司股东。实际上甲通过出资入股方式，将自己对乙拥有的债权转让给 A 公司，同时也将乙不能偿还债务的风险转移给 A 公司。A 公司股东一般会要求将该债权账面价值作贬值处理，并要求甲提供一定担保，或者对甲的股权作一定的限制。

（4）公司原来的股东把对第三人的债权转变为新出资。例如，甲是 A 公司股东，乙曾经向甲借款 50 万元，后经 A 公司其他股东同意，甲将对乙拥有的 50 万元债权转变为对 A 公司增加的出资。这种出资方式与前种出资方式一样，会将债权不能实现的风险转移给公司。

债权出资可能导致的主要风险是债权的真实性问题，防止以假债权出资。债权的交付问题上，要防止"一女二嫁"。为防止债权履行瑕疵问题，要求提供瑕疵担保责任。

（三）以设定抵押的财产出资

《公司法》没有明文禁止以设定抵押财产出资，但《公司登记管理条例》第 14 条明文禁止，《公司法司法解释（三）》第 8 条和第 11 条则实际上否定了抵押财产出资问题。因此，股东不得以设定抵押的财产出资。

四、股东出资瑕疵

股东出资瑕疵主要有未出资、未完全出资以及抽逃出资等情形。股东出资是股东最基本的义务，既是股东约定义务，也是股东法定义务。股东不履行或者不完全履行出资义务，则导致公司资本不充实，损害了公司利益，侵害了公司其他股东及公司债权人利益。

《公司法》对注册资本实行认缴制，公司设立时无须实际缴纳资本，即首次零比例设立公司。公司设立后，公司股东是否按照公司章程记载按期足额缴付出资，涉及未出资和未完全出资两种情形。股东出资后又抽回出资的，涉及抽逃出资情形，司法审判明确否定了抽逃出资行为，如汤敏股权纠纷案。在股东抽逃出资的情形下，股东资格仍然不受影响，如万家裕股东资格确认纠纷案。

（一）股东出资瑕疵的法律责任

股东出资瑕疵的表现形式有股东未出资、未足额出资、未适当出资、抽逃出资四种形式，而出资瑕疵股东的法律责任表现在对公司股东、对公司本身、对债权人以及公司股东的连带责任四个方面。

（1）出资瑕疵股东对其他股东的违约责任。出资瑕疵股东与其他股东之间基于公司设立协议产生合同关系，出资瑕疵股东对其他股东承担履行出资的合同义务。出资瑕疵股东违反公司设立协议的出资义务，应向其他股东承担违约责任。《公司法》第 28 条第 2 款明确规定，未按照公司章程规定认缴的出资额按期足额缴付出资的股东，应向其他已按期足额缴付出资的股东承担违约责任。例如，在姚富荣股东资格确认纠纷案、香港锦城投资有限公司中外合资经营企业合同纠纷案中，法院判决均认定出资瑕疵股东向其他股东承担违约责任。

（2）出资瑕疵股东对公司的资本充实义务。资本充实义务属于法律的强制性规定，不以公司发起人约定为必要条件。公司发起人对公司所承担的资本充实义务，是公司资本充足的保障，如上海贞元投资管理有限公司股东损害公司债权人利益责任纠纷案。出资瑕疵股东对公司所承担的资本充实义务，表现为出资足额缴付义务和出资差额的补足义务。《公司法》第 30 条和《公司法司法解释（三）》第 13 条规定了不足额缴付出资股东对出资差额承担补足的义务。例如，在黄大银申请复议案执行纠纷案中，[①]甘肃高院认为，根据《公司法》关于股东出资不实应补足出资差额的规定，四川省信托投资公司仍应在 1500 万元（出资额）的出资范围内承担责任。

（3）出资瑕疵股东对公司债权人的赔偿责任。出资瑕疵股东对公司债权人承担赔偿责任。在公司财产不足以清偿公司债权的情况下，出资瑕疵股东应当对公司债权人在未出资本息范围内承担补充赔偿责任（《公司法司法解释（三）》第 13 条）。例如，在美达多有限公司借款合同纠纷及股东出资纠纷案中，[②]最高法认为，周旻、张军妮构成抽逃出资，周旻、张军妮作为新大地公司当时的股东，应当在各自抽逃出资本息范围内对新大地公司的债务不能清偿的部分向美达多公司承担补充赔偿责任。

（4）公司其他股东的连带责任。公司其他发起人股东对出资瑕疵股东的补足出资，应当承担连带责任。《公司法》第 30 条和第 93 条有明确的规定，设立公司出资的非货币财产的实际价额显著低于公司章程所定价额的，公司设立时的其他股东应当对该股东补足差额承担连带责任。《公司法司法解释（三）》第 13 条第 3 条规定了其他股东的连带责任。例如，在广州万力集团有限公司融资租赁合同纠纷案中，最高法认为，发起人在各自未出资本息范围内对公司债务不能清偿的部分承担补充赔偿责任，并对前述责任对外承担连带清偿责任。

（二）出资瑕疵股东的股权权益

出资瑕疵股东资格不受出资瑕疵行为的影响，但出资瑕疵股东的股权应该受到限制。对出资瑕疵股东的权利限制的范围存在争议，主要有两种观点：一是股权的各种权益均受到影响；二是股权中的自益权受到限制而共益权不受限制。出资瑕疵股东的股权应当有所限制，是理所当然的。如果股权各种权益均受到限制，那么股权形同虚设，毫无意义。股权中的部分权利受到限制，而另一部分不受限制，则是合理、可行的。我国司法审判实践采纳了第二种观点，如北京首都国际投资管理有限责任公司股东权确权赔偿纠纷案、宋余祥公司决议效力确认纠纷案。在亿中制衣厂有限公司股东出资

---

① 黄大银申请复议案执行纠纷案（〔2014〕兰执异字第 14 号、〔2015〕甘执复字第 03 号）。

② 在美达多有限公司诉深圳市新大地数字网络技术有限公司、周旻、张军妮借款合同纠纷及股东出资纠纷案（〔2012〕深中法涉外初字第 70 号、〔2014〕粤高法民四终字第 108 号、〔2016〕最高法民再 2 号）中，法院裁判要旨认为，根据《公司法司法解释（三）》第 20 条规定的精神，对股东是否抽逃出资的举证责任分配，由于美达多公司无法查询新大地公司及其股东周旻、张军妮的银行账户或者财务账簿，在美达多公司提供了对周旻、张军妮抽逃出资合理怀疑的证明后，只能通过法院调查或者由新大地公司及周旻、张军妮提供反驳证据，才能查清事实，此时应将举证责任转移至周旻、张军妮，由其提供相应的证据反驳美达多公司关于周旻、张军妮抽逃出资的主张。

纠纷案中，最高法的判决表明，公司可根据公司章程或者股东会决议，对瑕疵出资股东的股东权利作出合理限制，如利润分配请求权、新股优先认购权、剩余财产分配请求权等，但不能对瑕疵出资股东的股东知情权等权利作出限制。在对瑕疵出资股东的股东权利进行限制时，公司应当以章程或者股东会决议为依据，不能在公司章程没有规定的情况下或者未经股东会决议，直接向法院起诉，要求限制瑕疵出资股东的权利。

在公司催告缴付出资后，出资瑕疵股东在合理的期限内仍然未缴付出资的，经股东会决议除名，可以解除出资瑕疵股东资格，如在宋余祥公司决议效力确认纠纷案中，上海二中院确认了股东会解除瑕疵出资股东资格的效力，认为有限责任公司股东未按章程约定履行出资义务或者抽逃全部出资，经催告后在合理期限内仍未缴纳或者返还出资的，公司可以股东会决议解除出资瑕疵股东的股东资格。《公司法司法解释（三）》第 17 条借鉴了德国《有限责任公司法》的股东除名制度，从司法审判层面确立了公司在一定条件下解除股东资格行为的效力。

股东除名制度旨在督促瑕疵出资股东尽快履行出资义务，保证公司资本的确定和充实。但是，股东除名制度导致股东资格的丧失，严重影响股东权利，且对公司债权人利益造成重大影响。从而股东除名制度的适用应当符合法定条件和程序，仅适用于未出资和抽逃全部出资两种情形，在除名前应给予瑕疵股东补正的机会，且应经过股东会以普通事项决议通过。

（三）出资瑕疵的诉讼时效

出资瑕疵的诉讼时效，《公司法》没有明文规定，但根据司法解释的规定，[①]出资瑕疵行为不受诉讼时效的限制。股东对公司出资义务不受诉讼时效的限制，表明股东在出资前对公司始终承担该债务，公司债权人基于代位权向瑕疵出资股东主张债权时，瑕疵股东不得以诉讼时效为由对公司债权人的请求权进行抗辩。例如，在上海金桥工程建设发展有限公司股东出资纠纷案中，法院判决认为，在金桥工程公司增资过程中，股东陈坤校并未实际出资，而股东出资义务是法律规定的股东基本义务，陈坤校行为违反了公司章程约定和公司法规定，从而应向金桥工程公司履行相关的出资义务。陈坤校虽已对外转让了股权，但出资不实责任不应随着股权的转让而被免除。陈坤校并无证据证明已将出资义务转移，应依据章程约定和法律规定向金桥工程公司补足出资，且该义务不适用诉讼时效的规定。

五、出资证明书

出资证明书是证明投资人已向公司依法履行缴付出资义务，成为有限责任公司股东的法律文件，是股东对公司享有权利、承担义务的重要凭证。公司成立日期即公司

---

① 《最高人民法院关于审理民事案件适用诉讼时效制度若干问题的规定》第 1 条和《公司法司法解释（三）》第 19 条。

营业执照的签发日期,公司注册资本即为股东认缴出资总额,只有加盖公司印章后,出资证明书才产生法律效力。

有限责任公司股东对公司出资称为出资额而不是股份,记载股东出资的法律文件称为出资证明书而不是股票。根据《公司法》的规定,有限责任公司成立后应向股东签发出资证明书。出资证明书是证明股东已经履行了出资义务的法律文件。从 1994 年实施以来,《公司法》虽曾经多次修改,有关出资证明书的规定条款却始终没有改变。

在有限责任公司成立后,公司才能向股东签发出资证明书。出资证明书是代表股东权益的书面凭证,而股东资格是以公司成立为前提条件。出资证明书所载事项必须符合《公司法》第 31 条规定,应当载明的事项如下:

(1)公司名称。公司名称既是公司章程绝对必要记载的事项,也是特定公司的证明。出资证明书应当记载公司名称,不仅便利于股东行使股东权,主张股东权益,而且便利于公司对股东的管理。

(2)公司登记日期。公司登记日期即为公司营业执照的签发日期,从公司登记之日起,公司股东可以对公司行使股东权。公司登记日期不明确,股东行使股东权的日期将难以确定。

(3)公司注册资本。公司注册资本是公司登记机关登记的全体股东认缴的出资额。《公司法》第 26 条和《公司注册资本登记管理规定》第 2 条均规定,有限责任公司的注册资本为在公司登记机关依法登记的全体股东认缴的出资额。出资证明书载明公司注册资本,股东可以知晓各自出资额所占公司注册资本比例以及在公司权益分配中所应享有的份额。

(4)股东姓名或者名称、缴纳的出资数额和出资日期。有限责任公司出资证明书不同于股份有限公司股票。股票有记名股票和无记名股票之分。记名股票应当将股东姓名记载于股票,而无记名股票则不必将股东姓名记载于股票。出资证明书则应当将股东姓名记载于出资证明书。出资证明书主要作用是表明股东权的大小,有限责任公司是资合和人合相结合的公司,但人合因素更重些,纠纷一旦发生,出资证明书上的股东姓名或者名称和出资数额将有利于保护股东或者债权人利益。

(5)出资证明书的编号和核发日期。出资证明书的核发日期是重要的法律事实,从出资证明书核发之日起,股东可依出资证明书对公司行使股东权。

出资证明书是证明投资人已经依法履行缴付出资义务,成为有限责任公司股东的法律文件,是股东对公司享有权利、承担责任的重要凭证。股东凭出资证明书,可以向公司请求将自己姓名记入股东名册,享有股东权利。出资证明书有以下三个特征:

(1)要式证券。要式证券是指证券的形式和记载事项应当符合法律规定,而不是由当事人任意创设的证券。《公司法》规定出资证明书的制作和记载事项,即记载事项为公司名称、公司成立日期、公司注册资本、股东姓名或者名称、缴纳出资额和出资日期、出资证明书编号和核发日期,制作形式为加盖公司公章。

(2)非设权证券。非设权证券是指依据证券所能行使的权利并非由证券本身所创设,而是源于证券的基础法律关系。有限责任公司股东权并不是由出资证明书本身创设,股东所享有的股东权来源于股东对公司的出资。出资证明书仅为证明股东资格和股东权益,记载股东出资的客观状况。

(3) 有价证券。出资证明书是股东享有股东权的凭证,表明公司股东权中的财产性权利,从而出资证明书具有有价证券的性质。股份有限公司股票是可流通的有价证券,而出资证明书则是不能流通或者流通受到严格限制的有价证券。

第二节　公司股份

出资是泛指公司(有限责任公司和股份有限公司)股东对公司进行的直接投资。在《公司法》的条文中,出资概念较为宽泛,其中《公司法》第 27 条、第 93 条和第 199 条规定了出资。学界大多认为,出资仅指有限责任公司股东对公司投资所形成的资本份额,[①]股份则指股份有限公司股东对公司投资所形成的资本份额。也有观点认为股份是股份有限公司和有限责任公司共有的概念。[②]

公司实务中对出资和股份两个概念有明确的使用范围,即有限责任公司使用出资,而股份有限公司则使用股份。在公司立法和司法实务中,实际上有限责任公司的出资以股权来代替,成为与股份有限公司的股份相对的概念,[③]如《公司法》第三章“有限责任公司的股权转让”和第五章“股份有限公司的股份发行和转让”是一个很好的例证。

一、公司股份的概念

公司股份(share,stock)是指由股东出资形成的资本的构成单位,是构成资本的最小均等计量单位。《公司法》第 125 条第 1 款规定,股份有限公司的资本划分为股份,每一股的金额相等。

股份有限公司的全部资本可以划分为若干股份,股份是股份有限公司资本的基础。股份是股东对公司的投资,也是股东对公司权利与义务的表现。股份是表示股东法律地位的计算单位,股东与股份不可分离,股东权随股份的转移而转移。股份应当以股票为载体,股票是股份的外在表现形式,是股东享有股权的凭证和依据。因此,习惯上将股份与股票视为同一概念。

股份有限公司的股份采取股票形式,股票是公司签发的证明股东所持股份的凭

---

① 参见范健、王建文:《公司法》(第三版),法律出版社 2011 年版,第 337 页;施天涛:《公司法论》(第三版),法律出版社 2014 年版,第 193 页。

② 参见周友苏:《新公司法论》,法律出版社 2006 年版,第 247 页。“股份具有多重含义。实际上,股份不仅是股份有限公司的核心概念,也是有限责任公司的核心概念。”刘俊海:《现代公司法》,法律出版社 2008 年版,第 348 页。

③ 参见赵旭东主编:《公司法学》(第四版),高等教育出版社 2015 年版,第 251 页。

证,股份有限公司股份具有以下三个方面特点:

(1)股份的等额性。股份是构成股份有限公司资本的基本单位。股份等额性表现为股份有限公司的每一股份额是相等的,每个股份所代表的权利义务是相同的。股份所体现的股东权利义务是平等的,每一股份代表一份股东权益。股份等额的作用除了便于股东计算自己权益外,股份划分为较小单位,使普通人能够购买而成为公司股东,从而扩大了公司增资能力。我国股份有限公司股份面值通常为1元人民币。[①]

(2)股份的可转让性。《公司法》第91条规定,股东向公司缴付出资后不得再抽回股本。股票的购买是一种风险较大的投资行为,股东仅能通过公司利润分配获得投资收益以及转让股份收回投资。股份有限公司是典型的资合公司,公司资本是公司信用基础,股东可以自由转让各自的股份,而无须事前征得公司或者其他股东同意。公司股份的可转让性与股票的有价证券属性密不可分,但《公司法》第141条第1款对特殊身份股东的股份转让设定了限制条件,如公司发起人在公司成立一年内不得转让自己所持有的股份。

(3)股份的证券性。股份有限公司股份采取股票形式,股票是公司签发的证明股东按其所持股份享有权利和承担义务的书面证明。股份的外在形式是股票,股票是股份的证券形式,是公司签发的证明股东持有公司股份的凭证,股票则是代表股份的有价证券。股票是一种要式证券,必须记载一定事项,并由法定代表人签字、公司盖章。

二、公司股份的种类

股份有限公司股份有不同的种类,不同种类股份有不同的权利和义务。不同种类股份对公司的控制和公司治理结构极不相同,公司股份种类应根据对公司的控制和治理结构的需要设计。根据《公司法》的规定,结合国内外公司实务,股份有限公司股份大致可以分为以下种类:

(一)普通股和优先股

以股份所代表的股东权利为标准,股份可以分为普通股和优先股。[②] 普通股和优先股的分类方式,是公司理论和实践中对股份最为常见的分类。例如,在陈明泽与企业有关的纠纷案中,[③]广州海珠区法院查明,股东所持有的股份分为普通股和优先股,在职职工所持股份为普通股,其他股东所持股份为优先股,股东以所持有股份享有相应的权利并承担相应的义务。普通股股东有选举和被选举为董事、监事的权利,优先股股东无选举和被选举权;普通股股东有权按出资比例分取红利,优先股股东有每年

[①] 　紫金矿业集团股份有限公司的股票面值为0.1元,是沪深两市唯一一家面值低于1元的上市公司。

[②] 　普通股和特别股是教科书通常的分类方式,特别股分为优先股和劣后股。劣后股是指权利不及普通股,在公司盈余、剩余财产分配顺序上劣后于普通股的股份。由于劣后股在公司实务中不多见,故未作详细介绍。

[③] 　陈明泽诉广州市人民化工厂与企业有关的纠纷案(〔2014〕穗海法民二初字第329号、〔2014〕穗中法民二终字第1668号)。

按中国人民银行 1 年期定期存款利率上浮 20% 获得股息的权利；在企业新增资本中普通股股东有优先认股权，有权参加股东大会，普通股股东对股东大会审议的企业事项有表决权，优先股股东无表决权，企业终止后，有权依法享有企业清偿后的剩余资产，优先股股东对清偿后的剩余资产有优先分配权等。

1. 普通股

普通股，即股份有限公司的普通股份，是指对公司经营管理、盈利、财产分配享有普通权利的股份。普通股是股份有限公司的最重要、最基本的一种股份，构成股份公司资本的基础。普通股在财产权利上没有差别待遇，在公司清偿所有债权、优先股东的收益权与求偿权要求后，普通股股东才对企业盈利和剩余财产享有索取权。在沪深两市上市的 A、B 股均为普通股，在 2007 年股权分置改革完成之前，未上市流通的国家股、法人股基本上都属于普通股。普通股有以下四个特征：

（1）经营参与权。普通股股东可以参与公司经营管理，拥有选举、表决的权利，即有权对公司重大问题进行投票表决，普通股股东持有一股即享有一股投票权。普通股股东有权参加每年一次的股东大会，也可以委托代理人行使投票权。

（2）收益分配权。普通股的投资收益，根据股票发行公司的经营业绩来确定。公司经营业绩好，普通股收益则高；公司经营业绩差，普通股收益则低。普通股股东有权凭自己所持有的股份参加公司盈利分配，收益与公司经营状况直接相关，具有极大的不确定性，且普通股的盈利分配顺序后于优先股。

（3）优先认股权。股份公司增发普通股票，原有普通股股东有权优先认购新发行的股票，以保证原有普通股股东对股份公司的持股比例保持不变。[1] 公司在发行新股票时，具有优先认股权的普通股股东既可以行使优先认股权，认购新增发的股票，也可以出售、转让认股权。

（4）剩余资产分配权。股份公司破产清算时，普通股股东有权分得公司剩余资产，但普通股股东必须在公司的债权人、优先股股东之后才能分得财产，财产多时多分，少时少分，没有则不分。

2. 优先股

优先股是指股份有限公司对外发行的在分配红利和剩余财产时比普通股具有优先权的股份。[2] 优先股是一种具有优先于普通股财产权利的股份，优先股股东通常不能在中途向公司要求退股（少数可赎回的优先股除外）。优先股可以在证券交易所、全国中小企业股份转让系统或者国务院批准的其他证券交易场所交易或者转让。优先股股息率采用固定股息率或者浮动股息率，并相应明确固定股息率水平或者浮动股

---

[1] 例如，A 股份有限公司原有 1 万股普通股，而甲股东拥有 100 股，占 1%。假设 A 股份有限公司决定增发 10% 的普通股，即增发 1000 股，那么甲股东就有权以低于市价的价格购买其中 1% 即 10 股，以便保持其持有股票的比例不变。

[2] 《优先股试点管理办法》第 2 条规定："本办法所称优先股是指依照《公司法》，在一般规定的普通种类股份之外，另行规定的其他种类股份，其股份持有人优先于普通股股东分配公司利润和剩余财产，但参与公司决策管理等权利受到限制。"

息率的计算方法。

在 20 世纪 80 年代末 90 年代初的股份制改革时期，股份有限公司曾发行过优先股，如上海交易所的金杯汽车（600609）、①电子城（600658）等，随着股份制改革的深入和规范，优先股通过转化为普通股等方式已逐渐消失。2013 年优先股发行破冰。②2014 年，中国农业银行、中国银行和上海浦东发展银行相继被获准非公开发行优先股，③兴业银行、平安银行、工商银行、宁波银行、光大银行、民生银行、北京银行等上市银行先后推出优先股发行方案。优先股的主要特征有以下四个方面：

（1）优先分配利润。优先股股东按照约定的票面股息率，优先于普通股股东分配公司利润。公司应当以现金形式向优先股股东支付股息，在完全支付约定的股息之前，不得向普通股股东分配利润。在公司章程中，公司应当明确的事项有：一是优先股股息率是采用固定股息率还是浮动股息率，并相应明确固定股息率水平或者浮动股息率计算方法；二是在有可分配税后利润的情况下，公司是否必须分配利润；三是公司因本会计年度可分配利润不足而未向优先股股东足额派发股息时，差额部分是否累积到下一会计年度；四是优先股股东按照约定股息率分配股息后，是否有权同普通股股东一起参加剩余利润分配。

（2）优先分配剩余财产。公司因解散、破产等原因进行清算时，公司财产在按照《公司法》和《破产法》有关规定进行清偿后的剩余财产，应当优先向优先股股东支付未派发的股息；公司章程约定的清算金额不足以支付的，按照优先股股东持股比例分配。

（3）优先股转换和回购。在公司章程中，公司可以规定优先股转换为普通股、发行人回购优先股的条件、价格和比例，还可以规定是由发行人还是优先股股东行使回购选择权或者转换选择权。发行人要求回购优先股的，必须全额支付所欠股息，但商业银行发行优先股补充资本的除外。优先股回购后，公司应当相应减记发行在外的优先股股份总数。

（4）表决权限制。优先股股东不出席股东大会会议，所持股份不享有表决权，但有四种除外的情形：一是股东会修改公司章程中与优先股相关的内容；二是公司一次

---

① 金杯公司前身——沈阳汽车工业公司，1988 年 5 月始进行股份化改组。1988 年 7 月 17 日，发行优先股100 万股，1992 年 6 月转为普通股。1992 年 7 月 24 日，金杯汽车在上海证券交易所上市交易。

② 2013 年 11 月 30 日，国务院颁布了《国务院关于开展优先股试点的指导意见》（国发〔2013〕46 号）重启优先股的发行。2014 年 3 月 21 日，证监会颁布了《优先股试点管理办法》（证监会令第 97 号），进一步规范优先股发行和交易行为。

③ 2014 年 9 月 23 日，中国农业银行被证监会核准非公开发行不超过 8 亿股优先股，每股 100 元。首次发行 4 亿股，自证监会核准发行之日起 6 个月内完成；其余各次发行，自证监会核准发行之日起 24 个月内完成。11 月 28 日，优先股在上海证券交易所开始挂牌转让，计划发行不超过 8 亿优先股，募集资金不超过 800 亿元。

2014 年 9 月 23 日，中国银行被证监会核准在境内非公开发行不超过 6 亿股优先股，每股 100 元。首次发行 3.2 亿股，自证监会核准发行之日起 6 个月内完成；其余各次发行，自证监会核准发行之日起 24 个月内完成。12 月 8 日，优先股在上海证券交易所综合业务平台挂牌转让。

2014 年 12 月 8 日，上海浦东发展银行优先股在上海证券交易所正式挂牌转让，非公开发行优先股 1.5 亿股，每股面值 100 元。

或者累计减少公司注册资本超过 10％；三是公司合并、分立、解散或者变更公司形式；四是公司发行优先股等其他情形。前述四种事项的决议，除须经出席会议的普通股股东（含表决权恢复的优先股股东）所持表决权的 2/3 以上通过之外，还须经出席会议的优先股股东（不含表决权恢复的优先股股东）所持表决权的 2/3 以上通过。

优先股的种类很多，有各种各样不同的分类方式。在公司实务中，优先股主要有以下四种分类方式：

（1）累积优先股与非累积优先股。累积优先股是指在本年度优先权派发红利没有达到规定标准时，股份持有人可从下年度红利分配中予以补足的优先股。非累积优先股是指在本年度优先权派发红利没有达到规定标准时，股份持有人不得从下年度红利分配中予以补足的优先股。累积优先股较非累积优先股对投资人更为有利。

（2）参与优先股与非参与优先股。参与优先股是指在优先获得公司派发的规定红利外，股份持有人仍有权与普通股股东共同参与剩余盈利分配的优先股。参与优先股是以放弃股东投票权换取有限剩余资产优先分配权，可以分为全部参与优先股票和部分参与优先股票两种形式。非参与优先股是指在优先获得公司派发的规定红利后，股份持有人不得再参与普通股股东剩余盈利分配的优先股。参与优先股较非参与优先股对投资人更为有利。

（3）可转换优先股与不可转换优先股。可转换优先股是指在特定条件下股份持有人可以把优先股转换成为一定数量普通股的优先股。否则，属于不可转换优先股。可转换优先股是近年来较为流行的一种优先股。优先股的发行公司对可转换优先股，规定了转换条件和转换比例。持有可转换优先股股票的股东，有权根据公司经营状况和股市行情自行决定，是否将优先股股票换成普通股股票或者公司债券。在公司前景和股市行情看好、盈利明显增加时，优先股股东愿意按规定的条件和价格，将优先股股票换成普通股股票；在公司前景不明朗、盈利明显减少、支付股息困难时，优先股股东则会将优先股股票换成公司债券，投资人则由公司股东转换成公司债权人。

（4）可收回优先股与不可收回优先股。可收回优先股是指公司可以按照优先股原来的发行价格再加上一定补偿金收回已经发行的优先股。在可以较低股利股票来代替已发行的优先股时，公司可以行使优先股收回权；反之，即为不可收回的优先股。

优先股收回有三种方式：一是溢价方式。在赎回优先股时，公司按事先规定的价格赎回股份，但因股份赎回给投资人造成损失，公司通常会在优先股面值上再加一笔"溢价"，以弥补投资人损失。二是偿债基金。在优先股发行时，公司从所获得资金中提出一部分款项创立"偿债基金"，专门用于定期赎回已发行的部分优先股。三是转换方式。优先股可以按照规定转换成为普通股，可转换优先股转换本身构成优先股收回的一种方式，但这种优先股收回主动权属于投资人而不是公司。

（二）记名股与无记名股

以股票上是否记载股东姓名或者名称为标准，股份有限公司股份可以分为记名股和无记名股两种。如《公司法》第 129 条规定，公司发行的股票可以为记名股票，也可以为无记名股票。

1. 记名股

记名股是指股东名册和股票上记载股东姓名或者名称的股份。《公司法》第 139 条规定,记名股票由股东以背书方式或者法律、行政法规规定的其他方式转让,转让后由公司将受让人的姓名或者名称及住所记载于股东名册。记名股股东权只能由记名股东本人行使,记名股有利于公司了解股东情况及股份流通实际状况,并方便与股东之间的沟通。公司发行记名股票的,应当置备股东名册并记载以下事项:股东姓名或者名称及住所、各股东所持股份数、各股东所持股票编号、各股东取得股份日期。记名股转让应当按照法律规定和公司章程记载的程序进行,记名股票转让均须由股份公司将受让人姓名或名称、住所记载于公司股东名册,办理股票过户登记手续,受让人才能取得股东资格和权利。记名股的股票遗失,并不导致记名股东资格和权利消失,股东可依据法定程序向股份公司挂失,要求公司补发新股票。

2. 无记名股

无记名股是指股东名册和股票票面均不记载股东姓名或者名称的股份。《公司法》第 140 条规定,无记名股票的转让由股东将该股票交付给受让人后即发生转让的效力。无记名股票发行手续简单,易于购买和转让,但公司对股东情况难以控制,可能导致经营风险较大。无记名股与记名股票的差别不是股东权利而是股票记载方式。无记名股所有权的特点是必须占有股票,持有无记名股的股东向公司主张权利时应向公司提示股票。记名股票和无记名股票区分的意义体现在以下三个方面:

(1)股东权行使的方式不同。记名股仅由股票上记载的股东行使股东权利,其他合法持有人均不得行使股东权利;无记名股票的合法持有人即为权利人,均可行使股东权利,但应向公司提示股票。

(2)股份转让方式不同。无记名股转让以实际交付为要件,即股东将无记名股交付给受让人即发生股权(变动)转让的法律效力,转让手续较为简单。记名股转让通常要履行一定程序,如以股票背书方式进行转让或者签署书面股份转让合同。此外,记名股票转让必须到公司登记机关办理过户登记手续,还要求将受让人姓名或者名称记载于公司股东名册,手续非常繁杂。例如,在张桂平股权转让合同纠纷案中,江苏高院认为,王华所持有的是记名股票,根据《公司法》第 139 条的规定,判断记名股票转让与否应当以股东名册和工商登记的记载为依据。根据浦东公司股东名册及该公司工商登记的记载,王华仍是浦东公司的股东和发起人,涉案标的股份仍属于王华所有。

(3)公司对股东的告知方式不同。公司召开股东大会或者进行分红等事项,对记名股股东仅需直接通知,程序较为简单;对无记名股股东,则需要会议召开 30 日前公告会议召开的时间、地点和审议事项,无记名股的持有人出席股东大会的,应当在会议召开前 5 日至股东大会闭会期间将股票交存于公司(《公司法》第 102 条)。

(三)有面额股与无面额股

以股票票面是否标明金额为标准,股份有限公司股份可以分为有面额股与无面额股。

1. 有面额股

有面额股票是指在股票票面上记载一定金额的股票。早期股票以有票面价值为主,股票面额为公司资本的基本单位,表示每股的原始投资金额。根据自己所持全部股票的票面金额之和,股东可以确定自己股份所占比例及相应权利的比例。[①] 有些国家的公司法规定有票面金额的股票每股金额应当均等,并限定了最低票面价值;有些国家的公司法则不限制股票票面最低金额,由公司发起人自行决定。股票面额大小不定,但对特定股份有限公司发行的有面额股票,发行股票的面额应该是一致的。这种股票发行原则上不得低于票面值价格,各国发行的股票绝大部分为面额股。按照公司章程规定,面额股的股票票面应当记载股数和金额。面额股每股金额必须相等,发行价格与股份金额通常一致。

2. 无面额股

无面额股票是指股票票面不记载金额的股票,仅记载股数以及占总股本的比例,又被称为"比例股票"或者"股份股票"。这种股票不在票面上标明固定金额,股份价值将随股份公司资产的增减而相应增减。无面额股票与有面额股票的差别仅在表现形式上,均代表着股东对公司资本总额的投资比例。20世纪早期,美国纽约州最先通过法律,允许发行无面额股,美国其他州和其他一些国家也相继仿效。但是,包括我国在内的很多国家的公司法不允许发行这种无面额股。无面额股的特点是发行或者转让价格较灵活,无面额股票由于没有票面金额,不受不得低于票面金额发行的限制。在股份转让时,投资人也不易被股票票面金额所困惑,而更注重分析每股的实际价值。

(四) 有表决权股与无表决权股

以公司股东是否对公司经营管理享有表决权为标准,股份有限公司股份可以分为有表决权股和无表决权股。

1. 有表决权股

有表决权股是指股份有限公司的持有人对公司经营管理享有表决权的股票。有表决权股又可以分为普通表决权股、多数表决权股、限制表决权股和有表决权优先股。

(1) 普通表决权股。普通表决权股是指每股股份仅享有一票表决权的股份,也称"单权股"。这类股票符合股东权一律平等原则,为世界各国公司法所确认。普通表决权股适用范围广、发行量大。

(2) 多数表决权股。多数表决权股是指每一个股份享有若干表决权的股份,即一股多权,也称多权股。这种股票通常由股份有限公司向特定股东(如公司董事会或者监事会成员)发行,以确保这些股东对公司的控制权,防止公司外部股东对公司控制。现代公司法通常限制持有多数表决权股股东的行为,有的国家甚至禁止公司发行多数

---

① 例如,甲股份有限公司发行1000万元的股票,每股面额为100元。那么,每股代表着对公司拥有十万分之一的所有权份额。

表决权股。例如,在双层股权结构的类别股中,B类普通股属于多数表决权股。

(3)限制表决权股。限制表决权股是指表决权受到法律和公司章程限制的股份。在股东所持股份达到一定数量后,股东持有的股份所包含的表决票数将受到限制,以防止持有多数股票的少数股东利用多数表决权控制公司经营。限制表决权股是为保护中小股东权益设立的,应在公司章程中载明限制表决权股,而不得对个别股东分别实行限制。

(4)有表决权优先股。有表决权优先股是指持有股票的股东可以参加股东大会并有权对规定范围内的公司事务行使表决权。有表决权优先股是优先股中的特例。

2.无表决权股

无表决权股是指根据法律规定或者公司章程记载,股东对股份有限公司的经营管理不享有表决权的股份。股份持有人无权参与公司经营管理,但可以参加股东大会。在实践中,公司通常发行有表决权股,在特殊情况下公司也发行无表决权股。无表决权股多限于优先股股票,特别是累积优先股股票,实质是以收益分配和剩余资产清偿的优先权,作为无表决权的补偿。无表决权股发行的目的,是为满足仅以获取投资收益为目的而不愿意参与公司经营管理的投资人的需要。无表决权股发行加速了资本筹集和公司设立,也有利于少数大股东对公司的控制。

(五)普通股与类别股

以股份的内容是否附加特别条件为标准,股份可以分为普通股和类别股。普通股与类别股的分类,在资本市场中具有重大意义。公司发起人通过类别股的发行有效地控制了公司,防止了恶意收购导致经营权的丧失。

普通股(common stock)是指公司章程对股份内容没有附加特别条件,股东权利平等、无差别待遇的公司股份。普通股是股份公司最基本、最重要的股份种类,也是发行量最大的股份种类。普通股股东享有表决权、普通利润的分配权及剩余财产分配权等,但普通股股东所获得的利润是不稳定的,是公司支付债的利息和优先股股息之后的剩余部分。普通股股东的剩余财产分配权排在债权人和优先股股东之后。

类别股(classes of stock)是指公司章程对股份内容附加某些特别条件,股东权利在某些方面受到限制或者有所扩张的公司股份。股东权各项子权利的相互分离或者重新组合,构成类别股的法理基础。① 类别股是一种可以将对财产收益权、表决权、控制权有不同偏好的投资人,纳入同一公司的法律制度。在利润分配、剩余财产分配、表决权行使、董事选任、股份转让等方面,类别股设置了不同权利内容。与普通股相比,

---

① 在1971年Stroh v. Blackhawk Holding Corp.案中,为规避伊利诺伊州禁止发行无投票权的普通股的规定,被告公司发行了两种普通股:一种是权利完整的普通股(Class A stock),另一种是仅有投票权但不享有财产权的普通股(Class B stock)。第二种普通股全部由管理人员持有并以极低的价格发行,管理人员以较低的成本达到控制公司的目的。法院认为,第二种股票是正当的,因为股权中的参与公司管理和控制的权利、获得经营盈余和利润的权利、取得分配资产的权利,是可以分离的,一个股份不需要完全包含这三种权利。

类别股扩大或者缩小了股东权利内容。在筹集资本、防御敌意收购、稳定公司经营权等方面，类别股的发行具有积极意义。

类别股股东所享有的权利具有债权和股权的双重属性，实质是在股权内容切割基础上实现股权与债权的混合：一方面类别股股东需承担公司经营风险和破产风险，而却不享有债权人的权利，如申请公司破产；另一方面与普通股股东权利相比，类别股股东权利在某些方面有所扩张或者减损，可能会增加一些非股权权利，如回赎权。[①]

最具代表性的类别股有两种分类：一是以投票权为内容的双层股权结构的类别股；二是以优先股、表决权股、偿还股、转换股以及董事选任股等为内容的类别股。

以投票权方面是否有特殊安排为依据，类别股创设双层普通股结构（dual class common stock），即 A 类普通股（Class A common stock）和 B 类普通股（Class B common stock）。世界各国公司法对双重股权结构的态度不一，美国纽约证券交易所允许采取双层股权结构。[②] 由于 2018 年之前香港联交所禁止双层股权结构，导致阿里巴巴网络技术有限公司转到美国纽约证券交易所上市。2018 年《国务院关于推动创新创业高质量发展打造"双创"升级版的意见》允许科技企业实行"同股不同权"的治理结构。

在双层股权结构中，A 类普通股与 B 类普通股的基本权利是相同的，但有以下三方面的区别：

（1）主体不同。A 类普通股主要由投资人、公众股东持有，而 B 类普通股主要由公司发起人（原始股东）持有。在国有企业或者家族企业中，政府或者家族创始人特别重视对公司的控制权，通过创设双层普通股保持对公司的控制，政府或者家族创始人持有 B 类普通股能防止其对公司的控制权被稀释。

[①] 回赎权是指若公司在约定期限内没有实现投资人特定的目的（如公司上市），则公司应当以事先约定的价格买回投资人所持有的全部或者部分公司股份，从而实现投资人退出公司的目的。

[②] 例如，2004 年，谷歌（Google）在上市时采用了双层股权结构，其中 A 类普通股每股有 1 个投票权，B 类普通股每股有 10 个投票权。只有创始人谢尔盖·布林（Sergey Brin）、拉里·佩奇（Larry Page）和首席执行官埃里克·施密特（Eric Schmidt）三人持有 B 类普通股。这种设计使得三人对公司的控股权超过 50%。双层股权结构是现代技术型公司的一种发展趋势，符合谷歌上市时的经营理念，可以保护公司不受短期经营业绩压力干扰，给公司长远发展带来更多灵活性。

2009 年 11 月 25 日，脸书（Facebook）宣布采取双层股权结构，将所有股份分为 A 类普通股和 B 类普通股两类。其中一个 B 类普通股对应 10 个投票权，而一个 A 类普通股对应 1 个投票权，即将普通股设计为不同的类型，以实现公司管理层股东对公司的控制权。持有 B 类普通股股东在上市之后选择出售股份，这些股票将被自动转换为 A 类普通股，以确保现有股东表决权不会因新股发行被稀释。根据脸书招股书，截至 2011 年 12 月 31 日，脸书上市前共发行了 1.17 亿股 A 类普通股和 17.59 亿股 B 类普通股。公司创始人马克·扎克伯格（Mark Zuckerberg）持有 5.34 亿 B 类普通股，占 B 类普通股总数的 28.4%。这个比例并不能确保马克·扎克伯格的绝对控制权，因此双层股权结构的设计还加入了一个表决权代理协议（voting agreement），前十轮融资中脸书的所有投资人都需要同脸书签订这份表决权代理协议，同意在某些特定的需要股东投票的场合，授权马克·扎克伯格代表他们进行表决，且这项协议在新股发行完成后仍然保持效力。这部分代理投票权为 30.5%，加上马克·扎克伯格所拥有 28.4% 的 B 类普通股，马克·扎克伯格总计拥有 58.9% 的投票权，具有对脸书的绝对控制权。

此外，福特公司（Ford Motor Company）、曼联（Manchester United）、伯克希尔·哈撒韦公司（Berkhire Hathaway Inc.）、新闻集团（News Corporation）、纽约时报（New York Times）以及华盛顿邮报（Washington Post）等均采用了双层股权结构。

（2）投票权不同。双层普通股设定了不同的投票权。A 类普通股每一股设定为 1 个投票权（即一股一票），而 B 类普通股每一股设定为 10 个投票权（即一股十票）。由于 B 类普通股一票多权，有效地保持了原始股东对公司的控制权，防止了敌意收购而导致经营权的丧失。

（3）转换权不同。A 类普通股和 B 类普通股享有的转换权不同，A 类普通股无法转换为 B 类普通股，而 B 类普通股一经转让即自动转换成 A 类普通股，即由一票多权转为一票一权，从而有效地防止了投资人对公司的控制。

在股权稀释过程中，公司创始人通过双层股权结构保持了公司控制权。公司债券的发行要求公司有较大的规模和较低的负债率，而成长型公司资产比例低，难以达到发行公司债券的规模和条件。在公司融资时，公司创始人不可避免稀释了自己的股权。公司融资会使得公司创始人股权不断被稀释，为避免公司创始人股权被稀释，公司股权与投票权相分离成为一个普遍的选择。双层或者多层股权结构是现代技术型公司的一种发展趋势，除了美国之外，加拿大、新加坡、以色列、日本、丹麦、芬兰、德国、意大利、挪威、瑞典和瑞士等国家渐次接受了这种方式。

在美国上市的百度、①奇虎 360、阿里巴巴、京东等采用了双层股权结构。双层股权结构制度主要适用于美国资本市场，在遵循"同股同权"的中国 A 股市场没有直接适用的空间。通过双层股权结构的制度安排，创业企业一方面可以通过出让股权对接利用外部资源，另一方面通过两极分化的投票权设计，保证创业者对公司的有效控制，以防止恶意收购导致经营权的丧失。

以对利润分配、剩余财产分配、表决权、偿还权、转换权和董事选任权等的特殊安排为依据，类别股可以分为优先股、表决权股、偿还股、转换股以及董事选任股等，优先股是一种最为常见的类别股，特别是在我国上市公司中最为常见。

类别股是对利润分配、剩余财产分配、表决权、偿还权、转换权和董事选任权等方面设立不同权利内容的股份。根据权利内容的不同，类别股主要有以下五种形式：

（1）优先股。优先股在利润分配与剩余财产分配方面优先于普通股，是类别股的典型，充分体现了类别股的双重属性。优先股的最大特点是事先约定股东的固定回报率、优先分配、优先清偿甚至优先回赎等优先权利，但优先股股东是以放弃表决权为代价获得前述权利的。

（2）表决权股。表决权是对公司经营权有决定作用的权利，是股东权重要的内容，限制表决权股份是表决权受到限制的股份。根据股东大会上行使表决权事项的不同，公司可以发行内容不同的类别股，表决权限制股份有以下两种：一是无表决权股。

---

① 百度上市后的离岸公司股票分为 A 类普通股和 B 类普通股，其中在美国新发行的股票属于 A 类普通股，每股有 1 个表决权，而创始人股票为 B 类普通股，每股有 10 个投票权。根据百度赴美上市前发行的 B 类普通股中，Google 持股 2.6%，DFJ 持股 28.1%，IDG 持股 4.9%，Integrity Partners 持股 11%，Peninsula Capital 持股 10.1%，李彦宏作为创始人及首席执行官持股 25.8%，另一位创始人徐勇则持股 8.2%，其他四位高管共持股 3.7%，普通员工持股 5.5%。两位创始人共持股 34% 的 B 类普通股，再加上 10 倍投票权能够控制公司，在公司赴美上市后也能贯彻李彦宏等人的经营理念。

即对公司股东大会所有决议事项均没有表决权的股份,公司可以向对公司经营不感兴趣的投资人发行低价无表决权股,以满足投资人投资需求。二是部分表决权股。即对公司股东大会部分决议事项没有表决权或者仅对部分决议事项享有表决权的限制性表决权股份。部分表决权股发行的原因在于投资人为降低投资风险,对一定决议事项保留表决权。在创业股东对经营权的确保与投资人股东(风险资本)对投资利润的追逐之间,仅对利润分配方案赋予投资人股东表决权。

（3）偿还股。偿还股是指经过一定期间或者约定事由发生时,公司以利润返还股款,将收回股份予以注销的股份。偿还股是公司为临时筹措资本发行的股份,通常与优先股、后配股[1]并列。根据选择权行使的主体不同,偿还股又可分为任意偿还股和义务偿还股。任意偿还股是由公司行使选择权,无论股东是否愿意,公司可以在需要时还本收回股票。义务偿还股是由股东行使选择权,当股东请求公司偿还本金时,公司有偿还义务,不得以任何理由加以拒绝。

（4）转换股。转换股是指普通股与类别股、类别股与类别股、类别股与其他有价证券之间转换的股份。根据股份交易价格的变动情况、公司盈利能力,公司股东将持有的股份转换为其他种类的股份,以确保或者增加投资价值。在公司经营状况良好的情形下,普通股与优先股相比可以获得较多利益时,股东可以行使转换权将优先股转换为普通股,从而增加投资人收益。美国、日本等国规定了转换股,公司章程可以规定,公司发行根据公司或者股东选择按照一定转换比例或者转换价格转换为其他类别股或者有价证券的转换股。在美国公司实务中,转换股的运用较为普遍。

（5）董事选任股。董事选任股是指在由持有该类别股股东组成的类别股东大会上选任一定数量董事、监事的股份。因类别股的不同,可选任的董事人数也不同,如设5名董事的公司发行A、B两种类别股,各种类别股根据各自的类别股股东大会决议可以选任3人和2人董事。A类别股和B类别股成为在董事选任上存在不同内容的股份。类别股东大会可选任的董事人数由公司章程记载。

三、我国特有的股份分类

除了传统公司法的股份分类,基于我国公司法的历史发展,特别是证券市场独特的发展轨迹,我国公司法和证券市场是为国有企业改革服务的背景,证券市场的上市公司绝大多数是由国有企业改造而成,在传统公司法之外形成了一些特有的公司股份分类方式。

（一）流通股与非流通股

以股份是否能够在证券交易所上市交易为标准,股份有限公司股份可以分为流通

[1] 后配股(reserved stock)是指在利益或者利息分红及剩余财产分配时较普通股处于劣势的股份,通常是在普通股分配之后,对剩余利益进行再分配。在公司盈利巨大而后配股发行数量较少的情形下,后配股的股东可以取得很高的收益。后配股发行所筹集的资金通常不能立即产生收益,投资人的范围又受限制,利用率不高。

股和非流通股。在股权分置改革之前,流通股和非流通股是我国所独有的股份分类方式。2005 年启动股权分置改革工作,到 2007 年股权分置改革宣告完成,我国证券市场已经进入全流通时代,所有股份均为流通股,这种股份分类方式已经退出历史舞台。[①]

流通股是指股份有限公司的股份可以在证券交易所上市交易的部分。非流通股是指股份有限公司的股份不能或者限制在证券交易所上市交易的部分。

（二）国有股、法人股和社会公众股

以股份有限公司的投资主体性质为标准,股份可以分为国有股、法人股和社会公众股。这种股份分类方式具有时代性,也是股权分置的产物。股权分置改革完成后,法人股和社会公众股的概念已经不存在。

（1）国有股。国有股是指国有资本投资所形成的公司股份,包括国家股和国有法人股。国家股是指有权代表国家投资的部门或者机构以国有资产向股份有限公司投资形成的股份,包括以公司现有国有资产折算成的股份。国家股股权登记为国有资产监督管理机构或者其授权单位,主管部门行使国有资产所有权职能。从资金来源上,国家股的构成主要包括三部分:一是国有企业由国家计划投资所形成的固定资产,国拨流动资金和各种专用拨款;二是各级政府的财政部门、经济主管部门对企业投资所形成的股份;三是原有行政性公司资金所形成的企业固定资产。

国有法人股是指全民所有制企业用其可自主支配的资产向股份公司出资或者依法定程序取得的股份。在股份公司股权登记上记名为该国有企业或事业单位及其他单位持有的股份。

（2）法人股。法人股是指企业法人或具有法人资格的事业单位和社会团体以其依法可经营资产向公司非上市流通股权部分投资所形成的股份。法人股有国有法人股和社会法人股之分:国有法人股是指国有企业、事业及其他单位等国有法人资产投资于上市公司形成的股份;社会法人股是指非国有法人资产投资于上市公司形成的股份。

（3）社会公众股。社会公众股是指我国境内个人和机构投资可上市流通股票所形成的股份。内部职工股和转配股也属于社会公众股,除社会公众股、转配股和公司高层管理人员持股之外,其他社会公共股均可上市流通,可以上市流通的社会公众股也称为"流通股"。

（三）A 股、B 股、H 股、N 股、S 股、红筹股、蓝筹股等

以公司上市地点和股份购买者身份为标准,股份有限公司的股份可以分为 A 股、

[①] 股权分置是指同一上市公司的一部分股份上市流通,另一部分股份暂时不上市流通。股东所持向社会公开发行的股份,且能在证券交易所上市交易的,称为"流通股";公开发行前股份暂不上市交易的,称为"非流通股"。流通股主要成分为社会公众股,非流通股大多为国有股和法人股。同一上市公司股份分为流通股和非流通股的股权分置状况,为中国内地证券市场所独有。

流通股与非流通法人股的长期法定分割导致上市公司在收入分配问题上面临大股东与小股东之间的明显、长期的利益冲突。股权分置不能适应资本市场改革开放和稳定发展的要求,必须通过股权分置改革,消除非流通股和流通股的流通制度差异。股权分置改革是为解决 A 股市场相关股东之间的利益平衡问题而采取的举措。

B 股、H 股、N 股、S 股、红筹股、蓝筹股等。①

1. A 股

A 股正式名称是"人民币普通股票"，是指由我国境内的公司发行和交易，供境内机构、组织或者自然人以人民币认购和交易的普通股票。A 股不是实物股票，以无纸化电子记账，实行"T＋1"交割制度，有涨幅 10％的限制，且在 2016 年曾一度引入指数熔断机制。② 1990 年年底，我国上海、深圳两个交易所相继成立，当年 A 股股票一共只有 8 家。截至 2019 年 6 月 25 日，A、B 股股票共有 3645 家，其中上海证券交易所有 1475 家，深圳证券交易所有 2170 家。③

2017 年 6 月 21 日，全球第一大指数编制公司摩根士丹利资本国际公司（MSCI）宣布 A 股将纳入 MSCI 指数。2019 年 6 月 24 日，全球第二大指数编制公司富时罗素（FTSE Russell）正式将 A 股将纳入全球股票指数体系，这是我国资本市场高水平双向开放的又一重大突破。

2. B 股

B 股正式名称是"人民币特种股票"，是指以人民币标明面值，以外币认购和买卖，在中国境内（上海、深圳）证券交易所上市交易的外资股。B 股公司的注册地和上市地都在我国境内，2001 年之前投资人限制为境外人士，2001 年之后开放境内个人居民投

---

① 1984 年 11 月诞生了改革开放后的第一只股票——上海飞乐音响。1986 年 9 月 26 日，新中国第一家代理和转让股票的证券公司——中国工商银行上海信托投资公司静安证券业务部宣告营业，恢复了我国中断 30 多年的证券交易业务，开始上海股票的柜台交易。1988 年，深圳特区尝试对一些企业进行股份制改制，选择了 5 家企业作为股票发行上市的试点，其中包括由深圳数家农村信用社改制而成的股份制银行——深圳发展银行，产生了经人民银行批准公开发行上市的第一只股票。同年成立的深圳经济特区证券公司，开始了深圳股票的柜台交易。全国各地也开始仿效上海和深圳进行股份制改革试点，并相继设立证券公司或交易部进行柜台交易，提供证券交易服务。

当时交易很原始，没有交易记录、没有成交确认制度、没有过户交割机制、没有交易监控制度、没有信息披露制度等等，市场极为混乱，尽快成立规范的证券交易所成为当务之急。1990 年，国务院批复上海浦东新区开发政策，同意在上海设立证券交易所。同年 11 月，上海证券交易所经国务院授权，人民银行批准，正式宣告成立。第二年，即 1991 年 4 月，深圳证券交易所得到批准正式成立。沪深交易所成立后，本地发行的股票开始进场交易，这就是所谓的上海"老八股"和深圳"老五股"。国内其他地方发行的公司股票开始陆续在沪深两个证券交易所上市交易，国内证券交易开始逐步规范化。

② 指数熔断机制（circuit breaker）是指对证券市场交易的股票指数在达到涨跌停板之前设置一个指数熔断标准。指数熔断机制起源于美国，旨在避免"闪电暴跌"事件，可以有效地避免市场因过度恐慌或者过度亢奋，引起非理性的暴跌暴涨。我国股市经历 2015 年的暴跌之后，同年 9 月证监会拟引入指数熔断机制，指数熔断设涨跌 5％和 7％阈值。

2016 年 1 月 1 日，上海证券交易所、深圳证券交易所、中国金融期货交易所正式实施指数熔断机制。熔断机制就是当触发 5％熔断阈值时，将暂停交易 15 分钟；14 点 45 分及之后触发 5％熔断阈值，以及全天任何时段触发 7％熔断阈值，将暂停交易至收市。2016 年 1 月 4 日，A 股遇上史上首次"熔断"。早盘两市双双低开，沪指一度跳水大跌，各大板块纷纷下挫。沪深 300 指数在 13 点 13 分下跌超过 5％阈值而引发熔断，三家交易所暂停交易 15 分钟，恢复交易之后，沪深 300 指数继续下跌并在 13 点 34 分触及 7％熔断阈值，三个交易所暂停交易至收市。2016 年 1 月 7 日，早盘 9 点 42 分沪深 300 指数跌幅扩大至 5％，再次触发熔断阈值。9 点 57 分恢复交易，之后仅 3 分钟，沪深 300 指数再度快速下跌，最大跌幅 7.21％，再度触发熔断阈值。当日晚间三家交易所发布通知次日暂停实施指数熔断机制。指数熔断机制在我国昙花一现。

③ 资料来源：http：//www．csrc．gov．cn/pub/newsite/scb/gzdt/sckb/201906/t20190626_358026．html，2019 年 8 月 8 日访问。

资 B 股。2015 年 8 月底,我国共有 B 股公司 103 家。2016 年年底,我国 B 股公司为 100 家。2018 年 10 月底,我国 B 股公司减少到 99 家,其中上交所 51 家、深交所 48 家。

B 股不是实物股票,以无纸化电子记账,实行"T＋3"交易制度,有涨跌幅(10％) 限制,参与投资人为中国香港、澳门、台湾地区居民和外国人,持有合法外汇存款的内地居民也可投资。

3. H 股

H 股也称"国企股",是指公司在内地注册而在香港上市的股份。取香港英文首字母而得名 H 股。H 股为实物股票,实行"T＋0"交割制度,无涨跌幅限制。中国内地机构投资人可以投资于 H 股,从 2014 年年底开始内地自然人可以通过沪港通直接投资于 H 股。

截至 2018 年 12 月 31 日,我国内地公司在香港上市的 1146 家公司占香港市场总市值的 67.51％,其中主板有 1042 家(占港交所主板上市公司数量的 54.10％和市值的 67.79％,有 H 股公司 243 家、红筹公司 159 家、民营公司 640 家)、创业板有 104 家(占港交所创业板上市公司数量的 26.70％和市值的 22.90％,有 H 股公司 24 家、红筹公司 5 家、民营公司 75 家)。[①] 在香港上市的股份有以下三类:

(1) H 股。H 股是指公司在中国境内注册成立,经中国证券监督管理委员会批准在香港上市的股份。[②] H 股即国企股,是经中国证券监督管理委员会批准,公司在中国内地登记注册,在香港联合交易所有限公司(联交所)(Hong Kong Exchanges and Clearing Limited, HKEX)上市,供境外投资人认购和交易的股票。某些国企股会同时在内地和香港两地发行 A、H 两种流通股份,由于两地资金的流通量不同,同一只上市公司股份,A 股的股价通常为 H 股的股价的数倍,两地股市的整体市盈率有相当大的差距。截至 2018 年 12 月 31 日,香港市场共有 267 家 H 股内地企业的上市公司,其中主板 243 家、创业板 24 家。

(2) 红筹股。红筹股是指在中国境外注册成立但由中国实体控制的公司股份。[③] 红筹股是 20 世纪 90 年代初期在香港股票市场上,香港和国际的投资人对在中国境外注册、在香港上市的带有中国内地概念股票的称谓。红筹股产生于香港证券市场,是伴随中国内地证券市场兴起而发展起来的。20 世纪 90 年代初,中国内地公司收购香港本地的中小型上市公司并改造为中资控股的香港上市公司,这是最早的红筹股公

---

① 参见《香港交易所市场资料 2017》, http://www.hkex.com.hk/-/media/HKEX-Market/Market-Data/Statistics/Consolidated-Reports/HKEX-Fact-Book/HKEX-Fact-Book-2017/FB_2017_c.pdf? la＝zh-HK,2019 年 8 月 8 日访问。

② H 股公司(主板)有:中国建设银行、中国工商银行、中国银行、中国石油天然气、中国人寿保险、交通银行、中国石油化工、中国平安保险(集团)、中国神华能源、中信银行、中国电信、招商银行等。

③ 红筹股公司(主板)有:中国移动、中国海洋石油、中银香港(控股)、中国联通、中国网通集团(香港)有限公司、中国海外发展有限公司、招商局国际有限公司、中信泰富有限公司、华润电力控股有限公司、华润创业有限公司等。

司。对红筹股的定义有两种观点:一种观点认为,公司应按业务范围来区分,即上市公司主要业务在中国内地而盈利大部分来自该业务,且在中国境外注册而在香港上市的股票为红筹股;另一种观点认为,公司应按权益多少来区分,即某上市公司股东权益大部分直接或者间接来自中国内地,且在中国境外注册而在香港上市的股票为红筹股。红筹股公司在香港、英属维尔京群岛、开曼群岛、巴哈马群岛、百慕大群岛等海外注册但公司主要业务在中国内地。实际上,红筹股大多属于中国各省市、中央机关在香港注册的窗口企业。截至 2018 年 12 月 31 日,香港市场共有 164 家红筹股上市公司,其中主板红筹股 159 家、创业板红筹股 5 家。

(3) 内地民营企业股。内地民营企业股是指公司在香港、英属维尔京群岛、开曼群岛、巴哈马群岛、百慕大群岛等海外注册,但由内地自然人控制公司的股份。截至 2017 年年底,香港市场共有 640 家民营企业上市公司,其中主板 575 家、创业板 65 家。

4. N 股

N 股是指在中国内地注册但在美国纽约证券交易所上市的外资股票,取纽约英文字首的 N 作为名称。纽约证券交易所(New York Stock Exchange, NYSE)是上市公司总市值全球第一、交易量第二的交易所,有超过 3000 家上市公司,市值超过 19 万亿美元。2006 年 6 月 1 日,纽约证券交易所宣布与泛欧证券交易所合并组成纽约泛欧证交所(NYSE Euronext)。我国在纽约证券交易所上市的公司有近百家,包括大型国有企业和知名民营企业。[①] 中国石油化工股份有限公司在香港、纽约、伦敦和上海 A 股四地同时上市,中国石油天然气股份有限公司、中国人寿保险股份有限公司、中国石化上海石油化工股份有限公司、中国东方航空股份有限公司等在纽约、香港和上海 A 股三地同时上市。

5. S 股

S 股有两种不同的含义:一是未股改股,即指仍未进行股权分置改革或者已进入改革程序但尚未实施股权分置改革方案的股票。这个意义上的 S 股已经成为一个历史概念,沪深两市上市公司的股改已经全部完成。二是新加坡上市股,即上市公司的核心业务在中国内地,公司注册地在新加坡或其他地区的公司,而公司股票在新加坡证券交易所(Singapore Exchange Limited, SGX)挂牌上市。我国到新加坡上市的公司超过 100 家,大型国有企业较少,较为知名的有中国航油(新加坡)股份有限公司。[②]

[①] 例如,广深铁路、华能国际、中海油、上海石化、中国人寿、东方航空、南方航空、中国石化、中国联通、中国电信等。

[②] 1993 年 5 月 26 日在新加坡注册成立的中国航油(新加坡)股份有限公司是中国航空油料集团公司旗下公司,2001 年 12 月 6 日成为在新加坡交易所主板挂牌的上市公司,主要业务是航油采购和实业投资。2005 年,公司卷入交易丑闻,原行政总裁陈久霖因涉嫌违规炒卖新加坡期货指数(开始介入原油期货交易),引致出现 5.54 亿美元的巨额亏损。

6. 蓝筹股

蓝筹股是指公司经营业绩较好、具有稳定且较高的现金股利支付的公司股票。[①]蓝筹股对公司现金流管理有较高的要求,主要指长期稳定增长的、大型的传统工业股及金融股。蓝筹股并不等于具有很高投资价值的股票。蓝筹股可以分为一线蓝筹股、二线蓝筹股、绩优蓝筹股、大盘蓝筹股、蓝筹股基金等。从世界各国的经验来看,市值较大、业绩稳定、行业内居于龙头地位并能对所在证券市场起到相当大影响的公司,如香港的长江实业、和记黄埔、美国的 IBM、英国的劳合社等为蓝筹股。中国大盘蓝筹股有工商银行、中国石油、中国石化等。

第三节　股　份　发　行

股份有限公司的股份发行(issue of shares)是指股份有限公司设立时以及成立后为募集公司资本而发售股份的行为,即股份有限公司依法对外发行股份的行为。股份发行是股份有限公司特有的行为,有限责任公司不涉及股份发行行为。

一、公司股份发行概念

公司股份发行是指股份有限公司在公司设立时和运营中为募集资金依法向投资人出售股份的行为。股份是以股票为外在表现形式,股份发行即为股票发行。在证券市场中,股份发行极为重要,具有基础性作用。股份发行所形成的市场通常称为"股票发行市场",即所谓的"股票一级市场"。[②]

股份有限公司有发起设立和募集设立两种设立方式(《公司法》第77条)。股份有限公司以发起设立方式设立的,应由发起人认购公司应发行的全部股份。换言之,以发起设立方式设立的股份有限公司,公司对外发行的全部股份应当由全体发起人认购,不存在对公司发起人之外的其他投资人发行股份的问题。有限责任公司则仅有发起设立方式,没有其他设立方式,也不存在对外发行股份问题。

股份有限公司以募集设立方式设立的,公司发起人仅认购公司对外发行的一部分股份,公司其他股份可以向社会不特定的投资人发售。股份募集是股份发行的起点,是股份发行的重要组成部分。股份发行是证券发行的最基本形式,证券发行制度以股份发行为中心展开。

由于以募集方式设立的股份有限公司资本规模较大,涉及众多投资人利益,世界各国公司法对以募集方式设立的程序有严格的限制。为防止发起人完全凭借他人资本设立公司,损害普通投资人利益,大多数国家公司法规定了发起人认购股份在公司

---

① 蓝筹源于赌博桌上最高额的筹码是蓝色的,引申为最大规模或者市值的上市公司。在西方赌场中,有三种颜色的筹码:蓝色筹码最为值钱,红色筹码次之,白色筹码最差。

② 股票一级市场为资金需求者提供筹措资金的渠道;为资金供应者提供投资机会,实现储蓄向投资的转化;形成资金流动的收益导向机制,促进资源配置的不断优化。

股本总数中应占的比例，如我国发起人认购的股份不得少于公司股份总数的35%（《公司法》第84条）。以募集方式设立的股份有限公司，不要求一次性全部缴付股款。以募集设立方式设立的股份有限公司，在募集活动完成前不能确定募集部分的股份出售的情况，不能确定公司注册资本的具体数额，法律将注册资本规定为在公司登记机关登记的实收股本总额（《公司法》第80条）。实收股本总额是指发起人认购的已经确定的股份总额加上实际募集到的投资人的股本总额。

二、公司股份发行原则

公司股份发行原则体现在《公司法》第126条之中，即公司股份发行应遵循公平、公正原则。同种类的股份应当具有同等权利，同次发行的同种类股票，每股发行条件和价格应当相同。任何投资人所认购的股份，每股应当支付相同价款。

股份有限公司的股份发行，有设立发行和新股发行两种情形。设立发行是指股份有限公司在设立时为募集资本所发行的股份；新股发行是指股份有限公司成立后在运营过程中为增加公司资本所发行的股份。无论是设立发行还是新股发行，均应当遵守股份发行的公平、公正原则。

股份发行的公平原则，包含发行股份所代表权利的公平和发行股份条件的公平两个方面内容。股份有限公司发行的股份所代表权利的公平，是指在同一次发行中的同一种类的股份应当享有同等权利、享受同等利益，即同一种类股份应当同股同权、同股同利。股份有限公司发行股份条件的公平，是指相同种类的股份在同一次股份发行中，每股发行条件和发行价格应当相同。任何获得相同股份的投资人，应当支付相同对价。股份发行的公正原则，是指在股份发行过程中，公司应当保持公正性，禁止任何人通过内幕交易、价格操纵、价格欺诈等不正当行为获得超过其他人的利益。

三、公司股份发行方式

公司股份发行方式是指发行公司采取何种方式使自己的股份为投资人所认购。股份有限公司对股份发行方式的选择，对股份发行是否成功具有重要意义。公司选择适合自身情况、市场情况和投资人心态的发行方式，可以使公司及时募足所需资本，保证经营计划的实现。

（一）股份直接发行与股份间接发行

以中介机构参与股份发行的程度为标准，股份发行可以分为股份直接发行与股份间接发行。

（1）股份直接发行。股份直接发行，又称为"自营发行"或者"代销"，是指由股份有限公司自己承担发行股票的责任和风险，而证券经营机构仅对股份发行作协助性工作并收取一定手续费。① 股份发行公司与证券经营机构签订股份承销协议,委托证券经营机构代理发行股份,承销机构按委托价格销售股份。在股份发行期结束后,证券经营机构将未售出股份全部退还给股份发行公司,不承担股份发行风险,仅收取一定手续费和有关费用。

(2)股份间接发行。股份间接发行,又称为"委托发行"或者"包销",指股份有限公司将股份发行委托给证券经营机构,由证券经营机构包销,收取股票发行的差价收益,承担发行风险。股份发行公司与证券经营机构签订股票承销协议,由证券经营机构先以自己名义买下股份发行人全部股份,再将股份转售给投资人。证券商包销股份是用略低价格从股份发行人手中买进股份,再以略高价格卖出股份,买卖差价则构成证券商的包销收入。在股份发行期结束后,证券经营机构不能将未出售股份退还发行人,必须自行承担股份发行风险。

股份直接发行方式与股份间接发行方式各有利弊,股份直接发行方式可使公司控制股份发行过程,发行成本也较低,但耗时过多,社会影响小。股份间接发行能在较短时间内募足资本,且手续方便,风险较少,还可扩大社会影响,提高公司知名度,但发行成本较高。

(二)股份公开募集发行与股份定向募集发行

以股份发行的对象是否特定为标准,股份发行可以分为股份公募发行与股份定向发行,《公司法》第 77 条第 1 款规定了公开募集和定向募集两种股份发行方式。

(1)股份公开募集发行。股份公开募集发行(公募)是指股份发行公司公开向社会不特定的投资人募集股份的行为。《公司法》第 77 条第 3 款规定了向社会公开募集股份。公开募集股份涉及的投资人众多,范围广,筹集资金速度快、时间短,但股份发行过程较为复杂,登记核准时间较长,发行费用巨大。世界各国对股份公开募集均规定了严格的发行程序和发行条件,如股份发行公司应符合公开募集的法定条件,应获得相关机构核准方可以发行股份,应公开股份发行公司的相关信息和财务状况等。在上海证券交易所和深圳证券交易所上市交易的股份,均采取公开募集股份的方式。

(2)股份定向募集发行。股份定向募集发行(私募)②是指对一定范围内的特定投资人发行股份的行为。定向募集是不采取公开销售而直接向少数特定的投资人发行股份的一种股份发行方式。

20 世纪 80 年代,我国在股份制试点初期引入定向募集发行方式,出现一批不向

---

① 股份的直接发行是指股份有限公司不通过中介机构而是由自己亲自办理股份发行的具体事宜。以募集设立方式设立的股份有限公司,在早期的证券市场通常采取股份直接发行方式,即由公司直接与公众投资人订立股份购买合同。直接发行的费用较低,但股份发行的时间较长、风险较大,现代证券市场已经废弃股份直接发行方式。

② 在我国资本市场,私募大多被称为"定向发行"。在国际资本市场上,私募是指发行人或者证券承销商通过自行安排将股票、债券等证券产品销售给他所熟悉的或者联系较多的合格投资人,从而避免经过证券监管部门审批或者备案的一种证券发行方式。私募与公开售股、配股(公开发行)等一同构成上市公司发行股票的主要工具。

社会公开发行股票,仅对法人和公司内部职工募集股份的股份有限公司。1993年,国务院发文停止内部职工股的审批和发行。1994年,国家体改委再次发文《关于立即停止审批定向募集股份有限公司并重申停止审批和发行内部职工股的通知》。2005年《公司法》恢复了定向募集发行股份的方式。

定向募集发行股份的对象主要有三类:一是仅向法人定向募集股份,如金融机构或者与股份发行公司有密切往来关系的公司等;二是仅向股份有限公司的内部职工定向募集股份,如公司老股东或者股份发行公司的员工(即内部职工股);三是既向法人也向股份有限公司的内部职工募集股份。定向募集发行有确定的投资人,发行手续简单,可以节省发行时间和费用,但投资人数量有限,流通性较差,也不利于提高发行人的社会信誉。我国境内上市外资股(B股)的发行几乎全部采用定向募集方式进行。

四、公司股份发行价格

公司股份发行价格是指股份有限公司出售新股票的价格。在确定股票发行价格时,股份有限公司可以按票面金额确定,也可以超过票面金额确定,但不得以低于票面金额的价格发行(《公司法》第127条)。我国法律保留了票面价值概念,而股份发行价格与票面价值关系密切。

股份票面价值是指公司章程记载的股票票面金额。票面价值属于公司章程法定记载事项(《公司法》第81条),也属于股权凭证的法定记载事项(《公司法》第128条)。票面价值通常为整数,我国股份有限公司通常以1元为票面价值,但也有以5、10、50、100、500、1000元等为股份的票面价值的,如紫金矿业集团股份有限公司(601899)的票面价值为0.1元,上海豫园旅游商城股份有限公司(600655)的票面价值为10元,上海飞乐音响股份有限公司(600651)、方正科技集团股份有限公司(600601)和上海游久游戏股份有限公司(600652)的票面价值为50元,珠海市博元投资股份有限公司(600656)和上海申华控股股份有限公司(600653)的票面价值为100元。股份的发行价格主要有以下四种:

(1)平价发行。平价发行(面额发行)是指在发行股票筹集公司资本时股份公司直接以每股的票面金额作为发行价格。平价发行通常在股票初次发行或者在股东内部分摊增资的情况下采用。平价发行方式所发行的股票价格不受市场波动的影响,发行费用较低,发行公司能够稳妥地筹集到资金,但平价发行方式缺乏市场弹性,不能针对市场的股票价格波动水平,及时、合理地确定股票发行价格,无法以自身优势获得发行的溢价收益。

(2)溢价发行。溢价发行是指在发行股票时股份公司以高于股票面额的价格发行。溢价发行是对发行公司较为有利的发行价格形式,能够让发行公司在发行股票过程中获得收益,使所筹资本高于公司股本。新上市的股票通常采用溢价发行的价格形式,发行公司所获得的溢价收入列入资本公积金。

(3)折价发行。折价发行是指在发行股票时股份公司按照股票面额一定的折扣作为发行价格。公司所得资本低于公司股本。在实践中,折价发行方式很少被采用,许多国家在法律上明确禁止采用这种方法,如我国《公司法》第 127 条明文禁止折价发行股票。

(4) 时价发行。时价发行是指股份公司以同种或者同类股票的流通价格为基准来确定股票发行价格。股票公开发行通常采用时价发行形式。在发达的证券市场上,在首次发行股票时,公司通常会根据同类公司股票在流通市场上的价格表现来确定自己的发行价格;公司增发新股时,则会按已发行股票在流通市场上的价格水平来确定发行价格。

股份发行价格受到市场机制的影响,取决于公司的投资价值和供求关系的变化。在股票发行价格中,溢价发行或者等价发行都是允许的,但是不允许以低于股票票面的价格发行。折价发行会使公司实有资本少于公司应有资本,致使公司资本中存在着虚数,不符合公司资本充实原则。公司以低于票面金额的价格发行股票,实际上就意味着公司对债权人有负债行为,不利于保护债权人利益。溢价发行股票则以同样股份可以筹集到比按票面金额计算更多的资金,增加了公司资本,以超过票面金额发行股票所得溢价款,应列入公司资本公积金,表现为公司股东的权益,即所有权归属于投资人。

五、股份公开发行条件

股份公开发行条件是指在以股份筹集资金时,股份发行人应当满足的各种要求,通常包括首次发行条件、增资发行条件和配股发行条件三种情形。设立股份有限公司公开发行股份,应当符合《公司法》规定的条件以及经国务院批准的国务院证券监管机构规定的其他条件(《证券法》第 12 条)。根据《公司法》的规定,股份有限公司应采取公开募集设立方式设立的(《公司法》第 77 条),除了符合股份有限公司设立的一般条件(《公司法》第 76 条),发起人认购的股份不得少于公司股份总额的 35%(《公司法》第 84 条)。此外,发起人还应符合《股票发行与交易管理暂行条例》第 7 条、第 8 条和第 9 条规定新设股份有限公司和改制设立股份有限公司的股份发行两种情形。

(1) 新设股份有限公司。新设股份有限公司申请公开发行股票,应当符合的条件为:股票发行人必须是具有股票发行资格的股份有限公司(包括已经成立的股份有限公司和经批准拟成立的股份有限公司);公司生产经营符合国家产业政策;公司发行的普通股限于一种且同股同权;公司发起人认购的股本数额不少于公司拟发行的股本总额的 35%;公司发起人在公司拟发行的股本总额中认购的部分不少于人民币 3000 万元;向社会公众发行部分不少于公司拟发行的股本总额的 25%(其中公司职工认购的股本数额不得超过拟向社会公众发行的股本总额的 10%);公司拟发行股本总额超过人民币 4 亿元的,证监会按照规定可以酌情降低向社会公众发行的部分的比例,但是最低不少于公司拟发行的股本总额的 10%;发起人在近 3 年内没有重大违法行为以及证监会规定的其他条件。

（2）改制设立股份有限公司。改制设立股份有限公司申请公开发行股票,除应当符合新设股份有限公司所列条件外,还应当符合下列条件:发行前一年年末,净资产在总资产中所占比例不低于 30%,无形资产在净资产中所占比例不高于 20%,但是证监会另有规定的除外;近 3 年连续盈利。

股份公开发行制度属于公司上市制度,详见相关章节。

第四节　公司股份的转让

股份有限公司股份转让与有限责任公司股权转让有较大的差异。股份有限公司股份转让表现为股票转让,而股票转让从形式上属于证券转让,实质上是股东资格和股东权利义务的转让。股份转让自由是股份有限公司的重要特征,而世界各国公司法基于有限责任公司人合性均对股权转让进行一定限制。

股份转让是指股份持有人和受让人之间达成协议,持有人自愿将自己所持有股份以一定价格转让给受让人,受让人支付相应价金的法律行为。股票转让还可进一步细分为记名股票转让与非记名股票转让、有纸化股票转让和无纸化股票转让等。《公司法》第 137 条规定股份可以依法转让。

一、股份转让的限制

股份自由转让是股份有限公司股份与有限责任公司股权的区别所在。在不经公司或者其他股东同意的情况下,股份有限公司股份可以自由转让,但是股份转让自由并非绝对。《公司法》未禁止非上市股份公司通过章程对股份转让进行一定程度的约束。《公司法》第 71 条对有限责任公司的股东向股东以外的人转让股权规定了约束性条款,而《公司法》第 137 条对股份有限公司的股份转让则规定"股东持有的股份可以依法转让"。《公司法》并未对股份有限公司的股份转让从其他股东角度设置约束性条款,有限责任公司与股份有限公司的股权转让采取区别对待的态度,是"人合性"与"资合性"的不同偏重在公司法中的体现。此外,《公司法》第 137 条规定的"股东持有的股份可以依法转让",表明立法将股份流通作为股东基本权利加以保障,不具有排斥股份转让的合理限制措施的内涵。非上市股份公司章程对股份转让的约束应限于合理、合法的范围内。章程对股份转让作出一定的约束属公司内部自治范畴,但该约束的程度应限于不得禁止或者变相禁止股份流通的范围内,不得剥夺股东通过股份转让而退出公司的权利。如果章程限制股份转让的条款触及了前述底线,则侵害了股东权,破坏了公司内部的制衡机制与自治秩序,有悖于公平原则,违反了公司正常运行基础的内外平衡、公平与效率兼顾的治理理念。

《公司法》在规定股份自由转让的同时,也对股份转让规定了限制性措施,以保护公司、股东和其他利害关系人的利益,这些限制主要体现在时间、方式、场所和主体四个方面。

（一）时间上的限制

在股份有限公司成立前,股份持有人不能转让股份,表现为股份转让在时间上的限制。《公司法》第 132 条规定,股份有限公司成立前不得向股东交付股票。由于在股份有限公司成立前,股东并未占有公司股票,无法以背书方式或者交付方式完成股份转让的法定义务。

股票是一种代表股东权利的有价证券,有可流通性和可自由转让性的特征,从而股票应有确定性,即股票所代表的权利应是确定的,有利于保护交易的安全,维护正常的交易秩序,保护交易双方的合法权益。如果公司在登记成立前向股东交付股票,一旦股票在市场上流通,而设立中的公司设立失败,股票所代表的股东权利不存在,所有围绕股票已经发生的交易均会受到影响,将会严重影响市场的交易秩序,损害交易人的合法权益。

（二）方式上的限制

股份有限公司股份种类较多,不同种类的股份有不同的转让方式。法律对记名股票和不记名股票的转让方式有特别规定。《公司法》第 139 条第 1 款规定,记名股票应由股东以背书方式或者法律、行政法规规定的其他方式转让。否则,股份转让行为无效。《公司法》第 140 条则规定无记名股票的转让采取交付主义,即股东将股票交付给受让人后即发生股票转让效力。例如,在毛迪斌股权转让纠纷案中,[①]湖南高院二审认为,对于股份有限公司的记名股票和无记名股票,可以采取背书方式或者交付方式进行转让,公司法并未对非上市股份有限公司的股份交易场所进行排他性限制。

（三）场所上的限制

对于股份有限公司股份转让的交易场所,法律有明确的规定。股份转让仅限于在法定的交易场所内交易。《公司法》第 138 条规定,股份有限公司股东转让股份应当在依法设立的证券交易场所进行或者按照国务院规定的其他方式进行。根据《证券法》《国务院关于全国中小企业股份转让系统有关问题的决定》和《非上市公众公司监督管理办法》等规范性文件的规定,与我国多层次的资本市场相对应,可将股份有限公司分为在主板上市的公司、在创业板上市的公司、股份在全国中小企业股份转让系统挂牌转让的非上市公众公司以及非上市非公众公司四大类型,其中前三种股份有限公司的股份应当在规定的交易场所转让,但第四种股份有限公司的股份转让则没有交易场所的限制。如在张桂平股权转让合同纠纷案中,江苏高院审理查明,2004 年 10 月 22 日,王华作为甲方、张桂平作为乙方,签订了股份转让协议。涉案的股份转让合同即为非上市的股份有限公司,转让场所不受《公司法》第 138 条的限制。

又如,在毛迪斌股权转让纠纷案中,湖南高院认为,虽然中国证监会进行了非上市股份公司股份进入证券交易所代办股份转让系统进行股份报价转让试点,一些地方也

---

① 毛迪斌诉陈黎明股权转让纠纷案(〔2016〕湘 12 民初 60 号、〔2017〕湘民终 340 号)。

进行了非上市公司股权交易市场试点，但是我国除对国有股的转让方式及场所有具体要求外，并未对股东转让非上市股份有限公司其他股份的方式及场所作出强制性的特别规定，没有要求所有非上市股份有限公司股份的转让必须全部在其他股权交易场所内进行的规定。

（四）主体上的限制

主体上的限制主要是对股份出让人与受让人的限制两个方面，目的在于维护相关权利人利益。

1. 对出让人的限制

法律对持股人的限制主要有以下两种情形：

（1）股份有限公司的发起人。发起人是股份有限公司的核心，对公司成立初期的财产和组织管理的稳定具有极大影响，为防止发起人利用设立公司进行投机活动，保护其他股东和社会公众投资人利益，保证公司成立后一段期间经营相对稳定，《公司法》对发起人所持股份转让予以限制，以防止发起人以设立公司名义谋求不法利益，通过转让股份形式逃避法律责任。《公司法》第141条第1款规定股份有限公司发起人自公司成立之日起1年内禁止转让，如在张桂平股权转让合同纠纷案中，江苏高院判决遵循了《公司法》的规定，认为公司法所禁止的发起人转让股份的行为，是指发起人在从公司成立之日起3年内实际转让股份。[①] 法律并不禁止发起人为公司成立3年后转让股份所预先签订转让合同。股份不实际交付，股东身份和股权关系不会变更，即拟转让股份的发起人仍为公司股东，作为发起人的法律责任并不会因股份转让协议而免除。发起人与他人订立合同约定在公司成立3年之后转让股权的行为，并不违反公司法的禁止性规定，应认定为合法有效。

公司公开发行股份前已发行的股份，自公司股票在证券交易所上市交易之日起1年内不得转让。在公司实务中，上市公司的大股东通常会承诺自股票上市交易3年（36个月）内不转让股票。

（2）股份有限公司的董事、监事、高级管理人员。为防止股份有限公司的董事、监事、高级管理人员利用在公司中的特殊地位和信息优势谋取非法利益，破坏证券交易秩序，同时也为将公司经营状况同前述人员切身利益联系起来，鼓励其为公司努力工作，法律对董事、监事、高级管理人员所持有股份的转让也作出了限制。根据《公司法》和《证券法》的规定，股份有限公司的董事、监事、高级管理人员转让股份应当遵循的规则有以下四点：

其一，董事、监事、高级管理人员所持本公司股份，自公司股票上市交易之日起1年内不得转让。

其二，董事、监事、高级管理人员在任职期间每年转让股份不得超过所持有本公司

---

① 1999年《公司法》第147条第1款规定："发起人持有的本公司股份，自公司成立之日起三年内不得转让。"

股份总数的 25%。①

其三,董事、监事、高级管理人员离职后的 6 个月内,不得转让其所持有的本公司股份。

其四,上市公司董事、监事和高级管理人员在下列期间不得买卖本公司股票:上市公司定期报告公告前 30 日内;上市公司业绩预告、业绩快报公告前 10 日内;自可能对本公司股票交易价格产生重大影响的重大事项发生之日或在决策过程中,至依法披露后 2 个交易日内;证券交易所规定的其他期间。

2. 对受让人的限制

法律对股份受让人身份的限制,表现为对公司、公司主要股东以及相关的从业人员的限制,对受让人身份的限制主要来自《公司法》和《证券法》的规定。股份受让人在法律上的限制,主要表现为以下四种情形:

(1) 股份有限公司本身。为确保公司及股东各自独立的法律人格,坚持资本三原则,股份有限公司不得持有本公司股份,否则,违反资本充实原则的公司运行机制,侵害股东利益,影响证券市场的交易。《公司法》第 142 条对此有明文规定:其一,股份有限公司除了为减少公司注册资本、与持有本公司股份的其他公司合并、将股份奖励给本公司职工、股东因对股东大会作出的公司合并、分立决议持异议等六种情形外,不得收购公司自己的股份。其二,股份有限公司不得接受本公司股票质押。公司股东以自己持有的公司股份为自己或者第三人与公司债务提供担保,一旦发生公司债务人无力清偿到期债务而公司拍卖质押物又无人应买时,公司有可能成为质押股票的所有人,从而有违公司不得拥有自身股份的法律原则。因此,法律禁止公司接受本公司股份作为质权的标的。

(2) 持有 5% 以上股份的股东。持有上市公司 5% 以上股份的股东,将其持有的该公司的股票在买入后 6 个月内卖出,或者在卖出后 6 个月内又买入,由此所得收益归该公司所有,公司董事会应当收回其所得收益。但是,证券公司因包销购入售后剩余股票而持有 5% 以上股份的,卖出该股票不受 6 个月时间限制(《证券法》第 47 条)。

(3) 证券机构从业人员。证券交易所、证券公司和证券登记结算机构的从业人员、证券监督管理机构的工作人员以及法律、行政法规禁止参与股票交易的其他人员,在任期或者法定限期内,不得买卖股票(《证券法》第 43 条)。

(4) 中介机构及从业人员。为股票发行出具审计报告、资产评估报告或者法律意见书等文件的证券服务机构和人员,在该股票承销期内和期满后 6 个月内,不得买卖该种股票。为上市公司出具审计报告、资产评估报告或者法律意见书等文件的证券服务机构和人员,从接受上市公司委托之日起至上述文件公开后 5 日内,不得买卖该种

---

① 根据《上市公司董事、监事和高级管理人员所持本公司股份及其变动管理规则》的规定,上市公司董事、监事和高级管理人员在任职期间,每年通过集中竞价、大宗交易、协议转让等方式转让的股份不得超过其所持有本公司股份总数的 25%,因司法强制执行、继承、遗赠、依法分割财产等导致股份变动的除外。上市公司董事、监事和高级管理人员所持股份不超过 1000 股的,可以一次性全部转让,不受 25% 的比例限制。

股票（《证券法》第 45 条）。

二、集中竞价交易、大宗交易和协议转让

集中交易是指股票在证券交易所以公开、集中方式进行买卖的交易方式，是股票流通的主要途径和股票交易的核心。根据价格形成机制的不同，集中交易又可分为集中竞价交易、大宗交易和协议转让。

（1）集中竞价交易。集中竞价交易是指两个以上买方和两个以上卖方通过公开竞价方式来确定股票买卖价格的情形。集中竞价交易是上海证券交易所和深圳证券交易所股票买卖所采用的基本交易方式。在这种方式下，既有买方之间的竞争，也有卖方之间的竞争，买卖各方均有比较多的人数。集中竞价时，当买家一方报出最高价和卖家一方报出最低价相同时，股票交易价格即告确定，股票交易即告成交。

集中竞价交易分为口头唱报竞价交易、书面申报竞价交易以及电脑申报竞价交易三种形式。集中竞价包括集合竞价和连续竞价两种形式。[①] 集中竞价交易是多个买主与多个卖主之间，出价最低的卖主与出价最高的买主达成的交易。买卖双方通过指定的股票经纪商把委托传送到交易市场，开盘价由集合竞价形成，随后交易系统按照价格优先、时间优先的原则对不断进入的投资人交易指令进行排序，将买卖指令予以配对竞价成交。竞价制度本质上是一种指令驱动制度，其基本特征是成交价格由买卖双方按照竞价原则直接决定。集中竞价交易是我国证券市场最主要的交易方式。

（2）大宗交易。大宗交易是指达到规定的最低限额的证券单笔买卖申报，买卖双方经过协议达成一致并经交易所确定成交的证券交易。我国大宗交易适用于在交易所上市的股票、基金、债券和债券回购的交易，大宗交易不纳入交易所即时行情和指数的计算，成交量在大宗交易结束后计入该证券成交总量。在各自交易制度或者大宗交易制度中，我国两个证券交易所均对大宗交易有明确的界定，但各不相同。

大宗交易在交易所正常交易日限定时间进行，有涨幅限制证券的大宗交易须在当日涨跌幅价格限制范围内，无涨跌幅限制证券的大宗交易须在前收盘价的上下 30% 或者当日竞价时间内成交的最高和最低成交价格之间，由买卖双方采用议价协商方式确定成交价，并经证券交易所确认后成交。大宗交易成交价不作为该证券当日的收盘价。大宗交易成交量在收盘后计入该证券成交总量，每笔大宗交易的成交量、成交价及买卖双方在收盘后单独公布，大宗交易不纳入指数计算，对于当天指数没有影响。

（3）协议转让。协议转让是指买卖各方依据事先达成的转让协议，向股份上市所

---

① 我国两个交易所的集合竞价方式存在差异。上海证券交易所 9：15—9：25 采用集合竞价方式得到开盘价，9：30—11：30、13：00—15：00 采用连续竞价方式；深圳证券交易所 9：15—9：25 采用集合竞价方式得到开盘价，9：30—14：57 为连续竞价方式，14：57—15：00 采用集合竞价方式确定收盘价。

在证券交易所和登记机构申请办理股份转让过户的业务。① 协议转让是当事人通过非竞价的协议方式转让股份,通常包括上市公司收购、重大资产重组等情形,是一种国际通行的证券交易方式,也成为我国一种重要的交易方式。只有符合有关法律法规和业务规则所规定的特定情形时,当事人方可申请以协议方式转让上市公司股份。

三、公司章程对股份转让的限制

股份有限公司有上市公司股份有限公司和非上市股份有限公司之分。《公司法》在第 71 条规定了有限责任公司股权转让,其中第 4 款"公司章程对股权转让另有规定的,从其规定"的规定为公司章程限制股权转让留下了空间。对股份有限公司的股份转让,上市公司的股份可以在证券交易所自由交易,而非上市股份有限公司股份的资合性少于上市公司,更接近有限责任公司的人合性,从而非上市股份有限公司经常出现公司章程条款限制股份的转让,司法审判实践对限制转让股份的章程条款效力却存在争议。《公司法》第 137 条规定了股份有限公司股份的转让,限制性规定主要体现在《公司法》第 141 条对发起人和董监高的限制。除此之外,对股份有限公司股份转让并未作"公司章程另有规定的,从其规定"的类似要求。

《公司法》没有规定非上市股份有限公司是否可以设置限制股份转让条款,导致股份转让限制的章程条款效力规范的缺失。大部分非上市股份有限公司是以发起方式设立的,并非采取募集设立,人合性更为突出。基于有限责任公司的人合性对股权转让限制的合理性,人合性较多的非上市股份有限公司也同样可以通过章程限制股份转让。公司章程规定了股份转让的限制,基于公司法并未禁止和公司章程的意思自治,这种限制应当是有效的。例如,在上海雷允上药业有限公司股权转让纠纷案中,② 上海虹口区法院认为,上海雷允上北区药业股份有限公司是非上市的股份有限公司。公司章程是公司设立时制定的对公司及其股东、法定代表人、高管等内部成员具有约束力的法律文件。股份有限公司的章程虽然是发起人或者原始股东的意思自治表示,但是对公司所有股东均具有约束力。关于股份有限公司的股份转让,《公司法》仅规定股东持有的股份可以依法转让,根据公司股权转让自由转让原则,公司章程可以在不与《公司法》冲突的前提下,对股权转让作出特别规定。雷允上北区公司并非上市公司,公司章程中对股东转让股份的限制规定高于《公司法》的规定,体现了股东的意思自治原则,合法有效。

---

① 参见《上市公司流通股协议转让业务办理暂行规则》《上市公司非流通股股份转让业务办理规则》和《上市公司非流通股股份转让业务办理实施细则》等。

② 上海雷允上药业有限公司诉上海仁昌投资管理有限公司、上海雷允上北区药业股份有限公司工会委员会股权转让纠纷案(〔2015〕虹民二(商)初字第 831 号)。

又如,在余钦股权转让纠纷案中,①北京一中院认为,《公司法》未禁止非上市股份公司通过章程对股份转让进行一定程度的约束。"股东持有的股份可以依法转让"是从股东权利角度所作的原则性规定,表明了立法将股份流通作为股东基本权利保障的立场,不具有排斥股份转让的合理限制措施的内涵,更没有否定或者剥夺股东对自己享有的股份的处分权。但非上市股份公司章程对股份转让的约束应限于合理、合法的范围内。章程对股权转让作出一定约束属于公司内部自治的范畴,但该约束程度应限于不得禁止或者变相禁止股份流通的范围内,不得剥夺股东通过股份转让而退出公司的权利。否则,这种限制会构成对股东权,特别是中小股东权益的根本损害,也将破坏公司内部的制衡机制与自治秩序,有悖于公平原则。总之,涉案章程规定未剥夺股东通过转让股份而退出公司或者减持股份的权利,未违反公平原则及法律、法规的强制性规定,应属有效。

上海雷允上药业有限公司股权转让纠纷案仅涉及对非上市的股份有限公司股份转让的限制问题,而余钦股权转让纠纷案则涉及非上市的股份有限公司股份转让的合理限制。当然也有完全否定对股份转让限制的案例,如在盛巧云股权转让纠纷案中,②威海荣城市法院认为,山东荣成农村商业银行股份有限公司性质为非上市股份有限公司。股份有限公司属于资合公司,股份的流通性是生命,涉案公司章程中对股权转让的限制,不符合公司法转让的原则性规定,且没有必要的正当理由,更无相应的救济措施,因此,章程的限制性规定应不具有法律效力。

---

① 在余钦诉程毅股权转让纠纷案(〔2016〕京 0108 民初 31450 号、〔2018〕京 01 民终 792 号)中,法院裁判摘要认为,新股优先认购权是有限责任公司股东的法定权利,而非股份公司股东的权利。尽管公司章程曾规定股东享有优先购买权,但当公司上市成为上市公司时,股东优先购买权的法理基础及客观条件已不复存在,股东不得行使优先购买权。

② 盛巧云诉于夕晟股权转让纠纷案(〔2015〕荣人商初字第 260 号)。

第八章 公 司 章 程

公司章程是公司组织和活动的基本准则,是确定公司权利义务的基本法律文件,是公司宪章。《公司法》对公司章程的规定,充分体现了公司自治理念,公司章程条款是当事人意思自治的体现,是私法自治原则在公司法领域的反映。对公司章程条款效力的审查,涉及对公司意思自治范围的界定,成为司法审判实践对公司法适用的难点。[①]

第一节 公司章程的概念

公司章程是调整公司所有股东之间、股东与公司之间法律关系的基础性法律文件,是股东意思自治的体现,但章程的自治性是相对的,以不违反法律、行政法规的强制性规范为前提。公司章程是公司作为社团法人的最高组织原则,充分体现了国家意志与股东意思自治之间的平衡。公司章程条款体现了股东意思自治,但在公司章程条款减损公司股东利益的情形下,该章程条款是基于侵犯部分股东权益而认定无效,还是基于股东意思自治而认定有效,司法审判实践对此认定标准不一。[②]

一、公司章程的概念

公司章程(articles of association)是指公司根据法律规定制定的记载公司名称、住所、注册资本、组织形式、经营范围、经营管理制度、治理结构及其活动方式、权利义务分配等重大事项的基本文件,是公司设立和经营必备的并规定公司组织及运营基本规则的基础性法律文件。公司章程以书面形式记载了全体股东共同一致的意思表示,记载了公司组织和运营的基本准则,是指导和规范公司行为的公司宪章。公司章程是公司成立和存续的前提和条件,既是公司成立的基础,又是公司运营的核心准则。公司设立时制定的公司章程,是原始公司章程。

在大陆法系国家,公司章程通常是由一个单一法律文件构成,记载公司名称、住所、注册资本、经营范围、经营管理制度等重大事项。在英美法系国家,公司章程通常由两个文件组成。以英国为代表的英联邦国家公司章程,由章程大纲(memorandum

---

① 参见虞政平:《公司意思自治的法律空间》,载《人民司法》2010 年第 19 期。
② 参见范黎红:《公司章程"侵权条款"的司法认定及救济》,载《法律适用》2009 年第 1 期。

of association)①和章程细则（articles of association）两个基本法律文件构成。章程大纲是公司的外部宪章，规定公司权限，处理公司对外事务即公司名称、住所、宗旨、性质、资本等，是公司申请注册的必要法律文件。章程细则是公司内部宪章，从属于章程大纲并受到章程大纲的约束，处理公司对内事务即股份转让、股东会和董事会的召集、董事的任免、薪酬的支付等。章程大纲规定公司目的、赋予公司权力，而章程细则决定实现公司目的和行使权力的规则。② 美国公司法规定公司设立时必须具备公司章程（articles of incorporation，charter）和章程细则（bylaws）两个基本文件。③ 美国公司法中公司章程和章程细则相当于英国公司法中的章程大纲和章程细则。

英美法系公司法的章程大纲是公司成立的基本条件，涉及股东权益、债权人和社会公共利益；章程细则则仅为规范公司内部关系的内部文件，不涉及债权人和社会公共利益，不得对抗善意第三人。公司章程大纲通常不得修改，④而公司章程细则可通过董事会或者股东会修改。

我国《公司法》继受了大陆法系公司法传统，公司章程是由单一文件构成的。公司章程是公司具有独立人格的标志，是公司成立和存续的必要前提和条件。公司章程的法律意义表现在如下三个方面：

（1）公司设立的法定文件。公司设立是一种法律行为，必须满足法定条件并严格履行法定程序。否则，无法产生预期的法律后果。在公司设立行为中，公司章程的制定是设立中一系列行为的核心。章程制定既是公司发起人在签署发起人协议基础上，对拟成立公司进一步磋商并达成一致的结果，也是其他后续设立行为的前提和基础。公司章程是公司设立中必备的法定文件，世界各国法律均规定公司设立时必须制定章程，如德国《股份公司法》第 23 条、《日本有限公司法》第 5 条、《日本商法》第 62 条、第 165 条以及我国《公司法》第 11 条的规定。

（2）公司的资信证明。公司章程是公司最重要的法律文件，公司章程应当具备法定内容，即应当规定公司经营范围、公司注册资金及公司发起人、法定代表人等内容。公司章程是公司申请登记时必备的法律文件，公司章程经过公司登记机关的注册登记而具有对外公开性。公司章程记载的内容，对于公司对外开展经营活动，保障交易安全具有重要作用。公司经营范围在一定程度上体现了公司权利能力，反映了一个公司的交易资格和能力。注册资本是公司对外交易的物质基础，公司资本构成公司的信用基础，是对公司债权人的保护。

（3）公司管理内部事务的规章制度。公司章程既是公司对外的法律文件，也是管理公司内部事务的规章制度。大陆法系国家的公司章程调整股东相互之间的法律关

---

① 简称 memorandum，又译为"备忘录""章程要领"等。

② 参见葛伟军：《英国公司法要义》，法律出版社 2014 年版，第 43 页。

③ 美国《标准商事公司法》第 4 条第 12 款和第 27 条较为全面地规定了章程细则制定的要件。

④ 香港《公司条例》第 7 条规定："公司对于章程大纲所载条件，不必变更之，但本例有明示之规定或明示其形式或程度者不在此限。"

系,英美法国家公司章程有章程大纲和章程细则之分。章程大纲主要调整公司对外关系,章程细则主要调整公司内部关系。调整对外关系的公司章程是公开文件,必须登记备案以备公众查阅。调整内部关系的内部细则不属于公开文件,无须登记备案。章程细则主要是有关公司内部事务管理的内容,是公司股东、董事和高级职员所必须遵循的行为准则。我国《公司法》第 46 条第 10 项董事会职权中,规定可"制定公司的基本管理制度",第 49 条第 5 项经理的职权中,规定可"制定公司的具体规章"。"管理制度"和"具体规章"在本质上就是章程的延续和具体化,类似于英美法系的章程细则。

二、公司章程的特征

公司章程是公司设立和存续的前提和基础,是公司发起人根据《公司法》的规定制定的,充分体现了公司意思自治原则,具有一定公示效力。公司章程具有法定性、自治性和公开性的基本特征:

(一)公司章程的法定性

公司章程法定性是指公司章程的法律地位、形式与内容、制定与修改等均源于《公司法》规定。公司章程法定性主要体现在以下三个方面:

(1)章程地位的法定性。公司章程是公司宪章,不仅是公司设立的必要文件,而且也是伴随公司运行始终不可或缺的法律文件。公司章程的制定构成公司设立行为的核心,公司章程是公司运营过程中必须遵循的,在调整公司组织关系和行为关系中居于核心地位。公司章程对公司、股东、董事、监事、高级管理人员均具有约束力(《公司法》第 11 条),如南京安盛财务顾问有限公司股东会决议罚款纠纷案和余钦股权转让纠纷案。

(2)章程形式与内容的法定性。公司章程形式法定性是指公司章程应当采取书面形式并应依法在公司登记机关办理登记。公司章程是确定公司组织和规范公司行为的具有约束力的法律文件,公司章程内容有公司名称和住所、公司经营范围、公司注册资本、股东姓名或者名称、股东出资方式、出资额与出资时间、组织机构、公司法定代表人等,这些事项属于法定绝对记载事项(《公司法》第 25 条)。

(3)章程制定与修改的法定性。公司章程应当依法制定(《公司法》第 11 条),有限责任公司章程应由全体股东共同制定,股东应在章程上签字、盖章(《公司法》第 25 条)。以发起方式设立的股份有限公司,由发起人制定公司章程;以募集方式设立的股份有限公司,由发起人制定公司章程,并经公司创立大会通过(《公司法》第 86 条和第 90 条)。有限责任公司章程的修改应经代表 2/3 以上表决权的股东通过(《公司法》第 43 条);股份有限公司章程的修改应经出席股东大会股东所持表决权的 2/3 以上通过(《公司法》第 103 条)。例如,在万家裕股东资格确认纠纷案中,最高法认为,涉案公司章程的修改经过了代表 2/3 以上表决权的股东通过,符合法定的修改程序,应为合法有效。

（二）公司章程的自治性

公司章程是公司内部的自治性规范，是股东实现意思自治的重要手段。公司章程自治是公司自治的表现形式，不仅规范公司的内部事务，如股东与股东、公司与股东之间的关系，还规范设计公司的治理结构以及对外经营活动，也是私法自治原则在公司法领域的应有之义。司法判决也充分体现了公司章程的自治性，如在贵州捷安投资有限公司股权确权及公司增资扩股出资份额优先认购权纠纷案中，①最高法判决充分体现了公司章程的意思自治。公司章程的自治性主要体现在以下三个方面：

（1）公司内部的行为规范。公司章程作为一种行为规范，是由公司股东根据《公司法》的规定自行制定的。《公司法》是公司章程制定的法律依据。《公司法》的规定仅涉及公司普遍性问题，不可能顾及各个公司的特殊性，而每个公司根据《公司法》制定的章程能够反映公司个性问题，为公司运行提供切实可行的行为规范。例如，在安徽省无为县富元小额贷款股份有限公司保证合同纠纷案中，②安徽高院二审认为，涉案公司章程中的相关规定，作为公司内部的行为规范，旨在规范董事、监事、经理或者其他高级管理人员合理行使职权，对上述人员的行为具有约束力，而股东会决议也仅为内部决策的程序，股东会决议真实性与否，并不影响涉案保证合同的效力。

（2）公司内部的强制性。公司章程是一种法律之外的行为规范，由公司自己执行，无须借助国家强制力实施。在公司相关权利人违反公司章程时，只要不违反法律、行政法规的强制性规定，可以由公司自行解决，对内具有强制性。在南京安盛财务顾问有限公司股东会决议罚款纠纷案中，南京鼓楼区法院判决明确公司章程具有内部的强制力。有限公司股东会作为权力机构，依法对公司事项所作决议是代表公司的行为，对公司具有法律约束力。在公司成立后，股东与公司之间是平等的权利主体，具有相互独立人格，不存在管理与被管理关系，公司股东会原则上无权对股东施以任何处罚。在公司章程未有明确约定的情况下，有限公司股东会不得对股东处以罚款，如果股东会对股东作出罚款的决议，则股东会决议无效。有限公司章程在赋予股东会对股东处以罚款权时，应明确规定罚款的标准和幅度，股东会在没有明确标准和幅度的情况下处罚股东，属于依据不足，相应的股东会决议应属无效。

（3）公司外部的非强制性。公司章程是由全体股东制定的，作为公司内部的行为规范，效力仅及于公司、股东、董事、监事和高级管理人员等，对公司之外的当事人不具

---

① 在贵州捷安投资有限公司诉贵阳黔峰生物制品有限责任公司、重庆大林生物技术有限公司、贵州益康制药有限公司、深圳市亿工盛达科技有限公司股权确权及公司增资扩股出资份额优先认购权纠纷案中，法院裁判摘要认为，公司章程规定股东会对公司增加或者减少注册资金、分立、合并、解散或者变更公司形式作出决议，必须经过代表 2/3 以上表决权的股东通过，其中对公司增资事宜不仅包括增资数额也包括各股东认缴及认购事宜。公司章程是公司治理结构的总纲领，公司完全按其意思自治原则决定其自己应该决定的事情，该章程规定性质上并不违反我国公司法有关强行性规范，与公司法有关内容并不冲突。

② 安徽省无为县富元小额贷款股份有限公司诉安徽华联电缆集团有限公司保证合同纠纷案（〔2014〕芜中民二初字第 00248 号、〔2014〕皖民二终字第 00504 号）。

有效力。公司不得以公司章程的规定对抗第三人。例如,在余钦股权转让纠纷案中,北京一中院认为,公司章程的效力范围限于公司、全体股东及董事、监事、高级管理人员,不具有对外效力。与股东从事股权交易的外部人员不受公司章程的拘束,也没有关注并执行公司章程的法定义务。

(三)公司章程的公开性

公司章程的公开性是指公司章程应当根据法律规定在公司登记机关注册登记,并置于法定场所供股东查阅或者依法向社会公众披露。公司章程应向股东、债权人和社会公众公开,以便股东了解公司基本情况,行使经营监督权,并且维护交易相对人的交易安全。例如,在林聪国股权转让纠纷案中,[①]武汉武昌区法院认为,公司章程是公开文件。公司章程的公开性,有助于公司投资者、债权人以及交易对象了解公司的组织与运行并据此作出判断。公司章程的公开性主要体现在以下三个方面:

(1)公司登记机关的注册登记。公司章程应当依法在登记机关注册登记,在登记机关的注册登记体现了公司章程的公开性,向社会公众公开,具有对外公示的效果。社会公众要了解公司章程,可以根据相关程序请求查阅。

(2)公司章程置于法定场所。公司章程应依法置于法定场所供股东查阅,也体现了公司章程的公开性。《公司法》第96条规定股份有限公司应在本公司置备公司章程,第97条规定了股东的查阅权。《公司法》仅规定了有限责任公司股东对公司章程的查阅权,但未规定公司章程的置备问题。

(3)公司发行股票应披露章程。股份有限公司股票公开上市交易时,应按照《公司法》和《证券法》等法律、法规的规定披露包括公司章程在内的公司文件,以便社会公众了解股权结构和治理结构等公司内部情况,为投资提供充分的决策参考。

三、公司章程的性质

两大法系对公司章程的性质有不同的认识,英美法系将公司章程视为合同,[②]而大陆法系则将公司章程视为自治规范。契约说[③]和自治说[④]是公司章程性质的两种主要学说。

---

① 林聪国诉马超杰、武汉芒果秀仕餐饮管理有限公司股权转让纠纷案(〔2016〕鄂0106民初字4259号)。

② 参见葛伟军:《英国公司法要义》,法律出版社2014年版,第45页。

③ 契约说认为,公司章程是股东以平等自愿协商方式对公司设立的权利义务达成一致的协议,是股东意思表示一致的结果,体现了股东的共同意志,对全体股东均有约束力。公司发起人通过相互协商的方式订立公司章程,当事人能否成为股东就在于"同意"或者"不同意"公司章程。契约说充分表达了当事人的意思自治,强调在复杂多变的经济环境下的个体自治,反对外界对公司的干涉,有利于保障公司个体活力、自主经营和降低公司运行中的交易成本。契约说是英美法系对公司章程的代表学说。

④ 自治说认为,公司章程是根据公司法赋予的"公司立法权"而制定的规定公司组织和经营活动的自治性规范,即在法律强制性规范指导下全体股东订立的规定公司对内对外活动的自治性规范。自治说认为公司章程是在强制性规范指导下订立的平衡股东权益的公司内部根本法,公司章程不仅约束公司章程的制定人与公司发起人,而且约束公司机关及新股东。公司内部的各项规章制度均不得违背公司章程。自治说是大陆法系对公司章程的代表学说。

契约说和自治说均存在着某些合理因素,有一定的合理性。契约说强调股东合意与公司自治,是英美法系国家强调经营者自主意志,重视市场经济自由精神的表现。自治说承认当事人的意思自治,强调公司章程是在法律强制性规范指导下制定的自治规范,是大陆法系国家在经济生活中重视安全与稳定的表现。实际上,公司章程既是股东意志合意的产物,也是在法律强制性规范指导下的股东自治。公司章程是在《公司法》规定的范围内,体现公司全体股东意志的协议,仅对公司、公司股东及有关内部人员有约束力,是公司赖以实现公司自治的规则。契约说和自治说共同解说了公司章程的性质,主要表现在以下三个方面:

（1）公司章程的制定与修改属于股东的共同行为。有限责任公司原始章程的制定是全体股东意思表示一致的产物,股份有限公司原始章程的制定主体是全体发起人,其他投资人仅在对发起人制定的章程表示接受的情形下,才能成为公司股东。在公司成立后对公司章程的修改,适用绝对多数股权表决通过原则。公司章程的制定与修改属于股东的共同行为,即大陆法系民法理论中的合同行为,属于《民法总则》第134条规定的决议行为。[①]

（2）公司章程是体现私法自治的股东间协议。根据《公司法》规定,公司章程是股东在相互充分协商基础上订立的协议。公司章程是公司内部文件,仅对公司内部事务具有约束力。公司章程作为公司安排内部组织关系和运行的基本规则,在遵循《公司法》强制性规定的基础上,充分体现公司股东或者发起人的共同意志。在不违反《公司法》强制性规定的前提下,公司章程内容应当由股东或者发起人确定,法律不应加以干预。但如果章程条款违反法律的强制性规定,则相关条款可能被宣告无效。如在常州百货大楼股份有限公司股权转让纠纷案中,[②]江苏高院判决认为章程的限制性规定因违反法律强制性规定而归于无效。

（3）公司章程仅为公司内部规则。公司章程是公司股东或者发起人共同制定的,体现了股东共同意志和利益,仅对公司、公司股东以及公司有关人员有约束力,即仅具有自我内部约束力,而不能约束公司之外的第三人,不同于具有普遍约束力的法律,属于公司自治规则。从效力层次上,公司章程根本上不具有普遍约束力,无法与商事交易习惯和商事判例相比,不能构成公司法的渊源。

四、公司章程细则

章程细则(bylaws)是根据公司章程规定制定的公司经营管理的规范性文件,是公

---

① 参见郑云瑞:《民法总论》(第八版),北京大学出版社2018年版,第316页。
② 在常州百货大楼股份有限公司诉常州市信和信息咨询有限公司等股权转让纠纷案(〔2004〕常民二初字第101号、〔2005〕苏民二终字第198号)中,法院裁判摘要认为,股份有限公司股权的依法自由转让是法律基本要求。百货公司章程规定的对股权转让的限制,不仅不符合《公司法》对股份有限公司关于股权转让的规定,而且没有必要的正当理由,更无相应的补救措施。这种对股权转让不合理的限制,除妨碍正常的股权交易外,还必然影响股权转让价格。章程对股权转让所作的限制性规定,违反股权转让的基本原则,变相剥夺股东的股份转让权,应认定无效。

司章程内容的延续和具体化。我国《公司法》对公司章程细则也有规定,但并未使用章程细则的概念。由于《公司法》没有使用章程细则的概念,没有设立专门条款规定,仅作为董事或者经理的一项职权而已,从而其法律效力和法律地位在《公司法》中并不突出,并未引起理论界和实务界的关注。公司章程细则主要体现在《公司法》第46条、第49条之中:第46条规定有限责任公司董事会的职权包括制定公司的基本管理制度;第49条规定有限责任公司经理职权包括制定公司具体规章。《公司法》第108条和第113条规定股份有限公司董事会、经理的职权分别适用第46条和第49条的规定。《上市公司章程指引》却直接使用了章程细则的概念,并规定了章程细则与公司章程的关系。[①]

章程细则是由董事会和经理制定的公司内部管理的规范性文件,根据公司章程制定,不得违反法律和公司章程的规定。章程细则是公司经营管理的基本规则,是有关公司人事安排、经营运作、职权划分、奖惩办法等公司内部的规范性文件。根据《公司法》规定,章程细则是由公司董事会和经理制定的,董事会是公司经营决策机构,经理则是公司经营管理者,法律赋予董事会和经理的法定职权,说明了章程细则在公司经营管理中的地位和作用。在我国公司实践中,章程细则大量存在,但并未直接使用章程细则的称谓。例如,在中盛金融(集团)有限公司请求变更公司登记纠纷案中,[②]天津滨海新区法院认为,香港《公司条例》第115条规定,公司章程细则界定了公司的管理规则和内部安排,公司对外行使权利应受章程细则的限制。

第二节　公司章程的内容

世界各国公司法对公司章程的内容均有明确规定,这些规定主要体现在公司记载事项上。换言之,公司章程内容即为公司章程记载事项。我国《公司法》第25条和第81条分别规定了有限责任公司和股份有限公司的章程应记载事项,有限责任公司章程有8项,股份有限公司有12项。

在公司实践中,投资人对公司章程的重要性认识不够,通常选择示范文本或者格式文本作为公司章程,将公司章程视为一种可有可无的摆设,忽视了公司章程的公司宪章性质,更有甚者登记机关禁止投资人自行制定公司章程,只能选择示范文本,为日后的股东纠纷埋下了隐患。投资人应当根据公司性质、投资规模和股权结构等方面因素,制定个性化的公司章程,充分利用公司章程预留的权利空间维护自己的正当权利,以避免股东纠纷的产生以及公司僵局的出现。

[①]　《上市公司章程指引》第193条规定:"董事会可依照章程的规定,制订章程细则。章程细则不得与章程的规定相抵触。"

[②]　中盛金融(集团)有限公司诉中金高盛(天津)融资租赁有限公司、黎锦泉请求变更公司登记纠纷案(〔2016〕津0116民初2618号)。

一、公司章程的记载

以记载事项是否有法律明文规定为标准，公司章程记载事项分为必要记载事项和任意记载事项。法律明文规定必须载明或者选择列举的事项，为必要记载事项。法律没有明文规定而是由章程制定人任意选择记载的事项，为任意记载事项。按照法定必要记载事项对公司章程效力的影响，必要记载事项再可以分为绝对必要记载事项和相对必要记载事项。

（一）绝对必要记载事项

绝对必要记载事项是指根据《公司法》规定公司章程必须记载的事项，缺少其中任何一项或者任何一项记载不合乎法律规定，整个公司章程即归于无效。绝对必要记载事项通常是涉及公司根本性的重大事项，是与公司的设立、运行和终止等有重大关系的基础性事项，其中有些事项是所有公司的共性问题。

绝对必要记载事项属于法律的强制性规定，是公司章程必须予以记载的事项，且禁止当事人进行选择，体现了法律强制与公司自治关系中的强制性，表明了法律对公司行为的干预。世界各国公司法对章程的绝对必要记载事项均有明确规定，通常包括公司名称、住所、宗旨、注册资本、公司组织形式等。我国《公司法》第 25 条和第 81 条分别规定了有限责任公司和股份有限公司的绝对必要记载事项。

有限责任公司的章程必须载明的事项有公司名称和住所、公司经营范围、公司注册资本、股东的姓名或者名称、股东的权利和义务、股东的出资方式和出资额、股东转让出资的条件、公司的机构及其产生办法、职权、议事规则、公司的法定代表人、公司的解散事由与清算办法等。

股份有限公司的章程必须载明的事项有公司名称和住所，公司经营范围，公司设立方式，公司股份总数，每股金额和注册资本，发起人的姓名、名称和认购的股份数，股东的权利和义务，董事会的组成、职权、任期和议事规则，公司法定代表人，监事会的组成、职权、任期和议事规则，公司利润分配办法，公司的解散事由与清算办法，公司的通知和公告办法等。

《公司法》规定的必要记载事项的数量，在两大法系公司立法中实属少见。公司章程绝对必要记载事项越多，则意味着公司章程中体现法律强制性规范越多，公司意思自治的空间越少。

（二）相对必要记载事项

相对必要记载事项是指根据《公司法》规定可以记载，也可以不记载于公司章程的事项。《公司法》规定的相对必要记载事项属于授权性法律规范，公司章程记载与否并不影响公司章程的效力，如《公司法》第 141 条规定的"公司章程可以对公司董事、监事、高级管理人员转让其所持有的本公司股份作出其他限制性规定"，即属于相对必要记载事项。相对必要记载事项一旦记载于公司章程，即产生法律约束力，但未记载于公司章程的事项，则不生效。《公司法》集中规定了绝对必要记载事项，但相对必要记载事项散见于《公司法》的条文中,且对哪些条款为相对必要记载事项缺乏共识。《公司法》第34条、第41条、第42条、第44条第3款、第45条、第49条、第67条第3款、第71条第4款、第75条、第105条、第166条第4款等规定,体现了公司章程的相对必要记载事项。

外国有立法列举了章程相对必要的记载事项,如公司设立费用、发起人报酬、有关非货币资产出资、公司存续期限、分公司设立等,如日本《商法》第168条的规定。

绝对必要记载事项体现了国家对公司自治的干预,而任意记载事项则体现了公司自治,相对必要记载事项则是绝对必要记载事项和任意记载事项的中间地带或者缓冲地带。绝对必要记载事项体现的是对安全价值的追求,而任意记载事项体现的是对效率价值的追求。相对必要记载事项则是安全价值和效率价值的平衡和妥协,内容和效力具有相对的灵活性,有利于实现公司自治与国家强制的和谐与统一。国家通过公司立法规定公司章程中的相对必要记载事项,既可引导公司的运行进入国家预设的轨道,又可限制公司自治的范围,从而使公司在法律许可的范围内运行。

（三）任意记载事项

任意记载事项是指《公司法》规定绝对必要记载事项和相对必要记载事项之外,在不违反法律强制性规定和公序良俗的前提下,记载于公司章程的其他任何事项。任意记载事项充分体现了意思自治,体现了法律强制与公司自治关系中的自治性,是私法自治原则在《公司法》中的具体表现。《公司法》第25条第8项和第81条第12项规定的股东会或者股东大会认为需要规定的其他事项,属于公司章程中的任意记载事项。任意记载事项在公司章程的运营应注意以下五个方面内容:

（1）公司组织机构条款。公司章程可以对股东会、董事会和经理法定职权之外的其他职权作出规定,对股东会、董事会、监事会的召集方式与程序、议事规则和表决方式等作出规定,对股东会、董事会、监事会行使职权的有关程序作出规定,将《公司法》的规定与公司具体实际情况充分结合,保障公司运作的规范,减少纠纷的发生。

（2）股东权行使条款。公司章程应当对股东行使股东权进行细化,使规章更具可操作性。公司章程可以对股东是否按照出资比例行使表决权、股东知情权的行使条件与程序以及对权利受到损害的救济措施等作出相应规定,从而使股东权落到实处,减少股权行使的纠纷。

（3）股权转让条款。股权转让是公司实务中最为主要的纠纷,产生的原因主要是公司章程对股权转让的条件、方式、程序、优先权的行使等缺乏相应的规定,而《公司法》仅有原则性规定,一旦产生纠纷双方僵持不下,容易激化矛盾。公司章程可以对股权转让的具体方式、条件、程序以及优先权行使的时间和程序等作出具体的、具可操作性的规定。

（4）利润分配条款。公司利润分配在公司实务中经常产生纠纷,即公司控股股东滥用权力拒绝分配利润,导致中小股东投资收益权受到侵害。虽然《公司法》第74条规定了公司回购股权,但是"合理的价格"是司法审判机关适用回购股权中的难点。因此，公司章程应对股权收购价格的确定方式和原则事先作出规定。

（5）公司僵局条款。公司章程预先规定在公司经营管理过程中出现僵局的解决措施与避免僵局出现的办法，以解决公司僵局问题。公司章程预先规定并非打破公司僵局的途径，仅为避免公司僵局产生的事前保护性措施。虽然在公司僵局发生后可以通过司法救济解决问题，但是外部措施解决纠纷是一种事后救济，公司或者股东利益已经受到损害，外力介入公司会影响公司治理机制。股东可以通过公司章程中约定性条款预防公司僵局或者破解公司僵局，为确保公司正常运营提供有效的途径。

（四）公司章程指引

为规范上市公司的运作，维护证券市场的规范发展，1997 年中国证券监督管理委员会根据《公司法》制定了《上市公司章程指引》，并于 2006 年、2014 年、2016 年和 2019 年进行了四次修订。《上市公司章程指引》是专门关于上市公司章程的规范性文件，上市公司应当按照指引的注释部分解释和说明，参考指引正文部分的规定和要求，在公司章程中载明指引正文部分所包含的内容。上市公司可以根据自身实际情况，在公司章程中规定指引之外的其他内容。首次公开发行股票的公司，在申报材料中，其公司章程应当按照指引要求起草或者修订。

《上市公司章程指引》共有 12 章 199 条，内容包括绝对必要记载条款、相对必要记载条款和任意记载条款。与《公司法》相比，指引规定的内容更为全面、具体，明确了公司各个机构的职责、权限及各个主体的权利义务、责任，更具可操作性，有利于规范公司及各个主体行为，是《公司法》原则性规定的补充和完善。

二、公司章程意思自治的限度

公司章程自治是私法自治原则在公司法领域的体现，公司章程自治的本质是股东自治。公司章程自治是以不违反法律、行政法规的强制性规定为限，如在童丽芳等股东权纠纷案中，[①]上海一中院判决认为，公司章程属于自治性规则，股东可根据意思自治原则制定、修改公司章程，但不得违反公司法的强制性规范，否则不具有法律效力。基于公司所具有的人合性，法律允许公司章程对已故股东的继承人成为公司股东设置一定的限制条件。章程规定继承人一旦继承死亡股东的股东资格，则该继受取得资格的股东即享有法律所赋予的股东权利，而不应当对股东权利加以任意限制。法律赋予公司章程自治权，即公司章程可以规定其他行使表决权的方式，但并不能剥夺股东行使表决权的权利。涉案公司章程剥夺了继承股东的上述权利，违反法律规定，应当确认无效。

公司法兼具强制性和任意性的特征，公司法的任意性规范超过强制性规范，则表

---

① 在童丽芳等诉上海康达化工有限公司股东权纠纷案（〔2006〕浦民二（商）初字第 2800 号、〔2007〕沪一中民三（商）终字第 172 号）中，法院裁判要旨认为，公司章程是调整一个公司所有股东之间、股东与公司之间法律关系的必备性文件，是股东意思自治的体现，但章程的自治性是相对的，以不违反法律、行政法规的强制性规范为前提；否则，不具有法律效力。

明法律强制性干预的减少以及公司股东自治的增强。

（一）公司章程与意思自治

公司章程以意思自治为本，是意思自治原则在公司法上的要求和体现。在各种公司立法例中，不论是否承认公司章程的意思自治属性，客观上均无法改变公司发起人创设了公司初始制度的事实。公司内生制度是公司制度的主体，公司发展主线是公司意思自治而不是法律创造。

公司章程自治是一种团体自治，意思自治是公司章程的根本，但这种自治的实质是脱离了单个个体意志而成为一种自治规范。自治规范不仅包括公司内部事务，而且还涉及公司治理结构以及外部利益关系人。团体自治性使公司章程区别于普通合同，使公司成为一个整体，具备与外界发生关系的基础，使公司法介入公司自治具有合理性和正当性。

公司章程是股东自由意志的体现，公司章程自治是股东集体自治而不是股东个人自治，即实现股东整体利益而不是个别股东利益，既是股东会权力的来源，也是同股同权原则的归宿。公司价值最大化构成集体利益的基础，说明股东利益的一致性。股东会表决意思基本代表了全体股东意思，对中小股东权益保护应在坚持股东集体自治的前提下，完善股东退出机制和法律救济措施。

例如，在宋文军股东资格确认纠纷案中，[①]陕西高院再审认为，有限公司章程是公司设立时全体股东一致同意并对公司及全体股东产生一致约束力的规则性文件，宋文军在公司章程上签名的行为，视为对前述规定的认可和同意，公司章程对大华公司及宋文军均产生约束力。公司章程对公司股东转让股权作出某些限制性规定，体现了公司自治。宋文军之所以成为大华公司的股东，原因在于宋文军与大华公司具有劳动合同关系，如果宋文军与大华公司解除劳动关系，宋文军则丧失大华公司股东的资格。大华公司章程中"人走股留"的规定，符合有限责任公司封闭性和人合性的特点，是公司自治原则的体现，不违反公司法的禁止性规定。

宋文军股东资格确认纠纷案，肯定了"人走股留"的章程条款效力，法院判决分别从章程对公司及股东具有法律约束力、章程约定体现有限责任公司自治原则以及限制股权转让未侵犯股东权利等方面对章程中"人走股留"条款的效力予以了肯定，作为指导案例有助于统一司法裁判标准。该案判决强调了公司与股东之间的回购安排应经过全体股东一致同意，且为股东真实的意思表示，对公司及股东具有约束力。公司与股东之间约定了公司收回股东股权的条件。在条件成就时，公司有权依据约定收回该等股权。指导案例 96 号肯定了当事方已达成的合意的法律约束力，强调了公司自治

---

① 在宋文军诉西安市大华餐饮有限责任公司股东资格确认纠纷案（〔2014〕碑民初字第 01339 号、〔2014〕西中民四终字第 00277 号、〔2014〕陕民二申字第 00215 号）中，法院裁判摘要认为，国有企业改制为有限责任公司，初始章程对股权转让进行限制，明确约定公司回购条款，只要不违反公司法等法律强制性规定，可认定为有效。有限责任公司按照初始章程约定，支付合理对价回购股东股权，且通过转让给其他股东等方式进行合理处置的，法院应予支持（指导案例 96 号）。

原则的价值。

在指导案例 96 号公布前,司法裁判对类似章程条款效力的认定存在较大的差异。认定章程限制性条款有效的判决认为,公司章程对股东股权转让予以限制是公司自治的体现,是有限责任公司股东维护公司封闭性愿望的表现,只要不违背强行法,限制性条款的效力不应被否定。公司回购受限股权的规则在公司章程中确立,视同附生效条件股权转让合同,应当得到尊重,应对全体股东均有约束力。一旦条件成就,章程约定的受让方即可按约受让股权。认定章程限制性条款无效的判决则认为,股权具有财产权与身份权的双重属性,非经权利人的意思表示或者法定的强制执行程序不能发生变更。公司章程不能代替股东作出退股或者转让股权的意思表示。

（二）意思自治在公司章程的界限

以公司法保护的不同利益为分类标准,公司章程自治边界的确定原则可以分为自益与他益两大类。自益是指仅关注公司自身利益而忽略他人利益,他益是指与公共利益和第三人有关的利益。在某种事项仅涉及公司本身利益且不涉及公共利益和第三人利益时,即归属于公司章程自治;反之,一旦涉及公共利益或者第三人利益时,则受到公司法强制性规范限制,不能适用公司章程自治。公司章程的意思自治,应遵循股东平等原则和资本维持原则。

（1）股东平等原则。股东平等原则是公司法通行的基本原则,要求公司对所有股东一律平等,对股东不能区别对待。股东平等可以使公司具有向心力和凝聚力;反之,则使公司丧失凝聚力,严重影响公司整体利益的实现。平等原则包含机会平等,是实质意义上的平等而不是形式意义上的平等。例如,曹光农公司决议效力确认纠纷案、戴登艺与公司有关的纠纷案、石翠珍公司盈余分配纠纷案的判决均体现了股东平等原则。公司是以营利为目的,如股份有限公司实行资本多数决原则,股东投资额与承担的风险成正比,因而不同的股东对公司承担责任和履行义务存在差异。在股东责任、义务不对等的情形下,股东不能要求公司按照股东人数进行分配,试图实现形式上的平等。以股东投资额为标准,按比例分配才能真正符合股东平等原则的实质。

按比例分配并非股东平等原则的全部,但有些权利并不需要以股东出资比例作为衡量权利大小的标准。有部分权利仅需具备股东资格即可行使,如股东大会的参加权、财务会计报告和会计账簿的查阅权、股东大会和董事会决议的撤销权等。这些权利按比例分配则会影响到中小股东权利的实现,从而形成大股东对公司形成绝对的控制,进而对中小股东利益带来侵害。

（2）资本维持原则。公司股东有限责任的基础是公司独立人格制度。公司独立人格制度减少了投资人的投资风险,促进了经济快速发展。在公司有限责任制度下,即使股东从公司获得红利、股息和股价升值所获得的回报超过股东初始投资额,公司股东仍仅以出资额为限对公司债务承担有限责任。在公司破产时,公司债权人由于股东的有限责任而无法实现债权。股东通过有限责任规避的风险实际上并未消失,而是转移给债权人,致使债权人利益缺乏保障。基于公平原则,以资本维持原则作为公司章程的必备内容,以保障公司和债权人利益,如郑国凤公司盈余分配纠纷案、纪定强合同纠纷案、杨敏捷股东出资纠纷案、上海德力西集团有限公司买卖合同纠纷案的判决均体现了资本维持原则。公司章程对资本维持原则的遵循主要体现在以下两个方面:

一是禁止抽逃或者退回股东出资。股东出资额是股东对公司认缴的金额,股东对公司出资属于公司财产而不是股东个人财产。基于公司章程对外的公示效力,公司不能将出资额退回给股东,股东也不能要求抽回出资额,如在万家裕股东资格确认纠纷案中,[①]最高法判决抽回出资的行为无效。股东不能以抽取出资额的方式获取利润,只能对公司经营的合法收益进行利润的分配。

二是公司不得任意回购股份。公司回购股份可能损害债权人利益,可能对公司资金造成不利影响,各国公司法通常限制股份的回购。股份回购实际上造成股东出资的返还,损害了债权人利益。在公司股份回购方面,公司章程不得违反公司法的强制性规定,以保护债权人利益不受损害,落实资本维持原则。公司回购股份应当按照法律规定的条件和程序进行。

三、公司章程反收购策略条款

公司控制权是公司核心问题,公司股东通过公司股权结构、类别股的发行、公司治理结构以及公司章程条款等,实现控制公司的目的。公司章程中的反收购策略条款是实现公司控制权的重要手段。

(一)超级多数条款

超级多数条款(supermajority provision)是指在涉及公司并购、重大资产转让、经营管理权或者控制权的变化等重大事项时,股东大会决议应当获得股东大会中至少2/3甚至90%以上的表决权同意才能通过,且对该条款的修改也应当获得上述多数股东同意才能生效。

超级多数条款增加了公司控制权转移的难度,有效地防止了损害公司及股东利益的敌意收购。超级多数条款减轻了市场对经理层的压力,客观上有利于巩固经理层对公司的控制。超级多数条款在增加收购者接管、重组公司难度和成本的同时,也限制了公司控股股东对公司的控制力。为防止超级多数条款影响公司正常经营活动,在制订超级多数条款时,公司通常会设置特别条款:为增加董事会应对敌意收购的灵活性与主动性,董事会有权决定超级多数条款是否生效。在董事会缺乏这种授权的情形下,则超级多数条款包含除外条款(escape clause),即公司可以放弃或者取消超级多数条款。董事会批准的公司合并和母子公司合并,通常不适用包含除外条款的超级多数条款。

---

① 在万家裕诉丽江宏瑞水电开发有限公司股东资格确认纠纷案中,法院裁判摘要认为,将出资转变为借款归还,本质上是根本改变出资性质的违法行为,客观上导致股东抽回出资并退股的法律后果,是有违公司法的禁止性规定的,因而抽回出资行为均应归于无效。

我国《公司法》第 103 条规定的特别决议事项并未包含反收购条款，《公司法》仅对特别重要的特别决议事项作明确规定，其他特别决议事项则可以由公司章程补充规定。《公司法》第 104 条隐含了特别决议事项的自治授权，反收购条款可以在公司章程中明确规定为特别决议事项。《上市公司章程指引》则基于公司自治授权扩大了特别决议事项的范围。

我国《公司法》虽未对超级多数条款作明确规定，但可根据公司自治原则在公司章程中自行设定。按照私法自治原则，公司章程作为公司自治规则，公司章程规定可以高于法定绝对多数标准。绝对多数条款属于《公司法》中的最低限度规则，是为维护中小股东利益设置的。公司章程的超级多数条款高于《公司法》的绝对多数条款，有利于中小股东利益的保护，应当是合法有效的。超级多数条款是公司自治的产物，只要公司章程条款未违反法律的强制性规定，应确认其法律效力。

（二）公平价格条款

公平价格条款（fair price provision）是指公司董事会有权保证所有股东在要约收购中得到一个公平的、相同的价格，公平价格通常以敌意收购人在整个收购计划中的最高价为准。公平价格条款要求收购人对所有股东支付相同价格。公平价格条款通常是与超级多数条款一起使用的，公平价格条款主要是为破解双层要约中的"挤出合并"。在双层要约中，目标公司股东拒绝接受第一层收购要约，把剩余的股份出售给收购人的，收购人将被挤出合并。超级多数条款使公司合并变得更为困难，而公平价格条款提出若收购人对所有被收购的股份支付了公平价格，则收购行为不适用超级多数条款。

公平价格条款是由绝对多数条款派生出来的一个反收购条款。在两步收购中，收购人除非经持有绝对多数（通常为 2/3）股份的无利害关系股东同意，第二步收购对价应不低于第一步收购，且支付方式与第一步收购相同。公平价格条款旨在要求收购人在两步收购中提供相同报价和收购条件，其制度价值与强制要约制度相似。

（三）分类董事会条款

分类董事会条款（staggered board provision），又称为"交错选举董事条款"，是指公司章程规定董事分成若干组，每组董事规定不同任期，每年均有一组董事任期届满，每年仅可改选任期届满的董事。换言之，公司章程规定董事轮换日期和数量，对董事轮换的日期和数量进行限制而不能一次性更换所有董事会成员。根据分类董事会条款，收购人即使控制了目标公司多数股份，也只能在较长时间后才能完成对董事会的控制。在敌意收购人获得董事会控制权之前，董事会可提议采取增资扩股或者其他办法来稀释收购者的股票份额，也可决定采取其他办法达到反收购目的，使收购人不能实现对公司的控制。分类董事会条款可以减缓收购人控制目标公司董事会的进程，从而有利于抵御敌意收购。美国《标准商事公司法》明确规定了分类董事会条款。尽管美国理论界仍对分类董事会条款存在较大争议，但实践中仍有大多数的上市公司在章程中规定了分类董事会条款。我国香港地区公司法明确规定了分类董事会条款，且在公司实践中被广泛采用。

根据我国《公司法》第 108 条的规定,董事任期在 3 年期限内,具体期限应当由公司章程规定,且并未要求所有董事的任期相同。公司章程规定每一位董事的任期不同,并不违反《公司法》的规定。公司可以实行分类董事会制度,作为反收购措施。[①]但是《公司法》规定持有公司股份 10％ 以上的股东请求时,公司必须在 2 个月内召开临时股东大会,而股东大会有权选举和更换董事以及修改公司章程。收购人可以通过股东大会修改公司章程中关于分类董事会制度的规定,再改选公司董事,从而形成收购人对分类董事会制度有效的反制方法。

为防止收购人在获得控股地位后通过修改公司章程废除分类董事会制度,公司章程还可设置特定的超级多数条款,规定必须一定比例(如过半数)股东出席股东大会且取得出席会议的绝对多数(如 3/4)股东同意才能修改关于分类董事会制度的条款。因此,分类董事会制度与超级多数条款共同使用才能确保分类董事会制度的效力。

第三节　公司章程的效力

公司章程效力是由公司章程性质决定的。公司章程定位于契约,则公司章程效力即为契约效力,包括契约自身之效力及对当事人之约束力。公司章程定位于自治规则,公司章程效力即为自治规则效力,包括自治规则规范本身效力及时间效力、对人效力等。公司章程既是股东之间的合同,又是股东之间的自治规则。

一、公司章程自身的效力

章程自身的效力是指法律对公司章程的价值性判断。公司章程属于要式行为,应当根据法律规定记载一定的事项,即必要记载事项和任意记载事项。各类记载事项所记载事实,对公司章程自身效力及记载事项效力均有影响。必要记载事项包括绝对必要记载事项和相对必要记载事项,其中绝对必要记载事项是章程不可或缺的要素,直接影响章程的效力;相对必要记载事项,不会影响章程的效力,但一经章程记载,即发生法律效力。公司章程记载事项对公司章程效力的影响,有以下三种情形:

(1)公司章程生效。公司章程各种记载均符合法律规定,且不违反公序良俗原则,公司章程即发生确定的法律效力。换言之,公司章程的必要记载事项和任意记载

---

① 　在我国证券市场上具有较大影响的 1998 年爱使股份(600652)的章程效力之争,主要争点即包括分类董事会条款的效力。经修改,爱使股份章程增加了分类董事会条款:"新候选人人数不超过董事会、监事会组成人数的 1/2。"

2006 年 11 月 6 日召开的锦州港(600190)第二次临时股东大会,通过对章程的修改,置入了分类董事会条款等反收购条款。修改后的公司章程规定:"除独立董事因连任时间限制需更换外,董事会每年更换和改选的董事不超过章程规定的董事人数的 1/3。"

事项均合法,公司章程条款全部有效。

（2）公司章程无效。公司章程绝对必要记载事项记载欠缺或者记载不符合法律规定的,公司章程则不能产生法律效力。公司章程相对必要记载事项和任意记载事项欠缺或者不符合法律规定,则不影响公司章程的法律效力。

（3）公司章程生效但部分条款无效。公司章程的绝对必要记载事项符合法律规定,而公司章程的相对必要记载事项记载欠缺或者任意记载事项违法,则公司章程生效,记载于公司章程的相对必要事项生效,而违反法律或者公序良俗的任意性记载事项无效。任意性记载事项因违反法律强制性规定而无效,但并不影响公司章程的整体效力。

二、公司章程的时间效力

公司章程的时间效力是指公司章程的生效时间和失效时间。《公司法》没有涉及公司章程的时间效力问题,对公司章程的生效时间和失效时间均没有规定。

（一）公司章程的生效时间

公司章程的生效时间是指公司章程具有法律约束力的时间。对公司章程在公司设立过程中的效力问题,大陆法系国家公司法大多有明文规定,如德国《股份公司法》第 292 条和《日本公司法典》第 30 条规定章程经公证生效,但我国《公司法》却未规定生效的时间,学理上对公司章程的生效时间有三种观点:

（1）签字说。签字说认为,公司章程从发起设立公司的股东签字时生效。签字说是基于对公司章程性质契约说的认识,认为公司章程是股东或者发起人的契约,根据契约法规则,公司章程应从股东或者发起人全体同意并签字时生效。

（2）公司成立说。公司成立说认为,公司章程应当从公司成立时生效。公司章程是约束包括公司在内当事人之间的协议,公司没有成立,则不能约束公司和后来加入的投资人及公司管理人员。

（3）区别说。区别说认为,公司章程生效时间应当区别对待。区别说又有两种截然不同的观点:一是以设立方式区别章程生效时间。对于有限责任公司和发起设立的股份有限公司,公司章程自全体股东或者发起人签名或者盖章起生效;对于募集设立的股份有限公司,公司章程自创立大会通过起生效。二是以公司章程内容确定章程生效时间。公司章程内容是调整发起设立公司的投资人关系的,自签字盖章起生效;公司章程内容是调整其他内容的,如未成立的公司、公司的管理人员等,则应自公司成立起生效。

公司成立说是公司章程时间效力的通说,即公司章程制定后并不立即发生效力,而是伴随公司成立发生效力。发起人制定的公司初始章程,在公司设立登记取得营业执照时生效,即公司成立之日起生效。我国司法审判实践采纳了公司成立说,如在万家裕股东资格确认纠纷案中，①最高法判决明确公司初始章程经工商登记生效。

公司章程是发起人或者设立人为设立公司，对有关事项协商达成的协议。公司章程是一种合同行为，公司章程的成立适用《合同法》的基本规则。当事人的意思表示一致时，合同即告成立。合同成立是当事人私人之间的事情，应当贯彻意思自治原则，当事人可以自行约定合同生效要件。当事人在章程中作了特别约定，即以公司成立作为生效条件，则应当尊重当事人的约定。当事人未作特别约定，则应当自章程成立起生效。但是，在公司办理注册登记之前，公司章程仍不发生对外的效力。例如，在董海凤股东资格确认纠纷案中，最高法再审认为，公司章程是关于公司的组织结构、内部关系和开展公司业务活动的基本规则和依据，也是股东自治意思规则的载体，具有公司自治特点，只要股东达成合意，且不违背法律的强制性规范，公司章程即为有效。在本案中，最高法对公司章程的生效采纳了合同生效规则，抛弃了先前的公司成立说。

公司章程是根据《公司法》的规定，由全体发起人共同制定的规范公司组织与行为，规范公司与有关权利主体权利义务的根本准则。公司章程规定了公司的权力构架和基本制度，体现了全体发起人共同一致的意思表示，属于共同法律行为。世界各国公司法均未将公司成立作为公司章程的生效条件，我国《公司法》也没有规定，作为诺成行为的公司章程，应适用成立即告生效的规则。② 公司章程应为书面形式，一经全体发起人签字，即告成立并生效。公司登记机构的核准登记并非公司章程的生效要件，但在公司实践中，发起人可以将核准登记作为公司章程生效的条件。否则，公司章程在全体发起人意思表示一致时成立并生效。例如，在万家裕股东资格确认纠纷案中，最高法再审认为，公司章程是股东在协商一致的基础上所签订的法律文件，具有合同的某些属性，在股东对公司章程生效时间约定不明，而公司法又无明确规定的情况下，可以参照适用合同法的相关规定来认定章程的生效问题。参照合同生效的相关规定，经法定程序修改的章程，自股东达成修改章程的合意后即发生法律效力，工商登记并非章程的生效要件。

公司章程生效时间问题在理论上存在不同的观点，但似乎不具太大的实践意义。公司章程是在投资人设立公司协议的基础上制定的，是投资协议的细化和深入。在通常情形下，在公司章程制订阶段，投资协议已经成立并且生效。在公司登记前，即使投资人之间有争议和纠纷，也是由投资协议引起的，通常不会涉及公司章程问题。公司章程条款纠纷通常发生在公司成立之后，此时公司章程的效力已经不成问题。

（二）公司章程的失效时间

公司章程的失效时间是指已经生效的公司章程丧失法律效力。公司终止导致公

---

① 在万家裕诉丽江宏瑞水电开发有限公司股东资格确认纠纷案（〔2011〕丽中民二初字第 19 号、〔2012〕云高民二终字第 89 号、〔2014〕民提字第 00054 号）中，法院裁判摘要认为，公司设立时制定的初始章程应报经工商部门登记后才能生效。公司存续期间经法定程序修改的章程，自股东达成修改章程的合意起即发生法律效力，工商登记并非章程的生效要件。

② 参见郑云瑞：《民法总论》（第八版），北京大学出版社 2018 年版，第 320 页。

司章程失效,但解散和清算并非公司章程失效的原因。《公司法》第81条规定的"公司的解散事由与清算办法",属于股份有限公司章程的绝对必要记载事项。公司章程不会因解散事由发生而失去效力。在公司清算过程中,清算组仍应按公司章程规定的清算办法,对公司进行清算。因此,公司章程在公司终止前仍然有效。

公司章程失效可以分为全部失效和部分失效。公司章程的全部失效是指公司章程作为整体丧失效力,主要指公司终止而失效的情形。公司章程的部分失效是指公司章程的部分内容和条款丧失效力,主要发生在公司章程部分内容和条款被修改或者废除的情形,自股东会会议决定修改或者废除部分内容或者条款起失效。公司章程部分失效不影响公司章程的整体效力。

三、公司章程的对人效力

公司章程的对人效力是指公司章程产生约束力的对象。《公司法》第11条和第147条明文规定了公司章程的对人效力,即公司章程对公司、股东、董事、监事、高级管理人员均具有约束力。公司章程的对人效力表现在对公司的效力、对股东的效力以及对董事、监事、公司高管的效力。例如,在余钦股权转让纠纷案中,北京一中院判决指出,公司章程的效力范围限于公司、全体股东及董事、监事、高级管理人员,不具有对外效力。与股东从事股权交易的外部人员不受公司章程的拘束,也就没有关注并执行公司章程的法定义务。

（一）公司章程对公司的效力

公司章程是公司的基本组织和行为规范,对公司本身具有约束力。《公司法》明文规定了公司章程对公司的约束力,表现为对内约束力和对外约束力两个方面:[①]

（1）公司章程对公司内部组织活动的约束力。公司章程对内约束力集中表现为对公司内部组织和行为的约束力,即公司成立、解散和组织机构的设立与运行,均应受到公司章程约束。公司章程不仅对公司设立有约束力,而且对公司解散、清算也有约束力(《公司法》第180条)。公司因章程规定的解散事由出现而终止经营活动,如果公司需要续存,只需按照公司章程规定的修改程序,修改公司章程的解散事由,即可重新取得经营权。此外,公司内部组织机构的设立及其职权的配置,取决于公司章程的规定。法律对股东大会、董事会、监事会等进行了原则性的规定,但具体的运行规则应由公司章程进一步细化。因此,公司内部组织及其活动违反公司章程的规定可能导致行为无效。

---

① 2010年国美控制权之争的关键点是股东会与董事会之间关于权力分配的矛盾,但实际上涉及公司章程对公司的效力问题。1987年在百慕大注册成立国美电器控股有限公司,2004年在香港交易所上市。2006年,拥有国美电器高达75.6%股权的黄光裕及其家族,作为实际的控制人对国美电器的公司章程作了修改,授予国美电器董事会如下权力:国美电器董事会可以随时任命董事,而不必受制于股东大会设置的董事人数限制;国美电器董事会可以各种方式增发、回购股份,包括供股、发行可转债、实施对管理层的股权激励以及回购已发行股份等。贝恩资本有限公司(Bain Capital)和陈晓恰好利用公司章程的前述规定,逐步稀释了黄光裕及其家族,控制了公司董事会,国美电器创始人黄光裕险被出局。

（2）公司章程对公司外部行为的约束力。公司章程对外约束力集中表现为对公司自身行为的约束力，即对公司权利能力和行为能力的影响。公司章程对公司自身行为的约束力集中体现在公司经营范围，如《公司法》第 12 条规定，公司经营范围由公司章程规定并依法登记，公司可以通过修改章程变更经营范围，但是应当办理经营范围的变更登记。因此，公司应在章程记载的经营范围内从事经营活动。

公司超越章程在经营范围之外的经营活动，属于公司越权行为，违反了越权原则。根据越权原则，公司仅为有限的目的而设立，且仅在被授权的范围以内从事经营活动，在章程规定的目的范围以外的交易行为无效，交易相对人不得请求法院强制执行，公司股东会也不得对交易行为事后追认。在 1875 年 Ashbury Railway Carriage and Iron Co. Ltd. v. Riche 案中，①英国公司法确立了越权原则，英国上议院认为，公司行为超越公司章程记载的经营范围，越权行为无效。②越权原则是早期公司特许论的产物，即公司章程所载明的目的范围即为政府许可的范围，公司仅限于在许可范围内从事经营活动的自由，超越经营范围为法律所禁止，而法律禁止事项不可能经股东大会批准而合法化。英美普通公司法则绝对否定越权行为的效力，但这个原则伴随社会经济发展不断在弱化，经历了从绝对无效到相对无效的演变过程。伴随公司设立的原则从特许主义原则转变为自由主义原则，公司注册登记即告成立，公司经营范围也已不限于特定行业或者产业，设立公司从事商事交易行为不再为特权行为，如果再坚持越权行为原则就难以适应商事交易安全的要求，且会导致不公正后果的发生。英国《2006 年公司法》第 31 条取消了经营范围的限制，导致越权原则失去了适用的基础。大陆法系传统公司法也否认越权行为的法律效力，但由于公司越权不仅涉及公司和股东利益，而且还涉及与公司从事交易的第三人利益，公司越权行为绝对无效的规定，不利于保护交易安全，维护正常的交易秩序。

为保护第三人利益和交易安全，现代公司法严格限制公司越权行为无效的适用范围。我国立法和司法审判实践对公司越权行为采取了较为宽容的态度，如《合同法》第 50 条规定，法人或者其他组织的法定代表人超越权限订立合同，除相对人知道或者应当知道其超越权限外，法定代表人的行为有效。《合同法司法解释（一）》第 10 条规定，在不违反国家限制经营、特许经营以及法律、行政法规禁止经营规定的情形下，当事人超越经营范围订立合同，法院不得认定合同无效。因此，我国立法和司法审判实践对公司越权行为的态度并非认为其当然无效。③

---

①　Ashbury Railway Carriage and Iron Co. Ltd. v. Riche（1875）LR 7 HL 653.

②　在本案中，被告根据《1862 年公司法》设立，其公司章程大纲第 3 条规定，公司经营范围为火车车厢的制造、销售、租赁（to make and sell, or lend on hire, railway-carriages），第 4 条规定超越上述范围的经营活动应获得特别授权（activities beyond needed a special resolution），但公司同意借款给 Riche 及其兄弟在比利时建造铁路，但后来又拒绝履行借款协议。Riche 提起诉讼，而 Ashbury 则以公司越权行为无效为由进行抗辩。

③　《合同法司法解释（一）》第 4 条和第 10 条之间的规定存在矛盾与冲突。根据第 4 条的规定，合同效力判断依据是法律和国务院的行政法规，地方性法规和规章不得作为合同效力的依据。而《行政许可法》第 15 条规定"省、自治区、直辖市人民政府规章可以设定临时性的行政许可"，这是否属于《合同法司法解释（一）》第 10 条规定的"违反国家限制经营、特许经营以及法律、行政法规禁止经营的规定"呢？

（二）公司章程对股东的效力

公司章程是公司全体股东共同意志的体现，对全体股东均有约束力。公司章程是公司自治的载体，既赋予股东权利，也使股东承担义务，是股东在公司的行为准则，股东应当遵守公司章程的规定。公司章程的自治性决定了公司章程对股东的约束力，不仅限于参与公司章程制定的原始股东，还应包括认购或者受让股权而加入公司的继受股东。例如，在朱志华股权转让纠纷案中，①成都中院判决明确肯定了公司章程对全体股东的效力。

公司章程对股东的约束力集中体现在股东权利的行使与义务的履行以及股东权滥用的防止，但公司章程不得剥夺股东固有的权利和公司法赋予股东的权利，如在常州百货大楼股份有限公司股权转让纠纷案中，江苏高院判决否定了剥夺股东固有权利的章程条款的效力，即公司章程限制股份转让条款无效。公司章程是对公司法规定的原则性权利义务的具体化，以增强可操作性。公司章程对股东的约束表现为：

（1）公司章程规定的股东权利。由于财产权与经营权两权分离，股东不能直接参与公司的决策方针、经营规划，公司法赋予股东资产收益权、参与重大决策权、选择管理人权、行使表决权、转让出资权、查阅复制权和建议质询权等，公司章程遵循公司法的规定记载股东享有这些权利，并细化权利的行使规则。股东权利受到侵害的救济方式有以下两种：一是通过公司章程赋予股东救济权，在股东权利受到侵害时，股东可以通过表决权、质询权、董事选任权和监事选任权的行使来维护自己的利益；二是通过诉讼方式维护权利，即公司法规定的股东派生诉讼和直接诉讼。

（2）公司章程规定的股东义务。股东主要义务是履行公司章程规定的出资义务，除此之外不再有其他的积极义务。公司股东未履行章程规定的出资义务的，对公司、股东和公司债权人承担相应的法律责任：对公司承担补足出资额的责任；对其他股东按照投资协议的规定承担违约责任；对公司债权人在出资额范围内对公司的债务承担赔偿责任。

公司章程对继受股东具有约束力。股东加入公司之前，公司章程已经存在，股东加入公司意味着同意接受公司章程中所有条款的约束。继受股东若不承认公司章程的效力，不但违反了自由意志的本意，而且还导致公司无法有效运营。证券市场曾发生过公司章程效力的争议，如大港油田收购爱使股份案。②

---

① 在朱志华诉成都一都图片社、罗缵沅股权转让纠纷案（〔2008〕锦江民初字第 118 号、〔2008〕成民终字第 1464 号）中，法院裁判摘要认为，公司章程经备案登记产生对外公示效力，对全体股东具有约束力。股东会对章程的修改属公司内部行为，对外产生效力应经过一定的法定程序。在备案章程和内部章程对股份转让的规定不一致时，由于涉及股东以外的第三人，应确定备案章程的效力大于内部章程的效力。

② 1998 年，大港油田（集团）有限责任公司通过天津炼达集团有限公司、天津大港油田重油公司和天津市大港油田港联石油产业股份有限公司三家关联公司收购了爱使股份 9.0001％的股权。对于大港油田能否入主爱使股份，双方就《爱使股份公司章程》的有关条款发生了所谓的"章程之争"。《爱使股份公司章程》第 67 条规定，进入爱使股份董事会必须具备两个条件：一是合并持股不低于 10％；二是持股时间不少于半年。

（三）公司章程对董事、监事和高级管理人员的效力

董事、监事和高级管理人员的行为不得超出公司章程赋予的职权范围,应在章程赋予的职权范围内恪尽职守,履行勤勉义务和注意义务。公司章程是董事、监事和高级管理人员行使职权和履行义务的依据。

（1）董事、监事和高级管理人员行使职权的依据。董事、监事和高级管理人员的职权范围除了法律规定之外,公司章程可以规定董事、监事和高级管理人员产生办法、任期、职权、议事规则和表决程序等(《公司法》第 25 条)。公司董事任期由公司章程规定(《公司法》第 45 条和第 108 条);董事会职权由公司章程规定(《公司法》第48 条);公司监事会议事方式和表决程序由公司章程规定(《公司法》第 55 条和第119 条)。

公司章程规定的董事、监事和高级管理人员产生办法、任期、职权、议事规则和表决程序等具有法律效力,董事、监事和高级管理人员应遵循公司章程的规定行使权利。

（2）董事、监事和高级管理人员履行义务的依据。董事、监事和高级管理人员应当遵守法律、行政法规和公司章程,对公司负有忠实义务和勤勉义务(《公司法》第 147条)。忠实义务和勤勉义务是通过一系列的具体措施实现的,如竞业禁止、禁止贷款等。公司章程对忠实义务和勤勉义务的内容具体化,使董事、监事和高级管理人员的义务更为清晰、具体。

第四节　公司章程的制定与修改

公司章程作为公司设立的必备法律文件,公司章程制定主体和程序因公司种类不同而有所区别,有限责任公司章程的制定与股份公司章程的制定不同,以发起方式设立的股份公司章程的制定与以募集方式设立的股份公司章程的制定也有所不同。

公司章程作为公司必备的基本文件,法律对公司章程的制定与修改有严格的要求。司法实践明确肯定公司章程的制定与修改不得违反法律的强制性规定,如在童丽芳等股东权纠纷案中,上海一中院判决明确了公司章程不得违反法律的强制性规定。公司章程属于要式文件,应当采用书面形式,且经登记机关注册登记。

一、公司章程的制定

公司章程制定是指公司初始章程的起草与制作。在公司实务中,公司股东之间发生的纠纷直接影响到公司生产经营活动,根本原因是公司章程制定不规范。

（一）公司章程制定的原则

我国公司实务中,公司设立基本套用公司登记机关提供的公司章程范本,公司发起人仅对公司名称、注册资本、股东姓名等进行填空,公司章程内容基本雷同,没有自

己的特色,与个性化的公司治理目标相去甚远。对股东会、董事会的议事方式、表决程序等规则的缺失,造成公司章程失灵现象和公司治理规则缺失。公司章程的制定应遵循以下两个规则:

(1) 公司章程内容的合法性。公司章程内容应当符合《公司法》的规定,公司章程内容的合法性具体表现为以下三个方面:一是公司章程内容要完整,即公司章程应记载《公司法》规定的绝对必要记载事项,如《公司法》第 25 条规定有限公司章程应当载明的事项有 7 项,第 81 条规定股份有限公司章程应当载明的事项有 11 项。公司章程不能缺少《公司法》前述条款规定的内容,否则就不是一个完整的公司章程。二是公司章程内容不能违反《公司法》,即公司章程内容不能违反《公司法》的强制性规定。如《公司法》第 13 条规定,公司法定代表人依照公司章程的规定,由董事长、执行董事或者经理担任并依法登记。三是公司章程内容不必重复《公司法》的规定。《公司法》对股东的权利义务有明确规定的,如股东的利润分配请求权、剩余财产分配请求权、表决权、质询权、选择权、知情权等,公司章程没有必要重复规定。如美国《标准商事公司法》第 2.02 条(C)规定:"公司章程大纲不必记载本法所列举的公司享有的任何权利。"

(2) 公司章程内容的重点性。公司章程内容的重点表现在两个方面:一是公司机构及其产生办法、职权、议事规则和程序。公司章程是公司设立的必备条件,也是规范公司内部组织机构设置及其权利义务关系、规范公司内部活动的具体规则,是公司必备的法律文件。公司章程对公司、股东具有约束力,对董事、监事、高级管理人员的行为也具有约束力。公司章程一经公司登记机关核准即对外产生法律效力。鉴于公司章程的上述作用,公司股东和发起人在制定公司章程时必须考虑周全,以便于规范公司日常经营和处理股东之间的纠纷。例如,《公司法》第 44 条规定有限责任公司董事会成员为 3 人至 13 人,为避免公司董事会在作出决定时出现持两种意见的人数各占一半的僵局,因而公司董事会成员一般为奇数。二是《公司法》授权性空白规范的填补。世界各国公司法均将大量的公司内部的权利义务交由公司章程规定,《公司法》有大量授权性空白规范,如股东会、董事会、监事会的议事方式和表决程序应由公司章程规定,董事长、副董事长的产生办法由公司章程规定,执行董事的职权由公司章程规定。公司应根据自身的实际情况制定相应条款,以填补《公司法》留给公司章程的空白。

(二) 公司章程的制定

不同类型公司对公司章程有不同的要求,公司章程制定的程序和要求存在差异,无论公司组织形式如何,发起设立公司的投资人是公司章程制定人。

(1) 有限责任公司章程的制定。有限责任公司的章程应当由股东共同制定(《公司法》第 23 条)。参与共同制定公司章程的股东,即为公司发起人。章程应当反映全体发起人意思,经全体发起人一致同意,由全体发起人在公司章程上签名盖章。

有限责任公司有两种特殊情形:一人有限公司和国有独资公司。一人有限公司仅有一个股东,由该股东制定公司章程(《公司法》第 60 条)。国有独资公司章程由国有资产监督管理机构制定或者由董事会制定报国有资产监督管理机构批准(《公司法》第65 条)。

(2) 股份有限公司章程的制定。股份有限公司章程的制定因公司设立方式的不同而存在差异。《公司法》第 76 条规定了股份有限公司章程制定的基本规则,即由发起人制定公司章程,以募集方式设立的股份有限公司章程应经创设大会通过。股份有限公司的设立有发起设立和募集设立两种方式,其公司章程的制定存在不同。

以发起设立方式设立的股份有限公司,由于公司成立后并不向社会公众开放,公司股东仍仅限于发起人,发起人制定的公司章程反映公司全体股东意志。以发起方式设立的股份公司章程与有限责任公司章程基本相似,即章程应当由发起人签订,并反映全体发起人意思,由全体发起人签名盖章表示认可后,方能提交公司登记机关注册登记。

以募集方式设立的股份有限公司,由于公司具有很强的社会性,公司股东并不限于公司发起人,还有发起人之外的认购人,发起人制定的公司章程并不能反映全体股东意志,因而《公司法》规定募集设立的股份公司章程经发起人制定后,须经出席创立大会的认股人所持表决权过半数通过。只有经创立大会讨论通过的公司章程,方能反映公司设立阶段的全体股东意志。

二、公司章程的修改

公司章程的修改是指公司成立后对公司章程内容的变更。公司章程应当保持内容的稳定性和连续性,不得任意变更。公司章程可以修改,但公司章程的修改并非任意的,应遵循一些基本的原则和法定的程序。根据《公司法》规定,只有公司权力机构才有权修改公司章程。章程修改涉及公司组织及活动的根本规则,还可能涉及其他不同权利主体的利益关系,应当由权力机构以特别决议表决通过。《公司法》第 43 条、第103 条规定,有限责任公司修改公司章程的决议,必须经代表 2/3 以上表决权的股东通过;股份有限公司修改公司章程的决议,必须经出席股东大会的股东所持表决权的2/3 以上通过。公司章程修改经股东会决议通过立即生效。公司章程修改后,还应该及时向工商行政管理机关申请变更登记。

(一) 公司章程修改的主体

公司章程修改的主体,世界各国公司法均有明确规定。公司章程的修改通常由董事会提出议案,再由股东会作出特别决议通过。

(1) 董事会提出对公司章程修改议案。董事会作为公司经营和决策机构,了解公司章程的执行情况,由公司董事会提出公司章程修改的议案较为合理、妥当。在公司实务中,董事会通常提出公司章程修改议案,交由股东会表决通过。董事会应按照法律规定的召开股东会会议通知的方式和时间,将公司章程修改的内容,以书面方式通知对公司章程修改有表决权的股东。

（2）股东会作出对公司章程修改的特别决议。大多数国家将公司章程修改的决定权交由股东会行使，但有些国家将公司章程修改的决定权交由董事会或者监事会行使。大陆法系国家公司章程的修改权通常属于公司股东大会，应当由股东大会作出修改公司章程的决议。股东会修改公司章程表决的有效条件较为严格，修改公司章程通常应当经股东会特别决议。特别决议的条件，各个国家有不同的规定。例如，德国公司法规定，有限责任公司章程的修改应有代表 3/4 以上表决权股东通过的股东会决议。[①] 我国《公司法》第 37 条和第 103 条规定，公司章程的修改权归属于股东会，但对有限责任公司和股份有限公司确立了不同的表决规则。根据《公司法》第 43 条的规定，有限责任公司章程的修改决议应经代表 2/3 以上表决权的股东通过；根据《公司法》第 103 条规定，股份有限公司章程的修改决议应经出席会议股东所持表决权的 2/3 以上通过。

（二）公司章程修改的程序

公司章程的修改应当遵循一定的程序，即由董事会提出对公司章程的修改议案，再由股东会对章程修改议案以特别决议通过。公司章程的修改可能涉及公司结构、公司组织及活动的根本规则的变更、利益调整，对公司内外部影响极大。世界各国公司法均将公司章程的修改列为特别决议事项，提高通过公司章程修改所需表决权的比例，如德国公司法规定股东大会作出章程修改决议时，应有代表 3/4 以上表决权股东的绝对多数通过。我国《公司法》第 43 条规定有限责任公司修改章程的决议，应当经代表 2/3 以上表决权的股东通过。《公司法》第 103 条规定，股份有限公司修改章程必须经出席股东大会的股东所持表决权的 2/3 以上通过。[②] 修改的公司章程自股东会或者股东大会决议通过起即发生效力，如万家裕股东资格确认纠纷案。经修改的公司章程即对公司、股东、董事、监事、高级管理人员产生约束力，是公司章程修改的对内效力问题。

公司章程的修改应当在公司登记机关办理相应的变更登记手续，《公司法》要求对经修改的公司章程进行登记以保护交易安全。《公司法》第 29 条、第 83 条、第 92 条等规定了公司章程是申请设立登记必须报送的文件。公司章程经修改变更内容后，应当办理相应的变更登记；否则，不得以变更后的公司章程对抗第三人。因此，公司章程的变更登记是公司章程修改的对外效力问题。

---

① 参见〔德〕格茨·怀克、克里斯蒂娜·温德比西勒：《德国公司法》（第 21 版），殷盛译，法律出版社 2010 年版，第 355 页。

② 《公司法》第 103 条规定"出席股东大会股东所持表决权的三分之二以上通过"，没有规定最低持股比例的限制是有重大缺陷的。股份有限公司股权较为分散，对出席股东大会的股东持股最低的比例没有任何限制，而《公司法》又没有对出席会议股东法定人数的限制，则极有可能被控股股东利用漏洞作出有利于自己的章程修改决议。司法审判实践应当增加对出席会议股东的最低股份比例的限制。

第九章 公司设立制度

根据法定条件和程序设立公司,是世界各国公司法的基本制度。公司设立既是一个实体问题,又是一个程序问题。公司设立涉及公司的设立原则、设立方式、设立条件、设立程序、设立资本、公司组织形式以及设立发起人等多个方面。

第一节 公司设立

公司设立是一种法律行为,是公司获得独立法律人格的过程。公司设立既不同于公司设立登记,又不同于公司成立。公司设立登记仅是公司设立行为的最后阶段,公司成立是公司设立人取得公司法人资格的事实状态或者公司设立人设立公司行为的法律后果。

一、公司设立的概念

公司设立(company establishment)是指按照《公司法》规定的条件和程序,公司设立人为组建公司并取得法人资格而实施的一系列法律行为的总称。公司设立行为涵盖了公司成立之前的一系列行为,如设立公司的协议、出资的缴纳、公司章程的制定、公司机构的组建、办公场所的选择、公司注册登记的办理等,其中大多数行为属于法律行为。公司设立行为具有以下两个方面的特点:

(1) 公司设立的法律行为。公司设立的实质是一种法律行为,属于法律行为中的多方法律行为,但一人有限责任公司和国有独资公司的设立行为则属于单方法律行为。有限责任公司和股份有限公司是我国两种公司组织形式,而一人有限责任公司和国有独资公司仅为有限责任公司的两种特殊形态,股东为两人或者两人以上的属于有限责任公司的常态。公司设立行为属于法律行为中的共同行为,即两个或者两个以上设立人意思表示一致设立公司的法律行为。

(2) 公司人格的创设行为。公司设立行为的目的是为拟设立公司取得独立的法人资格,公司设立的所有行为是围绕公司法人人格的取得而展开的。公司取得独立的人格,才具有权利能力和行为能力,从而取得享有权利和承担义务的权利主体资格,以公司名义和意思实施法律行为。公司仅在一系列设立行为后方可以取得独立法律人格。

二、公司设立与公司设立登记、公司成立

公司设立与公司设立登记、公司成立之间关系密切，三个概念之间既相互联系，又相互区别，在公司实务中非常容易混淆。公司设立是引起公司设立登记的原因，公司设立登记是公司设立行为的最后环节。公司成立是公司设立登记的直接法律后果以及公司设立的最终成果。公司设立行为是原因行为，而公司成立是公司设立行为的结果。

（一）公司设立与公司设立登记

公司设立登记是指公司设立人按照法定条件和程序将公司登记事项记载于公司登记机关的事实，是公司登记的一种形式。公司登记有设立登记、变更登记及注销登记三种形式。公司设立与公司设立登记的区别，主要在以下三个方面：

（1）行为内容不同。公司设立与公司设立登记，是公司成立前的一系列连续行为的不同阶段。公司设立行为包含从发起人订立设立公司协议到公司获准设立登记之前的全部过程，涵盖了公司设立登记行为，即公司设立登记包含在公司设立行为之中。公司设立登记则包括申请设立登记和核准设立登记两个阶段。

（2）行为性质不同。公司设立行为主要是发起人之间的行为，如发起人协议、公司章程的制定、公司出资的缴付、组织机构的组建、办公场所的选择等均属于私法行为。公司设立登记有申请设立登记和核准设立登记两个行为，申请设立登记属于发起人的私法行为，而核准设立登记则属于登记机关的行政行为，具有公法属性。

（3）行为效力不同。公司设立即使完成设立的全部设立行为，但在核准登记之前，仅为"设立中公司"，不具有独立法律人格，所有责任由公司设立人承担，设立中公司不具有承担法律责任资格。公司设立登记行为完成，公司经核准登记，即获得独立法律人格，具有独立承担法律责任的能力，公司设立过程中所有债权债务全部由经核准成立的公司承担。

（二）公司设立与公司成立

公司成立是指拟设立的公司经过设立程序而具备公司的设立条件并经核准登记取得独立人格的过程。公司成立与公司设立的区别，主要在以下三个方面：

（1）行为方式不同。公司设立与公司成立，是公司设立过程中一系列连续行为的两个不同阶段。公司设立行为始于发起人设立公司协议止于公司核准登记，而公司成立则发生在公司核准登记之时。公司设立行为是一个期间内的一系列行为，而公司成立行为则是一次性行为。公司成立是公司设立的结果，但不是必然结果。

（2）行为性质不同。公司设立行为以发起人的意思表示为要素，遵循意思自治、诚实信用原则等私法基本原则，是私法行为。公司成立是公司登记机关核准登记的结果，属于公法行为。公司成立是以公司登记机关的核准为依据，登记机关核准登记日

是公司成立日。[①]

（3）行为效力不同。公司设立是公司成立的前提条件,公司成立是公司设立的后果。公司在被核准登记之前,属于设立中公司,不具有权利主体资格,公司设立人对设立行为产生的债务承担责任。公司成立即取得独立人格,具有权利能力和行为能力,能够以自己名义享有权利承担义务,公司设立行为所产生的债务应由成立后的公司承担。

（三）公司设立的意义

公司设立是公司设立过程中一系列法律行为的总称。根据《公司法》的规定,指公司发起人在公司成立之前为公司的成立而实施的旨在取得法律主体资格的一系列活动,公司设立的意义主要有以下三个方面:

（1）公司人格产生的必备过程。公司设立是公司独立人格产生的必备过程,公司人格是现代公司法律制度的基础。公司作为一种社会团体,被赋予法律主体资格,必须符合法律对主体的基本要求,必须经过严格的法律上的设计。公司设立制度是一种使团体成为法人的制度设计,只有经过这种制度设计,才能成为法律关系中具有权利能力与行为能力的主体,享有权利承担义务。

（2）对债权人的法律保护。公司股东有限责任是现代公司制度的基础,公司股东有限责任表明公司股东仅以出资额为限对公司债务承担法律责任。有限责任制度是将投资人风险转嫁给债权人,而债权人在通常情形下不得要求股东对公司债务承担责任,与合伙制度中合伙人承担连带责任相比,债权人与公司交易受到的保护非常有限。因此,公司法负有平衡股东、债权人和公司三者利益的责任。

（3）对公司的法律控制。公司设立制度是国家对公司进行管理和控制的手段。公司法是私法公法化最为明显的领域,公司法中有大量的强制性规范,体现国家对公司制度的干预。一是公司设立原则的选择。公司设立原则体现了国家对公司进入市场的态度,体现了国家的经济政策,或鼓励交易或限制交易。二是公司设立登记制度。公司登记制度具有公示效力,除了构成对债权人的信息披露外,国家也掌握了公司组织的基本情况。

三、公司设立的原则

不同的社会发展时期,各国有不同的公司设立原则。公司设立原则反映了法律对公司设立的态度。

（一）公司设立原则的演变

从公司制度发展演变的历史看,公司设立的立法体例经历了自由设立主义—特许设立主义—核准设立主义—准则设立主义的演变过程,对公司设立制度经历了从严格

[①] 《企业登记程序规定》第16条规定:"……作出准予企业设立登记的,应当出具《准予设立登记通知书》,告知申请人自决定之日起十日内,领取营业执照……"

到宽松的发展过程。准则设立主义是指公司只要符合法律预先设定的设立条件即可登记成立。准则设立主义对公司设立要求较为宽松，是为适应19世纪末20世纪初资本主义经济快速发展的需要。英国《1862年公司法》和1870年德国《新公司法》，先后实行准则设立主义，后来逐渐为世界各国公司法所普遍采纳。这个时期世界各国公司立法规定公司设立的准则主义较为简单，因而被称为"单纯准则主义"。

单纯准则主义规定公司设立的规则较为简单，在实务中产生了各种弊端，为防止公司设立过滥，世界各国公司立法不断加强了对公司设立行为的监督，加重了设立人责任，在准则主义上加上了某些核准主义因素，形成了较为严格的准则设立主义。

我国公司设立制度也经历了从严到宽的发展历程，经历了从核准主义到准则主义的演变过程。从20世纪80年代到《公司法》实施之前，我国公司设立采核准主义原则，即行业行政许可制度和垄断前置审批制度，实行注册前的审批主义，审批依据是行政规章和行政管辖权。公司设立的手续繁杂，且具有较大的不确定性。

1993年《公司法》改变了先前的公司设立规则，废除了事先审批制度，实行区别对待制度，即对有限责任公司和股份有限公司实行不同的设立原则。

（1）准则主义。准则主义适用于有限责任公司的设立，即对有限责任公司的设立实行准则主义，有限责任公司设立符合法定成立要件的，公司登记机关应当予以登记，但是，法律对有限责任公司设立有特别规定的除外。法律对特定行业的有限责任公司设立实行核准主义，①如银行②、保险③、证券④、拍卖⑤等。我国设置事先审批的行业较多，涉及事先审批的领域超过100多个，有滥用行政权之嫌。

（2）核准主义。核准主义适用于股份有限公司设立，即对股份有限公司设立实行核准主义。⑥对股份有限公司设立标准较为严格，设立登记前应获得相关行政部门的批准。此外，股份有限公司设立还可能涉及其他行政审批，如以募集方式设立的股份有限公司须经国务院证券管理部门批准，股份有限公司涉及金融等特殊行业的，还须获得相关行业主管部门批准。

（二）我国公司设立的原则

严格准则设立主义和核准设立主义能在一定程度上预防少数违法行为，却妨碍了投资人设立公司的自由，既不利于社会经济发展，也不符合市场经济要求的自由公司制度。2005年《公司法》的修改以方便投资人设立公司为目标，取代了以防止滥设公

---

① 1993年《公司法》第27条第2款规定："法律、行政法规规定需要经有关部门审批的，应当在申请设立登记时提交批准文件。"

② 《商业银行法》第11条第1款规定："设立商业银行，应当经国务院银行业监督管理机构审查批准。"

③ 《保险法》第67条第1款规定："设立保险公司应当经国务院保险监督管理机构批准。"

④ 《证券法》第122条规定："设立证券公司，必须经国务院证券监督管理机构审查批准。……"

⑤ 《拍卖法》第11条规定："企业取得从事拍卖业务的许可必须经所在地的省、自治区、直辖市人民政府负责管理拍卖业的部门审核批准。……"

⑥ 1993年《公司法》第77条规定："股份有限公司的设立，必须经过国务院授权的部门或者省级人民政府批准。"

司为主旨的立法价值,废除了股份有限公司设立的核准制度,①对公司设立以准则设立主义为原则,以核准设立主义为例外。公司设立需要适用核准制的有两种情形:

(1) 经营范围涉及特殊行业的公司。从事某些特殊行业的公司须经行业监管部门批准,即法律、行政法规规定设立公司必须报经批准的,应当在公司登记前依法办理批准手续(《公司法》第 6 条)。例如,证券公司设立应经中国证券监督管理委员会批准;保险公司和商业银行设立应经中国银行保险业监督管理委员会批准,公共航空运输公司应经国务院民用航空主管部门批准。

(2) 以募集方式设立的股份有限公司。股份有限公司的公开募集设立实行核准设立制度。以募集方式设立股份有限公司公开发行股票的,应当向公司登记机关报送国务院证券监督管理机构的核准文件(《公司法》第 92 条),即获得中国证券监督管理委员会核准以公开募集方式设立公司的批复。股份有限公司的发起设立和向特定对象募集设立,则实行准则设立制度。

在公司设立的条件、方式、程序等方面,2005 年《公司法》充分体现了自由设立公司的立法主旨,如降低了公司注册资本最低限额,减少了公司设立条件中不必要的限制性内容,允许有限责任公司股东、股份有限公司发起人分期缴纳出资等。2013 年《公司法》彻底废除了公司资本最低限额制度,进一步便利了公司的设立。但是,《公司法》在实行以严格准则主义为基础的公司设立原则的同时,仍然保留了核准主义原则,却并未限定核准主义原则的适用范围。世界各国通常将核准主义原则限制在金融、国防、自然资源的开采和使用等特殊行业,以防止核准主义原则的滥用,导致准则主义原则的虚化。

四、公司设立协议

公司设立协议是设立公司的最初始法律文件。《公司法》并未明文规定公司设立协议是设立公司必备的法律文件,实际上,公司设立协议是任何公司设立所不可或缺的文件。

(一) 公司设立协议的概念

公司设立协议,又称为"公司发起人协议",是指公司发起人在公司设立前对公司设立事项及设立人权利义务的规定。公司设立协议是由全体发起人共同订立的,确定公司组织形式和基本结构,确定发起人之间权利义务关系的法律行为。由于《公司法》对公司设立协议没有强制性规定,公司设立协议为非要式的法律文件,协议形式和内容没有法律强制性规定,既可采取口头形式,也可采取书面形式,只要发起人意思表示一致,公司设立协议即告成立并生效。生效的公司设立协议对所有发起人产生约束力,任何一个发起人不遵循公司设立协议的规定,即产生违约责任。

---

① 1993 年《公司法》规定,股份有限公司的设立应经国务院授权部门或者省级人民政府批准。2005 年《公司法》废除了前置审批程序,便利了股份有限公司的设立。

《公司法》虽然没有明文规定公司设立协议是设立公司的必备法律文件，但任何公司的设立，公司设立协议是不可缺少的：

（1）法律强制性规定。《公司法》第79条规定了股份有限公司设立人应当签订发起人协议，明确各自在公司设立过程中的权利义务。《公司法》的前述规定，属于法律强制性规定，公司设立人不得排除适用。

（2）权利义务的复杂性。在公司设立过程中，公司设立人的权利义务非常复杂。公司设立有一个过程，通常涉及发起人多种权利义务关系，而非单一权利义务关系。一旦发生纠纷，如果缺少书面证据，则无法确定发起人权利义务，不利于纠纷的解决。

（3）公司基本法律文件。公司设立协议与公司章程均为确定公司设立人权利义务的依据，公司设立协议绝大部分内容为公司章程所吸收，但并非为公司章程所取代，仍然是公司设立后的法律文件，对公司设立人和股东有约束力。

（二）公司设立协议的效力

公司设立协议的效力主要表现为公司成立后对发起人是否有约束力以及协议与章程的关系，实际上是相关的两个问题。公司成立后对发起人是否有约束力，法学理论和实务有两种截然相对的观点，即否定说和肯定说。

（1）否定说。否定说认为，公司设立协议是以公司成立为目的，其存续期间必然始于公司设立行为而终于公司成立，公司成立意味着公司设立协议的终止。[①] 公司成立后，公司发起人身份发生变化，由公司发起人转化为公司股东，而公司股东权利义务应由公司章程调整。部分法院接受了否定说，认为设立协议因公司成立而终止。[②]

（2）肯定说。肯定说认为，公司设立协议并不会因公司的成立而终止，即使在公司成立后，公司设立协议仍然对公司发起人具有约束力，除非公司设立协议对协议的效力有明文规定。例如，在浙江金华市自来水公司联营建设索道纠纷案中，[③] 从一审基层法院和二审中院，到省高院和最高法再审，四级法院均认为公司设立协议在公司成立后仍然对发起人具有法律约束力。最高法公报案例肯定了公司设立协议的效力，说明了设立协议效力为我国司法实践所肯定。

公司设立协议客观、真实地表达了发起人对设立公司的一致意思表示，公司章程是为公司设立之后的运作而由发起人共同制定的法定文件。公司设立协议和公司章程的目标是一致的，大部分内容相同，但两者侧重点和目标不同。公司设立协议主要目标是设立公司，而公司章程目标则是公司运作。实际上，公司章程通常是以公司设立协议为基础制定的，而公司设立协议主要内容则为公司章程所吸收。当然公司章程

---

① 参见赵旭东主编：《公司法学》（第四版），高等教育出版社2015年版，第123页。

② 参见胡田野：《公司法律裁判》，法律出版社2012年版，第107页。

③ 在浙江金华市自来水公司诉江西三清山管委会联营建设索道纠纷案（〔2001〕赣民初字第2号、〔2001〕民二终字第197号）中，法院裁判摘要认为，当事人以同一标的先后与他人签订两个协议，两个协议内容均不违反法律、行政法规的强制性规定，依法符合合同生效条件的，不能因前协议有效而认定后协议无效，或认定前、后协议存在效力上的差异。当事人因履行其中一个协议而对另一个协议中的对方当事人构成违约的，应承担违约责任（2005年最高法公报案例）。

能够修改或者取代公司设立协议所确立的规则,在公司章程与公司设立协议规定不一致时,应以公司章程为准。公司章程是全体发起人意思表示一致的产物,在时间上晚于公司设立协议,公司章程与公司设立协议不一致视为发起人对公司设立协议的修改。因此,公司设立协议并不会因公司成立而终止。

我国司法审判实践准确地定位了投资协议与公司章程之间的关系,并对两者之间的关系作了非常好的诠释。例如,在陈慧华公司决议纠纷案中,[①] 上海二中院对股东投资协议和公司章程之间的关系进行了较好的阐述,认为股东投资协议通常是指公司设立前,由全体投资人所共同参与订立的协议,表明发起人设立公司的目的、确定公司的基本性质和结构,以及分配和协调发起人之间的权利义务关系,协议本质上应属于合同,适用《合同法》的规定。在公司设立过程中,由认缴注册资本的股东签署的公司章程,则具有公司自治规范的性质,适用《公司法》的规定,并对签署股东、公司以及公司董事、监事等人员具有规范和约束的效力。股东投资协议与公司章程是由投资人形成的两种在本质上存在不同的协议安排,两者之间应为相互平行而非前后承接的法律关系。

第二节　公司设立方式

公司设立方式是指公司设立人创办公司所要采取的形式。《公司法》第77条明文规定,股份有限公司的设立既可以采取发起设立方式,也可以采取募集设立方式。有限责任公司股东人数较少,设立方式较为简单,《公司法》并未明文规定设立方式,公司实务中适用发起设立方式。

发起设立方式是有限责任公司和股份有限公司共同的设立方式,而募集设立方式则是股份有限公司特有的设立方式。两种设立方式的区别是募集设立方式可以向发起人之外的社会公众募集股份。

一、发起设立

公司的发起设立是指由公司发起人共同出资认购公司的全部股份,不再向社会公众公开募集股份的一种公司设立方式。发起设立又称为"单纯设立"[②]或者"同时设立",适用于有限责任公司和股份有限公司。以发起设立方式设立的股份有限公司,可

---

① 在陈慧华诉上海宏胜物业有限公司公司决议纠纷案(〔2011〕黄民二(商)初字第360号、〔2012〕沪二中民四(商)终字第65号)中,法院裁判摘要认为,股东投资协议本质上属于合同,是《合同法》的调整对象,而公司章程则是《公司法》的调整对象。投资协议和公司章程之间,应为相互平行而非前后承接的法律关系。股东投资协议的效力存续与否,与公司章程的制定不存在效力上的关联性,仅限于投资协议本身的内容。公司成立后,股东投资协议在没有被修改、变更、解除以及与公司章程的内容相悖的情况下,效力并不自然终止或者被公司章程的效力所取代,仅在具体个案的诉讼中,两者具有不同的证明和适用对象。

② 以发起方式设立公司所发行股份的认购人必须是公司的发起人,社会公众不参与股份的认购。由于股份的认购人即为发起人,发起设立又称为"单纯设立"。

以采用原企业改制设立、新建设立或者有限责任公司依法变更组织形式的方式。

在实行法定资本制的大陆法系国家，发起设立方式为有限责任公司和股份有限公司设立所共同采用。发起设立的公司资本由发起人全部认购，不向发起人之外的其他人募集资本。发起设立方式是大陆法系国家广泛采用的公司设立方式，是无限公司、两合公司和有限公司唯一的设立方式。

（一）股份认购

以发起设立方式设立的有限责任公司和股份有限公司所发行的股份，应由发起人全部认购。对股份的认购是发起人对公司出资的一种承诺，并非认购股份款的实际缴付，发起人一旦认购股份，即承担按期履行缴付所认购股份款项的义务。根据《公司法》第 83 条的规定，发起人应以书面合同方式认购公司股份，股份认购合同生效即对发起人产生法律约束力。发起人未能按照认购的股份缴付款项，应对其他已经缴付认购股份款项的发起人承担违约责任（《公司法》第 28 条）。

（二）股份认购款的缴付

股份认购款缴付（即出资缴付）是指发起人按照认购股份数额向公司缴付所认购股份的款项。公司发起人向公司缴付股份认购款，是一次性足额缴付还是分期多次缴付，世界各国立法有不同的规定，大多数国家实行分期缴付制。

我国《公司法》对股份认购款的缴付，不同时期有不同的规定。1993 年《公司法》实行一次足额缴付制；①2005 年《公司法》实行有期限的分期缴付制；②2013 年《公司法》废除了资本最低限额制，但仍有注册资本的要求，对注册出资实行分期缴付制，发起人应按照章程记载按期缴付所认购股份的款项。③

二、募集设立

公司的募集设立是指发起人仅认购公司应发行股份的一部分，其余部分对外募集而设立公司的方式。募集设立又称为"渐次设立"或者"复杂设立"，既可以是通过向社会公开发行股票的方式设立，也可以不发行股票而仅向特定对象以募集方式设立，募集设立为股份有限公司特有的设立方式。

以募集方式设立的股份有限公司资本规模较大，涉及众多投资人利益，各国公司法均对公司设立程序有严格的限制。为防止发起人全部凭借他人资本设立公司，损害普通投资人利益，各国法律规定了发起人认购股份在公司股本总数中应占的最低比例，如我国《公司法》规定的最低比例为 35％。

---

① 1993 年《公司法》第 25 条第 1 款规定："股东应当足额缴纳公司章程中规定的各自所认缴的出资额。……"

② 2005 年《公司法》第 26 条规定："……公司全体股东的首次出资额不得低于注册资本的百分之二十，也不得低于法定的注册资本最低限额，其余部分由股东自公司成立之日起两年内缴足；其中，投资公司可以在五年内缴足。……"

③ 《公司法》第 28 条第 1 款规定："股东应当按期足额缴纳公司章程中规定的各自所认缴的出资额。……"

（一）募集设立的种类

根据《公司法》的规定,公司的募集设立方式有定向募集设立和社会(公开)募集设立两种。定向募集与社会募集的区别在于是向特定的投资人还是向不特定的社会公众募集资本。[①]

（1）定向募集。定向募集是指公司发行的股份除由发起人认购一部分外,其他部分由其他特定法人或者本公司职工认购。以定向募集方式设立的公司称为"定向募集公司",定向募集公司可以通过增资扩股方式转变为社会募集公司。

以定向募集方式设立公司,是改革开放初期股份制试点的产物。根据1992年《股份有限公司规范意见》及13个配套文件,定向募集公司是指由发起人组织,向发起人、其他法人和内部职工以股权证形式募集资金而建立的股份公司。[②] 1993年《定向募集股份有限公司内部职工持股管理规定》开始定向募集公司的清理整顿工作,1994年国家体改委发布《关于立即停止审批定向募集股份有限公司并重申停止审批和发行内部职工股的通知》之后不再有定向募集公司,公司发行股票须有国家批准的发行额度并向社会公众公开发行。1993年《公司法》的股份有限公司仅有发起设立和社会募集设立两种,没有涉及定向募集。2005年修改《公司法》和《证券法》时再次确立了定向募集制度。

（2）社会(公开)募集。社会募集是指公司发行的股份除由公司发起人认购法定最低限额外,其余股份应向社会公众公开发行。以社会募集方式设立的股份有限公司可增大公司资本实力,但社会募集设立方式程序较为复杂,对公司实力、经营状况均有严格要求,股票发行和上市交易应经国务院证券监督管理部门批准,社会募集设立方式的公司设立成本较高、风险较大。

在公司实务中,股份有限公司设立时向社会公开发行A股,是典型的股份有限公司以社会募集方式设立,成为上市公司,即英美法系的公众公司。

（二）募集设立的程序

以发起方式设立公司的程序较为简单,而以募集方式设立公司的程序较为繁杂。根据《公司法》的规定,以募集方式设立的股份有限公司应遵循下列程序:

（1）发起人协议的签订。发起人协议是设立公司的第一步,是发起人之间以设立公司为目的,确定在设立公司过程中发起人权利义务的书面文件。发起人协议的主要内容有发起人的姓名、认购的股份数额、出资方式与期限、设立公司的分工、公司设立不成功的责任分担等。《公司法》第79条明文规定了发起人应当签订发起人协议,明

---

① 定向募集与社会募集的区别:一是定向募集是向特定的投资人提供投资资料,社会募集则是向不特定的社会公众提供投资资料;二是定向募集的投资人是具有较高的风险识别能力和承受能力的机构投资人,而社会募集的投资人则是风险识别能力差、风险承受能力低的普通社会公众投资人。

② 1992年5月至1993年4月,定向募集公司在国家有关部门的试点和推动下迅速发展。1994年6月30日,全国定向募集公司已发展到5964家,覆盖了国民经济的大部分行业,平均每家股本6900万元。这些中小企业依靠定向募集来的资金完成了原始积累,推动了企业的最初发展。

确各自在公司设立过程中的权利义务。

（2）公司章程的制定。公司章程应由公司发起人制定，发起人制定的公司初始章程应经公司创立大会通过。公司章程应当包括绝对必要记载事项、相对必要记载事项和任意记载事项三大类，绝对必要记载事项缺失或者违反法律的强制性规定的，则可能导致章程的无效。公司章程经公司登记机关核准后生效，对公司和股东产生法律效力。

（3）公司股份的认购。发起人认购公司发行的部分股份，世界各国公司法均对发起人所认购的最低比例有明文规定，如《公司法》第 84 条规定发起人认购的股份不得少于公司股份总数的 35％，但法律、行政法规另有规定的除外。在向社会公开募集股份之前，发起人应确定全体发起人所认购的股份额不少于总股份的 35％，发起人应填写有关书面文件，确认认购股份数额和股款缴付数额以达到法定最低限额的要求。

（4）募集股份申请与预先披露。在 2005 年《公司法》之前，股份有限公司的设立应经国务院授权部门或者省级政府批准。① 2005 年《公司法》废除了股份有限公司批准设立的制度。

在以社会募集方式设立股份有限公司的情形下，发起人应当向中国证券监督管理委员会提交募集股份申请，并报送公司章程、发起人协议、发起人姓名或者名称、发起人认购的股份数、出资种类及验资证明、招股说明书、代收股款银行的名称及地址、承销机构名称及有关的协议（《证券法》第 12 条）。在获得中国证券监督管理委员会批准后，才可以向社会公开募集股份。

在提交申请文件后，首次申请公开发行股票的发行人应当按照中国证券监督管理委员会的规定，预先披露有关申请文件。《公开发行证券的公司信息披露内容与格式准则第 9 号——首次公开发行股票申请文件》规定了发行申请文件的最低要求。②

（5）发行审核委员会审核。中国证券监督管理委员会设立发行审核委员会，负责审核股票的发行申请事务，以投票方式对股票发行申请进行表决，提出审核意见（《证券法》第 22 条）。发行审核委员会以召开发审委会议的方式进行审核工作。发行审核委员会会议表决采取记名投票方式，在投票时应当在表决票上说明理由。每次参加发行审核委员会会议的发审委委员为 7 名，表决投票时同意票数达到 5 票为通过，同意票数未达到 5 票为未通过。发行审核委员会会议对发行人的股票发行申请仅进行一次审核。发行审核委员会会议对发行人的股票发行申请可以暂缓表决一次。中国证券监督管理委员会应在收到申请文件 3 个月内，依照法定条件和法定程序作出予以核准或者不予核准的决定（《证券法》第 24 条）。

---

① 1993 年和 1999 年《公司法》第 77 条规定："股份有限公司的设立，必须经过国务院授权的部门或者省级人民政府批准。"

② 《公开发行证券的公司信息披露内容与格式准则第 9 号——首次公开发行股票申请文件》第 3 条规定："本准则附录规定的申请文件目录是对发行申请文件的最低要求。根据审核需要，中国证券监督管理委员会（以下简称中国证监会）可以要求发行人和中介机构补充材料。如果某些材料对发行人不适用，可不提供，但应向中国证监会作出书面说明。"

(6) 股份的公开募集与认购。股票公开发行申请经核准,发行人应当依照法律和行政法规的规定,在股票公开发行前,公告公开发行募集文件,并将该文件置备于指定场所供公众查阅:一是公告招股说明书并制作认股书(《公司法》第 85 条);二是招股说明书应附发起人制定的公司章程并载明发起人认购的股份数、每股票面价值和发行价格、募集资金的用途等事项(《公司法》第 86 条);三是公开募集的股份应当由依法设立的证券公司承销(《公司法》第 87 条);四是发起人向社会公开募集股份所得股款应当由银行代收(《公司法》第 88 条)。

社会公众认购公开募集股份的,认购人应在认股书上填写所认购股份数量并签名盖章。实际上,认股书是股份发行人向认购人发出的要约,认购人的认购行为则为承诺。股份买卖合同属于诺成性合同,认购人作出承诺,意味着股份认购合同成立并生效。认购人应及时按照自己所认购股份的数量缴纳股款。

(7) 创立大会的召开与登记注册。在发行股份的股款缴足并经依法设立的验资机构验资后,发起人应当在 30 日内主持召开公司创立大会。发起人应当在创立大会召开 15 日前将会议日期通知各认股人或者予以公告。创立大会由认股人组成,应有代表股份总数过半数的认股人出席,方可举行。创立大会的决议,应经出席会议的认股人所持表决权过半数通过。在创立大会结束后 30 日内,董事会应向公司登记机关申请设立登记。

三、两种设立方式的区别

公司设立有发起设立与募集设立两种方式,两种设立方式有不同的作用和意义。两种设立方式的区别和特点,主要有以下两个方面:

(1) 公司股东构成不同。发起设立是指由发起人认购公司应发行的全部股份而设立公司。以发起设立方式设立的股份有限公司,股份全部由发起人认购而不向发起人以外的任何社会公众发行股份。由于没有向社会公众公开募集股份,以发起设立方式设立的股份有限公司,在公司发行新股之前,公司全部股份均由发起人持有,公司全体股东均为设立公司发起人。募集设立是指由发起人认购公司应当发行股份的一部分,其余股份向社会公开募集或者向特定对象募集而设立公司。以募集设立方式设立的股份有限公司,在公司成立时,认购公司应发行股份的人不仅有发起人,而且还有发起人以外的其他投资人。

(2) 设立的方式和程序不同。发起设立方式较为简便,发起人认足股份即可以向公司登记机关申请设立登记,但要求发起人有一定资金实力,仅发起人能认购公司应当发行的全部股份。募集设立方式的发起人仅需投入较少资金,即能从社会募集到较多资金,使公司能够迅速聚集到较大资本数额。由于募集设立方式涉及发起人以外的社会公众,法律对募集设立规定了较为严格的程序。

第三节　公司设立条件和程序

我国法律明文规定了公司设立的条件和程序，《公司法》第 23 条规定了有限责任公司的设立条件，第 76 条规定了股份有限公司的设立条件。

一、公司设立条件

公司设立条件通常包括人的要素、物的要素和行为要素三个方面。人的要素是指发起人资格和人数；物的要素是指公司资本；行为要素则是发起人协议、公司章程制定以及组织机构的建立等。有限责任公司和股份有限公司的设立，应当具备以下几个方面的条件：

（一）公司发起人必须符合法定资格与人数

自然人和法人均可以成为公司发起人。无论是有限责任公司还是股份公司，发起人均必须符合法定条件，具备法定资格，法律禁止设立公司的自然人和法人不得成为公司发起人，限制主要体现在以下三个方面：

（1）具有完全行为能力的自然人。《公司法》对自然人的权利能力虽未有限制性规定，但公司设立行为属于法律行为，对发起人权利义务会产生影响。自然人行为能力应适用《民法总则》的规定，无行为能力人和限制行为能力人不得参与公司的设立。此外，法律禁止设立公司的自然人，也不能成为公司的股东，如我国有关法律规定，公务员、检察官、法官等不得作为公司股东等，[1]自然人不得成为保险公司的发起人。[2]

（2）不为法律所禁止的法人。法律禁止党政机关、军队等经商办公司，因而党政机关和军队不能成为公司股东。此外，法律对成为某些行业的法人还有一定的限制，如《保险法》第 68 条规定："设立保险公司应当具备下列条例：（一）主要股东具有持续盈利能力，信誉良好，最近三年内无重大违法违规记录，净资产不低于人民币二亿元；……"但经国家授权的国有资产监督管理机构在必要时作为发起人参与公司的设立活动，可以成为公司的发起人。

（3）《公司法》的限制性规定。《公司法》本身对公司发起人有限制性规定，如《公司法》第 78 条规定股份有限公司半数以上的发起人应在中国境内有住所。

基于有限责任公司的人合性，各国公司法对有限责任公司的股东人数有限制性规定，股东人数的限制反映公司股东间的信任问题。公司股东个人的信用状况，影响公司对外进行经营活动，资本只能由全体股东认缴，不得向社会公开募集，股东出资证明书不得自由流通转让，股东出资转让受到限制，须经其他股东同意且享有优先购买权，

---

① 《公务员法》第 59 条规定："公务员应当遵纪守法，不得有下列行为：……（十六）违反有关规定从事或者参与营利性活动，在企业或者其他营利性组织中兼任职务；……"

② 参见《保险公司股权管理办法》第 6 条。

从而要求公司发起人应相互了解，限制了发起人的人数。《公司法》第 24 条规定有限责任公司股东人数在 50 人以下。

与有限责任公司人合性不同，股份有限公司资合性表明其应为多数人构成的法人，发起人应为多数，国外立法通常仅规定股份有限公司的最低人数限制而没有规定最高人数。我国法律则不同，如《公司法》第 78 条规定股份有限公司的发起人在 2 人以上 200 人以下。

（二）公司发起人应有一定的出资

在《公司法》废除注册资本最低限额之前，发起人出资必须达到法定资本最低限额，是设立有限责任公司的出资条件。1993 年《公司法》规定的有限责任公司最低资本限额为 10 万元至 50 万元，股份有限公司为 1000 万元；2005 年《公司法》的最低资本限额降低到 3 万元，股份有限公司为 500 万元。

公司作为具有独立权利主体资格的法人，应有一定的财产条件作为经营活动和承担责任的物质基础，财产最初来源于公司发起人所认缴的出资。《公司法》虽然废除了注册资本最低限额的规定，但并未废除注册资本，仍然属于法定资本制。《公司法》第 25 条和第 81 条分别规定，有限责任公司章程和股份有限公司章程应记载公司注册资本，表明公司设立仍应有一定数量出资，只是法律不再作为强制性规定而已。

《公司法》第 26 条但书条款规定，法律对注册资本的最低限额有规定的从其规定。① 法律规定仍然实行最低注册资本制度的公司有商业银行、外资银行、金融资产管理公司、信托公司、财务公司、金融租赁公司、汽车金融公司、消费金融公司、货币经纪公司、村镇银行、贷款公司、农村信用合作联社、农村资金互助社、证券公司、期货公司、基金管理公司、保险公司、保险专业代理机构、保险经纪人、外资保险公司、直销企业、对外劳务合作企业、融资性担保公司、劳务派遣企业、典当行、保险资产管理公司、小额贷款公司以及以募集设立方式设立的股份有限公司。②

（三）公司发起人制定公司章程

发起人共同制定公司章程，是设立有限责任公司的章程条件（《公司法》第 23 条）。有限责任公司章程是记载有关公司组织和行为规范的基本法律文件。公司章程是最为重要的自治规则，应当由有限责任公司全体股东共同制定，从而使章程体现全体股东意志。公司章程的共同制定并不等同于共同起草，发起人在章程上签字或者盖章，表示同意所签字或者盖章文本，承认章程表达自己的真实意思，即构成对章程的共同制定。

股份有限公司章程的制定规则不同于有限责任公司。以发起设立方式设立的股份有限公司章程制定与有限责任公司相同；以募集设立方式设立的股份有限公司章

---

① 《商业银行法》《银行业监督管理法》《保险法》《证券法》和《信托法》等法律对公司注册资本最低限额有不同的规定。

② 参见 2014 年国务院发布的《注册资本登记制度改革方案》（国发〔2014〕7 号）。

程,由发起人制定,但必须经出席创立大会认股人所持表决权过半数通过(《公司法》第76条和第90条)。

（四）公司发起人建立公司的组织机构

公司应有自己的名称,建立符合有限责任公司或者股份有限公司要求的组织机构,是设立公司的组织条件。公司名称是公司与其他公司区别的文字符号,依法登记的公司名称应当由公司所在地行政区划名称、字号、行业或者经营特点、组织形式等构成。例如,在上海避风塘美食有限公司不正当竞争纠纷案中,①涉及“避风塘”的使用是否构成对字号的侵害。上海一中院、高院均认为,字号是企业名称的核心。当字号仅有一种含义时,即使仅仅擅自使用企业名称中的字号,也可能造成消费者误认或者混淆市场主体,从而侵害相应企业的名称权。但当字号还有其他含义时,如果他人是在原有含义上合理使用,企业名称权人无权禁止。“避风塘”一词,除了是避风塘公司的字号,还兼具避风港湾、一种烹调方法及菜肴的通用名称等原有含义。德荣唐公司并未把“避风塘”作为自己企业的字号,仅在“一种烹调方法及菜肴的通用名称”含义上使用该词,使用的显著性也没有超过自身企业字号,客观上不足以造成消费者对不同企业的混淆和误认,从而避风塘公司无权禁止。

公司设立必须有公司名称,并应当在名称中标明“有限责任公司”或者“股份有限公司”的字样,然后在公司登记机关进行公司设立登记。公司是通过公司组织机构进行运作的,公司设立必须建立相应的符合有限责任公司或者股份有限公司要求的组织机构即股东会(股东大会)、董事会和监事会等。股东会(股东大会)由全体股东组成,是公司权力机构;董事会成员由股东选举产生,董事会负责公司决策和经营并对股东会(股东大会)负责;监事会由股东代表和适当比例的公司职工代表组成,监督董事会和经理层。

（五）公司发起人应提供公司住所证明

公司住所是设立有限责任公司或者股份有限公司的住所条件。《公司法》第23条和第76条有明文规定,且公司章程应记载公司住所。2005年《公司法》修改之前,公司的设立必须具备“固定的生产经营场所和必要的生产经营条件”,而2005年修订后《公司法》仅要求具备公司住所或者提供住所证明即可,降低了公司设立的条件,便利了公司的设立。

---

① 在上海避风塘美食有限公司诉上海德荣唐美食有限公司不正当竞争纠纷案(〔2002〕沪一中民五(知)初字第137号、〔2003〕沪高民三(知)终字第49号)中,法院裁判摘要认为,“避风塘”除了具有避风小港湾的原有含义外,也已成为一种独特烹调方法以及由该种烹调方法制成的特色风味菜肴的名称。经营包括提供“避风塘”特色风味菜肴餐饮服务的德荣唐公司是在烹调方法及菜肴名称的含义上使用“避风塘”一词的,其行为并不构成《反不正当竞争法》第9条所规定的虚假宣传,德荣唐公司的行为不构成对“避风塘”名称权的侵害(2004年最高法公报案例)。(“避风塘”是香港维多利亚海港上帆船、舢板等船只用来避台风的多个海湾,其中以位于香港岛北侧的铜锣湾避风塘(建于1862年)最为出名。)

二、公司设立程序

有限责任公司是一种封闭性公司,设立方式仅以发起设立为限,不得采用募集设立方式。相对于募集设立方式设立股份有限公司,有限责任公司的设立程序比较简单,通常应遵循如下程序:

(一)发起人协议的订立

发起人协议是指发起人之间对设立公司事项所达成的明确相互之间权利义务关系的书面文件,主要有发起人基本情况、拟设立公司名称、住所、注册资本、经营范围、发起人投资数额与方式以及发起人权利义务等内容。在大陆法系和英美法系,发起人之间的关系是一种合伙关系,是发起人之间以设立公司为目的而达成的协议。发起人协议是一种内部协议,对公司发起人有约束力,是公司设立的最初始的文件,自发起人签字起生效。

(二)公司章程的制定

公司章程是公司设立的基本文件,不同类型的公司章程有不同的制定标准,公司章程的制定应严格按照法律规定的条件和程序,有限责任公司的公司章程由全体股东共同制定,其中一人有限责任公司的公司章程由股东制定,国有独资公司章程由国有资产监督管理机构制定或者由董事会制定报国有资产监督管理机构批准。股份有限公司公司章程由发起人制定,以募集方式设立的股份有限公司章程应经创立大会通过。公司章程制定完毕,才能继续进行公司设立的其他程序。[①]

(三)公司名称预先核准的申请

公司名称的预先核准制(《公司登记管理条例》第 17 条),可以使公司名称在申请设立登记之前具有合法性、确定性,从而有利于公司设立登记程序的顺利进行。有限责任公司设立,应当由全体股东指定的代表或者共同委托的代理人向公司登记机关申请公司名称预先核准。经核准的公司名称才能获得法律的保护,在实践中,使用在先的名称简称可以获得法律优先保护,如山东起重机有限公司侵犯企业名称权纠纷案。[②]

[①] 发起人协议是对发起人设立公司的行为所作的规定,在公司成立后,发起人协议内容会被公司章程所吸收,功能让位于公司章程。公司章程对公司、股东、董事、监事、高级管理人员具有约束力。公司章程对发起人协议内容作出修改的,则应以公司章程为准;公司章程未涉及的内容,发起人协议有规定的,协议规定继续适用,但仅对发起人有约束力。在公司内部关系上,发起人协议与公司章程不一致时,原则上应当以公司章程为依据。

[②] 在山东起重机有限公司诉山东山起重工有限公司侵犯企业名称权纠纷案(〔2006〕潍民三初字第 26 号、〔2007〕鲁民三终字第 108 号、〔2008〕民申字第 758 号)中,法院裁判摘要认为,如果经过使用和社会公众认同,企业的特定简称已经在特定地域内为相关社会公众所认可,具有相应的市场知名度,与该企业建立了稳定的关联关系,具有识别经营主体的商业标识意义,他人在后擅自使用该知名企业简称,足以使特定地域内的相关社会公众对在后使用者和在先企业之间发生市场主体的混淆、误认,那么在后使用者就会不恰当地利用在先企业的商誉,侵害在先企业的合法权益。

（四）公司设立的前置审批

公司设立需要办理前置审批手续，主要是基于特殊行业管理的需要。《公司法》第6条和《公司登记管理条例》第82条，规定了公司设立的前置审批程序。对于法律、法规规定必须经过有关部门批准才能设立公司的，应当向主管部门提出申请，获得批准文件。我国对公司设立的干预较多，公司设立涉及前置审批事项超过130多项。[①]

（五）股东出资的缴付

有限责任公司既有人合性，也有资合性，发起人应当按照公司章程规定，缴付自己所认缴股份的出资。发起人缴付认购股份的出资既是约定义务，也是法定义务。《公司法》第26条规定，发起人未能根据公司章程记载按期足额缴付出资额的，不仅对公司负有足额缴纳义务，而且还对其他足额缴付的发起人承担违约责任。

（六）公司设立登记申请

公司设立程序中一个必不可少的步骤，是向公司登记机关申请设立登记。根据《公司登记管理条例》的规定，有限责任公司的设立，应当由全体股东指定的代表或者共同委托的代理人向公司登记机关申请设立登记。国有独资公司的设立，应当由国务院或者地方人民政府授权的本级人民政府国有资产监督管理机构作为申请人，申请设立登记。[②]

（七）登记发照

对公司设立申请，登记机关应当依法进行审查。对不符合《公司法》有关公司设立条件规定的设立申请，登记机关不予登记；对于符合《公司法》规定条件的，登记机关依法核准登记，发给营业执照。根据《公司法》的规定，营业执照的签发日期为有限责任公司的成立日期。公司可以凭登记机关颁发的营业执照申请开立银行账户、刻制公司印章、申请纳税登记等。只有获得了公司登记机关颁发的营业执照，公司设立的程序才宣告结束。

第四节　公司设立登记

公司登记是指公司登记申请人按照法定程序，向公司登记机关提出公司设立、变更或者终止登记申请，并提交法定申请材料，由公司登记机关予以审查，作出核准登记

[①]　参见曹德斌主编：《新公司法与公司登记》，中国工商出版社2007年版，第121—191页。

[②]　申请设立有限责任公司的，应当向公司登记机关提交下列文件：(1) 公司法定代表人签署的设立登记申请书；(2) 全体股东指定代表或者共同委托代理人的证明；(3) 公司章程；(4) 依法设立的验资机构出具的验资证明，法律、行政法规另有规定的除外；(5) 股东首次出资是非货币财产的，应当在公司设立登记时提交已办理其财产权转移手续的证明文件；(6) 股东的主体资格证明或者自然人身份证明；(7) 载明公司董事、监事、经理的姓名、住所的文件以及有关委派、选举或者聘用的证明；(8) 公司法定代表人任职文件和身份证明；(9) 企业名称预先核准通知书；(10) 公司住所证明；(11) 国家工商行政管理总局规定要求提交的其他文件。法律、行政法规或者国务院决定规定设立有限责任公司必须报经批准的，还应当提交有关批准文件。

决定,将公司登记事项记载于登记簿并予以公示的行为。公司登记有设立登记、变更登记和注销登记三种。公司设立登记是公司登记的一种,是公司设立的最后一个环节,公司设立登记标志着公司成立,意味着成为一个具有独立资格的权利主体,设立中公司的权利义务全部转移给已成立的公司。

一、公司设立登记的概念

公司设立登记是指公司设立申请人按照法定程序向公司登记机关申请,经公司登记机关核准并记载法定登记事项的行为。公司设立登记主要有以下三种情形:

(1)有限责任公司的设立登记。有限责任公司的发起人在缴付公司章程记载的出资额以及相关的设立登记文件后,由发起人代表或者代理人向公司登记机关申请公司设立登记(《公司法》第29条)。

(2)以发起方式设立的股份有限公司的设立登记。以发起方式设立的股份有限公司,发起人缴付公司章程记载的出资额后,选举董事会和监事会,由董事会负责向公司登记机关申请设立登记(《公司法》第83条)。

(3)以募集方式设立的股份有限公司的设立登记。以募集方式设立的股份有限公司,公开发行的股份缴足后,经法定验资机构验资并出具证明。在创立大会召开后30日内,董事会应当向公司登记机关申请设立登记(《公司法》第89条和第92条)。

对符合《公司法》和《公司登记管理条例》规定的设立登记申请,公司登记机关予以设立登记,并颁布《企业法人营业执照》,公司依法成立。对不符合条件的设立登记申请,公司登记机关不予登记。

现代意义上的公司登记制度源于19世纪中期英国公司法的登记制度,19世纪末的《德国民法典》确立了较为完备的公司登记规则。公司登记制度有两种不同的立法例:

(1)任意登记制。根据任意登记制,公司设立登记仅为程序性规定,并非公司成立要件,仅为对抗要件。在公司设立采取自由设立主义原则时期,公司设立登记的立法原则表现为任意登记制。

(2)强制登记制。根据强制登记制,公司设立登记是公司成立的实质性要件,即非经登记,公司不得成立。从20世纪中叶以来,强制登记制成为世界各国公司登记的立法通例。

我国公司登记制度实行强制登记制,公司设立登记是公司成立要件。公司非经登记,不得以公司名义对外从事经营活动。《公司登记管理条例》第3条第1款规定:"公司经公司登记机关依法登记,领取《企业法人营业执照》,方取得企业法人资格。"

《公司法》第7条规定公司营业执照签发日期为公司成立日期。我国长期以来注册登记与颁发营业执照同时进行,被认为公司从营业执照颁布之日成立。2004年《企业登记程序规定》(国家工商行政管理总局令第9号)将核准登记与营业执照签发分立。① 实际上,公司成立日期应为核准登记日。

二、公司设立登记管辖

我国公司登记实行分级登记管理原则。公司登记管辖有级别管辖、地域管辖、指定管辖和委托管辖之分,公司设立登记涉及级别管辖和地域管辖。地域管辖是以公司登记机关所在的行政区划对公司申请登记事项实施登记管辖。级别管辖则以公司登记机关的性质级别为登记管辖的依据,较为复杂,涉及政策等方面的因素。

（一）国家工商行政管理总局

国家工商行政管理总局是国务院直属机构,设有企业注册局负责公司注册登记。国家工商行政管理总局负责注册登记的公司,主要有以下五种类型:

（1）国资委为出资人设立的公司及其子公司。国务院国有资产监督管理委员会履行出资人职责的公司以及该公司投资设立并持有50%以上股份的公司。

（2）全国性的大型公司。国务院批准设立的或者行业归口管理部门审查同意由国务院各部门以及科技性社会团体设立的全国性公司和大型企业。

（3）全国性的大型企业集团。国务院批准设立的或者国务院授权部门审查同意设立的大型企业集团。

（4）国际进出口、劳务和工程承包公司。国务院授权部门审查同意由国务院各部门设立的经营进出口业务、劳务输出业务或者对外承包工程的公司。

（5）外商投资公司。在中国境内从事经营活动的外商投资企业、外国（地区）企业、外国（地区）企业常驻代表机构、外商投资合伙企业。

（二）省、直辖市、自治区工商行政管理局

省、直辖市、自治区工商行政管理局负责注册登记的公司有以下五种类型:

（1）省级国资委为出资人设立的公司及子公司。省、自治区、直辖市人民政府国有资产监督管理机构履行出资人职责的公司以及该公司投资设立并持有50%以上股份的公司。

（2）省级大型公司。省、自治区、直辖市人民政府批准设立的或者行业归口管理部门审查同意由政府各部门以及科技性社会团体设立的公司和企业。

（3）省级企业集团。省、自治区、直辖市人民政府批准设立的或者政府授权部门审查同意设立的企业集团。

（4）省级对外贸易、劳务输出和对外工程承包公司。省、自治区、直辖市人民政府授权部门审查同意由政府各部门设立的经营进出口业务、劳务输出业务或者对外承包工程的公司。

（5）自然人设立的一定投资规模以上的公司。省、自治区、直辖市工商行政管理

---

① 《企业登记程序规定》第16条规定:"……作出准予企业设立登记的,应当出具《准予设立登记通知书》,告知申请人自决定之日起十日内,领取营业执照……"

局规定由其登记的自然人投资设立的公司。

（三）市、县、区工商行政管理机构

市、县、区工商行政管理机构负责国家工商行政管理总局和省级国家工商行政管理局以外的其他公司的注册登记,作为基层公司注册登记机关,承担绝大部分公司的注册登记事务。

三、公司分支机构的设立登记

公司分支机构是指公司在住所以外设立的从事经营活动的机构。公司分支机构不具有独立人格。公司设立分支机构的,应当自决定作出之日起 30 日内向分支机构所在地的公司登记机关申请登记,如商业银行的分行、支行,保险公司的分公司、支公司等。分支机构申请登记事项包括名称、营业场所、负责人、经营范围等内容,且分支机构的经营范围不得超出公司经营范围。

第五节 公司登记效力

公司登记效力是指已经过登记事项在法律上所产生的约束力。公司登记的目的在于使社会公众知晓公司基本信息和经营管理状况,向公众公开公司基本信息。公司登记效力是公司登记中与私人权利或者交易安全关系最为直接、最为密切的一个问题。公司登记法律效力是指在公司设立和变更时,经由公司登记机关依法审查并登记在案的有关公司一系列事项所产生的法律上的作用力。

一、公司登记机关的模式

公司登记由公司登记管理机关负责,世界各国对公司登记管理机关有三种立法例:

（1）法院为登记管理机关。地方法院负责办理公司登记事务,如德国、意大利、日本、韩国等国家由地方法院办理公司登记。从 19 世纪末起,商事登记事务由地方法院主管。地方法院设立办理商事登记事务的专门机构,登记员为法官身份,通常由书记员负责办理具体登记事务。

（2）法院和行政机关均为登记机关。法院和行政机关共同负责公司登记事务,如法国由两个机构共同负责办理公司登记事务。1919 年之前,法国主管公司登记事务的机构不确定,《法国商法典》未规定商事登记机关。1919 年之后受到德国商事登记制度的影响,法国以单行法形式规定了公司登记事务由地方法院负责。1935 年,法国又增设了"中央商业登记簿",确立了商事登记由地方法院和工业所有权局共同负责,实行法院和行政机关共同管理登记事务的体制。

（3）行政机关为登记机关。行政机关负责公司登记事务,如英国、美国、澳大利亚、新西兰等英美法系国家,大多由行政机关办理公司登记事务。英美法系国家具体负责登记的行政机关不同,英国公司登记机关为贸易工业部下设的公司注册署(Companies House)。公司注册署设立卡迪夫和爱丁堡两个总部以及伦敦、伯明翰、曼彻斯特、利兹和格拉斯哥五个分部。1988 年之前,公司注册署由政府预算拨款,具有较强的行政机关性质。1988 年之后,公司注册署成为贸易工业部监督下的自收自支的独立非营利性机构。美国各个州自行规定公司登记机关,大多设在州政府内,属于行政机关性质,设州务卿办公室,州务卿负责公司登记的具体事务。

我国属于第三种立法例,即公司登记由行政机关负责,国家工商行政管理总局负责公司的登记事务(《公司登记管理条例》第 4 条),地方各级工商行政管理机构承担各种公司登记事务。

二、公司登记的效力

在规范登记与规范运作的公司中,公司登记事项与公司实际情况通常是一致的。而在司法审判实践中,经常会出现公司登记与实际情况不一致的情形,由此产生公司登记效力问题。公司登记效力有一般效力与特殊效力之分。

（一）公司登记的一般效力

世界各国公司立法,对公司登记的一般效力有登记要件主义和登记对抗主义两种立法例。

（1）登记要件主义。登记要件主义,是指公司某些事项非经登记不产生法律上的效果。换言之,公司某些事项登记即生效,不登记则不生效。英国和德国实行登记要件主义。对公司设立的登记,我国实行登记要件主义,如《公司法》第 6 条规定,公司设立应当依法向公司登记机关申请设立登记。

（2）登记对抗主义。登记对抗主义,也称"登记公示主义",是指公司某些事项不经登记也会产生法律上的效果,但公司未经登记事项不得对抗善意第三人。[①] 对公司变更事项的登记,我国实行登记对抗要件主义,如《公司法》第 32 条规定,公司登记事项发生变更的,应当办理变更登记。未经变更登记的,不得对抗第三人。

登记要件主义和登记对抗主义的实质是强制登记主义与任意登记主义。强制登记主义对公司自治的干预较强,通过公司登记对公司市场准入和市场行为予以控制,与现代市场经济条件下公司登记的公示目的不相符合。任意登记主义尊重公司自治,基于公司的设立、变更、终止及公司重要事项变更对公司第三人利益的保护,要求对外公示以使利害关系人知晓。任意登记主义体现了公司登记的公示目的,较好地平衡了公司自治与交易安全之间的利益冲突。

（二）公司登记的特殊效力

公司登记的特殊效力表现为公司登记的创设效力、公信效力、对抗效力。

（1）创设效力。创设效力通常针对公司设立登记而言,即公司人格的取得要经过

---

① 对抗效力是指公司登记事项一经登记并公告,任何第三人不得以不知道该事项为由主张权利。

注册登记。注册登记的法律事实,是认定公司是否具有独立法律人格的依据;不经注册登记,公司不能取得法人资格。登记具有创设权利的效力,登记的创设效力有以下两个方面的问题:

一是登记行为的创设效力。登记行为是确权还是设权,在各国公司法理论与实践中有所不同。英美法系国家认为,从事营利性商业活动是天赋人权,无须再以商事登记的程序加以确认和限制。公司是否设立、公司设立的类型、公司的经营范围及经营管理等,均成为公司所有人的权利,政府仅对公司的选择予以认可和规范而已。英美法系对公司登记实际是对天赋人权的一种确认而不是"设权"。但大陆法系国家则将注册登记视为取得权利主体资格的前提,即登记行为为设权行为,权利主体的权利能力和行为能力是通过登记行为取得的。

二是登记行为的创设效力范围。登记行为的创设效力仅限于设立登记和注销登记,而变更登记不具有创设效力。变更登记事项是否发生实际变更效果,取决于公司是否依法实施变更行为,登记行为仅起"证权"作用,登记与否不会影响变更效果。《公司法》规定的公司"内部登记"即股东名册的记载和出资证明书是确认股东资格的直接依据,"外部登记"即工商登记仅为确认权利或者法律关系的证明和公示,登记与否不影响实体权利。

(2)公信效力。登记公信效力是指公司登记及公告仅根据登记及公告的内容赋予法律上的公信力,即使登记及公告的内容有瑕疵,法律对信赖登记及公告内容的第三人也加以保护。公司登记无论是实质性审查还是形式性审查,均难以避免登记事项出现不真实甚至是虚假情况。公司登记事项的法律效力,对保护第三人利益和交易安全意义重大。公司事项一经登记公告应推定具有相应的法律效果,善意第三人根据登记事项所实施的法律行为应当有效,即使登记存在瑕疵。公司登记公信效力是商法外观主义原则的具体表现,商法外观主义是指以交易当事人行为外观为准,而认定行为所产生的法律效果。公司登记通过保护善意第三人对登记外观的信赖利益,从而维护了交易的安全和迅捷。例如,在大拇指环保科技集团(福建)有限公司股东出资纠纷案中,[①]最高法判决认为工商登记的法定代表人对外具有公信力。公司对外应以工商登记的法定代表人为准,对内应以股东决议任免决定为准。法定代表人的变更属于公司内部法律关系的变化,应遵从公司内部自治原则。只要公司内部形成了变更决议,即在公司内部产生法律效力,发生代表权的转移效果。对法定代表人变更事项进行登记,是向社会公示公司代表权的基本状态,从而维护稳定的交易秩序和交易安全,应属于宣示性登记而非设权性登记。工商登记未变更,不应当影响公司内部对法定代表人变更的效力,仅该变更不能产生对抗善意第三人的效果而已。

---

① 在大拇指环保科技集团(福建)有限公司诉中华环保科技集团有限公司股东出资纠纷案(〔2013〕闽民初字第43号、〔2014〕民四终字第20号)中,法院裁判摘要认为,对法定代表人变更事项进行登记的意义在于向社会公示公司意志代表权的基本状态。工商登记的法定代表人对外具有公示效力,如果涉及公司以外的第三人因公司代表权而产生的外部争议,应以工商登记为准(2014年最高法公报案例)。

（3）对抗效力。对抗效力是指应当登记于公司登记机关的事项，未经登记与公告，不具有对抗善意第三人的效力。登记对抗效力是以登记公信力为基础，在登记公信力的基础上，登记产生了对抗效力。公司登记内容多样复杂，同时登记现实情况也复杂多样，既有真实登记，也有不实登记。公司登记对抗效力主要表现在以下两个方面：

一是主体方面。登记权利人以已登记事项对抗第三人，无论第三人是否知晓登记事项，在法律上应当推定第三人知晓，第三人不得以不知道为由进行抗辩。换言之，登记并公告事项，应推定第三人已经知晓。

二是客体方面。权利人以已登记事项对抗未登记事项。在公司实务中，已登记事项已经为未登记事项所替代，但法律仍然以已登记事项作为确定权利义务的依据。

（三）我国公司登记效力实务

根据登记的目的和功能的不同，商事登记可以分为设权性登记和宣示性登记。设权性登记是指登记行为产生相应的权利，登记行为是权利设定的前提和基础。宣示性登记是指权利的产生和存续不会受到登记行为的影响，登记行为不具有设定权利的效果，仅具有宣示意义。

在公司实务中，公司登记效力有设权性登记效力和宣示性登记效力两种。公司的设立登记属于设权性登记，具有设权效力。设权性登记具有创设权利主体或者法律关系的效果。《公司登记管理条例》第3条第1款规定："公司经公司登记机关依法登记，领取《企业法人营业执照》，方取得企业法人资格。"公司变更登记则属于宣示性登记，具有宣示权利的效果，仅具有对抗效力。宣示性登记事项一经登记则能产生对抗第三人的效果，如《公司法》第32条规定的登记事项。公司审判实践中涉及公司登记效力的主要情形有：

（1）公司瑕疵登记的效力。[①] 瑕疵登记是指在公司实践中，登记股东姓名或者名称不真实、登记股东出资比例和股权比例不真实、登记文件签名不真实等情形。公司登记不真实削弱了公司登记公信力，不利于保护交易安全和维护正常的交易秩序，导致交易纠纷不断产生。在瑕疵登记情形下，公司登记效力涉及两个方面的问题：

一是公司不得以不真实的登记信息对抗第三人。公司登记不真实，公司登记本身应具有的公信力被推翻，对抗效力失去存在的基础，公司不得以不真实的登记对抗善意第三人。

二是公司不得以不真实登记事项背后的真实法律关系对抗第三人。公司已经登记事项具有公信力，第三人可以完全信赖登记事项的真实性，对于不真实登记事项背后的实际情况，第三人没有了解的义务，公司不得以不真实登记事项背后的真实法律关系对抗第三人。

---

① 瑕疵登记包括公司虚假登记和登记机关错误登记两种情况。大陆法系各国商法典均规定，公司虚假登记事项不得对抗善意第三人。

（2）股东资格确认中的效力。在司法审判实践中，大量公司诉讼纠纷涉及股东资格确认问题，即如何认定自然人或者法人为公司股东。股东资格的确定应具备出资的实质要件和公司登记、章程记载、股东名册、出资证明书等形式要件。股东资格确定的实质要件或者形式要件存在瑕疵，就有可能产生纠纷。公司登记作为公司成立的法定程序，可以证明公司设立时原始股东的股东资格。全体股东共同签署的公司章程，经公司登记机关登记所记载的股东名称，可以对抗公司、全体股东和第三人，主张股东资格。因受让而取得股权的继受股东，股权变更登记是公司义务，公司不得认为未经登记机关登记就不具有股东资格。继受股东资格的取得是基于股权转让合同，而非基于公司登记机关的登记，登记仅具有宣示功能而非设权功能。公司之外的第三人可以根据公司登记的记载，确定公司股东资格，即股东资格纠纷涉及公司之外的第三人时，应以登记机关登记的记载作为认定股东资格的依据。例如，在崔海龙、俞成林股权转让纠纷案中，[①]最高法判决充分肯定了登记作为股东资格判断的依据，认为孙建源等五人与荣耀公司、燕飞等四人在签订涉案《股权转让协议》时，曾经到工商行政管理机关查阅过世纪公司的股权登记，对于荣耀公司和燕飞等四人是否享有公司股权尽了审慎审查的义务。在协议签订后，孙建源等五人履行了合同规定的主要义务，已经向对方支付了部分股权转让款，并到工商行政管理机关办理了股权变更登记。孙建源开始进入公司担任公司法定代表人，参加公司的经营和管理。涉案事实表明，孙建源等五人在与荣耀公司、燕飞等四人进行股权受让行为时，尽到了充分的注意义务，并依据股权协议支付了部分股权转让款，股权变更登记已经经过多年，可以认定孙建源等五人受让股权属于善意，取得世纪公司的相应股权。

（3）股权变动的效力。在公司实务中，股权转让合同生效后，股权发生变动，股权受让人成为公司股东，但在办理公司股权变更登记之前，不得对抗第三人。股权变动主要有以下两种情形：

一是外部变更登记的办理。股权受让人在公司登记机关办理了股权变更登记，但未办理股东名册等内部登记手续，则受让人已经有效地取得公司的股权，可以对抗任何第三人，并要求公司办理内部变动手续，变更股东名册。

二是内部变更登记的办理。股权受让人办理了股权内部变动手续，而未在公司登记机关办理股权变更登记，则受让人的股权不得对抗第三人。

---

① 在崔海龙、俞成林诉无锡市荣耀置业有限公司、燕飞、黄坤生、杜伟、李跃明股权转让纠纷案（〔2005〕苏民二初字第 0026 号、〔2006〕民二终字第 1 号）中，法院裁判摘要认为，在股权转让法律关系中，出让人在无权处分的情况下，将股权持有人的股权转让他人，如果受让人在受让该股权时是善意的，应当认定受让人取得相应股权。原权利人因丧失股权和股东身份，可以向相关侵权人主张承担损害赔偿责任。

第十章 公司发起人

公司发起人、公司资本、公司章程是公司设立不可或缺的三个必备要件。公司发起人既是公司设立的主体要件,也是公司设立的前提条件。在公司成立后,公司发起人的身份发生变化,即由发起人变成为公司股东——原始股东。

第一节 公司发起人概述

公司发起人是一个阶段性概念,主要职责在于设立公司,并对公司设立失败的后果承担法律责任。在公司设立过程中,因公司发起人的过错造成设立中公司损失的,发起人应承担相应的法律责任。公司成功设立后,公司发起人的身份即为股东的身份所替代,对公司的权利义务与其他非公司发起人股东相同。

一、公司发起人的概念

公司发起人(originator,promoter)是指参与公司设立协议和公司章程的起草与制定,认购公司股份及缴付认股款,并向公司登记机关申请公司设立登记的自然人或者法人。《公司法》未对公司发起人作出明确的定义,[①]理论上有不同的认识。司法解释明确了发起人认定标准和判断条件,即发起人是履行有关公司设立职责的人,不仅要订立公司章程,认购出资或者股份,还要履行公司设立职责。换言之,公司发起人为设立公司而签署公司章程、向公司认购出资或者股份并履行公司设立职责的自然人或者法人。

任何公司的设立均离不开公司发起人,发起人是公司成立后的股东。公司发起人是创办公司、筹备公司设立事务,在设立协议和公司章程中签字或者签章,并在公司设立过程中享有权利承担义务的自然人或者法人。《公司法》仅在股份有限公司中有发起人,而在有限责任公司中却没有"发起人",仅使用了"股东"概念。《公司法》第二章第一节中有限责任公司使用"股东",但在公司设立过程中还未成立的情形下,并不存在"股东"的身份,这说明《公司法》中的"股东"概念并不严谨。有限责任公司同样存在发起人或者起到发起人作用的人,作用和地位完全与股份有限责任公司的发起人

---

① 我国台湾地区"公司法"第129条规定:"通常签名盖章于章程者,均为发起人……"

相同,两者应当是没有差别的,完全可以使用同一概念即发起人。《公司法司法解释(三)》弥补了《公司法》的立法漏洞,明文规定有限责任公司设立时的股东为发起人。

公司发起人是公司实际设立活动的负责人,发起人也是公司设立活动法律责任的承担者,如公司章程的制定、公司资金的筹集、公司组织机构的组建、公司办公场所的确定以及公司设立债务的负担等。

认股人是与发起人关系密切的一个概念。有限责任公司设立时的设立人均为发起人,而股份有限公司的设立人有发起人和认股人的区分。股份有限公司的发起人与认股人的职责不同,认股人是应发起人邀请而认购设立中公司股份的自然人或者法人,但不承担公司设立责任。在公司成立后,发起人和认股人均取得公司股东身份,但其发起人和认股人的身份事实并不会发生变化,在一定情形下对各自权利义务产生重大影响。

二、公司发起人的资格和人数

公司发起人资格和人数,是世界各国公司法普遍关注的问题。法律对公司发起人资格和人数均有明确的限制。

(一)公司发起人的资格

公司发起人的资格是指法律对发起人的行为能力、身份、国籍、住所等作出的限制性规定。公司发起人可以是自然人,也可以是法人。法律对公司发起人资格普遍有一定限制,对自然人资格的限制表现在以下两个方面:

(1)自然人自然属性的限制。自然人自然属性的限制是世界各国对发起人资格的一种限制。公司发起人应当具有行为能力,无行为能力人或者限制行为能力人不得作为公司发起人,是由发起人所承担的设立公司行为性质决定的。公司设立是一个法律行为,实施法律行为的主体应具有行为能力。行为能力是法律行为生效的必要条件,公司设立行为是一种商事行为,公司发起人应具有完全行为能力。《公司法》对自然人的权利能力没有明文规定,但我国台湾地区的"公司法"却有明确的限制,即无行为能力或者限制行为能力人不得为公司发起人。大陆法系国家法律基本禁止无行为能力人或者限制行为能力人成为公司发起人。《公司法》没有规定的,应当适用《民法总则》的规定。

(2)自然人法律属性的限制。自然人法律属性的限制是世界各国法律对发起人资格的一种限制。自然人法律属性的限制表现在法律身份和国籍两个方面:一是自然人法律身份的限制。《公司法》没有规定自然人法律身份的限制,对自然人法律身份的限制主要体现在《公务员法》《法官法》和《检察官法》等之中,即法律禁止公务员、法官和检察官等从事营利性的商业经营活动,公务员、法官和检察官等自然人不得作为公司发起人。① 二是自然人国籍（住所）的限制。对自然人国籍（住所）的限制，我国法律也有明文规定，如《公司法》第 78 条规定半数发起人应在中国境内有住所。但是，2001 年我国台湾地区"公司法"的修订中删除了发起人住所的限制，理由是有悖于公司经营的国际化、自由化的目标。

法律对法人发起人资格也有一定限制，这种限制主要体现在以下两个方面：

一是法人性质的限制。党政机关、军队等公法人禁止经商办公司，从事营利性活动，②党政机关、军队等公法人不得作为公司发起人。党政机关，包括各级党委机关和国家权力机关、行政机关、审判机关、检察机关以及隶属这些机关编制序列的事业单位。

二是法人业务的限制。法人通常可以设立公司，成为公司发起人，但是法律对某些类型的公司法人在投资方面有特别的限制，如商业银行不能成为信托公司、证券公司、财务公司、担保公司以及其他普通公司发起人，③保险公司不得成为房地产公司发起人。④ 实际上，法律对商业银行投资的限制已经形同虚设，四大国有银行均设立了信托、证券、财务等公司。⑤

现代各国公司法对公司发起人资格的限制趋向宽松，实行鼓励投资政策，鼓励本国和外国投资人到本国设立公司。

（二）公司发起人的人数

世界各国法律对公司发起人的人数均有明确的规定，不同历史时期，公司发起人的人数有不同规定。我国《公司法》对公司发起人历来有不同的规定：1993 年《公司法》规定有限责任公司发起人应在 2 人以上 50 人以下，股份有限公司则为 5 人以上，没有上限规定；2005 年《公司法》规定有限责任公司发起人应为 50 人以下，股份有限公司则为 2 人以上 200 人以下。即有限责任公司取消了 2 人的下限，股份有限公司发起人的下限由原来 5 人改为 2 人。发起人下线的降低，表明了 2005 年《公司法》降低了公司设立门槛，体现了鼓励投资的价值目标。

---

① 《公务员法》第 59 条规定："公务员应当遵纪守法，不得有下列行为：……（十六）违反有关规定从事或者参与营利性活动，在企业或者其他营利性组织中兼任职务；……"

《法官法》第 46 条规定："法官有下列行为之一的，应当给予处分；构成犯罪的，依法追究刑事责任：……（九）违反有关规定从事或者参与营利性活动，在企业或者其他营利性组织中兼任职务的；……"

《检察官法》第 47 条规定："检察官有下列行为之一的，应当给予处分；构成犯罪的，依法追究刑事责任：……（九）违反有关规定从事或者参与营利性活动，在企业或者其他营利性组织中兼任职务的；……"

② 参见《中共中央、国务院关于进一步禁止党政机关和党政干部经商、办企业的规定》（中发〔1986〕6 号）。

③ 《商业银行法》第 43 条规定了商业银行的投资范围，不得从事信托投资和证券经营业务，不得向非自用不动产投资或者向非银行金融机构和企业投资。

④ 《保险法》第 106 条规定了保险公司投资范围；《保险资金运用管理暂行办法》第 18 条规定保险公司不得投资直接从事房地产开发建设。

⑤ 例如，中国银行设有中银集团保险有限公司、中银集团投资有限公司、中银保险有限公司、中银航空租赁私人有限公司；农业银行设有农银金融租赁有限公司、农银人寿保险股份有限公司、农银国际控股有限公司；工商银行设有工银瑞信基金管理有限公司、工银安盛人寿保险有限公司、工银金融租赁有限公司；建设银行设有建信金融租赁有限公司、建信信托有限公司、建信人寿有限公司、建信期货有限公司等。

三、公司发起人的发起行为

公司发起人的发起行为是指公司发起人以公司设立为目的而实施的一系列相关的法律行为。发起人的发起行为是与公司设立密切相关的,与公司设立无关的发起人行为不属于发起行为。对发起人发起行为的认定,即发起人实施的行为是否属于设立中公司的行为,涉及行为责任的最终归属问题,即是否由设立后的公司承担的问题。发起人的发起行为主要有以下两种类型:

(1) 以公司设立为目的的公司筹备行为。以公司设立为目的的公司筹备行为有公司章程的制定、公司出资或者股份的认购、公司资本或者股份的募集、公司名称的查询和注册、公司注册登记手续的办理等。这些行为在发起人之间、发起人与认股人之间产生一定法律关系,特别是在公司设立失败时,发起人之间可能对设立费用的分担产生纠纷,发起人与认股人之间可能对认股资金退还问题产生纠纷。以公司设立为目的的公司筹备行为所产生的纠纷,通常因公司设立失败而产生于发起人之间或者发起人与认股人之间,属于内部关系纠纷。

(2) 以公司开业为目的的筹备行为。以公司开业为目的的筹备行为,属于公司设立后的公司营业准备行为,如酒店或者饭店的开业装修、生产型企业的选址或者厂房的租赁或建造、服务型企业办公场所的租赁及装修。实际上,前述行为并非严格意义上的公司设立行为,是公司设立行为的延伸,属于公司成立后的行为,但基于商业机会和商业效率考虑,在实务中发起人通常以设立中公司或者拟设立公司名义对外实施法律行为。以公司开业为目的的筹备行为所产生的纠纷,通常因公司设立失败而产生于发起人与第三人之间,属于外部关系纠纷。例如,在李祥伟、朝阳高科种养业股份有限公司合同纠纷案中,[1]最高法认为,涉案招商投资用地协议签订时,郝诗存即作为高科公司筹备组代表在协议中签字,高科公司对此并无异议,且高科公司的公司章程也载明郝诗存为高科公司发起人,从而应认定郝诗存有权代表高科公司筹备组对外作出意思表示。郝诗存以高科公司筹备组的名义与贾家店农场签订的终止协议具有法律效力,相应法律后果应由高科公司承担。

第二节　公司发起人的权利和义务

公司发起人的主要职责是设立公司,发起人应当对公司设立失败的后果承担责任,在公司设立过程中因发起人的过错造成公司损失的,发起人也应当承担相应的法律责任。公司发起人的权利义务是围绕公司设立产生的,有约定权利义务和法定权利义务两个方面,即基于发起协议所产生的约定权利义务和基于公司法所产生的法定权利义务。

---

[1]　李祥伟、朝阳高科种养业股份有限公司诉国营朝阳县贾家店农场合同纠纷案(〔2015〕辽民一终字第 381 号、〔2017〕最高法民申 1761 号)。

一、发起人的权利

公司发起人因设立公司订立发起协议,发起协议确定了发起人的一系列权利与义务,主要体现为发起人义务,但发起人承担义务的同时也享有一定权利。公司发起人享有的权利主要有出资方式选择权、公司组织形式与设立方式选择权以及公司章程制定权。

（1）出资方式选择权。公司发起人可以用货币出资,也可以用实物、知识产权、土地使用权作价出资。发起人可以选择其中一种或者多种出资方式,法律对出资比例没有限制性的规定。但是,修改前的《公司法》对货币出资比例的限制有不同的规定,如1993年《公司法》第24条第2款规定,"以工业产权、非专利技术作价出资的金额不得超过有限责任公司注册资本的百分之二十",2005年《公司法》第27条第3款规定,"全体股东的货币出资金额不得低于有限责任公司注册资本的百分之三十",2013年《公司法》废除了货币出资比例的限制。

（2）公司组织形式和设立方式选择权。公司设立首先应选择公司组织形式,公司发起人对公司组织形式享有选择权,既可以选择有限责任公司,也可以选择股份有限公司。在确定选择设立股份有限公司后,发起人对股份有限公司的设立方式享有选择权。股份有限公司的设立方式有发起设立和募集设立两种方式（《公司法》第77条）。发起设立应由发起人认购公司应发行的全部股份,不向发起人之外的任何人募集而设立公司;募集设立则由发起人认购公司应发行股份的一部分,其余部分向社会公开募集而设立公司。发起人可以自行确定股份有限公司的设立方式。

（3）公司章程制定权。公司章程的制定是公司设立中的主要事项,公司发起人享有公司章程的制定权。根据《公司法》第81条第12款的规定,发起人可以享有公司章程记载的不违反法律强行性规范及社会公益的比较广泛的权利,即认股方式选择权、股息红利优先分配权、优先认购新股权、剩余财产优先分配权、设立报酬请求权、设立费用受偿权以及董事与监事的推荐权等。公司发起人可以通过公司章程确定自己应享有的权利,构建合理的公司治理结构。

二、发起人的义务

在公司设立过程中,公司发起人承担义务多于享有权利,发起人所承担的义务基于法律的规定。根据《公司法》的规定,发起人承担出资义务、忠实与勤勉义务、返还出资的义务以及资本充实义务。

（1）出资义务。出资义务是指股东根据协议的约定以及法律和章程的规定向公司交付财产或者履行其他给付义务。出资义务是发起人基本义务,其性质既是一种约定义务,也是一种法定义务。有限责任公司发起人应按期足额缴纳公司章程中规定的各自应认缴的出资额（《公司法》第28条）;以募集方式设立的股份有限公司在发起人认购股份缴足之前,不得向他人募集股份（《公司法》第80条）。例如,在周春梅、三亚中海生态旅游发展有限公司股东出资纠纷案和本溪北方煤化工有限公司股东出资纠纷案中,最高法均确认了公司发起人的出资义务,认为公司发起人的出资义务既属于约定义务又属于法定义务。

(2)忠实与勤勉义务。发起人在公司设立过程中的忠实义务体现在发起人的出资和股份募集等方面。发起人出资应当真实,即发起人以实物、知识产权、土地使用权作价出资的,应当进行评估作价,核实财产,不得高估作价。股份有限公司发起人出资以后持有本公司股份,在公司成立之日起1年以内不得转让(《公司法》第141条)。发起人缴纳股款或者交付抵作股款的出资以后,除未按期募足股份、未按期召开创立大会,或者创立大会作出不设立公司的决议等情形外,不得抽回其股本(《公司法》第91条)。以募集方式设立股份有限公司的,应当就未认足部分向社会公开募集。招股说明书应当内容真实,不得有虚假记载,也不得有任何对投资人进行误导的言辞。招股说明书应当记载发起人认购的股份数额、每股的票面金额和发行价格。

发起人在设立公司过程中的勤勉义务体现在公司设立的可行性研究、章程的制定以及审批申请等方面。在公司设立之前,发起人应当对拟设立公司的必要性与可行性作充分的调查研究。在公司设立具有必要性和可行性的基础上,开始公司设立的筹备工作。发起人应制定公司章程,积极筹措资本,认购足够的公司股本,办理公司设立审批手续(涉及行政审批事项的)以及公司申请登记手续。

(3)返还出资的义务。以募集方式设立股份有限公司的,发起人在认足一定比例的股份以后,其余部分应当向社会公开募集。发起人向社会公开募集股份的,必须公告招股说明书并制作认股书,同时必须取得国务院证券监督管理部门的批准。由于发生不可抗力或者经营条件发生重大变化,创立大会作出不设立公司决议的,发起人应当将认股人缴纳的股款返还给各认股人。

(4)资本充实义务。资本充实义务体现为发起人对公司未能认足的股份承担认购担保义务,对未缴纳的股款承担缴纳担保义务,对实物出资承担差额填补义务。股份认购担保义务是指公司设立时对外发行的股份,在公司成立后仍未认购或者认购后又取消的,应由公司发起人共同认购。缴纳担保义务是指股东虽认购股份但未缴纳股款或者交付现物的,由发起人承担连带缴纳股款或者交付未给付财产价额的义务。差额填补义务是指如果在公司成立时出资现物的实际价额显著低于章程所定价额的,发起人对不足的差额部分承担连带填补责任(《公司法》第30条)。例如,在中国长城资产管理公司乌鲁木齐办事处借款合同纠纷案中,最高法认为,注册资本是公司最基本的资产,确定和维持公司一定数额的资本,对于奠定公司基本的债务清偿能力,保障债权人利益和交易安全具有重要价值。股东出资是公司资本确定、维持原则的基本要求。出资是公司股东最基本、最重要的义务,同时也是公司法规定的股东必须承担的法定义务。有限责任公司成立后,发现作为设立公司出资的非货币财产的实际价额显著低于公司章程所定价额的,应当由交付该出资的股东补足其差额。股东不实出资,且公司现有资产不足以偿还债权人债务的,公司股东应在不实出资数额的范围内向债权人承担补充赔偿责任。

第三节 公司发起人的责任

在公司设立过程中，不同情形下发起人承担的法律责任不同，有公司设立成功与公司设立失败两种情形，公司设立成功与公司设立失败时发起人承担两种不同的责任。例如，在冯新合伙协议纠纷案中，[1]茂名中院认为，发起人责任纠纷一是公司设立失败时的发起人责任，二是公司成立时的发起人责任。

一、公司设立成功时发起人的责任

公司设立成功是指公司依法成立，即设立的公司符合法律规定的条件并经公司登记机关登记而取得法人资格。在公司设立成功的情形下，公司发起人要承担资本充实责任、损害赔偿责任和出资违约责任。

（一）资本充实责任

发起人的资本充实责任来源于资本充实原则，是为贯彻资本充实原则，由公司发起人共同承担的相互担保出资义务的履行，确保公司实收资本与公司章程所记载的资本一致的责任。大陆法系国家大多实行法定资本制，规定了资本充实责任。我国《公司法》第 28 条和第 30 条规定了资本充实责任。例如，在广州万力集团有限公司融资租赁合同纠纷案中，最高法认为，法律和司法解释对发起人的资本充实责任、债权人直接请求违反出资义务股东承担赔偿责任、瑕疵出资股权转让后出资责任如何承担等问题作出了明确的规定。发起人的资本充实责任主要有发起人的连带认缴责任和价值补充责任两个方面。

（1）连带认缴责任。公司发起人对公司出资承担连带认缴责任，公司发起人的连带认缴责任包括认购担保责任和缴纳担保责任两个方面。发起人的认购担保责任是指公司设立时发行的股份在公司成立后仍未认购的，视为由全体发起人共同认购。发起人的缴纳担保责任是指公司成立后，仍有未缴付股款或者未完全给付实物的，由发起人承担连带缴纳或者补充未完全给付的实物。《公司法》第 28 条和第 93 条规定了发起人的连带认缴责任。

（2）价值补充责任。价值补充责任是指公司发起人对公司出资的非货币财产的实际价值明显低于公司章程所定价值的，承担连带补充差额责任。《公司法》第 30 条和第 93 条规定了公司发起人的价值补充责任。在履行价值补充责任之后，发起人可以向出资不实的发起人行使求偿权。

（二）损害赔偿责任

在公司设立过程中，公司发起人的行为导致公司或者其他发起人利益受到损害

---

[1] 冯新诉高胜海合伙协议纠纷案（〔2014〕茂中法民三终字第 87 号、〔2013〕茂南法民二初字第 266 号）。

的,发起人应当承担损害赔偿责任。损害赔偿责任属于侵权责任,《公司法》规定适用过错责任,即仅在发起人存在过错的情形下,发起人才对公司和其他发起人承担赔偿责任。公司发起人自签订发起人协议起,对拟成立的公司承担注意义务。发起人违反注意义务对拟成立的公司造成损害的,应当承担赔偿责任。

对损害赔偿责任,各国立法有不同的规定。德国公司法适用故意和过失责任原则,如德国《股份公司法》第46条规定:"发起人……故意或者由于严重过失使公司受到损失的,应向公司赔偿损失。"我国公司法则仅适用过失责任原则,如《公司法》第94条第3项规定:"在公司设立过程中,由于发起人的过失致使公司利益受到损害的,应当对公司承担赔偿责任。"与域外立法相比,我国发起人承担了过重的责任。在设立过程中,发起人对公司或者第三人造成损害,不应以过失责任原则为归责原则,而应以故意或者重大过失为归责原则。

（三）出资违约责任

出资违约责任是合同之债。发起人协议生效之后,发起人应当按照各自所认缴的出资额按时足额缴付;否则,发起人应对其他按时足额缴付出资的发起人承担违约责任。《公司法》第28条和第83条规定了发起人的违约责任,即股东应当按期足额缴纳公司章程中规定的各自所认缴的出资额,股东未能按期足额缴纳出资的,除应当向公司足额缴纳外,还应当向已按期足额缴纳出资的股东承担违约责任。例如,在姚富荣股东资格确认纠纷案、香港锦城投资有限公司中外合资经营企业合同纠纷案、上海金桥工程建设发展有限公司股东出资纠纷案中,法院判决均认定未出资的公司发起人应向其他发起人承担违约责任。

二、公司设立失败时发起人的责任

公司设立失败是指公司未能完成设立行为的情形。公司设立失败表现为公司未申请登记,或者公司申请登记因未符合法定条件而被公司登记机关拒绝登记。《公司法》仅规定了股份有限公司设立失败的责任,而对有限责任公司设立失败责任的承担未作相应规定。在公司法的实践中,当公司设立失败而导致公司不能成立时,发起人不但要对发起设立公司过程中所产生的设立费用与债务承担责任,还要对其他认股人承担返还股款的责任。

（1）发起人的连带赔偿责任。公司设立费用和相关债务原则上应当由成立后的公司承担,但当公司不能成立时,先前发生的与设立相关的费用和债务失去承担的主体公司,只能由实施设立行为的主体,即发起人承担。发起人之间的关系近似于合伙关系,世界各国的公司法大多规定准用合伙的有关规定,即发起人对设立行为所产生的费用和债务承担连带赔偿责任。①

（2）对已收股款的返还责任。在股份有限公司设立失败不能达到设立公司的预期目的时，认股人已经缴纳股款的，发起人应对认股人已经缴纳的股款承担返还股款并加付银行同期存款利息的连带责任（《公司法》第94条）。主要有以下四种情形：

一是募集申请被撤销的。以募集设立方式成立股份有限公司，公司发起人应当向国务院证券监督管理机构递交募股申请。募股申请在获批准后，又发现不符合法定条件被撤销批准的；若募集股份尚未开始的，应当停止募集股份；若募集股份已经开始的，发起人应当返还募集的股款，并加付银行同期存款利息。

二是募集股份超过期限的。《公司法》规定招股说明书必须载明本次募股的起止期限及逾期未募足股份时发起人可以撤回所认股份的说明。在超过募股说明书中规定的截止日期尚未募足股份的，如果认股人要求返还股款并加算同期银行存款利息的，发起人应当返还所募股款并加付银行同期存款利息。

三是创立大会超期召开的。《公司法》规定发行股份的股款缴足后，必须经依法设立的验资机构验资并出具证明。发起人应当在30日以内主持召开创立大会。如果发起人不能按期召开创立大会，认股人也有权要求发起人返还其所缴股款并加付银行同期存款利息。

四是不可抗力。因发生不可抗力或者经营条件发生重大变化，直接影响公司设立，创立大会决定不设立公司的，发起人应返还各认股人交纳的股款，但可不加付同期银行利息。返还责任应视为义务，而不应作为具有惩罚性质的赔偿责任。公司不能成立是因不可抗力，且由各认股人表决作出决议，反映的是认股人的意志，并非发起人违反法定义务。在发起人拒不返还而构成不当得利的情形下，认股人可提起不当得利返还之诉。

第四节　设立中公司

公司设立不是一个单一行为，而是通过一系列相互承接的行为渐次设立的。公司

---

① 《公司法司法解释（三）》第4条第1款规定："公司因故未成立，债权人请求全体或者部分发起人对设立公司行为所产生的费用和债务承担连带清偿责任的，人民法院应予支持。……"

《江苏省高级人民法院关于审理适用公司法案件若干问题的意见（试行）》第38条规定："公司正在设立中或公司设立失败的，发起人之间对内和对外应承担的民事责任适用有关合伙组织或合伙型联营的法律规定：（1）公司发起人因设立公司的必要行为所产生的债务，应由全体发起人承担连带责任；发起人对外承担责任后，可以按协议要求其他发起人承担相应的民事责任。（2）公司发起人以自己名义为设立公司必要行为所产生的债务，债权人有权选择该发起人承担或要求全体发起人承担连带责任。（3）公司发起人以设立中公司名义为设立公司必要行为所产生的债务，其他发起人追认的，应当承担连带责任。发起人以自己名义为设立公司非必要行为所产生的债务，由该发起人自己承担相应的民事责任。"

《上海市高级人民法院关于审理涉及公司诉讼案件若干问题的处理意见（二）》"一、处理公司设立中民事责任纠纷的相关问题"第2条规定："公司设立失败的，因设立公司的必要行为所产生的对外债务，应由全体出资人或发起人连带承担责任；对内则按照约定或者出资比例负担。……"

仅在公司登记机关登记时方为有效设立,而在设立登记之前,仅作为设立中公司存在,是一个逐步向有限责任公司或者股份有限公司最终成立过渡的阶段。

一、设立中公司的概念

设立中公司是指从发起人订立发起协议时起到公司设立登记手续完成前,实施公司设立活动的组织体。我国公司立法并没有"设立中公司",而《公司法司法解释(三)》第 3 条出现了"设立中公司",表明司法实践对"设立中公司"概念的认可。实际上,地方法院的指导意见此前已经确认并界定了设立中公司的概念。[①]

公司设立纠纷中各方责任的分配,不可避免地涉及设立过程中公司的法律地位问题。公司经登记取得独立的法人资格,享有权利能力和行为能力。设立中公司是公司成立前过渡时期的产物,不具有法人资格,属于无权利能力社团,内部关系上类推适用公司的规定,而在外部关系上则适用合伙的规定。[②] 虽然我国立法和司法实践并未承认无权利能力社团,但实际上是一个无法回避的实务问题。

设立中公司始于发起人协议,终于公司设立登记。发起人协议签订生效意味着公司设立活动的开始,设立中公司开始逐步构建一系列法律关系,确立了彼此之间的权利义务。公司经登记机关的登记而成立意味着设立中公司的终止,公司取得法人资格,设立中公司的权利义务转移给已经成立的公司。设立中公司承担的职责有:

(1)发起人财产的接收。发起协议生效后,发起人履行协议和公司章程的规定,向设立中公司缴付各自所认购的出资。在货币出资的情形下,设立中公司应开立银行账号;在非货币出资的情形下,发起人应办理相关财产所有权的转移手续。

(2)为公司设立实施一定法律行为。公司设立要为公司营业活动实施各种准备行为,如原材料、机器设备、厂房等的购买,办公场所的租赁或者购买,公司员工的招聘等,从而构建了一系列法律关系,一旦发生法律纠纷,则可能成为诉讼的主体。[③]

(3)公司设立的申请行为。设立中公司最为重要的事情是办理公司设立事务,准备各种公司设立文件,向公司登记机关提交公司设立文件,并办理公司的设立登记等事宜。

在实施上述法律行为的过程中,设立中公司与发起人、第三人建立了复杂的权利义务关系,法律责任的承担是司法审判实践要解决的问题。《公司法司法解释(三)》明

---

① 《江苏省高级人民法院关于审理适用公司法案件若干问题的意见(试行)》第 34 条第 1 款规定:"设立中公司是指为履行公司设立必要行为而存在的组织,始于公司章程或设立协议签订之日,终于公司营业执照签发之日。"

② 参见郑云瑞:《民法总论》(第八版),北京大学出版社 2018 年版,第 230 页。

③ 《江苏省高级人民法院关于审理适用公司法案件若干问题的意见(试行)》第 34 条第 1 款规定:"公司设立必要行为是指以公司设立为直接目的以及为创造公司法所规定的公司设立的必要条件而进行的法律上、经济上所必要的行为。"

确规定设立中公司所签订的合同由成立后的公司承担。[1]

二、设立中公司法律关系的继受

基于发起人的发起协议形成的设立中公司，因公司设立行为构建了一系列法律关系，对这些法律关系的继受，成为立法和司法关注的焦点。

（一）设立中公司与发起人之间的关系

在公司设立中，通常有两个或者两个以上发起人。公司发起人通过发起人协议和公司章程确定公司设立事务的实施主体，在发起人为一人时，发起人与设立中公司具有同一性；在发起人为数人时，发起人与设立中公司则是数个不同主体。公司发起人作为设立中公司的执行机关，对外代表设立中公司实施法律行为，在公司设立工作中与其他权利主体形成一定法律关系，确立了彼此之间的权利义务。公司设立成功的，设立中公司的权利义务则由成立的公司继受；公司设立不成功的，设立中公司的权利义务则由全体发起人继受，[2]即债权人可以请求全体或者部分发起人对设立公司行为所产生的费用和债务承担连带清偿责任。部分发起人向债权人承担清偿责任后，可以请求其他发起人按照约定的责任承担比例分担责任；发起人事先没有约定责任承担比例的，按照约定的出资比例分担责任；没有约定出资比例的，按照均等份额分担责任。

（二）设立中公司与成立后公司的关系

设立中公司包括在设立状态中的有限责任公司和股份有限公司两种情形，由于公司设立条件和程序的不同，有限责任公司在设立状态中的时间较短，而股份有限公司在设立状态中的时间则较长。设立中公司是拟成立公司的前身，与成立后的公司在人格上具有同一性。公司设立成功即告公司成立，设立中公司转化为具有独立人格的公司，设立中公司不复存在。在公司设立过程中，设立中公司所形成的法律关系，与其他权利主体所确立的权利义务，应由成立后的公司继受。[3]例如，在鄂尔多斯民间资本投

---

[1] 《公司法司法解释（三）》第3条规定："发起人以设立中公司名义对外签订合同，公司成立后合同相对人请求公司承担合同责任的，人民法院应予支持。"

《江苏省高级人民法院关于审理适用公司法案件若干问题的意见（试行）》第35条规定："公司发起人以设立中公司名义对外为公司设立必要行为的，其法律后果应当由成立后的公司直接承担，债权人可以公司为被告要求其承担民事责任。"

《上海市高级人民法院关于审理涉及公司诉讼案件若干问题的处理意见（二）》"一、处理公司设立中民事责任纠纷的相关问题"第1条规定："因公司的出资人或发起人设立公司的行为所产生的对外债务纠纷，在公司成立之前的，比照合伙关系处理，由全体出资人或发起人连带承担责任；在公司成立之后的，则由公司承担。……"

[2] 《公司法司法解释（三）》第4条规定："公司因故未成立，债权人请求全体或者部分发起人对设立公司行为所产生的费用和债务承担连带清偿责任的，人民法院应予支持……"

第5条规定："发起人因履行公司设立职责造成他人损害……公司未成立，受害人请求全体发起人承担连带赔偿责任的，人民法院应予支持……"

《上海市高级人民法院关于审理涉及公司诉讼案件若干问题的处理意见（二）》"一、处理公司设立中民事责任纠纷的相关问题"第2条规定："公司设立失败的，因设立公司的必要行为所产生的对外债务，应由全体出资人或发起人连带承担责任；……"

[3] 参见《江苏省高级人民法院关于审理适用公司法案件若干问题的意见（试行）》第35条。

资小额贷款有限公司小额借款合同纠纷案中,[①]鄂尔多斯东胜区法院一审认为,在公司成立前的行为可以称为设立中的公司行为,公司成立后对其设立中进行的民事法律行为应当由成立后的公司承担责任。鄂尔多斯中院二审认为,设立中的公司与成立后的公司是统一的,从而成立后的公司应当承继设立中公司的权利义务,按照双方约定履行合同。在最高额借款协议签订时,涉案公司已经获得企业名称预先核准登记,可以依法以公司名义对外开展相应的商事活动。最高额借款协议合法有效,借款人应承担还款责任,保证人应承担相应的保证责任。

三、设立中公司的法律行为及后果

设立中公司是公司设立过程中出现的一种过渡性社团,为使得目标公司得以成立,设立中公司必须实施一定法律行为,这些法律行为的性质及效果的归属是设立中公司的重要问题。

与设立中公司相关的法律行为具有多样性:一是法律行为实施主体,有以设立中公司名义实施的法律行为,有以将来成立公司名义实施的法律行为,有以发起人名义实施的法律行为;二是法律行为本身的性质,有设立公司的必要行为,也有营业准备行为。设立中公司所实施的法律行为及效果的归属,是一个较为复杂的问题,主要有以下三种情形:

(1)以设立中公司名义所实施的法律行为的责任承担。设立中公司是具有一定权利能力和行为能力的特殊社团,能以自己名义实施一定法律行为,只要法律行为是由设立中公司的意思机关作出并由执行机关实施的,即为设立中公司的法律行为,设立中公司应在责任能力范围内对法律行为的后果承担相应的责任。但设立中公司的法律行为是指设立公司的必要行为,如果超出必要的范围,则超出设立中公司行为能力的范围,应为设立中公司无权实施的法律行为,法律行为应归于无效,由法律行为的实施人和设立中公司承担连带责任。

根据《公司法司法解释(三)》第3条的规定,以设立中公司的名义签订合同的,应由设立后的公司对第三人承担合同责任。除非设立后的公司有证据证明发起人利用设立中公司的名义为自己的利益与第三人签订合同的,设立后的公司可以拒绝承担合同责任。

(2)以拟成立公司名义所实施的法律行为的责任承担。设立中公司以拟成立之公司名义所实施的法律行为,则应由设立中公司承担法律责任。如果该行为不是由设立中公司意思机关作出并由执行机关所实施的,则不是设立中公司的法律行为,设立中公司不承担责任。如果行为是发起人或者设立中公司的董事以拟成立公司名义所实施的法律行为,则应由发起人或者设立中公司和董事对法律行为承担责任。设立中公司以拟成立公司名义所实施的法律行为必须是设立公司的必要行为,如果不是设立

公司的必要行为而是经营行为，则为法律所明文禁止，应为无效法律行为，行为人和设立中公司应当承担连带责任。

（3）以行为人自己名义所实施的法律行为的责任承担。在发起人或者设立中公司的董事以自己名义实施法律行为时，应根据委托理论解决责任的承担。设立中公司为委托人，发起人或者设立中公司的董事为受托人，受托人以自己名义为委托人实施委托行为。根据《合同法》第402条和第403条，受托人以自己名义与第三人订立的合同，如果第三人在订立合同时知道行为人与设立中公司有委托代理关系的，合同直接对设立中公司与第三人产生约束力，即设立中公司应对第三人承担合同责任；如果第三人在订立合同时不知道行为人与设立中公司之间的委托代理关系，当行为人因设立中公司原因对第三人不能履行义务时，行为人应当向第三人披露作为委托人的设立中公司，由第三人选择行为人或者设立中公司作为相对人主张其权利，但第三人不得变更选定的相对人。

《公司法司法解释（三）》第2条确立的规则不同于前述《合同法》的规定，明确规定应由行为人（发起人）对第三人承担合同责任，仅在公司追认、公司享有合同权利、公司履行合同义务的情形下，公司才对第三人承担合同责任。根据前述司法解释的规定，发起人以自己名义为设立中公司签订的合同，应由发起人自行承担责任，设立后的公司原则上并不当然承担责任。设立后的公司以明示方式对合同进行追认或者以事实行为等默示方式表示愿意接受合同的约束，表明设立后的公司可以承担合同责任的，则第三人可以选择发起人或者设立后的公司承担合同责任。

第三编

公司融资制度

第十一章 公 司 融 资

公司融资是以公司资产、权益和预期收益为基础,筹集项目建设、营运及业务拓展所需资金的法律行为。公司融资方式有债务性融资和权益性融资:债务性融资方式有银行贷款、公司债券和应付票据、应付账款等;权益性融资方式主要指股权融资,即公司首次上市募集资金、配股和增发等。债务性融资构成公司负债,公司要按期偿还约定本息,债权人通常不参与公司经营决策,对资金运用也没有决策权;权益性融资构成公司自有资金,投资人有权参与公司经营决策,有权获得公司利润,但无权撤回资金。

第一节 项 目 融 资

项目融资(project finance)是指贷款人向某个特定工程项目提供贷款协议融资,对贷款项目所产生的现金流量享有偿还贷款请求权,并以项目资产作为贷款担保的融资类型。项目融资是一种以项目资产和项目未来收益作为偿还贷款的资金来源和安全保障的融资方式。项目发起人为项目的筹资和经营而设立项目公司,以项目公司名义申请贷款。

一、BOT(bulid-operate-transfer)项目融资模式

BOT 模式是项目融资的基本形式,是基础设施投资、建设和经营的一种方式。由BOT 模式演变出若干衍生的项目融资模式,最为常见的有 BT、TOT、TBT 和 PPP 等项目融资模式。

(一)BOT 项目融资模式的历史沿革

在发展中国家,BOT 方式是基础设施建设成功的融资方法,是一种新型的投资方式,而 BOT 实际上并非一种新生事物,在西方国家已有数百年历史。BOT 方式起源于英国,17 世纪英国的领港公会(Trinity House)承担管理海上事务的职责,包括建设和经营灯塔,即拥有灯塔的建造和过往船舶收费的特权。从 1610 年到 1675 年期间,领港公会未建造一座灯塔,而私人建造灯塔至少有十座。这种私人建造灯塔的投资方式是 BOT 模式的起源,私人向政府提出准许建造和经营灯塔的申请,申请中应当有许多船主签名以证明拟建造的灯塔对其有利且表示愿意支付过路费。在建造灯塔申请获准后,私人向政府租用建造灯塔占用的土地,在特许期内管理灯塔并向过往船舶

收取过路费。在特许权期满后,政府收回灯塔的收费权,并交给领港公会管理和继续收费。截至 1820 年,英国全部 46 座灯塔中,有 34 座是私人投资建造的,BOT 模式在投资效率上远高于政府部门。

20 世纪 80 年代,我国引入 BOT 模式。20 世纪 80 年代初,广东珠江三角洲为解决交通问题,利用民间集资建造的番禺洛溪大桥,是 BOT 项目融资模式的雏形。此外,北京京通快速路、广西来宾 B 电厂、深圳沙角 B 电厂、①广深高速公路、湖北襄荆高速公路等一批项目的建设均采取 BOT 项目融资模式。

(二) BOT 项目融资的概念

BOT 即 bulid(建造)—operate(运营)—transfer(移交)方式,是指政府或者政府授权公司将特定拟建设基础设施项目,以协议方式授权民间投资机构融资、投资、建设、经营、维护该基础设施项目,民间投资机构在协议规定时期内通过经营方式获得收益并承担风险。在民间投资机构经营项目期间,政府或者政府授权公司享有对项目的监督权。协议期满后,由民间投资机构将项目转交给政府或者政府授权公司。例如,在大连绿诺集团有限公司建设工程施工合同纠纷案中,②最高法认为,建设工程领域的所谓 EPC 承包模式,即 engineering(工程设计)—procurement(设备采购)—construction(组织施工),通称设计采购施工总承包。BOT 承包模式,通常是指政府部门就某个基础设施项目签订特许权协议,授权签约的私企来承担该项目的投资、融资、建设和维护。在特许期限内,许可融资建设和经营特定的公共基础设施,并通过向用户收费或者出售产品以清偿贷款,回收投资并赚取利润。政府对该公共基础设施有监督权、调控权,特许期满,签约的私企将该公司基础设施无偿或者有偿移交给政府部门。因此,从 BOT 承包模式的性质和案件所涉工程项目并非公共基础设施以及不存在政府部门作为合同当事人的情况看,涉案工程总承包合同不属于 BOT 承包模式。

BOT 实质上是基础设施投资、建设和经营的一种方式,以政府和民间投资机构之间达成协议为前提,由政府向民间投资机构颁布特许,允许民间投资机构在一定时期内筹集资金建设特定基础设施并管理和经营该基础设施及其相应的产品与服务。政府可以限制民间投资机构提供公共产品或者服务的数量和价格,但应当保证民间资本有获取利润的机会。BOT 模式适用于现在不能盈利而未来却有较好或者一定盈利潜力的项目。在发展中国家,BOT 模式用以进行基础设施建设并取得相当的成功。BOT 经历了数百年发展,为适应不同的基础设施建设条件,衍生出许多变种模式,如 BOOT (build-own-operate-transfer)、BOO (build-own-operate)、BLT (build-lease-

---

① 沙角 B 电厂是我国首个以 BOT 方式建造的火力发电厂,由深圳经济特区电力开发公司(深圳市能源集团有限公司前身)与香港合和电力(中国)有限公司于 1985 年合作兴建,1988 年 4 月正式投入商业运行。装机容量为 2×35 万千瓦。锅炉及辅助设备为日本石川岛播磨重工株式会社制造,汽轮发电机及全部电气设备为日本东芝株式会社制造。1999 年 8 月,合作期满后,沙角 B 电厂产权正式移交中方,由深圳市广深沙角 B 电力有限公司运营管理。

② 大连绿诺集团有限公司诉首钢京唐钢铁联合有限责任公司建设工程施工合同纠纷案(〔2015〕冀民一初字第 14 号、〔2017〕最高法民终 57 号)。

operate)和 TOT(transfer-operate-transfer)等。

（三）BOT 项目融资的主要参与主体

典型 BOT 项目参与主体较多,法律关系复杂。BOT 项目参与主体主要有政府、BOT 项目公司、投资人、银行或者财团、保险以及承担设计、建设和经营的相关公司。

（1）BOT 项目的控制主体。BOT 项目的控制主体是政府,政府有权决定项目是否设立及是否采取 BOT 方式。在 BOT 项目谈判中,政府占据有利地位,主导项目谈判和项目协议的签订。在 BOT 项目实施过程中,政府有权对项目过程实施监管,并在项目特许期满后无偿收回 BOT 项目。

（2）BOT 项目的执行主体。BOT 项目的执行主体是 BOT 项目公司,项目公司处于 BOT 核心地位。BOT 项目公司负责所有关系到 BOT 项目的筹资、分包、建设、验收、经营管理体制以及还债和偿付利息等事项,且与 BOT 项目的设计公司、建设公司、供应商、制造厂商以及经营公司形成债权债务关系。BOT 项目公司是 BOT 项目所有法律关系的核心,与各个 BOT 项目参与者之间分别形成了权利义务关系。

（3）BOT 项目的风险承担主体。BOT 项目的风险承担主体是项目投资人,BOT 项目投资人以投入的资本承担有限责任,即投资人以投入所设立项目公司的资本为限对外承担责任。政府和民间投资机构原则上分担项目风险,各国 BOT 项目的操作实践差别很大。在跨国 BOT 项目的分担风险中,发达市场经济国家通常承担较小的风险,而发展中国家则通常承担较大的风险。

（4）BOT 项目的主要出资人。BOT 项目主要出资人通常是商业银行或者财团。商业银行或者财团向项目公司提供 BOT 项目所需的所有贷款,并按照贷款协议规定的时间和方式支付。单个商业银行可以向中小型 BOT 项目公司提供 BOT 项目所需的全部资金,而大型 BOT 项目通常由银团共同对公司提供贷款。BOT 项目负债率通常较高,高达 70% 至 90%,商业银行和财团贷款是 BOT 项目最大的资金来源。

（5）BOT 项目的设计商和建设承包商。BOT 项目设计商和建筑商应拥有强大的设计、建设队伍并拥有先进技术。在协议规定的期限内,设计商和建筑商应完成 BOT 项目的设计和建设任务。建筑商通常应具有良好的工作业绩,并应由信誉良好的担保人提供担保。BOT 项目建设竣工后应当进行验收和性能测试,以检测建设的项目是否满足设计指标。

（6）BOT 项目风险的承保商。保险公司对项目中各个主体不愿承担的风险进行保险,包括建筑商风险、业务中断风险、整体责任风险、政治风险(战争、财产充公等)等。这些风险具有较强的不可预见性,造成损失巨大,对保险公司的财力、信用要求较高,中小保险公司通常不具备这种风险承保能力。保险公司对所承保 BOT 项目风险还应通过国际再保险市场进行分保,进一步分散所承保的风险。

（7）设备、燃料、原材料等 BOT 项目的供应商。BOT 项目供应商负责供应项目公司所需的设备、燃料、原材料等。在特许期限内,BOT 项目对燃料、原材料需求是长期的、稳定的。供应商选择的条件是信誉良好且有较强、稳定的盈利能力，能在还贷期限内提供 BOT 项目所需的燃料、原材料。燃料和原材料供应价格应在供应协议中明确规定，并由政府和金融机构对供应商进行担保。

（8）BOT 项目的运营商。在 BOT 项目建成后，运营商负责项目的运营管理，为保障项目运营管理的连续性和营利性，项目公司与运营商应签订长期运营管理合同，合同期限不低于 BOT 项目还款期限。运营商应当具备较强的管理技术和管理水平，并具有丰富的 BOT 项目管理经验。在项目运营运程中，项目公司每年应对项目的运营成本进行预算，列出运营成本计划，降低运营成本支出，限制运营商的总成本支出。

（四）BOT 项目融资的运作程序

BOT 模式通常适用于投资大、期限长的基础设施项目。从项目立项到项目特许期满，BOT 项目期限较长，通常为几十年，如《市政公用事业特许经营管理办法》第 12 条规定："特许经营期限应当根据行业特点、规模、经营方式等因素确定，最长不得超过 30 年。"BOT 项目的整个实施过程可以分为立项、招标、投标、谈判、履约五个阶段。

（1）立项阶段。根据中、长期的社会经济发展计划，政府向社会公开新建和改建项目清单。民间投资机构可以根据政府公布清单上的项目，向政府提出以 BOT 方式建设某个项目的建议，并申请投标或者表明承担该项目的意向。政府则对各种方案进行可行性研究，根据各个方案的技术经济指标决定是否采取 BOT 方式。

（2）招标阶段。项目一旦确定采用 BOT 方式建设，政府或者政府委托机构首先应当发布招标公告，对报名的民间投资机构进行投标资格的预审，从中选择数家合格的民间投资机构作为投标人并发售招标文件。对确定以 BOT 方式建设的项目，也可以不采用招标方式，直接与有承担项目意向的民间投资机构进行协商。但协商方式成功率不高，即便协商成功，也会由于缺少竞争导致项目成本增加。

（3）投标阶段。BOT 项目标书的准备时间较长，通常超过 6 个月。在此期间，受政府委托机构应随时回答投标人对项目要求提出的问题，并考虑招标人提出的合理建议。投标人应当在规定的日期前向招标人送交投标书。招标人开标、评标、排序后，选择前 2 至 3 家机构进行谈判。

（4）谈判阶段。特许合同是 BOT 项目的核心内容，对政府和 BOT 项目公司均有法律约束力，并在整个特许期内有效。特许合同规定了政府和 BOT 项目公司各自的权利和义务，决定双方应承担的风险以及应得的回报，特许合同的谈判是 BOT 项目的关键阶段。政府委托的招标人分别同选定的数个投标人进行谈判。

（5）履约阶段。履约阶段涵盖整个 BOT 项目特许期，可以分为 BOT 项目的建设阶段、经营阶段和移交阶段。在履约阶段，BOT 项目公司是实施主体，承担履行合同责任。良好的特许合约可以激励 BOT 项目公司认真负责地监督建设、经营的参与者，不断降低成本、提高效率。

（五）BOT 项目融资中的风险

BOT 项目投资巨大、期限较长且条件差异较大,因而 BOT 的风险较大。风险的规避和分担,构成 BOT 项目内容的重要组成部分。BOT 项目整个过程中可能出现的风险有政治风险、市场风险、融资风险和不可抗拒的自然风险等。

（1）政治风险。政治风险是政治环境发生变化、政局不稳定、政策法规发生变化给 BOT 项目投资带来经济损失的可能性。战争、内乱、征收、征用、没收、国有化、汇兑等发生的风险,是 BOT 项目所要应对的政治风险,是跨国投资的 BOT 项目公司应当首先特别考虑的因素。投资人承担的政治风险随项目期限的延长而不断增加,而本国投资人则较少考虑政治风险因素。

（2）市场风险。市场风险是指未来市场价格的不确定性对 BOT 项目实现既定目标的不利影响。市场风险可以分为利率风险、汇率风险、股票价格风险和商品价格风险,这些市场因素可能直接对 BOT 项目产生影响,也可能是通过对其竞争者、供应商或者消费者间接对 BOT 项目产生影响。在 BOT 项目较长的特许期中,供求关系和价格不时发生变化。在 BOT 项目回收全部投资前,市场上可能出现更为廉价的竞争产品,降低了对该 BOT 项目产品的需求,构成了 BOT 项目的市场风险。

（3）融资风险。汇率、利率和通货膨胀率的预期外变化带来的风险构成融资风险。通货膨胀高于预期,则 BOT 项目预定价格会偏低;利率升高导致较高的负债率,则大幅增加了 BOT 项目融资成本;汇率变化或者兑现困难,也会给跨国投资 BOT 项目带来风险。

（4）不可抗拒的自然风险。BOT 项目和其他项目一样要承受气象灾害(洪涝、台风、冰雹、暴雪、沙尘暴等)、地震灾害、地质灾害(山体崩塌、滑坡、泥石流等)以及海洋灾害(风暴潮、海啸等)等难以预计而又不可抗拒的自然风险。

（六）BOT 项目融资的风险规避与分担

BOT 项目风险应对的机制有风险规避和风险分担两种。风险规避是指采取一定的措施,以降低 BOT 项目发生不利情况的概率;风险分担是指事先约定不利情况发生时,BOT 项目损失的分配方案。风险的规避和分担,是 BOT 项目合同内容的主要组成部分。按照 BOT 项目参与者之间分担风险的惯例,谁最能控制风险,谁即是风险承担者。

（1）政治风险的规避。在跨国投资的 BOT 项目公司中,政治风险是首先要避免的风险。项目公司可以在谈判中获得政府的某些特许以部分规避政治风险,如在项目国以外开立项目资金账户。此外,投资人还可以通过本国相关投资保险机构规避政治风险,如美国海外私人投资公司(Overseas Private Investment Corporation,OPIC)和英国出口信贷担保局(Export Credit Guarantee Department,ECGD)均对本国公司跨国投资的政治风险提供保险。

（2）市场风险的分担。在市场经济环境中,技术进步带来的市场风险应由 BOT 项目投资人承担。市场风险的分担主要有以下两种方式:一是项目公司承担。BOT

项目若是由私人机构发起的,项目的市场风险则应当由项目公司承担。二是政府承担。BOT 项目若由政府发展计划确定,项目的市场风险则应当由政府主要承担。

(3)融资风险的规避。项目工程融资是 BOT 项目全过程的一个重要内容,项目公司是实施的主体,承担 BOT 项目工程的全部融资风险。项目融资技巧对项目融资成本影响较大:一是分批分次融入资金。项目工程的融资应当根据工程进度分步融入;否则,融资成本极大增加。二是产品价格与利率和通胀挂钩。产品价格确定,应预测利率和通胀的波动对产品成本的影响。从国外引入外资的 BOT 项目,还应当规避货币兑换和汇率的风险。

(4)不可规避自然风险的分担。自然风险具有不可预测性和损失额的不确定性,可以通过保险公司分担部分风险。大型 BOT 项目需要数个保险公司共同承保。在项目合同中,政府和项目公司还应约定自然风险的分担方法。

二、BOT 项目融资模式的衍生品

在 BOT 项目融资模式的实际运用中,由于基础设施种类、投融资回报方式、项目财产权利形态等因素的不同,已经出现了 BT、TOT、TBT 和 PPP 等项目融资模式的衍生品。

(一)BT(build-transfer)项目融资模式

BT 即建设—移交,是基础设施项目建设领域所采取的一种投资建设模式。在 BT 模式下,项目发起人与投资人通过合同约定,由投资人承担项目的融资与建设,并在约定期限内将完成的项目移交给项目发起人。根据事先签订的回购协议,项目发起人分期向投资人支付项目总投资及确定的回报。

BT 投资建设合同是 BT 项目的核心法律文件,规定了 BT 项目各个参与主体的权利义务。BT 模式是政府利用民间资金进行非经营性基础设施建设项目的一种融资模式。BT 模式是 BOT 模式的一种变换形式,即非经营性基础设施建设项目的运作通过项目公司总承包,项目完工验收合格后移交给业主,业主向投资方支付项目总投资加上合理回报。与 BOT 模式相比,BT 模式省去了运营环节,降低了投资人的投资风险。

在市场经济条件下,BT 模式是从 BOT 模式演变而来的新型投资模式。以 BT 模式建设的基础设施建设项目的所有权,归属于政府或者政府所属公司。政府将基础设施建设项目的融资和建设特许权转让给投资人,投资人应当是 BT 项目所在国家注册的国有或者民营建筑企业。根据基础设施建设项目的未来收益情况,银行等其他金融机构为 BT 项目建设提供融资贷款。根据项目所在地的社会经济发展的需要,政府对 BT 项目进行立项,进行项目建议书、可行性研究、筹划报批等前期准备工作,委托所属公司或者咨询中介公司对 BT 项目进行招标;与中标人(投资人)签订 BT 投资合同;中标人(投资人)组建 BT 项目公司,项目公司在项目建设期间行使业主权利,负责项目的投融资与建设管理,并承担项目建设期间的风险。BT 项目完成后,投资人按照事先约定将完工的项目移交给政府。政府按照事先约定总价,分期偿还投资人的融资、建设费用以及合理收益。政府及其管理部门监管、指导 BT 项目投资的全过程,以确保 BT 投资项目的顺利融资、建成、移交。山西阳侯高速公路、北京奥运地铁支线项目等采取了 BT 投资模式。①

（二）TOT(transfer-operate-transfer)项目融资模式

TOT 即移交—经营—移交模式,是一种通过出售现有资产以获得增量资金进行新建项目融资的新型融资方式,是国际上较为通行的一种项目融资方式。TOT 是指政府部门或者国有公司将已经建成项目的一定期限产权或者经营权有偿转让给投资人,由投资人进行运营管理;在约定期限内,投资人通过经营收回全部投资并得到合理的回报,双方约定的期限届满,投资人再将该项目交还给政府部门或者原公司的一种融资方式。如 2003 年合肥市王小郢污水处理厂是中国第一个污水 TOT 项目。②

TOT 项目融资方式与 BOT 相比,减少了建设环节,免除建设阶段风险,接受项目后即可获得收益。由于项目收益已经进入正常运转阶段,项目经营者通常以经营收益权向金融机构质押而获得再融资。在 TOT 项目融资模式下,投资人直接参与项目经营,在投资人自身的利益驱动下,经营风险自然会控制在投资人所能承受的范围内。TOT 项目融资的优势体现在以下三个方面:

（1）城市基础设施存量资产的盘活。随着城市扩容速度加快,迫切需要大量资金用于基础设施建设,而城市基础设施中部分经营性资产融资功能闲置,甚至出现大量资产沉淀现象。TOT 项目融资方式可以盘活存量资产,发挥存量资产最大的社会和经济效益。

（2）社会投资总量的增加。TOT 项目融资方式盘活了城市基础设施存量资产,也引导更多社会资金投向城市基础设施建设,促进社会经济平稳增长。

（3）社会资源配置的合理化。TOT 项目融资方式的引入,使得在市场竞争机制的作用下,所有基础设施经营者增加了无形压力,促使其改善管理,提高生产效率。

（三）TBT(transfer-build-transfer)项目融资模式

TBT 项目融资模式是将 TOT 项目融资模式与 BOT 项目融资模式组合起来,以 BOT 为主的一种融资模式。在 TBT 项目融资模式下,TOT 模式的实施是辅助性的,TOT 模式主要是为促成 BOT 模式的实施。TBT 模式的实施程序如下:

（1）TOT 项目的无偿转让。政府以招标方式将已经运营一段时间的项目和未来若干年的经营权无偿转让给投资人,由投资人经营项目的经营管理并获得项目经营的

---

① 北京地铁奥运支线采用 BT 模式进行投资建设,即由招标人通过公开招标的方式确定建设方,由建设方负责项目资金筹措和工程建设,项目建成竣工后由招标人进行回购。地铁奥运支线项目招标人北京地铁 10 号线投资有限责任公司,2005 年通过公开招标的方式选择中标人,通过评标确定中国铁路工程总公司、中铁电气化局集团有限公司、中铁三局集团有限公司联合体为中标人。

② 2003 年,合肥市政府决定采取 TOT 模式,通过国际公开招标转让合肥市王小郢污水处理厂的资产权益,实施特许经营。柏林水务中国控股有限公司以 4.8 亿元受让王小郢污水处理厂全部资产,获得 23 年的特许经营权。

收益。

（2）BOT 项目的实施。投资人设立项目公司以 BOT 模式建设和经营待建项目；项目建成开始经营后，BOT 项目公司运营建成的基础设施项目并获得经营收益。

（3）TOT 项目和 BOT 项目的归还。根据 TOT 模式和 BOT 模式的协议约定，在约定期限届满时，投资人相继将 TOT 项目和 BOT 项目的经营权归还给政府。

在 TBT 模式下，政府将一个已建项目和一个待建项目打包处理，获得一个逐年增加的协议收入，最终收回待建项目的所有权益。TBT 项目融资模式有以下两种形式：

（1）TOT 项目的有偿转让。政府或者政府所属机构以 TOT 项目方式有偿转让已建成的基础设施经营权，并将所得资金入股 BOT 项目公司，参与新建 BOT 项目的建设与经营，直至收回经营权。

（2）TOT 项目的无偿转让。政府或者政府所属机构将已建设施的经营权以 TOT 项目方式无偿转让给投资人，但条件是与 BOT 项目公司按照一个递增的比例分享拟建项目建成后的经营收益。

在上述 TBT 项目融资模式的两种形式中，以有偿转让方式为例外，无偿转让方式为常态。

（四）PPP(public-private-partnerships)项目融资模式

PPP 即公共部门—私人公司—合作模式，是 20 世纪 90 年代后出现的一种崭新的项目融资模式。PPP 项目融资模式鼓励民营公司与政府进行合作，参与公共基础设施的建设。在公共基础设施领域，特别是在公路、铁路、地铁等大型项目的建设中起到非常重要的作用。PPP 融资模式源于欧洲，最早由英国政府于 1982 年提出，是指政府与私营商签订长期协议，授权私营商代替政府建设、运营或者管理公共基础设施并向公众提供公共服务。北京地铁 4 号线、[①]深圳地铁 4 号线、[②]青岛地铁 4 号线和中国国家体育场均采取了 PPP 模式。

2015 年《基础设施和公用事业特许经营管理办法》[③]确立了民营资本参与特许经营权的制度，明确规定在能源、交通、水利、环保、市政等基础设施和公用事业领域开展

---

① 国内首次采用 PPP 模式的是北京地铁 4 号线。北京市政府将工程的所有投资建设任务以 7∶3 的基础比例划分为 A、B 两部分，A 部分包括洞体、车站等土建工程的投资建设，由政府投资方负责；B 部分包括车辆、信号等设备资产的投资、运营和维护，吸引社会投资组建的 PPP 项目公司来完成。政府部门与 PPP 公司签订特许经营协议，根据 PPP 项目公司所提供服务的质量、效益等指标，对企业进行考核。在项目成长期，政府将其投资所形成的资产，以无偿或象征性的价格租赁给 PPP 项目公司，为其实现正常投资收益提供保障；在项目成熟期，为收回部分政府投资，同时避免 PPP 项目公司产生超额利润，通过调整租金的形式令政府投资公司参与收益的分配；在项目特许期结束后，PPP 项目公司无偿将项目全部资产移交给政府或续签经营合同。

② 深圳地铁 4 号线由香港港铁公司获得运营及沿线开发权。根据深圳市政府和香港港铁公司签署的协议，港铁公司在深圳成立项目公司，以 BOT 方式投资建设全长约 16km、总投资约 60 亿元的 4 号线二期工程。深圳市政府在 2004 年年底建成通车的全长 4.5km 的 4 号线一期工程在二期工程通车前（2007 年）租赁给港铁深圳公司，4 号线二期通车之日始，4 号线全线由香港地铁公司成立的项目公司统一运营，该公司拥有 30 年的特许经营权。此外，香港地铁还获得 4 号线沿线 290 万平方米建筑面积的物业开发权。在整个建设和经营期内，项目公司由香港地铁公司绝对控股，自主经营、自负盈亏，全部资产在运营期满后无偿移交给深圳市政府。

③ 国家发展和改革委员会、财政部、住房和城乡建设部、交通运输部、中国人民银行令第 25 号。

特许经营,境内外法人或其他组织均可通过公开竞争,在一定期限和范围内参与投资、建设、运营基础设施和公用事业并获得收益。

PPP模式是一种优化的项目融资与实施模式,以各参与方的多赢作为合作基本理念。在PPP项目融资模式下,政府通过政府采购方式与中标人设立的特殊目的公司签订特许合同,①由特殊目的公司负责PPP项目的筹资、建设和经营。政府与提供贷款的金融机构达成协议,协议并非对PPP项目进行担保,而是向借贷机构承诺将按照与特殊目的公司签订的合同支付有关费用的协定,从而使特殊目的公司能较为顺利地获得金融机构的贷款。

PPP项目融资模式的实质,是政府通过给予民营公司长期的特许经营权和收益权以加快基础设施建设及有效运营。PPP模式主要包括以下三个方面的内容:

(1)新型的项目融资模式。PPP项目融资模式是以项目为主体的融资活动,即根据项目的预期收益、资产以及政府扶持的力度来安排项目融资。偿还项目贷款的资金来源,是项目经营的直接收益和通过政府扶持所转化的效益,而项目公司的资产和政府给予的有限承诺是项目贷款的安全保障。

(2)公共基础设施建设资本的民营化。PPP项目融资模式鼓励民营资本参与到公共基础设施项目的建设。政府公共部门与民营公司以特许权协议的方式进行全过程的合作,双方共同对项目运行的整个过程负责。PPP融资模式的操作规则,使民营公司能够参与到公共基础设施项目的确认、设计和可行性研究等前期工作,有效地实现对项目建设与运行的控制,从而有利于降低项目建设投资的风险,较好地保障国家与民营公司各方的利益。

(3)民营资本营利的确保。民营资本投资目标是寻找能够偿还贷款又有投资回报的项目,民营资本不可能投入没有盈利的基础设施项目。在PPP模式下,政府给予民营资本相应的政策扶持作为补偿,如税收优惠、贷款担保、土地优先开发权等,通过扶持政策以提高民营资本参与投资城市基础设施项目的积极性。

在福建海峡银行股份有限公司福州五一支行金融借款合同纠纷案中,②福建高院的判决旨在明确特许经营权的收益权可作为应收账款予以质押,对协调新生物权与物权法定原则提供了指引,有利于解决对特定项目(如污水处理)的特许经营权能否质押及收益权质押实现方式的争议,统一裁判标准,对规范金融机构特许经营权的质押贷款业务并促进基础设施项目的融资有积极的指导意义。

---

① 特殊目的的公司是由中标的建筑公司、服务经营公司或者对项目进行投资的投资人设立的股份有限公司。

② 在福建海峡银行股份有限公司福州五一支行诉长乐亚新污水处理有限公司、福州市政工程有限公司金融借款合同纠纷案(〔2012〕榕民初字第661号、〔2013〕闽民终字第870号)中,法院裁判要旨认为,特许经营权的收益权可以质押,并可作为应收账款进行出质登记。特许经营权的收益权依其性质不宜折价、拍卖或者变卖,质权人主张优先受偿权的,法院可以判令出质债权的债务人将收益权的应收账款优先支付质权人(指导案例53号)。

第二节 银团贷款

银团贷款（syndicated loan）起源于 20 世纪 60 年代，是国际信贷市场兴起的一种融资方式，是现代化大生产、经济全球化和金融国际化的产物。从 1967 年首笔银团贷款在纽约出现以来，银团贷款已经成为国际债务市场的主流业务。银团贷款的发展过程大致经历了三个阶段：第一个阶段是 1967 年至 20 世纪 80 年代中期，银团贷款主要集中于基础设施建设领域，以欧美国家公路、电力、石化和通讯等基础设施建设项目融资为代表；第二个阶段是 20 世纪 80 年代中期到 90 年代末，以并购杠杆交易为主银团贷款；第三个阶段是 20 世纪 90 年代末至今，以银团贷款二级市场交易为主的金融创新促进了银团贷款市场与资本市场的融合。[①]

一、银团贷款概念

银团贷款是指两个或者两个以上银行或者非银行金融机构，根据同一贷款协议以约定的贷款期限、贷款条件以及贷款发放的时间和比例，通过代理行向借款人提供的本币、外币贷款或者授信业务。我国境内银团贷款业务起步较晚，出现在 20 世纪 80 年代，中国银行为广东深圳大亚湾核电站项目筹组 131.4 亿法郎及 4.29 亿英镑，是以国内银行担保向海外借入银团贷款转贷给国内企业，是我国第一笔外汇银团贷款。90 年代开始，我国银团贷款步入发展阶段，国内金融机构开始参与并组织银团贷款为相关的项目融资。进入 21 世纪之后，国内银团贷款市场渐次活跃，一大批重点项目采取了银团贷款方式。例如，2009 年位于陆家嘴金融中心区 Z3-2 地块的上海中心大厦获得交通银行、中国银行上海分行等 8 家中国内地银行超过 100 亿元的银团贷款。[②]

我国银团贷款基本集中在交通、公共基础设施、房地产、电力等资本密集型行业。从银团贷款期限结构看，5 年以上的长期贷款占比较大，占全部银团贷款数量七成以

[①] 参见中国银行业协会银团贷款与交易专业委员会编著：《银团贷款理论与实务》，中国金融出版社 2011 年版，第 2—3 页。

[②]

上海中心大厦项目银团贷款成员行一览表

银行名称	参与角色	承诺比例（%）
交通银行上海市分行	牵头行、还款代理行	20
中国银行上海市分行	牵头行、放款代理行	20
农业银行上海市分行	牵头行、担保代理行	20
工商银行上海市分行	信用证业务合作行	9
建设银行上海市分行	工程资金监管行	9
国家开发银行上海市分行	财务顾问管理行	9
浦东发展银行上海市分行	基本账户管理行	9
上海银行	港澳台业务推广行	4

上。[①]银团贷款作为一种中长期融资形式,最初主要以支持基础设施建设的项目融资为主,后来渐次扩展到并购融资、资产证券化等领域。并购是指通过公司资源的重新配置或者组合,以实现某种经营或者财务目标,包括改善公司经营效率、实现资产的优化配置。在本质上,并购与重组是一种金融交易,旨在通过公司产权、控制权的专业重新组合,实现整合资源、增加或者转移财富的目的。

并购融资是指并购方为兼并、合并或者控股收购被并购方公司而进行融通资金的活动。并购是公司实现资本扩张和战略整合的重要手段,而并购融资是公司并购能否成功的关键。按照并购资金的来源,并购融资分为内部融资和外部融资两大渠道,内部融资是指并购所需资金来源于公司自身积累。由于并购通常需要大量资金,并购人大多需要通过外部融资安排解决并购所需资金。公司并购外部融资主要有:银行或者其他投资人提供的贷款资金;发行债券与夹层融资;[②]增发股票、认股权证以及私募等方式获得权益融资;各种融资方式混用。

银团贷款与资本市场关系密切,主要用于结构融资、[③]债务重组和收购兼并以及杠杆收购。在经济周期上升期,银团贷款以新建项目融资和结构融资为主;在经济周期调整期,银团贷款则以收购兼并为主。[④]《商业银行并购贷款风险管理指引》所规范的并购贷款是指为中国境内并购方通过受让现有股权、认购新增股权,或者收购资产、承接债务等方式以实现合并或者实际控制已设立并持续经营的目标公司的并购交易提供融资。2009 年,中国机械工业集团公司通过银团贷款方式收购中国一拖集团有限公司,是以中国银行为牵头行、北京银行和中信银行为参加行的首次并购银团贷款。2010 年,浙江吉利控股集团有限公司完成了瑞典沃尔沃轿车公司的股权收购,法国巴黎银行和中信银行承担了 30.5 亿欧元银团贷款业务,分为 9.5 亿欧元为期 12 个月的过桥贷款和 21 亿欧元为期 5 年的贷款。

二、银团贷款中的金融机构

银团贷款由多家银行或者非银行金融机构共同组成,即由顾问行、安排行、牵头行、经理行、参加行、代理行、协调行等成员共同组成,各个成员行按照合同约定或者各

---

① 参见中国银行业协会银团贷款与交易专业委员会编著:《银团贷款理论与实务》,中国金融出版社 2011 年版,第 12 页。

② 夹层融资(mezzanine finance)是指向融资方提供介于股权与债权之间的资金,在公司偿债顺序中位于贷款之后,是一种无担保的长期债务。夹层融资本质上仍是一种借贷资金,通常采取次级贷款形式,但也可以采用可转换票据或者优先股形式。夹层融资是一种融资技术手段,在很多情况下起到"过桥"融资作用,期限通常为一到两年。如在房地产夹层融资中,公司从取得土地使用权到获得开发贷款之间的资金需求,是通过夹层融资方式实现的。

③ 结构融资(structure financing)是资本市场融资的一种方式,通过发行资产支持证券的方式来出售将来可回收的现金流从而获取融资。这些资产包括商业不动产抵押贷款证券、资产支持证券、商业租赁合约证券、住房抵押贷款证券以及其他任何具有可回收现金流的金融工具。

④ 参见中国银行业协会银团贷款与交易专业委员会编著:《银团贷款理论与实务》,中国金融出版社 2011 年版,第 110 页。

自的放款比例履行职责、享受权益和承担风险。银团成员行主要有牵头行、代理行、参加行等几个层次。

（1）顾问行。顾问行是指在银团贷款中对多家银行的报价和贷款条件，借款人为正确作出借款决策，可以指定一家银行担任顾问行，向借款人提供有偿的财务咨询服务，以保证借款工作的顺利进行。顾问行通常出现在融资结构较为复杂的银团贷款中，但并非银团贷款中的必备主体。顾问行应进行尽职调查，编制财务模型，设计融资结构，拟订融资基本条件，推荐意向参加行等。根据国际惯例，为避免利益冲突，顾问行不得作为贷款人参与融资。

（2）牵头行。牵头行是指经借款人同意承担发起组织银团、分销银团贷款份额的银行。在包销银团贷款中，牵头行所占的份额较大，在经理团成员中居于最高位置。安排行是指一家或者数家接受客户委托筹组银团并安排贷款分销的银行，是银团贷款的组织者和安排者。整笔银团贷款通常是由安排行进行包销的。

牵头行发起和筹组银团贷款，并分销银团贷款份额。在对借款人进行贷前尽职调查之前，牵头行应当草拟银团贷款信息备忘录，并向潜在的参加行推荐。牵头行代表银团与借款人谈判确定银团贷款条件，代表银团聘请相关中介机构起草银团贷款法律文本，并组织银团成员与借款人签订书面银团贷款合同。

（3）经理行。经理行是指在金额较大、参加行众多的银团贷款中，由牵头行根据各家银行所承诺的贷款金额和级别给予的地位，是银团组团阶段承担组团任务的银行。在牵头行组织下，实力较强、经验丰富的参加行组成经理团，主要负责组织评审贷款项目和组团的可行性，与牵头行讨论贷款文件，直至贷款合同签署等工作。在贷款金额较大、参加行较多的银团贷款中才会出现经理行。

（4）代理行。代理行是指银团贷款协议签订后，按相关贷款条件确定的金额和进度归集资金向借款人提供贷款，并接受银团委托按银团贷款协议约定进行银团贷款事务管理和协调活动的银行。代理行经银团成员协商确定，可以由牵头行或者其他银行担任。代理行应当代表银团利益，借款人的附属机构或者关联机构不得担任代理行。代理行应当依据银团贷款协议的约定履行代理行职责，如负责提款、还本付息、贷款管理、违约处理等。[①]

---

① 《银团贷款业务指引》第 12 条规定："代理行应当依据银团贷款合同的约定履行代理行职责。其主要职责包括：（一）审查、督促借款人落实贷款条件，提供贷款或办理其他授信业务；（二）办理银团贷款的担保抵押手续，负责抵（质）押物的日常管理工作；（三）制定账户管理方案，开立专门账户管理银团贷款资金，对专户资金的变动情况进行逐笔登记；（四）根据约定用款日期或借款人的用款申请，按照银团贷款合同约定的承贷份额比例，通知银团成员将款项划到指定账户；（五）划收银团贷款本息和代收相关费用，并按承贷比例和银团贷款合同约定及时划转到银团成员指定账户；（六）根据银团贷款合同，负责银团贷款资金支付管理、贷后管理和贷款使用情况的监督检查，并定期向银团成员通报；（七）密切关注借款人财务状况，对贷款期间发生的企业并购、股权分红、对外投资、资产转让、债务重组等影响借款人还款能力的重大事项，在借款人通知后按银团贷款合同约定尽早通知各银团成员；（八）根据银团贷款合同，在借款人出现违约事项时，及时组织银团成员对违约贷款进行清收、保全、追偿或其他处置；（九）根据银团贷款合同，负责组织召开银团会议，协调银团成员之间的关系；（十）接受各银团成员不定期的咨询与核查，办理银团会议委托的其他事项等。"

（5）参加行。参加行是指接受牵头行邀请参加银团，按照协商确定的承贷份额向借款人提供贷款的银行。参加行应当按照约定及时足额划拨资金到代理行指定账户，参加银团会议，做好贷后管理，了解掌握借款人日常经营与信用状况的变化情况，及时向代理行通报借款人的异常情况。

例如，在中国工商银行股份有限公司浙江省分行营业部金融借款合同纠纷案中，[①]浙江高院认为，工行浙江省分行、工行浙江省分行营业部、中国进出口很行、上海银行杭州分行等四家银行组成的银团与亚洲包装公司签订的银团贷款合同、银团与亚洲包装公司、金泰集团、金祥佐签订的借款调整协议、银团与亚洲包装公司签订的抵押合同、银团分别与金泰集团、金祥佐签订的保证合同，均为各方真实意思表示，内容不违反法律和行政法规的规定，主体适格，合法有效。

法院审理查明，2010 年 4 月 16 日，由工行浙江省分行作为牵头行，中国进出口银行、上海银行杭州分行作为参贷行、工行浙江省分行营业部作为参贷行和代理行，组成亚洲包装中心项目贷款银团，与亚洲包装公司签订了银团贷款合同，由银团为亚洲包装公司位于杭州市钱江新城 A-01-1 地块的亚洲包装中心大厦建设项目提供总计 12 亿元的贷款，贷款总期限为 5 年。代理行负责办理日常的贷款本金发放和本息（包括罚息和违约金、赔偿金等）回收工作，当银团会议表决决定通过诉讼追究借款人的违约责任时，由代理行负责全权代理银团各贷款人向借款人提起诉讼，代理行可以委托代理人代理银团贷款人向借款人提起诉讼或应诉。银团会议约定银团会议是银团的最高权力机构，由银团的全部贷款人组成，负责协调各贷款人之间的协作事宜和协商确定银团贷款的重大事项等。

三、银团贷款的操作流程

银团贷款的流程分为委托授权、银团筹组和协议执行三个阶段，包括银团贷款的发起、设计、委托、分销、额度分配、文本确定、协议签订、放款及贷款后的管理等环节。

（一）借款人的委托授权

在获取借款人委托阶段，银行主要工作是根据借款人需求制订并完善相关融资建议书。融资建议书是银团贷款流程中的核心文件，是银行向借款人发出的争取委托书的投标文件，是贯穿银团筹组到最终签约的主线。融资建议书包括贷款条件、收费条件、承销方式（全额包销、部分包销、尽最大努力推销）、融资安排时间表等内容。

在对各个银行提交的银团贷款融资建议书进行综合分析比较的基础上，借款人选择条件最为合适的银行作为合作银行，并出具银团贷款委托书，以保证银团贷款资金筹组的工作效率。借款人原则上只能委托一家银行，但在大型银团贷款项目中，借款人可以委托数家银行。委托书内容主要有借款人接受发起银行的贷款条件、分销银行

---

① 中国工商银行股份有限公司浙江省分行营业部诉亚洲包装中心有限公司、金泰集团有限公司、金祥佐金融借款合同纠纷案（〔2015〕浙商初字第 10 号）。

的责任、对牵头行的授权以及市场排他条款等。

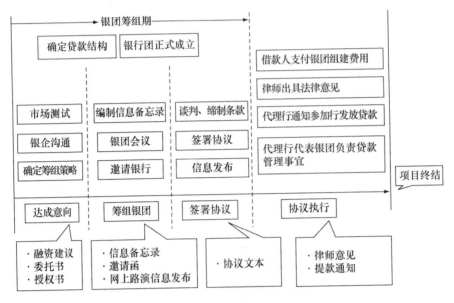

图 11-1　银团贷款业务流程①

（二）银团的筹组

在获得借款人的委托授权书之后，牵头行应编制信息备忘录。信息备忘录内容主要包括银团贷款的基本条件、借款人的法律地位及概况、借款人的财务状况、项目概况及市场分析、项目财务现金流量分析、担保人和担保物介绍、风险因素及避险措施、项目的准入审批手续及有资质环保机构出具的环境影响监测评估文件等。

在编制银团贷款信息备忘录过程中，牵头行应如实向潜在参加行披露其知悉的借款人全部真实信息。在向其他银行发送银团贷款信息备忘录前，牵头行应要求借款人审阅该银团贷款信息备忘录，并由借款人签署"对信息备忘录所载内容的真实性、完整性负责"的声明。必要时，牵头行也可以要求担保人审阅银团贷款信息备忘录并签署上述声明。

牵头行确定邀请银行名单，并向拟邀请银行发出正式邀请函及信息备忘录。牵头行举行银行推介会进行市场推介，或者安排路演（road show），由借款人向有兴趣的银行推销自己和介绍项目情况。市场推介和路演完成后，潜在参加行进行内部信贷审批。在内部授信审批完成后，按照邀请函要求向委托安排行反馈贷款承诺函。

银团贷款会出现认购不足或者超额认购的情形，牛头行有权根据贷款分销策略制订最后分配原则，作出增加或者减少参加行份额的调整决定。在银团贷款的分销中，

① 参见中国银行业协会银团贷款与交易专业委员会编著：《银团贷款理论与实务》，中国金融出版社 2011 年版，第 21 页。

贷款份额分配方法有承诺和持有法、等比例保留法、不等比例保留法等。

银团贷款协议、担保协议等的起草,通过各方当事人的谈判、磋商、讨论最终确定贷款协议文本。贷款协议的签署,标志着银团贷款的生效。

（三）协议执行

银团贷款协议签署后,代理行承担所有的贷款工作,借款人可以在贷款协议规定的提款期限内,向代理行申请提款。提款有初次提款和每次提款之分。初次提款是指贷款协议签订后的第一次提款,通常在协议签订后两个月内。在规定期限内不提款,视为主动放弃全部贷款,贷款协议自动失效。第一次提款还规定了先决条件,先决条件通常包括组织和注册文件、公司文件和签字样本、财务证明、交易文件、保险等。

代理行承担银团贷款的日常管理,按照贷款协议规定,对贷款进行贷后的管理。在银团贷款存续期间,牵头行或者代理行负责召开银团会议。牵头行或者代理行应根据需要组织银团定期进行现场检查。参加行应根据贷款协议通过代理行向借款人催收贷款本息。

四、银团贷款协议

银团贷款协议是银团贷款最为重要的法律文件,涉及银团贷款项目的借款人、牵头行、代理行、参加行及其他相关各方当事人的权利义务。银团贷款协议有标准条款和非标准条款,标准条款是所有银团贷款协议基本具备的协议条款,在所有银团贷款项目中具有普遍适用性,构成银团贷款协议的基本构架。标准条款的内容不会因银团贷款项目不同而有所改变,主要有利率和利息期长度确定方式、利息支付方式、还款和提前还款、税费补偿、违约的救济措施、银团成员之间的关系、银团表决机制、费用和补偿、贷款转让、借款人抵消的禁止等。

非标准条款则可能因银团贷款项目不同而有所不同,且当事人可以协商变更、补充或者删除。非标准条款主要有提款先决条件、强制提前还款的情形、借款人声明和陈述、借款人承诺、违约事件构成、适用法律和争议解决方式等。在银团贷款实务中,提款先决条件、借款人声明和陈述、借款人承诺和违约事件构成、适用法律和争议解决方式等条款,构成借贷双方当事人谈判的核心内容,涉及银团贷款协议双方当事人的核心权利义务以及协议目的是否能够实现的问题。

五、银团贷款转让交易

20 世纪 90 年代末伴随《巴塞尔协议》[1]的实施,银行业可以更为主动地管理自己的贷款投资组合。基于资产组合管理需要,银团贷款参与行通过二级市场转让全部或

---

[1] 《巴塞尔协议》(Basel Accords)是国际清算银行(Bank for International Settlements,BIS)的巴塞尔银行业条例和监督委员会的常设委员会——巴塞尔委员会 1988 年在瑞士巴塞尔通过的《关于统一国际银行资本衡量和资本标准的协议》的简称。《巴塞尔协议》第一次建立了一套完整的、国际通行的、以加权方式衡量表内与表外风险资本充足率的标准,有效地扼制了与债务危机有关的国际风险。

者部分银团贷款协议项下的权利义务。对资金流动性管理的需求导致了银团贷款二级交易市场的形成,美国二级贷款市场有平价交易贷款市场和折价交易贷款市场。

2010年,中国银行业协会编制了银团贷款交易的自律性文件——《银团贷款转让交易规范》,它与《银团贷款转让交易示范合同文本》共同形成了银团贷款二级市场中的自律制度体系。《银团贷款转让交易规范》借鉴了欧洲、美国银团贷款的市场惯例,对交易各方权利义务以及交易流程作了详尽规定,分为"总则""交易各方职责""交易流程""交易渠道""银行内部管理要求""附则"六章。

在银团贷款转让中,约务更替、贷款交易转让和参与是三种银团贷款在二级市场转让的主要形式。

(1) 约务更替。约务更替是贷款人出让银团贷款协议项下全部的权利义务。约务更替属于银团贷款协议的主体变更,银团贷款协议原贷款人权利义务消灭,新贷款人承担原贷款人权利义务。换言之,原贷款人与银团贷款协议各方当事人合同关系终止,新贷款人、借款人、代理行和其他贷款人的协议生效。

(2) 贷款交易转让。贷款交易转让是指在银团贷款协议中没有限制或者禁止转让的约定,出让人与受让人对贷款交易转让达成合意时成立并生效。贷款交易转让通常无须获得银团贷款协议项下借款人及其他债权人同意,但应以书面方式通知借款人;否则,贷款交易转让协议不能对抗借款人。

根据我国《合同法》的规定,银团贷款交易下的债权转让无须取得借款人同意。债权转让通知借款人的,借款人应向受让人履行债务;未通知借款人的,贷款转让对借款人不产生效力,借款人仍然向出让人履行债务。

(3) 贷款参与。贷款参与是指银行通过一种方式将银团贷款协议项下风险转让给第三人而不涉及债权变动。作为原贷款行的出让人并未将银团贷款协议中的债权和受益权转让给作为新贷款行的受让人,受让人不具有对抗借款人的权利。在国际金融实务中,贷款参与是指由贷款人先行给借款人融资,再向第三人转移其贷款交易部分或者全部债权的行为。银团贷款中的第三人即参与人通常不与借款人直接发生合同关系。贷款参与有风险参与和融资参与两种方式。

风险参与是指对借款人信用风险的全部或者部分转让,而不涉及实质性的贷款债权转让。在风险参与中,作为承担风险的对价,参与人有权向贷款人收取承担相应风险部分的风险参与费。在借款人不能按时还本付息时,贷款人有权要求参与人赔付相应款项,承担参与人承诺的相应部分的风险责任。参与人履行赔付义务之后,不能直接向借款人行使请求权,只能通过贷款人向借款人行使请求权或者请求贷款人转让债权。

融资参与是指第三人与牵头行签订参与协议,第三人与牵头行之间形成权利义务关系。第三人按照参与份额将款项划入牵头行指定账户,由牵头行向借款人发放贷款。借款人向牵头行偿还贷款本息,由牵头行将参与份额的相应款项支付给第三人。在融资参与中,第三人与借款人之间不存在权利义务关系,第三人不享有银团贷款协议项下的权利义务。牵头行在借款人偿还的贷款本息范围内对第三人承担偿还贷款本息的义务。

第三节　公司其他融资方式

公司对外筹措资本有直接与间接两种方式:一是直接融资,即公司直接通过金融市场向社会上资金盈余机构和个人筹资。直接融资的方式有发行股票、债券、商业票据等。二是间接融资,即公司向银行等金融机构申请贷款。间接融资方式主要是银行信贷融资。股票融资属于权益性融资,而债券融资和信贷融资则属于负债性融资。公司其他融资方式既有直接融资方式,也有间接融资方式。

一、短期融资券

短期融资券(short-term financing bills)是指公司依照《银行间债券市场非金融企业债务融资工具管理办法》规定的条件和程序,在银行间债券市场发行和交易并约定在一定期限内还本付息的有价证券,是公司筹措短期(一年以内)资金的直接融资方式。[①] 短期融资券是公司为解决临时性、季节性资金需要而向社会发行的短期债券。公司发行短期融资券须经过中国人民银行的批准。

短期融资券最初发行的依据是 2005 年《短期融资券管理办法》,但是 2008 年《银行间债券市场非金融企业债务融资工具管理办法》废除了《短期融资券管理办法》。[②]

短期融资券是由公司发行的无担保短期本票,对银行间债券市场的机构投资人发行,不对社会公众发行,仅在银行间债券市场交易。全国银行间同业拆借中心为短期融资券在银行间债券市场的交易提供服务,中央国债登记结算有限责任公司对短期融资券进行登记、托管、结算。

短期融资券有多种不同的类型。按发行方式的不同,短期融资券可分为经纪人代销的融资券和直接销售的融资券;按发行人的不同,可分为金融企业的融资券和非金融企业的融资券;按融资券的发行和流通范围的不同,可分为国内融资券和国际融资券。

短期融资券筹资的优势有筹资成本较低、筹资数额比较大、发行可以提高企业信誉和知名度。短期融资券筹资的不足表现为风险较大、弹性较小、发行的条件比较严格。

短期融资券对解决公司流动性资金具有一定优势,但公司在融资渠道和长期投资渠道不足的情况下,特别是企业债在制度上没有突破的情况下,要特别关注公司是否会把短期融资券融来的资金用于长期投资上,导致投融资期限不匹配而产生的金融风险。

---

① 例如,2015 年 7 月,中国证券金融股份有限公司在银行间债券市场发行 800 亿元(6.2092,0.0004,0.01%)短期融资券,期限 3 个月,利率 4.4%。
② 《银行间债券市场非金融企业债务融资工具管理办法》第 21 条规定:"本办法自 2008 年 4 月 15 日起施行。《短期融资券管理办法》(中国人民银行令〔2005〕第 2 号)、《短期融资券承销规程》和《短期融资券信息披露规程》(中国人民银行公告〔2005〕第 10 号)同时终止执行。"

二、保理业务

保理业务有国际保理和国内保理之分，国内保理由国际保理发展而来。国际保理是指保理商通过收购债权，向出口商提供信用保险或者坏账担保、应收账款的代收或者管理、贸易融资中至少两种业务的综合性金融服务业务，核心内容是通过收购债权方式提供出口融资。

保理业务源于买卖合同和服务合同，但与买卖合同关系或者服务合同关系是两种不同的法律关系，相互独立。例如，在中信银行股份有限公司厦门分行金融借款合同纠纷案中，[①]最高法判决明确肯定保理服务合同与买卖合同之间相互独立，是两种不同的法律关系，不存在主从关系。

（一）保理的概念

保理（factoring），全称为"保付代理"，又称"承购应收账款""托收保付"，是指出口商将现在或者将来基于出口商与进口商订立的货物销售或者服务合同所产生的应收账款转让给保理商，由保理商向出口商提供资金融通、进口商资信评估、销售账户管理、信用风险担保、账款催收等一系列综合金融服务。换言之，保理是卖方与保理商以订立协议方式将卖方出卖货物的应收款转让给保理商并从保理商获得融资的法律行为。保理本质是融资，即保理商为买卖合同的卖方提供融资服务。

在国际保理中，保理商承担进口商的信用风险、进口国政治风险以及转移风险的出口融资业务。保理是国际贸易中以托收、赊账方式结算货款时，出口方为避免收汇风险所采用的一种请求保理商承担风险责任的做法。国际保理公约有 1988 年《国际保理公约》、2001 年《联合国国际贸易中应收款转让公约》以及 2010 年《国际保理业务通用规则》。

我国对保理没有正式立法，一旦发生纠纷，当事人没有可以适用的法律。司法审判实践肯定了国际公约的适用，如在云南省纺织品进出口公司保理合同纠纷案中，[②]云南高院判决明确适用国际保理公约。我国保理制度仅表现为部门规章和地方性的规范性文件，具体有：

（1）国务院组成部门的规章和规范性文件。我国保理制度主要由国务院组成部门的规章和规范性文件构成，主要有如下规章和规范性文件：

一是 1997 年《中国人民银行关于出口保理业务范围的认定和法律适用问题的答

[①] 在中信银行股份有限公司厦门分行诉柳州钢铁股份有限公司金融借款合同纠纷案（〔2013〕闽民初字第50-1 号、〔2014〕民二终字第 5 号）中，法院裁判要旨认为，金融机构为买卖合同当事人提供融资借款所签订的保理服务合同与买卖合同之间相互独立，两者之间并不存在主从关系。

[②] 在云南省纺织品进出口公司诉中国银行北京市分行、中国银行云南省分行保理合同纠纷案（〔1996〕昆法经初字第 75 号、〔1997〕云高经终字第 39 号）中，法院裁判要旨认为，对于保理业务及保理业务各方当事人的权利义务，我国法律、行政法规没有规定。根据《民法通则》第 142 条以及《全国经济审判工作座谈会纪要》的规定，我国法律、法规和我国参加的国际条约未作规定的可以适用国际惯例。在无国内法可适用的情况下，保理合同纠纷案可以参照适用国际保理商联合会（FCI）制定的《国际保理业务惯例规则》。

复》(银条法〔1997〕23 号)明确规定保理业务适用通行的国际惯例;[1]

二是 2012 年《商务部关于商业保理试点有关工作的通知》(商资函〔2012〕419 号)标志着我国正式开始商业保理融资业务工作;[2]

三是 2012 年《商务部关于商业保理试点实施方案的复函》(商资函〔2012〕919 号),明确了商业保理公司的设立条件,[3]并授权天津市制定商业保理试点办法;

四是 2012 年《商务部关于香港、澳门服务提供者在深圳市、广州市试点设立商业保理企业的通知》(商资函〔2012〕1091 号)标志着我国外资商业保理正逐步推进;

五是 2014 年《商业银行保理业务管理暂行办法》(中国银监会令 2014 年第 5 号)明确保理业务相关定义和分类,督促银行根据自身特点健全完善保理业务管理制度,建立与业务规模和复杂度相适应的业务组织架构,细化业务流程及风险点控制,强化内部控制,做好风险隔离。

(2) 地方性规范性文件。地方性的保理规范性文件有:《天津市商业保理业试点管理办法》(津政办发〔2012〕143 号)、《上海市浦东新区设立商业保理企业试行办法》(浦府综改〔2012〕2 号)、《重庆两江新区商业保理(试点)管理办法》(渝商委发〔2013〕55 号)、《深圳市外资商业保理试点审批工作暂行细则》(深经贸信息外资字〔2013〕73 号)以及《中国(上海)自由贸易试验区商业保理业务管理暂行办法》(中(沪)自贸管〔2014〕26 号)。

(3) 行业协会规范。2010 年中国银行业协会(China Banking Association,CBA)发布了《中国银行业保理业务规范》,规定了保理的定义、分类以及银行内部的管理规定等。

现代保理业务起源于 18 世纪的英国。20 世纪 70 年代以来,保理在美国和欧洲才得以有较大的发展。1987 年,中国银行与德国贴现和贷款公司(German Discount and Loan Company)签署了国际保理总协议,这标志着保理业务正式进入中国。1993 年,中国银行成为中国第一个加入国际保理商联合会(FCI)的银行。2002 年,南京爱立信事件使保理引起我国公司和金融机构的关注,并逐渐为公司和金融机构所接受,成为一种重要的融资方式。[4]

---

[1]　《中国人民银行关于出口保理业务范围的认定和法律适用问题的答复》是对中国银行国际业务部的答复,其中第 1 条规定:"……鉴于我国法律、行政法规和规章没有对保理作出明确规定,在保理业务中可以适用国际惯例。你行加入的《国际保理业务惯例》是国际通行的从事保理活动的国际惯例,不违背我国社会公共利益,在你行北京市分行、云南省分行与云纺公司出口保理纠纷一案中应予适用。"

[2]　《商务部关于商业保理试点有关工作的通知》的内容包括设立商业保理公司为公司提供贸易融资、销售分户账管理、客户信用调查与评估、应收账款管理与催收、信用风险担保等服务。

[3]　商业保理公司的设立条件包括:注册资本应不低于 5000 万元;拥有 2 名以上具有金融领域管理经验且无不良信用记录的高级管理人员;境外投资人或其关联实体具有从事保理业务的业绩和经验。商业保理公司的设立及变更审批原则上由天津市、上海市商务委按现行审批权限负责。

[4]　爱立信公司有大量的应收账款,希望银行提供无追索权应收账款买断服务以尽快获得流动资金。这种业务风险较大,需要保险公司参与提供保险服务,而当时中资银行无法像外资银行那样提供这种保险服务,无法满足爱立信公司的业务要求。最终爱立信转投外资银行。

（二）国内保理

国内保理是指银行及银行附属机构等保理商,为国内贸易中以赊销信用销售方式销售货物或者提供服务而设计的一项综合性金融服务。在国内买卖合同(或者服务合同)中,卖方将其与买方订立的买卖合同所产生的应收账款转让给保理商,由保理商为卖方提供贸易融资、销售分户账管理、应收账款的催收、信用风险控制与坏账担保等综合性金融服务。有追索权或者回购型保理的实质应为以债权质押为担保的借贷合同,如在中国工商银行股份有限公司无锡分行借款案中,[1]无锡南长法院判决认为债权质押无效而导致保理变为借款合同。国内保理业务可以分为有追索权保理业务和无追索权保理业务两种主要类型。

（1）有追索权保理(recourse factoring)。有追索权保理是指保理商不承担为债务人核定信用额度和提供坏账担保责任,仅提供包括融资在内的其他服务。供应商的应收账款到期若不能收回,保理商有权向供应商要求返还已付融资款项并拒付尚未收回的差额款项,如星展银行(香港)有限公司债权转让合同纠纷案,[2]招商银行天津分行保理合同案和中国工商银行股份有限公司乌拉特后旗支行保理合同纠纷案,[3][4]均属于有追索权的保理合同。有追索权保理适用于供应商不需要买断账款及调整报表,而仅需融资及账款收取服务的情形。有追索权保理业务包括贸易融资、销售分户账管理、账款收取等。

（2）无追索权保理(non-recourse factoring)。无追索权保理是指保理商根据供应商所提供的债务人核准信用额度,在信用额度内承购供应商对该债务人的应收账款并提供坏账担保责任,在债务人丧失清偿能力而无法收回应收账款时,保理商不能再向供应商要求偿还已发放的融资款,或者在未发放融资款时,对额度内的应收账款仍在到期后一定期间内未收回时应向供应商作出担保付款。

在保理实务中,有追索权保理和无追索权保理是两种主要类型。保理除了有追索权保理与无追索权保理分类之外,还有明保理与暗保理、折扣保理与到期保理的分类。

（1）明保理与暗保理。明保理是指保理商受让供应商因销售或者提供服务所形

---

[1]　在中国工商银行股份有限公司无锡分行诉江阴中马橡胶制品有限公司等借款案(〔2007〕南民二初字第500号)中,法院裁判摘要认为,涉案保理合同实质为借款合同。因橡胶公司提供权利质押的标的为该公司债权,质押未公示,也未通知质押债权的债务人,不宜作为质押合同中的质押标的,银行与橡胶公司所签质押合同未生效。橡胶公司出具还款计划,未依约还款,应承担本付息的民事责任,银行有权以抵押财产折价、变卖或拍卖价款优先受偿,不足部分由实业公司、橡胶公司承担连带责任。

[2]　在星展银行(香港)有限公司诉博西华电器(江苏)有限公司债权转让合同纠纷案(〔2011〕宁商外初字第10号、〔2011〕苏商外终字第0072号)中,江苏高院判决认为,星展银行与艺良公司签订的保理协议,属于有追索权保理。

[3]　在招商银行天津分行诉天津华通润商贸发展有限公司等保理合同案(〔2005〕津高民二初字第48号)中,天津高院判决认为,在约定了追索权的保理业务中,保理商在保理期满未足额受偿时可直接对卖方行使追索权,卖方应对保理商未按时受偿的应收账款承担回购责任。

[4]　在中国工商银行股份有限公司乌拉特后旗支行诉内蒙古乌拉特后旗宏泰化工有限责任公司保理合同纠纷案(〔2011〕巴民二初字第3号、〔2011〕内民二终字第30号)中,内蒙古高院判决认为,在有追索权的保理业务中,在保理期届满未足额受偿的情况下,保理商可直接向卖方行使追索权,卖方应依约承担回购责任。

成的应收账款,为供应商提供应收账款账户管理、应收账款融资、应收账款催收和承担应收账款坏账风险等综合性金融服务。供应商将应收账款转让行为通知债务人并由债务人确认的,则为明保理。应收账款转让行为没有通知债务人的,则为暗保理。明保理在债权转让时,供货商应立即将保理情况告知购货商,并指示购货商将货款直接付给保理商。

暗保理是一种出口保理业务,供应商与保理商签订的保理合同将债权让与保理商,但在转让之时并不通知债务人。暗保理是将购货商排除在保理业务之外,由保理商与供货商单独实施保理业务。在保理合同到期后,由供货商向购货商催讨货款,再由供应商将货款交给保理商。供货商以暗保理的方式,可以隐瞒自己资金状况不佳的状况。

(2)折扣保理(discount factoring)与到期保理(maturity factoring)。折扣保理是指出口商将代表应收账款的票据交给保理商,保理商即以预付款方式向出口商提供不超过应收账款 80% 的融资,剩余 20% 的应收账款在保理商向进口商(债务人)收取全部货款后再行支付。折扣保理又称为"融资保理"(financial factoring),是比较典型的保理方式。

到期保理是指在收到出口商提交的代表应收账款的票据时,保理商并不立即向出口商提供融资,而是在票据到期后再向出口商支付货款。应收账款到期后,无论货款是否能够收到,保理商均应当如期支付货款。到期保理适用于没有融资需求,但希望获取分账户管理、账款收取及坏账担保等服务的供应商。供应商以无追索权方式将出售货物或服务的应收账款转让给保理商,保理商承担完全的信用和收款职能,在发票到期日从债务人收回货款,在扣除相关费用后,将净款付给供应商。

(三)国际保理

国际保理是指出口商(卖方)以赊销(O/A)或者承兑交单(D/A)等方式销售货物时,保理商受让出口商的应收账款并向出口商提供进口商(买方)资信调查及信用评估、贸易融资、信用风险担保、销售账户管理、账款催收等一系列的综合性金融服务。国际保理应当遵循《国际保理公约》《联合国国际贸易中应收款转让公约》和《国际保理业务通用规则》的规定。例如,在中国光大银行苏州分行借款合同纠纷案中,[①]江苏高院判决明确了涉外商事活动中国际保理惯例的适用。

在以商业信用出口货物时,出口商将应收账款的发票和装运单据转让给保理商,即可取得应收取的大部分贷款,若进口商不付或者逾期付款,则由保理商承担付款责任。在保理业务中,保理商承担第一付款责任。国际保理业务的运作有单保理和双保理两种方式。

---

① 在中国光大银行苏州分行诉韦翔塑胶(昆山)有限公司、苏州冠捷科技有限公司等借款合同纠纷案(〔2007〕苏中民二初字第 0129 号、〔2008〕苏民二终字第 0065 号)中,法院裁判摘要认为,在涉外民商事司法实践中,《国际保理公约》作为国际惯例可以在我国适用。根据《国际保理公约》的规定,国内贸易基础合同双方所约定的禁止债权转让条款,不影响国际保理合同的效力。

（1）单保理方式。单保理方式是指出口商与进口保理商之间签订保理分协议，再由出口商所在地的银行与进口保理商签订保理总协议，出口商所在地的银行仅为传递函电及划拨款项的功能。

在单保理方式下，出口商向进口商所在国的保理商提出申请并签订保理协议，将需确定信用额度的进口商名单提交给保理商。在对进口商的资信调查评估后，进口保理商告知出口商确定的进口商信用额度，并在进口商信用额度内承担收取货款风险担保。根据进口保理商确定的进口商信用额度，出口商在进口商的信用额度内签约发货后，将发票和货运单据直接寄交进口商，而将发票副本送交进口保理商，由进口保理商负责催收账款。在付款到期时，进口商将全部货款付给进口保理商，进口保理商再将全部货款扣除相关费用及预付货款后转入出口商的银行账户。单保理的缺陷在于出口商所在地银行只能办理传递函电的工作，不承担保理业务的责任和风险，对开拓业务没有积极性。进口保理商直接对出口商负责，缺乏出口国金融机构的帮助，难以准确地掌握出口商履约能力从而进行全面业务风险评估。

单保理方式仅适用于出口商所在国没有保理商的国家和地区，是国际贸易运用保理业务较早时期的产物，现在主要适用于国内保理业务。随着国际保理业务的发展和保理商业务水平的提高，单保理模式逐渐已为双保理模式所取代。

（2）双保理方式。双保理方式指由出口商所在国的保理商（即出口保理商）与进口商所在国的保理商（即进口保理商）合作而共同完成的保理业务。在双保理方式下，出口商与出口保理商签订保理合同，由出口保理商向出口商提供出口保理服务；出口保理商再与进口保理商签订合同，由进口保理商向债务人追收账款。双保理方式是现行最主要的保理业务形式。

在签订保理合同前，出口商应当向出口保理商提出确定进口商信用额度申请。出口保理商从进口国的保理商中选定进口保理商，并向进口保理商提交需要核定信用额度的进口商名单。进口保理商对进口商进行信用调查评估，并将确定的进口商信用额度通知出口保理商。出口保理商将进口商信用额度告知出口商，并承担进口商信用额度内收取货款风险担保。

根据保理商确定的进口商信用额度，出口商决定是否签约并在信用额度内签约发货后，将发票和货运单据直接寄交进口商，而将发票副本送交出口保理商。出口保理商负责催收账款管理，出口保理商将应收账款清单提交给进口保理商，委托协助催收货款。进口商在付款到期时将全部货款付给进口保理商，进口保理商收款后，立即将全部款项转给出口保理商，出口保理商在扣除相关费用及预付货款后转入出口商的银行账户。进口商的信用额度在保理合同规定的期限内可循环使用。

三、上市公司增发

定向增发（private placement）是指上市公司向符合条件的少数特定投资人非公开发行股份的行为，规定要求发行对象不得超过 10 人，发行价不得低于公告前 20 个交易市价的 90%,发行股份 12 个月内(认购后变成控股股东或者拥有实际控制权的 36 个月内)不得转让。定向增发有定向发行和定向配售两种方式。

（一）上市公司定向增发制度

《公司法》没有相应的制度规定,《证券法》第 13 条第 2 款仅规定了定向增发,并未有定向增发制度的具体规定。我国上市公司定向增发制度主要体现在中国证券监督管理委员会的规章之中,即《上市公司证券发行管理办法》和《上市公司非公开发行股票实施细则》。

（1）《上市公司证券发行管理办法》。该办法定义了非公开发行股票,即上市公司采用非公开方式,向特定对象发行股票的行为。办法规定了非公开发行股票的对象,即特定对象符合股东大会决议规定的条件且发行对象不超过 10 名。非公开发行股票的四个条件包括:一是发行价格,即股票的发行价格不低于定价基准日前 20 个交易日公司股票均价的 90%。二是持股锁定期,即发行的股份从发行结束之日起,12 个月内不得转让;控股股东、实际控制人及其控制的企业认购的股份,36 个月内不得转让。三是资金的使用,即募集资金使用符合相关规定。四是公司控制权的变化,即股票发行将导致上市公司控制权发生变化的还应当符合证券监管机构的相关规定。

（2）《上市公司非公开发行股票实施细则》。在《上市公司证券发行管理办法》的基础上,该实施细则进一步细化了定向增发的条件。例如,"定价基准日"是指计算发行底价的基准日。定价基准日为本次非公开发行股票发行期的首日。上市公司应按不低于发行底价的价格发行股票。"定价基准日前 20 个交易日股票交易均价"的计算公式为:定价基准日前 20 个交易日股票交易均价＝定价基准日前 20 个交易日股票交易总额/定价基准日前 20 个交易日股票交易总量。"发行对象不超过 10 名"是指认购并获得本次非公开发行股票的法人、自然人或者其他合法投资组织不超过 10 名。证券投资基金管理公司以管理的两只以上基金认购的,视为一个发行对象。信托公司作为发行对象,仅限于以自有资金认购。

（二）定向增发方式

在我国经济结构转型升级的大背景下,传统行业通过定向增发进行产业调整,新兴行业则通过定向增发实施并购,以快速做大做强。由于定向增发具有发行简单快速、定价方式灵活的特点,因而成为上市公司及大股东重要的资本运作模式,并成为上市公司股权再融资的主要方式。[①] 定向增发是上市公司重组、收购、合并的重要手段,定向增发制度涉及资产重组、收购、吸收合并等方面。

（1）资产重组。定向增发导致资产的注入或者债务的解除,所有的定向增发同时

[①] 据统计,2013 年 A 股有 275 家公司实施定向增发,募集资金为 3547 亿元;2014 年 A 股有 465 家公司实施定向增发,募集资金为 6690 亿元;2015 年 A 股有 827 家公司实施定向增发,募集资金为 12466 亿元;2016 年 A 股有 793 家公司实施定向增发,募集资金为 16685 亿元。2017 年 A 股上市公司定向增发募集资金为 12700 亿元;2018 年定增融资资金额下降幅度明显,年内超过 40 家上市公司股价跌破增发价。

又是上市公司的资产重组,如 2015 年兰州三毛实业股份有限公司(000779)以定向增发方式实施资产重组。

(2) 上市公司收购。定向增发的主要目的之一是促进上市公司收购,许多定向增发可能涉及上市公司收购问题。例如,1999 年,大众交通(集团)股份有限公司(大众交通)向上海浦东大众出租汽车股份有限公司(大众科创)定向增发 14000 万股法人股;2002 年,青岛啤酒向 AB 公司分三次发行总金额为 1.82 亿美元的定向可转换债券,债券在协议规定的 7 年内可以全部转换成股权。

(3) 吸收合并。定向增发曾是上市公司吸收合并的主要手段,也是上市公司通过企业兼并进行扩张的重要手段。例如,2006 年,北京华远地产股份公司对(S＊ST)湖北幸福实业股份有限公司(600743)进行重组,幸福实业以定向增发方式吸收合并华远地产,使华远地产成为幸福实业大股东。①

按照定向增发的对象和交易结构,定向增发的方式主要有以下三种:

(1) 资产并购型定向增发。资产并购型定向增发主要通过向特定对象(即上市公司控股股东或者其他关联方)增发股份来收购其所持有的资产,主要是股权、债权、实物等非现金资产。以公司整体上市为目的的定向增发是资产并购型定向增发的典型,能有效地解决上市公司与控股股东及关联方的关联交易和同业竞争问题,并通过引入优质资产改善公司经营状况,集团公司的整体上市提升了市场竞争力。例如,沪东重机(中国船舶工业股份有限公司)向特定对象非公开发行股票 4 亿股。非公开发行新股所募集现金约 30 亿元,主要用于上海外高桥造船有限公司、中船澄西船舶修造有限公司等公司的技术改造。这次增发后,2006 年年末公司净资产从 12 亿元增至 132 亿元左右,2006 年每股收益也从 1 元增至 2.3 元左右。增发解决了外高桥造船与沪东重机之间每年的巨额关联交易问题,公司投资价值显著提升。

(2) 财务型定向增发。财务型定向增发体现为通过定向增发实现外资并购或者引入战略投资人。财务性定向增发的意义表现在两个方面:一是定向增发有利于上市公司较快获得产业投资所需资金;二是定向增发是引进战略投资人实现收购兼并的重要手段。此外,在地产、金融等资本收益率稳定而资本需求又较大的行业,方便、快捷及低成本的定向增发极容易得到战略投资人认可。2008 年,华新水泥股份有限公司(600801)获得证监会核准向第二大股东霍尔希姆公司(Holchin B. V.)非公开发行股票不超过 16000 万股,并豁免其因认购公司本次向其定向发行股份而应履行的要约收购义务。霍尔希姆得以成为华新水泥第一大股东,实现了外资并购。此外,对于一些资本收益率比较稳定而资本需求比较大的行业,定向增发由于方便、快捷、成本低,也容易得到战略投资者认可。

---

① S＊ST 幸福的换股价格以截至 2006 年 10 月 23 日的 20 个交易日收盘价之算术平均值为基准确定为 3.88 元/股,华远地产股份的换股价格确定为 5.06 元/股,新增股份的换股比例确定为 1∶0.767,即每 0.767 股华远地产股份换 1 股 S＊ST 幸福股份。华远地产现有股份 500858000 股可换 S＊ST 幸福股份 653009126 股,即向华远地产的全体股东发行 653009126 股人民币普通股(A 股)。

（3）定向增发与资产收购相结合。上市公司通过定向增发所获得资金反向收购控股股东的优质资产，是比较普遍的一种增发行为。在公司整体上市有难度的情形下，上市公司控股股东有优质资产而控股股东的财务又有变现要求的上市公司，定向增发行为能够迅速收购集团的优质资产，[①]改善上市公司的持续发展潜力，在一定程度上构成对公司发展的利好。例如，宝钢集团和武钢集团通过定向增发和向二级市场增发相结合的方式实现整体上市，而鞍钢和本钢则以定向增发方式收购集团资产。

换股 IPO 上市[②]、换股并购[③]、定向增发收购[④]和再融资反收购母公司资产[⑤]是公司整体上市的四种方式，其中定向增发收购方式是实现公司整体上市的主要方式。

四、估值调整机制

估值调整机制（valuation adjustment mechanism，VAM），又称为"估值调整条款"，是指由投资方与目标公司或者目标公司的控制人（融资方）在达成融资协议时，对未来业绩不确定情况进行约定：约定条件兑现，投资方可以行使一种对自身有利的权利，用以补偿高估企业价值的损失；否则，融资方可以行使另一种对自身有利的权利，以补偿公司价值被低估的损失。

（一）估值调整机制的实践

估值调整机制是法律实务对公司融资所设计的一种交易方式，以保证在交易双方对估值无法达成一致时能够继续交易，是私募股权投资（PE）或者风险投资基金（VC）中常用的一种价值调整机制与合同安排，性质上属于射幸合同。

在美国、中国香港等地，估值调整条款是 PE、VC 在股权投资时与目标公司或者目标公司大股东签订的维护自我利益的保障性条款。在我国股权投资领域，投资方与目标公司签订对赌协议非常普遍，如摩根士丹利与蒙牛对赌，[⑥]碧桂园与美林对赌，雨润食品与高盛对赌，太子奶与高盛、英联以及摩根士丹利对赌。在摩根士丹利与上海永乐电器对赌中，永乐没有兑现当初的承诺，终被国美电器并购。

---

① 例如，太钢不锈通过向大股东太钢集团定向增发不超过 13.69 亿股流通 A 股，收购太钢集团钢铁主业资产。

② 换股 IPO 上市模式是指集团公司与所属上市公司公众股东以一定比例换股，吸收合并所属上市公司的同时发行新股上市。例如，TCL 集团吸收合并子公司 TCL 通讯；上港集团吸收合并上港集箱等。

③ 换股并购模式是指将同一实际控制人的各个上市公司以换股方式进行吸收合并，完成公司的整体上市。例如，第一百货通过向华联商厦股东定向发行股份进行换股，吸收合并华联商厦后更名为百联股份。

④ 定向增发收购模式是指集团公司所属上市公司向大股东定向增发收购大股东资产以实现整体上市。例如，上汽集团向大股东定向增发收购大股东全部的乘用车资产；本钢板材向大股东增发收购大股东全部的钢铁资产等。

⑤ 再融资反收购母公司资产模式是指在二级市场上再融资反收购母公司资产，是较为传统的整体上市方式。例如，宝钢股份采取向大股东定向增发与社会公众股东增发相结合，募集资金用以收购集团的相关资产。

⑥ 为使预期增值的目标能够兑现，2003 年摩根士丹利、鼎辉、英联三个投资机构人与蒙牛管理层签署了基于业绩增长的对赌协议：如果在 2004 年至 2006 年三年内，蒙牛乳业的每股赢利复合年增长率超过 50％，三个机构投资人就会将最多 7830 万股转让给蒙牛管理层；如果年复合增长率未达到 50％，蒙牛管理层将 7830 万股股权转让给三个机构投资人。2004 年 6 月，蒙牛业绩增长达到预期目标。摩根士丹利等机构投资人投资于蒙牛乳业的业绩对赌，让各方都成为赢家。

估值调整机制的设置是基于对公司未来业绩的预测，具有一定的不确定性。这种不确定性使估值调整条款带有"赌博"的色彩，从而在公司实务中被称为"对赌协议"。对赌协议的主要内容有对赌协议主体、对赌条件和对赌方式三个方面。

（1）对赌主体。对赌协议主体有投资人、被投资公司和被投资公司股东。对赌关系主要有投资人与被投资公司对赌、投资人与被投资公司股东对赌、投资人与被投资公司及被投资公司股东对赌三种情形。我国法院判例不承认第一种、第三种情形对赌，第二种情形对赌为我国司法审判所认可——即投资人与公司股东对赌。

（2）对赌条件。在对赌协议中，投资人与被投资人之间对赌条件主要有业绩对赌和上市对赌两种形式。

一是业绩对赌。以一定财务指标（通常为净资产回报率或净利润数额）为衡量标准，约定被投资方在约定年限内达到约定财务指标，投资方给予相应货币或者股权奖励；反之，被投资方应当按照约定计算方法向投资方支付货币补偿或者向投资方转让股权或者向投资方回购目标公司股权。

二是上市对赌。目标公司在约定的期限内实现上市，未能上市的被投资方应当按照约定计算方式向投资方回购股权。股权回购通常预设回购率，以投资金额为基数，根据投入资金日期和回购要求中提出日期的年限按一定公式计算。例如，在湖南湖大海捷津杉创业投资有限公司与公司有关的纠纷案中，[①] 湖南高院二审认为，增资扩股协议是关于张立忠、柳莉回购股权的约定，是当事人在投资合作中的商业风险承担的安排，是当事人的真实意思表示，并未侵害其他股东的权利，该补充协议中关于张立忠、柳莉回购股权条款应为有效。增资扩股补充协议约定，正忠公司实际控制人张立忠、柳莉承诺正忠公司在海捷公司增资款到位后 36 个月内上市，否则海捷公司有权要求正忠公司实际控制人回购海捷公司持有的正忠公司的全部或者部分股权。最高法再审认为，增资扩股补充协议中关于张立忠、柳莉回购海捷公司股权的约定是缔约双方的真实意思表示，没有损害正忠公司及其债权人的利益，不违反法律法规的禁止性规定，应为合法有效。增资扩股补充协议中关于张立忠、柳莉回购海捷公司股权的约定，实质是控股股东向外部投资人提供的补偿条款，目的在于降低投资人在投资时误判目标公司价值的投资风险，以促成投融资交易的实现。该补偿条款出于双方当事人自主安排、调控风险及经营激励的自由意志，经意思表示一致而成立。张立忠、柳莉作为缔约一方在享受利益的同时也应当承受风险。

（3）对赌方式。投资人与被投资人之间的对赌方式，可以是双向的，也可以是单向的，即双向对赌与单向对赌。

---

① 在湖南湖大海捷津杉创业投资有限公司诉上诉人张立忠、柳莉、长沙正忠科技发展有限公司与公司有关的纠纷案（〔2015〕长中民四初字第 02014—1 号、〔2017〕湘民终 245 号、〔2018〕最高法民申 908 号）中，法院裁判摘要认为，有限责任公司股东之间股权回购协议是对将来转让股权的约定和安排，股东之间转让股份既未损害公司以及其他债权人的利益，也未破坏有限责任公司的人合性，即便未召开股东会或者违反公司章程的规定，侵害了其他股东的优先购买权，在不存在《合同法》第 52 条规定的情形时，并不必然导致股权回购协议无效。

双向对赌协议是指被投资公司如果达不到预先设定的业绩指标,被投资公司股东向投资人进行补偿;如果达到预先设定的业绩指标,投资人应当向被投资公司股东进行补偿,如 2003 年蒙牛与三家基金设立的对赌条款属于双向对赌。又如,在苏州工业园区海富投资有限公司增资纠纷案中,[①]最高法认为,在增资协议书中,迪亚公司对于海富公司的补偿承诺并不损害公司及公司债权人的利益,不违反法律法规的禁止性规定,是当事人的真实意思表示,是有效的。迪亚公司对海富公司承诺了众星公司 2008 年的净利润目标并约定了补偿金额的计算方法。在众星公司 2008 年的利润未达到约定目标的情况下,迪亚公司应当依约应海富公司的请求对其进行补偿。

单向对赌协议是指对赌协议仅规定被投资公司业绩指标未实现时,投资人对被投资公司的权利,而没有规定被投资公司业绩目标实现时投资人对被投资公司的义务。单向对赌的触发条件是业绩不达预期,而双向对赌的触发条件包括业绩超预期和业绩不达预期。

在我国投资领域,对赌协议已经得到了广泛运用并成为 PE、VC 投资的普遍规则。但是,我国法律并没有对对赌协议作出明确的定义,实践中也有不同的理解。在美国、中国香港等地,估值调整机制被广泛适用并受到当地法律认可和保护。在中国内地,估值调整机制近年来成为外资私募股权融资常用的投资工具。随着蒙牛、国美等在私募股权融资估值调整机制的使用而为大家所知晓,国内很多企业在上市前引入 PE 时,均签署了估值调整机制(对赌协议)。除了海外上市,估值调整机制(对赌协议)涉及的公司大量地成为国内 A 股的拟上市公司。在实践操作中,中国证券监督管理委员会采取了两种截然不同的做法:一方面对于拟上市企业的对赌协议,要求拟上市企业在递交资料前终止对赌协议,并对该协议及终止情况进行详细的披露;另一方面,对于已上市企业的一些对赌协议性质的行为予以认可。此外,在上市公司重大资产重组中,中国证券监督管理委员会通过普遍要求交易方签署盈利预测补偿协议的方式引入对赌协议。[②]

对估值调整条款通常包括现金补偿条款和股权回购条款,但并非所有的对估值调

[①]　在苏州工业园区海富投资有限公司诉甘肃世恒有色资源再利用有限公司、香港迪亚有限公司、陆波增资纠纷案(〔2010〕兰法民三初字第 71 号、〔2011〕甘民二终字第 96 号、〔2012〕民提字第 11 号)中,法院裁判摘要认为,在民间融资投资活动中,融资方和投资人设置估值调整机制时要遵守公司法和合同法的规定。投资人与目标公司本身之间的补偿条款如果使投资人可以取得相对固定的收益,则该收益会脱离目标公司的经营业绩,直接或者间接地损害公司利益和公司债权人利益,应认定无效。但目标公司股东对投资人的补偿承诺不违反法律法规的禁止性规定的,则是有效的。在合同约定的补偿条件成立的情况下,根据合同当事人意思自治、诚实信用的原则,引资者应信守承诺,投资人应当得到约定的补偿(2014 年最高法公报案例)。

[②]　在上市公司的并购重组案例中,陆续出现了多种对赌形式,如北京掌趣科技股份有限公司(300315)收购动网先锋案。掌趣科技发布的重大资产重组公告显示,掌趣科技拟用 81009 万元收购动网先锋 100% 股权。并购以发行股份及支付现金相结合的方式,其中现金对价 56275.5 万元,其余 24733.5 万元对价由掌趣科技非公开发行股票支付,股票价格为 23.25 元/股。此外,掌趣科技与动网先锋签订了业绩对赌条款:动网先锋方承诺 2013 年、2014 年、2015 年税后净利润不低于 7485 万元、9343 万元、11237 万元。如果未能实现承诺,将补偿上市公司;如果超额完成业绩,掌趣科技则将在 2015 年年末以现金形式将超额实现的利润奖励动网先锋留任管理层,金额最多不超过 1 亿元。

整条款中都包含这两个条款。这种条款虽然被称为对赌，但对赌目的并非以赌博方式获取更多利益，而是为实现投资交易的合理与公平，减小股权投资中因信息不对称而带来的巨大投资风险，从而在投资后对交易价格进行调整，使之回归正常水平。

(二) 估值调整机制的效力

由于我国商事立法对估值调整机制规定的缺失，立法上没有明确估值调整机制的效力，但可以通过合同法等民商事基本法来确定估值调整机制的法律效力。立法缺失导致我国司法审判实践中，对估值调整机制的效力认识不一。由于估值调整机制效力的射幸性，司法实践通常确认估值调整机制无效。通过一系列案件的终审判决，最高法纠正了各级法院对估值调整机制的不当认识，确立了估值调整机制的效力。最高法对估值调整机制的适用范围，经历了从与股东对赌到与目标公司对赌，即由窄到宽的发展过程。

(1) 与目标公司对赌无效但与股东对赌有效。早期的司法判例将估值调整机制的适用范围限制在一个非常狭窄的范围内，仅限于与目标公司的股东对赌，而与目标公司对赌则被判定为无效。从对赌协议约定的履行后果出发，最高法认为履行与目标公司约定的业绩补偿，会导致投资人得到脱离公司经营业绩的收益，损害公司和债权人利益，从而认定对赌协议无效。例如，在苏州工业园区海富投资有限公司增资纠纷案中，最高法判决在明确肯定了估值调整机制效力的同时，也确定了估值调整机制的适用对象和范围。最高法认定投资人与目标公司股东之间的对赌协议是有效的，而投资人与目标公司之间的对赌协议则是无效的。最高法确立的对赌规则表明，投资人与控股股东、实际控制人等第三方约定的业绩调整条款受到法律保护；而投资人与公司约定的业绩调整条款因损害公司和债权人利益而归于无效。业绩调整条款仅涉及控股股东等第三方利益而不损害债权人及其他公司股东的利益，且不违反法律的禁止性规定的，投资人与公司约定的业绩调整条款有效。

在苏州周原九鼎投资中心（有限合伙）等其他合同纠纷案中，[①]从协议、条款是否符合意思自治、回购条款是否违反法律的强制性规定、回购条款的设定过程是否显失公平等方面，最高法肯定了协议合同条款的效力。

在深圳中科汇商创业投资有限公司、大庆市中科汇银创业投资有限责任公司股权转让合同纠纷案中，[②]最高法认为增资协议与股权转让协议及补充协议虽然有因果关系，但设立的法律关系完全不同，相互是独立的；投资人根据股权转让协议及补充协议

---

① 在苏州周原九鼎投资中心（有限合伙）诉蓝泽桥、宜都天峡特种渔业有限公司、湖北天峡鲟业有限公司与其他合同纠纷案（〔2013〕鄂民二初字第00012号、〔2014〕民二终字第111号）中，法院裁判摘要认为，以资金注入方式对目标公司进行增资，并约定一定条件下被投资方股东回购股份的承诺等内容，是缔约过程中当事人对投资合作商业风险的安排，不违反法律、行政法规的禁止性规定，一般应认定有效。

② 在深圳中科汇商创业投资有限公司、大庆市中科汇银创业投资有限责任公司诉汪兆海、杨乃义股权转让合同纠纷案（〔2010〕辽民二初字第27号、〔2014〕民二终字第00107号）中，法院在投资人根据股权转让协议而非对赌协议主张权利的情况下，否定了案件审理的是投资关系，并不再审查对赌条款的效力，直接判决融资方履行股权转让义务。

要求原股东继续履行协议并承担逾期履行的违约责任于法有据;因投资人并未依据增资协议起诉主张履行对赌条款,法院对于对赌条款的效力不予审查。在这个判例中,法院回避了对赌条款的审查,直接要求当事人履行股权转让义务。

商事仲裁机构——中国国际经济贸易仲裁委员会,作为专门的针对商业纠纷的裁判机关,强调对当事人意思自治的保护。在芜湖瑞业股权投资基金(有限合伙)、单娟与易步关联传媒广告(北京)有限公司、李波增资协议纠纷仲裁案中,[①]仲裁庭裁决,不仅认定投资人与目标公司大股东之间的对赌协议合法有效,还认定投资人与目标公司之间的对赌协议也合法有效,突破了2012年苏州海富投资增资纠纷案的裁判规则。

苏州工业园区海富投资有限公司增资纠纷案,作为对赌第一案所确立的对赌规则成为业界对于对赌对象选择的普遍共识,但由于案件所涉及的对赌条款仅为业绩补偿条款,对于股东回购条款的效力问题实际上并未明确。

(2) 与目标公司对赌无效但目标公司担保有效。为规避苏州工业园区海富投资有限公司增资纠纷案判决的风险,大量投资协议采用了以目标公司为投资人与目标公司大股东之间的对赌协议提供担保的交易结构,将目标公司资产加入对赌责任资产以降低投资风险,从而间接将目标公司资产纳入到对赌协议。在肯定投资人与目标公司大股东之间对赌协议有效的基础上,最高法在部分案件中肯定了目标公司对对赌协议担保合同的效力。例如,在强静延股权转让纠纷案中,[②]最高法认为,瀚霖公司为曹务波回购的担保条款有效。强静延已经对瀚霖公司提供担保经过股东会决议尽到审慎注意和形式审查义务,瀚霖公司提供担保有利于自身经营发展需要,并不损害公司及公司中小股东权益,涉案担保条款合法有效。但是,成都中院和四川高院均认为担保条款无效,但理由有所不同。成都中院认为,瀚霖公司为曹务波回购提供连带责任担保的条款无效,是承担连带责任的担保约定损害了公司、公司其他股东以及公司债权人的利益。四川高院则认为,瀚霖公司为曹务波回购提供担保,实质是不论瀚霖公司经营业绩如何,股东强静延均可以从瀚霖公司获取收益,使得股东获益脱离公司经营业绩,背离了公司法法理精神,最终使得股东强静延规避了交易风险,将瀚霖公司可能存在的经营不善及业绩不佳的风险转嫁给瀚霖公司及其债权人,严重损害了瀚霖公司其

---

①　在芜湖瑞业股权投资基金(有限合伙)、单娟与易步关联传媒广告(北京)有限公司、李波增资协议纠纷仲裁案(〔2014〕中国贸仲京裁字第0423号裁决)中,仲裁庭裁决:一、易步关联公司向芜湖瑞业基金、单娟支付现金补偿,其中向芜湖瑞业基金支付15323742元,向单娟支付3830936元;李波对易步关联公司的上述支付义务承担无限连带责任;二、李波按20%的年化投资收益率回购芜湖瑞业基金持有的易步关联公司17.39313%股权(股权转让款的计算自芜湖瑞业基金于2011年4月13日向易步关联公司支付增资款之日起算,截至李波实际支付股权转让款之日);三、李波按20%的年化投资收益率回购单娟持有的易步关联公司4.3478%股权(股权转让款的计算自单娟于2011年5月10日向易步关联公司支付增资款之日起算,截至李波实际支付股权转让款之日)。

②　在强静延诉曹务波、山东瀚霖生物技术有限公司股权转让纠纷案(〔2014〕成民初字第1180号、〔2015〕川民终字第445号、〔2016〕最高法民再128号)中,法院裁判摘要认为,对赌协议中约定目标公司为股东因对赌失败对投资人的股权回购义务承担连带责任保证的条款,在投资者按照《公司法》第16条规定对公司为股东提供担保经过股东会决议尽到审慎注意和形式审查义务的前提下,该约定有效。

他股东和债权人的合法利益,应当认定瀚霖公司为曹务波回购强静延股权产生的责任承担担保责任无效。

最高法再审认为,合同无效的判定严格遵循法定主义,二审判决否定担保条款效力的裁判理由不符合《合同法》关于合同无效的各类法定情形,该项认定已违反合同法基本规则,构成适用法律错误。最高法从两个方面论证了回购担保条款的有效性:一是强静延已对瀚霖公司提供担保经过股东会决议尽到审慎注意和形式审查义务。二是强静延投资全部用于公司经营发展,瀚霖公司全体股东受益,从而应当承担担保责任。强静延的 3000 万元款项全部投入瀚霖公司资金账户,供瀚霖公司经营发展使用,有利于瀚霖公司提升持续盈利能力,不仅符合公司新股东强静延的个人利益,也符合公司全体股东的利益,瀚霖公司本身是最终的受益者。[①]

最高院的裁判则是侧重于对公司为股东提供担保的程序和效力进行论证,并未正面去论证投资与固定收益之间的关系,且特别强调合同无效的判定应严格遵循法定主义,认为二审判决否定担保条款效力的裁判理由不符合合同法关于合同无效的各类法定情形,已违反合同法基本规则,构成适用法律错误。

从苏州工业园区海富投资有限公司增资纠纷案到强静延股权转让纠纷案,最高法在判定合同效力上回归了合同法本源,从另外一个角度对投资领域内普遍存在的对赌协议的效力进行了局部确认,不仅符合投资领域的客观实际情况,也符合意思自治、鼓励交易的商法精神,是司法审判的一大进步,构建了和谐的营商环境。最高法对两案审查合同效力的侧重点各有不同,苏州工业园区海富投资有限公司增资纠纷案侧重于《公司法》范畴内股东收益,而强静延股权转让纠纷案则是回归《合同法》第 52 条的判定,认可了被投资公司对原股东对赌协议中回购义务提供担保的有效性。强静延股权转让纠纷案整体上仍延续苏州工业园区海富投资有限公司增资纠纷案所确立的与公司对赌无效、与股东对赌有效的司法裁判原则,同时也从判决内容上明确了与目标公司约定股权回购条款因违反法律强制性规定而无效。

在通联资本管理有限公司与公司有关的纠纷案中,[②]最高法判决认为增资扩股协议有效,新方向公司承担股权回购责任,久远公司承担连带责任。法院一审、二审、再审对回购条件已成就并无争议,新方向公司(原股东)应按照约定履行回购义务,但最

[①] 例如,在陈伙官诉广西万晨投资有限公司、胡升勇、陈赛花股权转让纠纷案(〔2014〕榕民初字第 1360 号、〔2015〕闽民终字第 1292 号、〔2016〕最高法民申 2970 号)中,最高法认为,股权转让发生在陈伙官、胡升勇两个股东之间,陈伙官出让自己持有的万晨公司 60%的股权,胡升勇受让股权并应承担支付股权转让款的义务,股权协议书约定万晨公司承担连带责任,不存在损害其他股东利益的情形。万晨公司承担连带责任是经过公司股东会决议,体现了公司意思自治,并不违反法律强制性规定。

[②] 在通联资本管理有限公司诉成都新方向科技发展有限公司、四川久远新方向智能科技有限公司与公司有关的纠纷案(〔2015〕成民初字第 2084 号、〔2016〕川民终 671 号、〔2017〕最高法民再 258 号)中,法院裁判摘要认为,《增资扩股协议》是当事人真实意思表示,不存在违反公司法规定的情形,新方向公司与通联公司达成的"股权回购"条款有效且触发回购条件成就,当事人之间的协议有效。但是,通联公司未能尽到要求目标公司提交股东会决议的合理注意义务,对协议中约定的担保条款无效自身存在过错;久远公司在公司章程中未规定公司对外担保及对公司股东提供担保议事规则,对该担保条款无效也应承担相应的过错责任。因此,久远公司对新方向公司承担的股权回购款及利息就不能清偿部分承担二分之一的赔偿责任。

大争议在于公司原股东新方向公司履行回购义务时,目标公司对原股东的回购是否需要承担连带责任。

成都中院一审认为,目标公司承担连带责任。增资扩股协议是投资人与目标公司原股东达成的特定条件成就时的股权转让合意,该合意是当事人真实意思表示,不存在违反《公司法》规定的情形,认定新方向公司与通联公司达成的股权回购条款有效,且触发回购条件成就。由于久远公司对新方向公司的回购义务作出书面担保承诺,即应切实履行对目标公司所承担连带责任。

四川高院二审则认为,目标公司不承担连带责任。虽然久远公司在增资扩股协议中承诺对新方向公司进行股权回购义务承担连带责任,但并未向通联公司提供相关的股东会决议,也未得到股东会决议追认,而通联公司未能尽到基本的形式审查义务,从而认定久远公司法定代表人代表公司在增资扩股协议上签字、盖章行为,对通联公司不发生法律效力,从而目标公司不承担连带责任。

最高法再审最终认定,目标公司承担一半的担保责任。目标公司应承担连带责任条款无效后的过错赔偿责任。通联公司未能尽到要求目标公司提交股东会决议的合理注意义务,导致担保条款无效,对协议中约定的担保条款无效自身存在过错。久远公司在公司章程中未规定公司对外担保及对公司股东、实际控制人提供担保议事规则,导致公司法定代表人使用公章的权限不明,法定代表人未经股东会决议授权,越权代表公司承认对新方向公司的股权回购义务承担履约连带责任,对该担保条款无效也应承担相应的过错责任。通联公司、久远公司对增资扩股协议中约定的连带责任条款无效,双方均存在过错,久远公司对新方向公司承担的股权回购款及利息,对不能清偿部分承担一半的赔偿责任。最终判定目标公司承担过错赔偿责任。

在前述两个案例中,最高法从《合同法》的角度肯定了股权回购担保合同的效力。但在同期的案例中,最高法也有从《公司法》的角度否定了股权回购担保合同的效力。例如,在郑平凡、潘文珍股权转让纠纷案中,①山西高院二审认为,目标公司为股东间交易提供担保并不当然损害债权人权益,目标公司对股东在协议中应负义务承担连带责任。最高法认为,原审判决认定邦奥公司对郭丽华的还款义务承担连带清偿责任适用法律错误,认定部分事实缺乏证据证明。根据《公司法》第 16 条第 2 款的规定,公司为公司股东或者实际控制人提供担保的,必须经股东会或者股东大会决议。《公司法》第 35 条规定公司成立后,股东不得抽逃出资。公司为股东之间的股权转让提供担保,就会出现受让股权的股东不能支付股权转让款时,由公司先向转让股权的股东支付转让款,导致公司利益及公司其他债权人的利益受损,形成股东以股权转让的方式变相抽回出资的情形,有违《公司法》关于不得抽逃出资的规定。按照涉案《公司股权转让及项目投资返还协议》的约定,由邦奥公司对郭丽华付款义务承担连带责任,则意味着

---

① 在郑平凡、潘文珍诉郭丽华、山西邦奥房地产开发有限公司股权转让纠纷案(〔2016〕晋 02 民初 20 号、〔2017〕晋民终 79 号、〔2017〕最高法民申 3671 号)中,法院裁判摘要认为,公司为股东之间的股权转让提供担保,即会出现受让股权的股东不能支付股权转让款时,由公司先向转让股权的股东支付转让款,导致公司利益及公司其他债权人的利益受损,形成股东以股权转让的方式变相抽回出资的情形,有违《公司法》有关不得抽逃出资的规定。

在郭丽华不能支付转让款的情况下，邦奥公司应向郑平凡、潘文珍支付，从而导致郑平凡、潘文珍以股权转让方式从公司抽回出资。最高法指令山西高院再审本案的裁定书，已经明确了最高法在公司能否为股东间支付股权转让款提供担保问题上的倾向性裁判观点。最高法指令山西高院再审本案的主要原因，是认为公司不应对股东支付股权转让款的义务承担担保责任。

此外，在李海平、王克刚、董建股权转让纠纷案中，①最高法认为，李海平等三人与汪高峰、应跃吾等人原均为勤峰公司股东，其间发生股权转让由公司提供担保，即意味着在受让方不能支付股权转让款的情形下，公司应向转让股东支付股权转让款，从而导致股东以股权转让的方式从公司抽回出资的后果。

前述案例判决表明，最高法对股权回购担保合同的效力处于摇摆之中。在郑平凡、潘文珍股权转让纠纷案中，最高法在解释路径上选择了《公司法》，遵循了苏州工业园区海富投资有限公司增资纠纷案的解释路径选择，认定了股权回购担保合同无效。对赌合同属于无名合同，涉及多种法律关系的重叠，解释路径具有很强的可选择性。在李海平、王克刚、董建股权转让纠纷案和郑平凡、潘文珍股权转让纠纷案中，最高法选择了《公司法》的解释路径。在通联资本管理有限公司与公司有关的纠纷案和强静延股权转让纠纷案中，最高法对股权回购担保合同改变了解释路径，选择了《合同法》的解释路径，确立了股权回购担保合同的效力，目标公司对回购承担连带责任。

（3）与股东对赌有效。公司法原则上禁止股份有限公司回购本公司股份，但同时也规定了例外情形。在对赌协议中，对赌协议投资方是目标公司的债权人，在对赌协议约定的股权回购情形出现时，其有权要求公司及原股东承担相应的合同责任。在投入资金后，投资方成为目标公司的股东，但并不能否认投资方仍是公司债权人。基于公司股东的身份，投资方应当遵守公司法的强制性规定，非依法定程序履行减资手续后退出，不能违法抽逃出资；而基于公司债权人的身份，投资方有权依据对赌协议的约定主张权利。例如，在江苏华工创业投资有限公司请求公司收购股份纠纷案中，②江苏高院再审判决认为，目标公司履行回购义务，原股东对目标公司的回购义务承担连

---

① 在李海平、王克刚、董建诉玉门市勤峰铁业有限公司、汪高峰、应跃吾股权转让纠纷案（〔2010〕甘民二初字第 19 号、〔2012〕民二终字第 39 号）中，法院裁判摘要认为，公司为公司股东或者实际控制人提供担保的，必须经股东会或者股东大会决议。公司章程对投资或者担保的总额及单项投资或者担保的数额有限额规定的，不得超过规定的限额。《公司法》第 36 条规定，公司成立后，股东不得抽逃出资。股东之间约定股权转让由公司承担担保，即意味着受让方如果不能支付股权转让款，公司就应当向股东支付股权转让款，从而导致股东从公司抽回出资。据此，公司股东之间约定股权转让由公司提供担保，不符合法律规定，应认定无效。

② 在江苏华工创业投资有限公司诉扬州锻压机床股份有限公司、潘云虎等请求公司收购股份纠纷案（〔2016〕苏 1003 民初 9455 号、〔2017〕苏 10 民终 2380 号、〔2019〕苏民再 62 号）中，法院裁判摘要认为，《公司法》并不禁止有限责任公司回购本公司股份，有限责任公司回购本公司股份不当然违反《公司法》的强制性规定。有限责任公司在履行法定程序后回购本公司股份，既不会损害公司股东及债权人利益，也不会构成对公司资本维持原则的违反。在有限责任公司作为对赌协议约定的股权回购主体的情形下，投资者作为对赌协议相对方所负担的义务不仅限于投入资金成本，还包括激励完善公司治理结构以及以公司上市为目标的资本运作等。投资人在进入目标公司后，也应依《公司法》的规定，对目标公司经营亏损等问题按照合同约定或者持投比例承担相应责任。案涉对赌协议中关于股份回购的条款内容，是当事人特别设立的保护投资人利益的条款，属于缔约过程中当事人对投资合作商业风险的安排，是各方当事人的真实意思表示，既不违反国家法律、行政法规的禁止性规定，也不存在《合同法》第 52 条规定的合同无效的情形，不存在显失公平的问题。

带清偿责任。江苏高院的再审判决完全推翻了一审、二审乃至苏州工业园区海富投资有限公司增资纠纷案的裁判观点,表明对赌协议的相关约定属于当事人意思自治的表现,应受尊重。对赌协议属于投资人、目标公司、老股东之间的合同法律关系,应适用合同法的规定,其中股权回购条款均属于关于价格调整机制的约定,内容不违反合同法的相关规定,应得到尊重与保护。

江苏华工创业投资有限公司请求公司收购股份纠纷案属于典型的目标公司作为签约主体并承担回购义务的对赌纠纷案,公司章程与对赌协议的作用和意义不尽相同,并不存在效力高低之分。对赌协议的内容涉及股东收回投资的问题,在受到合同法规制的同时,也应遵循公司法的规定。

目标公司改制为股份公司,是整个对赌交易安排的重要内容,包括投资方在内的股东认可新章程,完全属于正常的推进交易安排的行为,各方当事人没有修改对赌协议的意图。从尊重当事人真实交易意思表示角度,除非对赌协议的签约主体对对赌协议的修改或者终止等作出明确的意思表示,如签订补充协议,否则,对赌协议的效力不应轻易被否定。

江苏高院对江苏华工创业投资有限公司请求公司收购股份纠纷案的判决,推翻了最高法在苏州工业园区海富投资有限公司增资纠纷案判决中所确立的规则,明确肯定了与目标公司对赌协议的效力,与其说是挑战最高法所确立的判例规则,不如说是强静延股权转让纠纷案所确立规则的延续和发展。该案判决所确立的规则充分体现了对商事主体意思自治理念的尊重,同时也预示司法实践对赌协议效力的裁判方向。

从实质公平和社会效果角度,法院判决应当反映当下的社会经济发展状况,对赌协议已经成为投资领域的基本交易方式,极大地促进了社会经济的发展,具有重大意义。从意思自治角度,目标公司对股权回购的担保及股权回购是当事人意思自治的体现,体现了商法的基本价值判断。从目标公司股东和债权人角度,投资人的资金进入公司,公司为投资的直接受益人且符合公司全体股东的利益,公司财务状况改善也有利于保护债权人的利益。法院选择《合同法》的解释路径肯定目标公司对股权回购担保合同及股权回购合同的效力,体现了实质公平和正义。

从苏州工业园区海富投资有限公司增资纠纷案,最高法以司法裁判方式认定对赌条款的效力后,对赌条款的合法性得以确立,以股权回购为条件的对赌条款被广泛地运用于股权投资的交易安排中。先前案例多为防止目标公司持有自身股份,导致资本不当减少或者损害债权人的利益,禁止目标公司作为股权回购义务的适格主体。强静延股权转让纠纷案和通联资本管理有限公司与公司有关的纠纷案,对股权回购义务人的选择、股权回购义务担保主体的安排有较大的变化,即目标公司对原股东的回购义务承担连带担保责任。强静延股权转让纠纷案和通联资本管理公司与公司有关的纠纷案确立的规则有:

(1)对赌主体仅为公司股东。强静延股权转让纠纷案和通联资本管理有限公司与公司有关的纠纷案仍然遵循苏州工业园区海富投资有限公司增资纠纷案确立的对赌规则，对赌主体仅为公司股东，而不能将目标公司作为对赌主体——股权回购主体。

（2）目标公司为担保主体。目标公司可以作为目标公司股东回购义务的担保主体，为目标公司股东履行回购义务提供担保，以确保目标公司股东履行回购义务。在目标公司股东违反履行回购义务时，目标公司对股东履行回购义务承担连带责任。

（3）投资人的适当注意义务。目标公司为公司股东的回购义务提供担保责任，应根据《公司法》第16条第2款的规定履行必要的内部决策程序，即目标公司回购义务担保责任应经股东会或者股东大会决议通过，且回购义务股东不得参与股东会决议的投票。

在强静延股权转让纠纷案中，最高法肯定了目标公司在经公司内部决策程序的情况下对股东对赌回购义务提供担保的效力。最高法肯定目标公司为对赌提供担保的原因有两个：一是目标公司提供担保已经经过了充分、完整的内部程序，目标公司的股东对于交易背景和条款均知晓；二是目标公司实际上在一系列的投资交易中获得了发展所需的资金，目标公司和目标公司的全体股东均从中获益。这实际上反映了最高法对公司回购股份对赌协议的认识已经发生了实质性的变化，即从原先机械地认为对赌协议必然损害公司利益，到认识到获得融资本身对于公司来说就是从中获益，从中体现了最高司法机关对于商业投融资实践的关注和回应。

最高法从苏州工业园区海富投资有限公司增资纠纷案到强静延股权转让纠纷案裁判理念的进步，是江苏高院在江苏华工创业投资有限公司请求公司收购股份纠纷案的判决中推翻苏州工业园区海富投资有限公司增资纠纷案判决所确立规则的最重要的支撑。江苏高院本案中的裁判逻辑非常清晰，认为公司法并不禁止股份有限公司回购本公司股份，再结合案情分析了"对赌"作为一种商业安排，合同各方当事人究竟获得了怎样的利益，并据此认定目标公司实际上能够从现有的商业安排中获得利益——实际上与强静延股权转让纠纷案中最高法的思路形成了衔接。江苏高院从"是否违反公司法"和"是否损害公司中小股东利益"两个方面，对于对赌协议无效的观点作出了回应。

估值调整机制作为PE、VC等投资机构广泛采用的投资、融资方式，其效力已经为司法审判实践所肯定。随着私法自治理念在司法审判实践的不断深入和对市场主体间意思自治尊重的不断加强，估值调整机制效力能够以立法或者司法解释方式得以最终确立。

第十二章 公 司 上 市

17 世纪初成立的英国东印度公司和荷兰东印度公司,作为世界上最早的公司采取了股份有限公司的组织形式,19 世纪末德国《有限责任公司法》确立了有限责任公司,从而标志着有限责任公司和股份有限公司两种最为重要的现代公司组织形式最终确立。股份有限公司是最适合证券市场发展的公司组织形式,为上市公司奠定了制度基础。

第一节 公司上市的概念

资本市场发展的最高层次是以证券交易所为交易平台的证券市场,在证券市场中有大量的股权证券(股票及衍生品)以及债权证券(政府债券和公司债券)交易,顺应资本市场的发展,出现了上市公司这种组织形态。

一、公司上市的概念

公司上市是指股份有限公司的股票通过了公开发行审核并在证券交易所挂牌交易的行为。公司上市意味着股份有限公司从私人公司变为公众公司,即上市公司。

上市公司(listed company)是指公司股票公开发行并上市交易的股份有限公司,即所发行的股票经过国务院授权的证券监督管理部门核准在证券交易所上市交易的股份有限公司。上市公司意味着公司股票为众多的社会投资人所持有,因而又称为公众公司。上市公司具有如下三个方面的特征:

(1) 股份有限公司。上市公司为股份有限公司,股份有限公司是最为理想的适应资本市场发展需要的公司组织形式,具有完备的公司权力机构,使所有权和经营权分离得以实现,既发挥专业管理人员的积极性,又降低了投资人的管理风险。股份有限公司股份的转让没有任何限制,股份可以任意转让,满足了资本份额的流动性和可变现性的要求,降低了投资人的风险。

(2) 股份获准公开发行且已公开发行。上市公司股份已经被获准公开发行且已经公开发行。股份有限公司的发行方式有非公开与公开两种:一是非公开发行,即私募,是指股份向特定的对象发行。私募对象是少数有投资经验和能力的投资人,发行条件和监管较为宽松。二是公开发行,即公募,是指股份向不特定的社会公众发行。公募对象涉及不特定的社会公众,基于投资人利益保护,世界各国均对公开发行设定了较为严格的条件并实施一定程度的监管。

(3)股份已经在证券交易所挂牌交易。股份有限公司公开发行股票后,应在特定证券交易所挂牌交易:一是上市公司应向特定证券交易所申请挂牌并需要满足拟申请挂牌证券交易所的上市条件;二是证券交易所已同意上市公司股票上市交易并履行了必要手续。

二、公司上市方式

公司上市有多种不同方式,主要有直接上市与间接上市、境内上市与境外上市之分。

(一)直接上市与间接上市

直接上市是指股份有限公司经过完整的上市准备和申请阶段,通过首次公开发行股票并向证券交易所申请挂牌上市交易的方式,实现公司上市。直接上市是较为完整和典型的上市方式,直接上市实务操作构成公司上市制度的核心内容。

间接上市是指通过资本运作,借助壳资源取得已上市公司控股权的方式,实现公司上市,主要有买壳上市、借壳上市[①]、造壳上市[②]等方式。间接上市是通过借助已经上市的公司,将非上市公司或者资产置入上市公司,并彻底改变上市公司的主营业务、实际控制人名称,从而实现非上市公司的上市,在符合一定条件的情况下,通过增发股份,恢复上市公司的再融资功能。

买壳上市是指非上市公司收购人通过重大股权并购收购上市公司而获得上市公司控股权,上市公司再通过重大资产并购将非上市公司控制的资产(即优质资产)置入上市公司,将原有上市公司控制的资产(即不良资产)置换出上市公司的过程。在买壳过程中,上市公司控股股东发生了变更,非上市资产变为上市资产,上市公司股权和资产结构发生了根本性变化。在审批制和核准制的股票发行制度框架下,买壳上市是非上市公司成为上市公司的一种重要的方式。买壳上市通常由股权并购和资产并购两个阶段构成,股权并购在先,资产并购在后。国投电力收购湖北兴化(600886)是第一

---

① 借壳上市是指未上市公司的母公司通过将主要资产注入上市公司的子公司,以实现母公司上市的一种公司上市方式,如上海强生公司借壳上市。借壳上市和买壳上市的共同之处在于它们均是对上市公司"壳"资源进行重新配置的活动,均为间接上市;两者的不同点是买壳上市的公司先要获得对一家上市公司的控制权,而借壳上市的公司已经拥有了对上市公司的控制权。

② 造壳上市仅指境外造壳上市,即指公司在中国香港、百慕大群岛、开曼群岛等地注册公司用以控股境内资产,而境内则成立相应的外商控股公司,并将相应比例的权益及利润并入境外公司,以达到上市目的。例如,在开曼群岛设立一家免税公司(A公司),再对中国境内的现有公司进行100%股权收购,使其成为全资子公司,基本业务完全纳入开曼设立的A公司,用A公司向香港联交所申请上市,最终完成境内公司海外融资的目的。

起100％买壳上市的案例。[①]

通过首次公开发行股票直接上市还是买壳上市，取决于国家的产业政策。公司有资金和技术实力，产品有巨大市场潜力且良好财务状况，既可直接上市，也可买壳上市；反之，公司有资金实力但受制于国家产业发展控制，则无法通过新股发行上市，买壳上市是唯一的选择。[②]

（二）境内上市与境外上市

境内上市是指境内股份有限公司的股份发行人将公开发行的股份在境内证券交易所挂牌交易。凡是股票在上海证券交易所和深圳证券交易所挂牌交易的，均属于境内上市，境内上市是主要的公司上市方式。境外上市是指境内股份有限公司的股份发行人将公开发行的股份在境外证券交易所挂牌交易。境外上市有两种情形：

（1）中国公司境外上市。中国境内注册的股份有限公司，在中国境外证券交易所公开发行股份并上市交易，如中国公司选择在美国、新加坡、英国、德国等国家和中国香港地区的证券交易所直接上市。

（2）离岸公司境外上市。中国境外注册的离岸公司，公司主要资产在中国境内，但在中国境外公开发行股份并在境外证券交易所上市交易。在理论上，股票发行市场和股票交易市场是两个不同的市场；但在实务中，股票发行市场和股票交易市场是一致的。例如，美国不同的证券交易所，其证券发行场所和证券上市交易场所也是高度一致的。

在百慕大群岛、开曼群岛和英属维尔京群岛及中国香港等离岸公司注册地设立的离岸公司，对中国境内的现有公司进行100％股权收购，成为离岸公司的全资子公司，基本业务完全纳入离岸公司，以离岸公司名义向境外证券交易所申请上市，完成境内公司海外融资的目的。搜狐网、网易、盛大网络、前程无忧、携程网、分众传媒、百度等均为离岸公司境外上市。

境外上市有境外买壳上市和境外造壳上市两种方式。此外，融资型反向收购（al-

① 2002年，国家开发投资公司收购湖北兴化的控股股东中国石油化工股份有限公司股份，并与湖北兴化签署了资产置换协议，股权转让与资产置换于2002年9月30日生效。公司名称变更为国投华靖电力控股股份有限公司。湖北兴化资产置换是一次真正意义上的实质性资产重组。资产置换是资产重组的重要组成部分，湖北兴化资产重组包括三个方面的内容：
（1）国有法人股转让。中国石化将持有的57.58％湖北兴化国有法人股转让给国家开发投资公司。
（2）资产整体置换。湖北兴化以整体资产（包括全部资产和全部负债）与国家开发投资公司持有的50％甘肃小三峡水电站开发有限公司、50％靖远第二发电有限公司以及30％徐州华润电力有限公司的权益性资产进行整体置换。
（3）被置换资产的整体回购。中国石化向国家开发投资公司回购被置换出来的湖北兴化整体资产。
② 理想壳公司的选择是买壳上市首要解决的问题，壳公司通常应具备以下条件：
（1）股本结构分散。对于流通股在总股本中占有绝对比例的上市公司，分散的股权结构使得收购转让较为方便。在这种情况下，股权结构分散的上市公司极易成为目标壳公司。
（2）股本规模适度。股本规模的大小在一定程度上反映了买"壳"成本的大小，过大的股本规模有可能使收购公司因收购成本过大而难以完成最终收购目标；股票市场价格的高低也直接关系到买壳方收购成本的高低，通过二级市场买入壳公司一定比例的流通股，以达到操作壳公司的目的，股票价格越低其收购成本就越低。

ternative public offering，APO）是近年来在美国逐步成熟起来的一种新型、复合型金融交易模式，也成为我国一种境外上市方式。①

无锡尚德在美国纽约证券交易所上市，是典型的以离岸公司向境外证券交易所申请上市。2001 年，施正荣以 40 万美元现金和 160 万美元的技术入股（占 25％ 的股权），与江苏小天鹅集团、无锡国联信托投资公司、无锡高新技术投资公司、无锡水星集团、无锡市创业投资公司、无锡山禾集团六家国有企业（共出资 600 万美元，占 75％ 股权）设立无锡尚德太阳能电力有限公司。施正荣以全资控制的澳大利亚 PSS 公司间接持有无锡尚德的 25％ 股权。

2005 年 1 月，施正荣和百万电力公司共同在英属维尔京群岛（British Virgin Islands，BVI）设立尚德 BVI 公司，施正荣持股 60％。经过一系列交易，尚德 BVI 公司直接或者间接地收购了无锡尚德公司原有股东的全部股权，交易包括尚德 BVI 公司收购 PSS 的全部股权。2005 年 5 月交易基本完成，无锡尚德成为尚德 BVI 的外资全资子公司。同时引进高盛、龙科等海外战略投资（8000 万美元），施正荣最后持有尚德 BVI 公司 46.8％ 的股权。至此，无锡尚德完成了上市前的公司股权置换工作。

（三）VIE 构架

VIE 构架（variable interest entities），也称为协议控制（contractual arrangements），是指中国境内甲公司在海外（英属维尔京群岛、开曼群岛、百慕大群岛或者中国香港）成立一家离岸公司，离岸公司又以外商投资的身份在中国设立一家外商投资企业（wholly foreign-owned enterprise，WFOE），通过外商投资企业与中国境内甲公司达成一系列协议控制中国境内甲公司的全部资产及权益。离岸公司根据境外法律成功上市将事实上实现中国境内公司全部资产及权益在境外上市，以规避外资进入中国境内企业的准入及审批等限制措施。实际上，拟上市公司为实现在海外上市，在海外的英属维尔京群岛、开曼群岛、百慕大群岛等地设立一个平行的离岸公司，以离岸公司作为未来上市主体，这个离岸公司经过一系列投资活动，最终在国内落地为一家外商投资企业。拟上市的国内公司与外商投资企业签订一系列的协议，并把自己利润的大部分输送给外资企业，最顶层的离岸公司即为拟上市公司的影子公司。

2000 年，新浪以 VIE 模式成功实现美国上市，VIE 从而称为"新浪模式"。搜狐、网易、百度、京东、腾讯、阿里巴巴、新东方等超过 300 家公司均以 VIE 模式成功登陆境外资本市场，到境外上市传媒、教育、消费、广电类的公司也采纳 VIE 模式。

---

① APO 是指境外特殊目的公司完成与美国场外柜公交易市场壳公司反向收购交易（买壳上市）的同时，实现向国际投资人定向募集资金。APO 主要针对美国资本市场和中国民营企业融资需求两者之间潜在的商机，将私募股权融资与反向收购两种资本市场业务进行衔接。APO 是介于 IPO 和私募之间的融资程序，既有私募的低成本和快捷特点，也有 IPO 的特点。

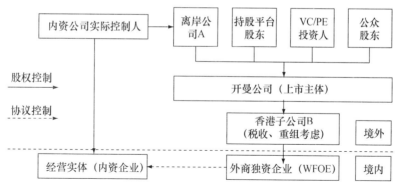

图 12-1　VIE 常见架构

根据上图,VIE 构架搭建,通常需要以下四个步骤:

(1)海外第一层权益主体的设立——BVI 公司。在英属维尔京群岛注册 BVI 公司,原因在于:英属维尔京群岛对公司注册的要求简单、方便快捷、维续成本低廉、保密性高;宽松的外汇管制;无须缴付任何所得税、资本税、继承税、遗产税等。BVI 公司作为创始股东的持股主体,股东以 100% 拥有的 BVI 公司持有开曼公司股份,而不是以股东个人的名义直接持有开曼公司股份,开曼公司的分红或者出售股票所得收入,直接进入 BVI 公司而非个人,BVI 公司免税且具保密性,股东避免被立即征收个人所得税,有递延纳税或者可能免税的功能。

(2)海外第二层权益主体的设立——开曼公司。纽约证券交易所、纳斯达克交易所和香港联交所等国际交易所均接受在开曼群岛和英属维尔京群岛注册的公司挂牌上市。但由于英属维尔京群岛注册公司透明度低、保密性强而不易被接受,开曼公司作为上市主体是最佳选择。

(3)海外第三层权益主体的设立——香港壳公司。香港公司在中国内地的税收优惠政策(对香港公司来源于中国境内的符合规定的股息所得可以按 5% 的税率征收预提所得税),依据是《内地与香港关于建立更紧密经贸关系的安排》(Closer Economic Partnership Arrangement)。香港壳公司设立后,未来内地公司向股东分红等可能会享受一些税收优惠政策。以香港壳公司作为股东在境内设立外商独资企业(wholly owned foreign enterprise,WOFE),需要对股东进行公证,而香港公司的公证费用和时间成本均比开曼群岛少得多。

(4)外商独资企业的设立——WOFE。香港壳公司在中国境内设立 WOFE,WOFE 与中国境内运营实体公司签订一系列协议,达到利润转移及非股权控制的目的。通过这一系列的控制协议——股权质押协议、业务经营协议、独家咨询和服务协议、借款协议、委托管理协议、股东委托投票代理协议、独家选择权协议等,在开曼注册的境外上市主体可以控制中国境内经营实体及其股东,使其可以按照外资母公司的意志经营境内运营实体企业、分配、转移利润。

实际上,协议控制模式通常由三部分架构组成,即境外上市主体(开曼公司)、境内外资全资子公司(WFOE)和境内实质运营主体。

VIE 构架作为中国互联网、教育等领域的公司境外融资和上市广泛采用的架构，VIE 构架的法律效力成为关注的热点。首起涉 VIE 构架的司法案例虽然并未对所涉 VIE 协议的法律效力直接进行裁判，但为 VIE 构架的司法态度及预测将来司法裁判实践可能的走向提供了实例。例如，在长沙亚兴置业发展有限公司合同纠纷案中，[①]湖南高院认为，合作框架协议合法有效，应受到法律保护。最高法也认为合作框架协议合法有效，判决维持湖南高院的一审判决。法院判决虽然没有对 VIE 构架合法性作出直接判断，但法院对合作框架协议效力的肯定，实际上是对 VIE 构架的间接肯定性评价。

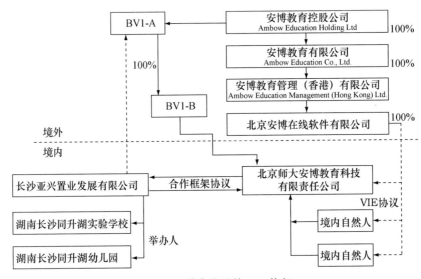

图 12-2　涉案公司的 VIE 构架

三、上市公司的控制方式

自然人对上市公司的控制有直接控制和间接控制两种方式。自然人对上市公司的直接控制表现为直接持有上市公司股份，如下图 12-3(a)所示。创业板公司大多采取直接控制方式，如王中军、王中磊直接持股华谊兄弟(300027)，贾跃亭直接持股乐视网(300104)。自然人对上市公司的间接控制表现为通过控股公司持有上市公司股份，如下图 12-3(b)所示。多数上市公司采取间接控制方式，如三一重工(600031)实际控制人梁稳根是通过三一集团有限公司控制上市公司的。自然人直接持股与控股公司持股仅表现为持股方式不同，不影响控股股东合计持股比例。但是实际控制人通过控股公司对拟上市公司持股，股权集中提高了对上市公司的控制力。

[①]　长沙亚兴置业发展有限公司诉北京师大安博教育科技有限责任公司合同纠纷案(〔2013〕湘高法民二初字第 10 号、〔2015〕民二终字第 117 号)。

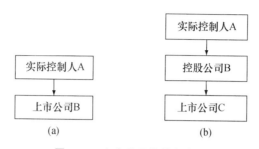

图 12-3　上市公司的控制方式

　　上市公司实际控制人可以是控股股东,也可以是控股股东的股东,甚至是除此之外的其他自然人、法人或其他组织。根据证券交易所的规定,在信息披露时,上市公司实际控制人最终要追溯到自然人、国有资产监督管理部门或者其他最终控制人,如"德隆系"上市公司的控股股东可以为德隆集团或者其旗下控股子公司,但实际控制人可以追溯至唐万新等自然人。国有控股上市公司的实际控制权最终可以追溯到国务院国有资产监督管理委员会或者地方国有资产监督管理委员会,如招商地产、国药一致、中航动控、中工国际、宝钢股份、东方航空、上海石化、中国重工、中国船舶等央企 100指数中的所有上市公司的实际控制人均为国务院国有资产监督管理委员会,地方国有控股上市公司情况也是如此。

　　上市公司实际控制人涉及关联交易的判断,即实际控制人是否操纵关联交易。否则,无法正确判断上市公司关联交易是否公允以及是否会对公司和其他股东利益造成影响,从而可能使投资人受到不必要的损失。关联交易一方面可以稳定公司业务,分散经营风险,有利于公司发展;另一方面,公司实际控制人可能利用与公司的关联关系和控制地位,迫使公司与自己或者其他关联方从事损害公司利益的交易,以达到挪用公司资金、转移利润的目的,严重损害公司、少数股东和债权人利益。为规范关联关系,《公司法》第 21 条规定了关联方利用关联关系损害公司利益应当承担损失赔偿责任。《民法总则》第 84 条扩大了关联交易的适用范围,扩展到所有营利法人。在涉及公司关联交易损害责任纠纷案件时,实际控制人通常会以行为已经履行了合法程序进行抗辩,即经公司股东会或者董事会决议批准,且实际控制人按照规定回避表决等。《公司法司法解释(五)》第 1 条明确规定了关联交易损害公司利益的,履行法定程序不能豁免关联交易赔偿责任。关联交易的核心是公平,从而司法解释强调尽管关联交易已经履行了相应的程序,但如果违反公平原则,损害了公司利益,公司依然可以要求实际人承担损害赔偿责任。

第二节　股票公开发行制度

　　公司上市之前必须先公开发行股票,股票公开发行对社会公众利益影响较大,大多数国家规定应当经政府许可方能公开发行股票,不同国家采取不同许可方式。我国股票公开发行许可制度,经历了由审批制向核准制的发展演变过程,注册制必然是我国股票公开发行制度的最终选择。

一、公司上市的审核制度

世界各国现行的公司上市审核制度,主要有注册制和核准制两种制度。[1] 证券审核机关是否对公司投资价值进行实质性判断,是注册制与核准制的核心区分标准。《证券法》规定了股票公开发行的核准制,但我国核准制度具有浓郁的中国特色,本质上还是属于审批制。

（一）核准制

核准制是指股票发行人应依法全面、准确、及时地将投资人作出投资决策所需要的重要信息予以充分披露,发行人发行股票应符合法律法规规定的实质条件,在获得证券监管机构的核准后才能公开发行股票。证券监管机构不仅审查发行人公开信息的真实性、准确性和完整性,而且还对股票投资价值进行实质性审查,发行人必须符合法定条件;否则,股票公开发行的申请即被否决。

多数大陆法系国家和地区,包括我国大陆和台湾地区,对股票公开发行实行核准制。核准制以实质管理原则作为理论基础,是国家干预在证券监管的集中体现,政府通过设置特定机构以加强对证券市场准入的管制,以法定条件衡量和审查发行人是否具备发行证券资格。

（二）注册制

注册制是指在发行股票时发行人应当依法全面、准确地将投资人作出决策所需要的重要信息资料予以充分完全的披露,并向证券监管机构申报。注册制以公开主义为监管理念,证券监管机构仅审查信息资料的全面性、真实性、准确性和及时性。发行人公开和申报有关信息材料后,证券监管机构没有提出补充或者修改意见,或者没有以停止命令阻止注册生效的,即视为已依法注册,发行人即可公开发行股票。

美国、日本和我国香港地区实行证券发行注册制。美国证券发行注册制并非完全排除实质审查,而是实行联邦披露监管与州实质审查的双重注册制。[2] 证券监管制度中的信息披露制度,是保护投资人利益最为有效的手段之一,监管机构仅对发行人是否符合信息披露制度的要求作出判断,而发行人股票是否具有投资价值等实质性问题,则交由投资人自行判断。

---

[1] 从股份公开发行监管制度历史看,应该有审批制、核准制和注册制三种审核制度。每一种发行审核制度对应于一定的市场发展状况。审批制是完全计划发行的模式;核准制是从审批制向注册制过渡的中间形式;注册制则是成熟资本市场普遍采用的股票发行制度。

[2] 在美国境内申请挂牌上市交易,在联邦制宪政结构中,必须在联邦与州两个层面同时注册(联邦或州豁免注册的情形除外),即双重注册制:联邦注册制以信息披露为主,联邦证券监管权限受到严格限定;而各州证券发行监管普遍实行实质审核,控制证券的投资风险。

二、我国公司上市审核制度的演变

从 20 世纪 80 年代初到 1992 年年底,我国各地逐步开展了企业股份制改造和股票的发行试点工作,由于缺乏相应的制度规范,股票发行的审核非常混乱。1993 年起,我国股票发行市场步入规范发展时期,确立了统一的股票发行审核制度,先后经历了审批制、核准制和注册制三个发展阶段。

（一）审批制

1993 年《股票发行与交易管理暂行条例》标志着审批制的建立。在审批制下,股票发行由国务院证券监督管理机构根据社会经济发展状况,在宏观上确定年度的股票发行总额度,报经国务院批准后转发给国家计划委员会,再由国家计委具体分配到各个省、自治区、直辖市、计划单列市和其他有关部门。省级政府和国家有关部门在各自确定的发行范围内推荐预选企业,证券监督管理机构对符合条件的预选企业申报材料进行审批。审批制经历了从"额度管理"阶段(1993—1995 年)到"指标管理"阶段(1996—2000 年)。审批制是计划经济体制下的管理模式,存在一些严重的缺陷。

（1）权力寻租。股票发行的指标和额度意味着资金,为获得有限的股票发行指标和额度,企业向所在地方政府或者所属的部委展开寻租以获得股票发行的指标和较大的股票发行额度。

（2）现代公司制度的破坏。股票发行额度决定了,拟发行公司在改制过程中,仅以额度的大小作为资产重组的标准,对公司资产之间内在的技术经济联系不够重视,公司有现代企业制度之名,却无现代企业制度之实。

（二）核准制

1999 年国务院证券监督管理机构停止了股票发行计划,股票发行审核制度开始向市场化的方向发展。《证券法》《中国证券监督管理委员会股票发行审核委员会条例》[1]《中国证监会股票发行核准程序》[2]和《股票发行上市辅导工作暂行办法》[3]等构建了股票发行核准的基本框架。股票发行核准程序为:一是由省级地方政府和主管部委批准改制设立股份有限公司;二是拟发行股票的公司与有资格的证券公司签订辅导协议,并报当地证管办备案,辅导期限为一年;三是拟发行股票的公司在辅导期满后提出发行股票申请,证券公司依法予以推荐;四是经发审委专家投票表决,证监会审核后,决定发行公司是否具有发行资格。

---

[1] 1999 年《中国证券监督管理委员会股票发行审核委员会条例》被 2003 年《中国证券监督管理委员会股票发行审核委员会暂行办法》所废止。

[2] 《中国证监会股票发行核准程序》(经国务院批准,2000 年 3 月 16 日中国证监会发布)于 2006 年 5 月 18 日被废止。

[3] 2000 年《股票发行上市辅导工作暂行办法》被 2001 年《首次公开发行股票辅导工作办法》所废止,后者又为 2008 年《证券发行上市保荐业务管理办法》所废止。

在公司上市的核准制下，①股票发行审核制度实际经历了通道制（2001—2004 年）和保荐制（2004 年之后）两个发展阶段。

（1）通道制。2001 年，证券监督管理机构废除了股票发行的审批制，实行核准制下的"通道"管理体制，即每个证券公司一次只能推荐一定数量公司的申请发行股票，由证券公司将拟推荐上市的公司逐一排队，按照顺序推荐。由推荐公司每核准一家即可再报一家，到每公开发行一家才能再报一家。通道制的主要问题有：

一是通道的数量和速度。证券监督管理机构控制证券公司通道的数量和证券公司使用通道的速度，证券公司使用通道速度的快慢取决于证券监督管理机构对申报材料的审核速度。

二是通道制的机制。通道制的排队机制抑制了证券公司之间的有效竞争，证券公司使用通道应遵循排队规则，导致实力雄厚的证券公司与实力较弱的证券公司一同排队等待审核和核准，降低了证券公司的有效竞争。

（2）保荐制。② 为适应证券市场和深化股票发行制度改革的需求，2003 年《证券发行上市保荐制度暂行办法》实行保荐制。③ 保荐制是指由保荐人（证券公司）负责发行人的上市推荐和辅导，核实公司发行文件中所载资料的真实、准确和完整，协助发行人建立严格的信息披露制度，不仅承担上市后持续督导的责任，还将责任落实到个人。换言之，保荐制让证券公司和责任人对自己承销发行的股票，承担一定持续性连带担保责任。股份有限公司要在主板（上海交易所和深圳交易所）、中小板、创业板上市必须要有保荐人的推荐。保荐制的主要问题如下：

一是权利义务不明确。股票发行上市相关主体间的责任不清、关系不明，主要表现为保荐人与发行人的责任不明确、保荐人与监管机构的责任不明确、保荐人与保荐代表人的责任不明确、保荐人与中介机构的责任不明确。

二是保荐人的法律责任过于单一。保荐人过于单一的法律责任，不能保障保荐制度的正常运行和制度设立目的的实现。

（三）注册制

2013 年我国实施股票公开发行制度的改革，提出由审核制改为注册制。注册制的改革方案有两种：一是证监会审核上市申请。这种方案维持由证监会注册审核，由交易所进行上市审核的模式。二是交易所审核上市申请。这种方案是由交易所审核上市申请，向证监会注册生效的模式。股票发行体制改革的主要内容是以信息披露为中心，强化对资本、市场和诚信的约束。政府监管机构、交易所平台和其他市场中介的

---

① 从我国股票发行的实际情况看，改名后的核准制与审批制没有任何实质性的区别，证券监管机构对股票发行的审查性质未变，只是换了一个称谓而已。

② 保荐制度起源于英国，是英国创业板市场健康、稳健发展的内在要求。保荐制度成熟于我国香港地区，主要体现为香港的保荐制度在英国保荐制度的基础上，对保荐人主体资格的规制和适用范围的界定这两个方面的规定更加规范、科学、合理。

③ 2003 年《证券发行上市保荐制度暂行办法》被 2008 年《证券发行上市保荐业务管理办法》所废止。

职责和义务明确,保证公司能够真实、准确、充分、完整地披露相关信息。

2015年12月,全国人大常委会授权国务院拟从2016年开始对上市交易的股票公开发行实行注册制。2016年3月,中国证券监督管理委员会宣布暂缓注册制的实施。2018年2月,股票发行注册制授权决定期限拟延长至2020年。注册制实行以信息披露为中心的监管理念,将注册审核重点转移到督促公司向投资者披露充分且必要的投资决策信息上来,不再对公司业绩与投资价值、未来发展前景等作实质判断。

注册制和核准制并不是完全对立的,它们各有其自身的优势和缺陷。核准制的立法理念重在预防,防止没有投资价值的证券进入市场;注册制的立法理念重在惩戒,通过严厉反欺诈制度达到事后保护投资人的目的。股票发行注册制改革的核心在于理顺政府与市场的关系,各归其位。监管部门主要负责实施公开发行的注册监管,以为社会公众投资人提供法律规定的"底线保障",防范发行欺诈为己任;交易场所回归市场本位,负责上市审核,为二级市场的投资人提供交易场所,不同质地的股票是否应该上市交易、以什么样的价格进行交易等均交由市场决定。注册制的审查是以信息披露为中心的,如果存在虚假陈述,相关当事人应承担欺诈发行的法律责任。注册制的确立,有利于证监会准确定位和健全市场机制。

(1)透明信息的完备披露。在注册制下,证监会职责是审核上市公司信息披露的完备性。证监会职责是保证上市公司必须清晰准确地披露应该披露的信息,把可能遇到的所有情形包括风险,均准确地披露给投资人。交易所审核上市公司的财务指标是否达到上市标准,但不对盈利前景、募集资金使用提出实质性意见。上市公司在海外的上市标准很简单,可以接受一个不盈利的企业。证券交易所注重交易性指标,即使是亏损公司,只要投资人接受,公司仍可正常上市。一只股票跌破一块钱且没什么交易量,说明市场不认可这个公司,表明上市公司应该退市。

(2)市场定价规则的确立。世界各国对公开发行股票的审核标准趋于宽松,审核标准在不断降低。只要拟上市公司不违法违规,股票发行的选择权交给市场。只要市场愿意接受,公司亏损也可以上市,新股发行定什么样的价格都可以。政府不应控制市场定价的具体市盈率,在完全市场化的美国,发行时仅关注上市企业信息披露的完整性和准确性。

(3)退市制度建立。退市制度是资本市场一项基础性制度,[1]注册制有助于建立真正的退市制度。新股发行实行注册制以后,公司只要符合上市标准就可以挂牌上市,上市不再是稀缺资源,壳资源价值丧失,上市公司只要没有价值即可退市。退市有香港式退市与美国式退市两种不同方式。美国式退市制度相当于逆转板,公司股票可

---

[1] 从2001年4月PT水仙(退市第一股)被终止上市起,包括强制退市和自主退市,截至2015年沪深两市累计共有退市公司78家,因连续亏损而退市的有49家,退市比例约占整个A股上市公司的1.8%。美国纳斯达克证券交易所每年大约8%的公司退市,美国纽约证券交易所的退市率为6%;英国伦敦交易所另类投资市场的退市率则大约12%。

以从一个场外交易市场(OTC)①升到一个创业板，从创业板升到主板。同样，公司从主板退市以后，股票仍然可以到 OTC 市场去交易，尽管已经退市但股票仍然有流动性，盈利前景好到一定程度时，公司还可以转回到主板市场，从而最大限度地保护投资人利益。香港没有 OTC 市场，公司退市即意味着破产清算。

第三节　股票公开发行条件

股票发行是股票发行人将股票出售给投资人的行为。股票发行是公司上市的前提，公司上市表明已发行的股票可以进入证券交易所挂牌交易。股票发行有首次发行和新股发行两种方式。首次发行是指从未公开发行过股票的发行人所发行的股票；新股发行则是指发行人在前次发行股票后增加发行的新股。股票发行应满足法定条件。

一、首次公开发行股票的条件

首次公开发行(initial public offering,IPO)股票是指股份有限公司首次向社会公众发行股票。首次公开发行股票可以进入证券交易所挂牌交易，证监会是将股票公开发行与股票上市交易一并审核的，证监会一旦审核通过，证券交易所即有义务安排公开发行的股票进行上市交易。

《公司法》和《证券法》规定了首次公开发行股票的条件，在前述法律规定的基础上，《首次公开发行股票并上市管理办法》《证券发行与承销管理办法》《上市公司证券发行管理办法》等规范性文件进一步细化了公司上市的条件。②

（一）发行人的资格条件③

股票发行人应当是依法设立且合法存续的股份有限公司。股份有限公司的发起人应半数以上在中国境内有住所，且人数应当在 2 人以上 200 人以下。以发起方式设立的股份有限公司，发起人已经全部认购应发行的股份并缴足认购款。股份有限公司的资本划分为股份，且每股金额相等，股份发行遵循公平、公正原则，同种类股份应当具有同等的权利。同一次发行的同种类股票，每股发行价格和条件应当相同。股票发行价格可以按照票面金额，也可以超过票面金额，但不能低于票面金额。发行人还应满足以下三个方面条件：

（1）发行人持续经营期限符合规范要求。以股份有限公司设立后持续经营 3 年以上为原则，经国务院批准则可以少于 3 年。有限责任公司按照原账面净资产值折股

---

① 美国场外柜台交易系统(over the counter bulletin board,OTCBB)又称"布告栏市场"，是由 NASDAQ 的管理者全美证券商协会(NASD)所管理的一个交易中介系统。OTCBB 带有典型的第三层次市场的特征。OTCBB 与众多的创业板相比具有真正的创业板特征——零散、小规模、简单的上市程序以及较低的费用。

② 在创业板方面，独立性、持续盈利能力、规范运作是许多公司未通过首次公开发行股票审查的最重要原因，主体资格、募集资金用途、信息披露、财务会计问题也是原因。

③ 在股票公开发行审核中，主体资格主要涉及历史出资、股权转让及实际控制人变动等问题。

整体变更为股份有限公司的,持续经营期限可以从有限责任公司成立时起算。

（2）发行人资产符合规范要求。发行人已足额缴纳注册资本,并办理出资资产的所有权转移手续,且主要资产不存在重大权属纠纷。发行人主要资产应包括:发行人拥有的建筑物及土地使用权、主要经营设备、发行人对外投资、知识产权、对外租赁的资产等。发行人生产经营符合法律、行政法规和公司章程规定,符合国家产业政策。

（3）发行人经营连续性符合规范要求。发行人最近 3 年内主营业务和董事、高级管理人员没有发生重大变化,实际控制人没有发生变更。发行人股权清晰,控股股东和受控股东、实际控制人支配的股东持有发行人股份不存在重大权属纠纷。

（二）发行人的独立性

发行人的独立性是首次公开发行股票的重要审核标准,[①]独立性问题主要涉及关联交易、资产独立性、人员独立性和同业竞争。发行人独立性问题主要有对内和对外两个方面:

（1）对内独立性。公司改制不彻底,造成公司对内独立性不够,表现为对主要股东的依赖,关联交易、资金占用等问题不断出现。

（2）对外独立性。公司业务的对外独立性不够,表现为在技术、市场或者业务上对其他公司的依赖。

发行人应当具有完整的业务体系和直接面向市场独立经营的能力,发行人资产完整,发行人必须在人员、财务、组织机构、业务上保持独立。发行人资产应当完整,生产型公司应当具有与生产经营有关的生产系统、辅助生产系统和配套设施,合法拥有与生产经营有关的土地、厂房、机器设备以及商标、专利、非专利技术的所有权或者使用权,具有独立的原料采购和产品销售系统;非生产型公司应当具备与经营有关的业务体系及相关资产。

发行人业务应当独立于控股股东、实际控制人及其控制的其他企业,与控股股东、实际控制人及其控制的其他企业间不得有同业竞争或者有失公平的关联交易。发行人必须高度重视规范运作,从公司改制设立、历次公司股权变化、生产经营、资金管理、资产收购等方面自觉做到规范运作。

（三）规范运行要求

发行人已经建立规范的管理体制,具有完整且有效的公司治理结构,能够按照现代企业制度进行规范经营运作。公司规范运作要求主要表现在:

（1）健全的内部机构的建立。董事会、监事会、经理层等管理机构的设置及职权的规定,股东大会、董事会、监事会议事规则的制订,独立董事制度的建立,董事、监事和高管的任职资格符合法律、行政法规的规定等。健全的内部组织机构是内部机构运

---

① 证监会发审委对独立性的审核非常严格,业务和资产的不完整性、商标的共用、生产厂房和办公场所向关联公司的租用、业务链的核心环节或者一个重要的业务环节依赖关联方或者第三方等,均是审核重点,可能构成被否决的理由。

作规范的前提和基础。

（2）内部机构运作的规范化。股东大会、董事会、监事会等规范运作。股东大会的规范运作表现为，股东大会的召开、参与人员、召开程序、通知和议事程序、议事规则、决议及会议记录等应遵循法律、行政法规的规定；董事会的规范运作表现为，董事会的召集程序和决议程序符合法律、行政法规及公司内部治理规范性文件的要求；监事会的规范运作表现为，监事会按照法律和公司内部治理规范性文件的要求召开，监事会依职权对公司运作进行有效的监督以及监事会记录的完备和真实。

（3）公司内部控制制度的建立。公司内部控制制度是由公司董事会、监事会、经理层和全体员工实施的，旨在实现控制目标的过程。公司内部控制可分为会计控制和管理控制。会计控制是指与保护财产物资的安全性、会计信息的真实性和完整性以及财务活动的合法性有关的控制；管理控制是指与保证经营方针、决策的贯彻执行，促进经营活动经济性、效率性、效果性以及经营目标的实现有关的控制。会计控制与管理控制并非相互排斥的，有些控制措施既可以用于会计控制，也可以用于管理控制。发行人内部控制制度的建立健全，能够合理保证财务报告的可靠性、生产经营的合法性、营运的效率和效果。

（四）财务与会计

公司资产质量良好、资产负债结构合理、盈利能力较强、现金流量正常是对发行人财务状况的基本要求。发行人首次公开发行股票的财务指标，具体要求表现为以下五个方面：

（1）净利润指标。发行人最近 3 个会计年度净利润均为正数且累计超过人民币 3000 万元，净利润以扣除非经常性损益前后较低者为计算依据。

（2）现金流量净额①指标。发行人最近 3 个会计年度经营活动产生的现金流量净额累计超过人民币 5000 万元，或者最近 3 个会计年度营业收入累计超过人民币 3 亿元。

（3）股本总额指标。在公司公开发行股票之前，发行人股本总额不少于人民币 3000 万元。

（4）无形资产指标。发行人最近一期末无形资产（扣除土地使用权、水面养殖权和采矿权等后）占净资产的比例不高于 20%。

（5）未弥补亏损指标。发行人最近一期末不存在未弥补亏损。对于母公司报表的最近一期未分配利润为负的情况，要作出合理说明、解释。我国不允许亏损公司上市。

发行人会计基础工作规范，财务报表的编制符合企业会计准则和相关会计制度的规定，在所有重大方面公允地反映了发行人的财务状况、经营成果和现金流量，并由注册会计师出具了无保留意见的审计报告。

---

① 现金流量净额是指现金流入量和流出量的差额，反映了公司在一定期限内净增加或净减少的现金及现金等价物数额，即现金流量净额＝现金流入－现金流出。

（五）募集资金的运用

发行人董事会应当对募集资金投资项目的可行性进行充分论证,确信投资项目具有较好的市场前景和盈利能力,有效防范投资风险,提高募集资金使用效益。募集资金应当有明确的使用方向,原则上应当用于主营业务;除金融类企业外,募集资金投资项目不得为持有交易性金融资产和可供出售的金融资产、借予他人、委托理财等财务性投资,不得直接或间接投资于以买卖有价证券为主要业务的公司。募集资金投向的可行性、合法性、安全性,是募集资金的运用应遵循的要求。

二、股票上市条件

股票公开发行与股票上市,是两个不同的行为。股票公开发行在先,股票上市在后。股票公开发行是股票首次出售给投资人的行为,而股票上市使股票可以自由流通,股票上市是股票发行市场和股票交易市场的纽带和桥梁。

股票上市是指发行人将已经公开发行的股票按照法定条件和程序,在证券交易所公开挂牌交易的行为。股份有限公司股票一旦获准在证券交易所上市交易,即为上市股票,股份有限公司即为上市公司。但公开发行股票的公司未必是上市公司,只有公司上市申请被获准,公司股票能够在公开市场买卖时,才成为上市公司。

我国大多数股份有限公司均采取首次公开发行上市的方式,即公司发行人在公开发行股票的同时,已经确定近期上市计划,并在发行成功后的合理时间内申请股票上市交易。股票公开发行后,进入上市阶段,由证券交易所(上海、深圳)对股票是否符合上市条件作出判断。

（一）股票上市的基本规则

2005年《公司法》和《证券法》对公司上市方面的修改较大,①2015年《证券法》的修改草案涉及公司上市制度的根本性变革,②最大的变化是将公司股票上市审核权由证监会转移到证券交易所,强调证券交易所对证券交易行为的实时监控,赋予证券交易所对公司上市暂停和终止的决定权。股票上市条件的规范,由法律、行政法规向证券交易所的自律性规范过渡,法律和行政法规对股票的上市条件仅提供宏观指引,赋予证券交易所审查股票是否符合上市条件的裁量权。

上海和深圳证券交易所确定的证券上市条件基本相同,均设立上市审核委员会对

---

① 2005年《证券法》共12章240条,在原214条的基础上,新增53条,删除27条,对一些条款作了文字修改,增加部分还包括从《公司法》中并入的有关证券发行方面的内容等(共8条),修改面涉及《证券法》40%的条款。

2013年《证券法》的修改仅涉及第129条第1款,2014年的修改涉及第89条、第90条、第91条和第213条部分内容的修改,第108条和第131条的修改仅涉及公司法条文的调整。

② 2015年《证券法》的修改因股市的大幅震荡而推迟。修订草案明确了股票发行注册的申请条件和注册程序,确立股票发行的注册制。修订草案明确取消股票发行审核委员会制度,规定公开发行股票并拟在证券交易所上市交易的,由证券交易所负责对注册文件进行审核。修订草案修改了发行条件,取消发行人财务状况及持续盈利能力等营利性要求。

上市申请进行审议,由上市审核委员会对公司上市申请进行独立的专业判断并作出审核意见,证券交易所根据上市审核委员会的审核意见,决定是否同意上市。

(二)股票上市的条件

根据《上海证券交易所股票上市规则》和《深圳证券交易所股票上市规则》的规定,股票上市应符合以下条件:

(1)首次公开发行并上市的特别条件。在首次公开发行股票的申请获准通过后,发行人才能向证券交易所申请股票上市,这属于先发行后上市的程序性要求。首次发行上市时股本总额不得低于5000万元,公开发行的股份达到公司股份总数的25%,且公司最近3年无重大违法行为,财务会计报告无虚假记载。

(2)股票转让的限制性条件。董事、监事和高级管理人员在股票上市交易之日起一年内和离职后半年内,不得转让公司股票。控股股东和实际控制人从公司上市之日起36个月不得转让持有的股票。新增股份的持有人在完成增资扩股工商变更登记手续之日起36个月内不得转让新增股份。

(3)对董事会秘书的特别要求。上市公司应设立董事会秘书,董事会秘书的一个重要职责是负责上市公司与证券交易所的联络工作。董事会秘书应当具备履行职责所必需的法律、财务、管理等专业知识,具有良好的职业道德和个人品质,能够忠实地履行职责,具有大学本科以上学历及高级技术职称,并取得证券交易所认可的董事会秘书资格证书。

董事会秘书负责公司投资人关系管理事务的全面统筹、协调与安排,以保证公司与证券监管机构、投资人、证券服务机构、媒体等之间信息沟通的畅通。

三、上市公司发行新股的条件

上市公司新股发行有新股的公开发行和非公开发行两种方式。新股的公开发行是指上市公司向社会公开发行股票,有向原股东配售股份(配股)和向不特定对象公开募集股份(增发)两种形式。新股的非公开发行是指上市公司采取非公开方式向特定的对象发行股票。

拟公开发行新股的公司,除了符合首次公开发行条件外,还应满足公开发行新股的条件。《证券法》第13条[①]以及《上市公司证券发行管理办法》规定了新股公开发行的条件。

第四节　股票公开发行程序

发行人首次公开发行股票的,股东大会应当对发行股票的相关事项包括股票的种

[①] 《证券法》第13条规定:"公司公开发行新股,应当符合下列条件:(一)具备健全且运行良好的组织机构;(二)具有持续盈利能力,财务状况良好;(三)最近三年财务会计文件无虚假记载,无其他重大违法行为;(四)经国务院批准的国务院证券监督管理机构规定的其他条件。上市公司非公开发行新股,应当符合经国务院批准的国务院证券监督管理机构规定的条件,并报国务院证券监督管理机构核准。"

类和数量等作出决议,制作申请文件,由保荐人保荐并向证监会申报。证监会审核决定是否同意公开发行股票。

一、发行人股东大会决议

发行人公开发行股票应由董事会制订公开发行方案,股东大会决议通过。发行方案的制订属于董事会法定职权,且发行方案和上市方案应经合法有效的董事会决议通过,才能提交股东大会表决。股票公开发行决议属于股东大会法定职权。根据《首次公开发行股票并上市管理办法》第31条的规定,发行人董事会依法对发行股票的方案、募集资金使用的可行性及其他必须明确的事项作出决议,并提请股东大会批准。

发行人股东大会对发行股票作出决议,决议应当包括股票的种类和数量、发行对象、价格区间或者定价方式、募集资金用途、发行前滚存利润的分配方案、决议的有效期、对董事会办理本次发行具体事宜的授权以及其他必须明确的事项。

二、上市公司首次公开发行股票的核准程序

上市公司首次公开发行股票应当遵循法定核准程序,具体核准程序可以分为在主板上市核准程序与在创业板上市核准程序两种。

(一)主板上市公司首次公开发行股票的核准程序

主板上市公司首次公开发行股票应当遵循申报与受理、初审与预披露、审核与决定等核准程序。

(1)申报与受理。发行人应当按照中国证券监督管理委员会的有关规定制作申请文件,由保荐人保荐并向中国证券监督管理委员会申报。保荐机构对发行人及其大股东、实际控制人进行尽职调查、审慎核查,编制申请文件并出具推荐文件。特定行业的发行人应当提供管理部门的相关意见。中国证券监督管理委员会收到申请文件后,在5个工作日内作出是否受理的决定。在申报文件报送证监会后,进入静默期,不得向外界透露有关发行的任何信息。

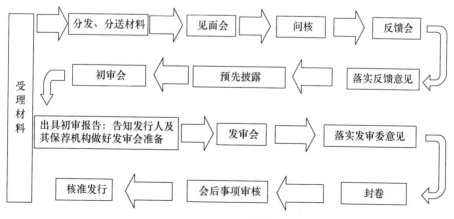

图 12-4　基本审核流程

（2）初审与预披露。中国证券监督管理委员会受理申请文件后,由相关职能部门对发行人的申请文件进行初审。中国证券监督管理委员会在初审过程中,将征求发行人注册地省级人民政府是否同意发行人发行股票的意见,并就发行人的募集资金投资项目是否符合国家产业政策和投资管理的规定征求国家发改委的意见。

根据《证券法》第21条的规定,发行人申请首次公开发行股票的,在提交申请文件后,应当按照国务院证券监督管理机构的规定预先披露有关申请文件。在发行人申请文件受理后至发审委审核前,发行人应当将招股说明书在中国证券监督管理委员会网站预先披露。发行人可以将招股说明书刊登于其企业网站,但披露内容应当与中国证券监督管理委员会网站的完全一致,且不得早于在中国证券监督管理委员会网站的披露时间。

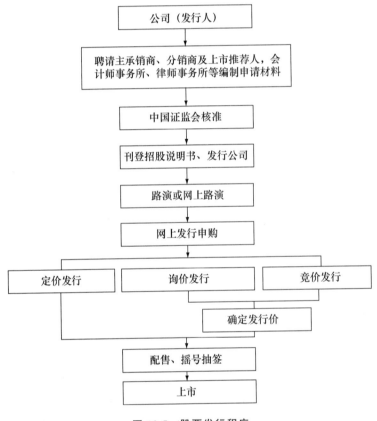

图 12-5　股票发行程序

（3）审核与决定。相关职能部门对发行人的申请文件初审完成后,由发审委组织发审委会议进行审核。中国证券监督管理委员会依照法定条件对发行人的发行申请作出予以核准或者不予核准的决定,并出具相关文件。自中国证券监督管理委员会核准发行之日起,发行人应在6个月内发行股票;超过6个月未发行的,核准文件失效,须重新经中国证券监督管理委员会核准后方可发行。此外,发行申请核准后至股票发行结束前,发行人发生重大事项的,应当暂缓或者暂停发行,并及时报告中国证券监督管理委员会,同时履行信息披露义务。影响发行条件的,应当重新履行核准程序。股票发行申请未获核准的,自中国证券监督管理委员会作出不予核准决定之日起 6 个月后,发行人可再次提出股票发行申请。

(二)创业板上市公司首次公开发行股票的核准程序

发行人董事会应当依法就首次公开发行股票并在创业板上市的具体方案、募集资金使用的可行性及其他必须明确的事项作出决议,并提请股东大会批准。决议至少应当包括下列事项:股票的种类和数量、发行对象、价格区间或者定价方式、募集资金用途、发行前滚存利润的分配方案、决议的有效期、对董事会办理本次发行具体事宜的授权以及其他必须明确的事项。

发行人按照中国证券监督管理委员会有关规定制作申请文件,由保荐人保荐并向中国证券监督管理委员会申报。保荐人保荐发行人发行股票并在创业板上市,对发行人的成长性进行尽职调查和审慎判断并出具专项意见。发行人为自主创新企业的,还应当在专项意见中说明发行人的自主创新能力,并分析其对成长性的影响。

第五节　股票上市程序

发行人的公开发行股票申请经审核获得批准后,向证券交易所申请挂牌上市,发行人的上市申请获准后,发行人与证券交易所签订上市协议,进入股票上市程序。

一、股票的促销与股票的发行

股票发行是股票上市交易的前提。股票发行是指股票发行人按照法定程序向投资者发行股份的行为,即股票的出售过程。股票的发行通常要经过询价和路演推介两个阶段。

(一)询价

首次公开发行股票应当通过向特定机构投资人询价的方式确定股票发行价格。机构投资人是指证券投资基金管理公司、证券公司、信托投资公司、财务公司、保险机构投资人、合格境外机构投资人以及经证监会认可的其他机构投资人。发行人及其主承销商应当在刊登首次公开发行股票招股意向书和发行公告后向询价对象进行推介和询价,并通过互联网向公众投资人进行推介。

询价分为初步询价和累计投标询价。发行人及其主承销商应当通过初步询价确定发行价格区间,在发行价格区间内通过累计投标询价确定发行价格。首次发行的股票在中小企业板上市的,发行人及其主承销商可以根据初步询价结果确定发行价格,不再进行累计投标询价。询价结束后,公开发行股票数量在 4 亿股以下、提供有效报价的询价对象不足 20 家的,或者公开发行股票数量在 4 亿股以上、提供有效报价的询价对象不足 50 家的,发行人及其主承销商不得确定发行价格,并应当中止发行。发行人及其主承销商中止发行后重新启动发行工作的,应当及时向证券监管机构报告。

发行价格区间确定后,发行人及其保荐机构应在发行价格区间内向询价对象进行累计投标询价,并应根据累计投标询价结果确定发行价格。所有询价对象均可参与累计投标询价。

（二）路演推介

在发行准备工作已经基本完成，且发行审查已原则通过的情况下，主承销商将安排承销前的国际推介与询价。这个阶段工作对于发行、承销成功意义重大，主要有以下几个环节：

（1）预路演。预路演是指由主承销商去拜访一些特定投资人，通常为大型专业机构投资人，对投资人进行广泛市场调查，听取投资人对发行价格的意见，调查市场的整体需求，并据此确定一个价格区间的过程。为保证预路演效果，应从地域、行业等多方面考虑抽样的多样性；否则，询价结论可能会比较主观，不能准确地反映出市场供求关系。

（2）路演推介。路演是指证券发行商发行证券前针对机构投资人的推介活动，是在投资、融资双方充分交流的条件下促进股票成功发行的重要推介、宣传手段，能够促进投资人与股票发行人之间的沟通和交流，以保证股票的顺利发行。

（3）簿记定价。簿记定价主要是统计投资人在不同价格区间的订单需求量，以把握投资人需求对价格的敏感性，从而为主承销商的市场研究人员对定价区间、承销结果、上市后的基本表现等进行研究和分析提供依据。

以上环节完成后，主承销商将与发行人签署承销协议，并由承销团成员签署承销团协议，准备公开募股文件的披露。

二、公司上市

股票发行申请文件通过股票发行审核委员会的审核后，发行人即可提出股票代码与股票简称的申请，报选定的证券交易所核定。经审核发行的股票，获得上海、深圳证券交易所批准后在交易所公开挂牌交易的即为股票上市。

（一）公司上市申请

发行人股票公开发行完毕后，应及时向上海或者深圳证券交易所上市委员会提出上市申请，并应提交证券交易所规定的相关法律文件。[①] 证券交易所在收到发行人提交的全部上市申请文件后，应当在 7 个交易日内作出是否同意上市的决定并通知发行人。

---

① 申请人应向证券交易所提交的文件有：(1) 上市申请书；(2) 中国证券监督管理委员会核准其股票首次公开发行的文件；(3) 有关本次发行上市事宜的董事会和股东大会决议；(4) 营业执照复印件；(5) 公司章程；(6) 经具有执行证券、期货相关业务资格的会计师事务所审计的发行人最近三年的财务会计报告；(7) 首次公开发行结束后，发行人全部股票已经中国证券登记结算有限责任公司托管的证明文件；(8) 首次公开发行结束后，具有执行证券、期货相关业务资格的会计师事务所出具的验资报告；(9) 关于董事、监事和高级管理人员持有本公司股份的情况说明和《董事(监事、高级管理人员)声明及承诺书》；(10) 发行人拟聘任或者已聘任的董事会秘书的有关资料；(11) 首次公开发行后至上市前，按规定新增的财务资料和有关重大事项的说明；(12) 首次公开发行前已发行股份持有人，自发行人股票上市之日起一年内持股锁定证明；(13) 相关方关于限售的承诺函；(14) 最近一次的招股说明书和经中国证券监督管理委员会审核的全套发行申报材料；(15) 按照有关规定编制的上市公告书；(16) 保荐协议和保荐人出具的上市保荐书；(17) 律师事务所所出具的法律意见书；(18) 交易所要求的其他文件。

（二）股票上市协议

在收到证券交易所的上市通知后,发行人应当与证券交易所签订股票上市协议书。股票上市协议是拟上市公司与证券交易所签订的用以规范股票上市行为的协议。股票上市协议书的主要内容有财务报表的定期呈报、公司事项重大变化的通知义务、信息披露、上市费用,以及上市股票的种类、发行时间、发行股数、面值及发行价格等。

（三）上市公告书

上市公告书是指拟上市公司按照《证券法》和证券交易所业务规则的要求,在股票上市前对公司自身情况及股票上市的有关事宜,通过证券上市监管机构指定报刊向社会公众公布的宣传和说明材料。在股票挂牌前 3 个工作日内,拟上市公司应将上市公告书刊登在上市监管机构指定报纸上。上市公告书内容应包括下列事项:证券获准在交易所交易的日期和批准文号;证券发行情况;公司创立大会或股东大会同意公司证券在证交所交易的决议;公司董事、监事和高级管理人员简历及其持有本公司证券情况;公司近 3 年或成立以来的经营业绩和财务状况以及下一年的盈利预测文件;证券交易所要求载明的其他事项。

（四）挂牌交易

申请上市的股票将根据证券交易所的安排和上市公告书披露的上市日期挂牌交易。股票发行后通常在 7 个交易日内挂牌上市,公司股票的上市交易宣告公司股票上市程序的完成。

第六节　借壳上市

资本市场有首次公开发行股票和借壳上市两种主要的上市方法。借壳上市主要是将非上市公司或者资产置入上市公司,以根本改变上市公司的主营业务、实际控制人以及公司名称,借壳后在满足一定条件下以增发股份实现公司融资的目的。

一、借壳上市的概念

借壳上市(back door listing)是指非上市公司(借壳公司)通过收购或者其他合法方式获得上市公司(壳公司)的实际控制权,将原上市公司(壳公司)资产、业务进行必要处置或者剥离后,再将自己所属业务注入已上市公司并成为其主营业务,从而实现未上市资产和业务间接上市的行为。实际上,借壳上市是上市公司的母公司(集团公司)通过将主要资产注入上市子公司的方式,实现母公司上市。

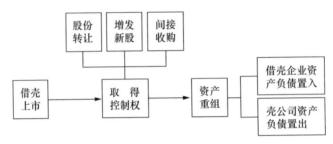

图 12-6　借壳上市的基本环节

（一）壳公司

壳公司（shell company）是指公司经营状况较差，可能成为其他公司收购对象并注入资产的上市公司，即成为非上市公司买壳收购目标的上市公司。壳公司有实壳公司、空壳公司和净壳公司三种类型。

（1）实壳公司。实壳公司是指公司业务规模小、业绩一般、总股本规模小、股价低的上市公司。实壳公司价值由公司现有业务价值与壳资源价值两部分构成。

（2）空壳公司。空壳公司是指主营业务出现亏损，面临退市风险，利润来源为其他收益。公司主营业务严重萎缩或者停业、业务发展前景惨淡、公司重整无望。空壳公司通常由经营条件恶化的实壳公司转化而来。空壳公司价值等于公司壳资源价值减去公司进行债务重组、解决法律纠纷、不良资产剥离所需承担的成本。

（3）净壳公司。净壳公司是指上市公司将全部资产、负债、业务及人员等置出，不再从事原来的主营业务。净壳公司是无负债、无法律纠纷、无违反上市交易规则、无遗留资产的空壳公司，仅存在于借壳上市交易的特定阶段，是上市公司的特殊状态。净壳公司价值就等于壳资源价值。

（二）壳公司控制权的取得

借壳上市首先要选择壳公司。在证券市场准入制的情形下，壳公司必然成为一种稀缺资源。壳公司的选择应结合借壳公司自身经营情况、资产情况、融资能力及发展计划。壳公司应当没有债务和法律诉讼，没有违反证券法规的问题；保持完整的上市资格，按时披露财务和业务现状。借壳上市通常要经过收购股权和资产置换（换壳）两个阶段。借壳上市完整的流程通常需要半年以上时间，其中最主要的环节是要约收购豁免审批、重大资产置换的审批，其中特别是核心资产的财务、法律等环节的重组、构架设计工作。

在壳公司确定后，借壳公司通过公司并购方式取得上市（壳）公司控制权。借壳公司取得壳公司控制权有以下三种方式：

（1）股份转让方式。股份转让方式是指股份收购方与壳公司原股东协议转让股份，或者在二级市场收购股份取得壳公司的控制权。股份转让方式的持股锁定期为12个月，股份收购价格没有特别规定，优点是锁定期较短、审批程序较为简单、可协商协议收购股份价格,不足是需要大量现金和后续资产重组(具有不确定性)。

(2)增发新股方式。增发新股方式是指壳公司向借壳公司定向增发一定比例的新股,使借壳公司取得壳公司的控制权。增发新股方式的持股锁定期为 36 个月,股份收购价格不低于基准日前 20 个交易日均价的 90%,优点是现金需求少、控制权转移和资产重组一步完成,不足是持股锁定期较长、审批程序复杂、收购价格的下限明确。

(3)间接收购方式。间接收购方式是指借壳公司收购壳公司的母公司,通过对壳公司母公司的控制,以实现对上市公司的间接控制权。以间接收购方式的持股锁定期不变,收购价格没有特别的规定,优点是持股锁定期较短甚至没有锁定期、审批程序简单、可协商协议收购的股份价格,不足是需要大量现金和后续资产重组(具有不确定性)。

(三)资产置换

非上市的借壳公司成为上市公司的控股股东后,通过重组后的董事会对上市壳公司进行清理和内部重组,剥离不良资产、整顿提高壳公司原有业务状况,改善经营业绩。对壳公司进行资产重组,主要通过以下两种方式:

(1)壳公司原有资产负债置出。实施借壳上市通常需要将借壳对象全部资产、负债及相应的业务、人员置换出去。根据资产接受方与借壳对象的关系,置出分为关联置出和非关联置出两种形式。关联置出是指向壳公司原股东转让,或者由借壳公司接收。在关联置出中,向壳公司原股东转让是实务中首选的壳公司原有资产剥离方法,而借壳公司通常以"原有资产+增发新股"的方式剥离壳公司原有资产。非关联置出是指向与壳公司不存在直接控制关系的第三方转让,如果资产质量太差,通常需要向第三方支付一定的补偿金。

(2)借壳公司的资产负债置入。借壳公司将全部(或部分)资产、负债及相应的业务、人员置入借壳公司中,使得存续公司即为借壳公司。根据借壳公司资产上市比例,借壳公司分为整体上市和非整体上市。整体上市是指借壳公司全部资产、负债及相应的业务、人员均被置入借壳对象。非整体上市是指借壳公司未将全部资产、负债及相应的业务、人员置入借壳对象。

二、借壳上市的方案

在借壳上市实务中,有多种不同的借壳方案,主要有以下五种借壳方案:

(一)股份转让+资产置换

在"股份转让+资产置换"方案中,壳公司原控股股东将所持有的壳公司股份以协议方式转让给拟借壳上市公司,借壳公司以现金为对价收购壳公司的部分股份。借壳公司完成对上市壳公司的控股后,与上市壳公司进行资产置换,收购其原有业务及资产,同时将拟上市业务及资产注入上市公司,作为收购其原有资产的对价。由于注入资产的评估值高于置出资产,差额部分作为上市公司对大股东的免息债务,无偿使用若干年。

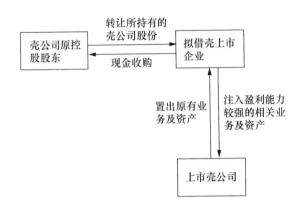

图 12-7 "股份转让＋资产置换"借壳方案

（二）股份转让＋增发换股（反向收购）

在"股份转让＋增发换股"方案中，壳公司原控股股东将所持有的壳公司股份以协议方式转让给拟借壳上市公司，拟借壳公司以现金为对价收购壳公司的部分股份。借壳公司完成对上市壳公司的控股后，由上市壳公司向拟借壳上市公司的全体（或控股）股东定向增发新股，收购其持有的拟借壳上市公司股权。上市壳公司向其原控股股东出售其原有的业务及资产，壳公司原控股股东以现金为对价收购这部分资产。但是，增发新股收购拟借壳公司股权属于换股合并的，应当给予反对该交易的上市壳公司中小股东现金选择权。

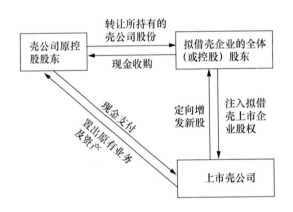

图 12-8 "股份转让＋增发换股"借壳方案

（三）股份回购＋增发换股

在"股份回购＋增发换股"方案中，壳公司向原控股股东出售全部业务及资产，同时回购并注销原控股股东所持有的上市壳公司股份；原控股股东所持壳公司股份不足以支付壳公司原有业务及资产的，以现金补足。上市壳公司向拟借壳上市公司全体

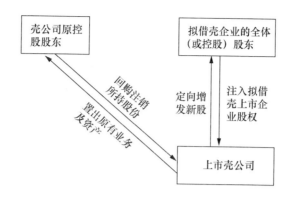

图 12-9　"股份回购＋增发换股"借壳方案

（或控股）股东定向增发新股,收购其持有的拟借壳上市公司股权。壳公司增发换股后,拟借壳上市公司的控股股东成为上市壳公司的新控股股东。但是,为补偿上市壳公司原中小股东的流动性溢价,有时可能在借壳完成后由拟借壳公司股东或者上市壳公司对其按一定比例进行送股。

（四）资产置换＋增发换股

在"资产置换＋增发换股"方案中,上市壳公司将全部业务和资产转让给拟借壳公司的控股股东,并同时向其增发新股,以换取其所持有的拟上市公司股份。拟借壳公司控股股东取得壳公司的原有业务和资产后将其转让给壳公司原大股东,以换取后者所持有的壳公司股份,双方差额部分以现金补足。与"股份回购＋增发换股"方案相同,为补偿上市壳公司原中小股东的流动性溢价,有时可能在借壳完成后由拟借壳公司股东或者上市壳公司对其按一定比例进行送股。

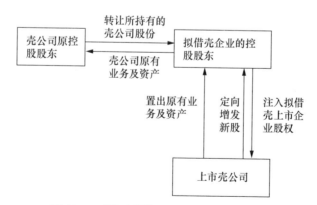

图 12-10　"资产置换＋增发换股"借壳方案

（五）资产出售＋增发换股

在"资产出售＋增发换股"方案中,壳公司将原有的全部业务及资产出售给其控股股东,壳公司控股股东以现金为对价收购这些业务及资产。壳公司向拟借壳上市公司

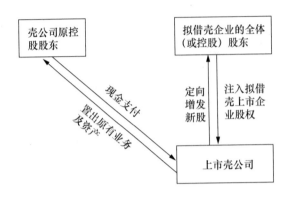

图 12-11 "资产出售＋增发换股"借壳方案

的全体（或控股）股东定向增发新股,收购其持有的拟借壳上市公司股权。但是,为确保壳公司小股东利益,壳公司原控股股东收购壳公司原有业务及资产时通常会支付较高的对价,作为对中小股东的补偿;接受定向增发的拟借壳公司股东在借壳完成后会向壳公司原股东支付一笔额外的现金。

三、借壳上市的案例

2015 年 A 股市场发生了以借壳为目的的重大资产重组 79 起,涉及交易总金额高达 5505 亿元。交易总价值在 100 亿元以上的就有 8 起,借壳的对象分别为金丰投资、七喜控股、海岛建设、美罗药业、艾迪西、世纪游轮、＊ST 金路和大橡塑。绿地控股作价 655 亿借壳金丰投资(600606),金丰投资以资产置换和发行股份的方式吸纳绿地集团 100％的股权,绿地控股借壳金丰投资完成了绿地集团的整体上市,上市当日绿地控股市值约为 3000 亿元,成为 A 股史上最大的借壳上市案例。

2016 年修订《上市公司重大资产重组管理办法》时增加了借壳上市的难度,"炒壳"现象得到有效的遏制。2018 年修订的《公开发行证券的公司信息披露内容与格式准则第 26 号——上市公司重大资产重组》旨在鼓励支持上市公司并购重组,提高上市公司质量,服务实体经济,落实股票停复牌制度改革,减少简化上市公司并购重组预案披露要求。

(一) 金融街集团借壳重庆华亚上市案

北京金融街集团是以协议收购方式借壳重庆华亚上市的。北京金融街集团是北京市西城区国资委全资的以资本运营和资产管理为主业的全民所有制企业,主营业务为房地产开发。重庆华亚现代纸业股份有限公司(000402)成立于 1996 年,主营业务为纸包装制品、聚乙烯制品、包装材料等的生产和销售,控股股东为华西包装集团。

1999 年 12 月 27 日,华西包装集团与金融街集团签订股权转让协议,华西集团将持有的 4869.15 万股(占总股本的 61.88％)国有法人股转让给金融街集团。2000 年

5 月 24 日,金融街集团在中国证券登记结算公司深圳分公司办理了股权过户手续。2000 年 7 月 31 日,重庆华亚更名为金融街控股股份有限公司。

金融街控股将全部资产及负债(连同人员)整体置出给金融街集团,再由华西包装集团购回;金融街集团将房地产类资产及所对应的负债置入公司,置入净资产大于置出净资产的部分作为金融街控股对金融街集团的负债,由金融街控股无偿使用 3 年。

2001 年 4 月,金融街控股注册地由重庆迁至北京,金融街集团实现了借净壳上市。2002 年 8 月,公司公开增发融资 4.006 亿元,2004 年 12 月公开增发融资 6.68 亿元,2006 年 12 月 27 日定向增发融资 11.81 亿元,累计融资 22.469 亿元。借壳上市后,金融街控股通过多次再融资,促进了房地产业务的快速发展。

(二)北大方正借壳延中实业上市案

北大方正是以二级市场竞价收购方式借壳延中实业上市的。延中实业(600601)是二级市场上典型的三无概念股——无国家股、无法人股、无外资股,其公司股份全部为流通股,股权结构非常分散,没有具备特别优势的大股东,在收购行动中最容易成为被收购的目标。1998 年 2 月 5 日,北大方正及相关企业在二级市场举牌收购延中实业,随后将计算机、彩色显示器等优质资产注入延中实业,并改名为方正科技,成为第一家完全通过二级市场收购实现借壳上市的公司。

(三)卓郎智能借壳新疆城建上市案

新疆城建通过资产置换及发行股份的方式置入卓郎智能 95% 股权,新疆城建原控股股东乌鲁木齐国有资产经营(集团)有限公司将通过老股转让作为对价,获取金昇实业置换取得的公司原资产及负债。借壳方案分三个部分,即资产置换、置出资产承接及股份转让、发行股份购买资产。原控股股东承接公司原有资产的步骤得以简化,减少了现金收购环节,并与资产置换、发行股份购买资产同时进行,有利于降低资金压力,并减少股份发行和股票摊薄。卓郎智能主要资产是 2013 年通过海外并购获得的瑞士上市公司欧瑞康天然纤维纺机业务和纺机专件业务的全部资产和股权。借壳分为以下三个步骤:

(1)资产置换。上市公司以置出资产与金昇实业持有的同等价值的卓郎智能股权进行置换,即金昇实业以 23% 的卓郎智能股份换取新疆城建 100% 的资产,并交换乌鲁木齐国资公司 22% 股份。

(2)置出资产承接及股份转让。金昇实业以部分卓郎智能股权从上市公司置换出的置出资产,由乌鲁木齐国资公司承接。作为乌鲁木齐国资公司承接置出资产的交易对价,乌鲁木齐国资公司向金昇实业转让其持有的上市公司 22.11% 股份。

(3)发行股份购买资产。上市公司以发行股份的方式购买资产置换后除上海涌云外的卓郎智能 17 位股东持有的卓郎智能剩余股权。交易完成后,上市公司持有卓郎智能 95% 的股权。

交易完成后,金昇实业股份有限公司成为上市公司控股股东,潘雪平成为上市公司实际控制人。交易购买资产的部分指标超过上市公司 2015 年末及 2015 年度相关指标的 100％且交易导致上市公司主营业务发生根本变化,交易构成《重组管理办法》第 13 条规定的借壳上市。

卓郎智能主要业务为智能化纺织成套设备及核心零部件的研发、生产和销售,属于国家战略新兴行业中的高端装备制造行业,通过本次重组引入卓郎智能,有利于新疆地区高端装备制造业的转型升级,推动新疆丝绸之路经济带核心区的建设。智能化纺织装备作为纺织服装行业的上游产业,有利于引领新疆地区纺织行业的发展并创造良好的社会效应。

第七节　上市公司再融资

上市公司再融资是指上市公司通过配股、增发和发行可转换债券等方式在证券市场上进行的直接融资。上市公司再融资涉及的法律有《公司法》和《证券法》,规章有《上市公司证券发行管理办法》《创业板上市公司证券发行管理暂行办法》和《上市公司非公开发行股票实施细则》等。上市公司再融资极大地促进了上市公司的发展,越来越受到上市公司的重视,已经成为 A 股上市公司重要的资金来源。[①] 2014 年 A 股定向增发、公开增发、配股、可转债发行等股权再融资的总额达 7000 亿元,是同期新股发行融资规模的 10 倍。

上市公司普遍使用的再融资方式有三种:配股、增发和可转换债券,其中增发有公开增发和非公开增发两种。在核准制下,这三种再融资方式均采用由证券公司推荐、证监会审核、[②]发行人和主承销商确定发行规模、发行方式和发行价格、证监会核准的证券发行制度。

（1）配股。配股是指上市公司根据公司发展需要,根据《公司法》和《证券法》等法律规定和相应的程序,向原股东进一步发行新股、筹集资金的行为。配股是我国上市公司再融资的普遍方式。公司原股东享有配股优先权,可自由选择是否参与配股。上市公司配股应满足的主要条件为:最近 3 个会计年度加权平均净资产收益率不低于6％;不超过本次发行前股本总额的 30％,如果控股股东或者实际控制人全部认购,则不受此限制,但不得超过 100％;距前次发行股需间隔一个完整会计年度;价格高于每股净资产而低于二级市场价格,原则上不低于二级市场价格的 70％,并与主承销商

[①] 据统计,2014 年共有 485 家上市公司完成再融资,再融资额达到 7032.68 亿元,比 2013 年增长 64.95％,创出历史新高。参见《2014 年资本市场盘点:再融资额创新高》,http://money. 163. com/15/0106/14/AF9K7VCN00253B0H. html,2019 年 8 月 8 日访问。

[②] 证监会再融资申请的审核工作流程分为受理、反馈会、初审会、发审会、封卷、核准发行等主要环节。证监会在受理上市公司再融资申请后,先会出具反馈意见,再对上市公司对反馈意见和主要问题的回复召开初审会初审,出具初审报告之后,召开发审会,发审会通过后将材料进行封卷并履行内部程序,最后由证监会发布核准发行的批文。

协商确定;发行对象为公司原股东;认购股数没有达到拟配售数量的 70%,则发行失败。

(2)增发。增发是指上市公司通过指定投资人或者全部投资人额外发行股份募集资金的融资方式,发行价格通常为发行前某一阶段的平均价的某一比例。公司向大股东或者合格机构投资人发行,即为非公开增发;公司向全部投资者开放增发,即为公开增发。增发和配股大体相似,但是在发行条件和具体操作上有差异。上市公司公开增发应满足的主要条件为:最近 3 个会计年度扣除非经常损益后的净资产收益率平均不低于 6%,如果低于 6%,则发行当年加权净资产收益率应不低于发行前一年的水平;公司近 3 年连续分红;距前次发行股需间隔 12 个月;发行价格应不低于公告招股意向书前 20 个交易日均价或者前 1 个交易日的均价。上市公司非公开增发应满足的主要条件为:第一,一年期定增。发行价格不低于定价基准日前 20 个交易日均价的90%;发行价格不低于发行期首日前 20 个交易日均价或者前一交易日均价的 90%,或者不低于前一交易日均价。第二,三年期定增。发行价格不低于董事会召开日前20 个交易日均价的 90%,可以定价发行。第三,定增对象。一年期发行对象不超过10 名,三年期和创业板发行对象不超过 5 名。第四,锁定期。除创业板按照不低于发行期首日前一交易日均价发行股份的无锁定期外,其他方式均锁定一年,其中大股东、实际控制人及其关联方参与认购的和三年期定增锁定期为 3 年。第五,定增类型。重大资产重组募集配套资金的,募集资金不超过收购资产对价的 100%的,由并购重组委审核;超过 100%的,由发审委审核;募集配套资金用于补充流动资金的比例不超过募集配套资金的 50%;并购重组方案构成借壳上市的,比例不超过 30%。

在国际市场上,公司股权再融资以增发为主,配股较少,仅在公司陷入经营困境,无法吸引新投资人认购的情况下,才使用配股方法。从 1999 年上菱电器股份公司(600835)成功实施以来,增发新股在发行数量、规模上均得到很大的发展。在融资渠道拓宽和上市公司盈利与分红的压力下,股权融资成本不再低廉。增发和配股等股权融资,在市场中的地位将逐渐下降。

在 2008 年以前,上市公司再融资以资产注入为主,认购者将盈利能力强、质量高并且与上市公司业务关联比较密切的资产以双方接受的价格出售给上市公司,使上市公司的经营业绩得到有效提升。

(3)可转换债券。可转换债券是指债券持有人可按照发行时约定的价格将债券转换成公司普通股票的债券。在国际资本市场上,可转换债券的发行是最主要的融资方式之一,在我国证券市场的应用前景可观。可转换债券具有债权和期权的双重属性,持有人可以选择持有债券到期,获取公司还本付息;也可以选择在约定的时间内转换成股票,享受股利分配或资本增值。公司发行可转换债券应满足的主要条件为:最近 3 年连续盈利,且最近 3 年净资产利润率平均在 10%以上;可转换债券发行后,累计债券余额不超过公司净资产额的 40%或者公司资产总额的 70%,两者取较低者;最近 3 年特别是最近 1 年应有现金分红；发行完成当年盈利水平足以支付债券利息；可转换债券的价格以公布募集说明书前 30 个交易日公司股票的平均收盘价格为基础，上浮一定幅度；发行结束之日起 6 个月方可转换为公司股票；最短期限 3 年，最长期限 5 年。

在制订融资方案时，上市公司应根据环境特点和自身条件以及发展需要，在一次融资或者在一段时期内的融资中，综合采用多种融资方式进行组合融资。通过精心设计组合融资方案，将长期融资和短期融资结合起来，运用超额配售选择权增强融资灵活性，降低公司融资风险和融资成本。公司进行融资决策的关键是确定合理资本结构，以使融资风险和融资成本相配合，在控制融资风险、成本与谋求最大收益之间寻求一种均衡。

表 12-1　上市公司再融资比较

	配股	公开增发	非公开发行	可转换公司债券	分离交易的可转债	公司债券
发行对象	公司原有股东	社会公众，可向原股东优先配售	不超过 10 名	社会公众，可向原股东优先配售	社会公众，可向原股东优先配售	社会公众
融资规模限制	配股比例不超过原有股份的 30%	不超过募集资金投资项目资金需要量	不超过募集资金投资项目资金需要量	发行后累计债券余额不超过净资产的 40%	发行后累计债券余额不超过净资产的 40%，权证融资不超过债券融资	发行后累计债券余额不超过净资产的 40%
发行价格	可根据市场情况灵活定价	发行价格不低于招股书公告日前 20 个交易日均价或前 1 个交易日均价	发行价格不低于定价基准日前 20 个交易日均价的 90%；向控股股东、实际控制人、通过本次发行取得控制权的投资者或境内外战略投资者发行：定价发行；其他：竞价发行	转股价格不低于募集说明书公告日前 20 个交易日价和前 1 个交易日均价；票面利率询价发行，一般低于银行同期贷款利率	行权价格不低于募集说明书公告日前 20 个交易日均价和前 1 个交易日均价；票面利率询价发行，一般大大低于银行同期贷款利率	票面利率询价发行
锁定期与担保条款	无	无	控股股东、实际控制人、通过本次发行取得控制权的投资者或境内外战略投资者：36 个月；其他：12 个月	应当提供担保，最近一期末经审计的净资产不低于人民币 15 亿元的公司除外	应当提供担保，最近一期末经审计的净资产不低于人民币 15 亿元的公司除外	可以不提供担保；提供担保可降低票面利率

续表

	配股	公开增发	非公开发行	可转换公司债券	分离交易的可转债	公司债券
优点	保护原有股东利益;价格可控	融资规模可根据募集资金需要灵活确定;新股没有法定锁定期	发行条件低于公开发行;发行对象确定时的发行价格可控;可用于资产认购股份	兼具股权、债权融资工具的特性;利率较低;如债券期限内转股则减轻了发行人的到期偿债压力	兼具股权、债权融资工具的特性;利率较低;一次发行两次融资;权证市场活跃,发行难度较小	发行条件较低,审核速度较快;监管部门鼓励的融资方式
缺点	融资规模受限;大股东需承诺认配数量以保护发行成功	发行价格不可控,存在发行风险	新股东在锁定期;由于发行对象数量有限,对投资者的资金实力要求高;市场下行时定价发行可能导致价格倒挂	融资规模受一定限制;短期内提高资产负债率	融资规模受一定限制;短期内提高资产负债率	融资规模受限;到期有偿还压力

第十三章　公　司　债　券

债券起源于古代欧洲,古希腊和古罗马的公债券是债券最早的形式。公司债券出现较晚,是在公债制度影响下产生的。为发展铁路、公路、矿山开采、大型冶炼等国计民生重大事业,政府发行公司债券筹集必要的建设发展资金。

公司债券表明发行债券的公司和债券投资人之间属于债权债务关系,公司债券持有人是公司债权人而不是公司所有人,债券持有人有按约定条件向公司取得利息和到期收回本金的权利,取得利息优先于股东分红,公司破产清算时,也享有优于股东收回本金的权利。

第一节　公司债券与企业债券

公司债券与企业债券是两个并列的法律概念,具有不同的法律内涵,发行主体、发行额度、审核主体、监管方式等方面均存在差异,是在我国特定经济环境和体制下形成的两种不同形态的债券。

一、公司债券的概念

公司债券(corporate bond)是公司依照法定程序发行并约定在一定期限内还本付息的有价证券。[①] 公司债券发行依据是《公司法》《证券法》以及《公司债券发行与交易管理办法》,公司债券发行主体是股份有限公司和有限责任公司,审核机构是中国证券监督管理委员会。公司债券是一种有价证券,反映和代表了一定的经济价值,且自身带有广泛的社会接受性,能够在证券市场上自由流通,作为流通的金融性工具。公司债券有以下四个方面特征:

(1)公司债券是有价证券。公司债券是一种有价证券,是承诺按一定利率定期支付利息并到期偿还本金的债权债务凭证。公司债券记载票面金额,是证明持有人有权按期取得一定收入并可自由转让和买卖的债权凭证。

---

① 从 2007 年公司债券开始试点以来,公司债券市场规模逐渐扩大,2007 年到 2010 年间公司债券发行规模分别达到 112 亿元、288 亿元、734.9 亿元和 511.5 亿元。其中,2009 年发行规模激增是由于当年房地产公司以公司债券融资 340.8 亿元,占比 46%。2010 年由于房地产公司再融资受到限制,公司债券发行规模受到一定的影响。从整个证券市场发行情况看,2010 年共计发行各类债券 93485 亿元,其中公司债券为 511.5 亿元,占比仅为 0.55%。相比其他类型的债券,公司债券的规模非常小,未来发展潜力巨大。

（2）公司债券是公司发行的证券。公司债券的发行人和债务人仅为公司,即有限责任公司和股份有限公司,而不是其他组织形式的企业。公司债券发行的主体必须是公司制企业,即公司,而其他类型的企业,如独资企业、合伙制企业、合作制企业均不具备发行公司债券主体资格,均不能发行公司债券。

（3）公司债券是附有条件的。公司债券反映发行人与投资人之间的债权债务关系,公司债券具有一定期限,到期应还本付息。公司债券通常事先约定债券的偿还期限和还本付息的条件。

（4）公司债券通过发行方式实现。公司债券应当由发行人面向投资人通过发行方式实现。公司债券发行是发行人出售自身信用凭证——公司债券以获得公司发展所需资金的行为。公司债券发行有公募和私募两种方式。公募发行是以社会不特定多数投资人为对象的公开发行;私募发行是以特定少数投资人为对象的发行。

二、企业债券的概念

企业债券(enterprise bond)是指根据《企业债券管理条例》的规定,由中央政府部门所属机构、国有独资企业或者国有控股企业对外发行,且在一定期限内还本付息的有价证券。企业债券与公司债券不同,企业债券发行依据是 1993 年《企业债券管理条例》。企业债券发行主体是国有独资企业或者国有控股企业,审核机构是国家发展和改革委员会。

企业债券出现在 20 世纪 90 年代初期,当时的国家计划委员会仅负责政府部门和国有企业的投融资安排,将非国有企业排除在外。企业债券开始仅限于国有经济部门,发债主体比公司债券要窄。90 年代中期,一些地方发生了企业债券到期难以兑付本息的风险,国家计划委员会收回了企业债券的审批权,形成了企业债券由国家计划委员会集中管理审批的格局。企业债券的历史发展过程表明,企业债券并非公司债券。公司债券与企业债券主要有以下五个方面的区别:

（1）发行主体和依据不同。公司债券是由股份有限公司或者有限责任公司发行的,发行的法律依据是《公司法》和《证券法》。企业债券是由中央政府部门所属机构、国有独资企业或者国有控股企业发行的,发行法律依据是《企业债券管理条例》。公司债券发债主体,要远远多于企业债券发债主体。[①]

（2）发行机制不同。公司债券采纳核准制,由国务院证券监督管理机构审核,由发行人和保荐人通过市场询价确定发行价格。公司债券可以一次核准,多次发行。企业债券则由国家发展与改革委员会审核,在核准后一年内发行完毕,发债额度不低于10 亿元。

（3）发债资金用途不同。公司债券是公司根据经营运作具体需要所发行的债券,

---

①　我国各类公司的数量有几百万家,而国有企业仅有 20 多万家。发达国家的公司债券发行属公司的法定权力,无须经政府部门审批,只需登记注册,发行成功与否基本由市场决定;而各类政府债券的发行则需要经过法定程序由授权机关审核批准。

主要用途包括固定资产投资、技术更新改造、改善公司资金来源结构、调整公司资产结构、降低公司财务成本、支持公司并购和资产重组等。在不违反有关制度规定的情形下，发债资金的使用属于发债公司内部事务。企业债券的发债资金用途主要限制在固定资产投资和技术革新改造方面，且与政府部门审批的项目直接相连。

（4）信用基础不同。发债公司资产质量、经营状况、盈利水平和可持续发展能力等构成公司债券的信用基础，公司债券信用级别的差异，导致各家公司债券价格和发债成本的差异。企业债券不仅通过"国有"机制贯彻了政府信用，且通过行政强制落实着担保机制，使企业债券信用级别等同于其他政府债券。

（5）管制程序不同。公司债券发行实行登记注册制，即只要发债公司的登记材料符合法律规定，债券市场监管机关不得限制发债行为。债券市场监管机关的工作集中在审核发债登记材料的合法性、严格债券的信用评级、监管发债主体信息披露和债券市场活动等方面。企业债券发行须经国家发展改革委员会报国务院审批，由于存在国有企业发债引发相关兑付风险和社会问题，不仅要求发债企业的债券余额不得超过净资产的40％，而且要求银行提供担保以有效地防控风险。在企业债券发行后，审批部门不再对发债主体的信用等级、信息披露和市场行为进行监管。

表 13-1　公司债券与企业债券的比较

比较项	公司债券	企业债券
适用法律	《公司法》《证券法》《公司债券发行与交易管理办法》	《企业债券管理条例》
核准机构	中国证券监督管理委员会	国家发展和改革委员会
交易市场	上交所、深交所	上交所、深交所、银行间市场
上市核准	上交所、深交所	上交所、深交所、中国人民银行
发行主体	上市公司、上市公司股东	非上市的和非公司制大中型国有企业
发行规模	发行规模不等	超过人民币10亿元

三、债券市场

债券市场是债券发行和交易场所的总称。债券市场由一级市场和二级市场组成。一级市场是债券发行市场，是资金筹集人为获得资金而发行债券的场所，也是投资人购买新发行债券用以投资的场所。二级市场是债券交易市场，是为已经发行债券提供变现的场所。投资人通过二级市场买卖各种债券，使债券得以交易流通。

债券交易市场又分为场内市场和场外市场。场内市场是指证券交易所内的债券交易市场，即在上海证券交易所和深圳证券交易所内进行的债券交易。场外交易是指在证券交易所之外的场所进行的债券交易，即全国银行间债券交易市场和银行柜台市场进行的债券交易。我国债券市场在改革开放后的发展大致经历了三个阶段。

（1）第一阶段（1988—1993年）为银行柜台主导的场外市场。债券市场以场外债券市场为主导。1988 年,国债流通转让在 61 个城市开始试点,开始了银行柜台交易市场,标志着国债二级市场的建立。1990 年成立的上海证券交易所,创立了证券交易所的场内交易市场。绝大多数债券在实物券柜台市场进行交易,没有记账式的债券,难以集中托管并保证托管的真实性。

(2) 第二阶段(1994—1996 年)为证券交易所主导的场内市场。债券市场以场内市场为主导。1994 年成立的深圳证券交易所开通债券交易,形成了两大场内债券市场。1995 年停止场外债券交易并试点记账式国债的发行,记账式国债便利了债券的托管和国债回购业务的开展,形成了较为完整的交易所债券市场,促进了二级市场的发展。

(3) 第三阶段(1997 年至今)为银行间市场主导的场外市场。债券市场以场外债券市场为主导。1997 年,中国人民银行成立了全国银行间债券市场,各个商业银行可以使用国债、中央银行融资券和政策性金融债在银行间进行回购和现券买卖,债券集中托管到中央国债登记结算公司。银行间债券市场构成我国债券市场的主体。银行间债券市场交易的债券品种有国债、金融债和部分企业债。公司债券在两个证券交易所的场内交易。债券市场形成了银行间市场、交易所市场和商业银行柜台市场共存的局面。

在全球债券市场中,由于发行量最大和流动性最强,美国债券市场被视为国际债券的指标市场,而美国债券市场是美国证券市场的重要组成部分,[1]债券融资数额远远超过股票市场的融资数额,债券市场规模大约是股票市场的五倍。[2] 日本的债券市场是全球第二大市场,分为公债、民间债和外国债三种类型。美国、日本、意大利、德国、法国和英国的债券市场为全球六大债券市场。

第二节　公司债券的分类

公司债券是公司债的表现形式,基于公司债券的发行,在债券持有人和发行人之间形成了以还本付息为内容的债权债务法律关系。理论和实务对公司债券有不同的分类。

一、公司债券的学理分类

公司债券按照性质和内容的不同,有多种不同的分类方式,以下是公司债券的主要分类方式:

(1) 记名公司债券和不记名公司债券。以公司债券是否记载持有人姓名或者名

---

① 美国债券市场由美国财政部发行的国债、联邦政府机构债券、地方政府发行的市政债券、公司债券、资产担保和抵押债券六部分构成。
② 参见孙泽蕤:《公司债券价格与信用风险研究》,上海人民出版社 2009 年版,第 1 页。

称为标准,公司债券可以分为记名公司债券和不记名公司债券。记名公司债券是指在票面上记载债券持有人姓名或者名称的公司债券。记名公司债券的转让通常以背书方式进行,即由转让人在公司债券上记载受让人姓名或者名称,并经转让人签章后,交付给受让人,从而完成公司债券的转让。不记名公司债券是指不需在公司债券上记载持有人的姓名或者名称,也不需在发行单位代理机构登记造册的公司债券。这种债券可随意转让,不需办理过户手续,仅需交付债券即可。

(2)担保公司债券和无担保公司债券。以公司债券是否有担保为标准,公司债券可以分为担保公司债券和无担保公司债券。担保公司债券是指公司对债券本息偿还提供物的担保或者人的担保的债券。担保公司债券有狭义与广义之分。狭义的担保公司债券,是指担保公司债券的发行公司以自己所有全部或者部分的财产,对公司债券偿还提供担保,在公司债券到期不能还本付息时,债权人有权从提供担保的公司财产中优先获得清偿。广义的担保公司债券,是指由发债公司以外的第三人对公司债的偿还提供保证,在发债公司不能偿还到期的公司债时,由公司债券的保证人承担偿还义务。

无担保公司债券,又称为"普通债券""信用债券",是指债券发行人以公司信用为基础发行的债券。由于担保公司债券有物或者人的担保,公司债券本息的清偿有相应保障,而无担保公司债券的清偿只能依靠公司信用,各国公司法对无担保公司债券的发行程序和条件要求严于担保公司债券。我国《公司法》对于无担保和有担保债券的发行要求没有作出区分。

有担保公司债的主要投资人为保险机构,无担保公司债的主要投资人为基金,以银行间企业债作为定价基准,加上一定的流动性利差。保险公司、债券基金、部分股票基金、合格的境外机构投资者(QFII)和个人投资者均是公司债券的投资主体,在震荡市的影响下,对于收益稳定的公司债投资需求较大。

(3)可转换公司债券和不可转换公司债券。以公司债券可否转换成股票为标准,公司债券可以分为可转换债券和不可转换公司债券。可转换公司债券是指债券持有人可以在一定时期内按一定比例核准价格将债券转换成一定数量公司股票的债券。可转换债券兼具债权和期权的特征,是可以转换为债券发行公司的股票,通常具有较低的票面利率。可转换债券是在发行公司债券的基础上附加了一份期权,允许债券持有人在规定的时间范围内将公司债券转换成指定公司的股票。公司债券转换为公司股票后,债券持有人由公司债权人变为公司股东。可转换债券具有普通股所不具有的固定收益和普通债券不具有的升值潜力,可转换性是可转换债券的重要标志,债券持有人可以按约定条件将债券转换成股票。转股权是投资人享有的、一般债券所没有的选择权。可转换债券在发行时就明确约定,债券持有人可按照发行时约定的价格将债券转换成公司的普通股票。

正是由于债券的可转换性,可转换债券利率通常低于普通公司债券利率,企业发行可转换债券可以降低筹资成本。可转换公司债券具有双重选择权特征:投资人可自行选择是否转股,并为此承担转债利率较低的机会成本;可转债发行人拥有是否实施赎回条款的选择权,并为此支付高于没有赎回条款的转债利率。双重选择权的存在使投资人和发行人风险、收益限制在一定范围以内,并可以利用双重选择权对股票进行套期保值,获得更加确定的收益。

不可转换公司债券是指公司债券不能转换成股票的债券。不可转换公司债的债权人只享有到期得到本息的权利,但是不可转换公司债由于不能转换成公司股份,利率一般高于可转换公司债券。

(4) 参加公司债券和非参加公司债券。以公司债券利息是否确定为标准,公司债券可以分为参加公司债券和非参加公司债券。参加公司债券是指除可以获得一定利率的利息之外,还可以参与公司利润分配的债券。非参加公司债券是指除获得固定利息外,不得参与公司利润分配的债券。

(5) 可赎回公司债券和不可赎回公司债券。以公司债券是否可以赎回为标准,公司债券可以分为可赎回公司债券和不可赎回公司债券。可赎回公司债券是指公司债券发行人有权在特定时间按照事先确定的价格强制从债券持有人手中赎回的债券。不可赎回公司债券是指公司债券期限到期还本付息,公司债券发行人不能提前偿还本金予以收回的债券。可赎回公司债券发行人可以在债券到期日前,以事先确定的价格(平价或者溢价)按照债券招募说明书中所规定的方式发出赎回通知,赎回部分或者全部债券。在市场利率下跌且低于可赎回公司债券的票面利率时,公司债券发行人需要更多的利息支出,将公司债券赎回并按照较低的利率重新发行债券,比按现有的债券票面利率继续支付利息更为合算。

(6) 可上市的公司债券和非上市的公司债券。以公司债券能否在证券市场公开交易为标准,公司债券可以分为可上市的公司债券和非上市的公司债券。可上市的公司债券是指公司债券发行后可在依法设立的证券交易所挂牌交易的债券。非上市的公司债券指公司债券发行后不能在证券交易所挂牌交易的债券。

二、我国的公司债券类型

根据《公司法》《证券法》以及《公司债券发行与交易管理办法》等法律法规的规定和我国债券发行的实践,我国公司债券的类型有普通公司债券、可转换公司债券、认股权和债券分离交易的可转换公司债券、可交换公司债券等。公司债券由国务院证券监督管理机构核准发行,在上海、深圳证券交易所上市交易,其中普通公司债券和证券公司债券可以同时在银行间债券市场交易。

(1) 普通公司债券。普通公司债券是指债券发行人根据《公司法》和《公司债券发行与交易管理办法》规定,向国务院证券监督管理机构申请发行的一般公司债券,是可转换公司债券、认股权和债券分离交易的可转换公司债券以及可交换公司债券之外的公司债券，是最为常见的一种公司债券。[①] 例如，2015 年 9 月，东北证券股份有限公司获准面向合格投资人公开发行 18 亿元公司债券。

（2）可转换公司债券。可转换公司债券是公司债券的发行人根据《公司法》第 161 条、《上市公司证券发行管理办法》和《上市公司发行可转换公司债券实施办法》的规定，向国务院证券监督管理机构申请发行的，在一定期限内根据约定条件可以转换成为公司股票的公司债券。例如，2015 年 1 月，上海电气集团股份有限公司经中国证券监督管理委员会核准，向社会公开发行面值总额 60 亿元的可转换公司债券，期限 6 年。同年 6 月，三一重工股份有限公司经中国证券监督管理委员会核准，向社会公开发行面值总额不超过 45 亿元的可转换公司债券，期限 6 年。

（3）认股权和债券分离交易的可转换公司债券。认股权和债券分离交易的可转换公司债券，简称为"分离交易可转债"，是公司债券发行人根据《上市公司证券发行管理办法》第 27 条的规定，向国务院证券监督管理机构申请发行的，附认股权证的公司债券，即公司债券附有认股权证，持有人依法享有在一定期间内按约定价格（执行价格）认购公司股票的权利，是债券加上认股权证的产品组合。分离交易可转债是一种附认股权证的公司债，由单纯公司债和认股权证两部分组成，赋予上市公司一次发行两次融资的机会。分离交易可转债是债券和股票的混合融资品种，与普通可转债的本质区别在于债券与期权可分离交易。例如，2007 年，上港集团（600018）发行了 24.5 亿元的分离交易可转债；2008 年，葛洲坝（600068）发行了 13.9 亿元的分离交易可转债；2008 年，中国石油（601857）发行了 300 亿元的分离交易可转债。

（4）可交换公司债券。可交换公司债券，全称为"可交换他公司股票的公司债券"，是指上市公司股份持有人以抵押持有的股票给托管机构的方式发行的公司债券，该债券持有人在将来的某个时期内，能按照债券发行时约定的条件，以持有的债券换取债券发行人抵押的上市公司股权。[②] 可交换债券是在发行公司债券的基础上，附加了一份期权，并允许购买人在规定的时间范围内将所购买的债券转换成指定公司股票。

可交换公司债券的发行根据是《上市公司股东发行可交换公司债券试行规定》。可交换债券的一个主要功能是可以通过发行可交换债券有序地减持股票，发行人通过发行债券获取现金，避免了因大量抛售股票致使股价受到冲击。

可交换公司债券运用的实例海外较多。如香港和记黄埔有限公司曾两次发行可

[①] 例如，2015 年 6 月，恒大地产集团有限公司获准向社会公开发行面值不超过 200 亿元（含 200 亿元）的公司债券。公司债券采取分期发行的方式，其中 2015 年公司债券（第一期）发行规模为 50 亿元，每张面值为 100 元，共 5000 万张，发行价格为 100 元/张。

[②] 例如，2015 年 10 月，上海国盛（集团）有限公司发行 50 亿元可交换公司债券，该公司持有上海建工 36.75%的股份，用于交换的股票标的为上海建工 A 股股票。用于交换的上海建工 A 股股票及其孳息是可交换公司债券的担保及信托财产。

同月，本溪钢铁（集团）有限责任公司以持有的本钢板材股份有限公司部分 A 股股票为标的发行可交换公司债券。可交换债券拟发行期限不超过 3 年，拟募集资金规模不超过 40 亿元。可交换债券持有人有权在可交换债券发行 12 个月以后将其所持有的可交换债券交换为本钢板材股份有限公司 A 股股票。

交换债券以减持同时在伦敦证券交易所和纽约证券交易所上市的沃达丰集团有限公司股票;英国大东电报也以这种方法出售在香港联交所和纽约证券交易所上市的电讯盈科有限公司的股份。

我国近年来开始运用可交换公司债券,2014 年宝山钢铁股份有限公司(600019)以所持有的新华人寿保险股份有限公司(601336)部分 A 股股票为标的发行不超过 40 亿元的可交换公司债券,发行期限不超过 3 年。① 2015 年清华控股有限公司以所持的国金证券股份有限公司(600109)部分 A 股股票及其孳息(包括资本公积转增股本、送股、分红、派息等)为标的发行不超过 10 亿元的可交换公司债券,发行期限不超过 3 年。② 2015 年上海国有资产经营有限公司以持有的中国太平洋保险(集团)股份有限公司(601601)部分 A 股股票为标的发行不超过 35 亿元的可交换公司债券,发行期限不超过 5 年。③

可交换债券与可转换债券的不同之处如下:一是发债主体和偿债主体不同。可交换债券的发债和偿债主体是上市公司的股东,通常是大股东;可转换债券的发债和偿债主体则是上市公司本身;二是发债的依据不同。发行可交换债券的依据是《上市公司股东发行可交换公司债券试行规定》,侧重于债券融资;发行可转换债券的依据是《上市公司发行可转换公司债券实施办法》,接近于股权融资。三是股份来源不同。可交换公司债券是交换原有股份而不是新增股份,不会导致标的公司总股本发生变化,也不会摊薄每股收益;可转换公司债券则是新增股份,使发行人总股本扩大,会摊薄每股收益。四是抵押担保方式不同。上市公司大股东发行可交换债券要以所持有的用于交换的上市股票作为质物;发行可转换公司债券应由第三方提供担保,但最近一期末经审计净资产不低于 15 亿元的公司除外。

第三节 可转换公司债券

可转换公司债券简称为可转债,是一种可以在特定时间、按特定条件转换为普通股票的特殊公司债券,有广义和狭义之分。狭义的可转换公司债券是指债券持有人有权依照约定条件将所持有公司债券转换为发行公司股份的公司债券。广义的可转换公司债券是指债券持有人有权转换为他种证券权利的公司债券,转换对象不限于发行

---

① 2014 年 12 月 24 日,中国证券市场第一单公开发行可交换公司债券(宝钢集团 2014 年可交换公司债券、证券简称"14 宝钢 EB",证券代码"132001")在上海证券交易所上市交易。公司债券发行人主体为宝钢集团,质押标的股票为 1.65 亿股新华保险 A 股股票,发行规模为 40 亿元,票面利率为 1.5%。

② 清华控股有限公司持有国金证券股份有限公司 304011600 股股份,约占公司已发行股本总数的 10.72%。在满足换股条件下,可交换债券持有人有权在可交换债券发行结束日满 12 个月后,将所持有的可交换债券交换为新华人寿保险股份有限公司的股票。

③ 上海国有资产经营有限公司持有中国太保 42409.9214 万股 A 股股份,约占中国太保已发行股本总数的 4.68%;上海国有资产经营有限公司全资子公司上海国鑫投资发展有限公司持有中国太保 3302.4151 万股 A 股股份,约占中国太保已发行股本总数的 0.3644%。合计共持有中国太保 457123365 股 A 股股份,约占中国太保已发行股本总数的 5.0444%。

债券公司的股份,应包括认股权和债券分离交易的可转换公司债券在内。《上市公司证券发行管理办法》第二章第三节"发行可转换公司债券"中,规定了可转换债券与认股权和债券分离交易的可转换公司债券。

一、可转换公司债券的可转换性

在债券招募说明中,发行人承诺根据转换价格在一定时间内可将债券转换为公司普通股。债券的可转换性,是公司所发行公司债券的一项义务。可转换债券的优点为普通股不具备的固定收益和一般债券不具备的升值潜力。可转换债券兼具有债券和股票的特性,具有以下三个方面特点:

（1）债权性。债权性是所有债券的基本特点,可转换公司债券也不例外,与其他债券一样,可转换债券也有规定的利率和期限。投资人可以选择持有债券到期,收取本金和利息。

（2）股权性。在转换成股票之前,可转换公司债券在性质上属于债券;但在转换成股票之后,可转换公司债券持有人即由公司债权人转变成为公司股东,享有股东权利,参与公司经营决策和利润分配。

（3）可转换性。可转换性是可转换债券的重要特征,债券持有人可以按约定条件将债券转换成股票。转股权是投资人特有的而普通债券所不具有的选择权。可转换债券在发行时应明确约定,债券持有人可按照发行时约定的价格将债券转换成公司的普通股股票。①

正因为具有可转换性,可转换债券利率一般低于普通公司债券利率,公司发行可转换债券可以降低筹资成本。可转换债券兼有债券和股票双重特点,对公司和投资人都具有吸引力。1996年我国决定选择有条件的公司进行可转换债券试点,1997年《可转换公司债券管理暂行办法》（2006年废止）、2001年《上市公司发行可转换公司债券实施办法》极大地规范、促进了可转换债券的发展。

二、可转换公司债券的要素

可转换债券的要素决定了可转换债券的转换条件、转换价格、市场价格等总体特征。可转换公司债券的要素有债券面值与票面利率、有效期限与转换期限、转股价格与赎回条款以及回售条款。

（一）债券面值与票面利率

可转换公司债券的面值是100元,最小交易单位是1000元。境外可转换公司债券通常在柜台交易系统进行交易,最小交易单位通常较高,如我国台湾市场,最小交易单位为10万元台币。

---

① 如果发债公司股票具有增值潜力,债券的持有人在宽限期之后可以行使转换权,按照预定转换价格将债券转换成为股票,发债公司不得拒绝。

可转换公司债券设有票面利率。可转换公司债券的票面利率是指可转换债券作为一种债券时的票面利率,发行人根据当前市场利率水平、公司债券资信等级和发行条款确定,一般低于相同条件的不可转换债券。在其他条件相同的情况下,较高票面利率对投资人吸引力较大,有利于债券发行,但较高票面利率会对可转换公司债券的转股形成压力,发行公司也将为此支付更高利息。票面利率大小对发行者和投资人的收益和风险均有重要影响。

（二）有效期限与转换期限

有效期限是指债券从发行之日起至偿清本息之日止的存续期间。可转换公司债券发行公司通常根据自己的偿债计划、偿债能力以及股权扩张的速度制订可转换公司债券的期限。根据《上市公司证券发行管理办法》第 15 条的规定,可转换公司债券的期限为 1 年到 6 年。

转换期限是指可转换债券转换为普通股票的起始日至结束日的期间。发行人通常规定一个特定转换期限,允许可转换债券的持有人在该期限内按转换比例或者转换价格转换成发行人的股票。《上市公司证券发行管理办法》第 21 条第 1 款规定:"可转换公司债券自发行结束之日起六个月后方可转换为公司股票,转股期限由公司根据可转换公司债券的存续期限及公司财务状况确定。"

我国相关规章仅规定了转换期的起始日,主要有两种情形:一是未上市重点国企发行的可转换公司债券,转换期的起始日是该企业改制为股份有限公司且股票上市后;二是上市公司发行的可转换公司债券。根据 1997 年《可转换公司债券管理暂行办法》,上市公司在发行结束 6 个月后,持有人可以依据约定条件随时转换股份,如鞍钢转债(125989)、虹桥转债(100009)在可转换公司债券发行后 6 个月就可以转股。但2001 年《上市公司发行可转换公司债券实施办法》和 2006 年《上市公司证券发行管理办法》表述有所变化,债券发行人有权决定转股期。在债券实践中,南化、丝绸、茂炼、虹桥、鞍钢等在国内发行可转换公司债券的转换期截止日均为可转换公司债券到期日,而中纺机、南玻、庆铃汽车、镇海炼油在海外发行的可转换公司债券,转换期截止日均为可转换公司债券到期日之前的某日。

（三）转股价格与赎回条款

转股价格是指可转换公司债券转换为每股股票所支付的价格。转换比例与转股价格是与转股价格紧密相连的两个概念。转换比例是指一定面额可转换债券可转换成普通股票的股数,即转换比例＝可转换债券面值／转换价格。转换价格是指可转换债券转换为每股普通股份所支付的价格,即转换价格＝可转换债券面值／转换比例。上市公司发行可转换公司债券转股价格的确定,是以公布募集说明书前 30 个交易日公司股票的平均收盘价为基础并上浮一定幅度,上市公司可转换公司债券发行时转换溢价①率通常大于零。

赎回是指在一定条件下公司按事先约定价格买回未转股的可转换公司债券。发行公司设立赎回条款的主要目的是降低发行公司发行成本，避免因市场利率下降而给公司造成利率损失。赎回条款通常可以起到保护发行公司和原有股东权益的作用。赎回是赋予发行公司的一种权利，发行公司可以根据市场变化，选择是否行使这种权利。赎回条款通常有以下四个方面内容：

（1）赎回保护期。赎回保护期是指可转换公司债券从发行日至第一次赎回日的期间。赎回保护期越长，股票增长的可能性越大，赋予投资人转换的机会就越多，对投资人也越有利。

（2）赎回时间。超过赎回保护期，即为赎回期。赎回有定时赎回和不定时赎回之分，定时赎回是指按事先约定的时间和价格，公司买回未转股的可转换公司债券；不定时赎回是指根据标的股票价格走势按事先约定，公司以一定价格买回未转股的可转换公司债券。

（3）赎回条件。在标的股票的价格发生某种变化时，发行公司可以行使赎回权利。赎回条件可以分为无条件赎回和有条件赎回。无条件赎回是指在赎回期内按事先约定价格，公司买回未转股的可转换公司债券，无条件赎回通常和定时赎回有关。有条件赎回是指在标的股票价格上涨到一定幅度且维持了一段时间之后，公司按事先约定价格买回未转股的可转换公司债券，有条件赎回通常和不定时赎回有关。

（4）赎回价格。赎回价格是事先约定的，通常为可转换公司债券面值的103%—106%，定时赎回的赎回价通常逐年递减，而不定时赎回的赎回价格除利息外通常是固定的。

公司一旦发出赎回通知，可转换公司债券持有人必须立即在转股或卖出可转换公司债券之间作出选择，可转换公司债券持有人通常会选择转股。赎回条款的最主要功能是强制可转换公司债券持有人行使其转股权，从而加速转换，又被称为"加速条款"。

（四）回售条款

回售条款是为投资人设计的安全性保障措施，在可转换公司债券的转换价值远低于债券面值时，持有人通常不会行使转换权利，投资人按照一定条件可以要求发行公司以面额加计利息补偿金的价格收回可转换公司债券。回售条款在一定程度上保护了投资人利益，是投资人向发行公司转移风险的一种方式。回售是赋予投资人的一种权利，投资人可以根据市场变化，选择是否行使这种权利。回售条款通常有以下三个方面内容：

（1）回售条件。回售条件有无条件回售和有条件回售之分。无条件回售是指无特别原因设定回售；有条件回售是指公司股票价格在一段时期内连续低于转股价格并

---

① 转换溢价是指转股价格超过可转换公司债券的转换价值的部分，转换溢价率则指转换溢价与转换价值的比率，即转换溢价率＝（转股价格－股票价格）/股票价格。

达到某一幅度时,可转换公司债券持有人按事先约定的价格将所持债券卖给发行人。在标的股票价格在较长时间内没有良好表现而无法实现转股的情形下,可转换公司债券持有人有权按照指定的收益率,将所持债券卖给债券发行人。由于收益率通常大幅高于可转换公司债券的票面利率,投资人利益能够得到较好的保护。

(2) 回售时间。回售时间有固定回售时间与不固定回售时间之分,固定回售时间通常适用于无条件回售,在可转换公司债券偿还期的 1/3 或者偿还期过半时,债券持有人将所持有债券卖给发行人;不固定回售时间通常适用于有条件回售,在股票价格满足回售条件时,债券持有人将所持有债券卖给发行人。

(3) 回售价格。回售价格是事先约定的,通常稍低于市场利率,但远高于可转换公司债券的票面利率。固定的债券回售价格有效地保护了可转换公司债券投资人利益,降低了投资人投资风险。

第四节　公司债券的发行与上市

公司债券的发行与上市所涉及的法律、法规有《公司法》《证券法》《公司债券发行与交易管理办法》和《上市公司证券发行管理办法》等。

一、公司债券的发行条件

公司债券发行(corporate bond issuance)是债券发行人以借贷资金为目的,按照法定程序向投资人要约,发行代表一定数额债权和兑付条件的公司债券的法律行为。公司债券发行是一种重要的证券发行形式,应符合法律法规的规定。《公司法》第 153 条规定公司债券的发行应当符合《证券法》规定的发行条件,《证券法》第二章规定了公司债券发行条件。在《证券法》规定的基础上,《公司债券发行与交易管理办法》和《上市公司证券发行管理办法》对公司债券发行进行了具体化的规定。

(一) 普通公司债券的发行条件

公司债券有不同类型,不同类型公司债券有不同的发行条件,普通公司债券的发行应满足以下四个方面条件:

(1) 公司债券发行的主体资格。公司债券发行的主体应当是依法设立的股份有限公司和有限责任公司,公司生产经营符合法律、行政法规和公司章程的规定,符合国家产业政策。公司内部控制制度健全,内部控制制度的完整性、合理性、有效性不存在重大缺陷。

(2) 公司债券发行人的财务状况。对公司债券发行人的净资产、利润及财务文件的要求是:股份有限公司净资产不低于人民币 3000 万元,有限责任公司净资产不低于人民币 6000 万元;最近 3 个会计年度实现的年均可分配利润不少于债券 1 年利息的 1.5 倍;债券利率不得超过国务院限定的利率水平;最近 36 个月内,公司财务会计文件不存在虚假记载且公司不存在其他重大违法行为。

（3）公司债券情况。公司债券应当符合以下条件：本次债券发行后累计债券余额不超过公司净资产的 40%；发行人最近 3 年无债务违约或者迟延支付本息的事实；债券信用评级应达到 AAA 级。

（4）募集资金的运用。筹集资金应投向符合国家产业政策和行业发展方向，应当用于核准用途，不得用以弥补亏损和非生产性支出。

（二）可转换公司债券的发行条件

可转换公司债券包括普通可转换公司债券和分离交易可转债两种情形，两者的发行条件基本相同。在符合普通公司债券发行条件的情形下，可转换公司债券还应符合以下六个方面的条件：

（1）公司净资产。最近 3 个会计年度加权平均净资产收益率平均不低于 6%；扣除非经常性损益后的净利润与扣除前的净利润相比，以低者作为加权平均净资产收益率的计算依据。

（2）公司债券的情况。本次发行后累计公司债券余额不超过最近一期末净资产额的 40%；可转换公司债券的期限为 1 年至 6 年；可转换公司债券的利率由发行公司与主承销商协商确定且应符合国家的有关规定；公开发行可转换公司债券应当委托具有资格的资信评级机构进行信用评级和跟踪评级。

（3）公司债券持有人的保护。可转换公司债券的公开发行，应当约定保护债券持有人权利的办法，以及债券持有人会议的权利、程序和决议生效条件。

（4）公司债券担保条件。最近一期末经审计的净资产不低于人民币 15 亿元的公司发行可转换公司债券的，无须提供任何担保。净资产低于前述标准的公司发行可转换公司债券的，应当提供符合条件的担保：一是全额担保。全额担保的担保范围包括债券的本金及利息、违约金、损害赔偿金和实现债权的费用。二是保证担保。以保证方式提供担保的，应当为连带责任担保，且保证人最近一期经审计的净资产额应不低于其累计对外担保的金额。三是抵押担保。设定抵押或质押的，抵押或质押财产的估值应不低于担保金额。估值应经有资格的资产评估机构评估。

（5）转股价格。募集说明书事先约定可转换公司债券转换为每股股份所支付的价格、转股价格调整的原则和方式。前述约定的转股价格应不低于募集说明书公告日前 20 个交易日该公司股票交易均价和前 1 个交易日的均价。

（6）强制上市。分离交易可转债应当申请在上市公司股票上市的证券交易所上市交易，分离交易可转债中的公司债券和认股权，分别符合证券交易所上市条件的，可以申请上市交易。

（三）可交换公司债券的发行条件

《上市公司股东发行可交换公司债券试行规定》从发行人所具备的发行可交换公司债券的条件和用来交换的股票所具备的条件两个方面，对可交换公司债券的发行条件作出了规定。可交换公司债券的发行应满足以下四个方面条件：

（1）主体资格。发行人是股份有限公司或者有限责任公司，是上市公司股东且以上市公司股东身份发行债券。发行人组织机构健全、运行良好、内部控制制度不存在重大缺陷。

（2）财务状况。公司最近一期末净资产额不少于人民币 3 亿元，且最近 3 个会计年度实现的年均可分配利润不少于债券 1 年利息的 1.5 倍。

（3）债券情况。公司债券应满足以下条件：本次发行后累计公司债券余额不超过最近一期末净资产额的 40％；本次发行债券金额不超过预备用于交换的股票按募集说明书公告日前 20 个交易日均价计算市值的 70％，且应当将预备用于交换的股票设定为本次发行公司债券的担保物；债券信用评级达到 AAA 级。可交换公司债券的期限最短为 1 年，最长为 6 年。募集说明书应当事先约定交换价格及其调整、修正原则。公司债券交换为每股股份的价格应当不低于公告募集说明书日前 20 个交易日公司股票均价和前 1 个交易日的均价。

（4）担保条件。担保的标的是用于交换的上市公司股票，即预备用于交换的股票及其孳息（包括资本公积转增股本、送股、分红、派息等），是发行可交换公司债券的担保物。以预备用于交换的股票和孳息作为质押的标的，是发行可交换公司债券的担保条件。

二、公司债券的发行方式

（一）按发行价格分类

以公司债券的实际发行价格和票面价格的关系为标准，公司债券的发行可以分为平价发行、溢价发行和折价发行三种方式。

（1）平价发行。平价发行是指公司债券的发行价格和票面额相等，发行收入数额和将来还本数额也是相等的。平价发行方式的前提条件是公司债券的票面利率与同期银行存款利率相同。

（2）溢价发行。溢价发行是指公司债券的发行价格高于票面额，在偿还本金时仍按公司债券的票面额偿还。只有在债券票面利率高于同期银行存款利率时，可按超过债券票面价值的价格发行公司债券。

（3）折价发行。折价发行是指债券发行价格低于债券票面额，在偿还时却要按票面额偿还本金。折价发行是因为规定的票面利率低于市场利率。如果公司债券的票面利率低于同期银行存款利率，则可按低于债券面值价格发行公司债券。折价是公司以后各期少付利息而预先给投资人补偿。溢价或者折价是发行债券公司在债券存续期内对利息费用的一种调整。

（二）按发行对象分类

以公司债券的发行对象为标准，公司债券可以分为私募发行和公募发行两种方式。

（1）私募发行。私募发行是指向少数特定投资人发行公司债券，通常以少数关系密切的机构投资人和个体投资人为债券发行对象，而不是对所有投资人公开出售公司债券。私募发行对象主要有以下两类：一是机构投资人，如大金融机构或者是与发行者有密切业务往来的公司等；二是个体投资人，如自然人和发行人的员工等。私募发行大多采取直接销售的方式，无须经过证券发行中介机构，不必向证券监督管理机构办理发行手续，可以节省承销费用和注册费用，手续比较简便。

（2）公募发行。公募发行是指公开向社会上不特定投资人发行公司债券。公募债券发行人必须向证券监督管理机构办理发行注册手续。债券发行数额通常较大，需要委托证券公司等中介机构承销。公募债券信用度高，可以上市自由转让，发行利率低于私募债券。公募发行采取以下三种具体的方式：

一是代销。发行人和承销人签订协议，由承销人代为向社会公众销售公司债券。承销人按规定的发行条件推销，在约定期限内未能销售的，债券剩余部分可退还给发行人，承销人不承担发行风险，但代销方式发行债券的手续费较低。

二是余额包销。承销人按照规定的发行数额和发行条件，代为向社会公众推销债券，在约定期限内未能推销的债券，应当由承销人负责认购。这种方式承销人承担部分发行风险，能够保证发行人筹资计划的实现，但承销费用高于代销费用。

三是全额包销。由承销人按照约定条件认购全部拟发行的债券并立即支付全部债券价款，再由承销人向投资人分次推销。以全额包销方式销售债券，承销人承担全部发行风险，保证了发行人及时筹集到所需资金，但包销费用是三种方式中最高的。

三、公司债券的上市

根据《公司债券发行与交易管理办法》的规定，公司债券的发行应经中国证券监督管理委员会审核。经中国证券监督管理委员会核准发行的公司债券，根据《上海证券交易所公司债券上市规则》或者《深圳证券交易所公司债券上市规则》规定，向上海或者深圳证券交易所申请上市交易。

公司债券上市是指发行人已经依法发行的公司债券经证券交易所批准后，在交易所公开挂牌交易的法律行为。公司债券上市是连接公司债券发行和交易的桥梁。凡是在证券交易所内买卖交易的债券称为上市债券。

（一）公司债券的上市条件

法律规定了公司债券上市的一般条件，而公司债券上市在不同的证券交易所适用不同的上市条件。上海、深圳证券交易所规定了各自的上市条件。根据《证券法》的规定，公司债券申请上市应当具备以下三个方面的条件：

（1）公司债券期限不得少于一年。公司债券自发行日到还本付息日的期间应当在一年以上。《公司法》第154条规定发行公司债券的募集办法中应当载明"还本付息的期限和方式"，从中可以计算和确定该公司债券的发行期限。

（2）公司债券实际发行额不少于人民币5000万元。发行人所申请上市的该种和该次发行的公司债券的发行额在人民币5000万元以上。根据《公司法》的规定，符合公司债券发行条件的发行人，可以多次发行公司债券，但累计发行额，即尚未到期的各次所发行各种债券的总发行额,不超过公司净资产的 40%。每次所发行的公司债券在证券交易所申请挂牌上市的,则要求该次发行的这种公司债券的实际发行额在 5000 万元以上。

(3)公司债券申请上市时仍符合公司债券发行的法定条件。公司债券发行人应当一直处于具备公司债券发行条件的状态,从而使公司债券持有人利益能够得到实现,并使公司债券的交易具有安全性。公司债券发行条件一旦丧失,表明公司债券到期时将在还本付息上发生风险。《公司法》和《证券法》对这种条件的规定,是为保证公司债券上市后,可交易债券总量和交易期间能够满足交易行市的要求,并保证交易人在公司债券到期时获得相应的收益。

(二)公司债券的上市程序

公司债券的上市程序与公司股票上市程序基本相同。拟申请上市的公司债券应获得证券监管机构核准的公开发行许可后,向上海或者深圳证券交易所申请公司债券上市。申请债券上市的发行人应当向证券交易所保证,提交文件内容真实、准确、完整,不存在虚假、误导性陈述或者重大遗漏。

证券交易所设立的上市委员会对债券上市申请进行审核,作出独立专业判断并形成审核意见。根据上市委员会意见,证券交易所作出是否同意债券上市的决定。发行人必须在债券上市交易前,完成上市债券在证券交易所指定托管机构的托管工作,并在债券持有人名册核对无误后,报送证券交易所指定托管机构。发行人对该名册的准确性承担全部责任。发行人应当在债券上市交易前,在证监会指定的信息披露报刊或者证券交易所网站上,公告债券上市公告书,并将上市公告书、核准文件及有关上市申请文件备置于指定场所供公众查阅。债券上市前,发行人应与证券交易所签订上市协议。

第十四章　公司财务、会计制度

公司财务、会计信息完整、全面揭示了公司经营和资金运行的基本情况,公司管理者、股东、债权人、投资人、政府部门等通过公司财务、会计信息了解公司基本状况,帮助各利益主体进行各种各样的决策。公司各种利益主体之间存在着利益冲突,但公司财务、会计制度没有平衡各个利益主体之间利益冲突的功能。

有关公司财务、会计制度的立法有《会计法》《注册会计师法》《企业会计准则》《企业财务通则》以及《公司法》等,上述法律规范构成了我国公司财务会计制度的法律渊源。

第一节　公司财务、会计制度

世界各国公司法对公司财务、会计制度均有明确的规定。我国《公司法》第八章对公司财务、会计制度作了原则性的规定,强制要求公司应按照法律、行政法规的规定建立各自的财务、会计制度。

公司财务(corporate finance)是指在生产经营活动中,公司有关资金筹集、运营和收益分配的活动,即理财活动。公司会计(corporate accounting)是指以货币为主要计量标准对公司的整个财务活动和经营状况以记账、算账、报账等方式进行的核算与监督活动。公司财务、会计是公司经营管理中两种不同活动的合称,是公司存续和运作不可缺少的重要环节。

一、公司财务制度

公司财务制度包括会计出纳管理制度、资金财产管理制度和账款票据管理制度。

(一)会计出纳管理制度

会计出纳工作管理制度是公司最基本的财务管理制度,包括会计制度和出纳制度两个方面。

(1)会计制度。会计制度主要有:按照国家会计制度的规定记账、复账、报账,做到手续完备、数字准确、账目清楚、按期报账;按照经济核算原则,定期检查,分析公司财务、成本和利润的执行情况,挖掘增收节支潜力,考核资金使用效果;妥善保管会计凭证、会计账簿、会计报表和其他会计资料。

（2）出纳制度。出纳制度主要有：认真执行现金管理制度；严格执行库存现金限额制度，超出部分应及时送存银行，不坐支现金；严格审核现金收付凭证；严管支票与发票管理制度，编制支票与发票的使用手续；积极配合银行做好对账工作；配合会计做好各种账务处理。

（二）资金财产管理制度

资金财产管理制度包括公司资金筹集和资金使用规范体系。公司财务管理对象是资金，资金管理制度是公司内部财务制度的核心内容，目的是在保证资金安全完整的情况下，既能满足公司生产经营过程中对资金的需求，又要尽可能提高资金的使用效益。资金管理制度包括资金筹集管理、现金管理、银行存款管理、资金使用审批、资金预算等制度。

（1）资金筹集管理制度。公司筹资是指公司根据生产经营、对外投资以及调整资金结构等活动对资金的需求，通过一定渠道并采取一定方式，获取所需资金的活动。由于筹资有不同的渠道、不同的方式可供选择，筹资成本、筹资风险又各不相同，为保证筹资活动的有效、合理进行，公司应建立有关资金筹集制度，如筹资计划制度、筹资审核制度、筹资检查和考核制度等。

（2）现金管理制度。现金管理制度的依据是《现金管理暂行条例》，主要有现金使用范围、库存现金限额以及其他现金管理规定。现金管理制度的目的是防止资金滞留，保证资金安全，促动资金周转，杜绝财务收受回扣、挪用公款等行为。

（3）银行存款管理制度。银行存款管理制度包括银行账户管理和银行结算管理两个方面。银行账户管理是指公司应当按照《银行账户管理办法》的规定开立和使用基本存款账户、一般存款账户、临时存款账户和专用存款账户。一个公司只能在一家银行的一个营业机构开立一个基本存款账户，不得在多家银行机构开立基本存款账户。银行结算管理包括：公司不得套取银行信用，签发空头支票、印章与预留印鉴不符的支票和远期支票以及没有资金保证的票据；不准无理拒付、任意占用他人资金；不准违反规定开立和使用账户；不准签发、取得和转让没有真实交易和债权债务的票据，不准套取银行和他人资金等。

（4）资金使用审批制度。公司应当对资金使用建立严格的审批制度，明确审批人对资金业务的审批方式、权限、程序、责任和相关控制措施，规定经办人办理资金业务的职责范围和工作要求。对于审批人超越授权范围审批的资金业务，经办人有权拒绝办理，并及时向审批人的上级授权部门报告。

（5）资金预算制度。资金预算是计划预算期的现金收入和现金支出，并进行现金收支平衡的预算。公司通过编制较为详细和较为远期的现金收支预测和现金预算，以规划现金收入和所需现金支出，从而较为精确地计算出可用来进行临时性投资的闲置现金数额，以及公司经营所需要现金数额，以选择合理筹资方式，充分提高资金使用效率。现金预算是进行现金收支管理最有效的方法，现金预算可以按年、季度，也可按月或者周来编制。

（三）账款票据管理制度

账款票据管理制度是公司财务管理基础，只有公司账款票据管理有条不紊，公司资金资产管理才能顺理成章。账款票据管理制度主要有应收票据与应收账款处理细则、账款管理细则、收款管理规定、业务员收款守则、应收账款及应收票据管理规定、问题账款处理细则以及呆账管理细则等。

二、公司会计制度

公司会计制度是对商业交易和财务往来在账簿中进行分类、登录、归总，并进行分析、核实和上报结果的制度，是由政府部门、公司单位通过一定程序制定的、具有一定强制性的会计行为准则和规范，是进行会计工作所应遵循的规则、方法、程序的总称。

会计制度是指国务院财政部门（即财政部）根据《会计法》制定的关于会计核算、会计监督、会计机构和会计人员以及会计工作管理的制度。公司会计制度包含政府部门制定的统一会计制度和企业会计制度。公司会计制度是实践经验的总结，随着会计的发展而不断演变。在历史发展过程中，会计制度经历了自发阶段、任意阶段、准则阶段和法制阶段四个阶段。中国会计制度管理体制，实行统一领导、分级管理的原则。根据《会计法》制定公司会计准则，统一了会计制度，规范了会计工作，逐步形成中国的会计规范体系。

会计制度内容应包括：会计凭证种类和格式以及编制、传递、审核、整理、汇总的方法和程序；会计科目的编号、名称及其核算内容；账簿组织和记账方法；记账程序和记账规则；成本计算方法；财产清查办法；会计报表种类、格式和编制方法、报送程序；会计资料的分析利用；会计检查程序和方法；电子计算在会计中的应用，会计档案的保管和销毁办法；会计机构的组织；会计工作岗位的职责等。

第二节　公司财务会计报告

根据《公司法》的规定，在每个会计年度终了时，公司应当按照法律、行政法规的规定编制财务会计报告，并应经会计师事务所审计。有限责任公司财务会计报告应送交各个股东，股份有限公司财务会计报告应在股东大会年会召开前20日置备于本公司，供股东查阅。

一、公司财务会计报告的概念

公司财务会计报告是指由公司编制，反映公司某一特定日期财务状况和某一会计期间经营成果、现金流量的文件。财务会计报表是以会计准则为规范编制的，向所有者、债权人、政府及其他有关各方及社会公众等外部反映会计主体财务状况和经营的会计报表。财务会计报表包括资产负债表、损益表、现金流量表或者财务状况变动表、附表和附注。财务报表是财务报告的主要部分，不包括董事报告、管理分析及财务情况说明书等列入财务报告或年度报告的资料。

1993 年《公司法》第 175 条第 2 款规定了公司财务会计报告的具体内容,即公司财务会计报告由资产负债表、损益表、财务状况变动表、财务情况说明书以及利润分配表五个部分构成。2005 年《公司法》删除了该条第 2 款的规定,保留了第 1 款,即仅规定公司财务会计报告的编制和审计。《会计法》第 20 条规定财务会计报告由会计报表、会计报表附注和财务情况说明书三个部分构成。

公司财务会计报告分为年度、半年度、季度和月度财务会计报告。年度、半年度财务会计报告应当包括会计报表、会计报表附注、财务情况说明书;季度、月度财务会计报告通常仅指会计报表,会计报表至少应当包括资产负债表和损益表。

二、公司财务会计报告的构成

完整的财务报表应当由资产负债表、损益表、财务状况变动表、所有者权益变动表(或股东权益变动表)和财务报表附注构成,但根据《会计法》的规定,财务会计报告仅由会计报表、会计报表附注和财务情况说明书组成。[①]

（一）资产负债表

资产负债表(balance sheet)是指反映公司在某一特定日期财务状况的报表,即反映公司资产、负债、资本的期末状况,以及长期偿债能力、短期偿债能力和利润分配能力等状况的报表。资产负债表是公司经营者、股东、债权人、投资人和银行决策的主要依据。资产负债表按照资产、负债和股东权益分类分项列示。

(1) 资产。资产(asset)是公司过去交易形成并由公司拥有或者控制的资源。在资产负债表上,按照资产流动性分类分项列示,包括流动资产、长期投资、固定资产、无形资产及其他资产。

(2) 负债。负债(debt)是公司过去的交易形成的现时义务,履行该义务预期会导致经济利益流出公司。在资产负债表上,负债应当按照流动性分类分项列示,包括流动负债、长期负债等。

(3) 股东权益。股东权益(shareholders' equity)是股东在公司资产中享有的经济利益,其金额为资产减去负债后的余额。在资产负债表上,所有者权益应当按照实收资本、资本公积、盈余公积未分配利润等项目分项列示。通过资产负债表,可以了解公司资本结构、资产构成、负债及偿债能力、股东权益、资产的运作能力等信息。

资产负债表主要反映资产、负债和所有者权益三方面的内容,并满足"资产＝负债＋所有者权益"平衡式。资产负债表反映了公司资产与负债的状况,资产包括流动资产和固定资产;负债包括流动负债和长期负债;资产和负债的差额代表着股东权益的金额。

---

① 《会计法》第 20 条规定:"……财务会计报告由会计报表、会计报表附注和财务情况说明书组成。……"

（二）损益表

损益表（profit and loss account），也称利润表（income statement），是反映公司在一定会计期间经营成果及其分配情况的会计报表，是一段时间内公司经营业绩的财务记录，反映该期间的销售收入、销售成本、经营费用及税收状况，报表结果为公司实现的利润或者亏损。损益表体现公司一年中的盈利状况，反映收入与费用之间的差额。损益表应当按照各项收入、费用以及构成利润的各个项目分类分项列示。

（1）收入。收入（income）是指公司在产品销售、劳务提供以及资产转让等经营活动中所产生的经济利益的总流入。营业收入是收入主要来源，营业收入包括主营业务收入和副营业务收入。在损益表上，收入应当按照其重要性分项列示。

（2）费用。费用（cost）是指产品销售、劳务提供等经营活动所发生的经济利益流出。费用包括管理费用、财务费用和销售费用。在损益表上，费用应当按照其性质分项列示。

（3）利润。利润（profit）是指公司在一定会计期间内的经营成果。在损益表上，利润应当按照营业利润、利润总额和净利润等利润构成分类分项列示。

损益表是用以反映公司在一定期间利润实现（或者发生亏损）的财务报表。损益表可用来分析公司利润增减变化原因、公司经营成本等。损益表项目由利润构成和利润分配两个部分构成。

（1）利润构成。利润构成部分先列示销售收入，然后减去销售成本得出销售利润，再减去各种费用后得出营业利润（或者亏损），再加减营业外收入和支出后，即为利润（亏损）总额。

（2）利润分配。利润分配部分先将利润总额减去应交所得税后得出税后利润；接着按分配方案提取公积金和应付利润；如有余额，即为未分配利润。损益表中的利润分配部分如单独划出列示，则为"利润分配表"。

（三）财务状况变动表

财务状况变动表（statement of changes in financial position）是通过公司在一定时期内（通常是年度）资产项目和权益项目的增减变动，说明资金流入、流出和转换的会计报表。[①] 财务状况变动表的主要作用是反映公司在报告期内的整体财务状况，目的在于提示偿债能力和变现能力，成为沟通损益表和资产负债表的桥梁。

以现金为基础编制的财务状况变动表又称现金流量表（statement of cash

---

① 在计划经济时期，我国的国有企业资金由财政部和银行管理，企业只需编制资产负债表及损益表。1985年《中外合资经营企业会计制度》和1992年《股份制试点企业会计制度》要求合资企业和股份制试点企业必须编制"财务状况变动表"。1992年《企业会计准则》规定企业必须编制财务状况变动表或现金流量表。1998年《企业会计准则——现金流量表》则规定以现金流量表代替财务状况变动表。

flows)①,是反映在一定会计期间现金收入和现金支出的会计报表。财务状况变动表应当按照经营活动、投资活动和筹资活动的现金流量分类分项列示。

(1) 经营活动。经营活动是指公司投资活动和筹资活动以外的所有交易和事项。在现金流量表上,经营活动的现金流量应当按照公司经营活动的现金流入和现金流出的性质分项列示。

(2) 投资活动。投资活动是指公司长期资产的购建和现金等价范围之外的投资及处置活动。在现金流量表上,投资活动的现金流量应当按照公司投资活动的现金流入和现金流出的性质分项列示。

(3) 筹资活动。筹资活动是指使公司资本及债务规模与构成发生变动的活动。在现金流量表上,筹资活动的现金流量应当按照公司筹资活动的现金流入和现金流出的性质分项列示。

以营运资金为基础的财务状况变动表可分为左右两方。左方反映营运资金的来源和运用,说明营运资金增减变动的原因和过程,属于主表;右方反映公司营运资金内部项目变动情况,是财务状况变动的结果,属于附表。财务状况变动表左右两方是从动态和静态两个不同的角度,说明公司财务状况变动的原因、过程和结果。因此,左右两方分别反映的营运资金增加净额应当是相等的。

财务变动表反映了公司一年中的现金来源和现金使用情况,公司现金余额的变化即为现金来源和现金使用之间的差额。

(四) 所有者权益变动表

所有者权益变动表(statement of change in equity)是指反映构成所有者权益各组成部分当期增减变动情况的报表。所有者权益变动表应当全面反映一定时期所有者权益变动的情况,不仅包括所有者权益总量的增减变动,还包括所有者权益增减变动的重要结构信息,特别是要反映直接计入所有者权益的利得和损失,让报表使用者准确理解所有者权益变动表的根源。

所有者权益变动表说明了在某一特定时间内,股东权益因公司经营盈亏及现金股利发放而发生变化,是管理层是否公平对待股东的最重要信息。股东权益增减变动表包括在年度会计报表中,是资产负债表的附表。股东权益增减变动表全面反映了公司股东权益在年度内的变化情况,有助于深入分析公司股东权益的增减变化情况,从而对公司资本保值增值情况作出正确判断。

股东权益增减变动表包括表首、正表两部分。表首列明报表名称、编制单位、编制日期、报表编号、货币名称、计量单位等;正表是股东权益增减变动表的主体,具体说明股东权益增减变动表的各项内容,包括股本(实收资本)、资本公积、法定和任意盈余公

---

① 1862 年英国出现了现金流量表的前身资金表。在 1908 年的会计教科书中,威廉·莫斯·考尔(William Morse Cole)正式称该表为"来龙去脉表",后来该表被称为"资金表"。20 世纪 70 年代以来,资金表成为西方国家企业对外必备的财务报表之一。

积、法定公益金、未分配利润等。每个项目中，又分为年初余额、本年增加数、本年减少数、年末余额四小项；每个小项中，又分具体情况列示其不同内容。

（五）财务报表附注

财务报表附注（notes to financial statements）是对资产负债表、利润表、现金流量表和所有者权益变动表等报表中列示项目的文字描述或者明细资料，以及对未能在这些报表中列示项目的说明等。通过财务报表附注可以全面了解公司财务状况、经营成果和现金流量。财务报表附注是对财务报表的补充说明，是财务会计报告体系的重要组成部分。

财务报表附注通常包括如下内容：公司基本情况、财务报表编制基础、遵循公司会计准则的声明、重要会计政策和会计估计、会计政策和会计估计变更及差错更正的说明，以及重要报表项目的说明。

三、公司财务会计报告的分析

通过资产负债表的分析，可以全面了解公司经营状况，如银行和供应商债务、账面上的现金和现金等价物是否过低、存货和应收账款是否过高等情形。损益表仅反映公司经营的表面现象，而资产负债表则体现了公司经营的真实情况。

（一）资产负债表

资产负债表反映公司在某个时点上的财务状况，如季度最后一天或者年度最后一天的财务状况。通过资产负债表，可以知道公司在某一时点上的资产、负债及净资产（所有资产减去负债后股东拥有的资产）。资产负债表由资产项、负债项和股东权益项三大类科目构成：

（1）资产项目。资产项目又分为流动资产和固定资产，其中流动资产理论上是指可以在 12 个月内变现的资产，重点是现金及现金等价物、应收账款和存货指标。公司账上现金的数量反映公司经营是否正常，不仅可以帮助公司度过困难时期，也是未来支持业务增长最直接的财务资源。在现金储备快速下降且长期保持低位时，公司难以实现扩张，即便市场有机会也无法把握住；公司现金储备过多且长期保持高位时，意味着公司没有好的投资项目，未来的成长性难以期待。

应收账款是公司客户收到公司的货物或者接受公司的服务，但公司客户并未支付给公司的货款。在公司产品和服务很受市场欢迎时，应收账款规模通常不会太高，客户会非常愿意及时付清货款。应收账款规模不断扩大，很有可能预示着公司产品销售不畅，虽然损益表上的账面收入和利润在增长，但未来销售可能会下降并加大坏账风险，公司业绩可能会下滑。

存货是公司库存尚未销售的商品、半成品和原材料，是公司的潜在收入来源。在存货规模增长势头超过主营业务成本增长时，公司可能会出现货物销售不畅的情况，需要查阅公司财务报表附注中的存货构成情况。如果存货规模扩大是由产成品增多导致的，可能表明销售出了问题；如果是原材料的快速增长，可能预示着下游需求旺盛,公司大量采购原料,未来销售就有可能实现快速增长。

（2）负债项目。负债是指公司过去的交易或者事项形成的、预期会导致经济利益流出公司的现时义务。根据能否在 12 个月内偿还,负债可以分为流动负债和长期负债。流动负债是指在 1 年或者超过 1 年的一个营业周期内偿还的债务,主要有短期借款、应付票据、应付账款、预收货款、应付工资、应交税金、应付利润、其他应付款、预提费用等。长期负债是指偿还期在 1 年或者超过 1 年的一个营业周期以上的债务,包括长期借款、应付债券、长期应付款等。

流动负债中的银行短期借款,主要用于补充营运资金,仅可用于短期用途。应付账款是公司拖欠供应商的货款,是流动负债中需要重点关注的科目。如果应付账款规模较大,说明公司在生产经营上的主动性较强,占用供应商资金,反映了公司在市场上的强势地位。流动负债中的预收账款是公司预收客户的预付款或者定金,预收账款出现快速增长,预示着未来销售收入和业绩会快速增长,是判断短期业绩变化的重要指标。

负债科目中最主要的构成是需要支付利息的债务,即有息负债,包括短期借款和长期借款。有息负债率不高的公司,财务负担不重,财务资源相对丰富,有利于支持公司未来的业务扩张。负债规模过大的公司一旦业务状况恶化,银行等债权人就会请求履行债务,有可能导致公司发生严重的偿债风险,造成资金链断裂,甚至引发公司破产。

（3）股东权益项目。公司总资产减去总负债即为股东权益,反映总资产中除了归属债权人所有的部分外,其余应归股东所有的部分,因而股东权益又称为所有者权益和净资产。股东权益中总股本部分通常变动不大,留存收益则通常会发生变化,这部分净资产是历年来公司的盈利积累,可以用作再投资和作为利润分配。留存收益越多的公司,可以不依赖债务或者股东继续注资来实现业务的扩展,也有大规模分红的可能。

（二）损益表

损益表说明公司在特定时间内产生的销售收入和为实现这些销售收入投入的成本和费用,以及在减去所有账单和税单后的利润情况。损益表是在上市公司年度或者季度财务报告中最先看到的内容,包含的信息有主营业务收入、成本费用、利润。

（1）收入。主营业务收入（又称销售收入）反映了公司在报告期内销售所有产品或者服务所产生的收入。公司主营业务收入持续增长,是提升公司利润最根本的办法。主营业务收入增长是公司市场竞争力和市场份额不断提高的标志。主营业务收入是公司最主要、最根本的收入,但公司还有其他业务收入,如销售边角废料产生的收入以及公司长短期投资产生的投资收益,可能还有如政府补贴、资产重组收益等构成的营业外收入等。这些非主营业务收入也可能成为公司利润的重要构成。

（2）费用。公司为产生主营业务收入需要有各种投入,这些投入在账面上体现为两个部分:一是主营业务成本;二是营业费用、管理费用和财务费用三项费用。其中主营业务成本是公司为产生主营业务收入所直接支出的成本和费用，主要包括原材料采购成本和固定资产折旧费用。三项费用主要反映公司运营费用，如营销广告费用、办公费用、工资、研发费用、利息费用等。三项费用是衡量公司内部运营效率高低的依据，通常用占主营业务收入的比重来衡量，三项费用占主营业务收入比重下降或者低于同类公司，说明公司在内部管理效率上具有明显的优势。

（3）利润。损益表上体现的利润有主营业务利润、营业利润、利润总额和净利润。主营业务利润（又称"毛利润"）来自于主营业务收入减去主营业务成本，表现主要看毛利率（gross profit margin），毛利率越高说明公司扩大再生产的能力越强。营业利润是主营业务收入减去主营业务成本和三项费用，营业利润率（operating profit ratio）是反映公司主营业务盈利能力的关键指标。公司应尽可能降低主营业务成本和三项费用，营业利润率越高，说明公司商品销售额提供的营业利润越多，公司盈利能力越强。

利润总额（total profit）指公司在生产经营过程中各种收入扣除各种耗费后的盈余，反映公司在报告期内实现的盈亏总额。利润总额是公司在营业收入中扣除折扣、成本消耗及营业税后的剩余，即盈利，其与营业收入的关系为：利润总额＝营业利润＋营业外收入－营业外支出。

净利润（net profit）是指在利润总额中按规定交纳了所得税后的公司利润留成，也称为税后利润。净利润的计算公式为：净利润＝利润总额－所得税费用。净利润是公司经营的最终成果，是衡量一个公司经营效益的主要指标，净利润多表明公司经营效益较好，净利润少表明公司经营效益较差。净利润取决于利润总额和所得税费用两个因素。公司所得税率是法定的，所得税率高，净利润就少。

（三）财务状况变动表

损益表反映公司账面上的收入和支出情况，而财务状况变动表则反映公司现金的流入和流出。公司损益表记录的销售收入并不是真实的现金流入，而可能是以应收账款的形式存在，能否收回取决于客户支付能力。财务状况变动表反映了公司实际收入状况，由经营性现金流、投资性现金流和融资性现金流三部分构成。

经营性现金流（operational cash flow）是指经营性现金流入额减去经营性现金流出额。经营性现金流是评价公司获取现金流量能力、偿还能力和支付能力的重要财务指标，反映公司销售商品和服务实际收到的现金，其减去实际支付的成本费用后即为现金净利润。经营性现金流与净利润比例长期不适当的公司，特别是净利润远远超过现金流，表明公司账面利润质量较低，销售并没有产生现金流，货款能否收回处于不确定状态。公司业务如正处在高速扩张期，大量原材料购进会影响到正现金流的实现，出现经营性现金流较低的情形。

投资性现金流（cash flow from investing）是指公司对固定资产或者金融工具等投资活动所发生的现金流。投资性现金流表现为公司对固定资产和有价证券的买卖，以及对其他公司的并购和自身经营资产的出售。投资活动产生的现金流出，主要包括购建固定资产、无形资产和进行其他长期投资所支付的资金净额，如为购买国债或者投资股票等金融投资行为所支付的资金。投资活动产生的现金流入,主要包括出售转让固定资产或者其他长期投资实际收到的资金、金融投资收回的本金和投资收益。对于不断扩大再生产的公司,如果投资性现金流经常是负数,则预示着公司未来业绩可能出现增长;如果投资性现金流长期数额不大,则表明公司没有业绩扩张能力。

融资性现金流(cash flow from financing)是指公司发行股票债券或者向银行借款等融资行为带来的现金流入,偿还债务、支付股息和回购股票的现金流出,体现了公司融资活动产生的现金流状况。公司融资活动产生的现金流入,主要包括发行股票募集的资金流入和银行贷款得到的资金等;融资活动产生的现金流出,主要来自于发放现金股利、归还贷款本金、股票回购等支付的资金。

第三节　公司公积金

公司公积金是指公司为扩大经营、弥补意外亏损、巩固公司的财政基础,作为股东原始投入资金的补充,将本期净收益的一部分或者全部留存下来形成公司留存收入。在公积金的使用上,主要是转作新增资本和弥补公司亏损。在公司发行新股时,可用公积金的一部分或者全部扩充资金,根据股东原持股比例发给股东新股。但是,法律禁止将公积金作为红利分发给股东。公司公积金可分为资本公积金和盈余公积金,盈余公积金又可分为法定公积金与任意公积金。

公司公积金是根据法律、公司章程或者股东大会决议,从公司的营业利润或者其他收入中提取的一种储备金。公积金制度对公司的存续和发展意义重大,公司出现亏损时用公积金弥补亏损,以充实公司资金、增强公司信用,避免公司经营活动出现较大的动荡,保证债权人和交易安全。

一、资本公积金

资本公积金是指公司由投入资本本身所产生的各种增值。这种增值不是公司生产经营活动产生的,而是资本、资产本身及其他原因形成的股东权益收入。在形成来源上,资本公积金是投资人投入资本金额中超过法定资本部分的资本或者其他人投入而不形成实收资本的资产转化形式。资本公积金在性质上属于投入资本范畴,但又不同于实收资本。实收资本是投资人谋求价值增值的原始投资,属于法定资本,关于资本数额有比较严格的限制;资本公积金在数额上则没有严格限制,在来源上也具有多样性,主要有资本溢价和股本溢价、资产评估增值、接受捐赠资产、外币资本折算差额等。有限责任公司与股份有限公司的资本公积金来源有差异,股票发行溢价是上市公司(股份有限公司)最常见、最主要的资本公积金来源。

我国法律、行政法规明确了资本公积金的来源,《公司法》第 167 条规定:“股份有限公司以超过股票票面金额的发行价格发行股份所得的溢价款以及国务院财政部门规定列入资本公积金的其他收入,应当列为公司资本公积金。”《企业会计准则》第 40

条规定:"资本公积金包括股本溢价、法定财产重估增值、接受捐赠的资产价值等。"

按资本公积金来源和用途不同,可分为一般项目资本公积金、准备项目资本公积金和特殊项目资本公积金。一般项目中的"资本(或股本)溢价"主要用于转增资本,是资本公积金的主要组成部分;准备项目资本公积金,如股权投资准备、非现金资产捐赠准备等,是所有者权益的一种准备,在未实现前,资本公积金不得用于转增资本(或股本);特殊项目资本公积金主要是公司改制兼并过程中形成的一些资本公积,通常有特殊的规定。

法律对资本公积金的用途有明确的限制,《公司法》第168条明文规定,资本公积金不得用于弥补公司的亏损。

二、盈余公积金

盈余公积金是指公司按规定从税后利润中提取的积累资金。按用途或者是否基于法律的强制性规定,盈余公积金分为法定盈余公积金和任意盈余公积金。法定盈余公积金和任意盈余公积金即为《公司法》中的法定公积金和任意公积金,法定盈余公积金和任意盈余公积金为会计术语,而法定公积金和任意公积金则为法律术语。

(一)法定公积金

法定公积金是指按照公司净利润和法定比例计提的盈余公积金,是基于法律规定强制提取的公积金。法律明文规定了法定公积金的提取比例及用途。在分配当年税后利润时,公司应当提取利润的10%列入公司法定公积金。公司法定公积金累计额为公司注册资本50%以上的可不再提。公司法定公积金不足以弥补以前年度公司亏损的,在依照法律规定提取法定公积金之前,应当先用当年利润弥补亏损。法定公积金有以下三个方面含义:

(1)公积金提取的法定。公司在盈利的情况下,如果没有达到法定不再提取公积金的限额,公司应提取法定公积金。公积金的提取属于法律的强制性义务,公司不得以章程或者股东会决议的方式予以排除。

(2)公积金提取的比例法定。对于公积金提取比例,各国公司法有不同的规定。我国《公司法》规定,公司分配当年的税后利润时,应当提取利润的10%列入公司的法定公积金。

(3)公积金不再提取的限额法定。各国对公积金不再提取均有一定的限额规定,比如我国《公司法》规定,法定公积金累计额超过公司注册资本50%的,可以不再提取。

公司公积金可以用于弥补公司亏损,扩大公司生产经营,转为增加公司资本。经股东大会决议将公积金转为资本时,股份有限公司可以按股东原有股份比例派送新股或者增加每股面值。法定公积金在转为资本时,所留存该项公积金不得少于转增前公司注册资本的25%。

用于弥补公司经营亏损的公司公积金仅限于公司法定公积金,公司资本公积金不得用于弥补公司的亏损,法律禁止资本公积金用于弥补公司亏损。

（二）任意公积金

任意公积金是指公司根据公司章程或者股东大会决议,在法定公积金之外自由设立或者提取的公积金。任意公积金是否设立及如何提取和使用,由公司自由决定,法律不加干涉。

在计提法定公积金之后,公司可以根据发展需要计提任意公积金。任意公积金的提取顺序应当在法定公积金之后。任意公积金与注册资本的比例没有限制,由公司股东会根据公司发展需要任意提取。任意公积金用途与法定公积金相同。两者的区别在于其各自计提的依据不同。

任意公积金根据用途不同可分为:以资产折旧为目的的折旧公积金、以偿还公司债为目的的公司债偿还公积金,以及以填补损失为目的的填补公积金等。任意公积金的用途一经确定,即为专用资金,非经股东会(股东大会)决议变更,不得挪作他用。

三、公积金的使用

公积金是公司风险资本金,也是公司发展储备金,性质上属于资本金,只能用于公司发展而不能用于股东分配。公积金作为股东权益的组成部分,其使用应符合公司全体股东利益。法律、行政法规和公司章程,对公积金均有一定限制。根据《公司法》第168条的规定,公积金主要用于以下三个方面:

（一）公司亏损的弥补

公司经营过程中可能出现各种各样的风险,导致公司经营亏损。公司公积金作为公司储备金,在公司发生亏损时可以弥补资本的亏空,使公司在保持原有生产经营规模和相对稳定的情况下调整经营策略,实现扭亏为盈。公积金弥补亏损抵御了公司经营风险。

我国《公司法》明确规定公积金可用于弥补公司亏损,但明文禁止将资本公积金用于弥补公司亏损。根据《公司法》的规定,首先以法定公积金弥补公司亏损;在法定公积金不足以弥补亏损的情形下,以公司当年利润弥补公司亏损;在公司当年利润不足以弥补亏损的情形下,以任意公积金弥补公司亏损。

（二）生产经营的扩大

在经营过程中,公司需要不断扩大生产经营规模以增强公司实力,就需要不断增加资金投入。公司资金的投入方式既可以是通过证券市场募集所需资金,也可以直接将作为公司储备的公积金用于公司扩大生产经营。

（三）资本转增

世界各国公司法大多规定公积金可以转增公司资本。公积金累积到一定程度时,公司可以通过增资程序将公积金转化为股本,不仅公司股东愿意接受,而且增资手续比社会集资更为简便。根据《公司法》第168条规定,公司可以将法定公积金和资本公积金转增公司资本，但法定公积金转增资本时，所留存的该项公积金不得少于转增前公司注册资本的25%。在公司实践中，公司转增资本通常按照股东原有的股份比例派送新股。

第四节　公司利润的分配

公司利润分配涉及公司法、税法和会计法等法律、行政法规的规定，公司利润分配的对象是在一定会计期间内实现的税后利润。税后利润是公司股东权益，股东对这部分权益的处置与分配应符合法律规定，充分满足国家制定的利润分配的各种限制因素，并符合缴税、提留、分红的基本程序。公司税前利润先应按法律规定作出相应调整，增减应纳税所得额，然后依法缴纳所得税。税后利润的分配顺序为：先弥补以前年度亏损，然后提取法定公积金、任意公积金，最后再向投资人分配利润。

一、公司利润分配规则

公司利润分配实行没有盈利不分配和同股同权的规则。对于公司弥补亏损和提取法定公积金所余的税后利润，公司股东按照持股比例或者公司章程约定进行分配。《公司法》第166条第4—6款规定："公司弥补亏损和提取公积金后所余税后利润，有限责任公司依照本法第三十四条的规定分配；股份有限公司按照股东持有的股份比例分配，但股份有限公司章程规定不按持股比例分配的除外。股东会、股东大会或者董事会违反前款规定，在公司弥补亏损和提取法定公积金之前向股东分配利润的，股东必须将违反规定分配的利润退还公司。公司持有的本公司股份不得分配利润。"

公司当年没有盈利的，不得分配利润。公司可以用下一年度实现的税前利润弥补年度亏损；下一年度税前利润不足弥补的，可以在5年内延续弥补；5年内不足弥补的，应当用税后利润弥补。公司发生年度亏损以及超过用利润抵补期限的，也可以用以前年度提取的盈余公积金弥补。公司以前年度亏损未弥补完的，不得提取法定公积金。在提取法定公积金之前，公司不得向股东分配利润。

股份有限公司利润分配规则不同于有限责任公司。股份有限公司在提取法定公积金之后，利润分配顺序为：支付优先股股利、提取任意公积金（任意公积金按照公司章程或者股东会决议提取和使用）、支付普通股股利。

二、公司利润的分配顺位

根据《公司法》第166条的规定，公司税后利润的分配顺序为：弥补以前年度亏损、提取法定公积金、向股东分配利润。公司违反上述规定，在弥补公司亏损和提取法定公积金之前，对股东进行利润分配的，股东必须将违反规定分配的利润退还公司。

（1）亏损的弥补。公司在提取法定公积金之前应弥补以前年度的公司亏损。根据《公司法》第166条第2款规定，在公司法定公积金不足以弥补以前年度亏损时，公司应在提取法定公积金之前先以当年的利润弥补公司亏损。

（2）公积金的提取。在分配当年税后利润之前，公司应提取利润的 10％列入公司法定公积金。在公司法定公积金累计额达到公司注册资本 50％时，公司可以不再提取法定公积金。在提取法定公积金之后，公司经股东大会或者股东会决议，可以从税后利润中提取任意公积金。

（3）利润的分配。对于公司弥补亏损和提取公积金后所余税后利润，公司应按照股东的持股比例向股东分配利润，公司章程另有约定的，按照章程约定分配利润。《公司法》第 166 条第 4 款规定，公司弥补亏损和提取公积金后所余税后利润，有限责任公司依照第 34 条的规定分配；股份有限公司按照股东持有的股份比例分配，但股份有限公司章程规定不按持股比例分配的除外。

第四编

公司治理结构制度

第十五章　公司治理结构

公司治理结构(corporate governance structure)是指由股东、董事会、监事会和经理层组成的一种组织结构。[①] 完善的公司治理结构是指股东、董事会、监事会、经理层各自权力、责任和利益明确,并在相互之间形成一定的制衡关系。[②]

公司治理是世界性难题,以现代公司为主要对象,以监督与激励为核心内容。公司治理是研究公司治理结构中对经营者的监督与制衡,通过公司治理结构和治理机制以保证公司决策的有效性和科学性,维护公司利益相关者的利益。

对公司权力的合理分配和对经营者行使权力的监督,是公司治理结构的核心。完善而有效的公司治理结构是现代公司制度的核心,良好的公司治理结构可以促进公司股权结构合理化,加强公司内部控制,降低公司代理成本,增强公司核心竞争力,从而实现公司的可持续发展。

第一节　公司治理结构理论

公司治理(corporate governance)是指涉及有关公司制度的安排,是在公司所有权与控制权分离的结构条件下,投资人与公司之间的利益分配和控制关系,其中心是有关董事会的结构和权力以及在董事会决策中的股东权利与保障。公司治理是一种以股权和控制权为核心的制度安排,是各方利益冲突的平衡机制,其中董事与股东权利及利益分配,是公司机制中的关键和公司治理机制研究的重点。公司治理结构则是一种规范股东、董事会、监事会、经理层权利和义务分配以及有关聘选、监督等问题的制度框架。公司治理结构是否有效,与所在国家的社会经济发展水平、资本市场发展状况及公司股权结构密切相关。

一、公司治理的产生

股份有限公司从 17 世纪初出现至今已有近 400 年的历史。公司治理理论的思想

---

① 国内通说认为,公司治理结构和公司治理均来源于美国的"corporate governance",只是表述不同而已。但从中文语义上两者是有明显差异的,公司治理结构强调公司治理机构之间的结构关系,公司治理则强调公司治理机制。

② 从 2010 年以来,作者先后在数十家上市公司担任独立董事和独立监事,涉及公司有大型央企、金融企业、军工企业和民营企业,深刻感受到不同类型企业的公司治理文化的差异。

渊源,学界认为可以追溯到亚当·斯密(Adam Smith)在《国富论》(1776 年)中对代理问题的论述。亚当·斯密认为,在股份制公司中,所有权和经营权的分离导致一系列问题,应当通过制度来解决所有者和经营者之间的利益冲突。伯利(Berle)和米恩斯(Means)在《现代公司与私有财产》(1932 年)一书中,在对大量实证材料进行分析的基础上,提出现代公司的所有权和控制权发生分离的观点,对公司所有权与经营权分离后所产生的"委托人"(股东)与"代理人"(经理层)之间的利益冲突进行了经济学分析,奠定了"代理人说"的理论基础。股东通过董事会聘用的管理者对公司具体业务进行管理,公司控制权从所有者转移到管理者,但公司管理者通常追求个人利益最大化,而不是股东利益的最大化。公司制度应该强调股东利益的最大化,实现股东对经营者的监督制衡。

在股份有限公司出现后的很长时期内,公司规模一直较小,股东可以对管理者进行较为有效的监控,"两权分离"所引发的代理等问题并不严重。进入 20 世纪后,西方主要国家许多工业公司规模虽然迅速扩大,但因实行工业保护政策和贸易壁垒,缺乏有效竞争,大公司的"两权分离"所引发的代理等问题并未出现。二战后,西方国家陆续开始重建,各国面临的主要问题是商品普遍短缺,公司普遍盈利,掩盖了"两权分离"所引发的代理等问题。20 世纪 60 年代末以来,西方主要国家普遍出现产品供大于求的状况,全球竞争日益加剧,"两权分离"所引发的代理等问题凸现。

1970 年美国最大的铁路公司宾州中央运输公司的破产,引发了"两权分离"所产生的代理等问题。公司治理结构问题开始引起普遍关注,西方学者研究了"两权分离"所引起的所有者和管理者的冲突,认为主要涉及公司所有权结构、公司接管、管理者报酬等方面。在 20 世纪 80 年代以后,在公司治理理论的发展过程中,逐渐产生了以"股东利益至上"为基础的单边治理和以"利益相关者"为核心的共同治理两种代表性的治理理论。

大型公司所有权与经营权是相分离的,股东并不直接任命或者监督公司管理层。股东选举董事会,董事会作为股东代表再任命和监督公司管理层,股东很少参与公司经营事务,管理层在董事会全面监督下掌管公司控制权。这种所有权与经营权相分离的管理体系,会产生潜在的代理成本,即当管理层或者董事会采取与股东利益相悖的行为时,就产生代理成本。[①]

近年来美国公司治理结构改革,对全球公司治理结构产生了重大影响。伴随着世界经济一体化和美国经济的示范作用,以市场为主导的英美法系外部治理模式[②]逐步

---

① 参见〔英〕理查德·A.布雷利等:《公司理财》(第五版),耿建新等译,中国人民大学出版社 2008 年版,第593 页。

② 在以英美法系为代表的市场主导型的外部治理模式下,证券市场在资源配置上起着主导作用。外部治理模式具有以下两方面的特征:一是公司股权分散,持股人对公司的直接掌控能力极为有限。二是以直接融资为主。直接融资是公司的主要融资方式,投资者与经营管理者之间形成委托代理关系,公司所有权与控制权相分离。这种模式存在的突出问题是公司把目标集中于投资的短期收益和提高股票现价,对公司的长远发展和社会效益缺乏重视。

取代了以控股股东为主导的大陆法系内部治理模式,[①]成为许多国际组织公司治理准则的基础。但是,英美法系模式的基础是以公司股权高度分散为前提,[②]以"股东价值最大化"为目标,以董事会治理为中心的。

我国以建立现代企业制度作为大中型国有企业改革的重点,以上市公司作为建立现代企业制度的突破口。股权分置改革虽已基本完成,但上市公司股权高度集中,导致公司治理结构失衡。我国早期关于公司治理结构的研究成果,集中体现在介绍公司治理结构理论、西方公司治理经验教训与模式的比较等。随着我国上市公司近年来大量问题的不断出现,对上市公司治理存在问题进行梳理,以及完善公司治理制度,是我国公司治理结构面临的主要问题。

二、公司治理结构理论

公司治理结构是一种对公司进行管理和有效控制的制度体系,用以保障所有权与经营权有效分离后股东、董事、经理层之间权利义务的履行,规定公司经营决策时应遵循的规则和程序,以保障公司经营目标的实现。公司治理结构的价值在于通过合理分配公司的权力资源,建立恰当的利益制衡机制,确保公司的运行效率和可持续发展,实现股东利益的最大化。

在现代公司中,股东通过董事会选任的经理层经营管理公司,所有权与经营权相分离。但股东与经理层的利益不一致,经理层可能会为自己利益最大化而损害股东利益。为保证经理层能够从公司利益出发经营公司,股东通过公司治理结构的形式治理公司。自 1932 年公司治理结构概念提出以来,理论界从不同角度对公司治理理论进行了诠释,代表性理论有超产权理论、两权分离与委托代理理论以及利益相关者理论,这些理论构成了公司治理结构的主要理论基础。

(一)超产权理论

超产权理论是在 20 世纪 90 年代兴起的一种公司治理理论,是产权理论经过实证解释和逻辑演绎的结果。在市场充分竞争的前提下,企业产权改革和利润激励能够促使经营者增加投入。公司要完善自身的治理机制,基本动力是引入竞争,变动产权仅为改变机制的一种手段。产权改革并不能保证使公司治理结构变得有效率,竞争是改善公司治理结构的根本条件。

公司效益主要与市场结构即市场竞争程度有关,公司通过产权改革等措施改善自

---

① 以大陆法系为代表的内部治理模式下,公司股权大多集中于投资人,包括银行、公司联盟、家族和控股公司等,公司追求投资的长期性。公司相互持股相当普遍,股东的影响通常被互相抵消,经理层拥有高度的自主权,出现董事会弱化管理层强化的局势,股东大会形同虚设。这种模式主要解决利益相关者之间的利益协调问题。日本的大多数制造业和金融公司往往加入被称为"株式会社"的组织,株式会社成员通过某种方式捆绑在一起。例如,三菱株式会社有 29 家核心公司,其中有一个银行、两个保险公司、一个汽车制造商和一个钢铁厂。

② 美国公司中的所有权和控制权总是分离的,但即使没有持股过半数的所有者,只要持有大比例的股,仍然可以实现有效的控制,如拉里·埃里森(Larry Ellison)拥有超过 25% 的甲骨文公司股份,除非遭遇极端情形,这种持股比例意味着他完全可以按照自己的意愿经营公司。

身的治理结构还不够,还要引入竞争性的动力机制。现代公司经营者同时受到剩余索取权和剩余控制权收益的激励,控制权收益越高,经营者越重视控制权。随着市场竞争程度的加大,这种控制权收益激励将发挥更大作用。

超产权理论作为公司治理理论的新兴分支,为公司治理提供了新的理论基础。市场竞争概念的引入,诠释了国际上部分国有企业特别是国有控股公司的成功经验。有效的公司治理结构是建立在健全的市场体系与有效的市场竞争基础上的。

(二) 两权分离与委托代理理论

两权分离理论是指公司所有权与控制权分离的理论,该理论是随着股份公司的产生而产生的。在《现代公司与私有产权》中,伯利和米恩斯对美国 200 家大公司进行了分析,发现绝大部分公司被没有股权的高级管理人员控制。现代公司已经发生所有权与控制权的完全分离,公司实际由职业经理人所控制和支配。股权分散的加剧和管理的专业化,使得拥有专门管理知识并垄断了专门经营信息的经理人实际上掌握对公司的控制权,导致所有权和控制权的彻底分离。

委托代理理论是公司治理结构的理论基础。委托代理理论的核心问题,是要解决所有权与控制权分离情形下的监督机制,即失去控制权的所有者对拥有控制权的经营者的监督问题。经营者应以实现所有者利益最大化为目标进行经营决策,而不是滥用经营决策权,这是委托代理理论所要解决的根本问题。

公司经营状况和资金运用的信息不对称。经营者负责公司日常经营,拥有绝对的信息优势,为追求自身利益的最大化,很可能与所有者和公司利益不一致,甚至侵害所有者和公司利益。为规避这种风险,确保资本安全和投资回报最大化,公司引入治理机制以实现对经营者的激励和监督。公司治理结构的核心是要解决代理风险问题,即建立起有效的激励约束机制,督促经营者为所有者(股东)的利益最大化服务。

(三) 利益相关者理论

尽管股东至上的理论存在一些问题,股东理论仍为现代公司治理的主流理论。股东要求对公司资源配置行使更大的控制权,作为一种理论性的回应,20 世纪 80 年代出现了利益相关者(stakeholder)理论。与公司产生利益关系、与公司发生相互影响的自然人或者法人机构,均为公司利益相关者,如股东、债权人、员工、顾客、供应商、零售商、社区及政府等。公司目的不能局限于股东利益最大化,还应考虑其他利益相关者,包括员工、债权人、供应商、用户、所在社区及经营者利益,公司各种利益相关者利益的共同最大化,应当是现代公司经营目标,充分体现公司作为一个经济组织存在的价值。

公司不仅是一个由资本所有者组成的联合体,而且还是物质资本所有者、人力资本所有者等利益相关者之间合同关系的连接点(nexus of contracts)。利益相关者投入公司实物资本、人力资本、财务资本或者其他有价值的东西,并由此承担某种形式的风险。股东并没有承担公司全部风险,其他利益相关者如债权人、员工等也承担了相应风险。当公司价值降低到零时,股东权益为零,债权人权益也为零。供应商、客户为公司提供了专用性投资,员工为公司提供了特殊人力投资。有效的公司治理结构应当能够为这些利益相关者提供与其利益关联程度相应的权利、责任和义务。

三、公司治理结构的内涵和原则

自 20 世纪 80 年代以来,公司治理结构问题就引发了全球关注,形成全球性的公司治理浪潮。各种公司治理结构理论,从不同角度解释了公司治理结构,有一定的合理性。20 世纪 90 年代初,我国引进公司治理结构,形成由股东会、董事会、监事会和经理层构成的公司治理结构的制度体系。

公司治理结构有狭义和广义之分。狭义上的公司治理结构是指公司股东对公司经营者的一种监督与制衡机制,即通过一种制度安排来合理地配置所有者与经营者之间的权利义务关系。公司治理结构的目标是保障股东利益最大化,防止公司经营者侵害所有者权益。股东会、董事会、监事会和经理层构成公司治理结构的内部治理。广义上的公司治理结构是指不局限于公司股东对经营者的制衡机制,而涉及公司治理结构的外部治理,即利益相关者。公司治理结构通过一系列正式与非正式、内部与外部的制度或者机制来协调公司与所有利益相关者之间的利益关系,是一种保证公司决策科学化,以维护公司利益相关者利益的制衡机制。公司有效运行以及公司利益相关者得到应有的保护,是判断公司治理结构优良的标准。

公司治理结构中的分权和制衡是公司治理的基础,但并未解决公司治理中的所有问题。公司要能有效运行和科学决策,不仅要有股东会、董事会、监事会等内部监控的治理机构,而且还要有证券市场、产品市场和职业经理人市场等外部治理机制。公司治理机制是比公司治理结构更深层次的公司治理观念。公司治理机制即公司治理原则,来源于公司治理制度,并通过公司治理制度加以保障。公司治理中相互监督、相互制约的规则和制度,均可以形成公司治理机制。

第二节　公司治理结构模式

公司治理结构模式的形成受到历史、文化传统、商业模式、法律和经济等因素的影响,其中最为重要的是经济因素。英美法系与大陆法系形成了两种不同的公司治理结构模式,所有者、经营者、监督者的法律定位有较大的差异,反映了不同的公司治理理念和不同的公司治理结构。英美法系的公司治理结构属于外部控制模式,大陆法系的公司治理结构属于内部控制模式。

现代企业制度的核心是公司治理,公司治理的关键是董事会制度设计及运作。英美法系采用单层董事会模式,大陆法系采用双层董事会模式,两大法系的董事会制度安排均为一种有效的制度安排。

一、英美法系公司治理模式

英美法系国家的公司治理结构实行一元制。以英国、美国为代表的一元制公司治理结构模式,在公司机关设置上没有监事会,业务执行机构与监督机构合并,董事会既是决策机构,也是监督机构。董事会不仅具有业务执行职能,而且具有监督业务执行的职能,两者之间不可避免会发生冲突,20 世纪 60、70 年代这种冲突开始显现。英美公司法创立了独立董事制度以解决这种冲突,要求上市公司应有足够数量的独立董事,通过独立董事监督公司内部董事及经理层。在一元制框架内,独立董事制度实现了对公司经理层监督机制的自律性改良。英美法系独立董事功能相当于大陆法系监事会制度,在立法上虽缺乏独立监事会机关的规定,但在事实上已通过独立董事发挥了监事会的功能。

（一）英美法系的公司治理结构

英美法系的公司治理结构实行一元制,即单层委员会制,是一种股东主导模式。公司仅设立股东会和董事会,董事会由股东会产生并对股东会负责,董事会又将公司经营权授予首席执行官（chief executive officer, CEO）。英美法系公司治理结构如下:

(1)股东会。股东会是公司最高权力机构,但英美法系公司股东非常分散,股权流动性高,且大部分股东仅持有少量股份,实施治理权的成本较高。公司重大事项决策权由股东选举的董事会行使,公司高级管理人员也由董事会选任。股东大会与董事会之间的关系实际上是一种委托代理关系。股东将公司经营决策权委托给董事会,而董事会则向股东承诺使公司获得满意的利润。

(2)董事会。在公司治理结构中,英美法系公司董事会处于核心地位,代表股东利益行使有关公司重大决策权。[①] 董事会是公司经营决策机构,对公司日常经营事务作出决策,选聘公司高级管理人员执行公司业务。董事会在内部管理上有两个特点:一是董事会内设专业委员会。董事会内部设立不同的委员会,以协助董事会进行决策。公司董事会大多设立执行委员会、任免委员会、报酬委员会、审计委员会等专业委员会。[②] 二是公司董事有内部董事和外部董事之分。内部董事又称为执行董事,是指承担公司具体运营职责,并对相关职务承担专业责任的董事。外部董事是非公司职员董事,即公司外部人员担任的公司董事,并在董事会中占据较大比例和主导地位。外部董

---

① 例如,花旗集团董事会作为公司最高领导者,负责设定公司目标和准则,制定公司战略,而战略的实施则授权给经理层。董事会的职责主要通过下设的多个执行不同职能的次级委员会的有效运作来完成。为建立一个强有力的公司治理结构,花旗集团董事会及委员会召开的执行会议每年不少于 7 次,且几乎都是外部独立董事参加常规董事会而没有内部董事参与。

② 专业委员会由董事长直接领导,有的专业委员会实际上行使了董事会的大部分决策职能。辅助性委员会,如审计委员会,可以帮助董事会加强对有关法律和公司内部审计的了解,使董事会中的非执行董事把注意力转向财务控制和存在的问题,从而增进董事会对财务报告和选择性会计原则的了解;报酬委员会主要决定公司高级人才的报酬问题。

事制度旨在避免董事成员与经理人员的身份重叠和角色冲突,保证董事会独立于管理层进行公司决策和价值判断,以维护股东和公司利益。英美法系公司的外部董事在公司董事会中占多数席位,但不在公司中任职;内部董事通常在公司中担任重要职务,是公司经营管理的核心成员,如美国大多数公司的内部董事人数为 3 人,一般不超过 5 人。

(3) 首席执行官。首席执行官代为执行董事会授予的部分经营管理权力。首席执行官通常是由董事长兼任的,即使不是由董事长兼任,必然也是公司执行董事。由于公司经营管理趋于复杂化,经理职能也趋于专业化,大多数公司在首席执行官之下设立首席营业官(chief operation officer,COO),负责公司日常业务。首席营业官通常由公司总裁(president)兼任,而总裁是仅次于首席执行官的公司行政负责人。在英美法系的公司行政序列中,以首席执行官的地位最高,其次为公司总裁,再次为首席营业官,接下来是首席财务官。首席执行官的设立体现了公司经营权的进一步集中。

(二) 英美法系公司治理结构的特点

英美法系公司治理模式是竞争性资本市场的外部监控模式,强调市场机制作用,通过职业经理人市场、金融市场、产品市场和技术市场与独立董事制度共同实现对公司的治理。投资人对公司董事会和经理层的制约,从单纯在公司内部的举手投票方式发展到通过资本等相关市场价格波动的用脚投票方式,以资本市场的兼并收购方式将劣势公司驱逐出市场,以成熟的职业经理人市场督促公司高级管理人员勤勉工作。英美法系公司治理结构主要有以下三个方面特点:

(1) 以机构投资人为主。美国公司最大的股东是机构投资人,如养老基金、人寿保险、互助基金、大学基金、慈善团体等,其中养老基金所占的份额最大。尽管机构投资人持股数量巨大,但分散投资及信息不对称等原因使其难以介入特定公司的经营管理,导致所有权与经营权的两权分离。此外,由外部控制方式来实现公司治理,以股票市场为主导的外部控制机制较为发达,由于公司股东缺乏积极主动监督公司经理层的动机,在所持股票的公司业绩不好时,投资人通常用脚投票。

(2) 以股东价值最大化为目标。美国公司融资结构以股权和直接融资为主,资产负债率极低,公司治理遵循股东至上逻辑,以股东控制为主,债权人不参与公司治理。英美法系国家禁止商业银行持有公司股份,商业银行对公司治理的参与主要是以相机治理机制(camera control mechanism)[①]来进行的。即在公司破产时商业银行接管公司,将公司债权转换为股权,并对公司进行整顿;在公司经营状况好转时,商业银行则及时退出公司。

(3) 公司董事会的监督职责。美国公司不设立监事会,公司董事会履行监督职责。美国公司董事会聘请外部董事,并设立各种专门委员会。外部董事和专门委员会

---

① 相机治理机制是指通过控制权的争夺改变利益格局以约束公司决策者行为。相机治理机制主要是主银行相机治理型机制,即在公司财务状况正常情况下,由经理人员掌握公司控制权,主银行则通过公司资金支付结算和向公司派员等方式对公司实施监控。在公司出现严重的财务问题时,则由主银行接管公司,掌握公司控制权。

负有对公司经理层的监督和制约职责。20世纪90年代以来，美国董事会进行了重大改革，实行董事会的职业化，提高了外部董事在董事会的比例，要求外部董事独立于董事会，在外部董事选聘方式上提高了外部董事的独立性。

二、大陆法系公司治理模式

大陆法系国家的公司治理结构实行二元制，即双层委员会制，在股东大会之下设立董事会和监事会，分别行使决策权和监督权。

（一）大陆法系公司治理结构

以德国和日本为代表的大陆法系公司治理模式，存在较大的差异。德国公司治理结构由股东会、监事会和董事会构成，且股东会、监事会和董事会具有上下级关系。日本公司治理结构则由股东会、董事会、经理层和独立监事构成，没有设置监事会，而以独立监事代替监事会。

根据德国公司法的规定，有限责任公司通常不设监事会，而股份有限公司实行双层委员会制。德国双层委员会结构起源于19世纪70年代，由监事会和董事会构成。

（1）监事会。德国公司监事会，又称监督董事会（supervisory board），是公司治理结构的核心。监事会成员由股东会和雇员委员会共同选举产生，监事会对股东会负责并报告工作。监事会选举任命董事会成员，监督董事会经营业务，向董事会提供决策咨询，但不履行具体的管理职能。监事会是公司监督机关，是董事会的领导机关。监事会不仅行使监督权，还有董事任免权、董事报酬决策权及重大业务批准权等。[1] 监事会拥有极大的权力，但职权仅限于监察公司业务，而不得参与执行公司业务，即不得将公司具体经营行为委任给监事会。

监事会成员由股东代表（资方监事）和员工代表（劳方监事）共同构成。资方监事由股东大会选举产生，劳方监事由员工推选产生并占监事会1/3或者半数。公司监事会成员任期通常为4至5年。公司监事会的成员为3至21人，具体人数根据公司规模确定，通常为10至13人，监事会至少每个季度或者每半年召开一次会议。一人可以担任多家公司监事。

监事应当亲自履行职责，禁止委派其他代表。根据德国法律规定，为使监事会能全面、高效地开展工作，监事会有权决定是否设置专业委员会。专业委员会的职责是为监事会准备谈判、草拟决议案、监督决议的执行或者自己执行这些决议。

（2）董事会。德国董事会，又称执行董事会（executive board）或者管理董事会，简称理事会。董事会成员由监事会选举产生，接受监事会监督。[2] 由于存在强势的监事

---

[1] 公司长远发展战略、重大融资项目等重大的决策需要通过监事会的批准。

[2] 例如，德意志银行同时设立监事会和董事会。德意志银行董事会下设集团决策委员会和功能委员会。集团决策委员会的职责包括：为董事会提供及时的有关银行业务发展和交易情况的信息；定期汇报各个业务部门的状况；与董事会磋商并向董事会建议银行的发展战略；进行董事会决策的准备工作。功能委员会包括选择性资产委员会等8个委员会。

会,德国董事会规模通常较小。董事会管理公司日常经营事务,定期向监事会报告公司经营方针、营利能力、营业状况以及重大的交易等情况。董事会成员通常持有公司少量股份,一定程度上限制了董事会成员为追求个人利益而损害公司利益。

董事会应当与监事会协商决定公司重大经营决策,并定期向监事会报告经营决策的执行情况。公司章程或者监事会确认的有关公司重要交易事项,如涉及重大的企业财产变更、财务盈余状况变更的决定和措施,应当获得监事会批准。各种涉及公司计划、经营发展、风险状况与风险管理的重要事项,董事会应定期、及时、完整地向监事会报告。在监事会召开前的合理时间内,董事会应将年度财务报告、审计报告送交监事会成员。对于偏离事先计划和目标的实际经营发展状况,董事会应当予以指出并说明理由。

董事会主要有公司战略管理、资源配置、风险与控制等方面的职责,可通过设立功能委员会来履行董事会的职责。董事可以通过监事会所设计的报酬,获得足够的长期激励。

基于监督职责与经营职责分离的理念所构建的双层制结构,德国公司法确立监事会与董事会并立,实行业务监督和业务执行的分离。监事会与董事会成员不得交叉,监事会地位处于董事会之上,以确保其不受董事会和经理层牵制地履行业务和财务的监督职能。董事会拥有公司所有管理权,并承担所有管理责任。

德国股东会是公司权力机构,制订选举监事会规则、选举监事会成员、修改公司章程、决定公司解散等。监事会是股东、公司雇员利益的代表机构和决策机构,任命和解聘董事,监督董事会,对公司重大经营事项作出决定。董事会是执行监事会决议、负责公司日常运作的执行机构。因此,监事会高于董事会且拥有较大的权力。

日本公司治理结构由股东会、董事会、经理层和独立监事构成。与德国双层委员会制所不同的是董事会与独立监事并无隶属关系,均由股东会选举产生。独立监事享有检查权、召集权和代表权等,股东会形同虚设,由经营专家组成的内部董事会行使公司决策权,董事会成员来自公司内部。日本公司治理演变成为经营者和内部人控制的局面。

(二)大陆法系公司治理结构的特点

以德国和日本为代表的大陆法系公司治理模式,是建立在银行主导的金融体制之上,不依赖资本市场和外部投资人,以银行为主的金融机构在公司治理结构中发挥重要作用。银行凭借内部信息优势,向公司提供融资,控制公司监事会。大陆法系公司治理结构主要有以下三个方面特点:

(1)商业银行股东。在德国和日本公司治理结构中,商业银行处于核心地位。在经济发展过程中,银行干预了关联公司经营事务,形成具有大陆法系特色的主银行体系。[①] 主银行是指某公司接受贷款中的第一位银行,又称为公司主银行,而主银行提

[①] 日本主银行制是一个多面体:一是银企关系层面,即公司与主银行之间在融资、持股、信息交流和管理等方面结成的关系;二是银银关系层面,即银行之间基于公司的联系而形成的关系;三是政银关系,即政府管制当局与银行业之间的关系。这三层关系相互交错、相互制约,共同构成一个有机的整体,或称为以银行为中心、通过企业间相互持股而结成的网络。

供的贷款叫作系列贷款,包括长期贷款和短期贷款。

德国政府认识到通过银行促进经济增长的作用。银行作为公司债权人向公司提供贷款业务,当银行所贷款公司拖欠银行贷款时,银行即变成该公司大股东,但法律没有限制银行持有一个公司的股份比例。此外,德国银行还有间接持股,即作为个人股东所持股票的保管人。德国大部分个人股东愿意把股票交给信任的银行保管,并把投票权转让给银行,这种转让仅需在储存协议书上签署授权书即可,同时确定股东和银行利益分配。通过这种方式,银行得到了大量的委托投票权,代表储户行使股票投票权。

商业银行是德国和日本公司的最大股东,表现为公司股权相对集中,但两者仍有较大差异。商业银行作为日本企业集团的核心,通常拥有企业集团内较大的股份并控制这些公司外部融资的主要渠道。德国公司则更依赖于大股东的直接控制,股权集中的大公司大股东有足够动力监控经理层,德国公司依赖于内部资金融通,德国商业银行不像日本商业银行那样能够通过控制外部资金来源对公司施加有效的影响。

（2）法人相互持股。法人相互持股是德国、日本公司股权结构的基本特征,日本公司则更为突出。股权主体多元化和股东数量增长,是战后日本公司股权结构分散化的重要表现。但在多元化的股权结构中,股权并没有向个人集中而是向法人集中,形成日本公司股权法人化现象。法律没有限制法人相互持股,德国和日本的公司法人相互持股非常普遍。法人相互持股有两种不同的形态:一是纵向持股,如丰田公司、住友公司通过建立母子公司的关系,实现生产、技术、流通和服务等方面相互协作的目的;二是横向持股,如三菱商事①、第一劝银财团②相互之间建立起稳定的资产和经营关系。公司通过相互持股加强关联公司之间的联系,使公司之间相互依存、相互渗透、相互制约,结成命运共同体。

（3）股东监控机制。德国、日本公司股东主要通过可信赖的银行来控制与监督公司经理层,以实现对公司的控制与监督。德国公司监控机制特征表现在两方面:一是德国公司业务执行职能和监督职能相分离,并成立相应的管理机构,实行双层董事会制度,即执行董事会和监督董事会。③ 当公司经理层管理不善时,监事会中的银行代表可能会同其他代表要求改组执行董事会,更换经理层。在监事会成员的选举、监事会职能的确定上,德国为股东行使控制与监督权提供可能性,而银行直接持有公司股票,则使股东有效行使权力成为现实。二是职工参与决定制度。德国历史上是空想社

---

① 三菱商事是在日本国内和海外约 80 个国家拥有 200 多个分支机构的最大的综合商社,是一家拥有进行联合结算超过 500 家公司的企业集团。

② 第一劝银财团成立于 1978 年,由 48 家大公司构成,核心公司有第一劝业银行、伊藤忠商事、富士通、兼松、清水建设、川崎制铁、旭化成工业、富士电机、横滨橡胶株式会社等,在化工纤维、金融、光通讯、计算机、石油开发、食品等方面较有优势。

③ 德国公司监事会的成员要求有比较突出的专业特长和丰富的管理经验,监事会主席由监事会成员选举,须经 2/3 以上成员投赞成票确定,监事会主席在表决时有两票决定权。德国公司的监事会是一个股东能够行使控制与监督权力的机构,拥有对公司经理和其他高级管理人员的聘任权与解雇权。从组织机构形式和授予权力上,德国法律保证了股东确实能发挥其应有的控制与监督职能。此外,银行本身具有大量的投票权和股票代理权,在公司监事会的选举中必然占据主动地位。

会主义和工人运动极为活跃的国家,1891年修改的《营业法》承认了工人委员会。《魏玛宪法》有关于工人和职员要平等与企业家共同决定工资和劳动条件的规定。随着资本所有权和经营权的分离,二战后德国职工参与意识进一步增加,德国制定了大量职工参与决定的法律。职工代表先由工人委员会提出候选人名单,再由职工直接选举。通过职工选派代表进入监事会参与公司重大经营决策的方式,公司决策能够比较公开,这有利于对公司经营的监督,同时还有利于公司的稳定和持续发展。

日本商业银行及其法人股东通过积极获取经营信息,对公司经理层实行严密的监督。一方面,银行作为公司主要股东,在盈利情况良好的条件下,仅作为商业伙伴存在。当公司盈利下降时,主银行利用所处的特殊地位,能够及时通过营业往来账户、短期信贷、与公司经理层商业伙伴的长期个人交往等途径获取信息,发现公司经营问题。在情况继续恶化时,主银行可以通过召开股东大会或者董事会来更换公司经理层。

第三节　我国公司治理结构

公司治理结构由股东会、董事会、监事会和管理层等公司组织机构组成。公司的意思表示和法律行为的实施,均通过一定的组织机构表现出来。世界各国对公司组织机构的设置有单层委员会制和双层委员会制两种立法例。单层委员会制以英美法系公司法为代表,公司组织机构有股东会和董事会;双层委员会制以大陆法系公司法为代表,公司组织机构有股东会、董事会和监事会。在大陆法系双层委员会制的基础上,我国公司组织机构发展演变为股东会、董事会、监事会和经理层四个机构。

一、我国公司治理结构现状

有效的公司治理结构是现代公司制度的核心。我国公司治理结构的形成与我国社会经济、法治环境、历史文化传统等密切相关。在继受了大陆法系双层委员会制的基础上,我国公司治理结构基本构架又借鉴了英美法系单层委员会制的独立董事制度。因此,我国公司治理结构是两大法系公司治理结构制度的混合体。

（一）我国公司治理结构的问题

世界各国公司治理结构均不同程度存在问题,如美国安然公司、世界通信公司等公司破产所暴露出的问题,说明美国公司治理存在严重缺陷;德国董事会和日本股东会形同虚设,表明大陆法系国家公司治理也同样存在缺陷。现代公司治理结构要有完善的内部治理结构、高效的外部监督机制以及科学合理的激励机制。我国公司治理结构仍然非常不完善,存在不少问题,主要表现为内部治理结构相互制衡机制的缺失和外部治理结构监督机制的缺失。公司内部治理结构相互制衡机制的缺失,主要表现在如下三个方面:

（1）股东（大）会的形式主义。《公司法》规定了股东会的较多职权,但股东会却难以有效地行使对法定重大事项的最终决定权。股东大会是非常设机构,仅以召开股东年会和临时股东会方式对董事会进行制衡。股东年会每年召开一次,而临时股东大会的召开仅限于《公司法》第 39 条规定的三种情形以及第 100 条规定的六种情形,而且股东会的召集权属于董事会。实际上,股东会受制于董事会,而不是董事会受制于股东会。此外,股东出席股东大会实行的是一股一票制,按表决权多数决议事项,且法律对大股东表决权没有任何限制,股东会成为大股东操纵公司的工具,即股东会变成大股东会。由股东会选举产生的董事会实际上是大股东利益的代表,董事会对股东会负责变成对大股东负责,股东会对董事会制衡变成大股东自己对自己的"制衡",有悖于制度设计的初衷。

（2）董事会结构失衡。对董事长和经理权力配置失衡。在公司实务中董事长兼任总经理较为普遍,①特别是在民营的上市公司中所占的比例较大,②但在国有上市公司和大型上市公司中董事长兼任总经理较为少见。③此外,经理层人员在董事会中担任董事的比例较高,高于外部董事和独立董事的比例,削弱了董事会对经理层的监督控制,形成经理层自我监督的局面。董事会对经理层的制衡机制,决定了决策层和经理层应当分开。否则,董事会就失去了制度设计应有的价值,成为内部人控制公司的工具和手段。

（3）监事会监督缺失。股东大会对监事会怠于行使职权缺乏监督。监事会的组成规定不合理,监事会监督权的行使规定不完善,致使公司监督机构对董事会和经理层的制衡形同虚设,主要体现在以下三个方面:

一是监事会的构成。监事会由股东代表和适当比例的公司职工代表组成。中小股东并不关心公司经营状况,不会作为股东代表出任公司监事,从而使少数大股东自然成为公司监事。由代表大股东利益的监事会来监督制衡同样代表大股东利益的董事会和经理层,使监事会的监督形同虚设。公司职工受制于公司董事会和经理层,以职工代表身份作为监事来监督董事会和经理层是不切合实际的。

二是监事的专业知识。监事履行对公司业务的监督职能,检查公司财务,应当具备相关的专业知识或相应的教育背景,而大多数公司监事学历层次不高且缺乏相关专业知识,无法履行监督职能,使得监事对董事会和经理层的监督流于形式。

三是监事会职权的行使。监事会对公司的业务有监督权、财务检查权、对董事和经理损害公司利益时的阻却权、提议召开临时股东大会的职权、列席董事会的权利等。但法律规定较为简单,实践操作不规范,监事会的前述权利形同虚设,如对于监事会的财务监督权,法律未规定监督的内容、方式、手段、程序、保障等,监事在行使财务监督

---

① 董事长本身代表大股东的利益。董事长兼任总经理,集决策权和经营权于一体,如此便利了向大股东的利益输送,失去了董事长对经理层的监督制衡。

② 在我国两个交易所主板市场上市的股份有限责任公司中,董事长兼任总经理的情况较少;在中小板和创业板上市的股份有限公司中,董事长兼任总经理的情况则较为普遍。大约 2/3 以上的民营上市公司经营层和董事会高度重叠,董事会对经理层失去了制衡作用。

③ 例如,中国建筑股份有限公司董事长官庆兼任公司总经理;中联重科股份有限公司董事长詹纯新兼任首席执行官。

权遭到拒绝时,监事会没有任何排除妨碍的措施和救济手段。

（二）我国国有上市公司治理结构的问题

国有企业实行公司制改革以来,在公司治理结构方面取得了重大进展。但国有公司治理结构中还存在着许多问题,如大型国有公司和高管不断出事,[①]说明我国国有公司治理结构方面,确实存在严重的制度缺陷。国有公司治理结构存在的问题,突出表现在以下四个方面:

（1）所有权人缺位。所有权人缺位导致公司被内部人控制。国有股权控制权不明确,没有明确国有资产所有者的代表,使其可作为上市公司国有股的代表行使权力,形成国有股权虚置。上市公司国有股持股主体有集团公司[②]、国有资产监管机构[③]、国有资产经营或者控股公司[④]、行业主管部门[⑤]以及财政主管部门[⑥]等,而这些国有股东并非国有股权的最终所有权人,仅为国有资产的代理人。所有权人缺位使公司委托代理关系不是一种财产所有者与法人所有者之间的关系。国有上市公司的股权过于集中,国有股股权主体虚置、所有者缺位,且董事会组成以执行董事和控股股东代表为主,这使得外部董事和独立董事难以形成有效的监督,不可避免会产生内部人控制的现象,突出表现为过分的职务消费、信息披露不规范、短期行为、过度投资和耗费资产、转移国有资产、不分红或少分红等。

（2）股权结构不合理。国有股一股独大,关联交易不断。股权结构是公司治理结构的基础,股权结构安排直接影响着公司价值和绩效。在公司股份制改革初期,在扶持国有企业上市的同时,担心国有资产流失,规定国有资本必须在上市公司中保持控

---

① 例如,中国第一重型机械集团(601106)董事长吴生富于 2015 年 8 月 3 日自杀身亡;华润集团有限公司原董事长宋林、中国第一汽车集团公司原董事长徐建一、武汉钢铁(集团)公司原董事长邓崎琳、中国铝业公司总经理孙兆学等被查;中国石油化工集团公司连续三任总经理陈同海、王天普、苏树林被查;中国石油天然气集团公司系列贪腐案。

② 例如,中国铁建股份有限公司的控股股东为中国铁道建筑总公司;中国中铁股份有限公司的控股股东为中国铁路工程总公司;中国中车股份有限公司的控股股东为中国南车集团公司;中国人寿保险股份有限公司的控股股东为中国人寿保险(集团)公司。

中央国有企业大多采取集团公司控股方式,例如:

(1) 中国船舶重工集团公司控股的上市公司有中国重工(601989)、风帆股份(600482);

(2) 中国兵器集团公司控股的上市公司有华锦股份(000059)、北方国际(000065)、北化股份(002246)、长春一东(600148)、光电股份(600184)、北方股份(600262)、北方导航(600435)、凌云股份(600480)、晋西车轴(600495)、北方创业(600967)、江南红箭(000519);

(3) 中国航天科技集团公司控股的上市公司有中国卫星(600118)、航天机电(600151)、航天动力(600343)、航天电子(600879)、四维图新(002405)、航天万源(HK1185)、航天国际(HK0031)、亚太卫星(HK1045)。

③ 例如,上海国际港务(集团)股份有限公司的控制人为上海市国有资产监督管理委员会。绝大部分国有控股的上市公司,特别是大型或者特大型上市公司的最终实际控制人为国务院国有资产监督管理委员会。

④ 例如,中国银行、农业银行、工商银行和建设银行四大国有银行的控股股东为中央汇金投资有限责任公司。

⑤ 例如,广深铁路股份有限公司和大秦铁路股份有限公司的实际控制人原是铁道部,现为中国铁路总公司。

⑥ 例如,交通银行股份有限公司、中信证券股份有限公司、中信银行股份有限公司、中信海洋直升机股份有限公司、中国人寿保险股份有限公司的实际控制人是财政部。

股,形成"一股独大"的局面,部分国有公司持股高达 70%,甚至超过 80%。[①] 高度集中的公司股权,诱发种种弊端,造成上市公司管理缺乏有效的监管,妨碍公司治理结构的建立。在持股比例超过 50% 的情况下,大股东可以完全控制董事的选举,并通过合法有效的方式控制上市公司。控股股东控制或者操纵上市公司,导致上市公司与控股股东之间的关联交易缺乏有效的监管,控股股东大肆侵占上市公司资源。控股股东通过关联交易以产品定价方式转移公司利润,侵害中小股东权益的现象十分普遍。

(3) 经理人员激励与约束双重软化。国有公司的经理层,仍然由组织部门或者政府人事部门任免,即是在非竞争条件下选任的。国有股股东对公司控制表现为行政上的超强控制和产权上的超弱控制,经理层与政府博弈的结果,使部分经理人员一方面利用政府行政上的超强控制转嫁经营风险,避免承担经营失败责任,同时又利用政府产权上的超弱控制形成内部人控制,追逐自己利益,损害所有者权益。由于公司经营业绩与经理人员的利益相关性较低,经理人员逐步丧失治理公司的内在动机,甚至运用职权实现个人利益最大化。在缺乏完善激励机制的环境下,经理层并不关注公司经营管理目标和战略发展目标的实现,而是关注实现自身利益最大化,利用控制权获取最大限度的隐性收入。

(4) 内部人控制。董事会中内部董事占绝大多数,董事会结构不合理导致权力失衡。由于董事的选举实行资本多数决原则和一股一票原则,股东持股数代表着所持的选票数,国有控股股东可以选举代表其利益的候选人成为董事并控制董事会,使得董事会的投票决策机制形同虚设,出现无效的公司治理。同时董事会通过聘任符合自己利益的公司经理层,实现控制公司的目的。多数国有公司董事、经理还是由控股股东委派,其代表股东行使的权利过大,使董事会形同虚设,成为内部人控制公司的工具,使得公司治理中的约束机制和激励机制完全丧失效力,不仅损害了中小股东的利益,也损害了大股东自身的利益。

二、我国公司治理结构的设计

公司治理结构是现代公司制度最重要的组织框架。公司治理结构的设计,应当结合我国实际情况,找到切实解决问题的对策,完善公司治理结构,以提高公司的市场竞

[①] 例如,中国航天科技集团公司第五研究院持有中国东方红卫星股份有限公司 51.71% 的股份、中国船舶工业集团公司持有中国船舶工业股份有限公司 56.06% 股份、中央汇金投资有限责任公司持有中国建设银行股份有限公司(2014 年全球 500 强企业排名第 50 位)57.26% 的股份、中国人寿保险(集团)公司持有中国人寿保险股份有限公司 68.37% 的股份、中国核工业集团公司持有中国核能电力股份有限公司 70.33% 的股份、中国石油化工集团公司(2014 年全球 500 强企业排名第 3 位)持有中国石油化工股份有限公司 71.30% 的股份、神华集团有限责任公司持有中国神华能源股份有限公司 73.05% 的股份、首钢总公司持有北京首钢股份有限公司 79.38% 的股份、宝钢集团有限公司持有宝山钢铁股份有限公司 79.71% 的股份、中国石油集团(2014 年全球 500 强企业排名第 4 位)持有中国石油天然气股份有限公司 86.35% 的股份。

前述 10 家公司均为沪深两个交易所上市的股份有限公司,属于我国大型、特大型国有控股公司,控股股东持有上市公司的股份均超过 50%。控股股东 50% 以上的持股比例,决定了控股股东在股东大会上对公司重大决策、董事、监事的选举等事项拥有绝对控制权,控制了公司董事会,从而控制了公司的经营方向和实际运营。

争优势。

（一）股权结构合理

公司股权结构是指公司股东的构成，即股东类型及各类股东持有公司股权的比例、股权集中或者分散程度、股东稳定性、经理层持股比例等。股东种类不同、各类股东持股比例不同以及股票集中度与流动性不同，形成不同的股权结构，而股权结构不同，对公司治理结构有着根本性的影响。

股权结构的法律意义表现为表决权分配，即股东会表决权分配。股东会表决权决定公司董事、监事的人选和董事会、监事会的构成，从而决定了公司治理结构的基本架构。公司重大决策事项、经营事项、公司章程的修改等均涉及股东表决权。在股权高度集中的公司中，股东之间持股比例相差较大，根据《公司法》一股一票原则和资本多数决原则，持股比例超过50％的股东决定了股东会对公司重大决策、董事、监事选举等事项的控制权，从而也就控制了公司经营方向和公司实际运营。公司治理结构制度所构建的股东会、董事会和监事会之间的制衡关系被解构，导致公司治理结构失衡，现代公司制度的基础不复存在。

公司治理结构是现代公司制度的核心，合理的股权结构则是公司治理结构的基础。我国公司治理结构所产生的主要问题正源于股权结构的不合理。合理的股权结构能够对董事、监事和高级经理人员形成有效的监督约束机制，即合理、高效的公司治理机制，确立完善的公司治理结构制度。

股权结构设计是以股东股权比例为基础，通过对股东权利、股东会及董事会职权与表决程序等进行一系列调整达到的股东权利结构体系。合理的股权结构是公司稳定的基石。在公司实践中，不合理的股权结构主要有以下三种情形：

（1）平衡式的股权结构。平衡式的股权结构是指公司大股东之间的股权比例相当接近，没有其他小股东或者其他小股东的股权比例极低的情形。这种股权结构可能产生两种情形：一是股东僵局；二是公司控制权与利益索取权的失衡。

（2）集中式的股权结构。公司股权过于集中，形成一股独大的情形，导致股东会、董事会、监事会形同虚设，出现内部人控制局面。公司进入规模化、多元化经营后，制衡机制的缺失加大了决策失误的可能性。这种股权结构因公司行为与大股东行为混同，导致两者人格的混同，可以适用公司人格否定。

（3）均等分散式股权结构。多数公司股东均等持有低额股权，形成多数人持有公司股份、股权相对均等的局面。这种股权结构可能产生两种情形：一是管理层产生严重的道德危机；二是为数众多的小股东在股东会中相互制约，决议通过要经过复杂的投票和激烈的相互争吵过程，导致公司决策效率低下。

（二）公司治理结构机制的构建

公司治理结构制度的核心是公司治理结构机制的形成。世界各国公司治理的基本结构大同小异，造成各国公司治理结构制度运行实质性的差异，是公司治理的内在运作机制，即公司治理结构的各个机构的内在运行规则所确立的运作机制。

（1）公司权力机构运作机制。公司股东会是由全体股东构成的公司权力机构，全体股东以参加股东会会议方式行使股东权。股东会是每个股东对公司决策和经营等重大事项充分表达意志的场所，而表决权是股东表达意志的手段。股东在股东会上表决权的大小与股东所持的股权份额密切相关，股权多则拥有的表决权多，反之，则拥有的表决权少。《公司法》规定股东会会议表决制度实行一股一票和资本多数决原则，这无疑将中小股东意志排除在外，使中小股东意志无法转化为公司意志，公司意志为掌握多数资本的股东所控制和支配，多数资本股东可以直接将自己的意志转化为公司意志。累积投票制则是对资本多数决原则的修正，可以部分限制大股东权利，避免大股东滥用资本多数决原则控制董事会，使中小股东董事候选人也能进入董事会，打破了由大股东垄断董事会的局面。

表决权限制原则也是对资本多数决原则的限制，即股东持股超过一定比例以上的股权的表决力低于普通股份，超比例部分股权不再是一股一票，而是若干股一个表决权。[①] 即股东享有的表决权应以所持有的股权为准，但大股东滥用表决权的多数决定原则损害小股东的利益，因而法律对大股东的表决权加以限制，以保护小股东的合法权益。

累积投票制和大股东表决权限制原则是对中小股东权利的保护，体现了一种实质意义上的股东平等，赋予中小股东参与公司决策和管理的权利。但是，我国现行的法律、行政法规对累积投票制均采取自愿原则，并非法律的强制性规定。换言之，我国法律、行政法规并未规定大股东表决权限制原则。根据公司私法自治原则，公司章程可以规定适用累积投票制和大股东表决权限制原则。

（2）公司决策与执行机构运作机制。董事会是公司决策和执行机构，是联系股东会和经理层的纽带，是公司治理结构的核心。董事会运作机制的构建，是完善公司治理结构的关键，可以从以下三方面构建董事会的运作机制：

一是制定基本治理制度与基本管理制度。《公司法》规定由董事会制定公司基本管理制度，国务院国有资产监督管理委员会制定的规章对此有更为详尽的规定。[②] 在公司实务中，董事会对公司基本治理制度和基本管理制度的制定不够重视，而公司基本治理制度和基本管理制度是公司运作的基本规范，是公司治理机制形成的基础。

二是董事长不得兼任总经理。公司董事长兼任公司总经理违反公司治理机构的基本准则，有悖于公司法精神，公司决策层和公司经营管理层的分立是公司治理结构的基本规则，董事长与总经理之间应当形成一种监督制约机制，由董事会监督制约公司经理层的经营管理行为。董事长兼任总经理会导致监督约束机制的丧失，经理层则

[①] 表决权限制条款可以表述为：凡是在投票时累计持股达 35% 以上的股东，由公司章程限制其表决权，超出 35% 以上的部分按一定比例折算表决权，具体比例由公司章程规定。

[②] 《董事会试点中央企业董事会规范运作暂行办法》第 77 条规定："负责组织制订、修订公司董事会职责和议事规则、董事会各专门委员会职责和议事规则等董事会运作的规章制度，并提交董事会讨论通过。董事长应当关注董事会制度建设情况，并负责组织实施和检查，不断改进和完善，促进董事会规范运作。"

有更大的盈余管理空间。欧洲大陆国家的董事长很少兼任总经理,美国公司的董事长兼任总经理的比例也在不断下降,而我国上市公司中董事长兼任总经理的比例较高。[①] 现阶段公司治理应率先完善内部治理结构,增强公司内部控制力量的培育,特别是加强董事会的控制和监督作用。

三是设立专业委员会。董事会专业委员会的设立是构建董事会履职能力的基础,《公司法》并未规定专业委员会问题,但中国证券监督管理委员会和国务院国有资产监督管理委员会的规章则规定了董事会专业委员会的设立。董事会可以设立战略委员会、决策咨询委员会、风险委员会、提名委员会、薪酬委员会、审计委员会等专门委员会,确保董事会实现集体决策、科学决策,提高董事会的决策效率以及决策的专业水平和质量,丰富董事会的专业结构,提高董事会决策时的科学性、客观性和独立性,以更好地发挥董事会的作用,维护股东和公司利益。

(3)监督机构运作机制。监事会是对公司运营进行监督的机构。董事会和监事会均由股东会选举产生并对股东会负责,二者的法律地位平等独立,但是董事会实际上控制着公司,而监事会又不享有任免董事会成员的权力,也就是说,监事会形式上独立,实际上依附于董事会。监事会监督职能作为一种制度设计,出现了严重的虚化现象,监事会制度被认为是徒有虚名而已。观念和体制是根源性的问题,短期内难以促使体制转变和人们观念更新,只有从公司立法上弥补监事会的缺陷,逐步加强监事会监督权:

一是扩大监事会职能。世界各国为加强监事会的监督实效,提高监事会的地位,采纳德国的双层委员会制,董事会与监事会由原来的平行关系变成上下级关系,即监事会成为董事会的上级机构。由股东会产生监事会,再由监事会产生董事会;监事会对股东会负责,董事会对监事会负责。监事会受股东大会委托,代表全体股东对董事会和经理层行使监督权,赋予监事会监督职能,董事会的监督职能应该让渡给监事会,以免权力交叉,出现互相扯皮、推诿的现象。

二是扩大监事会职权。监事会应当适当增加一些职权,如扩大财务检查权,同时赋予监事会业务检查权、人事监督权、公司代表权以及股东会召集权。我国《公司法》对监事会实施财务监督权的规定不具可操作性,可以参照国外公司立法进行完善。监事会有权随时调查公司的业务和财务状况并要求董事、经理报告营业情况,有权调查董事会准备向股东大会提交的议案、文件的合法性和正当性。

监事会代表公司诉讼是许多国家公司法普遍规定的权利。我国《公司法》仅规定

---

① 1991年至2005年之间,我国共有172家上市公司董事长兼任总经理,占比为8.1%。从2006年开始,民营企业开始大量上市,董事长兼总经理的情况开始在A股的上市公司中逐年增多。2010年、2011年、2012年上半年,上市公司数分别有349家、282家、105家,其中董事长兼总经理的公司分别有127家、115家、42家,占比分别为36.4%、40.8%、40%,呈逐年上升之势。

截至2012年6月27日,A股约有2422家公司,其中董事长兼总经理的公司有557家,占比23%,其中有近400家公司集中在中小板和创业板公司。参见《557上市公司董事长兼任总经理 中小股东有口难言》,http://business.sohu.com/20120702/n347013494.shtml,2019年8月8日访问。

在特定情况下监事会可代表公司向董事、高级管理人员提起诉讼，但没有赋予监事会在董事向公司提起诉讼时代表公司的权利。监事会享有临时股东大会的召集权，改变现行法律中股东大会召集权由董事会专属享有的规定，以完善对监督权的救济措施。

三是完善监事会的构成。监事的积极资格规定，监事应具备一定的法律、会计、管理知识，以及一定的学历标准、专业标准以提高监事的专业素质。监事会引入外部监事制度，外部监事与所任职的公司没有利益上的联系，并具备相应的专业知识使其能够独立客观地行使监督权。在监事会中，外部监事的数量应占相对多数，以形成一个优势群体。外部监事的引入可以提高监事的整体素质和监督能力，借以增强监事会监督的客观性和独立性。

我国《公司法》没有限制同时担任监事职位数量，也未限制关联公司中监事与董事的任职。法律应当对监事同时担任监事职位的数量和关联公司中监事与董事的相互兼职进行限制。德国公司立法规定，一个人不能同时担任十个以上公司的监事；被控股公司不得向控股公司派出监事；两个公司不得相互派遣自己的董事出任对方监事，而只能是一方派出董事出任。

四是完善监事会议事方式和程序。监事会会议是监事会行使职权最重要，也是最主要的方式。公司应在公司章程中规定监事会议事规则，监事会会议应严格按规定程序进行。我国《公司法》对监事会议事方式、表决方式等程序性内容的规定较为原则。监事会权利主要通过会议决议方式体现，没有必要的权利行使程序，这使得法律赋予的权利难以实现。法律应当对监事会议事方式、表决方式等程序性内容作出较为详细的规定，以保证监事会权利的实现。

（三）公司外部治理机制的构建

公司的有效运作不仅需要股东会、董事会和监事会共同发挥内部监控机制，还需要一系列通过证券市场、产品市场和经理市场发挥作用的外部治理机制，如公司法、证券法、信息披露、会计准则、社会审计和社会舆论等。

外部治理机制指来自公司外部主体和市场的监管约束机制（特别是产品市场、资本市场和劳动市场等市场机制），对公司利益相关者权力与利益的作用，如兼并、收购和接管等市场机制对公司高级管理人员控制权的作用。我国外部治理（经理市场和公司控制权市场）很不完善，外部治理的构建和完善还需要较长的过程，需要从以下三个方面进行完善：

（1）构建有效的公司控制权转移机制。有关我国公司产权，无论是国有公司还是民营公司均存在严重的委托代理问题。政府拥有一定比例的公司产权是必要的，但应构建国有股权的市场化运作与管理机制，推动公司控制权市场的形成，提高控制权市场对公司治理的作用，推进国有公司股权结构的多元化与合理化，削弱大股东超强控制权，增强公司股权的流动性，发挥股东"用脚投票"的作用，促进控制权市场的发展，从而形成互相制衡的现代公司产权主体。

（2）培育职业经理人市场。职业经理人市场是一个特殊市场，是对经理以及公司其他高层管理人员经营行为最强的约束市场,也是降低公司代理成本和控制代理风险的主要手段。优化职业经理人市场竞争机制的关键,是通过体制改革和价格机制的作用使职业经理人逐步市场化和职业化。职业经理人市场的完善取决于以下三个方面:

一是职业经理人选任机制的市场化。改革国有公司经理人的选拔、考评与激励机制,使经理人选任市场化,从而减少政府对经理人选任的干预,进一步完善国有企业经理人的薪酬激励制度。

二是职业经理人资格市场准入制度的构建。在职业经理人进入市场前,职业经理人市场中介机构应当对职业经理人的从业资格进行审查。即在对各种学历学位证书和职业资格证书验证之后,中介机构应对职业经理人进行职业标准测试。

三是职业经理人市场竞争机制的完善。在市场竞争机制的作用下,公司为获得满意的职业经理人,必须不断改善用人机制,创造能够吸引、留住职业经理人的条件。

在市场竞争机制的作用下,职业经理人市场服务机构也应向服务对象提供优质的服务、适宜的服务与费用等,从而给职业经理人市场带来活力,使职业经理人市场服务机构更健全。

(3)构建有效的外部监督机制。有效的信息披露需要中介机构的监督和保证实施。在国有公司治理过程中,审计师事务所、会计师事务所、律师事务所等中介机构能够获得大量国有公司信息,运用自己的专业技能对之进行分析和判断,在发现国有公司相关信息存在问题时发出警报,阻止不当行为发生,从而督促董事会和经理层勤勉工作。

第十六章　公司股东会

公司治理结构由股东会、董事会、监事会和经理层构成,股东会居于公司治理结构的首位,代表全体股东利益,授权董事会对公司的经营管理权,授予监事会对公司经营管理权的监督权。

第一节　股　东　会

股东会是有限责任公司股东会的称谓,股东大会则是股份有限公司股东会的称谓。股东会和股东大会由全体股东组成,是公司的权力机构。我国股东会享有比其他国家股东会更多的权利。股权的高度集中和小股东的"搭便车"行为,导致股东会权利虚化,股东会成为大股东会的现象较为普遍。

一、股东会的概念与特征

股东会(board of shareholders)是指由全体股东构成的公司最高权力机构,是公司股东行使股东权的法定机构,泛指有限责任公司的股东会和股份有限公司的股东大会。公司股东因资本投入成为公司股权的利益主体,股东会因此成为公司治理的重要组成部分。股东会通过公司治理结构方式治理公司,形成三个层次的代理关系:第一层次是股东会和董事会之间的委托代理关系;第二层次是董事会和经理层之间的委托关系;第三层次是股东会与监事会之间的代理关系。

股东会是按照公司法和公司章程的规定,由全体股东构成,对公司经营方针和股东利益进行决策的意思机构。股东会有三个方面的特征:

(1)公司权力机构。股东会由全体股东构成,代表全体股东的意志和利益。从公司组织机构权限看,股东会是公司最高权力机构。最高权力机构职权的核心是决定公司的最高意志,有三个方面内容:

一是股东会职权范围是由法律规定的。《公司法》第 37 条规定了股东会职权,该职权其他公司组织机构不得行使,董事会、监事会等公司组织机构的权利来源于股东会。

二是股东会依法通过的决议具有约束力。公司最高意志是通过股东会决议方式表现出来的,股东会决议对公司、董事会、监事会、经理层均有约束力。董事会、监事会不得改变股东会决议。

三是股东会是公司决策机构。股东会决策机制决定了股东会仅限于作出决定,但不承担决策执行。股东会决议是公司多数股东对公司经营方向和投资利益分配等重大事项作出的决定。

(2)公司意思机构。公司意思机构体现了股东会在公司治理结构中的地位和作用。股东会由全体股东构成,持有公司股份的股东均有权出席股东会并表达个人意思。公司意思是全体股东的共同意思,股东会是股东充分表达个人意思并将分散的个人意思,通过法定方式形成股东共同意思的机构,如股东会选举或者更换董事和监事以及决定董事和监事的报酬、作出公司重大经营决策和股东利益分配的决定等体现了股东共同意思。

(3)公司的法定机构、非常设机构和非执行机构。股东会是根据《公司法》规定设立的,是公司的法定机构、非常设机构和非执行机构:

一是股东会是法定机构。股东会是根据法律规定设立的,《公司法》分别规定股东会和股东大会是有限责任公司和股份有限公司必须设立的机构。

二是股东会是非常设机构。股东权的行使是以召开股东会方式进行的,股东的个人意志不能代表公司意志,只有在股东会上经过法定程序才能将股东意志转换为公司意志,股东会是非常设机构。

三是股东会是非执行机构。股东会只能对法定事项形成决议,对内不执行公司业务,对外不能代表公司,并非公司执行机构。

股东通过一定的程序选举董事作为自己财产的受托人,由董事构成的董事会接受股东会委托,承担公司经营管理事务,由此形成股东会和董事会之间的委托代理关系。

二、股东会职权

股东会职权是指按照法律、行政法规和公司章程的规定应当由股东会决定的事项。在理论上,股东会对公司全部重大事项享有决定权,但在公司实务中,股东会实际行使职权的范围可能因公司规模、股权结构和股东偏好而有所差异。股东会职权涉及公司治理结构中四个机构之间的权力分配,是公司治理中一个重要问题。根据《公司法》第37条规定,股东会主要有以下九个方面的职权:

(1)公司经营方针和投资计划的决定权。公司经营方针是公司运作方向、方针和经营的基本理念与策略;投资计划是指公司的投资规划与趋向,规定公司经营计划的实现和保障程序。公司的经营方针和投资计划,直接关系到股东投资目的能否实现,涉及公司股东的根本利益,应由股东会决定。

(2)董事、监事的选举和更换以及报酬的决定权。公司是由股东出资设立的,股东作为出资者有权选择和决定公司经营管理者——董事作为公司特别是股东代表,对公司决策和管理有重大影响,因而董事的选举和更换应由股东会决定。监事代表股东行使对公司经营管理的监督权和检查权,应由股东会选举、更换。此外,董事和监事的报酬应由股东会决定。

（3）董事会和监事会报告的审议批准权。公司董事和监事是由股东会选举产生的，董事会和监事会对股东会负责，并向股东会报告工作。股东会有权对董事会和监事会报告进行审议和批准。董事会是公司股东会的执行机构，股东会决议有赖于董事会执行，而董事会执行决议情况应由股东会作出评价，评价方式是审核董事会工作报告。对符合股东会要求的工作报告予以批准；反之，则不批准。监事会则是公司股东会所产生的监督机构，对公司的经营管理进行监督检查，同样应向股东会报告工作，接受股东会评价，从而实现股东股权的合理行使，防止监事会滥用监事权。

（4）公司年度财务预算方案、决算方案的审议批准权。公司年度财务预算、决算是公司实施投资和经营计划的财务指标，合理的财务预算方案涉及公司财务、公司经营、公司发展和公司股东的切身利益。财务年度的预算方案和决算方案，由代表股东利益的股东会审议、批准，以确保公司决策权的正确行使。

（5）公司利润分配方案、亏损弥补方案的审议批准权。公司利润分配方案是根据公司设立初衷对公司股本运作所产生的盈利，按照一定标准在股东之间进行分配。利润分配方案是对公司经营成果的正价值处置，而亏损弥补方案则是对公司经营结果的负价值处置。利润分配方案决定公司的效率性发展，而亏损弥补方案则决定公司的社会平衡发展，通过以公司先前利润积累弥补公司现实的亏损，进而促进公司的新发展。公司利润分配方案和亏损弥补方案均直接关系到股利分配状况和公司发展条件，应由股东会审议和批准。

（6）公司注册资本的增加或者减少及公司债券发行的决定权。公司注册资本的增加或者减少，均涉及公司经营能力的变化，影响到公司董事、监事人选的变动，同时必然引起公司章程的修改，属于公司重大事务，应由股东会决议。公司发行债券的数额通常巨大，能否如期还本付息，与公司及股东有直接的利害关系，应由股东会对是否发行公司债券、发行债券的数量和方式等作出决议。

（7）公司合并、分立、解散和清算等事项的决定权。公司合并、分立、解散和清算，涉及公司的存续和股东的地位与权利。公司合并与分立涉及公司股东股权的变动，导致公司股东权益的变化。公司解散导致公司股东身份丧失，公司清算直接关系到股东利益，决定股东股权利益的补偿状况。这些事项直接关系着股东基本权益，应由股东会决定。

（8）公司章程的修改。公司章程是公司的宪章，集中体现了全体股东的意志和利益，记载了公司内部的权利义务分配，对公司和股东均有约束力。公司章程是由全体股东共同制定的，公司章程的修改也应由全体股东构成的股东会决定。

（9）会计师事务所的聘用权和解聘权。公司运营应有会计师的评估和审核，聘请会计师事务所是公司运营所必需的。由于经会计师事务所审核的财务报告是股东了解公司经营状况的重要依据，因而会计师事务所的聘请和解聘对公司意义重大，应由股东会决定。

第二节　股东会会议

股东会会议既是公司股东行使股东权的场所和方式，也是股东会的工作方式。股东会会议是股东表达意志的场所，股东在股东会上享有表决权，是股东基于投资人特定的地位对公司的有关事项发表意见的基本权利。股东会会议对公司股东会职权范围内的重大事项进行决议，股东会会议应当有合法召集权人，且召集程序应当符合法律和公司章程的规定。

一、股东会的类型

股东会是公司的非常设机构，以股东会会议方式开展工作。股东会会议通常有定期股东会和临时股东会两种类型，如《公司法》第 39 条第 1 款规定："股东会会议分为定期会议和临时会议。"此外，股份有限公司还有类别股东大会。

（一）定期股东会

定期股东会是指按照法律、行政法规和公司章程的规定每年定期召开的全体股东会议。定期股东会会议性质上属于例会，主要决议股东会职权范围内的重大事项。定期股东会通常一年一次，也可以通过章程规定一年召开两次。我国法律对定期股东会因公司组织形式不同而有不同的规定：

（1）定期股东会。《公司法》未对有限责任公司的定期会议举行的次数和时间作出规定，而是由公司章程确定。有限责任公司可以通过公司章程规定，定期股东会一年召开一次，或者一年两次。定期股东会会议应按照公司章程规定的时间召开。

（2）年度股东会。《公司法》明确规定股份有限公司每年举行一次股东大会，即年度股东大会。上市公司年度股东大会，应当在上一会计年度结束后六个月内举行，五月份是上市公司股东大会召开集中季。

（二）临时股东会

临时股东会是指在定期股东会之外公司讨论决定公司重大事项时不定期召开的全体股东会议。临时股东会会议又称特别股东会会议，通常是为处理突发重大事件而召开的。《公司法》规定了临时股东会召开的程序和法定事由。

（1）有限责任公司临时股东会。有限责任公司临时股东会，应当由董事会召集，董事长主持。临时股东会会议的召开，主要有以下三种法定事由：一是由代表 1/10 以上表决权的股东提议；二是由 1/3 以上董事提议；三是由监事会或者不设监事会的公司监事提议。

（2）股份有限公司临时股东会。股份有限公司临时股东会会议召开的法定事由与有限责任公司不同，根据《公司法》第 100 条，公司应当在两个月内召开临时股东会会议的情形有：一是董事人数不足《公司法》规定最低人数或者公司章程所定人数的

2/3；二是公司未弥补亏损达到实收资本总额的 1/3；三是单独或者合计持有公司 10%以上股份的股东请求；四是董事会认为有必要召开；五是监事会提议召开；六是公司章程规定的其他情形。

（三）类别股东大会

类别股东大会是指在股份有限公司所发行的股份分成若干类别的情况下，股东大会对某一提案作出的决议将可能使某一类别股东权益受到影响时，法律或者公司章程规定由该类别股东所组成的会议对该议案作出决议。类别股东大会决议是股东大会决议生效的前提条件。类别股东大会是股份有限公司所特有的，不是股东大会，性质上是一种会议。[①]

我国《公司法》没有规定类别股东大会，但在公司实务中，上市公司有不同的类别股东大会，如 A 股类别股东大会和 H 股类别股东大会，此外，《到境外上市公司章程必备条款》第 72 条规定了类别股东会。[②]

二、股东会的召集

在股东会制度中，股东会召集制度非常重要，涉及公司利益和股东利益。公司利益的维护和股东权利的行使，均建立在科学、合理的股东会召集制度基础上。

（一）股东会的召集人

无论是定期股东会会议还是临时股东会会议，各国法律均规定股东会会议召集人基本上为董事会。[③] 董事会作为股东会召集权人成为各国股东会召集的基本制度，这与董事会在公司机关中的独特地位与职能密切相关。作为公司常设机关，董事会对内负责公司日常经营决策，组织协调公司的各项工作，对外则代表公司执行业务。董事会是与公司各项工作联系最为密切、对公司及股东利益影响最大的一个机构。

股东会召集权人是指法律规定有权召集股东大会的主体。在满足一定召集条件后，股东会还须经由法定召集权人进行召集方为有效，这是为防止股东或者其他人任

[①] 如《中信证券：关于召开 2015 年第一次临时股东大会及 2015 年第一次 A 股类别股东会的通知》《中国铁建股份有限公司关于召开 2015 年第一次临时股东大会、2015 年第一次 A 股类别股东大会及 2015 年第一次 H 股类别股东大会的再次通知》和《海通证券股份有限公司关于召开 2015 年度第一次临时股东大会、2015 年度第一次 A 股类别股东大会的通知》。

[②] 《到境外上市公司章程必备条款》第 72 条规定："股东要求召集临时股东大会或者类别股东会议，应当按照下列程序办理：（一）合计持有在该拟举行的会议上有表决权的股份百分之十以上（含百分之十）的两个或者两个以上的股东，可以签署一份或者数份同样格式内容的书面要求，提请董事会召集临时股东大会或者类别股东会议，并阐明会议的议题。董事会在收到前述书面要求后应当尽快召集临时股东大会或者类别股东会议。前述持股数按股东提出书面要求日计算。（二）如果董事会在收到前述书面要求后三十日内没有发出召集会议的通告，提出该要求的股东可以在董事会收到该要求后四个月内自行召集会议，召集的程序应当尽可能与董事会召集股东会议的程序相同。股东因董事会未应前述要求举行会议而自行召集并举行会议的，其所发生的合理费用，应当由公司承担，并从公司欠付失职董事的款项中扣除。"

[③] 如德国《股份公司法》第 121 条第 2 款规定："董事会可以简单多数作出召集股东大会的决议。"我国台湾地区"公司法"第 171 条规定："股东会除本法另有规定外，由董事会召集之。"

意干涉公司正常经营,从而在根本上维护全体股东利益。《公司法》第 40 条和第 101 条规定,公司股东会和公司股东大会由董事会召集,股东会的召集是董事会专属权利。股东会会议原则上应当由董事会召集,合格的召集人是股东会有效的前提条件。

有限责任公司的首次股东会会议,应由出资最多的股东召集和主持。首次之外的其他股东会会议,应由董事会召集,董事长主持;董事长不能履行职务或者不履行职务的,由副董事长主持;副董事长不能履行职务或者不履行职务的,由半数以上董事共同推举一名董事主持。有限责任公司不设董事会的,股东会会议由执行董事召集和主持。

股份有限公司股东大会的召集与前述有限责任公司基本相同,股东会会议合格的召集权人为董事会、监事会和股东。

(1)董事会召集。董事会是股东会的法定召集机构,股东会会议的召集权通常应由董事会行使。董事会是公司业务执行机构,了解公司经营状况,法律规定由董事会召集股东会。董事会召集股东会会议有两种情形:一是定期股东会。有限责任公司的定期股东会会议和股份有限公司年度股东大会会议由董事会召集。二是临时股东会。《公司法》第 40 条和第 100 条规定的临时股东会会议,应由董事会召集。

(2)监事会召集。监事会或者不设监事会的公司监事有权召集股东会会议的情形有:一是董事会或者执行董事不能履行召集股东会会议;二是董事会或者执行董事不履行召集股东会会议。

(3)股东召集。在公司监事会和不设监事会的公司监事不履行召集股东会会议的情形下,代表 1/10 以上表决权的股东有权自行召集股东会会议。[①]

对于股东会的召集,董事会是第一召集权人,监事会是第二召集权人,股东是第三召集权人。换言之,只有在董事会不能履行或者不履行召集股东会会议时,监事会才有权召集股东会会议;在监事会也不能召集股东会时,符合条件的股东才有权召集股东会。

(二)股东会的召集程序

董事会应当以书面形式召集股东会会议,并在会议召开之前的一定期限内通知全体股东。由于股份有限公司股东较为分散,法律对股份有限公司股东大会会议通知要求比有限责任公司更为严格,对股东大会召开的通知期限、召集程序和事由等规定得较为具体、明确,主要有以下三种情形:

(1)年度股东会。股份有限公司召开股东大会会议,应当将会议召开的时间、地点和审议的事项在会议召开 20 日前通知各股东。

(2)临时股东会。股份有限公司召开临时股东大会,应当在会议召开 15 日前通

---

① 例如,2000 年 8 月,名流投资集团有限公司取得湖北幸福实业(600743)6000 万股法人股而成为第一大股东。名流投资集团入主幸福实业受到原大股东"湖北国投"的强烈抵制。在改组董事会提案遭董事会否决后,名流投资集团发起了由提议股东自行召集的上市公司股东大会,顺利改组董事会,取得了上市公司控制权。

知各股东。

（3）无记名股票股东会。股份有限公司发行无记名股票的，股东会应当在会议召开 30 日前公告会议召开的时间、地点和审议事项。

股份有限公司股东大会的会议通知及公告应当载明会议的日期、地点、议程和提起审议表决的议案。若在会议通知及公告中未载明的议案，可以提出临时动议，但不得交付股东大会会议表决。

股份有限公司股东大会的会议通知实行到达主义原则，股份有限公司股东大会公告一经刊登，即视为送达到股东。

有限责任公司股东较少，股东会会议通知较为简单，许多国家立法对股东会会议通知期限以任意性规范方式加以规定。我国法律对有限责任公司股东会会议通知期限规定得较为简单，仅规定应在 15 日前通知全体股东属于任意性规范。此外，公司章程另有规定或者公司股东另有约定的，则按照公司章程的规定或者公司股东的约定办理。

第三节　股东表决权

股东表决权是指公司股东对股东会决议事项参与决议的权利。换言之，表决权是对公司股东会决议事项的肯定或者否定的意思表示，从而形成公司意思的权利。股东表决权是股东基于公司股东资格所享有的在股东会会议上对决议事项表达自己意思的权利。

一、股东表决权行使的普通原则

一股一票和资本多数决是在股东会会议上股东表决权行使的普通原则。资本是公司设立和存续的基础，根据资本平等原则，股东出资是公司分配股东权利的依据，即按资分配原则。一股一票原则和资本多数决原则，是资本平等原则在股东表决权领域的具体运用。

（一）一股一票原则

一股一票原则是指股份有限公司股东大会在涉及公司重大事项的表决时，出席东大会会议的股东按照各自所持有股份的数量按股投票，即一股一票。公司股东大会表决权实行一股一票原则，是世界各国公司法的通例，我国公司法也不例外。

一股一票是最为古老的投票方式。一股一票原则确立于 19 世纪中期，体现了股东平等原则，是股份有限公司股东大会的基本表决制度。在 20 世纪之前，英美法系公司法一直实行一股一票制度。[①] 20 世纪之初，美国部分家族公司和银行，为保持对公

---

① See Harry G. Henn and John R. Alexander, *Laws of Corporations and Other Business Enterprises*, 3rd ed., West Group, 1983, pp. 534-536.

司的控制权,开始发行无表决权优先股和普通股,①突破了一股一票原则的限制。

一股一票原则是股东根据所持股份数量享有与股份数量相同的投票权,所有股东均有权参加股东大会会议表决,每一股份平等地拥有一个投票权。在对涉及公司发展的重大事项进行表决时,每个股东按照各自所持股份数量进行投票表决。对普通表决事项,通常需要经出席会议的股东所持表决权过半数通过;对特别表决事项,则需要经出席会议股东所持表决权的2/3以上通过。

有限责任公司股东会实行按照出资比例行使表决权(我国《公司法》第42条),体现了一股一票原则和资本多数决原则。有限责任公司股东会也可以在章程中另行规定表决权行使方法,如一人一票原则,即一个股东享有一个表决权。

一股一票原则在股份公司股东大会中表现最为充分,是股东大会会议的表决制度。《公司法》第103条明文规定了一股一票制度,即股东出席股份有限公司股东大会会议,所持每一股份有一个表决权。《公司法》第126条的规定遵循了一股一票原则。

(二)资本多数决原则

资本多数决原则是指在股东会上公司股东按照各自所持股份或者出资比例对公司重大事项行使表决权,经代表多数表决权股东通过形成决议。法律将股东会中的多数股东意思视为公司意思,并对全体股东产生拘束力。资本多数决原则是股东大会运作的基本原则,也是股东民主的一项重要内容。

根据世界各国公司法通例,股东享有的表决权与所持有的股份数量或者出资比例成正比,股东持有公司股份越多或者出资比例越大,所享有的表决权越大。资本多数决原则主要有两方面的含义:

(1)股东会应有代表股份多数的股东出席。股东会应当由持有股份多数的股东代表出席并行使表决权。股东会如仅有少数股东出席,或者出席会议的股东人数很多但所代表的股份却在公司股份中占比非常少,则不符合资本多数决原则的含义。股东会由多数股东代表出席且所代表股份占股本总额的多数,才体现少数服从多数的原则。

(2)股东会决议应由出席会议的有表决权股东的多数通过。股东以所持有的有表决权股份数额行使表决权,每一股份享有一票表决权。公司重大事项应当由出席股东会的有表决权的股东代表多数通过,才能产生法律效力。

资本多数决原则使持有多数股份股东能够直接或者间接行使对公司的实质性支配权,为控股股东提供了一种制度上的利益。资本多数决的公司权力架构,隐含着控股股东滥用优势地位,获取额外利益的道德风险。资本多数决原则具有以下两个主要的特征:

---

① 1925年,道奇兄弟公司(Dodge Brothers,Inc.)向社会公众发行了15000万股无表决权A类普通股,筹集资金约13000万美元;向公司的控股股东狄龙-瑞德公司(Dillon, Read & Co.)发行了250001股有表决权的B类普通股。

（1）一股一票的股份平等原则的体现。资本多数决是一股一票原则在股东大会决议机制下的必然逻辑延伸。表决权的多数产生于持股量的多数，每个股东（无表决权股东除外）所拥有的表决权与所持有的表决权股份数量成正比，股东所持有的股份越多，所持有股份代表的表决力就越大。

（2）多数股份的支配性。资本多数决的核心是多数股份的支配性。持有公司多数股份的股东，在公司中居于支配地位。控股股东可支配超过其所持有的公司股份数额，即支配集结于公司的全部资本。股东会会议所作出的决议，实际上就是持有多数股份的控股股东意思的体现。

资本多数决原则以一股一票原则为基础，以维护股东平等为宗旨，但却难以实现实质意义上平等的终极目标。多数股东将侵犯少数股东利益、侵犯公司利益的意志通过资本多数决原则上升为公司意志，导致股东会的形式化，滥用了资本多数决原则。因此，有必要对资本多数决原则进行修正，以平衡资本多数决原则和保护少数股东利益之间的关系。

二、股东表决权行使的特别原则

股东会按照一股一票原则和资本多数决原则行使表决权，使股东会决议体现多数股东意志，但可能因大股东操纵股东会，压制小股东，致使小股东权利虚化。为弥补一股一票原则和资本多数决原则的缺陷和不足，法律对股东表决权的行使采取了各种限制性措施。对股东表决权的限制理论上有绝对限制和相对限制之分，绝对限制控股股东表决权制度有表决权排除制度；相对限制控股股东表决权主要有表决权代理、表决权征集、表决权信托、表决权拘束协议、累积投票制等。[1] 我国法律对股东表决权进行了不同程度的限制，主要表现在以下两个方面：

（一）表决权排除制度

表决权排除制度，又称为表决权回避制度，是指在特定股东与股东大会所讨论决议事项有特别利害关系时，该股东或者代理人不得行使所持有股份的表决权制度。大陆法系国家公司法大多规定了表决权排除制度。[2] 表决权排除制度在实践中通常仅针对大股东，以解决小股东与大股东之间的冲突，即一定程度上事先消除有特别利害关系的大股东滥用表决权的可能性，保护小股东和公司利益。例如，在宋余祥公司决议效力确认纠纷案中，一审法院驳回了原告诉讼请求，二审法院则以表决权排除原则支持原告诉讼请求，确认了股东会决议的效力，避免了大股东表决权的滥用。

表决权排除制度的适用范围主要有两种立法例：

（1）概括式。概括式的立法例仅规定，与股东大会决议有特别利害关系的股东，

---

[1] 参见刘兰芳主编：《公司法前沿理论与实践》，法律出版社2009年版，第256页。
[2] 1897年德国商法创设了表决权回避制度。英美公司法则创设控股股东的诚信义务，即控股股东的表决应当符合公司的整体利益。

不得行使所持股份的表决权。

（2）列举式。列举式的立法例详细列举股东不得行使表决权的具体情形，如《欧共体公司法指令》规定了股东不得行使表决权的具体情形。

表决权排除制度在我国法律、行政法规中的规定，主要有两种情形：

（1）公司担保。《公司法》第 16 条规定，公司为公司股东或者实际控制人提供担保的，该公司股东或者实际控制人不得参与股东会或者股东大会决议的表决。

（2）关联交易。[①]《上市公司章程指引》第 79 条规定了关联交易中关联股东回避制度，即股东大会审议有关关联交易事项时，关联股东不得参与投票表决。

（二）累积投票制

累积投票制起源于英国，但形成于美国。19 世纪 60 年代，美国伊利诺伊州出现了某些铁路经营者欺诈小股东的行为，在 1870 年州宪法[②]和随后的公司法规定了累积投票权。紧随伊利诺伊州之后，美国其他州也相继采纳了累积投票制。[③] 我国 1993 年《公司法》并未规定累积投票制，2005 年《公司法》增加了累积投票制。《公司法》第 105 条规定，股东大会选举董事、监事，可以依照公司章程的规定或者股东大会的决议，实行累积投票制。我国在政府规章层面确立了累积投票制的强制适用，如《上市公司治理准则》《保险公司章程指引》和《保险机构独立董事管理办法》。《上市公司治理准则》对单一股东及其一致行动人拥有权益的股份比例在 30％以上的上市公司，强制实行累积投票制。《保险公司章程指引》和《保险机构独立董事管理办法》对单个股东持股比例超过 50％的，强制实行累积投票制。

我国《公司法》的累积投票制则属于任意性规则，即根据私法自治原则由公司选择适用。[④]《上市公司治理准则》规定了有条件的强制累积投票制，即控股股东控股比例在 30％以上的上市公司，应当采用累积投票制。

累积投票制是指股东大会选举董事或者监事时，每一股份拥有与应选董事或者监事人数相同的表决权，股东拥有的表决权可以集中使用，也可以分散使用。股东表决权票数是按照股东所持有的股票数与所选举的董事或监事人数的乘积计算，而不是直接按照股东所持有的股票数计算。也就是说，股东表决权票数等于股东所持有的股票

---

① 关联交易是指公司关联方之间的交易。在公司运作中，关联交易经常出现并易发生不公平的交易。关联方包括自然人和法人，主要指上市公司的控股股东、实际控制人、董事、监事、高级行政管理人员及其家属和上述各方直接或者间接控制的公司。在公司的经营活动特别是并购行动中，关联交易是一个极为重要的法律概念，涉及财务监督、信息披露、少数股东权益保护等一系列法律环境方面的问题。

② 美国伊利诺伊州宪法第三章第 11 条规定，任何股东在法人公司选举董事或经理人的任何场合，均得亲自或者通过代理人行使累积投票权，而且这种董事或者经理不得以任何其他方式选举产生。

③ 美国各州有关累积投票制度的立法例有强制性累积投票制度（mandatory cumulative voting）和许可性累积投票制度（permissive cumulative voting）两种。

④ 我国台湾地区"公司法"对累积投票制度实行强制主义，其第 198 条规定："股东会选任董事时，每一股份有与应选出董事人数相同的选举权，得集中选举一人，或分配选举数人，由所得选票代表选举较多者，当选为董事。"

数乘以拟选举的董事或者监事人数。[①]

三、股东表决权行使的方式

股东表决权有多种行使方式，最为传统的方式是股东亲自出席股东大会行使表决权，即股东亲自到股东大会会议现场通过讨论、说明和辩论的过程行使表决权而形成股东会决议。随着现代公司规模的扩大、股份的分散、股东人数的增加，要求每个股东亲自到股东大会会议召开现场行使表决权不尽合理。受持股数量和治理权力的限制，中小股东自己的意志不太可能成为公司意志，同时考虑时间和费用等原因，这些都降低了中小股东参加股东大会的积极性。为保护全体股东参与股东大会行使表决权的权利，股东表决权的行使方式不断增多，世界各国公司法创立了书面表决、网络表决、表决权代理、表决权信托等表决方式。

（一）表决权亲自行使

股东表决权亲自行使的方式有现场投票表决、书面投票表决、网络投票表决三种方式。

（1）现场投票表决。现场投票表决是股东亲自到股东大会会议现场进行投票表决的方式，是股东表决权行使的最基本、最传统的方式。股东亲自出席股东会行使表决权应遵循的程序是：持有无记名股票股东参加表决的，应当先确认股东身份，并在股东大会召开前一定日期内将股票交存公司确认；持有记名股票的股东参加股东会的，应当是公司股东名册上记载的股东。股东将记名股票转让而受让人却未记载于股东名册的公司可以不承认受让人的股东身份，受让人则不能行使表决权。

（2）书面投票表决。书面投票表决是指股东不出席股东大会而在股东大会召开前以书面投票方式对大会议案表示肯定、否定或者弃权方式行使表决权，是股东表决权亲自行使的一种方式。书面投票表决方式是在股东不愿或者不能出席股东会时，便利股东行使表决权而产生的投票方式，可以避免表决权代理制度中代理人违反股东意思行使表决权的弊端。

我国《公司法》没有明确规定股份有限公司的书面投票表决方式，但《公司法》第37条却规定了有限责任公司中的书面投票方式。《公司法》对股份有限公司书面表决制度的漏洞应予填补，如有关信息的公示、披露等，使股东在知晓充足信息的基础上进行表决，以保护股东知情权。此外，对书面表决效力应当进行适当的限制。

（3）网络投票表决。网络投票表决是指股东可以通过网络方式行使表决权，是股东亲自行使表决权的一种方式。网络投票表决通常在股份有限公司召开股东大会中

---

① 例如，甲股份有限公司选举5名董事，公司共有股份1000股，股东有10人，其中1名大股东持有510股，即拥有公司51%的股份；其他9名股东持有490股，即拥有公司49%的股份。根据累积投票制，表决权的总数为1000×5＝5000(票)，控股股东总计拥有的票数为510×5＝2550(票)，其他9名股东合计拥有490×5＝2450(票)。根据累积投票制，股东可以集中投票给一个或者几个董事候选人，并按所得同意票数多少的排序确定当选董事，其他股东在理论上至少可以使2名董事当选，而控股比例超过半数的股东最多只能使3名董事当选。

采用,以网络投票表决方式行使股东表决权在上市公司股东大会中最为常用。《上市公司章程指引》规定了网络投票方式,①确立了上市公司股东大会的非现场投票方式。两大证券交易所制定了网络投票的规则,如《上海证券交易所上市公司股东大会网络投票实施细则》和《深圳证券交易所上市公司股东大会网络投票实施细则》。我国上市公司实务中,股东大会采取网络投票和现场投票相结合的方式。互联网技术的普及与证券网上交易的发展,为股东网络投票制度奠定了基础。网络投票表决的价值在于:一是降低成本。网络投票可以降低公司召开股东大会的成本,符合效率原则。二是便利股东投票。股东参加股东大会不再受时间和地域的限制,降低股东参会成本,为股东行使表决权提供方便,提高股东行使表决权的积极性。上市公司虽然在股份有限公司占比较低,但影响巨大,有必要在《公司法》中规定网络投票制度。

(二)表决权代理

表决权代理是指股东以书面授权方式授予他人对股东所持股份进行表决。表决权代理是世界各国公司法通行制度,我国法律、行政法规和规章对股东表决权代理行使的规定较为详尽,如《公司法》第106条规定,股东可委托代理人出席股东大会,代理人应当向公司提交股东授权委托书,并在授权范围内行使表决权。《上市公司章程指引》第59条规定,股东可以亲自出席股东大会,也可以委托代理人代为出席和表决。《上市公司治理准则》第15条规定,股东既可以亲自到股东大会现场投票,也可以委托代理人代为投票,两者具有同样的法律效力。

股东表决权代理的产生是社会经济发展的客观需要。随着现代公司和资本市场的不断发展、公司规模的扩大、股权的分散,公司所有权与管理权完全分离,个人投资的多元化也使得股东没有时间和精力参与公司事务,由此产生了股东表决权代理。股东表决权代理有消极代理和积极代理两种形式。

(1)股东表决权的消极代理。股东表决权消极代理是指股东主动委托他人代为行使股东表决权的法律行为,即由股东向代理人提出表决权代理的要约,我国台湾地区称之为"非属征求代理"。我国法律、行政法规规定的股东表决权代理,属于消极代理。表决权消极代理应适用民法上的代理规则,即代理的主体资格、代理权的授予、代理责任等应适用《民法总则》和《合同法》的相关规定。

(2)股东表决权的积极代理。股东表决权积极代理,即股东表决权的征集,是指在股东不愿或者不能出席股东大会且未委托代理人行使表决权的情形下,第三人劝说股东选任自己或者其他特定人代理行使表决权的法律行为。股东表决权征集是表决权代理的一种重要形式,是由征集者向股东提出要约,日本称之为"表决权代理行使的劝诱",而英美法系国家称之为"代理委托书的劝诱"。表决权代理制度从股东主动委托他人代理发展为他人的主动征集,从主动状态走向被动状态,反映了表决权已经成

---

① 《上市公司章程指引》第80条规定:"公司应在保证股东大会合法、有效的前提下,通过各种方式和途径,优先提供网络形式的投票平台等现代信息技术手段,为股东参加股东大会提供便利。"

为争夺公司控制权的工具。[①]

表决权代理制度，特别是表决权征集制度具有重大的实践意义，在一定程度上确保了公司股东会的正常运作。我国《上市公司股东大会网络投票工作指引（试行）》第10条规定了表决权征集制度。在公司实务中，表决权征集主要有三种形态。

（1）会议征集。为股东大会召开满足法定人数或者为确保董事会提出的方案得以通过，公司向股东进行代理权的征集。[②]

（2）操控征集。股东或者第三人通过集中的表决权形成控制利益，以达到操纵公司股东大会的目的。

（3）对抗征集。小股东通过相互间表决权的代理征集，借以在股东大会上对抗大股东，平衡不同股东之间的利益，保护中小投资者的利益。

代理权征集是确保股东大会正常运作的应有机制，有利于保护中小投资人的利益，但也易为少数人所操纵，有一定的道德风险，可能会成为争夺公司控制权的工具。为防止代理权征集成为公司经营权争夺的工具，影响公司的正常运营，损害股东的利益，有关国家的立法对表决权代理征集行为进行了严格规范。

股东表决权代理的行使，特别是表决权代理的征集，具有三个方面价值。

（1）公司决策的民主化。股东表决权代理有助于发挥股东大会的决策功能，促使公司决策民主化。表决权代理制度保障了股东对公司决策的参与，中小股东通过将表决权集中委托给一人行使来影响公司决策，使公司决策趋于民主。

（2）公司治理结构的优化。股东表决权代理有助于发挥股东大会的监督功能，优化公司治理结构。表决权代理制度是西方国家用以制裁无效率、不负责任的经理人员或者董事会成员的重要机制，从而使公司治理结构趋向正常。

（3）公司运营的正常化。股东表决权代理有助于提高公司的运作效率，保障公司的正常运营。表决权代理制度便于股东会的召开达到法定出席人数而使股东会得以有效召开，使公司重要方案得以顺利通过。

股东表决权征集又称为委托书收购，即收购者通过大量征集股东委托书的方式取得表决权，集中行使表决权以改变经营策略、改选公司董事会等股东大会决议，从而实际控制上市公司经营权的特殊并购方式。委托书收购是一种中小股东影响和控制公司的方法。在股权结构相对分散的公司里，中小股东可以通过征集其他股东委托书召集临时股东大会，达到改组公司董事会从而控制公司的目的。委托书收购作为一种创新金融工具，保障了中小股东参与上市公司重大决策的权利。

在委托书收购的实务操作中，既可以采用表决权代理，也可以采用表决权信托模式实现表决权的集中。与表决权代理相比，表决权信托模式以信托合同形式实现了更

[①] 我国证券市场上曾有过表决权征集事件的股份公司有：早期的"君安万科"（1994年）、"金帝建设"（1998年）、"胜利股份"（2000年），2000年之后"郑百文""国际大厦""华北制药""广西康达""电广传媒"等。

[②] 世界各国公司法对出席股东大会的股东所持有的有效表决权数量有最低要求，通常要求持有公司发行在外表决权股份50%以上的股东出席股东大会。

为稳定、持续的表决权集中。

（三）表决权信托

表决权信托是指股东将股份表决权转让给受托人，由受托人持有该股份并行使股份表决权。换言之，一个股东或者数个股东根据协议将自己所持有股份的法律上权利（即股份的表决权）转让给一个或者多个受托人，受托人为实现一定的合法目的而在协议约定或者法律确定的期限内持有该股份并行使股份表决权的一种信托。表决权信托是围绕表决权的信托，表决权特质决定和影响了表决权信托的内容和形式。

表决权信托合同是受托人与委托人之间签订的书面表决权信托协议，明确记载了表决权信托的期间。在合同规定期间内，委托人（股东）以自己为信托受益人向受托人移转相关股份，由受让人在信托期间管理股份以及行使相关表决权。在股东向受托人转移股份后，受让人应当向股东签发"表决权信托证书"（voting trust certificate）。表决权信托证书是委托人与受托人之间存在信托关系的书面证据，即证明股东与受托人之间的股份转让与受益关系。

表决权信托源于美国，1864 年的 Brown v. Pacific Mail Steamship Co. 案是美国最早的表决权信托案例。从 19 世纪末开始，表决权信托制度推动了美国铁路运输业的重组。表决权信托在铁路运输业中被接受后，逐渐适用于各种行业的内部治理，以改善公司经营。1910 年的 Carnegie Trust Co. v. Security Life Ins. Co. 案确认了表决权信托。① 表决权信托在大陆法系国家发展缓慢，各国公司法仅承认表决权的委托代理，而未规定表决权信托制度。我国法律也未承认表决权信托制度，但在美国 AB 公司收购青岛啤酒案中却采纳了表决权信托方式。②

在表决权信托中，受托人持有的表决权与受益人所享有的股份所有权互相分离。受托表决权具有独立性，受托人在受托期间行使表决权不受股份持有人（委托股东）的干预，信托制度赋予受托人较大权力，通过表决权信托可以控制公司董事会，影响公司决策，从而表决权信托成为争夺公司控制权的重要手段。表决权信托作为保护中小股东权益的有效方式，可将分散的股份集中起来，增强表决权重，影响公司决议、选举，以达到对公司管理层的制约和对大股东的抗衡目的。

表决权信托与表决权代理均通过改变表决权行使主体进行投票，两者的本质区别表现为：

（1）法律关系不同。在表决权代理中，被代理人仍保留自己股份所有权，被代理

---

① 表决权信托模式也是一种债权人通过取得债务人控制权以保障贷款偿还的方式，如美国豪沃尔德·休斯案中，豪沃尔德·休斯试图贷款购买喷气式飞机，银行和保险公司为确保贷款的担保，以获得表决权信托为条件，要求休斯将其持有股份转让给金融机构指定的受托人。

② 2002 年，青岛啤酒股份有限公司和世界最大的啤酒酿造商 AB 公司正式签署了战略性投资协议。按照协议，青岛啤酒将向 AB 公司分三次发行总金额为 1.82 亿美元的定向可转换债券。在协议规定的七年内，债券将全部转换成股权，最终 AB 公司在青岛啤酒的股权将增加到 27%，所有增持均为在香港联交所上市的 H 股。AB 公司拥有青岛啤酒超出 20% 股权的表决权将以表决权信托方式授予青岛市国有资产监督管理委员会行使。AB 公司将按股权比例获得在青岛啤酒的董事会及其专门委员会、监事会中的代表席位。

人仅为委托代理人行使表决权，被代理人的债权人可以追及股权，当股东财产恶化时，可能给该表决权委托协议造成不稳定。在表决权信托中，根据信托协议，受托人名义上对受托股份享有法律上的所有权，受益人的债权人无法追及股权，从而保证表决权信托的稳定性。

（2）法律后果不同。表决权代理受到代理关系调整，代理人是以被代理人身份行使表决权的，代理行为后果由被代理人承担。表决权信托是由受托人承担信托法上的各种受信托义务，即受托人承担行为的法律后果。

（3）法律关系的性质和期限不同。在表决权代理中，股东授权是可以无条件撤回的，且表决权代理通常是一次性的。在表决权信托中，表决权信托具有不可撤销性，不经双方当事人同意，表决权信托协议任何一方当事人均不得撤销，且表决权信托具有长期性和稳定性。

第四节　股东会决议

股东会决议是股东会对公司事项通过的各种议案。根据议决事项的不同，股东会决议可分为普通决议和特别决议。股东会决议应符合法律和公司章程规定的条件和程序。否则，股东会决议因违反法律或者公司章程规定而不成立、可撤销或者无效。

一、股东会决议

股东会是公司的权力机构和民主决策机构，实行股权表决原则。同时，股东会实行资本多数决的表决方式，即实行一股一票的表决原则。股东会表决权的大小与股东持有公司股权或者股份数量相对应。股东会决议具有法律效力，如祝长春、江苏华宇房地产开发有限公司股东权纠纷案。[①] 根据决议事项重要性的不同，股东会的决议分为普通决议和特别决议。

（一）普通决议

普通决议是指对公司日常运作过程中需要解决的普通事项作出的决定和决议，实行简单多数原则。《公司法》对有限责任公司和股份有限公司确立了不同的规则：

（1）股东会普通决议。有限责任公司股东会普通决议通过的规则较为简单，《公司法》仅规定股东会的普通决议由股东按照出资比例行使表决权，或者由公司章程规定表决权行使的方式。《公司法》赋予有限责任公司较大的自治空间。

（2）股东大会普通决议。股份有限公司股东大会的普通决议则应当经出席会议

[①] 在祝长春、江苏华宇房地产开发有限公司诉钱碧芳、江苏华宇房地产开发有限公司股东权纠纷案（〔2004〕苏民二初字第 6 号、〔2005〕民一终字第 25 号）中，法院裁判摘要认为，在诉讼调解程序中，经人民法院主持，由有限责任公司全体股东召开股东会会议，对股权转让、公司债权债务及资产的处理等问题形成的股东会决议对各股东均有约束力。有限责任公司股东又对股东会决议涉及的问题提起新的诉讼时，如不属于依法应予支持的情形，则应当判令当事人各自遵守和执行股东会决议（2006 年最高人民法院公报案例）。

的股东所持表决权过半数通过,①属于法律的强制性规定。《公司法》并未列举普通决议事项,但《上市公司章程指引》第76条列举了普通决议事项,主要为以下五个方面:一是董事会、监事会报告的审核和批准;二是公司年度预算、决算报告的审核和批准;三是董事和监事任免、报酬和支付方式的决定;四是公司利润分配方案和亏损弥补方案的审核和批准;五是公司年度工作报告。

(二) 特别决议

特别决议是指在公司经营过程中涉及公司存续或者其他对公司运营有重大影响的事项,应由股东会通过特别程序进行决议。股东会的特别决议,应当适用绝对多数原则。《公司法》对股份有限公司和有限责任公司确立不同的规则,股东大会通过的特别决议仅须经出席会议股东所持表决权的2/3以上通过,而股东会通过的特别决议则须经代表2/3以上表决权的股东通过。《公司法》并没有规定未出席股份有限公司股东大会的最低人数,有限责任公司通过特别决议的标准显然要高于股份有限公司。

《公司法》第43条和第103条列举了特别决议事项,两条规定完全相同,即公司章程的修改、注册资本的增加或者减少以及公司合并、分立、解散或者变更公司形式的决议属于特别决议。所不同的是,《公司法》第121条规定,上市公司在一年内购买、出售重大资产或者担保金额超过公司资产总额30%的,属于股东大会的特别决议。此外,《上市公司章程指引》第77条规定的股权激励计划,也属于股东大会的特别决议。

股东应出席股东会并在会议上行使表决权。股东不出席股东会,将被视为自动放弃表决权。股东可以委托代理人出席股东会,在授权范围内行使表决权,但代理人应向公司提交股东授权委托书。有关股东会表决方式,法律没有明文规定,公司章程可以对股东会表决方式作出规定,可以采取举手方式,也可以采取投票方式。《上市公司股东大会规范意见》第6条规定,年度股东大会、应股东或者监事会要求提议召开的股东大会不得采取通讯表决方式。

股东会应当对所有列入股东会会议的提案逐项进行表决,不得以任何理由搁置或者不予表决。在审议董事、监事选举的提案时,股东会应对每个董事、监事候选人逐个进行表决。股东会不得对未列入股东会通知的提案进行表决。股东会审议有关关联交易事项时,关联股东不应当参与投票表决,其所代表的有表决权的股份数不计入有效表决总数。

二、股东会决议的效力

公司股东会议应当由符合法律规定的召集人依照法律或者公司章程规定的程序,召集全体股东出席,并由符合法律规定的主持人主持会议。股东会议需要对相关事项

---

① 我国《公司法》虽然并未规定出席股东大会股东所持的最低表决票数量,但由于我国上市公司一股独大的现象较为普遍,现阶段不会出现出席股东大会的股东所持表决票较低的现象。

作出决议时,应由股东依照法律、公司章程规定的议事方式、表决程序进行议决,达到法律、公司章程规定的表决权比例时方可形成股东会决议。公司通过股东会对变更公司章程内容、决定股权转让等事项作出决议,实质是公司股东通过参加股东会议行使股东权利、决定变更自身与公司法律关系的过程,公司股东实际参与股东会议并作出真实意思表示,是股东会议及其决议有效的必要条件。《民法总则》第 85 条、《公司法》第 22 条、《公司法司法解释(四)》第 1 条至第 5 条的规定涉及股东会决议的效力问题。股东会决议分为有效、无效、可撤销和不成立四种情形。①

（一）有效的股东会决议

有效的股东会决议前提是股东会决议成立。股东会决议成立与否,是要解决股东会决议是否存在的问题,而有效的股东会决议是法律对已经成立的股东会决议的合法性判断。按照法律和公司章程规定的程序作出的股东会决议合法有效,股东会的召集人、召集程序、表决的内容、表决方式等均符合法律和公司章程的规定,即股东会召开的程序性要件和实体性要件均合法。有效的股东会决议,对公司及其机构具有法律约束力,如在兰州神骏物流有限公司侵权纠纷案中,②最高法判决确认了股东会决议的效力。在贵州捷安投资有限公司股权确权及公司增资扩股出资份额优先认购权纠纷案中,最高法判决肯定了股东会增资决议的效力。

有效的股东会决议应当由法定召集人按照法定程序召集全体股东,并由法定主持人主持股东会会议,且表决权比例符合公司章程的规定。例如,在张艳娟股东权纠纷案中,南京玄武区法院认为,有限责任公司股东会应当由法定召集人依照法律或者公司章程规定的程序召集全体股东出席,并由法定主持人主持股东会会议。股东会会议对相关事项作出决议时,应由股东依照法律、公司章程规定的议事方式、表决程序进行议决,达到法律、公司章程规定的表决权比例时方可形成股东会决议。有限责任公司通过股东会对变更公司章程内容、决定股权转让等事项作出决议,实质是公司股东通过参加股东会行使股东权利、决定变更自身与公司法律关系的过程。公司股东实际参与股东会并作出真实意思表示,是股东会及决议有效的必要条件。

---

① 在《公司法司法解释(四)》颁布之前,对于伪造股东签字的股东会决议,各地法院裁判不一。北京一中院认定股东会决议无效,维持(〔2009〕海民初字第 18667 号)股东大会决议无效判决;北京二中院判决(〔2013〕二中民终字第 05629 号)认定股东会决议有效,撤销(〔2012〕怀民初字第 00184 号)股东大会决议无效的判决;上海一中院判决(〔2013〕沪一中民四(商)终字第 1210 号)认定,没有召集和真实召开股东会的事实,并未形成公司法意义上的股东会决议,股东会决议无效。

伪造股东签字的股东会决议效力有两种情形:一是股东会决议有效,即股东会召开程序合法、股东表决权符合法定要求;二是股东会决议不成立,即未召开股东会或者股东会召开但股东表决权未能符合法定最低要求。股东会决议无效是以决议成立为条件的;股东会决议不成立,就不存在股东会决议的无效问题,而股东会决议成立是以公司股东间的合意为条件的。因此,我国司法审判认定股东会决议无效有悖于基本法理。

② 在兰州神骏物流有限公司侵权纠纷案中,法院裁判摘要认为,股份公司股东大会作出决议后,在被确认无效之前,该决议效力不因股东否认而受到影响。股东大会决议的内容是否已经履行,并不影响该决议的效力(2010 年最高法公报案例)。

（二）无效的股东会决议

股东会决议的内容不得违反法律、行政法规的规定。已经成立的股东会决议因决议内容违反法律、行政法规的规定而归于无效。《公司法》第22条规定，股东会决议的内容违反法律、行政法规的，该股东会决议无效，如在黄伟忠股权转让纠纷案中，上海二中院判决确认增资的股东会决议无效，对股东黄伟忠没有法律约束力。公司股东会决议是一个共同法律行为。法律行为因违反法律、行政法规的规定而归于无效。股东会决议无效是以决议成立为前提条件，而股东会决议不成立则不会产生无效问题。例如，在宜昌山水投资有限公司公司决议效力确认纠纷案中，[①]湖北高院再审判决认为，大股东利用优势地位作出向关联公司转移资产的股东会决议，公司股东会决议因损害公司利益而归于无效。涉案股东会决议第一项是富阳山水公司利用大股东的优势地位作出的，该决议使得山水投资公司的资产向山水化工公司转移，实际损害了山水投资公司利益，进而损害了卢伟作为该公司股东应享有的合法权益。涉案股东会决议因违反了法律的强制性规定而无效。案件判决表明，导致股东会决议无效的因素仅为股东会决议的内容违反法律和行政法规的强制性规定。

在《公司法司法解释（四）》颁布之前，所有公司股东会决议不成立的情形，基本上被法院认定为无效股东会决议。最高法公报案例张艳娟股东权纠纷案的判决直接认定"股东会决议不成立"，则是一个例外，但该公报案例似乎对我国司法审判实践根本没有产生实质性影响，未能发挥公报案例的指导作用，各级法院依然按照《公司法》第22条的规定，认定为股东会决议无效，仅有少数案件受到公报案例的影响。例如，在吴国璋决议效力确认纠纷案中，[②]厦门中院认为，公司股东会议案仅在达到或者超过规定的表决权比例时，股东会决议才能成立，从而判决涉案的股东会决议不成立。

在公司股东会决议效力纠纷的审判实践中，大量不成立的公司股东会决议均被认定为无效。例如，在马青公司股东权纠纷案中，[③]北京海淀区法院认为，伪造马青签字行为剥夺了马青在鼎诚会计公司的股东身份和相关职务，干涉了马青依照自己的真实意思对表决事项发表意见的权利，侵害了马青的股东权益，属于违反法律规定的侵权行为，从而认定股东会决议无效。北京一中院认为，股东会决议侵害了马青的财产权和股东权益，属于违反法律规定的侵权行为，也认定股东会决议无效。

---

①　在宜昌山水投资有限公司诉卢伟公司决议效力确认纠纷案（〔2015〕鄂伍家岗民初字第00234号、〔2015〕鄂宜昌中民二终字第00460号、〔2017〕鄂民再57号）中，法院判决摘要认为，公司股东应当遵守法律、行政法规和公司章程，依法行使股东权利，不得滥用股东权利损害公司或者其他股东的利益。股东会利用其表决权优势地位，作出的大股东和实际控制人实施关联交易行为损害公司利益的决议无效。

②　在吴国璋诉厦门市同安区捷强市政工程有限公司决议效力确认纠纷案中，法院裁判摘要认为，有限责任公司的股东会决议具有约束公司及其常设机关的效力，其内容和程序必须符合法律和公司章程的规定。公司股东会议案未能达到公司章程规定的表决权比例的，均不能成立，不产生股东会决议应有的法律效力。

③　在马青诉北京鼎诚会计师事务所有限责任公司股东权纠纷案（〔2009〕海民初字第693号、〔2010〕一中民申字第17779号）中，法院裁判摘要认为，公司通过伪造股东签字而作出的股东会决议，侵犯了股东依照真实意思表示发表意见的权利和股东权益，属于侵权行为，违反了法律、行政法规的规定，该股东会决议应为无效。

法院宣告伪造签名所形成的股东会决议无效，实际上使判决背离了基本的逻辑和法律基本原理。

在陈木楠股东会决议效力确认纠纷案中，[①]上海松江区法院认为，股东会召集程序、表决方式违法，属于可撤销的股东会决议，因当事人超过 60 日而丧失撤销权，判决驳回诉讼请求。上海一中院认为，在未通知股东参会的情况下，并非仅仅影响股东表决权的行使，而是从根本上剥夺了股东行使表决权的机会和可能，是对股东基本权利的严重侵害，从而认定股东会决议无效。

在北京万泉投资有限公司公司决议效力确认纠纷案中，[②]北京东城区法院认为，意思表示是法律行为成立的前提要件，而涉案股东会决议并非万泉投资公司的意思表示，从而股东会决议不具备成立要件。但法院仍然判决股东会决议无效，而不是股东会决议不成立。北京二中院维持了一审法院判决。该案判决虽然也宣告股东会决议无效，但与之前的案例相比，法院在案件审理过程中确认了股东会决议的不成立，是一个巨大的进步。

法院对股东会决议无效的判决，源于《公司法》第 22 条无效和可撤销的规定，即《公司法》并未规定决议行为的不成立。合同和决议同为法律行为，司法审判实践却有截然不同的判决。《合同法》也没有规定合同不成立，法院却未将不成立的合同认定为无效合同，说明了法院对法律适用的刻板和保守。

（三）可撤销的股东会决议[③]

根据《公司法》第 22 条的规定，股东会会议在程序上违反法律、行政法规和公司章程以及内容违反公司章程规定所形成的决议，属于可撤销的决议。在决议作出之日起 60 日内，股东可请求法院撤销股东会会议决议。例如，在陈肖明股东会决议撤销纠纷案中，[④]上海一中院认为，股东会决议撤销之诉，即股东会的会议召集程序、表决方式违反法律、行政法规或者公司章程，或者决议内容违反公司章程的，股东可以向法院提起诉讼，要求撤销股东会决议。股东会决议可撤销主要有以下三种情形：

（1）召集程序瑕疵。股东会召集程序上的瑕疵是指股东会会议的召集程序违反法律、行政法规或者公司章程的规定，如会议通知瑕疵，未向部分股东发出召集会议通知、未按照规定时间和方法进行通知及通知的事项不全等。例如，在洪宇、汪建刚股东

[①] 在陈木楠诉上海锦麒机电设备安装工程有限公司股东会决议效力确认纠纷案（〔2009〕松民二（商）初字第 1417 号、〔2009〕沪一中民三（商）终字第 954 号）中，法院裁判摘要认为，在未通知股东参会的情况下，公司召开临时股东会并作出股东会决议，从根本上剥夺了股东行使表决权的机会和可能，也使受侵害股东因不知晓股东会决议的存在而无法及时主张权利救济。公司未通知股东即召开股东会作出决议的行为，是对公司法强制性规定的违反，也是对股东基本权利的严重侵害，应直接以判决否定股东会的效力。因此，公司作出的股东会决议无效。

[②] 北京万泉投资有限公司诉北京大万房地产开发有限责任公司公司决议效力确认纠纷案（〔2016〕京 0101 民初 3743 号、〔2017〕京 02 民终 1451 号）。

[③] 关于"可撤销的股东会决议"，参见第五章第四节中的"决议效力之诉"。

[④] 陈肖明诉上海中道会计师事务所有限公司股东会决议撤销纠纷案（〔2009〕卢民二（商）初字第 1082 号、〔2010〕沪一中民四（商）终字第 509 号）。

会决议效力纠纷案中,[1]北京一中院判决认为股东会通知不符合法律、章程规定,属于可撤销的股东会决议。

(2) 决议方法瑕疵。股东会决议方法瑕疵的表现形式主要有两种情形:第一种情形是被限制表决权的股东行使了表决权。被限制表决权的股东又分不应参加表决和不得参加表决两种情形;不应参加表决的情形是指股东与表决事项有利害关系而不应参加股东会的表决;不得参加表决的情形是指优先股股东不得参加股东会表决。第二种情形是股东会决议违反决议要件。股东会决议的形成应符合法律要求,如股东会决议的形成应由出席会议的简单多数或者绝对多数通过,简单多数还是绝对多数取决于决议事项的内容。

(3) 决议内容瑕疵。决议内容瑕疵是指股东会议决的内容违反公司章程的规定。公司章程是公司股东的权利义务及公司内部治理结构权力配置与运行的规则,是公司运作的基本准则。公司法明确了公司章程的法律效力,股东会召集程序和会议决议内容不得违反公司章程的规定。股东会决议如违反公司章程规定,则属于可撤销的决议。

在某些情形下,股东会决议即使有违反法律、行政法规和公司章程规定的情形,为鼓励交易、维护交易安全,股东会决议仍然有效,如在绵阳市红日实业有限公司股东会决议效力及公司增资纠纷案和招商银行股份有限公司大连东港支行借款合同纠纷案中,[2][3]最高法判决确认了股东会决议的效力。

(四) 股东会决议不成立

股东会决议不成立是指公司股东会决议欠缺成立的要件,股东会存在召集程序瑕疵、表决方式瑕疵等情形,即股东会决议不符合《公司法》和公司章程的股东会的意思表示。根据《民法总则》第 134 条规定的法律行为成立及成立要件,《公司法司法解释(四)》规定了决议行为的不成立,解决了长期以来将公司决议不成立认定为决议无效的问题。股东会决议不成立与股东会决议无效区别表现在,股东会决议不成立是意思表示形式瑕疵,而股东会决议无效则是意思表示内容瑕疵。股东会决议是否成立,应

---

① 在洪宇、汪建刚诉栾丙乐、北京圣华廷贸易有限公司股东会决议效力纠纷案(〔2008〕海民初字第 6687 号、〔2008〕一中民终字第 13022 号)中,法院裁判摘要认为,股东会通知不符合规定,可以导致股东会决议被撤销,但撤销权应当在决议作出之日起 60 日内行使。

② 在绵阳市红日实业有限公司、蒋洋诉绵阳高新区科创实业有限公司股东会决议效力及公司增资纠纷案(〔2006〕绵民初字第 2 号、〔2006〕川民终字第 515 号、〔2010〕民提字第 48 号)中,法院裁判摘要认为,在民商事法律关系中,公司作为行为主体实施法律行为的过程可以划分为两个层次:一是公司内部的意思形成阶段,通常表现为股东会或董事会决议;二是公司对外作出意思表示的阶段,通常表现为公司对外签订的合同。出于保护善意第三人和维护交易安全的考虑,在公司内部意思形成过程存在瑕疵的情况下,只要对外的表示行为不存在无效的情形,公司就应受其表示行为的制约(2011 年最高法公报案例)。

③ 在招商银行股份有限公司大连东港支行诉大连振邦氟涂料股份有限公司、大连振邦集团有限公司借款合同纠纷案(〔2009〕大民三初字第 36 号、〔2010〕辽民二终字第 15 号、〔2012〕民提字第 156 号)法院裁判要旨认为,《公司法》第 16 条第 2 款规定,公司为公司股东或者实际控制人提供担保的,必须经股东会或者股东大会决议。该条款是关于公司内部控制管理的规定,不应以此作为评价合同效力的依据。担保人抗辩认为其法定代表人订立抵押合同的行为超越代表权,而债权人以其对相关股东会决议履行了形式审查义务,主张担保人的法定代表人构成表见代理的,法院应予支持(2015 年最高法公报案例)。

按照《民法总则》和《公司法》的规则作出判断。公司股东会决议不成立的情形有：

（1）虚构的股东会。未经依法召开股东会并作出会议决议，而是由实际控制公司股东单方召开或者虚构公司股东会及其会议决议的，即使该股东实际享有公司绝大多数的股份及相应的表决权，单方形成的会议决议不成立。例如，在张艳娟股东权纠纷案中，南京玄武区法院确认股东会决议不成立，认为股东万华持有万华工贸公司的绝对多数的表决权，但并不意味着股东万华个人可以利用控制公司的便利，作出个人决策等同于召开公司股东会议，也不意味着股东万华个人的意志即可代替股东会决议的效力。万华工贸公司据以决定办理公司变更登记、股权转让等事项的所谓"股东会决议"，是公司的控股股东万华所虚构，实际上并不存在。

又如，在宝恒投资有限公司公司决议撤销纠纷案中，①海南三亚中院一审认定涉案股东会决议不成立，认为股东会会议的召集程序应满足在会议召开 15 日前通知全体股东，且由全体股东出席并由符合法律规定的主持人主持会议的条件。涉案保力公司股东会决议及董事会决议均未经法定召集程序和法定表决程序作出表决，保力公司及天久公司虚构的股东会决议及董事会决议不成立。海南高院二审认为，"原审法院认定的基本事实清楚，但判决确认该六份决议不成立，判非所诉。法律仅赋予了股东请求确认股东会或董事会决议无效或请求撤销股东会或董事会决议的权利，原审法院判决该六份决议不成立，缺乏法律依据，本院予以纠正。"最高法再审认为，保力公司召开的涉案临时股东会及董事会均存在召集程序瑕疵、表决方式违法、会议内容违反公司章程等情形。保力公司仅有天久公司与宝恒公司两个股东，且天久公司为持有90％股份的大股东，在宝恒公司未参加临时股东会和董事会的情形下，临时股东会和董事会的召集程序和表决方式应认为存在重大瑕疵，形式上虽有临时股东会决议和董事会决议存在，实质上的临时股东会决议和董事会决议应认为不存在。

从一审、二审到申请再审，涉案判决经历了适用法律依据的不同选择，但三个审级的法院均没有偏离实质正义，彰显了司法对实质正义的追求，为权利人提供了法律救济。三亚中院在《民法总则》和《公司法司法解释（四）》颁行之前的 2015 年从决议行为成立构成要件角度，从会议的召集程序、会议形式和股东会决议三个方面认定涉案保力公司股东会决议不成立。一审法院的判决书彰显了法官较高的法律素养和对公司决议不成立的真实内涵的理解。

海南高院的二审判决则颇具争议，在确认虚构股东会和董事会决议有效的前提下，以宝恒公司未参加股东会和董事会为由拒绝适用《公司法》第 22 条规定的 60 日，以股东会决议无效为由行使撤销权。海南高院认为《公司法》第 22 条是针对实际召开的公司股东会会议决议作出的规定，即在此情况下请求撤销相关会议决议应受 60 日

---

① 在宝恒投资有限公司诉三亚保力房地产投资开发有限公司公司决议撤销纠纷案（〔2015〕琼民二终字第18 号、〔2016〕最高法民申 300 号）中，法院裁判摘要认为，股东会决议实质上不存在的，股东可以从知道或者应当知道自己的股东权利被侵犯后，在法律规定的诉讼时效内提起诉讼，而不受《公司法》第 22 条关于股东申请撤销股东会决议期限的限制。

期限的限制,逾期则不予支持。

最高法再审认为,天久公司单方作出股东会会议决议不具有相应效力,应认定实质上并不存在,从而维持了三亚中院的一审判决。但最高法的"决议不存在"显然采纳了《公司法司法解释(四)》(征求意见稿)的规定,并未采纳法律行为理论,似乎有点瑕疵。

(2)召集程序瑕疵。股东会召集程序涉及股东会的召集人、主持人和会议通知时间等内容。《公司法》及其司法解释规定了定期股东会和临时股东会的召集程序,规定了股东会的召集人和主持人及会议通知时间等。召开股东会会议应当于会议召开 15 日前通知全体股东。通知为强制性义务,公司违反召开股东会召开的通知义务,则侵害了未通知股东的权利,属于股东会召集程序瑕疵。例如,在章吉波公司决议纠纷案中,①温州龙湾区法院一审认为,建昊公司未履行通知义务作出股东会决议且未经章吉波签字的行为违反了法律强制性规定。未履行通知义务不但完全剥夺股东表决权,还使受侵害的股东无法及时主张权利救济,是对股东基本权利的侵害,应当认定为股东会决议内容违法而使股东会决议无效。公司章程为股东治理公司的契约,在公司股东未签字、缺乏合意的情况下,应当认定为不成立。温州中院二审认为,涉案的三个股东会决议事项直接关系到章吉波作为建昊公司股东的利益。建昊公司召开前述股东会前均未提前通知章吉波,在前两次章吉波未到场的情况下,股东会伪造章吉波签字形成全体股东通过股东会决议内容的结果,第三次股东会则在未通知章吉波未到场的情况下直接由王任与许勤英两名股东表决通过决议事项,属于股东滥用股东权利通过决议损害其他股东利益的情形,违反了《公司法》第 22 条第 1 款的规定,所形成的股东会决议无效。涉案的股东会决议无效,但公司章程内容没有经包括章吉波在内的全体股东确认,涉案公司章程不成立。前述案件的两级法院判决均认为股东会决议不成立,但法院的判决理由似乎有较大的瑕疵。

在郭雅迪公司决议纠纷案中,②南京江宁区法院一审和南京中院二审均认为,根据《公司法》及亿鸿公司章程规定,临时股东会的召开应由执行董事召集和主持。在没有证据证明郭雅迪不能履行或者不履行召集股东会会议职责时,公司监事周学兵直接召集临时股东会会议违反了法律和公司章程规定的会议召集程序。此外,会议召开15 日前应通知全体股东。案涉股东会在召集程序上违反法律及公司章程规定,有严重瑕疵,涉案股东会决议不成立。该案的判决与张艳娟股东权纠纷案保持一致。

前述马青公司股东权纠纷案、陈木楠股东会决议效力确认纠纷案均为公司股东会决议不成立,而不是公司股东会决议无效。公司股东会决议无效的提前是决议成立,决议不成立而谈无效的问题,违反基本的法律逻辑。

---

① 在章吉波诉浙江建昊建筑工程有限公司公司决议纠纷案((2016)浙 0303 民初 1380 号、〔2016〕浙 03 民终 4223 号)中,法院裁判摘要认为,公司未提前通知,且在股东未到场情况下伪造签字,由此表决通过关系到股东利益事项的股东会决议应认定不成立。

② 在郭雅迪诉南京亿鸿投资管理有限公司公司决议纠纷案(〔2017〕苏 0115 民初 6733 号、〔2017〕苏 01 民终 8693 号)中,法院裁判摘要认为,程序瑕疵对股东会决议的效力的影响是非常复杂的问题。严重的程序瑕疵导致股东会决议不成立,普通的程序瑕疵导致股东会决议可撤销,轻微的程序瑕疵则不影响股东会决议的效力。

（3）会议人数瑕疵。股东会的召开必须有法定的召集人、有规定的出席会议最低人数要求，这些要件的欠缺，不能构成合法的公司意思机关，该意思机关所作出的意思表示，显然不能构成一个有效的意思表示，从而决议行为不成立。例如，在阎育红公司决议效力确认纠纷案中，①广州天河区法院认为，公司股东会决议成立的要件包括有会议召开的事实要件、具备会议召集的程序要件以及具备决议的程序要件，即达到法定或者约定的表决权数。股东会决议是在没有召开股东会的情况下作出的，从而股东会决议的成立欠缺会议召开的事实要件及会议召集的程序要件。案涉股东会决议的形成既未经股东会决议，又不符合公司章程关于股东会议事规则的约定，而必卓公司仅有李涛与阎育红两名股东，案涉股东会决议实际是李涛一人的意思表示。因此，股东会决议不成立。

（4）表决权比例瑕疵。对公司决议规定的最低表决权数是世界各国公司法的通例，表决权数是决议行为的成立要件。股东会对决议的表决结果未能达到法定或者约定的通过比例，决议行为不成立。例如，在青岛市企业发展投资有限公司公司决议纠纷案中，②青岛中院认为，朗讯公司章程对于任何不在年度计划内的超过 10 万美元的合营公司财产的处置均约定属于重大事项，而涉案的成本优化方案虽未明确列明属于重大事项，但却涉及朗讯公司 200 多名员工的裁减，也可能涉及高达 690 万欧元的补偿。在双方对此有争议的情况下，朗讯公司以成本优化方案应属于简单多数决事项，以董事会七名董事投赞成票为由主张董事会决议已成立并生效与朗讯公司章程约定的议事规则不符。为朗讯公司各股东的利益及公司正常的经营发展考虑，在双方对于成本优化方案的性质有争议，且合营合同及章程对此却无明确约定的情况下，原审法院判决该董事会决议不成立的法律后果是自始没有法律效力，结果并无不当，依法予以维持。

---

① 在阎育红诉广州必卓机电工程技术有限公司、李涛公司决议效力确认纠纷案（〔2014〕穗天法民二初字第4492 号）中，法院裁判摘要认为，对公司分立事项作出的股东会决议并非股东的真实意思表示，且未经公司章程规定的股东人数参与，也未经法定表决权比例的股东通过，可认定该股东会决议的形成既未经股东会决议，又不符合公司章程关于股东会议事规则的约定，股东会决议不成立。

② 在青岛市企业发展投资有限公司诉青岛朗讯科技通讯设备有限公司公司决议纠纷案（〔2015〕崂民二商初字第 807 号、〔2016〕鲁 02 民终 2137 号）中，法院裁判摘要认为，公司决议的成立应具备相应的要件，即会议召开的事实要件、会议召集的程序要件和决议程序要件即达到法定的表决权数。董事会决议形成的表决结果因未达到公司章程规定的通过比例，从而应认定该决议不成立，自始没有法律效力。

第十七章　公司董事会

董事会作为公司具体经营运作的决策中心和管控者,决定公司的发展路径和总体规划。董事会拥有公司经营决策权、业务执行权、对外代表权和监督管理权。在公司治理结构中,董事会处于核心地位,是股东和经理层之间的纽带。董事是股东的代表,由股东会产生并对股东会负责。董事会由全体董事组成,并对股东会负责;经理层则对董事会负责,并向董事会报告工作。

第一节　董　事　会

董事会作为公司法定机构源于 1947 年《英国公司法》的规定。英美法系国家公司权力结构发生了从"股东会中心主义"到"董事会中心主义"的转变,标志着董事会核心地位的法定化。我国董事会制度始于 20 世纪 80 年代末,1993 年《公司法》确立了股东会、董事会、监事会和经理层的公司治理结构。

一、董事会的概念

董事会(board of directors)是指根据法律和公司章程规定由公司全体董事所组成的公司业务执行机构。董事会是股东会的执行机构,董事会职权包括战略与重大事项决策权、基本治理制度和基本管理制度制定权以及经理层监管权。

董事会由股东会选举产生,对股东会负责并报告工作。董事会负责执行股东会的重大决策。董事会人数因公司组织形式不同而存在差异。我国《公司法》规定,股份有限公司董事会成员为 5 至 19 人;有限责任公司董事会成员为 3 至 13 人,规模较小的有限责任公司可不设董事会,仅设执行董事,并可兼任公司经理。董事会成员人数应当为单数,但在我国公司实践中有大量公司董事会成员是双数的。[①] 双数成员董事会可能会出现董事会决议无法过半数通过的情形。根据《公司法》规定,董事会决议应经全体董事过半数通过。在公司实务中,却很少出现这种董事会决议的表决权数一半对

---

① 董事会成员为双数的大型国有控股的上市股份有限公司有:招商局能源运输股份有限公司(601872)、中国铁建股份有限公司(601186)、中国中铁股份有限公司(601390)、中国中车股份有限公司(601766)、中国人寿保险股份有限公司(601628)、新华人寿保险股份有限公司(601336)、中国建设银行股份有限公司(601939)、中国工商银行股份有限公司(601398)、中国银行股份有限公司(601988)、中国民生银行股份有限公司(600016)、宝山钢铁股份有限公司(600019)、中国船舶工业股份有限公司(600150)等。

一半的局面,充分说明了这些上市公司股权过于集中而导致董事会的虚化,公司治理结构失效。一旦公司股权结构趋于合理,出现争夺公司控制权的局面,这种偏差自然会得到纠正。

董事会设董事长 1 名,副董事长 1 名。有限责任公司董事长和副董事长的产生办法由公司章程规定;股份有限公司董事长和副董事长则由董事会以全体董事过半数选举产生。

法律仅规定了董事会的最低和最高人数,公司董事会成员的人数应由公司章程具体规定,但公司章程所确定的董事会人数,应当符合《公司法》规定的最低和最高限额,不应低于或者超过法定限额。在公司实践中,董事会成员的人数通常为 5 至 13 人。

国有独资公司应设董事会,董事会成员应有职工代表,董事会成员由国有资产监督管理机构委派。董事会设董事长和副董事长,董事长和副董事长由国有资产监督管理机构从董事会成员中指定。

董事会有底线董事会、形式董事会、监督董事会和决策董事会之分。底线董事会指仅为满足法律上的程序要求而存在的董事会。形式董事会指仅具有象征性或者名义上作用的董事会,是较为典型的形式意义上的机构。监督董事会指检查公司计划、战略的制订、执行情况,评价经理人员业绩的董事会。决策董事会指参与公司战略目标和计划的制订,并按照自身的偏好对授权经理人员实施的公司战略进行干预的董事会。

在公司治理结构的发展中,不同类型的董事会起着不同的作用。底线董事会和形式董事会出现在公司治理结构的初期,发挥的作用极为有限。监督董事会和决策董事会是现阶段公司治理结构中的董事会,对公司治理结构发挥了极为重要的作用。在我国现阶段,两种类型的董事会均不同程度存在。在公司治理结构趋于良性的公司中,公司董事会类似于监督董事会和决策董事会;在公司治理结构不健全和中小型公司中,董事会虚设现象较为普遍,类似于底线董事会和形式董事会。此外,高度集中的股权导致股东会虚化,大股东控制了董事会,董事会表现为大股东控制模式,通过关联交易侵害中小股东利益。董事会具有如下三个方面的特征:

（1）公司法定常设机构。在股份有限公司和多数有限责任公司的治理结构中,董事会是必设的法定常设机构。董事会成员是固定的,董事在任期届满之前,股东会不得任意解除其任职。董事会通常设置专门机构和董事会秘书处理日常事务,董事会决议内容大多为经常性的重大事项,董事会会议召开的次数远高于非常设的股东会。基于董事会的常设性,董事会享有处理公司日常经营管理事务的权利。

（2）公司经营决策和业务执行机构。董事会是公司经营决策机构,决定公司经营计划、投资方案、公司内部的机构设置、基本管理制度以及高级管理人员的任免等。董事会是公司业务执行机构,对内负责股东会决议的执行、股东会的召集、公司重大事项提案制订等,对外代表公司从事经营活动。

（3）机构职权的法定性。公司董事会职权是基于法律的规定,具有法定性。董事会经股东会选举产生,依法行使职权,不受股东会的非法干预。股东会对董事会成员的选任和解聘,应当按照法律、行政法规和公司规章的规定进行。股东会不得以决议形式限制或者减少董事会的法定职权。

二、董事会模式

两大法系形成不同的董事会制度,世界各国公司法确立的董事会制度主要分为英美法系的单层制董事会和大陆法系的双层制董事会。

(一)单层制董事会

单层制董事会是股东导向型的,是英美法系国家典型的公司治理模式。董事会是公司唯一的管理机构,即公司仅设董事会而不设监事会,股东会将大部分经营权授权给董事会,董事会拥有决策权和监督权。单层制董事会制度不设监事会,但设立严格的董事会制度和独立董事制度,两者之间相互配合,相互监督。

单层制董事会由次级委员会组成,即执行委员会、审计委员会、提名委员会、报酬委员会等。次级委员会职责通常由公司章程规定,但审计委员会职责由公司法规定。

在股权高度分散的美国公司中,公司治理结构呈现以市场机制为主导的外部型控制模式。为防止董事滥用权力和损害公司股东利益,通过引入外部董事制度来监督公司内部董事。美国公司董事会由内部董事和外部董事组成,其中外部董事约占 3/4,而内部董事则约占 1/4。英国董事会中的外部董事较少,董事长由非执行董事担任。

(二)双层制董事会

双层制董事会属于社会导向型的,是大陆法系典型的董事会模式。[①] 双层制董事会是指公司设立董事会负责日常经营管理,同时设立监事会负责监督经营管理机构,即公司设立董事会和监事会双重机构。双层制董事会制度设立董事会和监事会,监事会应为董事会的上位机关,董事会接受监事会的监督。

双层制董事会制度将公司监督权和执行权分立,股东会选举产生监事,监事会由股东选任的监事和雇员代表共同构成,监事会任命董事会成员和经理层,并决定董事和经理的报酬。董事会执行监事会的决议,并负责公司经营管理,但监事会不得干预董事会的经营管理。

双层制董事会具有董事会和监事会的双重机构职能。在双层制董事会模式下,董事会行使经营管理职能,监事会行使监督职能。[②]

监事会由股东代表和雇员代表共同组成,属于第一层董事会,德国称之为"监督董事会"(supervisory board)。监事会成员分别由股东和员工任命,任期 4 年且可连选

---

① 法国股份有限公司既可采取单层制,也可采取双层制。多数情况下,法国公司采取单一董事会制度。

② "董事会的职能是管理,监事会的职能是控制董事会而不是指挥董事会,股东会的职能则是加入监事会,批准某些根本性事务如修改章程、变更资本。"〔荷〕阿德里安·德瑞斯丹等:《欧洲公司法》,费煊译,法律出版社 2013 年版,第 198 页。

连任，全部由非执行成员组成。监督董事会的主要职能是任命和罢免董事、管理人员，监督董事会以及批准财务报表。监事会的成员为 3 至 21 人，成员人数取决于公司规模。

董事会即为执行董事会（executive board），至少由两名以上董事组成，法人不得成为董事会成员，属于第二层董事会，德国称之为管理董事会（management board），简称为理事会。董事会成员由监事会选举产生，任期最长为 5 年，可连选连任。董事会执行监事会的决策，负责公司日常经营管理。董事会负责公司管理，专享公司管理权，监事会无权干涉公司管理，即使某些交易可能需要监事会批准。监事会可以否决董事会决议，但董事会可以将被否决的决议提交股东会讨论，经 3/4 多数表决权的同意通过时，股东会可以批准董事会决议。

单层制董事会制度和双层制董事会制度，均形成较为有效的权力制衡体制和监督机制。在实行单层制董事会制度下，管理机关内部成员作了区分：一部分是执行业务、从事内部经营管理的成员，称为执行董事或内部董事；另一部分是不执行业务、不参与内部经营管理的成员，称为非执行董事或外部董事（也称独立董事），专司监督之职。英美公司中执行董事和非执行董事的区分并不是法律上所作出的区分，而是在理论和实践中有此区分并被判例所承认。英、美国家在法律上虽然没有设立独立监事会机构的规定，但事实上已通过外部董事和独立审计人员发挥了监事会的作用。

三、董事会的权利与职权

董事会权利与董事会职权是两个关系非常密切的法律概念，董事会职权是董事会权利的具体化。

（一）董事会权利

董事会权利可以分为公司代表权、监督管理权、执行权和经营决策权。公司代表权指董事会具有代表公司对外订立合同的能力，大陆法系国家特别强调董事会的公司代表权；监督管理权指董事会具有有效监督经理层的权利；执行权指董事会执行股东会有关公司重大决策的权利；经营决策权指董事会根据自身的决策判断以公司利益最大化的方式决定公司重大事项的权利，经营决策权是董事会在公司治理结构中核心地位的根源所在。

董事会权利是私法上的权利，是私法自治的扩张和补充，实际上代行公司权利。董事会权利不断扩大，并呈现集权化的趋势。我国《公司法》对董事会职权采取了列举式和概括式相结合的方式，除了列举的 10 项法定职权外，公司还可以通过章程赋予董事会其他的必要职权，从而使董事会拥有较为广泛的权利。但是，董事会通常以授权方式向经理层授予大量的权利，导致董事会权利虚化，出现内部人控制情况。

（二）董事会职权

法律、行政法规和公司章程规定了董事会职权。世界各国公司法对董事会职权的立法有三种模式。

（1）概括式。概括式立法是以概括方式规定董事会享有的职权,如美国《标准商事公司法》。

（2）列举式。列举式立法是以列举方式规定董事会享有的具体职权,如我国1993年《公司法》。

（3）列举与概括相结合方式。列举与概括相结合方式立法是以先列举后概括的方式规定董事会享有的职权,如我国现行《公司法》。

《公司法》对董事会的职权采取了列举与概括相结合的方式,第46条规定了董事会的职权,其中,第1款到第10款采取列举的方式,列举了董事会的具体职权,而第11款则采取概括式,即授权性规定,由公司章程规定董事会其他职权。《公司法》第46条第1款到第10款列举的董事会职权,主要有以下三个方面:

（1）股东大会的召集。董事会召集股东大会并向股东大会报告工作,执行股东大会的决议并制订公司的基本管理制度。

（2）公司重大方案的制订。董事会制订公司的年度财务预算方案与决算方案,利润分配方案与弥补亏损方案,公司增加或者减少注册资本与发行债券的方案,公司合并、分立、解散或者变更公司形式的方案。

（3）公司重大事项的决定。董事会决定公司经营计划和投资方案、公司内部管理机构的设置,聘任或者解聘公司经理及其报酬事项并根据经理的提名决定聘任或者解聘公司副经理、财务负责人及其报酬事项。

《上市公司章程指引》也同样采取列举与概括相结合的方式,并在《公司法》规定的基础上增加了上市公司董事会的部分职权,即拟订公司重大收购、收购本公司股票的方案;在股东大会授权范围内决定公司对外投资、收购出售资产、资产抵押、对外担保事项、委托理财、关联交易等事项;聘任或者解聘董事会秘书;制订公司章程的修改方案;管理公司信息披露事项;向股东大会提请聘请或更换为公司审计的会计师事务所;听取公司经理的工作汇报并检查经理的工作。

四、董事会制度的现状

1993年《公司法》制度设计是围绕股东会中心主义的,但有严重缺陷。在公司治理结构中,股东会的核心作用未能发挥,形同虚设,成为形式意义上的法定机构。有限责任公司和股份有限公司是我国两种法定公司组织类型,股份有限公司又有上市公司和非上市公司之分,不同种类公司的董事会既有共同点,又有较大的差异。

有限责任公司具有较强的人合性,股东人数较少,公司规模不大,公司股东之间具有一定的人身信任关系,股东通常以内部协议方式安排公司事务,公司组织机构在设置上具有较大的灵活性。有限责任公司的董事会规模小,董事通常又是公司股东,股东会成员与董事会成员基本相同,董事会为大股东所控制。一些规模小的有限责任公司,不设董事会而仅设执行董事。在有限责任公司的治理中,大股东压榨小股东的现象较为普遍,出现了股东对公司控制权纠纷导致公司陷入僵局的现象。

非上市股份有限公司治理中出现的问题与有限责任公司相近,公司治理结构中面临的共同问题是大股东支配董事会,董事会成为大股东控制公司的工具。上市公司治理结构不同于非上市公司,上市股份有限公司股权高度分散,大多数股东并不关心公司治理问题。上市公司关系到众多股民的利益,法律对上市公司治理应有更多的强制性规范,以维护社会公共利益和社会稳定。上市公司治理结构呈现的主要问题有:

（1）股东大会的缺陷。公司治理结构不完善,大股东操控股东大会,通过资本多数决原则,大股东将其意志上升为公司意志,中小股东意志难以在公司决策和实际运作中得到体现,股东大会成为大股东实现其利益的工具和手段。

（2）董事会的缺陷。董事会的主要问题表现为董事会由大股东和内部人控制的现象较为严重。大股东通过股东大会选举能够代表自己利益的董事,组建董事会进而控制董事会,再由董事会选聘代理人进入经理层,董事会实际上被大股东所控制,并成为大股东控制公司的工具和手段。

（3）监事会的缺陷。监事会实际上是受到董事会制约的监督机构,法律上虽然规定了监事会权利,但不具有可操作性。在公司治理结构中,监事会基本上形同虚设,职能虚化,对董事会和经理层没有任何实际有效的监督,法律条文上的监督难以转化为现实监督。关于独立董事对董事会和经理层的监督,法律、行政法规规定了较多的权力,但由于独立董事的数量较少,在董事会中难以形成对公司执行董事的有效监督力量。

董事会是一个通过会议方式集体行使职权的机构,由三名以上董事组成,通过董事行使表决权对公司重大事项作出决定。董事会制度决定了董事会的独立性与决策的公正性、合理性,是公司治理的关键。

第二节　董事会会议

董事会是由全体公司董事组成的、对内掌管公司事务、对外代表公司的经营决策和业务执行机构。董事会是以董事会会议的方式运行的,公司董事通过董事会会议的方式参与公司的经营决策。

一、董事会会议

董事会采取委员会形式,董事会的权利行使是通过董事会会议所形成的决议方式表现出来的。董事会会议是董事会行使权利和履行职责的手段和方式,也是形成公司重大事项决议的前提。

（一）董事会会议的种类

董事会通过普通会议和临时会议的方式行使权力,并以集体决策的方式进行。董事会会议通常分为普通会议和临时会议两种,《公司法》对有限责任公司董事会议事方式和表决程序规定得较为简单,仅规定由公司章程确立相关规则;对股份有限公司董事会会议的议事方式和表决程序则规定得较为详细。

（1）普通会议。普通会议是指公司章程规定的固定时间召开的董事会例会。根据《公司法》规定，有限责任公司定期董事会会议召开的次数，由公司根据自身情况在公司章程规定；股份有限公司的定期董事会会议，每年至少召开两次，上限没有规定。股份有限公司可以在公司章程中规定董事会普通会议的次数和时间，但每次普通会议应当在召开前十日通知全体董事和监事。

（2）临时会议。临时会议是指公司经营过程中出现重大事项需要董事会及时作出决策的特别会议。临时董事会根据公司经营需要召开，以满足市场变化所需的及时决策，是董事会普通会议的必要补充。董事长在接到提议后的十日内应当召集和主持临时会议召开的情形有：一是代表 1/10 以上表决权的股东提议；二是 1/3 以上的董事提议；三是监事会提议。此外，在上市公司中，经全体独立董事半数以上同意，独立董事有权提议召开董事会临时会议。[①]

（二）董事会会议的召集

根据法律规定，董事会会议应由董事长召集和主持。董事长选举前的第一届董事会会议，通常应由得票最多的董事召集和主持。董事长选出后，应由董事长召集和主持。在董事长不能履行职务或者不履行职务时，董事会会议由副董事长召集和主持。在副董事长不能履行职务或者不履行职务时，董事会会议由半数以上董事共同推举一名董事召集和主持。

根据法律规定，董事会普通会议应当在会议召开前十日通知全体董事和监事，但法律没有规定普通会议通知的方式。对于董事会临时会议的通知方式和通知期限，法律也没有规定，应由公司章程作出具体的规定。

董事会会议通知的内容应包括：会议日期和地点、会议期限、事由及议题、发出通知的日期。[②] 董事会会议应事先拟订会议议题。

法律并未规定董事会会议应当遵循的程序，应由公司章程作出规定。上市公司董事会会议应遵循《上市公司治理准则》规定的程序，即董事会应按规定的时间事先通知所有董事并提供足够的资料，包括会议议题的相关背景材料和有助于董事理解公司业务进展的信息和数据。当两名或两名以上独立董事认为资料不充分或论证不明确时，可联名以书面形式向董事会提出延期召开董事会会议或者延期审议该事项，董事会应予以采纳。

二、董事的出席

董事出席董事会是董事的法定义务和职责所在。董事出席董事会既是董事的权利，也是董事的义务。董事原则上应亲自出席董事会会议。董事因故不能出席董事会

---

① 参见《关于在上市公司建立独立董事制度的指导意见》第 5 条。
② 参见《上市公司章程指引》第 117 条。

会议的,可以书面委托其他董事代为出席,委托书应载明授权的范围。代为出席董事会的董事应当在授权范围内行使董事权利,不得超越授权行使权利。独立董事因故不能出席董事会的,应委托其他独立董事代为出席。

董事是否出席董事会直接关系到董事会会议的有效性。《公司法》没有规定有限责任公司董事会出席人数,但规定了股份有限公司董事会应出席的最低人数,即董事会会议应有过半数董事出席方可举行。

为促使董事履行法定义务,积极参加董事会,避免因不履行职责对公司经营管理造成的损害,在上市公司中,行政规章对董事委托其他董事代为出席董事会的次数作了一定的限制,并规定了相应的处罚措施,具体如下:

(1) 董事的限制。董事连续两次未能亲自出席董事会,也未委托其他董事代为出席董事会会议的,视为不能履行职责,董事会应当建议股东大会予以撤换。[①]

(2) 独立董事的限制。独立董事连续三次未亲自出席董事会会议的,应当由董事会提请股东大会予以撤换。[②]

以上两种情形仅适用于上市的股份有限公司,未上市的股份有限公司和有限责任公司可以参照上市公司的规定,通过公司章程对公司董事是否亲自出席董事会会议作出必要的限制和相应的处罚措施。

三、董事会会议的决议

董事会会议决议是一种公司决议,属于公司意思表示。董事会作出决议的行为,应当拟制为公司行为。董事会会议作出的有效决议,即为公司意思,如中国进出口银行借款担保合同纠纷案。[③] 法院认为,在光彩集团同意为四通集团提供担保的两次董事会上,分别持有该公司93.6%和91.2%股权的董事同意为四通集团担保,符合公司章程的规定。董事会决议加盖了董事会公章,在保证合同及贷款重组协议上加盖了光彩集团公章,应当认定光彩集团签署前述保证合同及贷款重组协议是真实意思表示,不违背占资本绝大多数股东的意思,即表现为公司意思。公司意思表示不能简单地理解为全体董事的一致意思表示,而是按照法定程序和表决规则所作出的意思表示。

董事会会议决议是董事会履行职责和行使权利的体现,应符合法律、行政法规和

---

① 参见《上市公司章程指引》第99条。
② 参见《关于在上市公司建立独立董事制度的指导意见》第4条。
③ 在中国进出口银行诉光彩事业投资集团有限公司、四通集团公司借款担保合同纠纷案(〔2005〕高民初字第1182号、〔2006〕民二终字第49号)中,法院裁判要旨认为,《公司法》第60条第3款关于"董事、经理不得以公司资产为本公司的股东或者其他个人债务提供担保"的规定,是指公司董事、高级管理人员未经公司批准,不得擅自为公司股东或其他个人债务提供担保。该规定立法本意是为防止大股东、控股股东操纵公司与自己进行关联交易,损害中小股东的利益。但是,该规定并非一概禁止公司为股东担保。当公司债权人与公司股东的利益发生冲突时,应当优先保护公司债权人利益,对于符合公司章程规定,经公司股东会、董事会批准,以公司资产为本公司股东或其他个人债务提供担保的,可以认定有效(2006年最高法公报案例)。

公司章程的规定,并遵循股东会决议。例如,在李建军公司决议撤销纠纷案中,[①]一审法院判决撤销被告佳动力公司的董事会决议。二审法院判决撤销了一审法院的判决,认定董事会决议有效,董事会决议并未违反法律、行政法规和公司章程的规定。法院判决确立了对董事会决议的司法审查应当遵循公司自治原则,将审查的范围限定在《公司法》第 22 条规定的事项之内,即审查董事会决议在程序上是否违反《公司法》和公司章程的规定,在内容上是否违反公司章程的规定。

董事会会议决议应遵循一定的原则,满足一定的条件,符合一定的要求。例如,在马成股权转让侵权纠纷案中,[②]最高法判决指出董事会决议应由合法设立的董事会作出。否则,不具有法律效力。董事会决议除了满足前述条件外,还应符合以下四个方面的条件:

(1)董事会决议的原则。董事会决议原则不同于股东会决议原则,股东会决议实行一股一票原则和资本多数决原则,而董事会决议则实行一人一票原则和少数服从多数原则。根据一人一票原则,每个董事对董事会所要决议的每个事项均享有一个表决权;根据少数服从多数原则,即多数决原则,按照出席董事会的董事同意的表决权多数决定议案的通过。即董事会实行人数的多数决,而股东会则实行股份(资本)的多数决。

(2)董事会决议的人数。董事会会议决议通过应有法定人数的要求,即包括出席董事会人数的最低要求和决议通过的最低人数要求两个方面。一是董事会出席人数的要求。董事会会议如果出席的人数过少,则董事会的合法性就会遭到质疑,少数绝不能代表多数意见。《公司法》规定董事会会议应有半数以上董事出席方为有效,实行简单多数原则。董事出席可以是亲自出席,也可以是委托他人代为出席。二是董事会会议决议人数的要求。董事会决议实行简单多数原则,法律明确规定董事会作出的决议应经全体董事过半数通过。全体董事应当是董事会的全部董事,而不是出席董事会会议的全体董事。

(3)董事会决议方法。董事会是对公司经营中的重大事项作出决议,在议案表决之前,董事应对所提议表决的事项进行充分的讨论并交换意见。董事会会议表决方法由公司章程规定,无论是采取书面表决还是举手表决方式,董事均应明确表示赞成或者反对。董事对董事会会议的决议应承担责任。

(4)关联董事的回避。董事会会议决议涉及关联关系的董事时,关联关系董事不

---

① 在李建军诉上海佳动力环保科技有限公司公司决议撤销纠纷案中,法院裁判摘要认为,法院在审理公司决议撤销纠纷案件中应当审查会议召集程序、表决方式是否违反法律、行政法规或者公司章程,以及决议内容是否违反公司章程。在未违反上述规定的前提下,解聘总经理职务的决议所依据的事实是否属实,理由是否成立,不属于司法审查范围(指导案例 10 号)。

② 在马成诉藏梅股权转让侵权纠纷案(〔2006〕城民初字第 1155 号、〔2007〕城民再字第 4 号、〔2007〕同民终字第 469 号、〔2009〕晋民再终字第 55 号、〔2011〕民提字第 225 号)中,法院裁判摘要认为,公司未设立董事会情形下产生的董事会纪要并非公司董事会决议。在没有证据证明公司设立董事会的情况下所形成的董事会纪要,不能代表公司的决定,为参与制作者的个人行为,发生的法律后果由个人承担。

得对相关事项的表决行使表决权，也不得代理其他董事行使表决权。《公司法》第124条规定了上市公司关联董事的回避制度，董事会会议由过半数的没有关联关系的董事会出席即可举行，董事会会议所作出的决议经无关联关系的董事过半数即可通过。出席董事会的无关联关系的董事人数不足三人时，应将所决议事项提交股东大会审议。

董事会决议应当满足前述规定的条件，董事会会议的召集程序、表决方式合法，内容没有违反法律、行政法规规定和公司章程的规定，即构成有效的董事会决议，如重庆渝发建设有限责任公司董事会决议撤销纠纷案。①

董事会决议效力仅需从形式上对董事会会议召集程序、表决方式是否违反法律、行政法规或者公司章程以及决议内容是否违反公司章程等方面进行审查。公司内部法律关系原则上由公司自治机制调整，司法机关原则上不介入公司内部事务。由于有限公司的特殊性，股东压迫可能通过表面合法的董事会决议表现出来，司法不应对此置之不理。例如，在李建军公司决议撤销纠纷案中，上海二中院认为，涉案董事会的召集程序未违反法律、行政法规或公司章程的规定，召集程序合法。根据佳动力公司章程规定，对所议事项作出的决定应由占全体股东2/3以上的董事表决通过方才有效，董事会决议由三名股东（兼董事）中的两名表决通过，在表决方式上未违反法律、行政法规或公司章程的规定。佳动力公司章程规定董事会有权解聘公司经理，解聘李建军总经理职务的决议内容本身并不违反公司章程。法院应当尊重公司自治，无须审查佳动力公司董事会解聘公司经理的原因是否存在，即无须审查决议所依据的事实是否属实，理由是否成立。

李建军公司决议撤销纠纷案是指导案例10号，作为指导案例简单化处理了案件权利人的诉求，假借公司意思自治为名，机械适用了法条，没有积极应对案件所反映出的股东权的侵害。李建军作为公司的第一大股东，被剥夺总经理职务后，丧失了对佳动力公司实际经营的控制和介入，作为第一大股东的权益受到了严重的侵害。佳动力公司有三名股东，同时也是公司董事，持股第二和第三的两名股东联手，通过董事会决议解聘了第一大股东所担任的公司总经理职务，是一起典型的公司股东之间的斗争。法院通常会尊重公司董事会的商业决策，即所谓的公司自治。但对可能涉及利益冲突的决策，公司法则通常有更高的程序要求，法院也可能进行相应审查。在面临是否需要对公司董事会决议进行审查时，法院应当根据不同情况给予不同处理，而不是一味坚持公司自治。

在股份有限公司的治理结构下，董事会聘任和解聘总经理职务的董事会决议，仅为一个简单的商业决策，通常不涉及公司内部的权力和利益分配。但案涉的佳动力公司则是股东参与公司经营活动的有限责任公司。佳动力公司仅有三名股东，李建军持

---

① 在重庆渝发建设有限责任公司诉四川红光金峰压铸工业有限责任公司董事会决议撤销纠纷案（〔2012〕成郫民初字第2148号、〔2013〕成民终字第3496号、〔2014〕成民再审终字第43号）中，法院裁判摘要认为，董事会决议召集程序、表决方式合法，内容未违反法律、行政法规规定，免除王正全经理职务属于公司自治范畴，判决驳回渝发公司诉讼请求（2014年四川法院商事审判典型案例）。

股 46％为第一大股东,葛永乐和王泰胜分别持股 40％和 14％。三名股东组成公司董事会,葛永乐担任公司董事长、法定代表人,王泰胜担任公司董事和总工程师,李建军担任公司总经理,负责公司日常经营管理活动。在佳动力公司这种有限公司治理结构下,作为公司所有人同时又为公司管理人,公司薪金收入很可能构成了股东事业和主要收入来源。聘任和解聘某个股东所担任的公司职务,不仅为一个简单的商业决策,而构成对股东权益的重新调整和分配,简单适用商业判断规则和《公司法》第 22 条第 2 款的规定,难以妥善解决股东间的纠纷。

第三节 董事会专门委员会

董事会专门委员会主要是指股份有限公司董事会的内设机构。有限责任公司规模较小,董事会通常不设立专门委员会,但规模较大的有限责任公司,董事会也设立各种专门委员会。股份有限公司,特别是上市公司董事会,承担执行股东大会会议决议和公司日常事务的决策和领导工作,在董事会下设立若干专门委员会作为董事会决策管理的参谋机构和咨询机构,保证了董事会决策和管理的科学性。

一、专门委员会制度

董事会专门委员会起源于董事会规模的扩大和功能细化的发展。专门委员会制度是对董事会制度弊端的填补和发展,主要解决两方面的问题。

(1) 董事会的运作效率问题。董事会的结构降低了自身运作的效率,有效的专门委员会可以弥补董事会运行中的各种低效率问题。内部董事主导的董事会,极易陷入内部人控制、侵占等问题。基于自身声誉及所具有的专业知识,独立董事能够更为独立客观地完成决策和监督任务,独立性成为董事会运作的判断标准。现代公司经营活动的复杂性,导致独立董事的专业知识向公司部门转化存在困难,独立董事在公司中的工作时间有限,内外部董事之间的沟通存在障碍加剧了信息不对称,同时,独立董事可能会加重董事会运作的成本,降低董事会运作的效率。委员会设立和运行有效性的重要体现,就是提高了董事会的治理效率。为保证委员会的客观公正,由内外部董事共同组成委员会有助于促进双方沟通和协作,缓解董事会中的信息不对称问题。

(2) 董事会会议体机构问题。董事会作为一种会议体机构存在固有缺陷。董事会决策职能集中体现在对已有议案的表决,而议案的形成需要大量的前期广泛深入的调研。董事会监督职能需要对被监督者的日常工作进行考察评估,仅靠每年数次的董事会议难以实现。解决缺陷才能确保董事会的运作效率。专门委员会作为董事会会议体机构的有效补充,作为常设机构在董事会闭会期间草拟和提出供会议表决的议案,同时对经理层日常活动进行考察评估并向董事会会议报告。

专门委员会是董事会职能分工的细化,一方面代表董事会负责某个领域相对独立的日常运作和决策,另一方面对某个领域内的重要决策向董事会提供咨询和建议,实际上是独立董事制度的延伸,有助于提高董事会运作的独立性、有效性和风险的可控性。在董事会中独立董事占少数的情形下,专门委员会成为提高我国上市公司董事会独立性和有效性的制度安排。董事会分工细化的成效,取决于专门委员会职能是否真正落实到位,但我国上市公司专门委员会运作实际上并未达到制度的设计效果。①

董事会通常设立的专门委员会主要有审计委员会、薪酬和考核委员会、提名委员会、战略委员会和投资委员会等,其中审计委员会、薪酬和考核委员会以及提名委员会主要履行对内部人的监督职能,统称为监督委员会;战略委员会和投资委员会是在强化董事会的决策和咨询功能的基础上提高公司生产率,统称为生产率委员会。公司治理主要强调董事会对经理层的监督功能,审计委员会、薪酬和考核委员会以及提名委员会较为常见,世界各国的证券交易所均要求上市公司建立前述具有监督功能的专门委员会。

监督职能是独立董事制度的核心价值所在,独立董事应当在选择、监督、考核、奖励和惩罚经理层方面发挥其应有的作用,以减少经理层和股东之间的利益冲突,从而提高公司效益。由于独立董事核心价值所具有的监督职能,美国公司治理理论认为董事会所设立的审计、报酬和提名等监督性委员会应全部由独立董事组成。

我国《公司法》并未有董事会专门委员会的规定,董事会专门委员会制度源于我国上市公司的独立董事制度。有关董事会专业委员会制度的规定主要见于证券监督管理机构的部门规章,即《关于在上市公司建立独立董事制度的指导意见》和《上市公司治理准则》。根据《关于在上市公司建立独立董事制度的指导意见》的规定,董事会可以设立审计、提名、薪酬与考核三个委员会,且在委员会中独立董事应占半数以上。根据《上市公司治理准则》的规定,董事会可以根据股东大会的决议,设立战略、审计、提名、薪酬与考核四个委员会,但审计、提名、薪酬与考核委员会中的独立董事应占多数并担任召集人。《上市公司治理准则》构建了董事会专业委员会的基本制度。

二、专业委员会类型

根据《上市公司治理准则》的规定,上市公司董事会可以设立战略、审计、提名、薪酬与考核等专门委员会。董事会专门委员会成员全部由董事组成,其中审计委员会、提名委员会、薪酬与考核委员会中独立董事应占多数并担任召集人。

（一）战略委员会

战略委员会是董事会按照股东大会决议设立的、对公司长期发展战略规划进行研究并提出建议的专门公司机构。战略委员会对董事会负责,委员会的提案提交董事会审议决定。战略委员会由三名以上董事组成,其中至少有一名独立董事,董事长为战

---

① 董事会专门委员会的制度设计没有到达预期效果,主要原因是专门委员会的运作缺乏内在动力。具体而言,一是上市公司只是基于公司上市的法定形式要求而设立专门委员会,公司本身并没有运作专门委员会的实际需求;二是审计、提名、薪酬与考核等委员会的成员中独立董事要求过半数并由独立董事担任召集人,而过低的薪酬制度难以使独立董事有充足的时间和精力来真正运作专门委员会,即缺乏运作专门委员会的内在动力。

略委员会的召集人。

战略委员会的主要职责是对公司长期发展战略和重大投资决策进行可行性研究并提出建议，从而确立公司的中长期发展方向。战略委员会职责主要有以下两个方面：

（1）公司经营目标和中长期发展战略的研究和审议。战略委员会研究、拟订并审议公司经营目标及中长期发展战略，包括但不限于开发产品战略、技术发展路径、市场战略、投资战略、营销战略、人才战略并提供建议。

（2）重大事项方案的研究和初步审议。战略委员会应对公司章程规定的应当经董事会批准的重大投资、重大资本运作、资产经营项目、融资方案进行研究和初步审议，对影响公司发展的重大问题进行研究并提出建议。

战略委员会每年至少召开两次会议，并在会议召开前七日通知全体委员。会议由召集人主持，召集人不能出席时可委托其他一名委员（独立董事）主持。战略委员会会议应由 2/3 以上的委员出席方可举行，实行一人一票的表决原则，会议决议应当经全体委员过半数通过。战略委员会会议表决方式有举手表决和投票表决两种方式，临时会议可以采取通讯表决的方式召开。战略委员会可以聘请中介机构为其决策提供专业意见，所有的费用应当由公司支付。战略委员会会议应当有记录，出席会议的委员应当在会议记录上签名；会议记录由公司董事会秘书保存。战略委员会会议通过的议案及表决结果，应以书面形式报公司董事会。

（二）审计委员会

审计委员会，又称为审计和财务委员会，是指董事会按照股东大会决议设立的，负责公司内部控制的监督、审查和公司审计工作的专门工作机构。审计委员会是董事会内设的专门委员会，对董事会负责并向董事会报告工作，是董事会专门委员会中最为重要的机构。鉴于我国上市公司财务造假现象较为普遍，审计委员会的设立是非常必要的。

审计委员会应当有效地监督公司的外部审计，指导公司内部审计工作，促进公司建立有效的内部控制并提供真实、准确、完整的财务报告。审计委员会是董事会一个内部监督机构，主要负责公司有关财务报表披露和内部控制过程的监督。从公司董事会内部，审计委员会对公司的信息披露、会计信息质量、内部审计及外部独立审计建立起一个控制和监督的职能机制。

独立董事的核心价值是对上市公司董事会和经理层进行有效的监督，而审计委员会正是独立董事履行监督职能最主要的工具。审计委员会至少应由三名以上董事组成，独立董事委员应当占半数以上。审计委员会成员均应具有能够胜任审计委员会工作职责的专业知识和商业经验。审计委员会设召集人一名，由独立董事担任，负责主持委员会工作。审计委员会召集人应具备会计或者财务管理相关的专业经验。

审计委员会的职责包括监督及评估外部审计机构工作和指导内部审计工作两个方面。

（1）审计委员会监督及评估外部审计机构工作。评估外部审计机构的独立性和专业性，特别是由外部审计机构提供非审计服务对其独立性的影响；向董事会提出聘请或者更换外部审计机构的建议；审核外部审计机构的审计费用及聘用条款；与外部审计机构讨论和沟通审计范围、审计计划、审计方法及在审计中发现的重大事项；监督和评估外部审计机构是否勤勉尽责。

（2）审计委员会指导内部审计工作。审阅公司财务报告和年度内部审计工作计划；对财务报告的真实性、完整性和准确性发表意见；督促公司内部审计计划的实施；审阅内部审计工作报告，评估内部审计工作的结果，督促重大问题的整改；指导内部审计部门的有效运作。

公司内部审计部门应当向审计委员会报告工作。公司内部审计部门提交给公司管理层的各类审计报告、审计问题整改计划和整改情况，应当同时报送董事会审计委员会。董事会审计委员会认为必要时，可以聘请中介机构提供专业意见，有关费用由公司承担。公司聘请或者更换外部审计机构，应当由董事会审计委员会形成审议意见并向董事会提出建议后，董事会方可审议相关议案。

董事会审计委员会会议分为定期会议和临时会议，会议由审计委员会召集人召集和主持。审计委员会召集人不能或者不履行职责时，应指定一名独立董事委员代为履行职责。审计委员会每年应当至少召开四次定期会议。审计委员会可根据需要召开临时会议。当有两名以上审计委员会委员提议时，或者审计委员会召集人认为有必要时，可以召开临时会议。审计委员会会议须有2/3以上的委员出席方可举行。审计委员会委员须亲自出席会议，并对审议事项表达明确的意见。委员因故不能亲自出席会议时，可提交由该委员签字的授权委托书，委托其他委员代为出席并发表意见。授权委托书须明确授权范围和期限。每一名委员最多接受一名委员委托。独立董事委员因故不能亲自出席会议的，应委托其他独立董事委员代为出席。

审计委员会向董事会提出的审议意见，应当经全体委员过半数通过。因审计委员会成员回避无法形成有效审议意见的，相关事项由董事会直接审议。审计委员会认为必要时，可以邀请外部审计机构代表、上市公司监事、内部审计人员、财务人员、法律顾问等相关人员列席委员会会议并提供必要信息。审计委员会会议应当制作会议记录，出席会议的委员及其他人员应当在委员会会议记录上签字。审计委员会会议通过的审议意见，应当以书面形式提交公司董事会。

（三）提名委员会

提名委员会，是指董事会按照股东大会决议设立的，负责对公司董事和经理人员的人选、选择标准和程序进行选择并提出建议的专门工作机构。科学的选聘机制是最佳公司治理结构形成的前提，应通过公开选聘公司管理人员，保证经理层的能力和品质。提名委员会的设立，有助于提高管理服务市场的效率。

提名委员会应当由三名以上董事组成，独立董事应占多数。提名委员会设召集人一名，由独立董事委员担任，负责主持委员会工作。提名委员会对董事会的规模和构

成,向董事会提出建议,建议新董事的提名程序、向董事会提名新董事候选人和经理人选。提名委员会的主要职责为:

(1)董事会规模和结构的建议。提名委员会根据公司经营活动情况、资产规模和股权结构对董事会的规模和构成,向董事会提出建议。

(2)董事、高管选任标准和程序的研究。提名委员会应当研究董事、经理人员的选任标准和程序,向董事会提出董事、经理人员选任标准和程序的建议。

(3)董事、高管人选的推荐和审查。提名委员会向董事会推荐合格的董事和经理人员的人选,对董事候选人和经理人选进行审查并提出建议。

提名委员会每年至少召开两次会议,应在会议召开前七日通知全体委员,会议由召集人主持。会议应由 2/3 以上委员出席方可进行,会议实行一人一票的表决原则,决议由全体委员过半数通过。会议表决方式有举手表决和投票表决两种方式,临时会议可以采取通讯表决的方式召开。

(四)薪酬与考核委员会

薪酬与考核委员会是指董事会按照股东大会决议设立的,负责制订公司董事及经理人员的考核标准并进行考核以及制订、审查公司董事及经理人员的薪酬政策与方案的专门工作机构。合理的激励机制能激发经理层内在的工作动力,是实现公司治理结构的关键。董事和经理层的薪酬与公司业绩挂钩的薪酬体系,有助于刺激董事和经理层提高公司业绩。薪酬与考核委员会负责监督和考核公司高级管理人员的薪酬。

薪酬与考核委员会应由三名以上董事组成,独立董事应占多数。薪酬与考核委员会设召集人一名,由独立董事委员担任,负责主持委员会工作。薪酬与考核委员会的主要职责为:

(1)公司薪酬计划的制订。根据公司董事、高级管理人员管理岗位的主要范围、职责、重要性以及其他相关公司相关岗位的薪酬水平,薪酬与考核委员会制订公司薪酬计划。薪酬计划主要包括但不限于绩效评价标准、程序、主要评价体系,以及奖励和惩罚的主要方案和制度等。

(2)对董事和高管的监督和评价。薪酬与考核委员会审查公司董事(非独立董事)及高级管理人员履行职责的情况并对其进行年度绩效考评,监督公司薪酬制度执行情况。

薪酬与考核委员会每年至少召开两次会议,并在会议召开前七日通知全体委员,会议由召集人主持,召集人不能出席时可委托其他一名委员(独立董事)主持。薪酬与考核委员会会议应由 2/3 以上的委员出席方可举行;每一名委员有一票的表决权;会议作出的决议,必须经全体委员过半数通过。薪酬与考核委员会会议表决方式有举手表决和投票表决两种方式,临时会议可以采取通讯表决的方式召开。

三、专门委员会制度的现状

专门委员会制度作为董事会职能的细化和独立董事制度的延伸,不是一种独立的制度安排。专门委员会的运作与上市公司董事会制度、公司治理结构、股权结构以及整个证券市场的法律和制度环境、社会文化关系密切。我国上市公司治理现状和外部制度环境的状况，强制要求上市公司均在形式上建立专门委员会制度，实际上并不能真正提高董事会运作的独立性和有效性。独立董事制度的不断成熟、上市公司独立董事数量和所占比重的渐次增加，是专门委员会制度构建的基础和完善的条件。

董事会专门委员会制度是单层董事会制度下独立董事制度监督机制的延伸，而监事会制度则是双层董事会制度下的监督机制。我国监事会普遍未能有效承担起监督董事会和经理层的职责，导致公司内部监督机制严重缺失。上市公司在独立董事制度和专门委员会制度方面进行了大胆的探索，但仍不具备以独立董事制度取代监事会制度的条件。我国现实中较为可行的替代方案，是允许公司根据自身情况在单层董事会制度与双层董事会制度之间作出选择，即公司可以选择采用独立董事和专门委员会的单层董事会制度，也可以选择采用董事会和监事会并存的双重董事会制度。

董事会专门委员会制度引入的初衷是提高我国上市公司董事会运作的独立性和有效性，而我国上市公司将专门委员会制度作为法定要求引入公司治理之中。不论条件是否具备，我国上市公司均在形式上建立了至少四个专门委员会，而实际上却无任何实质性的运作。董事会专门委员会的运作是有条件和成本的，公司应在成本和收益两个方面进行权衡。我国上市公司治理现状仍不具备建立董事会专门委员会制度的条件，主要有如下两个方面的原因：

（1）专门委员会制度构建基础缺失。董事会专门委员会制度是以独立董事制度为前提的，独立董事不具备独立性以及董事会中独立董事占比过低，从而使专门委员会制度建立的基础缺失。独立董事的独立性从建立之初一直备受质疑，而法定的独立董事数量仅为董事会全体董事的 1/3，大多数上市公司独立董事的数量仅为满足法定要求而已，大多为三至四名独立董事，[①]并未建立真正具有监督机制的独立董事制度。

（2）专门委员会制度运作基础缺失。董事会专门委员会制度的运作基础是董事会制度、公司治理结构、公司股权结构以及整体法制环境与社会文化传统。董事会制度的不完善、公司治理结构的不完整、公司股权结构的不合理等造成了专门委员会运作基础的缺失。此外，独立董事和专门委员会的信息知情权和调查权难以实际行使，导致专门委员会运行的基础缺失，使专门委员会职权虚化，专门委员会制度空转。

第四节　公 司 董 事

董事（director，member of the board）是指对外代表公司、对内执行公司业务的公司常设机构的成员。董事构成董事会，既是董事会的基本要素，也是公司治理结构的

---

① 中海集装箱运输股份有限公司（中海集运）是我国上市公司中在形式上独立董事制度较为完善的，独立董事数量三倍于执行董事，有独立董事 9 名、非执行董事 5 名、执行董事 3 名。

核心。董事有执行董事和非执行董事之分,非执行董事又有非独立执行董事和独立执行董事之分。

董事执行职务行为是以董事会的形式进行的,董事个人不享有任何单独的权力,即董事行为为董事会所吸收,但董事仍需对个人行为承担法律责任。董事应对执行职务时违反忠实义务和注意义务的行为承担损害赔偿责任。

一、董事任职资格

董事任职资格是指担任公司董事应当具备的各种条件,如能力、年龄、学历、持股等。设立董事任职资格是为确保董事具有优良的品质,忠诚而勤勉地为公司及股东的利益服务。董事任职资格有积极资格和消极资格之分,董事任职资格的积极条件是指担任董事应当满足的一般条件;董事任职资格的消极条件是指担任董事不得具备的情形。我国《公司法》仅规定了董事任职的消极资格,董事任职的积极资格主要规定在证券监督管理机构等监管机构的行政规章中。

(1)董事任职的积极资格。《证券公司董事、监事和高级管理人员任职资格监管办法》《保险公司董事、监事和高级管理人员任职资格管理规定》和《关于在上市公司建立独立董事制度的指导意见》等规定了董事任职的积极资格,即学历、相关行业的从业经验等。

(2)董事任职的消极资格。《公司法》第146条规定了不得担任公司董事的四种情形:无行为能力人或者限制行为能力人;因侵犯财产罪、贪污贿赂罪等被判刑罚或者因犯罪被剥夺政治权利而执行期满未逾五年;对公司破产负有个人责任的董事而破产清算完结之日起未逾三年;个人所负数额较大的债务到期未清偿。此外,1993年《公司法》第58条规定,国家公务员不得兼任公司董事。

世界各国对董事的选任有不同的标准,学历、民族、种族、社会习俗等也可能影响董事的选择,如20世纪70年代英国许多大公司的董事任职资格要求必须具有贵族称号,60年代美国公司的董事任职资格要求倾向于具有哈佛、耶鲁、宾夕法尼亚大学等商学院背景的毕业生。

二、董事身份

关于法人能否成为公司董事,即公司董事是否仅限于自然人,世界各国和地区有两种不同的立法例:

(1)公司董事可以是自然人和法人。法国、英国以及我国香港、澳门和台湾地区的立法均明文规定法人可以成为公司董事。董事可以是自然人,也可以是法人,但法人为董事时应指定具有完全行为能力的自然人为代理人。例如,《法国商法典》第91条规定法人可以成为公司董事,我国台湾地区"公司法"第27条第1项规定:"政府或法人为股东时,得被推为执行业务股东或当选为董事或监察人。但须指定自然人代表行使职务。"

（2）公司董事仅为自然人。德国、美国、加拿大等国的立法中明确规定，公司董事仅限于自然人，排除了法人担任董事的可能。例如，美国《特拉华州公司法》明确规定董事应当是自然人。德国《股份公司法》第76条第3款明确规定："董事会成员只能是具有完全行为能力的自然人。"

日本、韩国等国立法并没有明确禁止法人担任董事。我国法律并未禁止法人成为公司董事，也没有明文规定董事仅限于自然人，但根据《公司法》相关条文的规定，[①]董事应仅限于自然人，法人不得为董事。也就是说，我国《公司法》采纳了第二种立法例。

我国公司董事仅限于自然人，可以由股东担任，也可以由非股东担任。我国《公司法》对董事是否持有公司的股权或者股份没有限制性规定，《上市公司章程指引》则明确规定董事无须持有公司股份。但是《公司法》第141条规定，董事应当向公司申报所持有的本公司的股份及其变动情况，在任职期间每年转让的股份不得超过其所持有本公司股份总数的25％。在离职后半年内，董事不得转让其所持有的公司股份。

三、董事分类

董事有广义和狭义之分，我国《公司法》规定的董事仅为狭义上的董事，即正式董事。英美法系国家的公司董事则为广义上的，即以任何称谓处于董事地位的任何人。[②]董事有两种不同的分类方式：一是正式董事、事实董事和影子董事；二是执行董事和非执行董事。

（一）正式董事、事实董事和影子董事

公司董事有正式董事与非正式董事之分，非正式董事又有事实董事与影子董事两种形式。

（1）正式董事。正式董事是指经公司股东会选任并履行法定职责的董事。正式董事是相对于事实董事和影子董事而言的，是通过正当法律程序经股东会选举产生的法定董事。

（2）事实董事。事实董事是指那些执行董事事务、行使董事权利但不是法律上的董事会成员的董事。事实董事未经股东会正式选任，没有执行公司事务的资格。事实董事虽然未经正式任命，但承担正式董事所要承担的义务，行使正式董事享有的部分权力。在我国公司实务中，非公司董事指挥董事、操控董事会的情况时有发生。事实董事是英美法系国家通过判例确立的概念，各国对事实董事并未形成一个统一的概念，事实董事的确立旨在保护与公司交易善意第三人的利益。

（3）影子董事。影子董事是指不具有董事资格但按照其在公司中的地位享有董事权利的人，如当母公司控制子公司达到一定程度时，子公司董事通常根据母公司的

---

① 我国1993年《公司法》第57条和第58条以及现行《公司法》第146条的规定均仅适用于自然人，从而排除了法人成为董事的可能。

② 如香港《公司条例》第2条规定："……'董事'包括以任何名称担任董事职位之人……"

指令行事,母公司即为影子董事。影子董事的产生主要有两种情形:一是大股东为避免个人承担责任而拒绝成为董事,但在幕后履行董事职责或者操控公司董事会;二是原董事因破产或者其他原因而丧失董事资格,但仍然操控公司董事会。

我国大部分公司股权相对集中,特别是作为公众持股的上市公司,存在控股股东的现象较为普遍,而控股股东通常是直接或者间接利用董事操控公司。例如,创维集团有限公司前董事长黄宏生 2004 年因犯罪入狱之后,仍然操控创维集团有限公司的运作。

(二)执行董事与非执行董事

执行董事与非执行董事是从工作职责上对董事的分类方式,是对正式董事按照其职责的不同所作的分类,是公司实务中最为常见和最有价值的董事分类方式。

(1)执行董事。执行董事是指在公司经理层担任职务的董事,即承担公司执行职能并负责公司经营管理的董事会成员。执行董事是公司职员,参与公司的日常经营活动。执行董事又称为内部董事,执行董事与非执行董事是相对应的概念,而内部董事是与外部董事相对应的概念。

(2)非执行董事。非执行董事是指不在公司经理层担任职务的董事,即不承担公司执行职能或者公司经营管理事务的董事会成员。非执行董事通常来源于外部,又称为外部董事,包括独立董事。

非执行董事对执行董事起着监督、检查和平衡的作用。非执行董事产生于两种情形:一是作为股东代表监督执行董事和经理层的行为,防止权力被滥用,公司和股东利益受到损害;二是作为外部独立人士,为使公司遵守法律、利益均衡而参与公司决策。

四、董事任期

董事任期有定期和不定期两种形式,定期董事是指将董事的任期限定在一定的期限内,通常不超过三年;不定期董事是指从任职董事之日起满三年改选,可连选连任。

董事任期通常由公司章程予以确定,法律通常会限制董事任职的最长期限。我国《公司法》第 45 条规定,董事任期应由公司章程规定,但每届最高任期不得超过三年,董事可以连选连任,且对董事连任的次数没有任何限制性的规定。

在任职期满之前,董事可以辞职。董事在任职期满之前辞职或者董事任期届满但未及时改选,在改选出的董事就任前,原董事仍然按照法律、行政法规和公司章程的规定,履行董事职务。

董事任期可以实行交叉制,即交叉到期的董事会任期制。由于董事在不同年度选举产生,任期到期年限也不同,董事的改选是交叉进行的,董事会成员改选数量受到公司章程的限制,通常每年仅改选 1/3 的董事,这是一种典型的反收购策略。在股权分散的情况下,董事会很可能成为公司权力的核心,即所谓的董事会中心制。对董事会的控制是实现控制公司的重要手段,董事交叉任期制可以防止股东迅速控制董事会。收购方理论上可以通过修改章程以实现对董事任期安排的修改,但对公司章程的修改需要 2/3 以上表决权,而股权分散的情况下获得 2/3 以上表决权的难度较大。此外,董事任期的交叉制可以有效阻止累积投票制的效果,为控股股东控制董事会创造条件。

董事选举有普通投票制和累积投票制两种方式。我国董事的选举采纳普通投票制,实行一股一票原则,有利于大股东,从而易出现大股东控制董事会的局面,对中小股东极为不利。我国法律、行政法规鼓励股份有限公司董事选举采纳累积投票制,如《公司法》第 105 条。累积投票制允许股东将其在选举每位董事上的表决票数累加,即股东的总票数为其持有股份决定的表决权票数乘以应选举的董事人数,股东可以选择将总票数集中投给某一位或者几位候选人。累积投票制有效地避免了普通投票制下董事会成员全部是大股东控制的局面,使中小股东的代理人可以加入董事会。

根据《公司法》第 37 条规定,股东会、股东大会有权任免董事(职工董事除外)职务,且没有规定免除董事(职工董事除外)职务存在任何前提性条件。换言之,股东会、股东大会可以无因免除董事职务,但职工董事除外。在涉及解除董事职务的纠纷时,司法裁判结果却各不相同,从而司法裁判标准和依据缺乏统一标准。《公司法司法解释(五)》第 3 条进一步明确了公司与董事的关系,公司可以随时解除董事(非职工董事)职务,即股东会、股东大会可以无因免除非职工董事职务。在公司实务中,如需免除某位董事(非职工董事)职务,公司可以直接依据《公司法》的规定依法召开股东会、股东大会进行决议,而无须任何解除理由。公司法理论与司法实践已经基本确认了公司与董事之间的委托关系,即对于经股东会的选任决议和董事同意任职而成立的合同法上的委托合同,双方均有任意解除权。也就是说,公司可以随时解除董事职务,无论任期是否届满,董事也可以随时提出辞职。为平衡双方利益,公司解除董事职务的应对其进行合理补偿,以保护董事的合法权益,并防止公司无故任意解除董事职务。离职补偿有效的核心要件应当是公平,司法解释强调给付的是合理补偿。

前述情形仅适用于非职工董事职务的免除,而不适用于职工董事职务的免除。根据《公司法》的规定,职工代表担任的董事由公司职工通过职工代表大会、职工大会或者其他形式民主选举产生(国有独资公司的董事会中的职工代表由公司职工代表大会选举产生),而不是由股东会或者股东大会选举产生的。因此,股东会或者股东大会不能直接决议免除职工董事职务。[①]

五、董事权利

董事权利是公司治理中的主要问题,有两个方面的含义:一是作为董事所享有的

---

① 公司任意免除董事职务规则同样不适用于独立董事。如果独立董事的履职行为缺乏相应的制度保障,则难以实现构建独立董事制度的目的。独立董事的履职行为不受上市公司主要股东、实际控制人的影响,能够最大限度地维护中小股东权益和公司整体利益,特别是中小股东的合法权益不受侵害。独立董事履职保障制度可以改变公司决策权力的结构,达到监督、制衡的作用,形成良好的公司治理结构,从而保证公司经营管理者不会背离所有者的目标,促进代理方与委托方利益的一致,提高公司运营效益。

并与职权相伴而生,且不得放弃的权利,如参加董事会、行使决策权等;二是作为董事所享有且可以放弃的权利,如董事报酬请求权等。董事享有的权利如下:

(1)会议召集主持权。董事具有召集并主持股东会会议和董事会会议的权利。股东会会议由董事会召集,董事长主持;董事长不履行或者不能履行职务时,由副董事长主持;副董事长不履行或者不能履行职务时,由过半数以上董事共同推举一名董事主持。

(2)董事会会议出席权和表决权。公司董事会每年至少召开两次定期会议,每次会议应当在召开前十日通知全体董事。董事会会议应有过半数董事出席方可召开。董事会会议决议实行一人一票原则,并经全体董事过半数通过。

(3)临时董事会召开的提议权。代表1/10以上表决权的股东、1/3以上董事或者监事会,可以提议召开董事会临时会议。董事长应当自接到提议后十日内,召集和主持董事会会议。

(4)签字权和免责权。董事会应当将会议所议事项的决定制作成会议记录,出席会议的董事应当在会议记录上签名。董事应当对董事会的决议承担责任。董事会的决议违反法律、行政法规或者公司章程、股东大会决议,致使公司遭受严重损失的,参与决议的董事对公司承担赔偿责任。但经证明在表决时曾表明异议并记载于会议记录的董事可以免除责任。

(5)委托权和监督权。董事会会议应当由董事本人出席,董事因故不能出席,可以委托其他董事代为出席董事会会议,但委托书应载明授权范围。监督权是董事拥有的重要权利,董事对公司业务及经理层甚至公司全体职员的职务行为享有监督权。

六、董事义务

董事在享有权利的同时,也承担法律义务,即忠实和勤勉义务。忠实义务和勤勉义务构成公司董事的两大法律义务。忠实义务的着重点是董事行为的目的及作出决策的出发点是否正确,是否是为了公司的利益最大化;勤勉义务的着重点则是董事行为本身和作出决策的过程是否尽心、尽职。《公司法》第147条规定董事应对公司负有忠实义务和勤勉义务,如在四川省安泰建设有限责任公司损害公司利益责任纠纷案中,[①]绵阳中院判决公司董事违反了公司高管的忠实、勤勉义务,应当承担损害赔偿责任。

---

① 在四川省安泰建设有限责任公司诉王天雄等损害公司利益责任纠纷案(〔2013〕盐民初字第1042号、〔2014〕绵终字第371号)中,法院裁判摘要认为,王天雄在任安泰公司董事长及法定代表人期间,违反公司章程规定,在未经公司董事会集体讨论决定的情况下,将安泰公司承建工程违法转包给没有建筑资质的个人承包,导致公司利益受到损害,违反了公司高管的忠实、勤勉义务,应当承担赔偿责任(2014年四川法院商事审判典型案例)。

（一）董事的忠实义务

董事忠实义务是指在执行公司业务时，董事应当将公司利益作为自己行为的最高准则，不得追求自己和他人利益。英美法系公司法通过判例法确认了董事忠实义务来源于董事代理人和受信托人的地位，大陆法系公司法董事忠实义务来源于董事受托人地位。董事因公司信赖而负有诚信、忠实、谨慎与勤勉等义务。忠实义务的核心内容，是公司董事不能利用董事身份侵占和损害公司而谋求私利。除了挪用公款、收受贿赂、滥用公司财产等过错行为之外，还包括董事不能与公司竞争、不能利用公司机会、不能泄露公司机密、不能从事内幕交易和必须公正处理有利益冲突的交易，如中冶全泰（北京）工程科技有限公司损害公司利益纠纷案。[①] 董事忠实义务主要表现在如下四个方面：

（1）公司利益侵害的禁止。董事侵占公司财产、挪用公司资金等行为违反忠实义务。公司对其全部财产享有所有权，公司财产独立于股东、董事、监事和高管，法律禁止董事等人侵占公司财产。董事违反法律、公司章程规定的权限和程序，侵占公司财产、擅自将公司资金挪作他用的行为，均为构成刑事犯罪的行为，如《刑法》第 271 条规定的职务侵占罪、第 272 条规定的挪用资金罪。

（2）自我交易行为的禁止。董事对外代表公司，董事与公司进行交易，属于民法中的自己代理行为。自己代理行为可能会损害公司利益，违反董事忠实义务，属于法律所禁止的行为。[②] 自我交易行为为传统公司法所禁止，但现代各国公司法则是有条件的许可。董事应预先披露交易的相关信息，并经过股东会批准，董事与公司之间的交易方为有效。[③]

（3）公司机会篡夺的禁止。公司机会篡夺的禁止是指禁止公司董事、高级职员或者管理人员将公司拥有的期待利益、财产利益或者财产权利的交易机会予以篡夺自用。禁止篡夺公司机会原则是英美法系国家公司法的一项重要原则，是公司高级管理人员忠实义务的重要内容。我国《公司法》第 148 条第 5 款规定了禁止篡夺公司机会，但没有规定公司机会的具体认定标准。公司机会认定标准的立法缺失，既给司法审判实践带来混乱，[④]又不利于行为人预测自己的行为后果。公司机会的认定标准是公司

---

① 在中冶全泰（北京）工程科技有限公司诉丛爱民等公司高级管理人员损害公司利益赔偿案（〔2009〕海民初字第 3189 号、〔2010〕一中民终字第 10249 号）中，法院裁判要旨认为，《公司法》第 148 条规定，董事、监事、高级管理人员应当遵守法律、行政法规和公司章程，对公司负有忠实义务和勤勉义务。第 149 条规定，董事、高级管理人员不得未经股东会或者股东大会同意，利用职务便利为自己或者他人谋取属于公司的商业机会，自营或者为他人经营与所任职公司同类的业务。公司总经理违背忠实义务侵犯公司的商业机会，由于其属于公司高级管理人员，其行为违反了法定义务，应当赔偿公司损失。

② 参见郑云瑞：《民法总论》（第八版），北京大学出版社 2018 年版，第 405 页。

③ 参见赵旭东主编：《公司法学》（第四版），高等教育出版社 2015 年版，第 312 页。

④ 在公司机会篡夺纠纷案件中，法院通常驳回原告的诉讼请求。参见侯怀霞：《我国"禁止篡夺公司机会原则"司法适用研究》，载《法商研究》2012 年第 4 期。

机会规则篡夺的核心。例如,在孙茂才损害公司利益责任纠纷案中,① 山东高院认为,认定董事违反忠实义务,利用职务便利谋取属于所任职公司的商业机会,或者经营与所任职公司同类的业务,有两个前提条件:一是担任公司董事并实际从事公司的经营决策等管理行为;二是未经过股东会同意实施同类经营行为。候小滨虽为山东圣鲁制药有限公司董事,但未参与公司经营决策。自山东圣鲁制药有限公司设立以来,候小滨从未参与公司经营管理活动,候小滨与山东圣鲁制药有限公司之间仅为药品委托加工关系。

（4）竞业禁止。竞业禁止是指董事不得自营或者为他人经营与其任职公司经营业务相同或者相类似的行业,即董事不得将自己置于职责与个人利益相冲突的地位或者从事损害本公司利益的活动。竞业禁止是规范董事为自己或者他人从事与所任职公司具有竞争性的活动。董事竞业禁止的内容有以下四个方面:

一是董事不得自营或者为他人经营。自营是指以自己名义进行的竞业行为;为他人经营是指作为第三者的代理人或者代表进行的竞业行为。从事同类营业,董事则极有可能利用职务的便利或者利用所获得的商业秘密与公司开展竞争业务,为自己谋取私利,损害公司的合法权益。

二是董事不得经营与所任职公司同类的业务。同类业务可以是完全相同的商品或者服务,也可以是同种或者类似的商品或者服务。禁止营业的范围应当与公司实际进行的营业相对应,那些即使公司章程有明确记载但公司未经营的业务,则不属于被禁止的竞争营业。

三是竞业禁止的地域。董事经营属于公司营业种类的业务,但由于营业地域不同,公司在该地区完全不进行营业活动或者完全没有开始进行营业活动准备时,则不属于竞业禁止的范围。

四是董事竞业禁止的时间。根据诚实信用原则所产生的后合同义务,董事的竞业禁止并非随着委任合同的终止而终止。世界各国制定法对董事竞业禁止的时间界限没有明确规定,但判例法认为董事卸任后仍不得利用曾任职公司的有关无形资产为自己谋利益,董事竞业禁止的时间应当持续到委任合同终止后一段合理时间。

（二）董事的勤勉义务

董事勤勉义务,又称注意义务,是指董事在管理公司事务过程中负的运用自己的知识、经验、技能和勤勉,从而达到法律规定的标准的义务。勤勉义务要求董事应当尽心尽职地履行对公司的职责,以实现公司利益的最大化。根据法律、行政法规、公司章程的规定,董事应当积极、勤奋履行职责,负有维持公司正常经营活动的谨慎和合理

---

① 在孙茂才诉侯小滨、山西联邦制药有限公司、江西希尔康泰制药有限公司、山东希尔康泰药业有限公司损害公司利益责任纠纷案（〔2012〕济商初字第 26 号、〔2016〕鲁民终 1454 号）中,法院裁判摘要认为,根据《公司法》第 148 条的规定,董事、高级管理人员不得在未经股东会同意时,利用职务便利为自己或者他人谋取属于公司的商业机会,自营核准为他人经营与所任职公司同类的业务。董事违反忠实义务是指董事利用职务便利谋取属于所任职公司的商业机会,或者经营与所任职公司同类的业务。

注意义务。例如,在北京怡和百生科贸有限公司损害公司利益责任纠纷案中,[①]法院判决认为勤勉义务规则既是与公司董事权利相辅相成的义务,也是公司因商业风险而遭受损失时董事借以抗辩、维护自身合法权益的依据。

勤勉义务,大陆法系国家称为"善良管理人的注意义务"或者"善管义务",而英美法系国家则称为"注意义务"。勤勉义务有四种不同的标准:

（1）普通宽松勤勉标准。以美国公司法为代表,董事仅需对公司事务尽到普通勤勉义务即可,董事无重大过失行为,不应对公司损失承担任何赔偿责任。

（2）普通勤勉标准。以英国公司法为代表,董事应当尽到普通谨慎人的合理注意,董事勤勉义务的标准因董事类型而有所不同。[②]

（3）严格勤勉标准。严格勤勉又称为高度勤勉,以德国和法国公司法为代表。董事应当避免任何过失行为,否则,应当承担赔偿责任。

（4）特殊勤勉标准。特殊勤勉介于普通勤勉与严格勤勉之间,以日本公司法为代表。董事对公司负有善良管理人的勤勉义务,但善意且无重大过失的董事承担在法定数额之内的赔偿责任。

勤勉义务标准与各国的诉讼制度关系密切,诉讼机制发达的国家对董事的勤勉标准要求低;反之,勤勉义务标准则高。美国董事诉讼机制最为发达,对董事的勤勉要求则最为宽松;德国董事诉讼不发达,通常以行政甚至刑事制裁来取代民事责任,对董事勤勉义务的要求最为严格。

董事勤勉义务的严格要求,可能造成董事经营上的谨小慎微与保守,不利于最大限度地维护公司和股东的根本利益。在强化董事责任诉讼机制的同时,制度设计应当适当放松对董事勤勉标准的要求,鼓励董事的大胆创新行为。例如,在斯曼特微显示科技(深圳)有限公司损害公司利益责任纠纷案中,[③]广东高院认为,董事勤勉义务,一方面要求董事按照法律、行政法规和公司章程规定,积极履行职责;另一方面要求董事尽其所能为公司利益服务,即充分发挥自己的聪明才智,勤勉尽责,实现公司利益的最大化。董事会职责范围即为董事勤勉义务范围。在股东未全面履行出资义务时,董事或因协助股东抽逃出资,或因负有监督职责而未履行,或因对增资未尽忠实勤勉义务等情形而承担相应责任,但不应将股东未全面履行出资义务的责任归因于公司董事。如果董事仅仅只是怠于向未全面履行出资义务的股东催缴出资,以消极不作为的方式未尽忠实勤勉义务,而该不作为与公司所受损失之间没有直接因果关系,那么要求董事对股东未履行全面出资义务承担责任,则缺乏事实和法律依据。

---

① 在北京怡和百生科贸有限公司诉刘秋曼损害公司利益责任纠纷案(〔2011〕东民初字第 00883 号)中,法院裁判摘要认为,公司高级管理人员应当遵守法律、行政法规和公司章程,对公司负有忠实义务和勤勉义务;公司高级管理人员执行职务时违反法律、行政法规或者公司章程的规定,给公司造成损失的,应当承担赔偿责任。

② 如不具有专业资格和经验的非执行董事,只要尽到自己最大的努力即可;执行董事和具有专业资格或者经验的非执行董事,则需要尽到同类专业人员应该履行的技能和注意。

③ 在斯曼特微显示科技(深圳)有限公司诉胡秋生、薄连明、史万文、贺成明、王红波、李海滨损害公司利益责任纠纷案(〔2015〕深中法破初字第 8 号、〔2016〕粤民破 70 号)中,法院裁判摘要认为,出资义务是股东的基本义务,而不是公司董事的法定义务。在股东未全面履行出资义务时,董事或因协助股东抽逃出资,或因负有监督职责而未履行,或因对增资未尽忠实勤勉义务等情形而承担相应责任,但不应将股东未全面履行出资义务的责任归因于公司董事。

第十八章　公司监事会

现代公司制度使得所有权与经营权产生分离,出现了股东对公司管理层进行监督的需求,监事会制度应运而生。监事会制度是以公司决策、执行、监督等活动形成的内部制衡机制中不可缺少的组成部分,作为公司治理结构的重要组成部分,监督权的行使是保障现代公司良性运转的必要条件。

第一节　监　事　会

由于历史传统、经济文化等方面的差异,两大法系形成不同的公司监督制度,独立董事是英美法系公司的监督制度,而监事会是大陆法系的监督制度。大陆法系的监事会制度差异较大,各国公司法对监事会的设置、职能等有不同的规定。

一、监事会的概念

监事会(board of supervisors)是指由股东会和职工代表大会选举产生的监事共同组成,负责监督公司经营管理活动的专门机构。根据《公司法》的规定,监事会由股东代表和职工代表两部分组成,其中职工代表不低于 1/3,职工代表的比例应由公司章程规定。有限责任公司监事会至少由三名以上监事组成。股东人数较少或者规模较小的有限责任公司,可以不设监事会,但应设一或二名监事。股份有限公司设立监事会,监事会成员不得少于三人,由股东代表和职工代表组成,其中职工代表不低于1/3,监事会人数及职工代表比例由公司章程规定。[①] 国有独资公司监事会成员不得少于五人,其中职工代表的比例不得低于 1/3,监事会的人数和职工代表比例由公司章程规定。监事会成员由国有资产监督管理机构委派,监事会主席由国有资产监督管理机构从监事会成员中指定。

---

① 例如,在中证中央企业 100 指数中,万科企业股份有限公司、中国铁建股份有限公司、中国中车股份有限公司、中国联合网络通信股份有限公司、保利房地产(集团)股份有限公司、中金黄金股份有限公司、大唐电信科技股份有限公司、招商局能源运输股份有限公司、中国国际海运集装箱(集团)股份有限公司、深圳华侨城股份有限公司、中航飞机股份有限公司、中航资本控股股份有限公司、中航重机股份有限公司、上海振华重工(集团)股份有限公司、国投电力控股股份有限公司、中国神华能源股份有限公司、中国化学工程股份有限公司、中国铝业股份有限公司、中国冶金科工股份有限公司、中国中煤能源股份有限公司等 20 家上市公司中,监事会仅有 3 名监事,占比为 20%,其他 80 家上市公司的监事会大多数由 5 至 9 名监事组成。

监事会设主席一人，由全体监事过半数选举产生。监事会主席召集和主持监事会会议；监事会主席不能履行职务或者不履行职务的，由半数以上监事共同推举一名监事召集和主持监事会会议。监事每届任期为三年；监事任期届满，连选可以连任。监事任期届满没有及时改选或者监事在任期内辞职，导致监事会成员低于法定人数的，在改选出的监事就任前，原监事仍应当依照法律、行政法规和公司章程的规定履行监事职务。法律明确规定董事、高级管理人员，不得兼任监事。但是，在公司实践中，公司高级管理人员也有兼任监事的情况。①

在公司实务中，大多数公司监事会通常由三名监事组成，由三名监事以上组成的监事会较少。② 规模较大的上市公司，监事会通常由五至九名监事组成，超过九名监事的监事会较少。③ 公司实务中监事会的设置完全是为满足法律形式要件。与股东会和董事会相比，④监事会是形式上的摆设，监事会完全虚化，并无实质意义。独立董事制度的引入，是监事会制度失效的一个例证。

二、监事会制度的形成

监事会制度是大陆法系所特有的制度，大陆法系现代监事会制度来源于德国公司法，德国监事会制度形成和演变的过程，揭示了大陆法系监事会制度的发展历程。德国监事会制度并非随着公司制度产生而产生，对公司监督职能一开始是由其他机构完成的。在 19 世纪中叶之前，由国家承担对公司的监督，监事会概念在理论和实践中非常少见。德国监事会制度起源于 1870 年《新公司法》，该法取消了公司设立的国家许可制度。伴随许可制度的取消，国家也取消了对股份有限公司的监督制度，明确规定股份有限公司必须设立监事会，以维护各方利益。监事会制度应运而生。1884 年《普通德意志商法》修正案对公司设立采取了更为严格的措施，明确和强化了监事会的监督功能，赋予监事会对董事会的监督职能，允许监事会参与公司业务的管理，授予监事会对公司特定业务的批准权。

1929 年的世界性经济危机促进了德国公司法的修订，《1931 年公司法（修正案）》确立了董事会向监事会定期报告的义务，并确定了监事会的组成原则。1937 年公司法进行全面修订，在削弱了股东会权力的同时，强化了董事会权力，使董事会成为管理公司事务的专门机构，限制了监事会权力，禁止监事会参与公司经营管理活动，清晰界定了监事会监督行为与董事会业务执行之间的权力界限。监事会对董事会的监督表现在两个方面：一是监事会可以规定特定类型的公司业务应当报经监事会同意后执行；二是监事会有权选聘或者解任董事职务。

---

① 如万科企业股份有限公司监事会主席解冻，是万科企业股份有限公司的执行副总裁（2014 年 3 月开始任职，连任第八、九届监事会）。

② 在上市公司中，中小盘股的监事会通常由 3 名监事组成，占比应超过 70%。

③ 仅有交通银行股份有限公司的监事会由 13 名监事组成，其中外部监事 2 名，职工监事 4 名。

④ 从上市公司公布的资料看，董事会的人数构成相对合理，虽然法律规定为 5 至 19 人，但绝大部分公司的董事会由 7 至 13 名董事组成，董事会人数在这个区间是较为合理的，有利于董事会的运作。

《1976 年公司法(修订法案)》规定,所有雇员人数在 2000 人以上的公司,监事会应当由半数股东监事和半数雇员监事共同构成,但在实践中似乎并未得到很好的执行。大型股份有限公司监事会成员不少于 20 名,股东监事和雇员监事各占一半。

德国监事会制度是监事会下的董事会制。德国监事会是一个凌驾于董事会之上的监督机构,由股东大会选举的股东监事和雇员委员会推荐的雇员监事各占一半共同组成。德国监事会对公司重大事项进行决策,选举董事会成员,对公司经营、公司财务等进行检查监督。

德国监事会内设各种专门委员会,如西门子公司监事会设立了执行委员会(executive committee)、审计委员会(audit committee)和调解委员会(mediation committee)。

三、监事会模式

公司治理结构通过股东个人、股东会和监事会或者董事会本身对公司经理层进行监督控制,而股东会极易被大股东操控且举行次数非常有限,中小股东过于分散,使得股东会或者个人股东对董事会及经理层的监控失效。世界各国在公司内部的监控重点在于加强董事会或者监事会监督体制的运作。

监事会制度是大陆法系国家特有的,英美法系国家不存在监事会制度。在英美法系国家,独立董事承担监督公司经营管理活动的职责。大陆法系国家的监事会制度,主要有单层制和双层制两种不同的模式。

(一)单层制监事会制度

以意大利、日本、韩国以及我国台湾地区为代表的国家和地区,采纳了单层制监事会制度。在单层制监事会制度中,监事会与董事会均由股东会选举产生,是公司并列机构,两者地位平等,没有上下级关系。监事会仅负责监督公司经营管理活动,而不参与公司决策,监督权和经营权相分离。

日本监事会制度是单层制监事会制度的代表。日本监事会起源于 1899 年《日本商法典》,法典采纳了三权分立思想,股东会为意思机关,董事会为执行机关,而监事会(监察人)为监督机关。监事权限主要是监督董事业务的执行。1950 年修改的商法典引入美国独立董事制度,将公司业务监督权划归董事会,即董事会享有业务监督权,监事仅行使财务监督权,并将监事的权限缩减为会计监督。1974 年修改的商法典,扩大了监事职权,加强了监事地位,恢复监事对董事业务的监督权。洛克希德事件[①]导致

---

① 1976 年的洛克希德事件与昭和电工事件、造船丑闻事件、里库路特事件并称日本战后四大丑闻事件。洛克希德事件始于 1976 年 2 月的美国洛克希德公司行贿案。洛克西德公司是当时美国最大的飞机制造公司和军火供应商之一,主要通过行贿打开国外市场,遭到美国许多飞机制造商向美国参议院外交委员会跨国公司小组的举报。1976 年 2 月 4 日,美国参议院外交委员会跨国公司小组委员会主席邱比奇在听证会上,揭露了洛克希德公司为向国外推销飞机,以各种名义对外国政要进行贿赂的不正当竞争事实。

从 1977 年东京地方法院开庭到 1983 年作出判决,国会议员、内阁阁僚、全日空、丸红公司干部等 460 人受到传讯调查,暴露出政界大量接受外国资金及儿玉誉士夫等财界台前幕后操纵政治等黑幕,法院认定前内阁总理大臣田中角荣违反外汇法、受托受贿,判处其 4 年徒刑,罚金 5 亿日元。

日本 1981 年再次修改商法典,法典修改主要是强化监事的权限和保障监事独立性。[①]

20 世纪 90 年代初日本泡沫经济崩溃,银行、保险、证券公司、实业公司等相继出现严重的经营问题。1993 年日本商法修订,将监事任期延长到三年,大公司监事会人数要求不低于三人,其中至少有一名独立监事。从 1994 年至 2001 年期间日本对商法进行了数十次的修订,强化了公司的内部监督制度。日本商法典经过一系列的修订,确立了现行的日本监事会制度。监事会决议应以全体监事过半数同意通过。监事会不能妨碍监事行使职权,不得以监事会取代监事个人,维持监事个体主义的运作方式。日本股份有限公司均应设置监事会,监事由股东会选举产生,每位监事都可独立行使职权,监事职责主要是对公司会计和业务情况进行监督,制止董事在业务中的违法行为。日本监事会职权有会计监事与临时会计监事的选任权和解任权、监督事项决定权、董事报告听取权以及董事提交文件受领权等。日本监事职权有大股份公司监事职权与小股份公司监事职权之分,大股份公司监事职权有调查权、业务财务监督权、出席陈述权与召集权、监督职务权、接受与要求报告权、文件调查权、停止请求权、任免发言权、诉讼代表权、取消诉讼权等。

我国《公司法》规定的监事会制度显然属于单层制,监事会和董事会均由股东会选举产生,并对股东会负责,监事会和董事会属于平列机构,董事会负责公司经营管理,而监事会则负责公司监督事务。

（二）双层制监事会制度

以德国和法国为代表的国家采取双层制监事会制度。德国公司治理结构实行双层制董事会制度,监事会和董事会呈垂直的双层状态。公司同时设立董事会与监事会,但董事会和监事会并非地位平等的机构,监事会地位高于董事会。公司股东大会选举产生监事会,再由监事会任命董事会成员,监督董事会执行业务,参与公司重大事项的决策,公司重大事项应报监事会批准。德国监事会兼具决策和监督两种职能,类似于美国董事会,不同于我国《公司法》的监事会制度。德国监事会制度有以下三个方面特征:

（1）监事会地位高于董事会。德国监事会享有任命董事会成员和批准某些特别交易的权力,使监事会实际上享有几乎控制董事会的权力。监事会职权有四个方面:

一是董事任免权。监事会任命董事会成员和董事会主席,并有权撤销任命和更换董事会主席。

二是知情权。董事会应将已经决定的公司经营政策、公司业务情况等向监事会汇报,监事会可以随时要求董事会报告公司的各种情况。

三是监督权。监事会监督权包括财务监督权和业务监督权两个方面。监事会有权检查公司财务状况,可以查阅公司账簿等财务会计资料,也可以委托监事或者专家

[①] 监事会职权的强化表现为监事具有召集董事会的权力;监事独立性的保障表现为在决定监事报酬方面有一定的自主权。

检查公司财务。监事会可以随时要求董事会报告公司的重要业务执行情况。如果出于公司利益需要,监事会有权召集股东大会。

四是特定交易的批准权。虽然公司法将经营决策权赋予董事会,监事会不得以任何方式插手公司的实际管理,但公司章程可以明确规定,对于某些特定的交易,董事会必须事先得到监事会的批准后才能进行。

（2）监事会中雇员的独特地位。雇员参与公司治理是德国公司治理结构的最大特点,而雇员是通过监事会参与公司治理的。根据德国法律的规定,监事会成员由雇员代表和股东代表共同组成。雇员选举雇员代表进入监事会。

（3）监事会中的银行地位。银行在公司监事会中具有重要地位,银行在德国公司治理结构中发挥着主导性的作用,这种主导性作用的发挥是通过监事会的方式实现的。德国很多公司的监事会均有大银行代表。

四、监事会的职能

大陆法系国家公司法对监事会职能的规定差异较大,相较而言,德国公司法规定的监事会具有较大的职能,能够切实履行监事会的监督职责。我国法律、行政法规和公司章程也规定了监事会的职能,我国《公司法》第53条和第54条规定了如下监事会职能：

（1）董事会会议的列席。监事会具有监督董事会的权利,董事会拥有决策权和业务经营权,监事会应当监督董事会的决策权和经营权。监事列席董事会会议,了解公司经营决策情况,对公司经营和决策等问题向董事会提出意见和建议。监事列席董事会会议是监事的法定权利,不得通过公司章程予以废弃。监事不是董事会成员,仅列席董事会,不享有表决权。

（2）公司财务的检查。监事有权监督财务预算的编制、执行、分析和考核以及决算报告的编制等,通过对财务预决算的监督实现监控公司财务活动的全部过程,结合财务预决算过程的监督,对会计报表的重点监督和审计,监督公司财务会计信息的真实性。

（3）董事、经理层的监督。监事会可以对董事、经理层执行公司职务行为进行监督,对违反法律、行政法规和公司章程或者股东大会决议的董事和经理层提出罢免建议。在董事、经理层的行为损害公司利益时,监事有权要求董事、经理层予以纠正。在董事、经理层给公司造成损失时,监事会有权代表公司提起诉讼。

（4）股东会会议的召集。董事会或者执行董事不能履行或者不履行召集股东会会议职责的,由监事会召集和主持。股东会会议的召集权是监事会履行监督职能的体现,同时也是对公司董事履职的监督。

我国监事会职能虚化,主要是法律对监事会职能的规定较少,且缺乏实体性规范予以落实。监事会能否真实履行监事职能,关键在于法律赋予监事会职能及建立相应保障机制。监事会要名副其实,应当具备以下四个方面的基本职能：

（1）董事会的监督权。董事会是公司的决策和经营机构，监事会成员通过列席董事会的方式对董事会进行监督。监事会成员有权列席董事会、听取董事会报告，对董事会决议提出异议，阻止董事会违反法律、行政法规和公司章程的行为。此外，股份分散化、股东大众化是上市公司的客观事实，证券投资人不太关注公司经营状况，致使在公司经营管理中股东大会难以发挥其应有的作用；股东大会的自身缺陷也使其难以行使过多权力，特别是对公司经营决策的监督权。监事会理应承担对董事会监督的制衡职责。

（2）公司财务的监督权。监事对公司财务的检查权是监督权的核心。我国《公司法》规定了监事会的财务监督权，但没有明确规定监事会检查财务的具体方式和方法，使监事会财务监督权缺乏可操作性。监事会有权随时调查公司的业务和财务状况并要求董事、经理报告营业情况，有权调查董事会准备向股东大会提交议案和文件的合法性和正当性。监事会财务检查权应包括：一是中介机构财务检查的委托权。监事会可以公司名义委托律师、会计师等中介机构进行财务检查，费用由公司支出。二是处罚权。公司董事和经理层妨碍监事会履行检查职责的，应责令其改正并对相关人员予以处分。

（3）股东会的召集权。为防止董事会的滥权行为，各国公司法均规定在特殊情况下可由监事会召集召开临时股东会。我国应当把监事会的股东会提议召集权提升为临时股东会的特别召集权，即监事会有权提议召开或者在必要时自行召开临时股东会或者股东代表大会，自行召集的费用由公司负担。为避免影响公司的正常运营活动，临时股东会特别召集权行使的条件是，仅为股东利益并以董事会不召开或者不能召开为前提条件。

（4）公司的代表权。在公司与董事之间发生利益冲突时，为避免使公司利益遭受损害，由监事会代表公司，是世界各国公司法的通行规则。当公司董事、经理的经营管理行为已经损害公司和股东利益时，监事会还有权以公司名义向法院提起诉讼，寻求司法救济以保护公司和股东利益。

五、监事制度

监事（supervisor）是指由股东会和职工代表大会选举产生并承担监督公司决策与经营、董事和经理层行为的公司成员。监事是监事会成员，监事会由三个以上监事组成。监事会成员由股东监事和职工监事共同组成，职工参与制的监事会制度起源于德国。我国监事会制度采纳了德国的职工参与制，监事会成员有股东监事和职工监事之分，股东监事由股东会选举产生，而职工监事则由职工代表大会选举产生。我国《公司法》对职工监事在监事会中所占比例有最低的限制性规定，即职工监事不得低于监事会成员的 1/3，我国公司实务中，监事会的职工监事比例基本满足法定要求。

根据我国《公司法》的规定，监事的产生有以下三种方式：

（1）股东会选举产生。股东会选举产生的监事代表股东的利益，对公司的经营管理进行监督。大陆法系公司法绝大部分采取股东会选举产生监事的方式。由股东会产生的监事不得超过监事会人数的 2/3。

（2）职工代表大会选举产生。职工监事由职工代表大会选举产生，代表职工的利益对公司的经营管理进行监督。职工监事在监事会中比例不得低于 1/3。

（3）各级国有资产监督管理委员会委派。在国有独资公司中，公司监事应由国家或者省级国有资产监督管理委员会委派，代表国家对公司的经营管理进行监督。

关于监事的任职资格，我国法律、行政法规仅规定了监事的消极任职资格而未规定积极任职资格。监事积极任职资格的缺失，正是导致我国监事会职能虚化的一个重要原因，也是遭到理论界和实务界抨击的原因所在。监事承担监督公司运行的职责，其任职应当具备法律、经济、管理、会计等方面的专业背景，以满足履行监事职责的基本需要。

世界各国公司法对监事任职期限规定不一，但监事任职期限通常要比董事短些。监事任职期限较短可以避免监事与董事和经理层之间利益协调，甚至相互勾结、营私舞弊而丧失监督功能。监事任职期限过短虽有利于监事监督职能的发挥，但不利于强化监事的责任感。我国《公司法》规定监事的任职期限与董事会任职期限相同，均为三年，可以连选连任。

监事要有效地行使监督权，除应明确规定并保障监督权的落实外，还必须具备以下三个条件：

（1）独立性。监督者在利益、地位等方面没有受制于被监督者。独立性是监事有效行使监督权的前提，我国监事与公司有密切的关系，特别是职工监事受制于公司，其独立性缺失。股东监事的情形也基本相同，独立性丧失导致监事根本无法行使监督权。

（2）专业性。监督者应该具有基本的专业能力和素质，才能够较好地担负监督任务。专业性是监事行使监督权的基础，监事不具备相应的学历，没有法律、会计、管理等方面的知识，就无法履行监事的监督职责。专业性是监事履行监督职责的基础条件。

（3）积极性。良好的激励和约束机制，能促使监督者积极地履行监督职责。监事会职能的有效发挥有赖于监事恪尽职守、尽职尽责地工作。如果对监事义务和责任的规定过于简单，没有规定对监督不力者的处置措施，就会影响到监事会监督效能的发挥。同时，监事报酬过低，且股权激励计划与监事无关的话，监事也难以尽职尽责。

六、外部监事制度

监事除了股东监事和职工监事之分外，还有外部监事和独立监事两个法律概念。我国《公司法》没有规定外部监事制度和独立监事制度，但在我国公司实践中，特别是上市公司监事会中有外部监事和独立监事两种类型的监事。外部监事和独立监事属于国有公司监事会的设置要求，部分国有控股上市公司设立了外部监事，如我国四大国有银行的监事会均有两个以上的外部监事,但仅有少数国有控股上市公司同时设立外部监事和独立监事,如中国石化上海石油化工股份有限公司的监事会既有外部监事,又有独立监事。

外部监事是指从公司外部选聘监事候选人成为公司监事的制度。外部监事制度起源于日本,借以强化监事会的监督职能。现在日本等国及我国台湾、澳门地区实行外部监事制度。我国法律没有正式确认外部监事制度。外部监事制度起源于 2002 年中央银行的规章,即《股份制商业银行独立董事和外部监事制度指引》和《股份制商业银行公司治理指引》①中规定了外部监事。

独立监事是指股东会在公司股东以外的专业人士中选聘的公司监事。独立监事与公司和公司股东之间应当没有任何事实上和法律上的关系。独立监事是我国国有控股上市公司中特有的,上市公司监事会的独立监事必须由股东会选举,不得由董事会任命。为保证独立监事监督的有效性,独立监事应占监事会成员的半数以上。

外部监事和独立董事在域外法中同属于一个法律概念,两者并无区别,但在我国,两者在法律上还是有区别的,是两个不同的法律概念。在我国上市公司中,外部监事通常由国有控股股东委派,代表控股股东意志和利益,实际上是另一种形式的股东监事而已,并不具有独立性。独立监事则是真正独立于公司、公司股东、公司经理层的外部监事。

监事会制度的设计是要监事会能够代表股东,对经理层进行有效监督,防止经理层独断专行和权利滥用。而由股东监事和职工监事组成的监事会,导致监事会缺乏独立性,难以对公司经营管理进行有效的监督。监事会处在与董事会地位平行的位置,增加了监事会的监督难度。在国有股控制的上市公司中,监事会事实上仅为简单的人事安排,大多数监事既无经营管理知识,也无法律、财务会计等业务知识。监事除了监督能力欠缺外,还担心忠实履职行为可能触及掌握实权的经理层利益而失去职位。职工监事虽然了解公司经营管理,但一方面因为自己在公司中的地位以及有限的业务、管理和法律知识,难以承担监督职责;另一方面经理层决定着职工监事的工作岗位和工资、补贴等薪酬条件,这种利益上的隶属关系也导致职工监事独立性的丧失,难以对经营层的行为实施有效的监督。

外部监事制度的优势在于被选任的外部监事与公司经营管理层之间不存在利害关系,对董事、经理的制约不会出于私利,可以独立地行使监督权,从而增强了监事会的客观性和独立性。我国公司治理中引入外部监事制度,有利于监事会的独立性与监事会监督职能的加强以及中小股东利益的保护,具体分述如下:

（1）监事会独立性的加强。外部监事制度可以强化监事会的独立性,解决现有监事会的独立性问题。监事会成员是由股东大会选举产生的,而在我国普遍一股独大的股权结构下,股东大会、公司董事长、经理的人选均由大股东控制,通过股东大会选举

---

① 2013 年 7 月 19 日,中国银行业监督管理委员会印发《商业银行公司治理指引》(银监发〔2013〕34 号),废止了《股份制商业银行公司治理指引》。

出来的监事实际上受董事长或者经理的控制,无法维护中小股东的利益。职工监事受制于公司经理层,也无法维护中小股东利益。外部监事与公司经营管理者之间则不存在利害关系,可以独立地行使监督权。外部监事制度的引入,阻断了监事会成员与公司经营管理层之间的关联关系。因此,外部监事摆脱了公司大股东和公司经营管理层的控制,监事会的客观性和独立性得到保障。

(2)监事会监督权不足的弥补。我国《公司法》规定了股份公司监事会的职权,但是规定大都缺乏可操纵性,导致监督权存在严重不足。例如,《公司法》规定监事会有监督公司董事、经理的权利,但因缺乏必要的实施手段而无法保障监督权的行使;《公司法》规定当董事、经理行为损害公司利益时,监事会有权要求其予以纠正,但实践中董事、经理凭借权势不予理会监督意见时,监事会却缺乏救济措施;《公司法》规定监事会有权提议召开临时股东大会,但董事会拒不召开临时股东大会时,监事会也缺乏救济措施。前述问题导致在实践中监事会的监督权流于形式,公司权力制衡机制失效。而外部监事可以个人名义行使监督职权,直接支配董事、经理的行为,弥补了监事会监督权的不足。

(3)监事会监督机制的健全。外部监事制度可以更好地维护中小股东的利益,健全我国监事会的监督机制。监事会是在公司治理结构中对公司决策和经营进行监督的机构,在我国一般独大的股权结构状况下,股东会、董事会和经理层均受制于大股东,导致监事会职能的虚化,而外部监事摆脱了大股东的控制,有助于监事会作为真正监督机制的建立。

第二节　独立董事

独立董事制度的引入是对我国监事会职能虚化的弥补,借以完善我国公司治理结构在监督机制方面的缺陷和不足。我国最早在上市公司中引入独立董事制度,[①]作为制约公司经理层损害股东利益的工具,旨在维护上市公司的整体利益,特别是在最大程度上保证中小股东的合法权益不受非法侵害,以弥补一股独大造成的公司监督机制缺失。

一、独立董事制度

独立董事制度是英美法系公司治理结构的产物,起源于 20 世纪 30 年代的美国。独立董事制度的产生与美国上市公司所有权与经营权分离直接相关。由于美国上市公司股东持股较为分散,强势的经理层成为公司实际决策人和控制人,董事会职能被

---

① 1993 年,青岛啤酒在香港发行 H 股,为符合香港联交所的要求,设置了独立董事,这标志着我国上市公司引入独立董事。在境外发行股票的上市公司,设立独立董事已成为惯例。2001 年,独立董事制度正式被引入上海和深圳两大证券交易所的上市公司。

严重削弱，产生了公司治理中经理层与公司股东之间的委托代理问题。为解决委托代理问题，引入独立董事制度。《1940 年投资公司法案》（Investment Company Act of 1940）是独立董事制度产生的标志。美国"水门事件"促使美国证监会要求所有的上市公司设立由独立董事组成的审计委员会，①独立董事制度逐步发展成为英美公司治理结构的重要制度。

我国独立董事制度的形成经历了一个渐进的发展过程，主要见于政府规章和规范性文件，包含任意设立和强制设立两个发展阶段。

（一）独立董事的任意设立阶段

独立董事制度主要是通过中国证券监督管理委员会和国有资产监督管理委员会的规章渐次确立的。在独立董事制度发展初期，独立董事的设立属于任意性规定，确立独立董事制度的规章有：

（1）境内上市公司。1997 年《上市公司章程指引》（证监〔1997〕16 号）首次规定了独立董事，但独立董事的设立并非强制性，②应由公司选择是否设立独立董事。

（2）境外上市公司。1999 年《关于进一步促进境外上市公司规范化运作和深化改革的意见》（经贸委、中国证监会、国经贸企改〔1999〕230 号）要求境外上市公司逐步建立、健全外部董事和独立董事制度，明确规定在境外上市的境内公司设立独立董事。③

（3）国有大中型企业。2000 年《国有大中型企业建立现代企业制度和加强管理的基本规范（试行）》（国办发〔2000〕64 号）规定国有大中型企业的董事会可设立独立董事。④

总之，我国独立董事制度在 2000 年以前处于萌芽阶段，在制度层面上并未形成上市公司设立独立董事的强制性规定。无论是上市公司，还是国有大中型公司，均处于试行探索阶段，独立董事的设立属于公司的自主行为，即独立董事的任意性设立。

（二）独立董事的强制设立阶段

独立董事制度的强制性规定，始于沪深两大证券交易所的上市公司治理规则。

① 20 世纪 70 年代的"水门事件"中，许多公司的董事卷入行贿丑闻，社会公众对公司管理层的不信任感加剧，要求改革公司治理结构，促使美国证监会要求所有的上市公司设立一个全部由独立董事组成的审计委员会，以审查财务报告以及控制公司内部违法行为。纽约证券交易所、全美证券商协会、美国证券交易所也要求上市公司董事会成员多数为独立董事。例如，1977 年纽约证券交易所首次引入独立董事制度，要求每家在该交易所上市的公司在 1978 年 6 月 30 日前组建一个全部由独立董事组成的审计委员会。20 世纪 90 年代以来，《密歇根州公司法》率先实行了独立董事制度。

② 1997 年《上市公司章程指引》第 112 条规定："公司根据需要，可以设独立董事。……"

③ "公司应增加外部董事的比重。董事会换届时，外部董事应占董事会人数的 1/2 以上，并应有 2 名以上的独立董事。外部董事应有足够的时间和必要的知识能力以履行其职责。外部董事履行职责时，公司必须提供必要的信息资料。独立董事所发表的意见应在董事会决议中列明。公司的关联交易必须由独立董事签字后方能生效。2 名以上的独立董事可提议召开临时股东大会。独立董事可直接向股东大会、中国证监会和其他有关部门报告情况。"

④ "董事会中可设独立于公司股东且不在公司内部任职的独立董事。董事会与经理层要减少交叉任职，董事长和总经理原则上不得由一人兼任。"

2005 年《公司法》正式确立了上市公司独立董事制度,[1]但仅规定建立上市公司的独立董事制度,并未有详尽的制度规定。实际上,《公司法》只是对独立董事制度的法律确认而已,独立董事制度具体体现在政府规章和各种规范性文件之中。独立董事设立的强制性规范如下:

(1)沪深两大证券交易所规则。2000 年《上海证券交易所上市公司治理指引》规定上市公司董事会中"应至少拥有 2 名独立董事,且独立董事至少应占董事总人数的 20%。当公司董事长由控制公司的股东的法定代表人兼任时,独立董事占董事总人数的比重应达到 30%"。2001 年《深圳证券交易所上市公司独立董事制度实施指引》明确规定了独立董事的资格和职责。

(2)证监会的公司上市规则。2001 年《关于在上市公司建立独立董事制度的指导意见》(证监发〔2001〕102 号)规定,上市公司应当设立独立董事,[2]并规定上市公司董事会成员中应当至少有 1/3 的独立董事。这标志着独立董事制度在我国境内上市公司中正式建立。

(3)行业监管机构的规章。对独立监事的监管主要体现在政府规章之中,证监会、银监会、保监会[3]等监管机构所制定的规章要求设立独立董事:

一是基金管理公司。《中国证监会关于完善基金管理公司董事人选制度的通知》(证监基金字〔2001〕1 号)(2005 年被废止)规定,基金管理公司董事会中应当至少有三名以上独立董事,同时对独立董事的任职资格和权利等作了规定。2004 年《证券投资基金管理公司高级管理人员任职管理办法》仅规定了独立董事的任职条件、审核程序和基本行为规范。

二是股份制商业银行。《股份制商业银行独立董事和外部监事制度指引》和《股份制商业银行公司治理指引》(人民银行公告〔2002〕15 号)规定,商业银行应当建立独立董事制度,审计委员会、关联交易控制委员会、提名委员会、薪酬委员会原则上应当由独立董事担任负责人,其中审计委员会、关联交易控制委员会中独立董事应当占适当比例。

三是保险公司。2007 年《保险公司独立董事管理暂行办法》(保监发〔2007〕22 号)规定,保险公司必须强制设立独立董事,同时规定了独立董事的任职资格、提名方式、任职期限、职责与义务以及在董事会的比例等。2018 年《保险机构独立董事管理办法》规定,独立董事人数至少三名,且不得低于董事会成员总数的 1/3。此外,控股股东持股比例在 50% 以上的,独立董事占董事会成员的比例应在 1/2。

四是证券公司。2008 年《证券公司监督管理条例》(国办发〔2008〕522 号)规定,证

---

① 《公司法》第 122 条规定:"上市公司设立独立董事,具体办法由国务院规定。"

② 指导意见详细规定了独立董事任职的必备条件和禁止条件,独立董事提名、选举与更换程序,以及独立董事的职责等。

③ 2018 年 4 月 8 日,中国银行保险监督管理委员会正式挂牌成立。自此,银监会和保监会合并为银保监会。

券公司设立独立监事并非强制性规定,但证券公司经营证券经纪业务、证券资产管理业务、融资融券业务和证券承销与保荐业务中两种以上业务的,董事会应当设薪酬与提名委员会、审计委员会和风险控制委员会,即应当设立独立董事。《证券公司董事、监事和高级管理人员任职资格监管办法》仅规定了独立董事的任职条件,并未有其他的规定。

在独立董事制度确立过程中,最为重要的两个法律依据是《公司法》和《关于在上市公司建立独立董事制度的指导意见》。前者确立了独立董事的正式法律地位,提高了独立董事的立法层次,但除此之外,并无其他规定,不具可操作性。后者则是具体的操作性规范,规定了独立董事制度的具体内容,确立了独立董事制度的内涵。

二、独立董事的概念

独立董事,又称为独立非执行董事,是指不在公司担任除董事外的其他职务并与所受聘的公司及其股东不存在可能妨碍其进行独立客观判断关系的董事。独立董事对上市公司及全体股东负有诚信与勤勉义务,应当维护公司整体利益,特别是中小股东合法权益不受非法侵害。

20世纪初期,美国公司治理结构从股东大会中心主义发展到董事会中心主义,在股东大会逐步形式化、董事会运转失灵及内部人控制不断失控的背景下,美国产生了独立董事制度。[①] 也就是说,独立董事制度产生于早期英美法系国家公司治理结构安排的失效,特别是董事会职能的失效。

我国《公司法》仅规定设立独立董事制度,而没有任何其他规定。独立董事制度的规则来自中国证券监督管理委员会的规章,独立董事的适用范围主要是上市公司,非上市公司适用面非常狭窄。[②] 政府规章规定了独立董事任职的积极条件和消极条件、任职期限、独立董事提名、独立董事选举与更换程序、独立董事的职责等,形成了初步的独立董事制度。

在我国上市公司实务中,有独立董事和独立非执行董事两个术语,两者之间并无本质区别,仅为表述不同而已。在上市公司中,仅有国有控股的大型商业银行和少数国有控股上市公司设有独立非执行董事,如工商银行、农业银行、中国银行、建设银行、交通银行以及中国铁建、中国中车,而未设独立董事。绝大部分上市公司仅设立独立董事,而未设独立非执行董事。

从上市公司聘任独立董事和独立非执行董事的情况看,两者似乎没有区别,只是称谓不同而已。工商银行、农业银行、中国银行、建设银行、交通银行、中国铁建、中国中车等上市公司仅设立独立非执行董事,显然是以独立非执行董事代替独立董事,两者具有互换性。

---

① 独立董事制度也是有缺陷的,如美国安然公司董事会17名成员中有15名独立董事,仍然出现了制度化、系统化的财务造假丑闻,最终申请破产保护,成为美国历史上公司第二大破产案。

② 独立董事在上市公司之外主要适用于大型国有公司以及金融、证券、保险、基金等少数行业的公司。

非执行董事是我国大型国有控股上市公司董事会中特有的一个术语,并非英国公司法中的非执行董事概念。[①] 非执行董事是相对执行董事而言,通常是国有股股东的经理层人员,[②]由国有股股东委派到上市公司董事会。非执行董事与独立董事均属于公司外部董事,[③]两者相同之处是在上市公司中除了董事身份之外没有任何其他职务;两者不同之处是独立董事与公司和股东之间不存在可能妨碍其进行独立客观判断的关系,而非执行董事则是公司股东的代表,代表公司股东利益。非执行董事的积极意义是有利于对抗内部人对公司的控制,消极意义是可能为维护公司大股东利益而侵害中小股东利益。

三、独立董事制度现状

独立董事制度因其在上市公司治理结构中的功能和作用,成为我国立法的必然选择。我国公司法在移植独立董事制度时并未深入研究制度之间的共同性和差异性、制度之间的配合以及相互影响,自引入之初即饱受质疑,说明了其在公司制度上的缺陷以及从制度构建到实践操作中出现的缺陷。独立董事制度存在以下四个方面问题:

(1)独立董事选任机制缺失。独立董事选任机制的缺失主要表现为独立董事提名问题。独立董事聘任程序不够规范,难以保证其独立性要求。事实上,上市公司90%以上的独立董事是由大股东及其委派的董事提名的,造成独立董事实际依附于控股股东,并与控股股东形成利益共同体。独立董事与控股股东之间的监督关系从而转变为雇佣关系,独立董事独立性完全丧失,反而成为控股股东的附庸。

(2)独立董事占比数量过低。引入独立董事制度是为了弥补监事会职能虚化,加强公司内部的监督机制。在公司实践中,独立董事的设置仅为满足法律规定的上市形式要件,数量较少的独立董事不足以形成对抗执行董事和非执行董事的力量。我国绝大部分上市公司董事会的独立董事仅占1/3,[④]甚至低于法定最低限额,[⑤]执行董事在董事会中占绝对多数,少数派的独立董事难以影响董事会的决策。在实务中,仅有为数不多的国有控股的大型上市公司董事会中独立董事占比较高,即2/3以上,独立董事成为董事会的多数派,能够有效影响董事会的决策。

(3)独立董事激励机制缺失。独立董事除了公司给予的少量董事津贴之外没有

---

① 独立董事是美国公司法的称谓,英国公司法称为非执行董事。
② 例如,中央汇金投资有限责任公司作为四大国有商业银行的控股股东,向其控股的商业银行委派了非执行董事。
③ 董事有内部董事(inside director)和外部董事(outside director)之分,而外部董事又有关联董事(affiliated director)和非关联董事(unaffiliated director)之分,关联董事即为非执行董事,非关联董事即为独立董事。
④ 例如,山东鲁北化工股份有限公司(600727)董事会成员6名,其中独立董事只有2名。
⑤ 中石化石油工程技术服务股份有限公司(中国石化仪征化纤股份有限公司)董事会成员为8名,但独立董事却只有2名(张化桥和姜波)(任职始于2015年2月8日),并未满足独立董事法定的最低限额。

其他报酬,而我国独立董事津贴水平普遍不高、①保障机制基本缺位,独立董事的责任和风险不断放大,相应的补偿机制却未建立。独立董事的作用在于监督和制约上市公司经理层。公司应采取适当的报酬激励方式,促使独立董事积极认真地履行董事职责。而在薪酬制度之外,股票期权也可以使独立董事利益与公司利益保持一致。因此,公司可以向独立董事提供股票期权以激励其工作积极性和主动性。

（4）独立董事知情权缺失。信息知情权、调查权和审查权等权利是独立董事履行董事职能的前提和基础。现实制度框架下,独立董事难以及时、准确、全面地获得有关信息和资料。根据相关规章的规定,独立董事可以聘请外部审计机构和咨询机构,但对拟聘请的外部机构并未有相应的限制,如这些外部机构应当与公司没有业务关系,以保证外部机构的独立性等。独立董事忠实履行职责还应当享有相应的权利:公司经营信息的知情权,对公司董事长与总经理的询问调查权以及对公司财务报表、关联交易、分红派息方案的审查权。

四、独立董事制度的完善

独立董事制度设立的初衷,在于解决上市公司的财务欺诈以及公司内部人控制等问题,而独立董事制度仅为公司治理机制提供了一个内在的张力。我国上市公司独立董事制度存在诸多问题,但独立董事制度已经成为所有上市公司治理的核心。独立董事制度不同程度地约束了公司大股东和董事会。随着各种监管的规范性文件的增多,独立董事的职责范围不断扩大。重大事项应获得独立董事认可,已经成为大股东与董事会经营决策的一种习惯。独立董事制度对我国公司治理的最大贡献,是大股东和公司经营层对公司治理的认识,从无意识到有意识并愿意接受约束。我国独立董事制度对董事会内部监督机制的构建,是独立董事制度的发展核心所在。独立董事内部监督机制的构建应围绕以下三个方面展开:

（1）独立董事人数和选任机制。我国股份有限公司的董事会人数规定为5至19人,独立董事人数在董事会中所占的比例极低,不能影响董事会决策。独立董事比例只有提高到董事会成员的半数以上,甚至2/3以上,才能有效地影响董事会的决策。②

独立董事提名权可以借鉴美国独立董事的做法,即董事会设立大部分由独立董事组成的提名委员会,将独立董事提名权授予提名委员会。独立董事确定独立董事候选

---

① 我国上市公司独立董事薪酬普遍较低,以5万上下居多,最低为1000元,最高可达100万元。金融领域上市公司是所有行业中薪酬最高的,特别是银行和保险公司,民生、工行、农行、平安银行、中行、浦发、招行、兴业银行、中国人寿和新华保险等均有多位独董薪酬超过30万元。

② 董事会成员中非执行董事和独立董事占2/3以上的上市公司有:中国工商银行股份有限公司董事会成员16名,其中非执行董事6名、独立非执行董事6名、执行董事4名;中国农业银行股份有限公司董事会成员15名,其中非执行董事6名、独立非执行董事5名、执行董事4名;中国银行股份有限公司董事会成员13名,其中非执行董事6名、独立非执行董事5名、执行董事2名;中国建设银行股份有限公司董事会成员16名,其中非执行董事6名、独立非执行董事6名、执行董事4名;交通银行股份有限公司董事会成员17名,其中非执行董事7名、独立非执行董事6名、执行董事4名。以上是公司股本均为数百亿甚至数千亿的国有控股上市公司,资料均来源于各个公司的官网。

人,有助于确保新任独立董事的独立性及独立董事团队的建立。独立董事应当由股东会选举产生,并将累积投票制度作为法律的强制性规定。累积投票制的实施能在一定程度上抑制大股东的操纵行为。董事会独立董事人数的增加以及独立董事选任机制的改进,是保障独立董事独立性的前提,是董事会内部监督机制构建的基础。

(2)独立董事的激励机制和声誉机制。在报酬偏低的情况下,独立董事很难全身心投入公司的经营、管理和决策。为吸引独立董事全力参与公司管理和决策,法律应该对独立董事薪酬最低标准作出合理的规定,并建立健全独立董事薪酬市场。同时,积极探索、试行股权和股票期权激励机制。

美国上市公司独立董事大多来源于职业经理人队伍,担任独立董事的动力很大程度上源于声誉机制。独立董事为维护自己的声誉必然会尽职尽责。[①] 声誉受损的独立董事,在投董事责任险时,保险公司将不愿意承保或者以提高投保费用为承保的先决条件,迫使独立董事认真履行董事职责。我国上市公司独立董事大多数为企业家、学者、官员等社会知名人士,声誉重于实际经济利益,声誉机制可以约束独立董事行为,至少可以保持独立董事的独立性。独立董事的激励机制和声誉机制是董事会内部监督机制构建的动力。

(3)独立董事的权利保护机制。独立董事的监管规范赋予独立董事各种职权,但是这些权利在实践中却得不到充分尊重,甚至难以正常行使。[②] 对独立董事权利保护不够,可诉性不强是主要原因。例如,在独立董事的提议未被采纳或者职权不能正常行使时,仅规定上市公司应将有关情况予以披露,但是对于上市公司不披露有关情况缺乏其他的救济措施或者处罚措施。法律应当在赋予独立董事更多职权的同时,增强相应条款的可诉性,使得独立董事权利在受到侵害时能够得到及时、充分的救济。

对董事义务与责任的界定应当借鉴美国的经营判断规则。[③] 按照经营判断规则,在决策时董事只要基于合理信息而作出理性判断,即使决策最终在客观上对公司产生了不利后果,董事也可以免责。尽可能确保独立董事为公司尽职尽责的同时,不会承受由此而来的高风险,通过独立董事保险制度最大限度地降低独立董事为执行公司事务而承担的风险。独立董事权利保护机制,是董事会内部监督机制构成的制度保障。

第三节　两种监督制度

监事会和独立董事是两大法系公司治理结构中两种不同的监督制度,大陆法系监事会制度是双层制董事会的产物,英美法系独立董事制度则是单层制董事会的产物。

[①] 根据声誉资本理论,股东可以充分相信独立董事能够有效地履行监管责任。因为如果独立董事不这样做,市场将惩罚他们,他们将来再也没有资格担任独立董事。

[②] 2004年被称为中国独立董事行权第一案的乐山电力案,是独立董事行使权利困难的最好例证。

[③] 经营判断规则也称商业判断规则,是指法院对董事决策失误或者判断错误而提起诉讼时所采取的一种判案准则。

我国公司治理结构同时采纳了监事会和独立董事两种监督制度,协调和整合两种监督制度是我国公司法的方向。

一、公司监督制度重构

监事会制度是大陆法系国家公司治理结构的重要组成部分,在我国公司法律制度创设之初,监事会将监督制度引入1993年《公司法》。由于监事会制度本身的制度设计缺陷和公司治理机制的缺失,监事会制度面临巨大的挑战。

独立董事制度是建立在美国股权高度社会化、分散化以及职业经理人市场发达完善的基础上的,[①]而引入独立董事制度的中国公司股权却非常集中、职业经理人市场不发达。我国《公司法》实行双层制董事会,即董事会与监事会同时并存并对股东大会负责,而美国实行单层制董事会,公司不设立监事会,由独立董事承担监督职能。把单层制的独立董事引入双层制下的我国上市公司,独立董事与监事会的功能和作用可能会发生冲突。

独立董事制度引入的背景是我国上市公司监事会的形式化。我国《公司法》以归纳抽象法的方式规定监事会的职权,造成监事会权利不明、职责不清以及强制性程序规范缺失,致使监事会职能完全虚化。在这种情形下,上市公司引入美国独立董事制度以弥补监事会职能虚化后的公司治理中的监督制衡制度,是基于公司治理现实发展的需要,具有一定的合理性。独立董事制度虽然饱受各种非议,但经过上市公司十几年的发展,已经为理论和实践所接受,并在公司治理实践中发挥了一定的作用。

二、两种监督制度的互补性

独立董事和监事会均为公司内部的监督机构,履行各自监督职能的方式有所不同,存在一定的互补性,具有协同工作的可能性,可以降低公司治理成本,完善内部监督,构建起公司治理结构中的立体监督体系。独立董事和监事会作为公司内部监督机构不存在真正意义上的冲突,主要表现在以下两个方面:

（1）两种监督制度目的具有共同性。独立董事与监事会是公司内部两个具有不同定位的监督机构,但在维护全体股东权益、实现公司利益最大化、监督董事会和高管行为等方面,有共同利益和目标,均为监督公司经理层的行为,保障投资者利益不因经理层职权滥用而受到损害,从而有效地降低公司治理成本。

（2）两种监督制度的互补性。独立董事直接参与公司重大决策,监督方式是事前监督、制订决策监督;监事会则监督高管对股东大会和董事会决议的执行情况和经理层经营行为的合法性,监督方式表现为事后监督、落实决策监督。监事会的事后监督

---

① 美国独立董事制度是建立在股权革命和经营者革命的基础之上的。股权革命实现了股权的高度社会化和分散化,削弱了大股东对上市公司的直接控制;经营者革命则实现了企业家的市场化和社会化选择,使具有特殊管理才能和经营经验的人能够通过市场的方式进入公司管理层,从而为公司经营的科学决策创造了必要的条件。

包括检查、落实、评价与反馈，构成对独立董事监督职能的重要补充。

三、两种监督制度的差异

独立董事和监事会在公司治理中承担监督职能，具有共同的目的，也有一定的互补性，但仍然存在以下四个方面的差异：

（1）两种监督制度定位不同。独立董事作为董事会成员从董事会内部监督公司决策和经营，而监事会代表股东监督董事会和经理层的经营行为。独立董事为董事会决策提供专业化意见，并通过对重大交易的审查，规避公司的违规风险。监事会监督是为确认公司经营状况是否正常、公司董事和经理层的行为是否符合勤勉和忠实义务的标准及合法性。

（2）两种监督制度的法律地位不同。上市股份有限公司设立独立董事属于法律的强制性规定，而其他非上市公司是否设立独立董事适用自愿原则。独立董事的设立，有利于健全公司治理、制约控股股东、控制内部成员、保护中小股东利益。监事会设立则属于法律的强制性规定，监事会是法定机构，具有唯一性和不可替代性。

（3）两种监督制度工作内容不同。独立董事是董事会提名薪酬委员会和审计委员会等专业委员会的法定成员，对公司经理层提名与薪酬、公司财务状况负有重大审查责任和决策义务。监事会则不享有公司决策权，监事会成员仅能列席股东大会和董事会。监事会主要是对董事会程序是否合法，经理层是否落实会议决议、执行股东意志进行监督。

（4）两种监督制度监督重点不同。独立董事以独立专家身份参与公司治理，有利于提高董事会决策的科学性和透明度，关注公司整体、长期的发展能力，降低公司各种经营风险以及保护中小股东利益。监事会对董事和经理层执行公司职务时违反法律、法规或者公司章程的行为进行监督，关注公司董事和经理层行为的合法性、公司财务状况是否符合发展预期和公司利益。

总之，独立董事职能定位于对关联交易的审查和决议，利用自身在专业知识方面的优势，对公司发展战略、人员任免聘用、内部董事和经理人员的业绩、薪酬等发表独立意见，主要是合理性判断。监事会职能定位则是监督公司财务。另外，对公司行为和董事、经理层行为进行合法性监督，也是监事会的重要职责。

第五编

公司变更与终止制度

第十九章 公 司 并 购

公司并购是公司实务中的概念,涉及公司控制权与合并的行为,有公司合并、资产收购、股权收购三种形式。公司并购法律关系的客体,是公司财产所有权或者经营管理控制权。并购方取得被并购方的经营控制权,直接或者间接控制了被并购方,以实现扩大市场份额、改善公司经营管理、降低公司经营成本、增强技术优势和市场竞争力的目的。

公司并购是资本市场公平竞争和优胜劣汰的选择机制,有助于实现整体资源的优化配置、产业结构调整与升级。公司并购必然涉及公司控制权的争夺,从公司外部对公司董事会和经理层产生压力,迫使公司管理层不断改善公司经营管理和公司治理结构,以避免成为公司并购的目标。

第一节 公司合并制度

公司合并可以实现资源整合,有助于提高公司的核心竞争力,因而为世界各国法律所鼓励。但由于公司合并导致公司股权结构、资产结构、资产数额、资产状态、经营范围和经营管理等发生重大变化,而这种变化未必有利于公司股东和债权人,因此,公司有必要通过制度设计保障公司股东和债权人的利益。

一、公司合并概念

公司合并(corporate combination,amalgamation of companies)是指两个或者两个以上公司通过订立合并协议方式,按照法定程序和条件合并成为一个公司的法律行为。公司合并使两个公司人格合并为一个,且仅发生在两个或者两个以上公司之间,而不是公司与其他公司股东之间。公司合并导致公司人格变化,但不必通过清算程序。公司合并有多种不同分类方式。根据合并后人格变化,公司合并可以分为吸收合并和新设合并;[①]根据合并支付对价形式不同,公司合并可以分为现金合并、股票合并和综合证券合并;根据公司所处行业相互关系,公司合并可以分为横向合并、纵向合并和混合合并。

---

① 《公司法》仅规定了吸收合并和新设合并两种形式,吸收合并和新设合并是合并的两种法定形式。

19 世纪末以来,西方国家公司发生过五次较大的并购浪潮,美国公司并购最为典型,代表了西方国家公司并购的发展历程。美国公司并购经历了以下五个发展阶段:

(1) 第一次并购浪潮。第一次并购浪潮发生在资本主义从自由竞争向垄断过渡的阶段(19 世纪末 20 世纪初),约在 1895 年到 1904 年之间,使美国工业得以迅速成长。美国这次并购属于横向并购,即并购发生在各行业内部,如钢铁、铁路、石油、矿山等工业部门,从而形成美国联合钢铁公司、国际收割机公司、美国橡胶公司、美孚石油公司、美国烟草公司、杜邦公司等,是优势公司并购劣势企业,扩大了生产规模,使产业化程度普遍得到提高。

(2) 第二次并购浪潮。第二次并购浪潮是公司并购高潮与经济增长相互促进的阶段,约在 1915 年至 1929 年之间。美国这次并购属于纵向并购,即并购从制造业扩展到公用事业、采矿业、银行业等。这次并购是大公司为进一步增强资本实力,扩大市场范围而并购中小企业,并购规模和数量远超第一次的并购。

(3) 第三次并购浪潮。第三次并购浪潮发生在第二次世界大战后,约在 1953 年至 1970 年之间。美国这次并购属于跨行业的混合并购,增强了大公司的竞争实力。公司规模的扩大、产业集中度的提高、垄断力的增强,使公司成为市场价格的领导者。

(4) 第四次并购浪潮。第四次并购浪潮发生在 20 世纪 70 至 80 年代,80 年代后进入高潮。美国这次并购规模大、交易额大幅度上升,石油、化工等行业出现了超级规模并购,[1]并购优化重组了公司,出现了杠杆收购。在这次并购中,战略驱动型交易取代了混合兼并而成为主要形式。金融工具的创新在这次并购中起了巨大作用。为满足大规模公司并购对巨额资金的需要,垃圾债券大量发行,即资信低、风险大、利率高的债券。垃圾债券的出现,使小公司可以用杠杆融资方式筹措巨资,进行收购活动。[2]

(5) 第五次并购浪潮。第五次并购浪潮始于 20 世纪 90 年代并延续至今。美国这次并购浪潮带有明显的国际性竞争,以全球市场为舞台。进入 20 世纪 90 年代以来,随着经济全球化、一体化发展的深入,跨国并购成为跨国直接投资的主导方式。1990 年,全球跨国并购达到 1510 亿美元;1995 年,美国公司并购价值达到 4500 亿美元;2000 年,全球跨国并购额达到 11438 亿美元。从 2001 年开始,受欧美等国经济增长速度停滞和下降的影响以及"9·11"事件的影响,全球跨国并购浪潮出现了减缓迹象。

---

[1] 1984 年,谢夫隆石油公司以 133 亿美元购进美国第五大石油公司海湾石油公司;1986 年,壳牌石油公司以 365 亿美元购进美国贝里奇石油公司的全部资产;1985 年,通用电气公司以 60 亿美元购买美国无线电公司;1986 年,纽约三家广告公司通过并购创立了资产达 50 亿美元的世界最大广告公司。

[2] 例如,亨利·克莱维斯为收购雷诺烟草公司,由米尔肯为其发行垃圾债券筹资,最终以 250 亿美元的高价买下了雷诺烟草公司,其中靠发行垃圾债券筹得的资金占 99.04%。

所有美国大公司均是通过某种方式、某种程度的兼并或者合并形成的。例如，2000 年美国第二大石油公司谢夫隆公司通过股票交换方式以 350 亿美元购买了美国第三大石油公司德士古公司。兼并后的公司拥有 665 亿美元收入，赢利 33 亿美元。2011 年美国杜克能源公司和进步能源公司以换股形式签订合并协议，合并后的杜克能源成为美国最大的电力公司。2013 年美国航空公司和全美航空公司合并，合并后的公司成为世界上最大的航空公司，市值估计在 110 亿美元。[①]

我国也发生过数次较大规模的公司合并，前期的公司并购行为是以政府为主导的，后期的公司并购行为则主要以市场主导。我国公司并购主要经历了以下三个发展阶段：

（1）计划经济时期的公司合并。第一次大规模并购是围绕着社会主义改造展开的，城市主要表现为公私合营，农村进行集体化和公社化。合并发生在中华人民共和国成立初期的 1949 年至 1965 年期间，共经历了三个合并阶段：1949 年至 1956 年间的合并，主要是带有社会主义改造性质的公有经济对私营工商企业的合并；1961 年至 1962 年间的行政主导的企业兼并；1963 年至 1965 年间的政府试办托拉斯式的大企业。

（2）改革开放时期的公司合并。第二次公司合并是在 20 世纪 80 年代初的改革开放期间，属于并购的起步和发展阶段。公司并购主要发生在国有企业之间，具有明显的计划经济色彩，政府主导企业间的并购活动，政府决策代替了企业决策，以 1984 年保定纺织厂兼并保定市针织器材厂、1984 年中银集团和华润集团联合收购香港康力投资有限公司为标志。企业间的并购以无偿划拨、出资购买和承担债务等方式进行，这种"拉郎配"方式的兼并并未体现企业发展的内在需求，公司并购基本以失败告终。这个阶段的并购并非市场意义上的真正公司并购。

90 年代初，两大交易所建立，证券市场迅速发展，上市公司数量和交易量大幅增加，进入了公司并购一个新的发展阶段。1993 年的"宝延风波"，成为上市公司并购第一案。1994 年的恒通置业收购凌光实业，是第一例以协议方式收购国家股的上市公司并购案。上市公司并购数量，随着民营经济的快速发展而逐年增加。

（3）市场化时期的公司合并。从 2002 年开始，以中国加入世贸组织为标志，开始了真正建立在市场基础上的并购，即市场引导公司并购活动，每年均有一定数量的收购案。例如，2002 年上海电气收购日本秋山机械，一汽集团收购天津汽车；2003 年南钢联合收购南钢股份，TCL 收购法国汤姆逊；2004 年联想以 17.5 亿美元收购 IBM PC 事业部，美的集团收购荣事达；2005 年阿里巴巴收购雅虎（中国）全部资产；2006 年长虹集团收购韩国第三大等离子制造商欧丽安公司 75% 的股权；2008 年中国铝业收购力拓 12% 的股份，美的收购小天鹅；2009 年中粮集团收购蒙牛乳业，中国平安收购

---

① 2014 年，美国最大的有线电视公司康卡斯特集团拟以 450 亿美元的价格收购时代华纳有线电视公司，标志着美国最大的两家有线电视公司实现合并，但并购并未完成。

深发展；2010 年吉利汽车收购沃尔沃汽车，比亚迪收购日本狄原磨具厂；2011 年平安集团竞得上海家化（600315）集团全部股权，如家酒店集团收购莫泰 168 酒店全部股权；2012 年三一重工收购德国普茨迈斯特，中海油并购加拿大尼克森公司；2013 年中石油收购埃尼东非天然气区块权益，顺风光电收购无锡尚德；2014 年中国南车和中国北车合并；2015 年滴滴与快的合并，光大证券收购新鸿基金融集团有限公司 70%股权，宝能系收购万科地产等。

2015 年我国开始国有企业改革，以实现能源、资源、电信等具有战略重要性行业的整合为目的，以中国南车和中国北车的合并为开端，开始了新一轮的以航运系、汽车系、船舶系、中铁系、钢铁系等为标志的中央国有企业和地方国有企业的整合。

二、公司合并程序

公司合并应当遵循法定程序，合并程序合法是合并的前提。公司合并程序有内部程序和外部程序之分。

（1）公司合并的内部程序。公司合并的内部程序主要有董事会编制公司合并方案和股东会通过公司合并方案。公司合并应当先由公司董事会编制公司合并方案，再由股东会讨论决定是否同意合并方案。根据《公司法》第 37 条的规定，公司合并属于股东会决议事项，是公司股东会的法定职权。《公司法》第 43 条规定，有限责任公司合并的决议，必须经代表 2/3 以上表决权的股东通过。《公司法》第 103 条规定，股份公司合并的决议，必须经出席会议的股东所持表决权的 2/3 以上通过。

（2）公司合并的外部程序。公司合并决议经股东会通过后，股东合并的外部程序启动。公司双方签订合并协议，公司各自编制资产负债表和财产清单，通知各自的债权人和公告合并事项，办理公司变更或者设立登记。

公司合并涉及相关公司股东和公司债权人利益，并可能涉及国有资产权属移转，应对合并行为予以规制。特殊类型公司合并，除了依法订立合并协议以外，还要经过有关部门的批准。如国有公司合并应当按照国有资产监管法规经过国有资产监督管理委员会的审批。

在公司合并程序中，法律规定了公司债权人保护措施，以保护公司债权人利益不受侵害。在合并决议作出后，公司负有及时通知债权人并公告合并的义务，即在合并决议通过后 10 日内公司通知各自债权人，并在 30 日内在报纸上刊登公司合并公告。在法定期限内，债权人有权对公司合并提出异议。对在法定期限内提出异议的债权人，公司必须清偿债务或者提供担保。债权人逾期未提出异议的，则视为对公司合并的默认。

公司合并导致公司股权结构、资产结构、经营范围以及经营管理等发生重大变化，对股东利益产生重大影响。保护股东利益成为各国公司法的关注点。公司大股东通过操控股东会能够较好地保护自己利益，且公司合并通常是由公司大股东提出的动议。中小股东并不参与公司管理,难以对公司合并所涉及的资产负债表、财产清单以及合并的经济效益等问题作出准确的分析和判断,且表决权也有限。

第二节 公司并购制度

公司并购(merger & acquisition,M & A)是指一个公司为取得另一公司的控制权而进行合并与收购的法律行为。[①] 公司控制权表现为掌握被收购公司的经营权、收益权和决策权。公司并购通常被称为公司兼并收购,是由"merger"和"acquisition"两个单词合并翻译而成。无论是合并还是收购,均通过公司控制权的移转和集中,实现公司的对外扩张和市场占有。

一、公司并购的基本形式

公司并购是指公司购买另一家公司股权或者资产以获得目标公司全部、部分资产的所有权或者获得目标公司控制权。公司并购涉及所有关于公司控制权转移与合并的行为,包括资产收购、股权收购和公司合并等方式,其中"并"是指公司合并,主要是吸收合并;"购"是指购买股权或者资产。公司并购是公司合并、股权收购、资产收购三种行为的总称。从法律实务的角度看,公司并购有资产收购和股权收购两种基本法律形式。

(一)资产收购

资产收购是指以获得公司经营控制权为目的而收购公司部分或者全部资产的法律行为。收购公司为取得被收购公司或者目标公司的经营控制权而收购其主要资产、重大资产、全部资产或者实质性的全部资产的投资行为。

公司并购基础是产权交易。产权形态具有多样性,既有实物形态,又有价值形态。在市场经济发展初期,产权所有人直接控制产权的实物形态,而忽视了产权的价值形态。资产收购是公司并购的初级形态,主要表现为产权实物形态的收购,即对公司固定资产的收购。

资产收购是公司并购中的一种常见形式,资产收购交易对象是目标公司。按支付方式的不同,资产收购分为以现金为对价受让目标公司资产和以股份为对价受让目标公司资产两种资产并购形式。

资产收购中所涉及的资产是指目标公司的全部资产或者实质性的全部资产、重大资产或者主要资产,交易涉及目标公司经营控制权的移转,交易通常应当经目标公司股东(大)会决议通过。作为资本多数决原则的限制,目标公司的少数异议股东在资产并购中享有异议股东股份回购请求权。资产并购交易完成后,目标公司的法人资格仍

---

① 公司法教科书通常讲公司合并与分立,而不讲公司并购,但公司并购却是公司实务中非常重要的问题。

然存在,收购公司受让资产后不承担目标公司的债务。资产并购涉及公司经营控制权的移转和集中,可能影响市场竞争的资产并购还要受到反垄断法的限制。

（二）股权收购

股权收购是指通过购买目标公司一定比例股权或者认购目标公司增资以获得目标公司经营控制权为目的的法律行为。股权收购以目标公司股东全部或者部分股权为收购标的,有股权购买和增资认购两种方式。

（1）公司股权的购买。在目标公司股权购买中,股权交易对象是公司股东而不是公司,即购买目标公司股东所持有的目标公司股权。股权收购主体是收购公司和目标公司股东,收购客体则是目标公司股权。例如,2011 年雀巢公司以 17 亿美元收购徐福记 60％的股权。①

（2）公司增资的认购。在目标公司增资认购中,股权交易对象是目标公司的增资,从表面上看与目标公司原股东不直接发生股权交易关系,但实际上与目标公司全体股东之间发生权益对价关系,交易的实质仍是股东对目标公司的权益。增资认购比股权购买更为复杂,操作难度更大,目标公司原股东权益与投资公司增资额应当进行比价程序和目标公司增资法律程序。② 收购人通过增资稀释目标公司原有股东股权,以达到控制目标公司的目的。

以上两种公司股权收购的两种方式,收购条件和程序也存在较大的差异。在以股权购买方式收购目标公司的情形下,有限责任公司的股权收购应获得其他股东半数同意;股份有限公司的股权收购则没有任何限制性规定,但上市公司股权的收购应遵循上市公司收购的有关规则。在以增资方式收购目标公司的情形下,则应经有限责任公司股东会代表 2/3 以上表决权的股东通过,或者应经股份有限公司股东大会出席会议的股东持表决票的 2/3 以上通过。

（三）股权收购与资产收购的区别

资产收购的最大优势是可以避免受到目标公司债务、或有债务的影响,即使收购目标公司全部资产,也不会受到目标公司债务的影响。股权收购和资产收购的区别表现如下:

---

① 徐福记是由来自我国台湾地区的徐氏四兄弟于 1992 年在中国大陆注册创立,1994 年创建"徐福记"品牌,以新年糖果进入市场,成功奠定糖点行业的营运基础。1997 年新加坡汇亚集团加入徐福记营运行列,共同成立 BVI 徐福记国际集团。2006 年徐福记在新加坡上市,开启迈向世界顶尖品牌的崭新旅程。

② 例如,甲公司是一家外国公司,20 世纪 90 年代陆续在中国境内投资设立数家独资或者合资公司。21 世纪初,甲公司在中国境内设立专门投资控股的投资性公司乙,并陆续由乙在中国境内设立数家独资或者合资公司。为统一持股平台,甲公司决定将持有的全部投资所形成的股权转让给乙公司,并以该股权转让价款为乙公司增资。如此在未动用资金的情形下,实现了转股和增资,将甲公司在中国内地的全部投资统一到乙公司名下,实现统一持股平台的目标。甲公司与乙公司签订股权转让协议,由甲公司将持有的股权全部转让给乙公司（在转股协议中明确全部转让股价款用于对乙公司的增资）,然后甲公司申请为乙公司增资（明确以受让股权价款作为甲公司对乙公司的增资）,获得批准后,以相关转股文件及甲公司对各目标公司的出资证明为增资的验资材料。

(1)收购的主体和客体不同。股权收购主体是收购公司和目标公司股东,收购客体则是目标公司股权。资产收购主体是收购公司和目标公司,收购客体则是目标公司资产。股权收购因股东变动应当办理工商变更手续,资产收购则不需要办理工商变更手续,但收购资产中有不动产的,应到不动产登记机构办理不动产过户手续。

(2)负债风险不同。股权收购一旦完成,收购公司即成为目标公司控股股东,收购公司仅在出资范围内承担有限责任,目标公司原有债务仍然由目标公司承担,表明股权收购存在一定债务风险。在资产收购中,资产的债权债务状况比较清晰,收购公司只要关注资产本身的债权债务基本情况,即可以控制资产收购风险。

(3)税收不同。在股权收购中,纳税义务人是收购公司和目标公司股东,目标公司股东可能因股权转让所得缴纳所得税。资产收购中,纳税义务人是收购公司和目标公司本身。根据目标资产的不同,纳税义务人可能需要缴纳增值税、营业税、所得税、契税和印花税等不同的税种。

(4)第三方权益影响不同。股权收购中,由于目标公司其他股东利益可能受到影响,从而股权收购可能会受制于目标公司其他股东。资产收购中,对该资产享有某种权利的人的利益可能受到影响,如担保人、抵押权人、商标权人、专利权人、租赁权人。对这些财产的转让,应得到相关权利人同意或者履行对相关权利人的义务。

二、公司并购形式的类型

股权收购和资产收购是从法律角度对公司并购所作的基本分类。在并购实践中,除这两种并购之外,公司并购按照不同标准分类还有多种不同的形式。

(一)按股权并购方式分类

根据公司股权并购方式的不同,公司并购可以分为控股型并购、吸收型并购和新设型并购三种形式。

(1)控股型并购。控股型并购是指公司并购后并购双方均不解散,目标公司为收购方所控制,形成股权控制关系。[①] 2010年8月,浙江吉利控股集团有限公司完成对福特汽车公司旗下沃尔沃轿车公司的全部股权收购。吉利控股以18亿美元的对价,收购沃尔沃100%的股权。

(2)吸收型并购。吸收合并是指公司并购后收购方继续存在而目标公司被宣告

---

① 例如,1995年青岛啤酒股份有限公司以控股方式收购了西安汉斯啤酒厂,其中青岛啤酒股份有限公司投资8250万元,占55%的股权,西安汉斯啤酒厂以资产折算的方式,投入6750万元,占45%的股份,成立青岛啤酒西安有限责任公司。新公司组建后,资产总额为30601万元,负债15601万元。青岛啤酒股份有限公司入主汉斯啤酒厂后,利用青啤公司的资金、技术优势,进行大规模的技术改造,产品质量不断提高,年产量从5万吨增长到20万吨,在西安的市场占有率从不足1%迅速达到90%以上,在陕西全省的市场占有率达到50%。2000年青岛啤酒西安有限责任公司收购了濒临倒闭的渭南秦力啤酒有限责任公司,成立了青岛啤酒渭南有限责任公司;同年又收购了汉中啤酒饮料总厂,成立了青岛啤酒汉中有限责任公司,实现了青啤子公司的首例能量裂变。

解散。① 吸收型并购已成为母子公司通过置换股份实现整体上市的一种主要方式。这种方式不涉及现金流动，无论存续方是上市公司还是母公司或者集团公司，均不必通过现金支付方式来购买被合并方全部资产和股份，避免了因吸收合并而导致大量现金流出，保持合并方公司即存续公司的实力，有利于公司的长远发展。

（3）新设型并购。新设型并购是指公司并购后并购双方均宣告解散，新设立一个具有法人资格的公司。1998 年戴姆勒—奔驰公司和克莱斯勒公司合并，这是世界工业史上最大的兼并案，属于新设型并购。但该并购并不成功，2007 年公司分拆，宣告并购失败。

（二）按并购对象所在的行业分类

以并购对象所在的行业为分类标准，公司并购可以分为横向并购、纵向并购和混合并购三种形式。

（1）横向并购。横向并购是指生产同类产品或者生产工艺相近的公司之间的并购，实质上是竞争对手之间的合并，如中国北车与中国南车吸收合并，更名为中国中车。② 横向并购对公司发展的价值在于弥补了公司资产配置的不足，规模效应有效地降低了生产成本，大幅提高了市场份额，从而增强了公司的竞争力和盈利能力，但是容易破坏自由竞争，形成高度垄断的局面，有可能受到反垄断调查。

（2）纵向并购。纵向并购是指公司与公司供应商或者客户之间的合并，即优势公司并购与本公司生产紧密相关的生产、营销公司，形成纵向生产的一体化，如中粮集团

---

① 吸收型合并的主要形式有以下三种：

（1）母公司作为吸收合并的主体继续存续而上市公司被注销。母公司是上市公司的控股股东及实际控制人，由于母子公司的发展及股权的集中管理，需要提高公司资产运营效率，通过换股吸收合并，母公司实现整体上市，同时注销原上市公司。例如，2008 年上海电气集团股份公司吸收合并上海输配电股份公司（600627）实现整体上市。在这次换股吸收合并中，母公司在上海证券交易所发行 A 股与吸收合并上电股份同时进行，母公司发行的 A 股全部用于换股合并上电股份。吸收合并完成后，上电股份公司的股份（母公司持有的股份除外）全部转换为母公司发行的 A 股，终止上市，法人资格因合并注销，全部资产、负债及权益并入母公司。又例如，2007 年中国铝业（601600）换股吸收合并山东铝业和兰州铝业后，优质氧化铝与原铝企业全部进入中国铝业，既完善了公司的产业链，又实现了集中统一管理和一体化经营的公司战略，有利于提升公司的核心竞争力。

（2）上市公司作为吸收合并的主体继续存续而集团公司被注销。集团公司是上市公司的控股股东，随着集团公司的业务发展，为避免潜在的同业竞争，提高集团整体运作效率，上市公司以换股方式吸收合并其控股股东，上市公司作为存续公司，而注销集团公司法人。例如，2008 年沈阳东软软件股份有限公司换股吸收合并东软集团有限公司。通过这次换股吸收合并，东软股份作为合法存续公司，东软集团法人注销，股东对集团公司的出资按照一定比例全部转换为东软股份有限公司的股份，集团公司的资产、负债、权益全部并入东软股份。

（3）非上市公司之间的吸收合并。公司上市前为整合内部资源、加快公司的发展，对从事相同或者相近行业的公司进行吸收合并。非上市公司之间的吸收合并是以某一天为基准日，经过审计确定各个公司的净资产，根据各出资方所占的股权比例，计算出其拥有的净资产值，以此再确定各出资方在存续公司中所占的股权比例。例如，山东太阳纸业股份有限公司子公司之间的吸收合并是典型的非上市公司之间的吸收合并。

② 中国南车向中国北车全体 A 股换股股东发行中国南车 A 股股票、向中国北车全体 H 股换股股东发行中国南车 H 股股票，并且拟发行的 A 股股票将申请在上交所上市流通，拟发行的 H 股股票将申请在香港联交所上市流通，中国北车的 A 股股票和 H 股股票相应予以注销。

有限公司收购蒙牛乳业(集团)股份有限公司。① 市场交易行为的内部化,减少了市场风险,降低了交易费用,易于设置进入壁垒。

(3)混合并购。混合并购指既不是竞争对手也不是现实中或者潜在的客户、供应商的公司之间的并购,如 2000 年美国在线并购时代华纳。② 发起混合收购的收购人以现金、股票和债券等作为对价取得目标公司的股权从而实现对目标公司的控制。

(三)按被并购方的意愿分类

按照被并购方意愿的不同,公司并购可以分为善意并购和敌意并购两种形式。

(1)善意并购。善意并购是指收购方事先与目标公司协商、同意并通过谈判达成收购条件,双方管理层通过协商决定并购的具体安排,在此基础上完成收购活动的一种并购方式。前述吉利收购沃尔沃轿车、戴姆勒—奔驰公司和克莱斯勒公司合并、中国南车和中国北车合并、中粮集团有限公司收购蒙牛乳业(集团)股份有限公司等并购案,均为善意并购。

(2)敌意并购。敌意并购是指收购方在收购目标公司时遭到目标公司抗拒但仍然强行收购,或者并购方事先没有与目标公司进行协商,直接向目标公司的股东开出价格或者收购要约的一种并购方式。敌意并购的案例有 1993 年深圳宝安收购延中的宝延风波案、1998 年北大方正收购延中案、2001 年裕兴电子收购方正科技案、2015 年宝能系收购万科地产案等。双重股权结构是对敌意并购非常有效的防御性措施,可以使公司创始人及其他大股东在公司上市后仍能保留足够的表决权来控制公司。纽约证券交易所和纳斯达克市场均允许上市公司采用双重股权结构。③

(四)按以并购形式分类

按照并购形式的不同,公司并购可以分为间接收购、要约收购、二级市场收购、协议收购和拍卖收购五种形式。

(1)间接收购。间接收购是指通过收购目标公司大股东而获得对目标公司的最终控制权。收购人通过股权收购或者投资关系、协议、其他安排等方式,获取母公司或

---

① 2009 年,中粮集团有限公司联手厚朴基金 61 亿港币收购蒙牛乳业(集团)股份有限公司 20.03％股权。中粮集团致力于成为全产业链粮油食品企业,乳业是食品行业的重要组成部分,入股蒙牛是高起点进入乳制品行业的良好契机,有助于中粮集团发挥全产业链优势,实现价值链前移并带来更大的成长空间。

② 美国可口可乐公司的混合并购扩张最具代表性。1960 年,可口可乐公司购进密纽特·梅德冷冻果汁公司;1961 年,购进邓肯食品公司(主要经营咖啡业);1977 年,购进泰勒啤酒公司,并且成功地对泰勒啤酒公司进行了运营,使之一跃成为美国第五大酒业公司。在 20 世纪 70 年代和 80 年代,可口可乐公司还通过并购将其业务扩展到了其他许多“无关联”的工业、文化娱乐、体育和社会公益等领域。

③ 美国股市将股票分为 A、B 两类,新发行股票称作 A 类股票,在表决权中每股仅有 1 票;创始人股票为 B 类股票(即原始股),在表决权中每股为 10 票。换言之,公司向外部投资人公开发行的 A 类股,每股仅有 1 票的投票权,而公司创办人持有的 B 类股却是每股有 10 个投票权。在公司上市前,所有股东持有的股份均为原始股,一旦原始股出售,即从 B 类股转为 A 类股,表决权立即下降。

百度(BIDU)在美国申请挂牌上市交易时采用双重股权结构,将上市后的百度股份分为 A 类(Class A)、B 类(Class B)股票。通用汽车(General Motors)、伯克希尔·哈撒韦公司(Berkshire Hathaway)、脸书(Facebook)、谷歌(Google)等公司也都采取双重股权。

者控股股东的控制权，从而间接控制上市公司的收购行为。例如，雨润控股集团间接收购中央商场案。①

（2）要约收购。要约收购是指并购公司对目标公司所有股东发出收购要约，以特定价格收购股东手中持有的目标公司全部或部分股份。要约收购是各国证券市场最主要的收购形式，通过公开向全体股东发出要约，达到控制目标公司的目的。要约收购是一种特殊的证券交易行为，收购的标的为上市公司全部依法发行的股份。例如，南钢联合有限公司要约收购南钢股份有限公司（600282）是我国上市公司首例要约收购案。②

（3）二级市场收购。二级市场收购是指并购公司直接在二级市场上购买目标公司的股票并实现控制目标公司的目的。二级市场收购是最直接、最常见的一种收购方式。例如，深圳宝安公司收购延中、北大方正收购延中、宝能收购万科、恒大收购万科等。

（4）协议收购。协议收购是指并购公司直接向目标公司提出并购要求，双方通过磋商商定并购的各种条件而达到并购目的。例如，中粮集团有限公司收购蒙牛乳业（集团）股份有限公司、金融街集团收购重庆华亚现代纸业股份有限公司（000402）。

（5）股权拍卖收购。股权拍卖收购是指目标公司原股东所持股权因涉及债务诉讼等事项进入司法拍卖程序，收购方借机通过竞拍取得目标公司控制权。

（五）按并购的支付方式分类

按照并购款支付方式的不同，公司并购可以分为现金购买式并购、承债式并购和股份置换式并购三种方式。

（1）现金购买式并购。现金购买式并购是指并购方筹集足够资金直接购买被并购公司净资产，或者通过支付现金购买被并购公司股票达到获取控制权目的的并购方式。

（2）承债式并购。承债式并购是指在被并购公司资不抵债或者资产债务相当等情况下，收购方以承担被并购方全部债务或者部分债务为条件，获得被并购方控制权的并购方式。例如，2014年信达地产股份有限公司（600657）以22.6亿承债式收购嘉

---

① 中央商场（600280）的第一大股东为祝义财，持股总数为23834.37万股，占上市公司总股权的41.51%；第二大股东为江苏地华实业集团有限公司，持股总数为16931.60万股，持股比例为29.49%。其中，江苏地华由祝义财控股60%。祝义财通过直接和间接的方式持有中央商场71%的股份。2004年，雨润控股集团（控制人为祝义财）控股下的江苏地华在二级市场不断增持中央商场的股票。2005年，江苏地华已经持有中央商场股份的23.17%，成为公司第一大股东。

② 2003年3月12日，南钢集团公司与复星集团公司、复星产业投资、广信科技共同成立南京钢铁联合有限公司。复星集团与复星产业投资持有南京钢铁联合有限公司60%的股份。4月1日，南钢集团公司以持有的占总股本70.95%的南钢股份国有股35760万股作为增资注入新成立的南京钢铁联合有限公司。在未获得豁免的情况下，占总股本70.95%的国有股权的实际控制人变更，使南钢股份（600282）成为沪深股市有史以来首例要约收购案。4月9日，南钢联合向所有股东发布要约收购公告，对挂牌交易股份的要约收购价格为5.86元/股，对非挂牌交易股份的收购价格为3.81元/股。要约收购总金额约为8.5亿元，全部以现金方式支付。要约收购公告发出后至2003年7月，没任何股份进行应约，本次要约收购最终以无人应约结束。

粤集团有限公司所属的五家房地产公司的全部股权,股权交易对价为零。

(3)股份置换式并购。股份置换式并购是指收购方以自己发行的股份换取被并购方股份,或者通过换取被并购公司净资产达到获取被并购方控制权目的的并购方式。例如,2015 年中国南车和中国北车的并购即采取股份置换式。[1]

三、公司并购的手段

(一)杠杆收购

杠杆收购(leverage buyout,LBO)是指并购方以目标公司的资产作抵押向银行借入收购所需资金,公司并购完成后再通过发行债券的方式偿还银行贷款,以目标公司未来的收益偿还债券本息。杠杆收购,又称为融资杠杆收购,是 20 世纪 80 年代以来全球常见资本运营方式,收购方按照财务杠杆原理,以少量自有资金通过高负债融资方式购买目标公司的全部或者部分股权以获得经营控制权,重组目标公司并从中获得较高预期收益的一种财务型收购方式。

在杠杆收购模式中,收购方以极少的自有资金为基础,以目标公司经营的现金流或者部分或全部业务变现值为抵押,从金融机构筹集、借贷足够的资金对目标公司进行收购。收购之后的公司收益能够支付目标公司因收购而产生的债务。

杠杆收购的实质是以债务资本为主要融资工具,而这些债务资本大多以目标公司资产为担保而获得,收购方以较少的股本投入(10%—20%)融得数倍的资金,对目标公司进行收购、重组,在公司产生较高的盈利能力后再出售或者重新上市。例如,2006年,私募投资基金太平洋联合收购香港第一上海投资有限公司、日本软银集团和美国国际集团持有的 67.6% 的好孩子集团的股份,是典型的杠杆收购案例。2010 年 8 月2 日,吉利控股集团有限公司完成对福特汽车公司旗下沃尔沃轿车公司的全部股权收购,也是以杠杆收购方式完成的。2015 年 12 月,宝能系以杠杆方式收购万科地产。

(二)定向增发

定向增发(private placement)是指上市公司向符合条件的少数特定投资人非公开发行股份的行为,要求发行对象不得超过 10 人,发行价不得低于公告前 20 个交易市价的 90%,发行股份 12 个月内(认购后变成控股股东或拥有实际控制权的 36 个月内)不得转让。定向增发有两种情形:一是大投资人(如外资)要成为上市公司战略股东,甚至成为控股股东;二是公司以定向增发融资所筹措的资金购并他人的公司,以迅速扩大公司规模。

以江铃汽车股份有限公司(000550)向福特汽车的定向增发案为例。1995 年 9 月

---

[1] 中国南车和中国北车的 A 股和 H 股拟采用同一换股比例进行换股,以使同一公司的所有 A 股股东和 H股股东获得公平对待,从而同一公司的不同类别股东持有股份的相对比例在合并前后保持不变。合并具体换股比例为 1∶1.10,即每 1 股中国北车 A 股股票可以换取 1.10 股中国南车将发行的中国南车 A 股股票,每 1 股中国北车 H 股股票可以换取 1.10 股中国南车将发行的中国南车 H 股股票。

29 日,江铃汽车(000550)获准定向增发 B 股 1.74 亿股,其中 138642800 股向战略投资人福特汽车定向增发,福特汽车以 15% 的净资产溢价率,即 4000 万美元的价格认购了江铃汽车增发的 80% 的股份;1998 年 11 月 11 日,江铃汽车以私募配售的方式再次增发 B 股 1.74 亿股,其中福特公司以 87% 的净资产溢价率,即 5450 万美元的价格认购 1.2 亿股。福特汽车通过认购江铃汽车的两次增发共计持有江铃汽车 30% 的股权。

(三) 可转债的认购

可转债的认购(subscription of convertible bonds)是指并购方与被并购方达成协议约定,由并购方认购被并购方发行的一定比例的可转换债券,并购方可在一定的时间、按一定的比例将可转债转换成股票。可转债是一种债券形式,公司发行可转债并与债券持有人约定一个规则,即转股价,上市公司以低利率向债券持有人借款,给予的补偿是附认购期权,即以约定的价格在转股期内买入公司股票。例如,青岛啤酒股份有限公司(600600)向 AB 集团定向增发可转债案。[①] 2002 年 9 月,青岛啤酒与美国 AB 集团签署战略合作协议,青岛啤酒分三次向 AB 集团定向增发可转换债券,债券将在 7 年内根据双方的转股安排,全部转成青啤 H 股。全部股权转让完成后,AB 集团将持有青岛啤酒 27% 的股份,与青岛啤酒第一大股东青岛国资委的持股量仅有 3.6% 的差额。但 AB 集团对所持青岛啤酒股份 27% 中的 7% 仅享有收益权,该部分的表决权通过信托方式由青岛啤酒的大股东持有。

四、公司并购融资方式

公司并购融资方式是指公司筹措并购资金所采取的具体形式。区分公司并购融资方式的种类及其属性,有助于在公司并购法律实务中选择合适的融资方式和融资策略。公司并购融资有特殊融资方式和普通融资方式之分,杠杆收购是特殊并购融资方式,而普通融资方式又有内部融资和外部融资之分。

内部融资和外部融资属于国际通行的融资方式。内部融资是指公司通过自身生产经营活动盈利积累所得的资金进行并购支付;外部融资是指公司向外部主体筹措资金进行并购支付,包括银行信贷资金、非银行金融机构资金、发行证券筹集资金等。外部融资是公司并购融资的主要方式,分为债务性融资、权益性融资和混合性融资三种方式。

(一) 债务性融资

债务性融资(debt financing)是指通过银行或者非银行金融机构贷款、民间借贷以及发行债券等方式筹措并购所需资金。债务性融资方式主要有金融机构贷款与民间借贷、向社会公众发行债券两种方式。

---

① 美国 AB 集团是全世界最大的啤酒生产销售商,在全球 200 多个国家和地区建立了自己的加工厂,生产规模巨大。

（1）借贷。借贷是最为传统的并购融资方式,借贷有银行、非银行金融机构借款与民间借贷两种形式。银行贷款有信用贷款[①]、担保贷款[②]和贴现贷款[③]三种方式。民间借贷[④]是较为古老的借贷方式,可以自由协议资金借贷和偿还方式,具有自由性和广泛性的特征。

（2）债券。以发行债券方式融资的优点在于债券利息会在公司缴纳所得税之前予以扣除,减轻了公司税负。以发行债券方式融资还可以避免股权稀释,但债券发行可能会影响资本结构,降低公司信誉。

（二）权益性融资

权益性融资(equity financing)是指通过扩大公司所有权益而不是出让所有权益或者出卖股票方式筹措并购所需资金。公司所有权益扩大的方法有吸引新投资人、发行新股、追加投资等,权益性融资稀释了原有投资人对公司的控制权,主要有发行股票和换股并购两种方式。

（1）发行股票。并购公司通过证券市场发行新股或者向原股东配售新股,即公司通过发行股票并用销售股票所得价款为并购支付交易价款。通过发行股票筹措并购资金,不会增加公司债务,相反公司规模扩大,增加了公司再融资能力。但公司发行股票稀释了股权,降低了每股收益率。

（2）换股并购。换股并购是指以股票作为并购支付手段。根据换股方式的不同,换股并购可以分为增资换股、母子公司交叉换股、库藏股换股等,较为常见的是并购公司通过发行新股或者从原股东处回购股票再进行交换。并购公司以换股并购方法可以取得会计和税收方面的好处,但这种方法受到各国证券法中有关规定的限制,审批手续繁杂、耗时较长。

（三）混合性融资

混合性融资(mixed financing)是指包含债务性融资和权益性融资两种特点的融资方式。可转换债券和认股权证是两种最为常见的混合性融资方式。

（1）可转换债券。可转换债券是指债券持有人在一定条件下可以将债券转换为普通股票,是可转换公司债券的简称,又称为可转债。在债券发行之初,可转换债券为投资人提供固定收益,相当于单纯投资于企业债券或者优先股。在公司资本报酬率提高、普通股价格上升时,投资人可将债券转换为普通股,从而享受普通股增值的收益。可转换债券为投资人提供了一种有利于控制风险的投资选择。

（2）认股权证。认股权证是投资人可以选择是否在一定到期日以预定的行使价买入既定数量股票的凭证。认股权证通常与公司长期债券一起发行,借以吸引投资人

[①] 信用贷款方式指单凭借款人的信用,无须提供担保而发放贷款的贷款方式。

[②] 担保贷款方式指借款人或者保证人以一定财产作抵押或者凭保证人的信用承诺而发放贷款的贷款方式。

[③] 贴现贷款方式指借款人在急需资金时以未到期的票据向银行融通资金的一种贷款方式。

[④] 民间借贷是指金融机构之外的自然人、法人之间的资金借贷行为。

购买利率低于正常水平的长期债券。债券附带的认股权证可以单独出售并有自身价值。认股权证价值的决定因素有内在价值和时间价值。认股权证到期日越临近，认股权证的时间价值越低。当认股权证的持有人行使购买权利时，则意味着有新资金流入公司，新流入资金可用于购买资产、偿还债务以及收购其他公司。

五、上市公司股权收购方式

上市公司收购方式不同于非上市公司，有些独特的收购方式。上市公司股权收购主要有协议收购和要约收购两种方式。

（一）协议收购

协议收购（acquisition agreement）是指按照法律、行政法规的规定，收购方与被收购方的股票持有人之间，以协议方式进行股权转让的收购方式。协议收购既可以适用于部分收购，也可以适用于全面收购。在我国股权收购实践中，相对集中的股权结构使协议收购成为我国股权收购普遍使用的方式。1994 年珠海恒通集团股份有限公司以协议转让方式受让上海棱光实业股份有限公司 35.5% 的股份，是我国上市公司早期协议收购的典型案例。①

协议收购方式是获得上市公司控制权的一种主要方式，减少交易环节，降低收购成本，有利于促成并购交易，降低交易风险。同时，协议收购不会对证券交易所股票的价格直接产生影响，对证券市场的冲击较小，有利于稳定股市。但协议收购在信息公开、交易的公正性等方面有一定的局限性，一些国家和地区的法律将协议收购排除在外，仅有英美等少数国家允许协议收购上市公司。

上市公司的协议收购源于《证券法》第 85 条的规定。《股票发行与交易管理暂行条例》并未规定上市公司的协议收购问题，但在《证券法》实施之前，我国公司并购实践已经存在上市公司协议收购的做法，且已经成为上市公司收购的一种主要方式。

收购人通过协议或者其他安排与他人共同收购一个上市公司已发行的股份达到30% 时，收购人继续进行收购的，应当向该上市公司所有股东发出收购上市公司全部或者部分股份的要约，协议收购转化为要约收购，但经国务院证券监督管理机构免除发出要约的除外。

对《上市公司收购管理办法》第 47 条规定的"收购人拟通过协议方式收购一个上市公司的股份超过 30% 的，超过 30% 的部分，应当改以要约方式进行"有两种不同的理解：一是以协议方式受让上市公司股份的，不能直接超过 30%，只有要约收购方式才能直接过 30%；二是以协议方式受让上市公司股份可以一次超过 30%，而"超过30% 的部分，应当改以要约方式进行"则是指该笔受让之外的其他股份应采取要约收

---

① 上海建筑材料（集团）总公司将所持有的上海凌光实业股份有限公司 1200 万股股份转让给珠海恒通置业股份有限公司，是第一例国有股转让案例，也是第一例完整意义上的买壳上市案例，实现了事实上的上市公司重大资产重组。

购方式。我国上市公司的并购实践采纳了第二种观点。①

（二）要约收购

要约收购是指收购方以向被收购方的全体股东发出公开收购要约的方式进行收购。要约收购，美国称为"tender offer"，英国称为"takeover bid"。即收购方通过向被收购方公司股东发出购买其所持该公司股份的书面意思表示，并按照依法公告的收购要约中所规定的收购条件、收购价格、收购期限以及其他规定事项，收购目标公司股份的一种收购方式。

我国资本市场起步较晚，在相当长的时间内存在股权分置、股权协议转让和豁免要约收购义务，要约收购制度出现较晚。要约收购制度的立法经历了从强制性全面要约收购制度到强制要约收购制度的发展过程。

（1）强制性全面要约收购制度。要约收购的立法起源于 1993 年《股票发行与交易管理暂行条例》，第 48 条规定了强制性全面要约收购制度，收购触发点是直接或者间接持有上市公司发行在外的普通股达 30％。1999 年《证券法》以法律的形式确认了强制性全面要约收购制度。2002 年《上市公司收购管理办法》沿袭了 1999 年《证券法》的规定，详细规定了强制性全面要约收购制度。根据强制性全面要约收购制度的要求，收购人应当以要约收购方式向公司所有股东发出收购其所持有的全部股份的要约。②

（2）强制要约收购制度。2005 年《证券法》根据证券市场发展的实践需要，废除了先前的强制性全面要约收购制度，确立了强制要约收购制度，即仅要求收购人以要约方式收购上市公司，并不强制收购人向被收购人所有股东发出收购其所持有的全部股份要约。2006 年《上市公司收购管理办法》根据 2005 年《证券法》的规定，对上市公司收购制度、要约收购制度进行了相应的修改。

要约收购是各国证券市场最主要的收购方式，以公开向全体股东发出要约方式，实现控制被收购方的目的。要约收购是一种特殊证券交易行为，收购标的为上市公司全部依法发行的股份。要约收购主要有以下三种分类方式：

（1）自愿要约收购和强制要约收购。根据要约收购人意愿的不同，要约收购可分为自愿要约收购和强制要约收购。自愿要约收购是指收购人自愿作出要约收购的决定，并以目标公司总股本确定预计收购的股份比例，在该比例范围内向目标公司所有股东发出收购要约。强制要约收购则是指在收购人持有目标公司已发行股份达到一定比例或者法定比例，③获得目标公司的控制权时，法律强制收购人向目标公司所有

---

① 参见马骁：《上市公司并购重组监管制度解析》，法律出版社 2009 年版，第 59 页。

② 2003 年，南京钢铁联合有限公司以强制性全面要约方式收购了南京钢铁股份有限公司（600282），拉开了我国证券市场的强制性全面要约收购的序幕。

③ 根据《证券法》第 88 条的规定，触发强制要约收购有两个条件：一是投资人通过证券交易所的证券交易持股达到 30％；二是投资人选择继续收购，即强制要约收购的强制性是建立在收购人选择继续收购的基础上的。

股东发出收购其所持有全部股份的要约。[①]

（2）全面要约收购和部分要约收购。根据要约拟收购的股份的范围不同，要约收购可分为全面要约收购与部分要约收购。全面要约收购是指收购人向被收购人所有股东发出收购其所持有的全部股份的要约。部分要约收购是指投资人向被收购人所有股东发出收购其所持有的部分股份的要约。

（3）初始收购要约和竞争性收购要约。按照收购要约发出先后顺序的不同，要约可以分为初始收购要约与竞争性收购要约。初始收购要约是指第一个收购人向目标公司所有股东发出的收购要约。第一个收购要约即为初始收购要约。竞争性收购要约是指在初始要约出现之后，其他投资人向同一目标公司所有股东发出的收购要约。竞争性收购要约可能只有一个，也可能有多个。

协议收购和要约收购是两种不同的收购方式，有较大的区别。协议收购是在证券交易所场外以协议转让股份方式完成，而要约收购只能在证券交易所内以证券交易方式完成。协议收购是收购人与目标公司控股股东以协商方式，通过合同收购股份以实现公司控制权的转移，收购通常表现为善意；要约收购的对象则是目标公司全体股东持有的股份，没有必要征求目标公司意见，要约收购表现为敌意。协议收购的对象通常为股权较为集中、存在控股股东的公司，以较低的成本获得控制权；要约收购的对象通常为股权较为分散的公司，股权分散可以降低收购难度。

第三节　公司管理层收购

在激励内部人员积极性、降低代理成本、改善公司经营状况等方面，管理层收购（management buyout，MBO）起到非常积极的作用。管理层收购起源于 20 世纪 60、70 年代的英国，[②]是 80 年代流行于美国、90 年代流行于欧洲等发达国家的一种公司收购方式。管理层收购在西方国家产生的动因主要是解决经理人代理成本等问题，旨在解决公司所有者结构、控制权结构及公司资产结构。我国产权制度不同于西方国家的产权制度，这决定了我国管理层收购制度的动因不同于西方国家。

（一）管理层收购的概念

管理层收购是指公司经理层利用借贷所融资本或者股权交易收购本公司，引起公司所有权和控制权变化，改变公司股权结构。公司管理层收购是管理层通过购买公司所有权，进而控制所管理公司的法律行为，公司管理层通过收购从公司经营者变成了

[①]　《上市公司收购管理办法》（2006 年）修改了《上市公司收购管理办法》（2002 年）关于强制性全面要约收购制度的规定，调整为强制性的要约机制，即收购人可以自行确定向公司全部股东发出收购全部股份的全面要约，也可以通过部分要约方式谋取公司的控制权，降低了收购人的收购成本，减少了收购人的规避动机。

[②]　英国的 MBO 是私有化运动的产物，最初是作为一种业务放弃和退出的资产管理方式出现的。撒切尔政府实施了英国国有企业的私有化运动。1979—1987 年，英国有 17 家全国性大型国有公司实现了私有化。以 1979 年国有经济规模为基础，已有 40％ 的国有经济为私有经济所取代。

公司所有人。

管理层收购和员工持股计划（employee buyout）是杠杆收购的特殊形式。[①]在杠杆收购的收购方是管理层和员工时，杠杆收购即为管理层收购和员工持股计划。管理层和员工通过银行、债券市场、保险公司、基金获得融资支持，借助杠杆收购方式取得目标公司股权和公司经营控制权，完成公司管理人员或者员工到股东的转变，以所有人和经营者的双重身份提升公司价值。

2002年《上市公司收购管理办法》没有直接规定管理层收购，但认可了管理层收购的存在。收购人为被收购公司管理层或者员工时，被收购公司的独立董事应当为公司聘请独立财务顾问等专业机构，分析被收购公司财务状况，对收购要约条件是否公平合理、收购可能对公司产生的影响等事项提出专业意见并予以公告。

《企业国有产权向管理层转让暂行规定》（国资发产权〔2005〕78号）是我国第一部有关管理层收购的政府规章，明确禁止大型国有和国有控股公司向管理层转让国有股权；管理层受让企业国有产权时，应当提供其受让资金来源的相关证明，不得向包括标的公司在内的国有及国有控股公司融资，不得以这些公司的国有产权或资产为管理层融资提供保证、抵押、质押、贴现等；管理层不得采取信托或者委托等方式间接受让公司国有产权。

《关于进一步规范国有企业改制工作的实施意见》（国办发〔2005〕60号）明确了国有公司股权激励方式，即"国有及国有控股大型企业实施改制，应严格控制管理层通过增资扩股以各种方式直接或间接持有本企业的股权。为探索实施激励与约束机制，经国有资产监督管理机构批准，凡通过公开招聘、企业内部竞争上岗等方式竞聘上岗或对企业发展作出重大贡献的管理层成员，可通过增资扩股持有本企业股权，但管理层的持股总量不得达到控股或相对控股数量。"

2006年《上市公司收购管理办法》第51条定义了管理层收购，即上市公司董事、监事、高级管理人员、员工或者其所控制或者委托的法人或者其他组织，拟对公司进行收购或者通过间接收购方式取得公司控制权。

（二）管理层收购的方式

管理层收购方式有资产收购、股票收购和综合证券收购三种方式。

（1）资产收购。资产收购指管理层收购目标公司大部分或者全部资产，以实现对目标公司所有权和业务经营的控制权。资产收购的操作方式适用于收购对象为上市公司、集团公司分离出来的子公司或者分支机构。

（2）股票收购。股票收购指管理层直接从目标公司股东处购买控股权益或者全部股票。目标公司股东人数较少或者为子公司时，收购程序较为简单，即直接与目标

---

① 员工持股计划是指通过让员工持有本公司股票和期权而使员工获得激励的一种长期绩效奖励计划。员工持股计划是由企业内部员工出资认购本公司的部分股权并委托员工持股会管理运作，员工持股会代表持股员工进入董事会参与表决和公司分红。

公司大股东进行并购谈判以商议并购条件。目标公司为上市公司时,收购程序则相当复杂。目标公司的管理团队可通过债务融资,收购目标公司所有的发行股票。管理层通过二级市场购买目标公司股票,是一种简便的方法,但受到有关证券法规信息披露原则的制约,并应当向目标公司全体股东发出公开收购要约。

(3)综合证券收购。综合证券收购是指收购主体对目标公司提出收购要约时,支付方式有现金、股票、公司债券、认股权证、可转换债券等多种形式的组合。管理层在收购目标公司时采用综合证券收购,可以避免支付更多的现金,避免造成新组建公司的财务状况恶化。在各种收购方式中,综合证券收购的比例呈现逐年上升的趋势。

第四节　上市公司重大资产重组

上市公司重大资产重组是一个概括性概念,是对上市公司重大资产的购买、出售和置换等行为的概括。上市公司重大资产重组制度和监管制度是我国资本市场独特的制度,因为我国证券市场一直存在的 IPO(initial public offerings)审核制,使拟上市公司较多,通过重大资产重组可以实现借壳上市,从而规避 IPO 的管制。在美国等资本市场发达的国家,由于 IPO 管制较为宽松,IPO 成本较低,没有必要通过借壳上市以规避 IPO 管制,因而对上市公司重大资产重组或者借壳上市缺乏专门的管制性规则。

一、上市公司重大资产重组制度

我国上市公司重大资产重组制度始于 1998 年,经历了从审批制到备案制再到审核备案制的发展演变过程,主要有以下四个发展阶段:

(1)监管缺失阶段。在我国证券市场建立初期,上市公司处于上市初期,面临退市风险的公司极为有限,几乎没有资产重组发生。监管规则将重大重组行为视为重大事件,仅要求公司履行报告和公告义务。

(2)严格审批阶段。1998 年《关于上市公司置换资产变更主营业务若干问题的通知》(证监上字〔1998〕26 号)加强了对上市公司重大资产重组的监管力度,对于上市公司通过重大资产重组改变主营业务的行为,按照公司 IPO 标准审查,通过审批的数量极少。这标志着严格审批阶段的开始。

(3)管制放松阶段。2000 年《中国证券监督管理委员会关于规范上市公司重大购买或出售资产行为的通知》(证监公司字〔2000〕75 号)废除了《关于上市公司置换资产变更主营业务若干问题的通知》,放松了监管制度,简化了监督程序,由审批制调整为备案制,从而活跃了上市公司的资产重组,一定程度上化解了市场风险。

(4)鼓励与规范并举阶段。2001 年《关于上市公司重大购买、出售、置换资产若干问题的通知》(证监公司字〔2001〕105 号)废除了《关于规范上市公司重大购买或出售资产行为的通知》,重大资产重组监管由备案制改为审批备案制,有效地遏制了上市公司虚假重组,推动了实质性重组的规范性。2008 年《关于规范上市公司重大资产重组若干问题的规定》(证监会公告〔2008〕14号)形成重大资产重组的监管理念和监管方式。

二、上市公司重大资产重组的规制

现行规范上市公司重大资产重组的政府规章仅有《关于上市公司重大购买、出售、置换资产若干问题的通知》。该通知明确了上市公司重大资产重组的概念,即上市公司购买、出售和置换资产达到以下标准之一的情形:一是购买、出售、置换入的资产总额占上市公司最近一个会计年度经审计的合并报表总资产的比例达50%以上;二是购买、出售、置换入的资产净额占上市公司最近一个会计年度经审计的合并报表净资产的比例达50%以上;三是购买、出售、置换入的资产在最近一个会计年度所产生的主营业务收入占上市公司最近一个会计年度经审计的合并报表主营业务收入的比例达50%以上。上市公司在12个月内连续对同一或者相关资产分次购买、出售、置换的,以其累计数计算购买、出售、置换的数额。

上市公司实施重大资产重组行为,应当遵循有利于上市公司可持续发展和全体股东利益的原则,与实际控制人及其关联人之间不存在同业竞争,保证上市公司与实际控制人及其关联人之间的人员独立、财产独立、财务独立;上市公司具有独立经营能力,在采购、生产、销售、知识产权等方面能够保持独立。

重大资产重组行为实施后,公司仍然具备股票上市条件和持续经营能力,重组所涉及的资产产权清晰且没有债权债务纠纷,以及没有其他损害上市公司和全体股东利益的情形,既是重大资产重组交易行为实施应当满足的基本条件,也是证券监管机构审核该交易的重要依据。

重大资产重组应当获得证券监管机构的批准。在重大资产重组决议形成之后2日内,董事会应当向国务院证券监管机构及上市公司所在地的证券监管机构报送决议文本和《重大购买、出售、置换资产报告书(草案)》及其附件等相关文件,同时向证券交易所报告。独立董事对重大资产重组的意见应当与董事会决议一并公告。

在收到上市公司报送的全部材料之后,国务院证券监管机构对重大资产重组的审核时间不得超过20个工作日。上市公司报送的材料不完整、未到达信息披露要求、报送的资产交易方案不符合产业政策和法律要求等的,上市公司应当根据国务院证券监管机构的要求补充或者修改报送的材料。国务院证券监管机构对上市公司报送的材料重新计算审核期限。

上市公司发生重大资产重组的,公司董事会应当按照有关规定向证券交易所申请停牌。停牌期限从董事会决议公告之日起至国务院证券监管机构作出审核意见止。

上市公司应当根据《关于上市公司重大购买、出售、置换资产若干问题的通知》编制《重大购买、出售、置换资产报告书》。报告书是上市公司在重大资产重组过程中最为重要的信息披露文件,报告书内容应当真实、准确、完整。在重大购买、出售、置换资产行为完成后6个月内,上市公司应当向所在地的证券监管机构的派出机构报送规范运作情况的报告。

第二十章　公　司　僵　局

　　公司僵局是有限责任公司运营中极易出现的一种经营困境,有限责任公司在组织结构上具有的封闭性和人合性,是公司僵局产生的内生条件。公司僵局仅凭公司自身机制通常难以化解,需要借助外部力量的干预。公司僵局严重损害公司股东的合法权益,我国《公司法》对通过司法途径解决公司僵局仅作了原则规定。公司僵局的预防与解决,已经成为公司实务中的一个疑难问题。公司僵局问题是公司法司法实践中的难点问题,近年来司法审判实践涉及公司僵局的案件不断增加。

第一节　公司僵局的概念

　　公司僵局是在公司运营过程中由于股东层面或者公司管理层面出现不可调和的矛盾,致使公司陷入瘫痪或者无法正常经营。公司正常运行是通过股东行使权利和管理机构行使职权的方式实现的。在公司存续期间,股东之间、董事之间对利益追求的博弈是非常普遍的,各种利益冲突与矛盾贯穿公司运作的始终。冲突与矛盾是否能够顺利解决,是公司存续运行期间的关键性问题。冲突与矛盾顺利解决,公司僵局危机就能化解。

一、公司僵局的概念

　　公司僵局(corporate deadlock)是指公司在存续运行期间因股东或者董事之间的矛盾激化而处于僵持状况,即股东会、董事会等权力或者决策机关不能形成有效决议,导致董事会不能行使职权,从而使公司陷入瘫痪、无法正常运行的事实状态。由于公司两派对立的股东持股数量相等或者两派董事人数相同以及少数派股东保留有某种方式的否决权,双方均无法有效地控制公司,从而使得公司运营较长时间陷入停滞和瘫痪的状态。

　　公司僵局概念来源于英美法系,大陆法系公司法没有相应概念。英美法系公司法并未对公司僵局有明确的定义,理论上对公司僵局外延的解释过分宽泛。美国《标准商事公司法》和各个州公司法规定了公司僵局,大陆法系国家公司立法没有规定公司僵局,但法学理论承认公司僵局。我国《公司法》第182条和《公司法司法解释(二)》规定了公司僵局,即公司经营管理发生严重困难,继续存续会使公司股东利益遭受重大损失,且无法通过全体途径解决,持有一定比例股权的股东可以请求法院解散公司。

从公司僵局的概念可以看出,公司僵局具有以下三个方面特征:

(1) 对抗的严重性和危害性。公司僵局中股东或者董事势力均等,在股东会或者董事会决议中起到关键作用且相互对立,不论双方对立是基于利益分配还是公司发展方向的分歧,只要意见分歧的双方互不让步,均无法对公司进行有效的控制,从而陷入公司僵局。公司僵局对公司、股东以及相关利益者均会造成损害。公司僵局造成公司业务活动不能正常进行,公司财产继续损耗流失,股东利益无法保障。公司经营状态的恶化,会影响到社会经济秩序的稳定。

(2) 僵持状态的严重性与持续性。公司僵局的严重性是指公司对任何事务均无法作出有效决策,公司不能正常运行、停滞甚至达到瘫痪的程度,严重影响到公司的生存与发展。公司僵局的持续性是指对抗双方明知这种对抗存在,且在客观上已持续了一段时间,足以影响公司运作效率。

(3) 公司僵局的适法性。僵局的外在表现形式是股东会或者董事会无法召开,即使召开也无法形成有效决议,而导致僵局的行为本身既非侵权行为,也非违约行为,公司僵局本身具有适法性,因而难以用普通公司司法救济方式。公司按照现有公司治理结构无法打破公司僵持状态,表现为公司自行打破僵局时没有明确的法律依据或者合法的事实依据。公司僵局的化解需要借助外部力量,即需要通过司法介入来化解公司僵局。

二、公司僵局的类型

公司僵局通常主要产生于有限责任公司,但以发起方式设立的非上市股份有限公司因其人合性特点,也可能出现公司僵局。在学理上,公司僵局主要有以下三种分类方式:

(1) 董事会僵局和股东会僵局。董事会僵局是指董事会在公司事务管理中陷入表决僵局的情况。董事会陷入僵局可能是董事违反忠实勤勉等义务或者违反公司章程引起的,股东又无法打破这种僵局,从而引起的公司瘫痪状态。董事会层面出现的僵局可能使公司运营陷入完全停滞与瘫痪,只有通过寻求司法救济才能破解公司僵局。

股东会僵局是指在股东会表决中股东陷入僵局,通常具体表现为在董事选举中各方意见不一而陷入僵局。此外,在表决公司其他重大事项时,股东会也有可能因意见不一而陷入僵局,股东之间存在内部纷争或者分立派别,对股东会议所表决事项,有可能无法形成有效决议。在股东陷入僵局的情形下,公司仍可以继续运作,董事会将无限期地任职。因此,股东会僵局并非法律意义上的公司僵局。

(2) 表决权均等僵局和否决权僵局。表决权均等僵局是指分歧对立的股东或者董事双方拥有的表决权相等或者相近,对立双方互不相让必然出现决议无法有过半数的赞成票而陷入僵局的状况。否决权僵局是指对立一方股东持有行使否决权所需票数即可阻止股东会决议的通过而使公司陷入僵局。各国公司法中的特别决议,大多规定应当由持有超过 2/3 有表决权股份的股东同意方可通过,而且小股东为保护自己权益通常事先也会约定对某些事项的通过拥有否决权,在这种情况下,即使反对方持股比例远低于 50%,仍然可能造成公司僵局。因此,表决权均等僵局和否决权僵局均为法律意义上的公司僵局。

（3）商业意见分歧造成的僵局和私人关系变化造成的僵局。商业意见分歧造成的僵局是指对立双方仍然维持着融洽信任的个人关系，造成僵局的原因是双方对公司业务方向、发展策略、风险承受等纯粹商业意见和经营理念的不同。经过双方的协商和沟通，或者通过第三方的斡旋和调解，这种僵局有很大机会在公司内部自行化解。因此，商业意见分歧造成的僵局并非法律意义上的公司僵局。

私人关系变化造成的僵局是指股东对立双方私人关系恶化，由公司成立时的信任与合作变为排斥甚至反目成仇，导致公司人合性的完全丧失。最典型的是夫妻各占一半股权的公司，因双方离婚导致股东私人关系破裂，在公司决策中情绪化地反对，影响到公司的正常运转，这种僵局是很难在公司内部化解的，通常需要通过司法救济来打破。

除了前述三种公司僵局分类之外，公司僵局还有其他分类方式。按照公司僵局产生冲突因素的不同，公司僵局又可以分为以下五种类型：

（1）利益冲突型公司僵局。利益冲突型公司僵局是指股东因在公司利益分配上的冲突而造成公司运作处于僵持状态的公司僵局。利益冲突型公司僵局主要指因商业意见分歧造成的僵局。

（2）理念冲突型公司僵局。理念冲突型公司僵局是指股东或者董事因在公司经营理念上的冲突而造成公司运作处于僵持状态的公司僵局。理念冲突型公司僵局主要是指因商业意见分歧造成的僵局。

（3）控制冲突型公司僵局。控制冲突型公司僵局是指股东或者董事因在争夺公司控制权上的冲突而造成公司运作处于僵持状态的公司僵局。控制冲突型公司僵局涵盖了董事会僵局和股东会僵局。

（4）关系冲突型公司僵局。关系冲突型公司僵局是指因股东之间的关系恶化而造成公司运作处于僵持状态的公司僵局。关系冲突型公司僵局是指因私人关系变化造成的僵局。

（5）转股冲突型公司僵局。转股冲突型公司僵局是指因股东在股份转让中发生冲突而造成公司运作处于僵持状态的公司僵局。

三、公司僵局的原因

真功夫案[①]和娃哈哈与达能纠纷案[②]是公司僵局的典型案例。真功夫和娃哈哈的

---

① 2007 年之前，蔡达标和潘宇海各占真功夫餐饮管理有限公司 50％的股权。2007 年引进风险投资后，蔡达标和潘宇海二人实际控制的股权比例仍然均等，均为 47％。在公司创始之初和成长阶段，对等比例的股权是家族企业成员之间利益平等、协同作战的体现。但在股东之间出现分歧之后，公司就难以形成有效的决议。在真功夫案中，分歧体现为一方对另一方在管理和运营上的封锁、阻碍，并采取了非法行为，最终导致司法刑事介入。2014 年 6 月 7 日，广州市中级人民法院作出二审判决，蔡达标构成职务侵占罪和挪用资金罪，被判有期徒刑 14 年。

② 1996 年，成长中的娃哈哈公司与法国食品业巨头达能公司成立合资公司，娃哈哈的股权比例为 49％，达能控股比例达到 51％，但合资公司的运作和管理都在娃哈哈的控制下。娃哈哈成为著名商标后，合资双方开始发生分歧，根源在于娃哈哈商标是否为合资公司独家使用。双方为此展开了遍及全球的诉讼。从 2007 年开始，在瑞典、美国、英属维尔京群岛和中国香港等地，法国达能公司针对娃哈哈和创始人宗庆后提起了 90 多起诉讼及仲裁。由于双方在商业界的地位，纠纷引起了两国政府高层的关注和介入。2009 年，双方达成和解方案，终止合资关系，达能将在合资公司中的 51％股权出售给娃哈哈。

公司僵局纠纷各有不同,起始原因、解决方案均不一样,但两个案件的实质均因股东对公司没有绝对的控制权。在双方发生冲突时,双方均等的股权导致无法以正常方式维持公司运营和决策,而只能通过其他非正常手段或者外力来介入干预。公司僵局的产生既有制度方面的因素,也有公司股权和公司章程设计方面的因素。

（一）公司制度方面的因素

在公司实务中,公司僵局大多出现在有限责任公司中,特别是一些股东人数较少的公司。在以发起方式设立的非上市股份有限公司中,也有可能产生公司僵局。公司僵局产生的原因,表面上表现为股东或者董事之间对公司日常经营管理事务、决策上的分歧和对立,但深层次原因则是有限公司的制度安排和公司治理结构的封闭性,主要体现在以下两个方面:

（1）以资本多数决为表决原则。资本基础上的公司决策原则,即资本多数决原则为公司僵局的形成提供了制度基础。在现代公司制度和公司章程规定下,公司运营的决策和管理实行多数决制度,股东会、董事会普通决议需要过半数表决权通过,股东会特别决议事项通常需要超过2/3的表决权同意方可通过,公司章程甚至还可能规定更高的表决权比例或者赋予某些小股东特殊事项的否决权,这些均为否决权僵局的形成提供了制度基础。

（2）以资本维持和资本充实为资本原则。根据有限责任公司的资本维持和资本充实原则股东不得抽回出资,而股权转让又受制于公司其他股东,因而难以避免公司僵局的产生;在僵局形成后,股东又难以靠自身力量打破僵局。如果公司资本可以随时增减或者具有流动性,在"股份多数决"机制下一方当事人就可以通过增加资本或者购买其他股份等获得多数决所需的表决权,从而避免或者打破僵局;另一方当事人则可以通过撤回投资或者售出股份等方式退出公司以避免损失的扩大。然而,在"股东不得抽回出资"原则的限制、有限责任公司股权转让的限制以及缺乏公开交易市场的情形下,有限责任公司不具有上市公司股票所具有的流动性。因此,在公司僵局形成后,有限责任公司股东难以靠自身的努力打破公司僵局。

（二）公司股权和章程设计方面的因素

股权结构不合理和公司章程设计不合理,也是引发公司僵局的非制度因素。这种公司僵局可以通过合理的股权结构和公司章程设计予以避免。在公司实践中,因股权安排和公司章程的原因产生公司僵局的情形有以下两种:

（1）股权结构不合理。在公司实践中,公司股东的股权结构设计是各自持股一半,以达到相互制衡的目的。如果股东之间对投资理念、经营策略、治理思路、各自利益一旦发生冲突,并达到对抗状态,双方拥有相等的表决权,则任何一方均不可能形成一个有效的决议,从而使公司陷入僵局。股权结构不合理主要有以下两种情形:

一是股权比例大致均等。公司由两个股东构成,各占50%的持股比例。例如,真功夫的联合创始人蔡达标和潘宇海持有公司股权比例相同,在共同经历了创业早期的艰难之后,对公司未来发展方向持有不同观点,又掺杂着家族情感的变异,先前的联合创业者变成了利益敌对的双方。娃哈哈与达能纠纷也大致如此，双方股权份额相当。股东之间的矛盾导致股东会和董事会难以召开，公司处于僵局状态，致使公司经营管理发生严重困难，诉讼也难以解决双方的纠纷。

二是股权比例不合理。股权比例不合理通常表现为公司股东人数众多且股权分散，但某个股东或者某数个关联股东（一致行动人）的持股比例不低于 33.4％。在这种股权比例情况下，只要持股比例达到 33.4％的股东或者关联股东投反对票，就难以形成有效的股东会决议，从而出现公司僵局。

（2）公司章程设计不合理。公司章程规定，股东会或者董事会决议应当经全体股东或者董事一致同意，或者赋予小股东一票否决权，一旦无法形成一致意见或者小股东行使一票否决权，也会导致股东会或者董事会决议无法通过，使公司陷入僵局。

四、公司僵局的预防

在公司制定章程时，设计合理的股权结构可以预防公司僵局。最理想的状态是对公司处于绝对控股的地位，或者即使股份在将来会被稀释，仍然可以通过特别设计的表决机制或者董事会选任机制来维护自身的决策权。[①] 公司僵局形成的制度性原因是无法避免的，只能通过修改制度才能实现。公司股权结构和公司章程设计所形成的公司僵局，是完全可以避免的。

一股独大的股权结构难以产生公司僵局，67％∶33％的股权结构不会形成公司僵局，而 50％∶50％股权结构就很可能形成公司僵局。在股权结构的比例为 50％∶50％或者一方持股比例高于 33.4％等极易发生公司僵局的情况下，在公司章程中设置合理的预防性机制也可以避免公司僵局的产生。独立董事、临时管理人、股权强制收购和调解制度，是较为常用的避免公司僵局的方法。

（一）独立董事制度

在股东会将权力充分授权予董事会的情形下，设置独立董事并由独立董事作出最终决断，有助于避免形成公司僵局。独立董事制度在上市公司中得到充分运用后，一些非上市公司也引入独立董事制度，从制度设计上避免形成公司僵局。股权对等的股

---

① 阿里巴巴的合伙人制度创设了这样的范例。为使阿里巴巴创始人团队在公司境外公开上市后、股权比例不断稀释的情况下，仍然保持对公司的绝对控股权，阿里巴巴的合伙人制度确保其合伙人提名过半数的董事会成员，从而控制公司的运营决策。2014 年，阿里合伙人总数为 30 人，阿里合伙人制度并未固定人数，名额将随着成员变动而改变且无上限，除马云和蔡崇信为永久合伙人外，其余合伙人地位与任职有关，一旦离职则退出合伙人关系。阿里合伙人制度确立了两项措施：

（1）半数董事的提名权。合伙人制度规定阿里合伙人享有董事会半数以上董事的提名权，且在被否决的情况下可以重新提名己方董事，从而确保阿里能够控制多数新任董事候选人，构成了限制其他股东权利的措施。

（2）临时董事的任命权。在创始人和管理层与其他股东（特别是大股东）的矛盾加剧时，其他股东可能反复动用其投票权在股东大会上否决合伙人提名的董事，合伙人制度赋予合伙人任命临时董事的权力，即无论股东是否同意，合伙人提名的董事将进入董事会以保证其超过半数的控制权。通过这种制度设计，股东的否决权实际已被架空，股东大会董事选举的意义实质上仅是安排股东代表作为少数董事参与董事会运作，合伙人成功地通过控制董事会的方式取得了公司控制权。

权结构和单个股东持股比例不低于 33.4％ 的股权结构，均可适用独立董事制度。例如，2012 年上海复星集团与美国保德信金融集团共同设立的复星保德信人寿保险有限公司，双方股权比例为 50％：50％。合资公司董事会由 9 名董事组成，双方各委派 3 名，另 3 名为独立董事，这种设计可以有效地防止公司僵局的产生。

（二）临时管理人制度

在没有设立独立董事的情形下，公司僵局一旦产生，公司经营则陷入停滞，将极大地损害公司、股东及利益相关者的权益。西方国家引入管理人介入制度，即在诉讼过程中，法院指定律师事务所、会计师事务所等中介机构作为独立的管理人管理陷入僵局的公司，维持公司最低限度的运营，从而保障债权人利益。在未承认管理人制度的情形下，我国可以通过公司章程约定，在公司僵局持续情形下，由确定的管理人暂时接管公司运营，管理层应向临时管理人移交公司的管理权。管理人制度不但可以防止公司财产的非正常减损，而且可以保障公司营业的持续。在公司实际管理人拒绝移交权力时，股东可以提起诉讼，将公司作为被告，临时管理人列为第三人。

（三）股权强制收购制度

我国《公司法》第 74 条规定了股权回购制度，但这种股权回购属于公司回购，且仅适用于三种法定的情形，其他情形并不适用。如果在公司章程中预先设置股权回购方案，则有利于公司僵局的解决。公司章程可以预先规定这种条款，如果连续两次股东会或者董事会对重大事项难以达成决议，则持有公司 50％ 以上股权的股东或者一致行动人，有权收购投反对票股东的股权。公平合理的收购价格的确定，是强制收购股权的一个关键问题。公司可以预先在章程中规定强制收购股权的价格计算方法，但这种规定仅限于股价计算方法，而不是直接规定具体的每股收购金额。

强制股权收购制度已经成为美国过半数州法院对公司僵局的一种司法解散的替代救济制度，即法院可以通过判决强令由一方股东以合理价格收买另一方股东股权或者股份，或者赋予股东要求公司以合理价格收购自己持有股份的权利，借以达到解决公司僵局的目的。德国以法院判例法的形式创立了两种与强制股权收购类似的替代救济方式——退出权和除名权，即让僵局中某方股东出让股份，退出公司并从公司的股东名册中除名。

（四）调解

调解是《公司法司法解释（五）》确立的有限责任公司股东重大分歧解决机制，强调法院在相关案件审理中强化调解，引导股东协商解决分歧，恢复公司正常经营，避免公司解散。有限责任公司股东重大分歧纠纷案件，通过调解可以由愿意继续经营公司的股东收购不愿意继续经营公司股东的股份，类似于股份强制排除制度；可以由公司回购股东股份，类似于股份回购制度；可以由公司以外第三人收购股东股份。在股份转让不能实现的情形下，当事人可以通过调解方式实现公司减资，使得争议股东"套现离场"，其余股东继续经营减资后的公司，从而可以使得公司存续；公司分立则使得无法继续合作的股东"分家",各自经营公司,也使得公司以新的形式存续。无论股权在股东之间转让、公司回购股份、股份转让给公司外第三人还是减资、公司分立等,均应符合各自的条件和程序性要求。无论采取何种方式,均不得违反法律、行政法规的强制性规定。

《公司法司法解释(二)》第 5 条明确了法院在审理解散公司案件时应注重调解的原则,鼓励以协商方式解决股东争议使公司存续。《公司法司法解释(五)》第 5 条沿袭了前述规定的精神,将调解方式从"解散公司案件"扩大到"股东重大分歧案件",明确规定了五种解决股东重大分歧的方式,为调解工作的开展提供了依据。

在有限责任公司股东产生重大分歧使公司无法正常运营,出现公司僵局时,由于有限责任公司的人合性特征,股权转让受到各种限制,不愿意继续经营公司的股东退出公司面临种种困境,通过调解方式在诉讼过程中实现类似的效果是一条可行途径,对于解决有限责任公司僵局有特殊的意义。

第二节　公司僵局的构成与救济

出于有限责任公司的决策原则及制度设计固有的缺陷以及我国文化、传统以及法制理念等方面的原因,公司僵局在公司实务中不可避免会发生,且在未来很长一段时间内会存在。公司解散是一种非常严厉的法律救济措施,除非存在无法弥补的解散事由,非解散公司不能衡平各方利益的,法院不得作出公司解散的判决,以免造成社会秩序的不稳定和社会资源的浪费。

一、公司僵局的构成

2005 年《公司法》引入公司司法解散制度和强制股权收购制度,增加了司法介入公司僵局的相关规定,填补了之前立法的漏洞,但仍有缺漏。公司僵局体现在现行《公司法》第 180 条和第 182 条规定之中,其中第 182 条的规定涉及公司僵局的构成要件,即公司经营发生严重困难、公司的存续使股东利益受到重大损失、其他途径无法调和股东间的矛盾和冲突、持有公司全部表决权 10% 以上股东的请求。

（一）公司经营发生严重困难

公司经营管理发生严重困难,是公司僵局构成的形式性要件,主要是强调公司管理方面存有严重内部障碍,如股东会机制失灵、无法对公司的经营管理进行决策等,不应片面理解为公司资金缺乏、严重亏损等经营性困难。

公司经营发生严重困难包括生产经营困难与公司事务管理困难。公司日常生产经营困难,是指公司生产经营状况发生严重亏损的情形;公司事务管理困难,则是指公司股东会、董事会等公司机关处于僵持状态,无法作出经营决策,导致公司日常运作陷入停顿与瘫痪状态。公司事务管理困难主要表现为四种情况:一是公司持续两年以上无法召开股东会或者股东大会;二是股东表决时无法达到法定或者公司章程规定的比例且持续两年以上不能作出有效的股东会或者股东大会决议;三是公司董事长期冲突且无法通过股东会或者股东大会解决;四是经营管理发生其他严重困难且公司继续存续会使股东利益受到重大损失的情形。

公司经营管理发生严重困难,是认定公司是否处于僵局状态的重要因素,但对于公司经营发生严重困难的具体判断,在司法实务中认识不统一。例如,在林方清公司解散纠纷案中,①江苏高院判决确立了判断公司经营管理严重困难的标准,是对公司组织机构的运行状态进行综合分析。② 案件判决确认了判断公司经营管理是否出现严重困难,应当以对公司股东会、董事会及监事会的运行现状的综合分析作为规则,而公司是否处于盈利状况并非判断公司经营管理发生严重困难的必要条件。公司经营管理发生严重困难的侧重点在于公司管理方面存有严重的内部障碍,如股东会机制失灵、无法对公司经营管理进行决策等,不应片面理解为公司资金缺乏、严重亏损等经营性困难。

(二)股东利益受到严重损害

公司股东利益受到严重损害,是公司僵局构成的实质性要件。经营管理严重困难,是股东利益受到严重损害的外在表现形式。股东解散公司的根本目的,是保护或者减少自己股权利益的损失。反之,即使公司经营管理发生严重困难,但只要没有造成股东利益受损,就表明对公司严重困难的状况,股东间还有回旋余地,有可能通过其他途径予以解决。公司实际上不存在司法解散意义上的僵局,失去解散公司的前提条件。在司法审判实践中,对股东利益的把握关系到对案件的正确处理。

(1)以股东现实利益损害为基础的判断。《公司法司法解释(二)》规定是以公司"继续存续会使股东利益受到重大损失"作为判断标准,但任何一种判断均为建立在现实基础上的审慎判断。"继续存续会使股东利益受到重大损失"的判断,应当建立在公司已经使股东利益受损的事实基础上。

(2)以股东利益为基础的综合判断。在司法审判实践中,相对其他要件事实的认定,股东利益受损的事实较为容易查清和认定,如在公司连年出现重大亏损、股东利益已受重大损失的事实基础上,综合公司已长期、持续未召开股东会的事实,认定和判断该公司经营管理出现了严重困难,"继续存续会使股东利益受到重大损失"。例如,在

---

① 在林方清诉常熟市凯莱实业有限公司、戴小明公司解散纠纷案中,法院裁判摘要认为,《公司法》第182条将"公司经营管理发生严重困难"作为股东提起解散公司之诉的条件之一。判断"公司经营管理是否发生严重困难",应从公司组织机构的运行状态进行综合分析。公司虽处于盈利状态,但其股东会机制长期失灵,内部管理有严重障碍,已陷入僵局状态,可以认定为公司经营管理发生严重困难。对于符合公司法及相关司法解释规定的其他条件的,法院可以依法判决公司解散(指导案例8号)。

② 林方清公司解散纠纷案的一审法院即江苏省苏州市中级人民法院驳回了原告林方清解散公司的诉讼请求,江苏高院则撤销了一审判决,支持了林方清解散公司的诉讼请求。

管增增公司解散纠纷案中,①广州中院的判决充分体现了公司"继续存续会使股东利益受到重大损失"。

（三）其他途径不能解决

"通过其他途径不能解决"是股东请求解散公司的必要前置性条件,只有在穷尽一切可能的救济手段仍不能化解公司僵局时,才赋予股东通过司法程序强制解散公司的权利。在判定司法解散时,法院应当综合考虑调解、公司自力救济（股权转让、股权收购、除名等方式）、行政管理、调解、仲裁等有效手段,根据具体的案件判断而不是流于形式。法院在诉讼过程中应尽量引导当事人达成利益共赢的协议。司法实践表明,当事人请求解散公司的本意往往并不在于解散公司,而是想通过司法威慑迫使对方妥协。例如,在重庆国能投资有限公司股东知情权及公司解散纠纷案中,②最高法判决指出通过其他途径无法解决公司股东之间的僵局符合公司解散的条件。

（四）持有公司全部表决权 10% 以上股东的请求

世界各国立法上对司法解散请求权主体均有一定的限制性规定。《公司法》仅规定持有公司全部表决权 10% 以上的股东有权请求解散公司,10% 的股权比例指的是单一股东的持股比例,还是数个股东累加持股比例,理论与实践对此出现争议。《公司法司法解释（二）》解决了前述问题,但对股东持股时间却没有限制性规定,而国外立法通常有最低持股时间的限制,通常以半年到一年为持股期限。在公司解散诉讼终结之前,请求权人不得处分股权。否则,将丧失诉讼主体资格,公司解散诉讼终止。例如,在汪秋娣公司解散纠纷案中,③上海二中院判决指出,持有 40% 股份的股东提出解散公司的请求,符合《公司法》第 182 条的规定。

二、公司僵局的救济

公司僵局使股东投资设立公司的目的落空,公司股东内部严重冲突不合,控股股东利用优势控制、管理、运作公司引发争议而造成外部不良溢出,对社会造成不良后果或者直接破坏公序良俗。在僵局形成后,股东对峙的成本将会非常大,破解僵局可以

---

① 在管增增诉广东粤邦农业科技有限公司公司解散纠纷案（〔2014〕穗海法民二初字第 2163 号、〔2015〕穗中法民二终字第 1407 号）中,法院裁判摘要认为,当事人之间的各项冲突事实均充分反映公司股东之间的冲突矛盾对粤邦公司经营管理产生重大影响,且公司实际已停止经营,而公司僵局状态的持续必然导致股东无法实现其投资收益,也无法通过法定清算程序及时清理公司债权债务。因此,管增增起诉请求解散粤邦公司符合《公司法》第 182 条规定的法定条件,应当予以支持。

② 在重庆国能投资有限公司诉重庆正浩实业（集团）公司、重庆正浩机电工业有限公司股东知情权及公司解散纠纷案（〔2005〕渝高法民初字第 10 号、〔2007〕民二终字第 31 号）中,法院裁判摘要认为,正浩机电成立五年之内仅召开两次股东会,且股东会、董事会长期不能达成决议,导致公司经营管理困难并陷入僵局,继续经营将损害公司和股东利益,通过其他途径也无法解决。正浩机电符合公司解散的条件。

③ 在汪秋娣诉上海裕和房地产开发有限公司公司解散纠纷案（〔2013〕黄浦民二（商）初字第 779 号、〔2014〕沪二中民四（商）终字第 459 号）中,法院裁判摘要认为,公司经营管理发生严重困难,继续存续会使股东利益受到重大损失,通过其他途径不能解决,原告作为持有 40% 股份的股东,提出解散公司的请求,符合《公司法》第 182 条的规定,应予准许。

引导社会资源的正常流动,在公司利益、股东利益、债权人利益、职工利益等诸多利益中找到一种平衡。我国司法实践对公司僵局的救济主要有公司的司法解散和公司股权的强制收购两种措施。

(一)公司的司法解散

司法解散(judicial dissolution)是指根据持有公司全部股东表决权 10% 以上股东的请求,司法审判机构依法裁决解散公司的一种程序。公司司法解散制度是世界各国通行的解决公司僵局问题的一种制度,具有较为成熟的一套运作程序,本质上代表了国家对经济生活的适度干预。公司设立与解散取决于股东意志,公司中股东权益受到侵害,公司不能对恢复股东权益或者就解散公司形成合意时,权益遭受侵害的股东有权通过各种救济方式维护自身权利,而申请法院判决解散公司是一种救济方式。司法解散是一种非常严厉的公司僵局解决措施,终结已经存在的公司,不仅股东将失去依托公司从事营利活动的机会,而且国家也失去了一个税收来源。《公司法》对司法解散规定了较为严格的适用条件,即《公司法》第 182 条和《公司法司法解释(二)》第 1 条规定了司法解散的四个条件:一是公司持续两年以上无法召开股东会或者股东大会,公司经营管理发生严重困难的;二是股东表决时无法达到法定或者公司章程规定的比例,持续两年以上不能作出有效的股东会或者股东大会决议,公司经营管理发生严重困难的;三是公司董事长期冲突,且无法通过股东会或者股东大会解决,公司经营管理发生严重困难的;四是经营管理发生其他严重困难,公司继续存续会使股东利益受到重大损失的情形。符合该四个条件的公司僵局,法院才准予强制解散公司。

司法解散必须完全满足法定条件。否则,不得通过司法方式解散公司。例如,在韦波公司解散纠纷案中,[①]深圳中院判决认为原告提起公司解散之诉,不符合《公司法司法解释(二)》第 1 条第 1、2、3 项的规定,驳回公司解散的请求。

在杨剑强公司解散纠纷案中,[②]一审法院判决公司解散,二审法院撤销了解散公司的判决,最高法再审撤销了二审法院的判决,维持了一审法院判决。最高法判决指出,司法解散公司是解决公司僵局的法律制度。公司僵局是由公司管理权争夺而导致的成员内部矛盾极端化的特殊描述,表现为股东失去合作基础、股东管理受到排挤、管理机关运转失灵或者管理者仅接受个别股东的指示管理公司事务,背离了公司经营的初衷和目的,导致股东的期待落空。

---

① 在韦波诉深圳市波创科技发展有限公司公司解散纠纷案(〔2013〕深南法民二初字第 236 号、〔2014〕深中法商终字第 1440 号)中,法院裁判摘要认为,韦波是在召开股东会后五个月才提起本案公司解散之诉,不符合《公司法司法解释(二)》第 1 条第 1、2 项规定的公司持续两年以上无法召开股东会或者股东大会,或者根据公司章程持续两年以上无法作出有效的股东会或者股东大会决议,或者董事长期冲突且无法通过股东会或者股东大会解决等公司陷入股东僵局、董事僵局造成公司经营管理严重困难的情形,因此驳回公司解散的请求。

② 在杨剑强诉保山东成石材有限公司公司解散纠纷案(〔2011〕保中民二初字第 4 号、〔2011〕云高民二终字第 96 号、〔2013〕民提字第 110 号)中,法院裁判摘要认为,经营管理发生严重困难以及存在"继续存续会使各方股东利益受到重大损失且通过其他途径不能解决"的情形,支持公司解散的请求。

（二）公司股权的强制收购

为避免强制解散公司给社会带来的不必要资源浪费，《公司法》第 74 条规定了司法解散的替代救济制度——强制股权收购制度，即法院以判决方式强制一方股东以合理的价格收买另一方股东的股权或者股份，使冲突股东其中的一方从公司中退出，以达到解决公司僵局的目的。强制股权收购可以使得公司继续运营，而保留一个运营的公司比解散一个公司要好。公司的经营资产（包括无形的商誉）作为一个整体的价值通常要比拆的公司高。股权收购不仅能使一方股东取得公平合理的价值退出公司，且不影响公司的继续存续，如无锡利欧锡泵制造有限公司公司解散纠纷案。[①] 但是，《公司法》第 74 条没有规定对股权收购价格的确定方式。

---

① 在无锡利欧锡泵制造有限公司诉日立泵制造（无锡）有限公司公司解散纠纷案（〔2012〕锡商外初字第 32 号）中，经无锡中院调解当事人达成股权收购协议，即株式会社日立制作所同意以 1.3 亿元的价格受让无锡利欧锡泵制造有限公司所持有的日立泵制造（无锡）有限公司 30％的股权。

第二十一章　公　司　重　整

公司重整是市场经济通行的公司制度,是为适应现代市场经济中拯救困境公司的需要,在弥补破产清算与破产和解制度缺陷基础上所构建的制度,为债务人公司和债权人提供了一些其他法律制度所不能提供的法律保护和救济手段。

《破产法》对公司重整制度的规定较为简单,立法漏洞较多,偏重于重整程序和基本制度的设计,公司重整实务中发生的操作性问题缺乏明确的法律指引。

第一节　公司重整制度

公司重整制度与破产和解制度均为调整债权人面临破产时的特定债权债务关系,以减缓债务人所面临的支付压力,使债务人公司获得再生的发展机会。[①] 公司重整的产生要晚于破产和解制度,顺应了现代市场经济的发展需要,稳定和促进了社会经济的发展。[②] 公司重整制度旨在平衡债权人与债务人、债权人与社会公共利益之间的利益冲突。

一、公司重整的概念

公司重整(corporate reorganization)是指根据公司重整法定申请人的重整申请,经法院审查符合法定条件,启动对丧失清偿能力但有再生可能的债务公司所实施的拯救行为。公司重整制度设计并非适用于对所有陷入困境公司的拯救,根本宗旨是通过公司作为一个运营实体的存在,最大限度地保护公司价值,以维护债权人和其他利益相关者的权益。

重整制度起源于 20 世纪初期的英国,后来逐步为其他国家所采纳。公司重整在不同国家有不同的称谓,美国和德国称"重整",法国称"司法重整",日本称"更生",英

---

① 在全球航运市场低迷、运输产能过剩的情况下,从 2014 年年底以来我国造船企业、航运企业接连出现破产重整风潮。东方重工、明德重工、熔盛重工、舜天船舶、庄吉船业、STX 大连集团等民营船企纷纷破产重组或者出售造船业务谋求转型。2015 年 5 月,山西海鑫钢铁集团有限公司破产重整案召开了第一次债权人会议,参会的 752 家债权人申报的债权总额约为 233.6 亿元,公司账面资产仅为 69 亿元。同年 9 月,召开了第二次债权人会议,普通债权组有表决权的债权人共 981 家,所代表的债权总额为 197.07 亿元。海鑫钢铁集团破产重整计划,同时得到运城中院的批准。

② 参见甘培忠:《企业与公司法学》(第七版),北京大学出版社 2014 年版,第 383 页。

国则称"整理与重整"。公司重整的称谓,已经为世界各国和国际组织所普遍接受,成为一个通用名称。

法院是重整程序中重大事项的决策者。在公司重整程序中,法院主导重整程序,处于整个重整程序的核心地位。法院裁定受理申请人提交的重整申请,标志着公司重整程序的启动。公司重整具有如下四个方面特征:

(1)公司重整目的的明确性。公司重整制度旨在拯救陷入困境而又有希望通过重整制度获得重生的公司。公司重整的目的是通过公司资产的有效利用,为投资人创造出价值最大化。公司运营价值高于公司清算价值,即公司重整是通过对公司运营价值的保护以达到实现公司资产价值的最大化。公司陷入财务困境但仍有重建可能和必要的,应当尽可能避免其解体或者破产。公司重整不仅有利于债务公司本身,而且还有利于债权人和社会公众,维护了社会经济秩序。

(2)公司重整申请主体的法定性。公司重整的申请主体是法律规定有权申请债务人公司重整的主体,有债权人、债务人和股东。我国《破产法》第70条明确规定了公司重整申请主体为债权人、债务人和占10%以上出资额的股东。债权人仅在公司破产前有权申请公司重整,一旦法院受理了公司破产申请,公司债权人便丧失申请公司重整的权利。①

(3)公司重整对象的特定性。公司重整的对象,世界各国和地区立法规定不一。美国立法规定的公司重整对象较为宽泛,英国、日本和我国台湾地区立法规定的重整对象仅限于股份有限公司。我国《破产法》第2条规定的公司重整对象是企业法人,②适用于有限责任公司和股份有限公司。③ 在我国公司重整实践中,进行公司重整的大多数是上市公司,主要是因为上市公司壳资源的稀缺性。此外,上市公司的破产涉及社会公众投资人的利益,可能影响社会的稳定。

(4)公司重整的价值性。债务公司重整的前提是公司具有重整价值和意义,如果是已失去继续经营价值的债务公司,则失去了重整价值和意义。公司重整应当在被宣告解散或者破产前按照法定程序进行,公司在被宣告解散或者破产时,已经没有重整的必要和可能。此外,公司重整是以牺牲债权人利益为代价的,应遵循法定程序以维护相关权利人的权利,使其不会受到不公正的对待。

---

① 2009年3月,武汉中院立案受理东星航空有限公司破产清算案。2009年6月,武汉中院驳回东星航空主要债权人之一中国航空油料集团公司递交的重整申请。东星航空破产管理人发表声明称,东星航空已进入破产清算,已经没有重整的可能了。

② 参见佳通科技(苏州)有限公司申请破产重整案(〔2009〕吴民破字第2号)。

③ 2013年3月,中国银行、中国工商、上海银行、渣打银行、农业银行、南洋商业银行、江苏银行、光大银行八家银行以无锡尚德太阳能电力有限公司不能清偿到期债务为由,向无锡中院申请破产重整。无锡中院裁定无锡尚德进入破产重整程序,并指定由地方政府职能部门组成清算组担任管理人。管理人完成对无锡尚德的财产和营业的全部接管工作,包括接管公司的全部证照、财务及全部财产。2013年5月,首次债权人会议召开,有529家债权人总计申报金额达173.96亿元。10月底,管理人提交了重整计划草案。11月15日,法院裁定批准重整计划,终止无锡尚德重整程序。12月底,偿债资金30亿元全部到位并分配完毕。2014年4月18日,无锡尚德重整计划执行完毕,无锡中院作出终结裁定。2014年4月,顺风光电发布公告称,顺风光电收购无锡尚德资产。

二、公司重整的申请主体

破产重整是破产法新引入的一项制度，是指专门针对可能或者已经具备破产原因但又有维持价值和再生希望的公司，经各方利害关系人的申请，在法院主持和利害关系人的参与下，进行业务上的重组和债务调整，以帮助债务人摆脱财务困境、恢复营业能力的法律制度。

根据《破产法》第70条，向法院申请对债务人进行重整的时间段有两种，不同的申请时间段有不同的申请人：一是债权人和债务人。在申请破产清算前直接向法院申请重整，申请主体有债权人和债务人。二是债务人和公司股东。债权人申请对债务人进行破产清算的，在法院受理破产申请后、宣告债务人破产前可以申请重整，申请主体是债务人和出资额占债务人注册资本1/10以上的出资人。

（一）债权人

在立法理念和具体制度安排上，我国《破产法》均以保护债权人利益为出发点。公司债权人是公司重整中的利益主体，重整制度是为保护债权人利益而设立的救济措施。公司重整可能提高债权人获得清偿的数额，使债权人利益又获得一种保障机制。公司债权人是公司重整的主要参与人，在某种程度上债权人可以决定公司重整的命运，债权人作用贯穿于整个公司重整的始终，并具有相当的影响力。为防止债权人重整对债务人经营造成不利影响，世界各国法律对债权人提出公司重整申请的标准各不相同，对各种类型的债权人是否享有申请重整的权利有不同的规定。

只有在满足法定条件的情形下，债权人才有权申请公司重整。债权人有到期债权人和未到期债权人。世界各国和地区立法对到期债权人申请公司重整的条件有不同的规定，如美国需要3个以上债权人提出申请，且债权总额也有最低限度的限制；日本和我国台湾地区则规定债权人的债权不低于公司发行股份总额的10％。我国《破产法》既没有规定债权人的人数，也没有规定债权的数额。我国可以借鉴债权人的债权不低于公司发行股份总额10％的规定，对债权人资格进行限制。

对于未到期债权人对公司重整的申请权，各国立法有不同的规定。美国的未到期债权人不享有申请公司重整的申请权，而英国、德国、日本等国的未到期债权人则享有申请公司重整的权利。我国《破产法》没有相关的规定，未到期债权在公司重整受理时视为债权已经到期。但是在公司重整申请前，不能视为到期，因而未到期债权人不享有申请权。

（二）债务人

由于公司重整具有拯救债务人的功能，世界各国公司重整立法均允许债务人提出重整申请。公司重整的成功对债务人有直接利益，比债权人更有重整的动力和动机。在公司重整实务中，绝大部分公司重整案均是由债务人申请而启动的。债务人对公司自身情况较为了解，公司财务困境在初期难以为债权人所知晓，到债权人知悉公司财务困境时，公司可能已经濒临破产、无挽回的余地。因此，公司重整能否启动取决于债务人。

在债务人提出公司重整申请的制度设计方面，世界各国立法有不同的价值取向，有权利价值取向和义务价值取向两种模式。

（1）公司重整申请的权利。以权利为价值取向的立法将公司重整申请作为债务人的权利。公司重整的一系列制度设计，鼓励债务人积极主动提出重整申请。美国是典型的权利价值取向立法模式，对债务人的重整申请没有任何实质性、限制性的规定，而是规定了一些有利于债务人的制度。

（2）公司重整申请的义务。以义务为价值取向的立法将公司重整申请作为债务人的义务。在一定情形下，债务人有提出公司重整申请的义务。法国和英国立法采取典型的义务价值取向立法模式。例如，法国立法规定，债务人应当在停止支付45日之内提出重整申请。英国立法也规定了公司董事的重整申请义务，否则，董事应承担相应的法律责任。

债务人申请重整的决策机制，是公司实践的操作性问题。公司债务人作为法人实体，通过代表机关实施各种法律行为。债务人申请重整的，应由公司代表机关提出。世界各国和地区立法通常允许董事会决定提出公司重整申请，而没有必要经股东会决议通过。我国台湾地区"公司法"第282条规定，公司重整申请应当经全体董事2/3以上出席董事会并经全体出席董事会过半数决议通过。

我国立法对商业银行、证券公司、保险公司等金融机构的重整适用不同于其他公司的规则，即由国务院金融监管机构提出金融机构的重整申请。保险公司的重整应经国务院保监会同意。① 此外，根据《商业银行法》第71条和《证券法》第129条，商业银行和证券公司的破产应分别获得银保监会和证监会的同意。由于《商业银行法》（1995年）和《证券法》（1998年）是在《破产法》（2006年）之前颁布的，当时并无公司重整制度，从而可以对破产作扩大解释，即破产包括公司重整制度。

（三）公司股东

大多数国家立法，公司重整申请人仅限于债权人和债务人。在多数股东有申请重整意思的情形下，股东可以通过股东会作出决议，要求公司代表机关以公司名义提出重整申请。部分国家和地区立法赋予少数股东提起重整申请权，如我国台湾地区"公司法"规定，连续6个月以上持有已经发行股份总数10%以上的股东可以提出重整申请。

我国《破产法》第70条规定了股东提起重整申请权，即债务人的出资人提起重整申请权。法律对股东提起重整申请有限制性的规定，如必须在破产案中，且在破产案件申请的主体、提出重整申请的时间和持股的数量等方面均有限制，主要有以下三个方面的规定：

（1）由债权人申请的破产案。在债权人提出破产申请的破产清算案件中，债务人

---

① 参见《保险法》第90条。

的出资人才可以提起重整申请。而在其他主体提出的破产申请案件中,债务人的出资人不享有申请重整的权利。由债权人提出破产申请,是法律对破产案件申请人的限制性规定。

(2)破产案件在法院受理申请后、破产宣告前。在法院受理破产申请后、宣告债务人破产前,债务人的出资人有权提起公司重整申请。这是债务人出资人提起重整申请的时间条件。

(3)股东持股数量的最低限制。股东持股数量即公司出资人的出资数额,法律规定向法院提起重整申请的出资人的出资额应占债务人注册资本 1/10 以上。申请人可以是单一股东,也可以是数个股东的联合。

三、公司重整管理人

公司重整管理人是指以维持债务人继续营业与促进债务人再生为目的,并独立于公司、债权人、股东以及其他利害关系人的特殊机构。在公司重整期间,公司重整管理人是对重整公司财产和营业事务享有相对独立的管理权,并负有法定职权和职责的特殊机构。

公司重整管理人是公司重整程序中新设的权力机构。按照公司财产和管理权的归属,公司重整期间的管理模式有管理人模式和债务人管理两种。在管理人模式下,公司重整程序启动后,债务人公司管理层丧失对公司经营的控制权,由外部专业人士作为管理人行使重整公司的营业权。

(一)公司重整管理人的产生

世界各国立法对公司重整管理人的产生方式,有法院指定和债权人选任两种方式。

(1)法院指定方式。法院指定方式是指在公司重整程序启动后,由法院从律师、会计师等专业人士中指定管理人。① 法院指定方式体现了国家对公司制度的干预,可以快速、及时地确定管理人,且赋予法院较大的裁量权,体现了法院在公司重整程序中的职权主义色彩。在法院指定模式下,虽然债权人会议有权更换管理人,但并不能改变法院最终控制管理人选任的基本权利配置。法国和日本等国实行法院指定管理人的方式。

(2)债权人选任方式。债权人选任方式是指在公司重整程序启动后,由公司债权人会议以投票方式选举出管理人。债权人选任方式体现了私法自治,体现了法律对债权人自治地位的尊重。如根据德国立法的规定,在重整程序启动时,法院应当选任一名合格并独立于债权人和债务人的自然人为管理人,但是法院的选任并非终局的。在第一次债权人会议上,债权人有权更换法院选任的管理人,法院不得拒绝债权人会议

---

① 例如,2010 年 7 月 27 日,湖南株洲中院通过竞争方式选定北京市德恒律师事务所,作为湖南太子奶集团生物科技有限责任公司破产重整的管理人。

所选任的管理人。德国法的规定体现了公司自治原则,值得借鉴。

根据《破产法》第 22 条,我国管理人制度实行法院指定方式。根据司法解释的规定,法院主要采取随机指定和竞争性指定两种方式。[①]

（1）随机指定方式。随机指定方式是指法院按照管理人名册所列名单采取轮候、抽签、摇号等随机方式公开指定管理人。随机指定方式是法院通常采用的管理人指定方法,是较为常见的一种管理人指定方式。随机指定方式有效地避免了在管理人指定中的法院寻租行为,保障了案件的公平分配,减轻了法官选择管理人的负担。但是,随机指定方式对具体案件能否选择到适当的管理人,缺乏相应的保障。

（2）竞争性指定方式。竞争性指定方式是指对商业银行、证券公司、保险公司等金融机构,或者在全国范围有重大影响、法律关系复杂、债务人财产分散的公司重整案件,法院可以采取公告的方式,邀请编入各地人民法院管理人名册中的社会中介机构参与管理人选任的竞争,从参与竞争的社会中介机构中指定管理人。

在竞争性指定方式下,参与竞争选任的社会中介机构不得少于三家,由法院组成专门的评审委员会负责评审,评审应当结合案件的特点,综合考虑社会中介机构的专业水准、经验、机构规模、初步报价等因素,从参与竞争的社会中介机构中择优选择管理人。竞争性指定方式在一定程度上保障了管理人的业务水平,满足了公司重整案件的需要。

（二）公司重整管理人的职权

管理人是重整债务人财产和营业事务的管理机构,世界各国对管理人职权的规定有一定的差异。管理人应当勤勉尽责,忠实执行职务。根据《破产法》第 25 条,管理人主要有以下四个方面职能:

（1）接管与调查债务人的财产。债务人财产既是公司重整程序的物质基础,又是债权清偿的物质保障。对债务人财产的接管和调查,是管理人的首要职责。管理人到任后应当依法与债务人的经理层及时办理财产、管理和营业事务的移交手续,接管包括但不限于债务人的财产、印章和账簿、文书等资料,调查债务人财产状况,确定债务人的财产范围和数量,对债务人各项财产的价值进行评估,制作财产状况报告。在债务人拒绝向管理人移交前述财产、资料和管理权时,管理人可以请求法院对债务人采取必要的强制措施。

（2）公司经营管理权。公司重整制度以公司再生为目的,管理人只有设法维持公司营业,才能保留公司营运价值,维持各个利益主体之间的利益平衡,实现法律所追求的效率与公平的价值。公司营业保护是重整制度的重要内容,核心是维持公司进行营运的经营管理权。管理人经营管理权的主要内容有:一是公司继续经营与公司经营条件改善的决定;二是合同履行或者解除以及借贷或者融资的选择;三是专业人员的聘请或者公司经理层的继续留任等。

---

① 参见《最高人民法院关于审理企业破产案件指定管理人的规定》（法释〔2007〕8 号）。

（3）财产管理处分权。重整程序开始,管理人全面接管债务人所有财产,未经管理人同意,任何人不得管理和处分债务人财产。管理人应对债务人财产继续全面清查,对财产权属进行确认,通过各种法律途径追回债务人财产,实现债务人财产价值的最大化。管理人可以使用和处分债务人财产,对债务人财产处分应仅限于法律上的处分。因对债务人财产的使用与处分直接关系到债权人利益,管理人的相关权利应当受到一定限制。

（4）重整计划制订权。公司重整计划是重整程序中最为重要、最为复杂的法律文件,是债权人、债务人、股东以及其他利益关系者,在充分协商和沟通的基础上,对债务清偿和公司再生作出各种安排的协议。根据《破产法》的规定,公司重整计划的制订与提交,属于管理人权利。管理人要制订出能够平衡各个利益主体利益且具有可操作性的重整计划,应聘请专业的审计、评估机构对公司资产进行全面的审计和评估。

公司重整计划是各个利益主体之间,为实现各自利益最大化所达成的协议,计划内容是在各个利益主体遵循意思自治原则的基础上协商确定的。重整计划主要有权利调整方案以及保证权利调整实现的措施两方面的内容。权利调整方案是对债权人和股东等利害关系人在重整后公司中权利的重新安排,是重整计划的必要内容,直接关系到重整目的是否能够实现,包括债权债务关系调整和资本结构调整。保证权利调整实现措施包括清偿资金的来源、债务履行担保和重整计划执行的监督措施三个方面。

第二节　公司重整程序

在公司重整制度中,公司重整程序至关重要。符合公司重整程序的适用对象和重整原因的规定,仅为公司重整程序启动提供了可能,重整程序启动有赖于申请人提出重整申请,并经法院对重整申请的审查和受理。

一、公司重整程序的启动

（一）公司重整的申请

公司重整程序的启动始于重整申请人的重整申请,重整申请是重整申请人向法院请求开始重整程序的意思表示。公司重整是以处理相关权利主体之间的私人关系为内容,公司重整程序启动应当以当事人申请为必要。法院不得在没有重整申请人申请的情形下,依职权启动重整程序。

（二）公司重整的审查

法院对重整申请的审查,是重整程序的启动阶段的关键环节,是法院作出受理或者不予受理裁定的基础。我国《破产法》仅规定了重整申请的审查,既未规定审查标准,也未规定审查内容。从各国立法规定看,法院对重整申请的审查包括形式要件的审查和实质要件的审查两个方面。

（1）形式要件的审查。形式要件审查是指法院对重整申请所采取的形式和履行手续进行审查。形式要件的审查通常包括以下四个方面：

一是申请人和被申请人是否适格。法院应当审查重整申请人和被申请人是否属于法律规定的范围、是否具有权利能力以及债权人的债权凭证等。

二是法院对案件的管辖权。法院对重整申请的受理应当符合我国《民事诉讼法》有关地域管辖和级别管辖的规定。

三是重整申请是否符合法律规定的形式。重整申请书应当符合我国《破产法》第8条规定的载明事项，即申请人与被申请人的基本情况、申请目的、申请的事实和理由等。

四是申请费用的缴付。重整申请人通常应预先缴付重整申请费用，如日本立法明确规定重整费用应预先缴付。但是，根据我国《诉讼费用缴纳办法》第20条，公司重整费用无须预先缴付，而是在重整终结后缴付。

经法院审查认为申请人的重整申请形式要件不符合法律规定但可以补正的，应当通知申请人限期补正；如果申请人不能限期补正，则法院应直接裁定驳回申请人的申请。在形式审查通过后，法院对重整申请进入实质性审查。

（2）实质要件的审查。实质要件审查指法院对债务人是否具备重整原因的审查。世界各国和地区立法对重整原因的规定各不相同，法院对债务人的审查程序和方法等也不同。美国立法对债务人提出的重整申请原因没有实质性的限制，法院不进行任何实质性的调查；对债权人提出的重整申请，法院主要对债权真实性和数额进行审查。美国法院对重整申请的程序较为简单。我国台湾地区以公司是否"有重建更生可能"作为实质性审查标准，而这个实质性标准是一个商业判断标准，对法官并非易事。

我国《破产法》并未规定形式审查要件和实质审查要件，从司法审判实践看，法院应当根据债务人的实际情况，即根据债务人资产负债和经营等方面的指标来判断是否具有重整原因。① 此外，法院对债务人是否具有重整能力的审查，也是实质性审查的重要组成部分。

对于通过了实质性审查的重整申请，法院裁定公司重整，并予以公告，债务人进入公司重整程序。

二、公司重整程序的进行

法院裁定公司重整后，应立即选任管理人，通知已知债权人并公告通知未知的债权人。法院应当规定债权人申报债权期限，并确定第一次债权人会议召开的时间和地点。债权人向管理人申报债权，管理人收到债权申报材料后应当登记造册并对申报债权进行审查，编制债权表并提交第一次债权人会议核查。于债权申报期满之日起15

---

① 具体指，债务人不能清偿到期债务，且资产不足以清偿全部债务或者明显缺乏清偿能力，或者债务人有明显的丧失清偿能力的可能。

日内召开第一次债权人会议。

（一）债权人会议

债权人会议是指在公司重整程序中由全体债权人组成的权利自治的临时机构，法律直接规定了权利范围和权利行使方式。债权人会议主要具有决议职能和监督职能。债权人会议的职责有：

（1）对债权的核查。管理人对申报债权的审查结论，既关系到申报债权人的利益，也关系到其他债权人的利益。债权人会议应对经管理人确认的债权申报人的债权是否存在以及债权数额进行核查。

（2）对管理人更换的申请。管理人直接关系到债权人合法利益能否得到更大的保护，我国法律虽然规定管理人由法院选任，但债权人会议有权对不胜任的管理人要求法院进行更换。

（3）对管理人的监督。对管理人监督是债权人会议维护全体债权人利益的需要。向法院要求申请更换管理人、审查管理人的费用和报酬体现了债权人会议对管理人的监督。此外，债权人享有知情权和异议权。

（4）重整计划的审查权。重整计划是重整程序中的重要法律文件，直接关系到债权人的合法权益。重整计划包括债务人经营方案、债权调整方案、债权受偿方案等，应当经债权人会议集体讨论，并依法以决议方式通过。

（二）重整计划

重整计划是指由管理人制订的以维持债务人公司继续营业并谋求债务人公司再生为目的，以清理债权债务关系为内容的多方协议。重整计划是各个利益主体之间博弈的结果，重整程序能否实现公司运营价值以及最大限度地保护债权人权利，最终取决于重整计划。

（1）重整计划的制订。制订重整计划是管理人在重整程序中的核心工作，而制订重整计划需要做大量的前期准备工作，如债权审查与确认、资产价值的评估、影响偿债能力分析的重要数据的确定等。重整计划应符合法律的以下基本要求：

一是不得损害债权人利益。债权调整方案不得损害债权人按照破产清算所能获得的利益。重整计划应符合债权人利益的最大原则，《破产法》第87条体现了这个原则。重整程序挽救的债务人营运价值大于将债务人解散清算剩余的价值，重整程序优先于破产清算程序。重整程序启动后，破产清算程序应当中止。重整程序的启动剥夺了债权人通过破产清算程序获得分配的机会，因而重整计划应当保障债权人至少获得其原本依照破产清算程序所能获得的利益。

二是债权清偿的绝对优先原则。绝对优先原则是美国破产法确立的债权清偿原则。即债权的清偿顺序为：因重整发生的管理费用、税收和工资等具有优先权的债权请求权；未担保债权请求权；股东对剩余财产的分配请求权。

三是出资人权益的适度调整。在公司重整程序中，债权人利益高于出资人利益，债权人利益实现后才能实现股东利益。重整计划大多涉及对债权和股权的调整问题，股权较债权先行让步，通过削减股东股权转让给新投资人或者债权人，以提高债权的清偿比例。

四是公司经营方案的可行性。公司经营方案的可行性决定重整的成败，通常包括债务人的经营管理措施、融资方案、资产与业务重整方案以及其他符合法律规定的重整措施。在讨论制订公司经营方案时，管理人应当进行多方论证，制订出一个切实可行的经营方案。

重整计划不但要符合法律的基本要求，而且要具有可行性，能平衡各个利益主体的利益。

（2）重整计划的通过。对管理人制订并提交的重整计划，债权人会议讨论、审查，再分组表决，每组表决同意票数及其代表的债权总额均达到法律规定的要求的，依法获得债权人会议通过，即重整计划通过。

重整计划是对公司财务债务等各方面的重新安排，涉及公司债权人、职工以及出资人等各方利益。重整计划应当经过各方利益相关者同意才能执行。在众多利益相关者中，各方关注的利益点是不一致的，从而决定了对重整计划的表决不可能通过统一表决形式进行，而是需要分组进行表决。重整计划表决的分组有优先受偿债权组（享有担保物权或者法定优先权的债权）、劳动债权组（职工的工资、社会保险费等）、税收债权组、普通债权组、小额债权组、出资人组等。

（3）重整计划的批准。重整计划批准是法院行使司法审查权对重整计划的审查。在审查过程中，法院可以根据破产重整案件的需要，进行开庭或者不开庭的审理，作出批准或者不予批准的裁定。

一是重整计划的批准。对已获通过并提请批准的重整计划，法院应当进行审查。法院经审查认为重整计划符合《破产法》规定的，应当自收到申请之日起 30 日内裁定批准，同时终止重整程序并予以公告。

二是重整计划不予批准。法院审查后认为，提请批准的重整计划在实体上或者程序上不符合《破产法》的规定，应当裁定不予批准，同时终止重整程序并宣告债务人破产。

（4）重整计划的执行。经法院批准的重整计划，由债务人按照重整计划的内容实施，是破产重整程序的最后一个环节。重整计划由管理人制订，但重整计划由债务人执行。管理人在重整期间主持营业的，应当在法院裁定批准重整计划后，将其接管的财产和营业事务移交债务人。

债务人不能执行或者不执行重整计划的，法院经管理人或者利害关系人请求，应当裁定终止重整计划的执行，并宣告债务人进入破产程序。法院裁定终止重整计划执行的，债权人在重整计划中作出的债权调整的承诺失去效力。债权人因执行重整计划所受的清偿仍然有效，债权未受清偿的部分作为破产债权。

三、公司重整程序的终止

公司重整程序终止是指重整计划程序、重整计划执行程序因法定原因而予以停止、结束的行为。公司重整程序的结束有两种形态：一是重整程序因重整目的的实现而终结；二是重整程序进行过程中因法定事由的出现而终止。

（一）重整程序的终结

重整程序的终结是指重整程序基于重整目的的完成而终止。根据《破产法》第86条和第87条，各表决组均通过重整计划时，重整计划即为通过。从重整计划通过之日起10日内，债务人或者管理人应当向法院提出批准重整计划的申请。法院经审查认为符合法律规定的，应当在收到申请之日起30日内裁定批准，终止重整程序并予以公告。[①] 重整程序终止，重整计划开始执行。

（二）重整程序的终止

在重整程序进行过程中，出现法定事由导致重整程序不能继续进行而终止重整程序的，主要有以下情形：

（1）重整计划未按时提出。管理人未能按期提出重整计划的，法院应当裁定终止重整程序，并宣告债务人破产。

（2）重整计划未通过或者未批准。重整计划未获得通过或者已通过的重整计划未获得批准的，法院应当裁定终止重整程序，并宣告债务人破产。

（3）重整计划不能执行或者不执行。债务人不能执行或者不执行重整计划的，经利害关系人请求，法院应当裁定终止重整计划的执行，并宣告债务人破产。

（4）其他法定事由的终止。在重整期间经管理人或者利害关系人请求，法院应当裁定终止重整程序并宣告债务人破产的情形有：债务人经营状况和财产状况继续恶化，缺乏挽救的可能性；债务人有欺诈、恶意减少债务人财产或者其他显著不利于债权人的行为；由于债务人的行为致使管理人无法执行职务。

四、重整程序终止的效力

重整程序终止产生一定的法律效力，主要表现在以下两个方面：一是因重整程序开始而给予债务人保护和实施的各种限制宣告解除，如对债务人组织机构的限制、投资权益分配权的限制等。重整程序终止，债务人因此解除了重整计划约束，恢复了对公司财产权和营业权的控制。二是因重整程序开始而设立的各种机构的职能的终止，如管理人、债权人会议等。

---

① 例如，2012年1月5日，＊ST方向（000757）晚间公告，公司于5日收到内江市中级人民法院（2011）内民破字第1—17号民事裁定书，因公司已按照重整计划调整了出资人权益，处置了资产，清偿了各项约定债权，并已引入重组方，全部执行了重整计划，公司管理人向内江市中级人民法院提交了监督报告，并终结本次破产重整程序的请求。

第二十二章　公司解散、清算与终止

公司终止是关于公司退出市场并消灭主体资格的法律制度,公司解散和公司清算均为公司终止制度的重要组成。公司解散、清算与终止是三个相互联系又相互区别的法律概念。公司解散是指引起公司法人人格消灭的法律事实,公司终止则是指公司法人资格消灭的事实状态。公司解散并不能导致公司法人资格的当然消灭,而仅为公司法人人格消灭的原因,即公司解散仅是公司终止之前的一个环节。公司解散后还需经过清算程序,清算人对公司对内对外法律关系进行处理,公司清算完毕并办理注销登记手续,公司才宣告终止。

公司设立制度和公司终止制度,直接影响着经济秩序的稳定和社会信用体系的建立。对公司设立行为,即在公司的市场准入方面,立法和理论界给予高度关注,法律规制比较健全。对公司终止行为,即在公司的市场退出方面,立法和理论却没有给予应有的关注,现行法律规定模糊,缺乏完备的退出机制,实践中出现的大量问题使司法审判处于无法可依的尴尬境地。

第一节　公　司　解　散

公司解散是基于一定法定事由的出现而实施的一种法律行为,是公司终止的前提,公司终止必须经过公司解散并经法定的清算程序。公司终止始于公司解散,终于公司注销。公司解散本身并不能消灭公司法人人格,仅为引起公司人格消灭的法律事实。

一、公司解散的概念

公司解散(dissolution of corporation,demerger)是指公司发生一定事由而停止公司经营业务活动,开始处理公司未了事务以及清理债权债务关系的法律行为。公司解散仅为引起公司人格消灭的法律事实,本身并不导致公司人格的消灭,是公司终止的起点。[①] 我国教科书大多数观点则认为,公司解散是指公司基于一定的法定事由而使

[①] "公司解散者乃消灭其法人人格之一种程序也。公司一经解散,则公司所取得之法人人格即趋向消灭之途。惟不立即消灭,必须清算完了后,始全归消灭。"郑玉波:《公司法论》,三民书局股份有限公司1980年版,第34页。

公司法人人格消灭的法律行为,即公司解散导致公司法人人格的消灭。[①] 这种观点混淆了公司解散与公司终止,根源于我国立法混乱的规定。

公司解散与公司终止,是我国法律中较为混乱的概念,这种混乱主要来源于公司立法的规定。

(1) 公司解散与公司终止的概念含混不清。根据我国《民法通则》第45条,(公司)法人终止的原因有依法被撤销、解散、依法宣告破产、其他原因。根据我国《公司法》第180条,依法被吊销营业执照、责令关闭或者被撤销是公司解散的原因。《民法通则》将依法被撤销和解散共同作为(公司)法人终止的原因,而《公司法》却将被撤销作为公司解散的原因。《民法总则》第68条规定了法人的终止,即依法完成清算、注销登记。

(2) 公司解散、公司清算、公司终止三者逻辑关系混乱。根据《民法通则》第47条和第46条及其司法解释的规定,(公司)法人解散或者被撤销后应组织清算组进行清算,(公司)法人终止应当向登记机关办理注销登记。[②] 根据《民法通则》的前述规定,(公司)法人终止原因出现时,应当进行清算,清算完毕后再办理公司注销登记,并公告公司终止,这符合法人本质属性及公司解散、清算和终止之间的内在逻辑关系。但是,根据《民法通则》第40条,法人终止应当依法进行清算并停止清算范围外的活动。我国《企业法人登记管理条例》第33条规定,企业法人被吊销企业法人营业执照,登记主管机关应当收缴公章,并将注销登记情况告知开户银行,债权债务由主管部门或者清算组织负责清理。《民法通则》和《企业法人登记管理条例》的规定说明,企业法人先终止然后再进行清算。

《民法通则》及相关法律、法规对(公司)法人出现终止事由,是先终止后清算,还是先清算再终止的规定,相互矛盾。法律规定上的混乱,很大程度上导致了司法审判实践和理论上的混乱。

《民法总则》和《公司法》理顺了公司解散、清算、终止三者的关系。公司出现解散事由的,应在法定期限内成立清算组,开始清算。公司清算结束后,清算组应当制作清算报告,并报送公司登记机关,申请注销公司登记,公告公司终止。

公司解散是基于公司、出资者意志、法定事由的出现才发生的。公司始于公司发起人的设立行为,终于公司解散事由的出现。《公司法》规定了公司解散事由,公司解散事由出现,就可以申请公司解散,如在上海印刷(集团)有限公司损害公司权益纠纷案中,[③]最高法判决指出公司僵局是公司解散的法定事由。公司解散具有以下三个方

[①]　参见范健、王建文:《公司法》(第三版),法律出版社2011年版,第450页;周友苏:《新公司法论》,法律出版社2006年版,第488页。

[②]　《民法通则》第46条和第47条的顺序颠倒了,按照内在的逻辑关系应当是先解散清算(第47条),再注销登记并终止公告(第46条)。

[③]　在上海印刷(集团)有限公司诉厦门市闽隆发工贸发展有限公司、上海印刷集团吉安印刷有限公司损害公司权益纠纷案(〔2006〕赣民二初字第9号、〔2007〕民二终字第21号)中,法院裁判摘要认为,公司两个股东之间的关系陷入僵局,且公司两个股东均同意解散公司,准予公司解散。

面的特征：

（1）公司终止程序的起点。公司解散是公司法人资格消灭的原因，并非法人资格的消灭。公司解散是基于解散事由出现，需要了结公司业已形成的债权债务关系，法律要求出现解散事由的公司非经依法清算，法人资格不得立即终止，在清算范围内，法人资格视为依然存续。法人资格从清算完毕并办理注销登记之日起消灭。

（2）法定事由的出现。公司解散是基于一定的法定事由出现，公司章程规定的解散事由、股东会决议、强制性解散、公司破产等法定事由导致公司解散。公司解散事由有自愿解散事由和强制性解散事由两大类。公司解散事由出现，公司即进入清算程序。

（3）实体行为和程序行为的结合。公司解散是一种法律行为，应符合法律、法规和公司章程的规定。公司解散也是一种程序行为，必须经过法定的清算程序。为维护债权人和全体股东利益，法律规定公司解散时必须组成清算组织进行清算，依法清偿公司债务和分配公司财产。

二、公司解散的分类

公司解散有自愿解散和强制解散之分，强制解散又分为行政解散和司法解散两种形式。司法解散制度是公司法所要研究的公司解散制度，是公司解散制度的核心内容。

（一）自愿解散

自愿解散，又称为任意解散，是指按照公司章程的规定或者股东会决议而自动解散公司的法律行为。自愿解散是基于公司自己的要求而自愿进行的解散，主要有基于公司章程规定的解散事由的解散和基于股东会决议的解散两种类型。

（1）章程规定事由出现的解散。基于公司章程所规定的解散事由出现的解散，是法律赋予公司在制定公司章程时对解散事由自由规定的权利，只要章程规定的解散事由不违反法律强制性规定，则一旦章程规定的解散事由出现，公司即可解散。公司章程中所规定的公司存续期限届满，除公司延长存续期限的，公司应当自行解散。对于公司存续期限多数国家公司立法没有强制性限制，少数国家则限制了公司存续的最长期限，并规定公司章程应该载明公司存续期。但是，公司章程所规定的公司存续期限届满一般均允许延长。如果公司章程规定的存续期限届满而没有依法续展，则公司应当解散。此外，公司章程中还可以规定其他解散事由，如规定公司成立的目的已经完成或者无法完成、公司亏损达到一定数额、经营条件发生重大变化、发生不可抗力等。

（2）股东会决议解散。决议解散是基于公司意思机关决议的解散。公司成立是基于成员共同意思表示设立的，那么基于公司成员的共同意思表示也可解散公司，而不论公司章程规定的营业期限是否届满，或者章程规定的其他解散事由是否出现。公司解散直接关系到各个股东的权益，必须采取股东会特别决议方式，由出席会议成员的2/3或者3/4的多数同意才可通过。例如，我国《公司法》规定，有限责任公司的解散决议必须经代表 2/3 以上表决权的股东通过,股份有限责任公司的解散决议应由出席会议的股东所持表决权的 2/3 以上通过。

(二)强制解散

强制解散是指公司因违反法律、行政法规的规定而被行政机关撤销或者法院裁定解散。强制解散是公司基于法律或者主管机关命令而被迫进行的解散。强制解散又分为行政解散和司法解散两种形式。

(1)行政解散。行政解散是指公司行政主管机关根据特定的法定事由,以法定程序停止公司的生产经营活动,清算公司财产,清理债权和债务,以及注销营业执照的行为。有关行政机关强制公司解散主要有以下两种方式:

一是由工商行政管理部门通过收缴公司法人营业执照强制公司解散。《企业法人登记管理条例》和《公司登记管理条例》等规定,企业法人领取企业法人营业执照后满六个月尚未开展经营活动或停止经营活动满一年的,或者擅自改变主要登记事项或超出核准登记的经营范围从事经营活动的等,可以处以吊销企业法人营业执照的行政处罚。

二是公司主管机关作出撤销或者关闭决定。金融机构的撤销是中国人民银行依法对金融机构采取终止经营活动,并予以解散的行政强制措施。金融机构的撤销,均由地方政府或者监管部门负责组成清算组织进行特别清算。

(2)司法解散。司法解散是指在公司经营出现严重困难、陷入僵局导致公司无法继续经营时,根据一定比例以上股东的申请,由法院裁判公司的解散。2005 年《公司法》第 183 条首次确认了出现公司僵局时股东享有解散公司的诉权。司法解散应满足以下形式要件和实质要件:

一是形式要件。形式要件是提起公司解散的主体资格,公司解散主体是少数股东而非单独股东,可以是一个股东,也可以数个合计持有表决权 10% 以上的股东,且以起诉之日为准。换言之,单独或者合计持有公司全部股东表决权 10% 以上的股东才有资格请求法院解散公司。例如,在仕丰科技有限公司公司解散纠纷案中,[①]最高法认为,仕丰公司作为持有 60% 股份的股东,提出解散富钧公司的请求,符合 2005 年《公司法》第 183 条的规定。

二是实质要件。公司解散的实质要件包括公司陷入僵局、公司存续的利益损害和其他途径无法解决三个方面:其一,公司陷入僵局,即公司经营管理严重困难,包括日

---

① 例如,在仕丰科技有限公司诉富钧新型复合材料(太仓)有限公司公司解散纠纷案(〔2007〕苏民三初字第 3 号、〔2011〕民四终字第 29 号)中,法院裁判摘要认为,一是《公司法》第 182 条既是公司解散诉讼的立案受理条件,同时也是判决公司解散的实质审查条件,公司能否解散取决于公司是否存在僵局且符合《公司法》第 182 条规定的实质条件,而不取决于公司僵局产生的原因和责任。即使一方股东对公司僵局的产生具有过错,仍然有权提起公司解散之诉,过错方起诉不应等同于恶意诉讼。二是公司僵局并不必然导致公司解散,司法应审慎介入公司事务,凡有其他途径能够维持公司存续的,不应轻易解散公司。当公司陷入持续性僵局,穷尽其他途径仍无法化解,且公司不具备继续经营条件,继续存续将使股东利益受到重大损失时,法院可以依据《公司法》第 182 条的规定判决解散公司(2014 年最高法公报案例)。

常生产经营上的困难与公司事务管理上的困难；其二,公司存续会给股东的利益造成重大损失,这种重大损失既包括已发生的,也包括将要发生的情况；其三,通过其他途径不能解决,即其他途径不能解决是法院作出裁判公司解散的前提条件,而不是起诉的前置程序。例如,在仕丰科技有限公司公司解散纠纷案中,最高法认为,富钧公司经营管理发生严重困难,继续存续会使股东利益受到重大损失,通过其他途径不能解决,符合 2005 年《公司法》第 183 条的规定。

三、司法解散制度

公司司法解散制度是公司法对股东权利救济的制度,是股东权利保护体系不可或缺的组成部分。2005 年《公司法》第 183 条确立了司法解散公司制度,最高法又对该条作出进一步的适用解释。

(一) 公司司法解散的演变

司法解散制度起源于 19 世纪中期的英国,但是英国早期公司立法和司法实践却禁止公司股东以诉讼的方式解散公司。公司是由股东投资运营且以营利为目的设立的具有独立人格的法人,大股东控制了公司运营,资本多数决原则体现了投资与风险的分担、公司运营管理权制度安排的合理性。[①] 公司中小股东的表决权和公司运营管理监督权处于非常不利的境地,大股东以决议方式压榨中小股东的现象频发。公司司法解散制度赋予占公司一定比例股份股东解散公司诉讼请求权,以避免股东权益因公司继续经营而遭到无法挽回的损失。以司法裁判方式宣告公司解散,是一种极端的救济方式。

美国公司司法解散制度,经历了从禁止到许可再到严格限制适用的演变过程。根据公司自治的理念,美国法院通常不干涉公司内部事务,导致中小股东对大股东权利的滥用缺乏救济措施。20 世纪 30 年代,美国开始确立由成文法与判例法共同构成的公司司法解散制度。

德国《有限责任公司法》确立了德国公司司法解散制度,规定了公司司法解散的请求权主体和解散事由。德国司法实践对公司司法解散案件态度较为慎重,对公司解散之诉的股东资格进行了严格限制,即有权提请法院解散公司的股东资本额占公司总资本额的比例应在 10% 以上。对股东资格的限制性规定,是为了防止持股较少的股东滥用权利进行恶意诉讼。

(二) 我国公司司法解散

我国公司司法解散制度起源于北洋政府时期的《公司条例》,该条例规定了公司司法解散制度。南京国民政府时期的公司法沿用了公司司法解散制度。中华人民共和

---

① 公司大股东对中小股东负有诚信义务和勤勉义务,公司将大股东置于中小股东信托人的地位,要求大股东在支配公司时应忠实于公司利益和中小股东的利益。在公司司法解散制度之前,信托制度(fiduciary system)在英美法系公司法保护中小公司利益方面发挥了重要的作用。

国成立后,1993 年《公司法》并未规定公司司法解散制度,司法实践中也不存在公司司法解散制度。2005 年《公司法》确立了司法解散制度,最高法司法解释对公司司法解散制度作出了进一步的规定,但公司司法解散的原因仅限于公司僵局。世界各国公司司法解散的事由主要有股东权滥用和公司僵局两大类。

(1)股东权滥用。股东权滥用是有限责任公司最主要的法律问题。资本多数决原则使得大股东在股东会的决议中处于支配地位,将其意思直接上升为公司的意思,约束公司和中小股东。大股东滥用表决权损害公司和中小股东利益,背离了股权平等的实质正义要求。在公司实践中,股东权滥用主要表现为:一是通过操纵股东会控制公司董事会、监事会;二是不当稀释中小股东股权;三是以关联交易方式损害公司利益;四是通过担任公司职务以高额薪酬的方式侵占公司利润等。

(2)公司僵局。公司僵局是对公司内部矛盾极端化的描述,表明公司处于死亡状态且无能为力,无法通过公司内部机制解决相关争议,或者难以实现公司目的。公司僵局是以公司股东存在股权合作关系为前提,或者以董事会管理股东投资作为前提,打破公司僵局的核心即在于解除股东之间的股权合作关系或者解除投资管理关系,让部分股东顺利和低成本地退出公司。

公司司法解散仅为打破公司僵局的重要手段,而非打破公司僵局的全部内涵。司法解散公司是最具彻底性的救济手段,也具有很强的破坏力。公司解散不仅浪费了公司设立成本,公司资产会因清算出售而贬值,而且造成一系列社会问题,违背了公司维持原则。

我国公司司法解散的判断标准较为模糊,且有较多的不确定性,如"公司经营管理发生严重困难""继续存续会使股东利益受到重大损失"等,如杜东江公司解散纠纷案。[①] 立法和司法解释应增强法条的可操作性,如公司陷入表决僵局或者经营僵局;公司业务发生显著停顿导致损害发生;股东或者董事滥用权利,严重剥夺其他股东的合法利益等。

第二节　公司清算

公司清算和公司解散是相互独立、关系密切的公司制度,公司解散引发公司清算,公司清算则为公司解散的结果。公司清算是以公司资产能够清偿公司债务为前提,公

---

① 在杜东江诉中土五环(上海)工程管理顾问有限公司公司解散纠纷案(〔2014〕浦民二(商)初字第 3167 号、〔2015〕沪一中民四(商)终字第 1163 号)中,法院裁判摘要认为,案件争议焦点在于公司经营管理是否发生严重困难,当事人是否有权要求解散。涉案公司的两名股东之间确实存在严重的分歧,但并不能证明公司经营管理发生严重困难。从公司的经营来看,公司尚有项目在进行以及合同未履行完毕,且案件一审审理过程中,中土五环公司仍在缴纳所得税、支付员工工资。从股东权行使来看,公司的两名股东在 2014 年 7 月仍能就公司经营管理达成协议,不存在持续两年以上无法召开股东会,不能作出有效决议、董事冲突无法通过股东会解决的情形。从股东利益来看,公司还在经营,不能证明公司存续会使股东利益受到重大损失。在公司还没有出现可由法院解散公司的法定情形时,当事人解除公司的主张不成立。

司资不抵债的清算属于破产清算。公司破产清算是指在公司资不抵债被宣告破产后，根据《破产法》规定的法定程序所进行的清算，使全体债权人获得公平受偿；公司清算是按照《公司法》的规定，在公司财产足以偿还债务的情况下进行清算，使公司法人人格趋于消灭。公司清算与破产清算目的不同。

一、公司清算的概念

公司清算（liquidation）是指公司解散后根据法定程序了结公司事务，清理债权债务，分配公司财产的法律行为。我国《公司法》规定了公司清算制度，但未规定公司清算的概念，理论上对公司清算的概念产生了程序说和行为说两种观点。[1]实际上程序说与行为说并不存在实质差异，只是从不同的角度解读了公司清算，并均认为公司清算导致公司人格消灭。公司清算具有以下三个方面的特征：

（1）公司终止的必经程序。公司解散是公司清算的前提，也是公司清算的起点，而公司终止则是公司清算的终点。公司法人人格并不因公司清算而消灭，在整个清算期间，公司仍然保持法人人格，[2]并在清算范围内有权利能力和行为能力。公司清算是以消灭公司法人人格为目的的，但公司清算本身并不能消灭公司法人人格。

（2）债权债务的清理。公司清算应遵循法定清算程序而实施一系列处理资产、债权债务的法律行为，主要是通过对公司财产的处理，了结公司债权债务关系，缴付所欠税款，分配公司剩余财产，保护公司债权人、公司股东以及其他利益相关人的利益，维护社会经济秩序。

（3）实体与程序的结合。清算是对公司财产、债权债务进行清理与处分以及分配剩余财产等一系列法律行为的总和。清算是清算人按照法定方式和程序对公司进行清算，从清算启动，到清算人的选任，再到财产与债权债务的清理与处分，最后剩余财产的分配，均应遵循法定的程序。

二、公司清算的种类

由于公司组织形式、财产状况和公司解散事由不同，公司清算所采取的方式也各不相同。公司清算以公司解散事由和清算方法为标准进行不同的分类。

（一）任意清算和法定清算

以是否根据法定程序进行公司清算，公司清算可以分为任意清算和法定清算。

（1）任意清算。任意清算是指按照公司章程规定或者股东会、股东大会决议所确定的方式对解散的公司进行清算。公司解散后，对公司清算不是按照法定方式进行，而是按照公司股东意志进行，如《日本民法典》第117条对无限公司任意清算的规定，

---

① 参见刘敏：《公司解散清算制度》（修订版），北京大学出版社2012年版，第4—5页。
② 参见2005年2月25日第十届全国人民代表大会常务委员会第十四次会议上国务院法制办公室主任曹康泰《关于〈中华人民共和国公司法（修订草案）〉的说明》。

即公司解散时,公司财产的处分方法可以按照章程或者全体股东的同意确定。

任意清算原则上仅适用于出资者承担无限连带责任的公司,如个人独资企业、无限责任公司等人合性公司,这些公司的性质决定了公司出资者应对公司债务承担无限连带责任,即使公司清算程序结束,公司法人人格消灭,出资者对公司债务所承担的无限责任并不能免除。因此,公司清算可以按照股东意志或者公司章程规定的方式进行。

（2）法定清算。法定清算是指按照法律规定的方式及程序对解散的公司进行清算。法定清算是对公司财产应按规定的顺序进行清算,《公司法》规定的清算均为法定清算。法定清算适合于所有类型公司,但股份有限公司仅适用法定清算。

任意清算体现出资者意思自治,法定清算则体现国家干预。法定清算原则上仅适用于出资者承担有限责任的公司,如有限责任公司和股份有限公司等资合性公司。资合性公司是独立承担有限责任的法人,对这种类型公司的清算只能按照法律规定的条件和程序进行法定清算。绝大多数国家实行法定清算,旨在通过法律规定严格的清算程序,保证公司清算顺利完成,以平等地保护公司债权人等权利主体的权利。我国《公司法》没有规定任意清算,仅有法定清算。法定清算又可以分为自行清算和强制清算。

（二）普通清算和特别清算

以是否有公权力机关介入公司清算,公司清算可以分为普通清算和特别清算。[①]普通清算和特别清算均属于法定清算。

（1）普通清算。普通清算是指清算人在公司解散后按照法定程序自行组织的公司清算。公司因章程规定的营业期限届满,或者公司章程规定的解散事由出现,或者公司因股东会决议解散,均适用普通清算。在普通清算中,公司清算均由股东自行进行,债权人并不介入,法院仅起消极监督的作用。普通清算通常适用于依赖于股东自身的善意及公司自有资产的充足,且公司机关能够自行组织清算工作的公司。在公司自愿解散的情况下,公司应当在15日内成立清算组进行公司清算。

（2）特别清算。特别清算是指在普通清算遇到障碍致使公司清算不能继续进行,或者公司债务有可能超过资产而造成资不抵债等情形下,由法院介入所进行的清算,是与普通清算相对应的一项法律制度。特别清算通常适用于强制解散的情形,但也可适用于由普通清算转变而来的情形。由普通清算程序转为特别清算程序的情形,是根据《公司法》第183条,公司自愿解散后不能在15日内成立清算组进行清算的,债权人可以申请法院指定有关人员成立清算组进行清算。法院应当受理债权人的申请,并及时指定清算组成员进行清算。

在特别清算中,法院介入清算程序,对清算进行直接监督,运用公权力对清算过程

---

① 国内公司法教科书基本采取了普通清算与特别清算的分类方式。参见甘培忠:《企业与公司法学》(第七版),北京大学出版社2014年版,第401页;赵旭东主编:《公司法学》(第四版),高等教育出版社2015年版,第378页;范健、王建文:《公司法》(第三版),法律出版社2011年版,第458页。

进行干涉,并让债权人有权参加会议,以使公司顺利地进行清算,充分保护债权人权益。特别清算制度设计克服了普通清算与破产清算的弊端,具有自己独特的制度价值。特别清算是介于普通清算和破产清算之间的一种清算制度。特别清算的原因可分为实质条件和形式条件。

一是实质条件。特别清算的产生有普通清算障碍的发生、资不抵债和其他不能清算三个方面的原因。其一,在普通清算中,清算组不能顺利按照股东会通过的清算方案实施清算。不能清算的障碍既有法律原因,如公司财产已被强制查封或者法律禁止流通;也有事实原因,如公司财产有价无市、无法变现或以实物清偿不能平等对待债权人等情形。其二,公司清算过程中发现公司债务超过公司资产,即资不抵债。其三,债权人虚假申报债权、债权人与债务人勾结申报虚假或多报债权、资产估价失实等造成公司清算无法进行。

二是形式条件。从普通清算转变为特别清算是因债权人、清算组、公司股东等提出申请,经法院审查符合法定条件的,由法院裁定而开始的清算程序。

特别清算与破产清算不同,两者有本质的区别。

(1)适用条件不同。破产清算程序适用的前提条件是公司资不抵债,在公司破产程序中适用破产清算;特别清算适用于公司怠于或无法自行清算的情形,但公司资产通常是充足的,能够清偿公司债务。

(2)清算目的不同。破产清算以债权公平受偿为目的,债权人会议在破产程序中起到关键作用;特别清算是在了结公司债权债务的前提下,将剩余资产公平地分配给股东,不存在所谓债权人会议,而公司股东控制清算。

(3)公权力介入的程度不同。破产清算中法院处于中心和控制地位,从破产管理人的指定到破产程序的终结,均由法院主导;强制清算程序仅仅是对公司自行清算的一种督促与引导,仍然由股东主导公司清算,法院仅以监督者的身份保障清算程序的顺利进行。

(三)自行清算与强制清算

以清算是否根据公司自己的意愿为标准,公司清算可以分为自行清算和强制清算。这种分类方式属于法律意义上的分类,与前述普通清算与特别清算是对同一问题的不同表述,是司法审判实践所采纳的分类方式。公司清算以自行清算为原则,强制清算为例外。

自行清算是在公司解散法定事由出现时公司按照法定程序、方式等自行组织清算。公司清算属于公司意思自治的范畴,在公司资产充足能够了结债权债务关系的情形下,公权力无须介入公司对债权债务关系的清偿以及剩余财产的分配。

强制清算是指公司因违法行为被主管机关依法责令关闭或者因不能清偿到期债

务被法院宣告破产所实施的清算,如雷远城财产权属纠纷案。① 法院是公司强制清算的组织者,强制清算是通过公权力的介入,即由法院指定清算组进行的清算。申请公司强制清算的主体,可以是公司的债权人,也可以是公司股东。根据《公司法司法解释(二)》的规定,公司应当在解散事由出现 15 日内自行组织清算,如上海印刷(集团)有限公司损害公司权益纠纷案。② 否则,法院可以依申请指定清算人进行清算。

在制度设计上,自行清算应当是股东首选,在公司未自行清算的情形下,基于对有关权利人利益保护以及社会经济秩序维护的考虑,法律赋予债权人向法院申请强制清算的权利。对公司内部关系的干预,应当遵循公司内部救济的穷尽和公司自治原则。公司清算也应遵循公司内部救济的穷尽和公司自治原则,即以自行清算为主,强制清算为补充。自行清算与强制清算同其他清算有本质的区别。

(1)自行清算不同于任意清算。任意清算是指不按照法定程序所实施的清算,不受公权力干预,完全体现了公司自治原则,属于公司内部的自治行为,主要适用于无限责任公司,这种清算并未被我国《公司法》所认可。由于公司清算涉及外部第三人的利益,公司清算应当遵循公正的程序和方法,以保障公司财产的合理分配。《公司法》中有关清算程序的规定属于强制性规范,公司清算时应当恪守而不得以公司章程或者股东会决议的方式任意变更。因此,自行清算应当遵循《公司法》有关清算的规定。

(2)强制清算不同于破产清算。在强制清算方式中,法院也介入清算,但与破产清算仍然有本质上的差别,主要表现为:

一是适用条件不同。破产清算适用的前提是资不抵债,公司丧失清偿能力。强制清算主要适用于公司怠于清算或者无法自行清算的情形,但公司没有出现资不抵债现象,资产足以支付公司债务。

二是清算目的不同。破产清算是以债权公平受偿为目的,债权人会议在破产清算中地位突出、作用重要。强制清算是在了结公司债权债务的前提下公平分配公司的剩余财产,公司股东在强制清算中地位突出、作用重要。

三是法律干预不同。在破产清算中,法院处于清算的中心地位,主导破产清算的实施,从破产管理人的指定到破产程序的终结,均体现出法院的主导。强制清算程序仅为法律对公司自行清算的一种督促和引导,公司股东权并未丧失,仍然主导公司清算的实施,法院仅以监督者的身份保障清算程序的依法实施。

---

① 在雷远城诉厦门王将房地产发展有限公司、远东房地产发展有限公司财产权属纠纷案(〔2005〕闽民初字第 1 号、〔2006〕民一终字第 29 号)中,法院裁判摘要认为,法人被吊销营业执照后应当依法进行清算,清算组负责清理债权、债务。法人被吊销营业执照后未依法进行清算的,债权人可以申请法院指定有关人员组成清算组进行清算。法人被吊销营业执照后没有依法进行清算,债权人也没有申请法院指定有关人员组成清算组进行清算,而是在诉讼过程中通过法人自认或者法人与债权人达成调解协议,在清算之前对其债权债务关系作出处理、对法人资产进行处分,损害其他债权人利益的,不符合公平原则,人民法院对此不予支持(2007 年最高法公报案例)。

② 在上海印刷(集团)有限公司诉厦门市闽隆发工贸发展有限公司、上海印刷集团吉安印刷有限公司损害公司权益纠纷案中,法院裁判摘要认为,根据《公司法》第 183 条规定,公司应当在解散公司的判决生效之日起 15 日内成立清算组开始清算。

三、公司清算人

公司作为市场经济的主体，在参与市场竞争时，不仅要遵循准入规则，退出市场时也要有完备的规则。公司清算是终止公司法律人格必经的法律程序，而公司清算人是公司清算的执行机构。

（一）公司清算人概念

公司清算人是指清算义务人依法设立的负责清算公司债权债务并处理公司清算事务的执行机构。公司清算人是公司解散后接管公司财产、具体执行公司清算事务的主体。公司清算人是各国立法对进行公司清算事务的组织通行的称谓。公司清算人制度起源于破产管理人制度，19世纪随着公司制度的确立和完善，在破产法的破产管理人制度基础上，各国公司法将其引入公司清算制度，渐次形成了系统的清算人制度。[①]

公司清算人在我国立法中有不同的称谓，《公司法》和《保险法》称之为"清算组"；《民法通则》《民事诉讼法》《合同法》《企业法人登记管理条例》以及最高人民法院相关司法解释称之为"清算组织"；《中外合作经营企业实施条例》《外资企业法实施细则》和《外商投资企业清算办法》等称之为"清算委员会"；《合伙企业法》《个人独资企业法》《登记管理办法》和《信托法》等称之为"清算人"。

公司清算义务人是与清算人相关的一个概念，是指在公司解散时基于公司之间存在的特定法律关系，对公司负有依法启动清算程序，并对公司进行清算的权利主体。公司清算义务人是公司解散时依法承担组织公司清算、启动公司清算程序的义务主体。在公司解散时，公司清算义务人对公司承担依法组织清算义务，并在公司未及时清算给相关权利人造成损害时依法承担相应责任的权利主体。《公司法》第183条虽然规定了公司解散后负有清算义务的主体，但却未明确规定清算义务人的概念及其相关责任。《公司法司法解释（二）》第18条则规定了清算义务人的法律责任，即对公司债务承担连带清偿责任，如在北京聚鸿基投资有限公司清算责任纠纷案中，[②]四川高院判决未履行通知债权人义务的公司股东，应承担损害赔偿责任。

清算义务人主要有有限责任公司股东和股份有限公司董事会和公司控股股东以及特殊情形下的实际控制人，清算义务人来自于法律的直接规定，而不是公司章程、股

---

① 参见刘敏：《公司解散清算制度》（修订版），北京大学出版社2012年版，第54页。
② 在北京聚鸿基投资有限公司诉四川港宏公司股东陈红、陈忠全清算责任纠纷案（〔2013〕成民初字第692号、〔2014〕川民终字第411号）中，法院裁判摘要认为，港宏公司股东陈红、陈忠权清算港宏公司时未书面通知案涉已知债权人，是未依法清算，导致港宏公司被注销，聚鸿基公司债权无法得到清偿。陈红、陈忠权在未依法清算所得利益111万余元的范围内向聚鸿基公司承担赔偿责任（2014年四川法院商事审判典型案例）。

东会决议。例如,在上海存亮贸易有限公司买卖合同纠纷案中,①上海一中院判决明确指出有限公司股东的清算义务,认为恒福、蒋志东和王卫明作为拓恒公司的股东,应在拓恒公司被吊销营业执照后及时组织清算。因房恒福、蒋志东和王卫明怠于履行清算义务,导致拓恒公司的主要财产、账册等均已灭失,无法进行清算,房恒福、蒋志东和王卫明怠于履行清算义务的行为,违反了公司法及其司法解释的相关规定,应当对拓恒公司的债务承担连带清偿责任。拓恒公司作为有限责任公司,全体股东在法律上应一体成为公司的清算义务人。清算义务人的义务是积极的作为,属于法定义务,主要是启动清算程序、组织清算和产生清算人。该案的意义在于确认了有限责任公司的股东、股份有限公司的董事和控股股东,应当依法在公司被吊销营业执照后履行清算义务,不能以不是实际控制人或者未实际参加公司经营管理为由而免除清算义务。

指导案例9号确定了法律适用标准,统一了公司清算义务人的范围,但却不适当地扩大了投资人的责任,突破了有限责任原则。该案的判决并未平衡好有限公司、公司股东和债权人之间的关系,公司清算义务人责任的规定显然极不合理,并未充分考虑公司实务的真实状况。有限公司与债权人之间有债权债务关系,有限公司与公司股东之间有投资关系,但公司股东与债权人之间并没有法律关系,从而股东对债权人承担法律责任缺乏正当理由。但是,如果公司股东利用公司损害债权人利益时,公司股东与债权人之间产生法律关系。在公司股东与债权人利益发生冲突时,债权人利益获得优先保护有正当性、合理性。但是,如果公司股东并没有利用股东地位损害债权人利益,或者根本无法利用股东地位损害债权人利益,法律强制性赋予股东额外责任即有失公允,突破了有限责任原则。《公司法司法解释(二)》第18条规定有限公司承担清偿责任的核心要件是"怠于履行义务",涉案股东蒋志东和王卫明没有实际参与公司经营活动,并已经提起清算但无法启动清算,在此情形下,指导案例9号仍要求股东承担连带清偿责任,是极为不妥的。

(二)清算人资格

公司清算是清理公司财务状况,涉及公司财产的分配、债权人的受偿程度,清算人的确定成为公司清算中的核心问题。为保障公司清算的公正与效率,公司法对清算人的任职资格加以规定,以保证清算人的独立性和公正性。公司清算人的任职资格有积极资格和消极资格之分。

(1)公司清算人任职的积极资格。公司清算人积极资格是指担任公司清算人所应具备的基本条件。世界各国对清算人任职的积极资格准用董事资格的有关规定,如德国公司法和日本公司法均规定清算人资格准用公司董事资格条件。世界各国对公司清算人任职的积极资格规定有所差异,主要表现在以下三个方面:

---

① 在上海存亮贸易有限公司诉蒋志东、王卫明等买卖合同纠纷案中,法院裁判摘要认为,有限责任公司的股东、股份有限公司的董事和控股股东,应当依法在公司被吊销营业执照后履行清算义务,不能以其不是实际控制人或者未实际参加公司经营管理为由,免除清算义务(指导案例9号)。

一是清算人身份属性。关于清算人身份属性是否有限制，即自然人或者法人，各国有不同的规定。大陆法系的德国和日本均认可自然人和法人可以作为清算人，美国认可自然人和法人均可以作为清算人，但英国却不认可法人作为清算人。[1] 我国公司法对清算人身份属性没有限制，在公司实务中，自然人和法人均可成为清算人。

二是清算人法律属性。清算人是本国还是外国人，即在本国是否有住所，大多数国家对此没有限制性的规定，即使在本国没有住所的外国人也可以成为清算人，仅有《瑞士债务法》第 740 条对此有限制。

三是清算人的专业性。各国立法对清算人的专业性并没有限制性的规定，但自愿性清算和强制性清算对清算要求不同。在自愿性清算情况下，立法对清算人的专业性没有强制性规定，遵循意思自治原则，由公司股东、管理层或者聘请的人进行清算。在强制性清算情形下，立法对清算人的专业性实际上是有要求的，如法院在指定清算人时，通常指定律师事务所、会计师事务所等专业机构担任清算人。[2]

（2）公司清算人任职的消极资格。清算人除了具备前述积极任职资格外，还需具备消极任职资格。《公司法》关于董事和高级管理人员消极资格的规定，可以适用于清算人。清算人的消极任职资格主要有以下两个方面：

一是完全行为能力人。限制行为能力人或者无行为能力人不能为清算人，清算人所实施的清算行为属于法律行为，而法律行为生效的前提条件是行为人具有完全行为能力。日本立法明文规定自然人应具有完全行为能力。

二是不得有违法、破产记录或者高额的个人债务。根据德国和日本相关立法规定，有违法记录、破产记录以及高额个人债务不偿还的，不得为清算人。我国清算人也可准用董事和高管任职资格的规定，具有可操作性。公司解散前违反忠实义务和勤勉义务的公司董事和经理，不得为公司清算人。

（三）清算人选任

清算人的选任与公司解散原因和清算方式密切相关，从世界各国和地区法律规定看，清算人的选任主要有以下三种方式：

（1）法定清算人。多数国家立法明确规定了清算人的产生方式，如德国《股份公司法》规定董事会成员作为清算人处理清算事务。我国《公司法》第 183 条规定，公司因法律规定特定情形的解散清算，有限责任公司股东和股份有限公司董事是公司清算人，即属于法律直接规定的清算人。法定清算人有公司股东和公司董事两种。

一是公司股东。股东担任法定清算人主要适用于独资公司和人合公司，有全体股东为法定清算人和业务执行股东为法定清算人两种模式。因此，有限责任公司股东为法定清算人。

二是公司董事。公司董事担任法定清算人主要适用于资合公司，公司全体董事即

---

① 参见白莉：《公司清算制度法律问题研究》，法律出版社 2011 年版，第 77 页。
② 参见《公司法司法解释（二）》第 8 条。

为公司法定清算人。因此,股份有限公司董事为法定清算人。

(2)选定清算人。多数国家立法明确规定了清算人,但在公司自愿解散的情况下,公司股东可以选任清算人,如德国《股份公司法》规定章程或者股东大会决议可以选任其他人为公司清算人。我国《公司法》第183条规定,股份有限公司清算人可由股东大会决议选任。

公司章程可以直接指定公司清算人或者规定公司清算人产生的办法,公司章程中关于确定公司清算人的规定具有法律效力。德国、法国以及我国台湾地区公司的立法中,明文肯定了公司章程确定公司清算人的效力。

公司股东会作为公司最高权力机构,有权决定公司一切重大事项。在公司章程没有规定清算人的情形下,股东会有权通过决议方式确定公司清算人。

(3)指定清算人。对公司因强制解散所进行的清算,多数国家立法规定应当由作出解散决定的机构(法院或者行政机关)选任人员进行清算。根据我国《公司法》第183条,在法律规定的期限内公司不成立清算组进行清算的,债权人可以申请法院指定有关人员组成清算组进行清算。法院应当受理清算申请,并及时选任清算人进行清算。

(四)公司清算人的解任

公司清算人解任是指在公司清算期间出现法定事由导致清算人丧失清算人资格,从而终止与清算中公司的法律关系,不再处理公司清算事务。《公司法》对公司清算人的解任没有任何规定,司法解释弥补了立法漏洞,规定了公司清算人解任的情形。公司清算人的解任主要有以下四种情形:

(1)当然解任。在公司清算期间,法定事由的发生导致公司清算人与公司之间的关系终止,属于公司清算人的当然解任。当然解任发生的事由主要有清算完毕、清算人死亡、丧失行为能力、犯罪、丧失执业资格等情形。

(2)自愿解任。在公司清算期间,公司清算人基于自身原因辞去清算人资格而终止与公司之间的清算关系,属于公司清算人的自愿解任。自愿解任并非适用于所有的公司清算,股东、董事等担任公司清算人的情形不得适用自愿解任,而中介机构及专业人士担任的公司清算人可以适用自愿解任。

(3)决议解任。在公司清算期间,股东会可以通过股东会决议方式解任公司清算人。股东会解任的公司清算人仅限于法定清算人、公司章程指定或者选定的清算人。

(4)裁判解任。在公司清算期间,法院可基于股东或者债权人的申请解任公司清算人。判决解任通常适用于公司清算人明显不胜任清算工作或者有重大违反清算义务的行为。《公司法司法解释(二)》第9条规定,有违法行为或者损害公司、债权人利益行为的清算人,法院可以解任公司清算人。

四、清算人的职责

根据《公司法》规定和公司解散、清算的目的,公司清算人的清算工作主要是了结现存事务、追偿债权和清偿债务、处分公司财产以及分配剩余财产等。

（一）公司资产的清理与保管

对拟解散公司资产的清理，是清算人清算事务的首要任务。清算人应当查实公司全部资产，确定各种资产数量及其实际价值。无论是公司净资产还是公司负债资产，是有形资产还是无形资产，均属于清算人清理公司资产范围。公司所有资产、全部财务账册、印章等均由清算人负责管理。清算人在查实公司资产的基础上，分别编制公司资产负债表和财产清单。资产负债表和财产清单的编制应当符合财务会计规则的要求，由清算人签字。在清理完公司财产后，清算人应当将编制的资产负债表和财产清单送交股东会确认。

（二）与清算有关的事务的处理

清算人作为公司清算事务的执行者，对外代表公司处理与清算相关的事务，主要内容如下：

（1）公司债权债务的清理。清算人应当及时通知或者公告公司债权人，要求公司债权人及时申报债权；清算人代表公司向公司债务人行使债权，向公司债权人清偿债务。

（2）现存业务的了结。处理与清算有关的公司未了结的业务。在公司清算过程中，公司主体资格并未消灭，不能因公司解散而擅自单方解除未履行或者未履行完毕的合同；否则，构成违约。对公司解散前已生效的合同，清算人应按照合同的约定履行合同义务；对不宜继续履行的合同，清算人应当予以妥善处理。

（3）公司资产的变卖。进入清算程序后，公司不得继续进行营业事务。基于清偿债务和分配剩余财产的需要，清算人可以对公司资产进行变现处理。变卖公司资产涉及对资产价值的评估，要通过适当的程序。

（4）所欠税款的清缴。依法纳税是公司法定义务，对公司解散前所欠税款，清算人应当全部缴清，并缴付所欠税款应缴纳的滞纳金和各项罚款。

（5）诉讼活动的参与。公司清算人代表公司参与各种诉讼活动和仲裁活动。在公司清算过程中，公司债权债务关系发生争议，需要通过诉讼或者仲裁程序解决的，清算人依法代表公司参与诉讼或者仲裁活动。

（三）剩余财产的分配

在清理财产、清偿债权债务关系、缴纳所欠税款后所剩余的财产，应当归于公司全体股东。在清偿全部债务之后，清算人应当将公司剩余财产分配给股东。根据《公司法》第 186 条，有限责任公司按照各股东出资比例进行分配，股份有限公司按照各股东持有的股份比例进行分配。公司剩余财产的分配权是公司股东自益权的一项重要内容，是公司股东的基本权利。在分配方式上，清算人可采取货币分配、实物分配或者作价分配等形式，既最大限度保护股东的权益，又体现出平等和公平分配原则。

（四）清算人的法律责任

清算人的法律责任是指清算人违反公司清算的法律规定或者因过错造成公司、债权人的损失所应承担的法律责任。为保证公司清算的公正高效进行以及保护债权人利益,公司清算人应当在违反法律规定时承担相应的法律责任。《公司法》对清算人的义务仅有原则性规定,即第189条规定的忠于职守、依法履行清算义务。在司法实践中,清算人仅对故意或者重大过失造成公司、债权人的损失承担赔偿责任。例如,在唐山金顺达水泥有限公司合同纠纷案中,[①]法院判决认为清算组成员故意给债权人造成损失,应当承担赔偿责任。

此外,公司清算是一种程序,只有认真遵守法定程序,公司清算的目的才能实现。程序公正的缺失,不可能产生实体公正。我国《公司法》重实体轻程序表明对程序的重要性认识不足,偏离了公司清算的程序法内涵。

五、公司清算程序

公司清算是实体与程序的结合,公司清算程序在公司清算活动中意义重大。公司清算程序是实现公司清算公正的重要保障,公司清算应当经过相应的法律程序。

（一）清算人的选任

清算人的选任标志着公司清算的启动。根据清算种类的不同,清算人的选任方式也不相同。根据《公司法》第184条,在解散事由出现之日起15日内,公司选任清算人,有限责任公司的清算人由股东组成,股份有限公司的清算人由董事或者股东大会确定的人员组成。公司清算开始,清算人负有停止一切与清算无关的活动,并书面通知公司登记机关、税务机关以及开户银行等义务。

公司清算人应全面接管公司,要求公司移交公司公章、债权债务清单、资产清单、合同书、协议书等各种法律文件、账簿账册、职工花名册、有价证券以及公司历史档案和其他应当提交的资料。

（二）债权的申报与审查

在公司清算人确立后10日内,公司解散清算事宜应当以书面方式通知全体债权人,并在60日内根据公司规模和营业地域范围,在全国或者公司注册登记地省级有影响的报纸上进行公告。清算人未履行前述义务导致债权人未及时申报债权而未获清偿的,债权人有权要求清算人承担赔偿责任。

债权人在接到通知书之日起30日内,未接到通知书的债权人从公告之日起45日内,应当向清算人申报债权。债权人申报债权,应当说明债权的有关事项并提供证明材料;清算人应当对债权进行登记。在申报债权期间,清算人不得对债权人进行

---

① 在唐山金顺达水泥有限公司诉北京中益宏图投资有限公司合同纠纷案(〔2009〕大民初字第402号)中,法院裁判摘要认为,清算人应当忠于职守,依法履行清算义务。清算人不得滥用职权,侵占公司财产。清算人因故意或者重大过失给公司、债权人造成损失的,应承担损害赔偿责任。

清偿。

债权人对清算人核定的债权有异议的，可以要求清算人重新核定。清算人不予重新核定，或者债权人对重新核定的债权仍有异议的，债权人有权以公司为被告向法院提起确认之诉。

在规定的期限内，债权人未能及时申报债权但在公司清算程序终结[①]前补充申报的，清算人应予登记。债权人补充申报的债权，可以在公司尚未分配的财产中依法清偿。公司未分配财产不能全额清偿债权的，债权人可以向法院请求以股东在剩余财产分配中已经取得的财产予以清偿；但债权人因重大过错未能在规定期限内申报债权的除外。

（三）公司财产清理、资产负债表和财产清单的编制

清算人应当全面清理公司财产，确定公司财产范围：公司经营管理的全部财产、公司享有的债权、公司享有的股权、公司享有的其他财产权利。清算人应当接管公司财产，对公司实物和债权进行清查登记，对公司享有的债权进行确认，调查公司对外投资情况，对公司其他权利进行登记，对公司非金钱财产进行财产估价。清算人在清理公司财产的基础上编制资产负债表和财产清单。在清理公司财产、编制资产负债表和财产清单时，公司清算人发现公司财产不足以清偿债务的，可以与债权人协商制作有关债务清偿方案。

（四）清算方案的制订与实施

在清理公司财产、编制资产负债表和财产清单后，清算人应当制订清算方案，并报清算公司股东会或者法院确认。未经确认的公司清算方案，公司清算人不得执行。

公司清算方案经清算公司股东会或者法院确认后，清算人按清算方案执行，清偿顺序为：支付清算费用；支付职工工资、社会保险费用和法定补偿金；缴纳所欠税款；清偿公司债务；分配剩余财产。

（五）清算事务的结束

公司清算结束后，清算人应当制作清算报告，并制作出清算期内的收支报表和各种账务账册，将这些材料一并提交股东会或者政府主管部门，由上述机构对这些材料的真实性和合法性予以确认。

清算报告和清算期内的收支报表、各种账簿账册经股东会或者国有独资公司的政府主管部门分别确认后，清算人应将清算报告报送公司登记机关，申请注销登记。经公司登记机关核准后，公告公司终止。

六、公司清算义务的违反

在司法实践中，在自行解散或者被强制解散后，公司通常不对债权债务进行清理，

[①] 公司清算程序终结是指清算报告经股东会、股东大会或者法院确认完毕。

有的甚至借吊销营业执照来逃避公司债务。根据《公司法》及其司法解释的规定,公司清算义务主体包括有限责任公司的清算义务人为公司全体股东,股份有限公司的清算义务人是董事和控股股东,如在上海文盛投资管理有限公司清算责任纠纷案中,[①]北京一中院判决确立全体股东承担清算义务。公司清算义务主体违反清算义务的,应对公司债权人的损失承担连带赔偿责任。

股东承担有限责任是现代公司制度的基石,而股东承担有限责任是有条件的。有限责任是建立在股东与公司行为规范、股东人格与公司法人人格相区分、公司拥有独立的财产基础上。股东怠于或者不履行清算义务,则不能当然承担有限责任,即股东有限责任与清算义务相关联,体现在公司清算终结之后。公司清算义务主体违反清算义务应承担连带赔偿责任主要有以下五种情形:

(1)清算义务不履行。公司解散后,如果股东拒不承担清算责任,包括拒不组织清算,拒不提供财簿账册等清算资料,故意拒绝履行清算义务,导致公司无法清算,造成债权人债权无法受偿的,清算义务人应对公司债权人不能受偿的债权承担连带赔偿责任,如上海存亮贸易有限公司买卖合同纠纷案。

(2)公司财产减少。由于清算义务主体怠于履行清算义务或者不当履行清算义务而使公司财产遭受毁损、贬值、灭失,导致债权无法受偿的,应该对公司债权人的损失承担连带赔偿责任。例如,在宿迁市伟光照明电器有限公司清算责任纠纷案中,[②]上海二中院判决确认了股东怠于清算的损害赔偿责任。

(3)清算资料缺失。在公司解散后,清算是以公司相关财务资料的完备为前提的,清算义务主体负有确保公司相关财务资料完备齐全的义务。因公司财务资料的缺失而无法进行清算致使债权无法受偿的,清算义务主体应承担连带赔偿责任。如在佛山市顺德区奥德亚商贸有限公司股东损害公司债权人利益责任纠纷案中,[③]广州中院判决怠于清算的股东承担连带清偿责任。

(4)公司财产不当处分。在公司清算结束前,清算义务主体将公司财产进行不当处分,包括擅自直接或变相进行侵占或分配,导致债权人未能就公司资产实现债权的,清算义务主体应承担连带赔偿责任。如在雷远城财产权属纠纷案中,最高法判决未清算而擅自处分公司资产的,股东应承担连带赔偿责任。

(5)恶意注销。公司解散后,在公司存在未清偿债务的情况下,清算义务主体为

---

① 在上海文盛投资管理有限公司诉中科实业集团(控股)有限公司、北京东方红叶广告有限公司清算责任纠纷案(〔2012〕海民初字第6001号、〔2015〕一中民(商)终字第2997号)中,法院裁判摘要认为,有限公司的全体股东在法律上应一体成为公司的清算义务人,无论股东在公司中所占的股权份额为多少以及是否有权决定公司事务,在公司被吊销营业执照后,均负有对公司进行清算的法定义务。

② 在宿迁市伟光照明电器有限公司诉忻贤风、吴跃飞清算责任纠纷案(〔2014〕闸民二(商)初字第1199号、〔2015〕沪二中民四(商)终字第570号)中,法院裁判摘要认为,公司股东未能在公司被吊销营业执照后的15日内成立清算组开始清算,是不履行法定清算义务的不作为,应对未获清偿的债权人承担赔偿责任。

③ 在佛山市顺德区奥德亚商贸有限公司诉纪爱敏、冯华南股东损害公司债权人利益责任纠纷案(〔2015〕穗中法民二终字第1289号)中,法院裁判要旨认为,有限责任公司的股东因怠于履行义务,导致公司主要财产、账册、重要文件等灭失,无法进行清算,应当对公司债务承担连带清偿责任。

逃避公司债务谋取非法利益,在未对公司清算的情况下提供虚假的清算材料,恶意注销公司,损害公司债权人利益的,应对其侵权行为承担连带赔偿责任,如唐山金顺达水泥有限公司合同纠纷案。[①]

第三节　公司终止

在一个完善的市场经济法律制度体系中,市场主体的退出制度是公司法不可或缺的组成部分。公司终止是公司法律制度中的核心内容,是公司退出市场并消灭主体资格的法律制度。公司终止制度充分体现了公司自治原则,以私法自治为原则,以司法干预为例外。公司终止制度是优胜劣汰市场经济竞争法则的体现。

一、公司终止的概念

公司终止(termination of the company)是指根据股东会决议、章程或者法律规定解散公司,并经法定程序消灭公司法人人格的一种事实状态。公司终止是由一系列旨在消灭公司法人人格的法律行为共同构成的法律程序,包括公司解散、公司清算、公司注销等法律行为,是公司根据法定程序彻底结束经营活动并使公司的法人资格归于消灭的事实状态和法律结果。公司解散制度和清算制度共同构成公司终止制度。

公司设立制度和公司终止制度是对应的制度。公司设立为公司创设了法人人格,而公司终止则消灭了公司法人人格。《公司法》为公司设立规定了详尽的制度,而对公司终止却没有规定。从1993年到2013年《公司法》仅有"公告公司终止",[②]是公司终止唯一出现的地方,既没有对公司终止的概念和性质进行界定,也没有对公司终止的程序性规定。其他商事主体立法仅有《商业银行法》第72条出现公司终止,即"商业银行因解散、被撤销和被宣告破产而终止"。《保险法》和《证券法》等法律均未涉及公司终止。最高法三个关于公司法的司法解释,均未涉及公司终止。我国公司终止制度立法的缺失,导致理论对公司终止制度认识的混乱。[③]

[①]　在唐山金顺达水泥有限公司诉北京中益宏图投资有限公司合同纠纷案中,所涉案情在2005年《公司法》修订前是比较普遍的现象,即股东因利益驱动逃避债务时,通常不依法进行清算而直接办理注销登记。

[②]　参见1993年《公司法》和1999年《公司法》第197条、2005年《公司法》第189条、2013年《公司法》第188条。

[③]　公司法的著述大多未涉及公司终止问题,大多数是以公司解散制度代替了公司终止。在国家图书馆馆藏中,有近百本以"公司法学"和"公司法"为名的著作,仅有赵旭东主编《公司法学》(第四版)(高等教育出版社2015年版)、杨永志主编《公司法学》(知识产权出版社2008年版)、陆文彬、杨连专主编《公司法学》(第三版)(重庆大学出版社2011年版)、王德山著《公司法学》(中国政法大学出版社2008年版)、刘俊海著《公司法学》(武汉大学出版社2010年版)、王欣新著《公司法》(第三版)(中国人民大学出版社2016年版)、毛亚敏主编《公司法》(浙江大学出版社2008年版)、冯果著《公司法》(第三版)(武汉大学出版社2017年版)等论述了公司终止。

《外资企业法实施细则》第 70 条是唯一对公司终止原因作了详尽规定的法律,[①]但该法仅适用于外商独资企业,而不能适用于内资企业,即有限责任公司和股份有限公司。

二、公司解散和终止的关系

公司终止是指公司停止存续状态,不再享有权利能力。公司是法律上拟制的权利主体,为方便法律上的操作以及保护第三人信赖利益,各国法律均设立公司终止的监管制度,确立公司终止的条件和程序。公司终止必须基于法定原因。不同组织形式的公司有不同的终止原因,但也有共同适用原因。公司终止原因即为公司解散事由的出现。

公司解散与公司终止是两个不同的概念。公司终止是指法人资格的消灭。公司终止后,公司权利能力和行为能力丧失、权利主体资格消灭,是公司在实体上的消灭。公司解散原则上是公司终止的原因,公司解散事由出现时,表明公司即将终止。公司解散时公司的权利主体资格依然存续,仅为公司人格消灭的原因。只有经过依法清算并办理注销登记,公司才能构成法律意义的终止。

公司解散不能引起公司人格的当然消灭,仅为公司人格消灭的原因,即公司因发生法律上的原因而丧失其营业上的权利能力。公司清算是清理被解散公司的财产,了结现有的法律关系,从而使公司最终趋于消灭的程序。

三、公司终止的原因

公司终止是指公司主体资格归于消灭的事实状态。公司终止法律制度是公司法的重要组成部分。根据《公司法》的规定,公司破产和公司解散是公司终止的主要原因。

(一)公司破产

公司破产是指公司因不能清偿到期债务,无力继续经营,由法院宣告停止营业,进行债权债务清理的状态。《公司法》第 190 条规定了公司宣告破产,公司因资不抵债,法院依法宣告公司破产,强制清算后对公司全部资产进行分配,最后公司终止。因破产申请人的不同,公司破产可以分为债权人申请破产和公司申请破产两种。

(二)公司解散

公司解散是指公司发生一定事由而停止公司经营业务活动,开始处理公司未了事

---

① 《外资企业法实施细则》第 72 条规定:"外资企业有下列情形之一的,应予终止:(一)经营期限届满;(二)经营不善,严重亏损,外国投资者决定解散;(三)因自然灾害、战争等不可抗力而遭受严重损失,无法继续经营;(四)破产;(五)违反中国法律、法规,危害社会公共利益被依法撤销;(六)外资企业章程规定的其他解散事由已经出现。外资企业如存在前款第(二)、(三)、(四)项所列情形,应当自行提交终止申请书,报审批机关核准。审批机关作出核准的日期为企业的终止日期。"

务的法律行为。即公司因发生法律或者章程规定的事由,停止业务活动并进行清算,最后公司终止。根据《公司法》第 180 条,公司解散事由主要有以下五种情形:一是公司章程规定的营业期限届满或者公司章程规定的其他解散事由出现;二是股东会或者股东大会决议解散;三是因公司合并或者分立需要解散;四是依法被吊销营业执照、责令关闭或者被撤销;五是人民法院依照股东请求予以解散。

案 例 索 引

1. 安徽省无为县富元小额贷款股份有限公司保证合同纠纷案(〔2014〕皖民二终字
   第 00504 号)   256
2. 巴菲特投资有限公司股权转让纠纷案(〔2009〕沪高民二(商)终字第 22 号)   187
3. 包家权公司盈余分配纠纷案(〔2013〕沪一中民四(商)终字第 2134 号)   183
4. 宝恒投资有限公司公司决议撤销纠纷案(〔2016〕最高法民申 300 号)   452
5. 北京城建集团有限责任公司合同纠纷案(〔2015〕民提字第 122 号)   207
6. 北京东方燕园科技发展公司股权确认纠纷案(〔2011〕南市民二终字第 503 号)   163
7. 北京聚鸿基投资有限公司清算责任纠纷案(〔2014〕川民终字第 411 号)   550
8. 北京蓝色假日国际旅行社有限公司公司盈余分配纠纷案(〔2012〕一中民终字第 2476 号) 157
9. 北京首都国际投资管理有限责任公司股东权确权赔偿纠纷案(〔2007〕民二终字
   第 93 号)   140、152、223
10. 北京万泉投资有限公司公司决议效力确认纠纷案(〔2017〕京 02 民终 1451 号)   450
11. 北京新奥特公司股权转让合同纠纷案(〔2003〕民二终字第 143 号)   175
12. 北京兴园顺达市政工程有限公司公司证照返还纠纷案(〔2015〕三中民(商)终字
    第 08974 号)   105
13. 北京怡和百生科贸有限公司损害公司利益责任纠纷案(〔2011〕东民初字第 00883 号) 478
14. 本溪北方煤化工有限公司股东出资纠纷案(〔2016〕最高法民终 745 号)   140、213
15. 比亚迪欧洲有限公司买卖合同纠纷案(〔2015〕浙商外终字第 23 号)   109
16. 博智资本基金公司合同纠纷案(〔2015〕民申字第 136 号)   143
17. 蔡达标股东知情权纠纷案(〔2017〕粤 01 民终 5896 号)   171、173、520
18. 藏丽知情权纠纷案(〔2007〕苏民再终字第 0017 号)   168
19. 曹光农公司决议效力确认纠纷案(〔2015〕济商终字第 459 号)   69、264
20. 长沙亚兴置业发展有限公司合同纠纷案(〔2015〕民二终字第 117 号)   354
21. 常州百货大楼股份有限公司股权转让纠纷案(〔2005〕苏民二终字第 198 号)   258、272
22. 陈慧华公司决议纠纷案(〔2012〕沪二中民四(商)终字第 65 号)   283
23. 陈锦洪股权确认纠纷案(〔2012〕张商终字第 281 号)   133、134
24. 陈立兵公司决议撤销纠纷案(〔2017〕沪 01 民终 9322 号)   80
25. 陈明泽与企业有关的纠纷案(〔2014〕穗中法民二终字第 1668 号)   227
26. 陈木楠股东会决议效力确认纠纷案(〔2009〕沪一中民三(商)终字第 954 号)   450
27. 陈强股东损害公司债权人利益责任纠纷案(〔2017〕粤 06 民终 11069 号)   67

28. 陈汝国水污染责任纠纷案（〔2013〕泰高新环民初字第 0001 号）   106

29. 陈生财公司盈余分配权纠纷案（〔2004〕沪高民四（商）终字第 25 号）   155

30. 陈锡联股东知情权纠纷案（〔2009〕一中民初字第 5147 号）   172

31. 陈肖明股东会决议撤销纠纷案（〔2010〕沪一中民四（商）终字第 509 号）   450

32. 陈玉和公司决议效力确认纠纷案（〔2017〕苏 02 民终 1313 号）   73

33. 成都同德福合川桃片有限公司侵害商标权及不正当竞争纠纷案（〔2013〕渝高法民
     终字 00292 号）   95

34. 程俊股权转让纠纷案（〔2012〕一中民终字第 10379 号）   190

35. 重庆国能投资有限公司股东知情权及公司解散纠纷案（〔2007〕民二终字第 31 号）   526

36. 重庆渝发建设有限责任公司董事会决议撤销纠纷案（〔2014〕成民再审终字第 43 号）   464

37. 仇玉亮、卞光林意外伤害保险合同纠纷案（〔2015〕连商终 126 号）   106

38. 崔海龙、俞成林股权转让纠纷案（〔2006〕民二终字第 1 号）   299

39. DAC 中国特别机遇（巴巴多斯）有限公司债权纠纷案（〔2012〕民提字第 25 号）   117

40. 大连绿诺集团有限公司建设工程施工合同纠纷案（〔2017〕最高法民终）   316

41. 大拇指环保科技集团（福建）有限公司股东出资纠纷案（〔2014〕民四终字第 20 号）   163、297

42. 大庆凯明风电塔筒制造有限公司买卖合同纠纷案（〔2013〕民一终字第 181 号）   44

43. 戴登艺与公司有关的纠纷案（〔2016〕苏 01 民终 1070 号）   70、189、264

44. 丹阳市唯益农村小额贷款有限公司民间借贷纠纷案（〔2017〕苏民申 101 号）   207

45. 董海凤股东资格确认纠纷案（〔2015〕民申字第 710 号）   64、269

46. 杜东江公司解散纠纷案（〔2015〕沪一中民四（商）终字第 1163 号）   545

47. 鄂尔多斯民间资本投资小额贷款有限公司小额借款合同纠纷案（〔2015〕鄂民终字
     第 01467 号）   311

48. 冯新合伙协议纠纷案（〔2013〕茂南法民二初字第 266 号）   306

49. 佛山市顺德区奥德亚商贸有限公司股东损害公司债权人利益责任纠纷案（〔2015〕穗中
     法民二终字第 1289 号）   557

50. 福建海峡银行股份有限公司福州五一支行金融借款合同纠纷案（〔2013〕闽民终字
     第 870 号）   323

51. 福州天策实业有限公司营业信托纠纷案（〔2017〕最高法民终 529 号）   143

52. 复利得利吕策国际有限责任公司股东知情权纠纷案（〔2014〕沪二中民四（商）终字
     第 S488 号）   172

53. 甘肃居立门业有限责任公司公司盈余分配纠纷案（〔2016〕最高法民终 528 号）   157

54. 高光合资、合作开发房地产合同纠纷案（〔2017〕最高法民终 63 号）   87

55. 辜将公司决议效力确认纠纷案（〔2015〕三中民（商）终字第 10163 号）   139

56. 管增增公司解散纠纷案（〔2015〕穗中法民二终字第 1407 号）   526

57. 广州市仙源房地产股份有限公司股权转让纠纷案（〔2009〕民申字第 1068 号）   188

58. 广州万力集团有限公司融资租赁合同纠纷案（〔2014〕民四终字第 12 号）   150、223、306

59. 贵州捷安投资有限公司股权确权及公司增资扩股出资份额优先认购权纠纷案（〔2010〕
     民申字第 1275 号）   64、160、178、206、256、448

60. 郭雅迪公司决议纠纷案（〔2017〕苏 01 民终 8693 号）　　　　　453

61. 海南海钢集团有限公司损害股东利益责任纠纷案（〔2013〕民二终字第 43 号）　　161

62. 海南海联工贸有限公司合资、合作开发房地产合同纠纷案（〔2015〕民提字
　　第 64 号）　　　　　125、130

63. 海南虹艳贸易有限公司股权转让纠纷案（〔2012〕民提字第 35 号 ）　　104

64. 海南金春实业贸易公司确认股权纠纷案（〔2000〕经终字第 231 号）　　207

65. 何建华股东会决议效力纠纷案（〔2013〕浙民再字第 18 号）　　135

66. 贺加军股权转让纠纷案（〔2017〕鄂 08 民终 1093 号）　　184

67. 洪宇、汪建刚股东会决议效力纠纷案（〔2008〕一中民终字第 13022 号）　　451

68. 胡克公司盈余分配纠纷案（〔2006〕民二终字第 110 号）　　155、156

69. 湖南湖大海捷津杉创业投资有限公司与公司有关的纠纷案（〔2018〕最高法
　　民申 908 号）　　　　　340

70. 华能山东里能煤电有限公司其他合同纠纷案（〔2014〕民二终字第 60 号）　　221

71. 淮安市晒晚娱乐企业管理有限公司房屋租赁合同纠纷案（〔2016〕苏民终 504 号）　　28

72. 黄大银申请复议案执行纠纷案（〔2015〕甘执复字第 03 号 ）　　223

73. 黄菊公司决议撤销纠纷案（〔2013〕长民二（商）初字第 406 号）　　77

74. 黄伟忠股权转让纠纷案（〔2013〕沪二中民四（商）终字第 188 号）　　159、449

75. 黄曦股东知情权纠纷案（〔2016〕湘民再 2 号）　　166

76. 纪定强合同纠纷案（〔2015〕民申字第 811 号）　　197、200、265

77. 江苏华工创业投资有限公司请求公司收购股份纠纷案（〔2019〕苏民再 62 号）　　346

78. 江苏西岛机电设备有限公司损害公司权益纠纷案（〔2015〕宁商终字第 1225 号）　　148

79. 蒋学文请求变更公司登记纠纷案（〔2014〕沪二中民四（商）终字第 330 号）　　188

80. 金军、金杰妮股票权利确认纠纷案（〔2009〕沪一中民五（商）终字第 7 号）　　120

81. 兰州神骏物流有限公司侵权纠纷案（〔2009〕民二终字第 75 号）　　64、448

82. 雷远城财产权属纠纷案（〔2006〕民一终字第 29 号）　　549、557

83. 李海平、王克刚、董建股权转让纠纷案（〔2012〕民二终字第 39 号）　　346

84. 李建国案外人执行异议之诉案（〔2016〕最高法民再 149 号）　　45

85. 李建军公司决议撤销纠纷案（〔2010〕沪二中民四（商）终字第 436 号）　　179、463、464

86. 李汝刚股东资格确认纠纷案（〔2016〕豫 1727 民初字 736 号）　　126

87. 李淑君等股东知情权纠纷案（〔2009〕宿中民二终字第 319 号）　　164、165、170

88. 李祥伟、朝阳高科种养业股份有限公司合同纠纷案（〔2017〕最高法民申 1761 号）　　303

89. 李植国股东资格确认纠纷案（〔2011〕厦民终字第 2928 号）　　85

90. 溧阳市华盛染整有限公司承揽合同纠纷案（〔2010〕溧商初字第 176 号）　　209

91. 联光投资有限公司股东出资纠纷案（〔2017〕最高法民申 1841 号）　　138

92. 梁清泉委托合同及撤销权纠纷案（〔2009〕民二终字第 97 号）　　87、110

93. 辽宁华龙贸易有限公司股东资格确认纠纷案（〔2018〕最高法民申 51 号）　　164

94. 辽宁中智房屋开发有限公司股权确认纠纷案（〔2013〕民申字第 286 号）　　150、211

95. 辽源卓力化工有限责任公司买卖合同纠纷案（〔2017〕吉民终 44 号）　　68

96. 林承恩损害公司利益纠纷案（〔2012〕民四终字第 15 号） 182

97. 林聪国股权转让纠纷案（〔2016〕鄂 0106 民初字第 4259 号） 257

98. 林方清公司解散纠纷案（〔2010〕苏商终字第 0043 号） 181、525

99. 林梅灼股权转让纠纷案（〔2015〕民二终字第 176 号） 177

100. 林三、张静股东资格确认纠纷案（〔2014〕民申字第 1053 号） 142

101. 林舜珊与公司有关的纠纷案（〔2013〕穗中法民二终字第 488 号） 187

102. 刘碧英公司决议纠纷案（〔2017〕川 01 民终 12913 号） 71

103. 刘常爱与公司有关的诉讼纠纷案（〔2015〕民申字第 1035 号） 154

104. 刘娟股东资格确认纠纷案（〔2011〕成民终字第 4850 号） 147

105. 刘胜请求公司收购股份纠纷案（〔2017〕鄂 9005 民初 1100 号） 74、181

106. 刘旭股东会决议撤销纠纷案（〔2009〕一中民终字第 7749 号） 72

107. 柳州市区农村信用合作联社借款合同纠纷案（〔2009〕桂民一终字第 118 号） 66

108. 楼国君股权转让与优先购买权纠纷案（〔2011〕民提字第 113 号） 174

109. 骆志平公司决议效力确认纠纷案（〔2015〕渝五中法民终字第 03370 号） 65

110. 马成股权转让侵权纠纷案（〔2011〕民提字第 225 号） 463

111. 马青公司股东权纠纷案（〔2010〕一中民申字第 17779 号） 449

112. 麦考科船舶技术（上海）有限责任公司公司证照返还、返还原物纠纷案（〔2012〕沪一中
民四（商）终字第 1340 号） 87

113. 毛迪斌股权转让纠纷案（〔2017〕湘民终 340 号） 247

114. 毛光随股权转让纠纷案（〔2016〕最高法民终 18 号） 190

115. 美达多有限公司借款合同纠纷及股东出资纠纷案（〔2016〕最高法民再 2 号） 223

116. 孟广海、范羽、崔岗、张琳、李辉洲公司决议效力确认纠纷案（〔2015〕二中民（商）终字
第 06748 号） 178

117. 绵阳市红日实业有限公司股东会决议效力及公司增资纠纷案（〔2010〕民提字
第 48 号） 160、206、451

118. 闽发证券有限责任公司合并破产清算案（〔2008〕榕民破第 2 号） 112

119. 南京安盛财务顾问有限公司股东会决议罚款纠纷案（〔2010〕鼓商初字第 174 号） 148、255、256

120. 宁波贝来旅游用品有限公司股东损害公司债权人利益责任纠纷案（〔2016〕浙 0206
民再 3 号） 109

121. 宁源国际有限公司股东知情权纠纷案（〔2016〕最高法民申 3785 号） 169

122. 潘宇海股东知情权纠纷案（〔2009〕天法民二初字第 2010 号） 171

123. 浦卫国房屋租赁合同纠纷案（〔2016〕苏民申 530 号） 28

124. 强静延股权转让纠纷案（〔2016〕最高法民再 128 号） 343

125. 青岛市企业发展投资有限公司公司决议纠纷案（〔2016〕鲁 02 民终 2137 号） 454

126. 青海碱业有限公司损害公司利益责任纠纷案（〔2014〕民提字第 143-1 号） 103

127. 邱纪棉民间借贷纠纷案（〔2016〕津 01 民终 3818 号） 28

128. 润华集团股份有限公司股权确认纠纷案（〔2006〕民二终字第 6 号） 125

129. 三一重工股份有限公司侵害商标权及不正当竞争纠纷案（〔2012〕湘高法民三终字第 61 号） 95

130. 山东汉诺集团有限公司因股权转让合同纠纷管辖权异议案(〔2014〕民二终字第 74 号)　158

131. 山东起重机有限公司侵犯企业名称权纠纷案(〔2008〕民申字第 758 号)　291

132. 上海避风塘美食有限公司不正当竞争纠纷案(〔2003〕沪高民三(知)终字第 49 号)　290

133. 上海承彩投资管理有限公司债权转让合同纠纷案(〔2017〕沪 02 民终 5478 号)　67

134. 上海存亮贸易有限公司买卖合同纠纷案(〔2010〕沪一中民四(商)终字第 1302 号)112、551、557

135. 上海德力西集团有限公司买卖合同纠纷案(〔2016〕沪 02 民终 10330 号)　198、200、265

136. 上海丰瑞投资咨询有限公司企业借贷纠纷案(〔2016〕最高法民再 37 号)　114

137. 上海高金股权投资合伙企业损害公司利益责任纠纷案(〔2014〕民一终字第 295 号)　121

138. 上海建设路桥机械设备有限公司侵害商标权、不正当竞争纠纷案(〔2016〕沪民申 1365 号)　91

139. 上海金桥工程建设发展有限公司股东出资纠纷案(〔2010〕沪一中民四(商)终字第 2036 号)　149、224、307

140. 上海雷允上药业有限公司股权转让纠纷案(〔2015〕虹民二(商)初字第 831 号)　251

141. 上海三联(集团)有限公司、上海三联(集团)有限公司吴良材眼镜公司商标权侵权及不正当竞争纠纷案(〔2009〕苏民三终字第 0181 号)　95

142. 上海市奉贤区水务局追偿权纠纷案(〔2015〕奉民二(商)初字第 873 号)　138、210

143. 上海天迪科技投资发展有限公司股东资格确认纠纷案(〔2010〕陕民二终字第 09 号)　185

144. 上海文盛投资管理有限公司清算责任纠纷案(〔2015〕一中民(商)终字第 2997 号)　557

145. 上海香通国际贸易有限公司股权转让纠纷案(〔2015〕沪二中民四(商)终字第 1398 号)　213

146. 上海象云化学纤维有限公司公司决议撤销纠纷案(〔2014〕沪一中民四(商)终字第 1255 号)　139

147. 上海熊猫机械(集团)有限公司股东知情权纠纷案(〔2008〕一中民终字第 5114 号)　172

148. 上海印刷(集团)有限公司损害公司权益纠纷案(〔2007〕民二终字第 21 号)　541、549

149. 上海贞元投资管理有限公司股东损害公司债权人利益责任纠纷案(〔2016〕沪民终 444 号)　137、201、223

150. 邵萍民间借贷纠纷案(〔2015〕民一终字第 260 号)　113

151. 申花足球俱乐部侵害名称权纠纷案(〔2000〕沪二中民终字第 2162 号)　90

152. 申银万国证券股份有限公司财产权属纠纷案(〔2008〕沪高民二(商)终字第 106 号)　83、122、128、135

153. 深圳市标榜投资发展有限公司股权转让纠纷案(〔2016〕最高法民终 802 号)　134

154. 深圳市蒲公堂信息咨询服务有限公司撤销权纠纷案(〔2007〕民二终字第 32 号)　128、221

155. 深圳中科汇商创业投资有限公司、大庆市中科汇银创业投资有限责任公司股权转让合同纠纷案(〔2014〕民二终字第 00107 号)　342

156. 深圳中科汇商创业投资有限公司、大庆市中科汇银创业投资有限责任公司股权转让合同纠纷案(〔2014〕民二终字第 00107 号)　342

157. 沈均武、罗少清股东出资纠纷案(〔2014〕鄂民监三再字第 00008 号)　120

158. 沈阳市第二市政建设工程有限公司建筑工程施工合同纠纷案(〔2010〕沈民二终字第 264 号)　110

159. 盛巧云股权转让纠纷案（〔2015〕荣人商初字第 260 号） 252

160. 石翠珍公司盈余分配纠纷案（〔2013〕宁商终字第 1336 号） 70、264

161. 石秀丽、聂菊荣股东知情权纠纷案（〔2011〕珠中法民二终字第 66 号） 171

162. 仕丰科技有限公司公司解散纠纷案（〔2011〕民四终字第 29 号） 543、544

163. 斯曼特微显示科技（深圳）有限公司损害公司利益责任纠纷案（〔2016〕粤民破 70 号） 478

164. 斯培西、宁瑛、斯培成损害股东利益责任纠纷案（〔2017〕最高法民申 1513 号） 185

165. 四川省安泰建设有限责任公司损害公司利益责任纠纷案（〔2014〕绵终字第 371 号） 475

166. 宋文军股东资格确认纠纷案（〔2014〕陕民二申字第 00215 号） 263

167. 宋余祥公司决议效力确认纠纷案（〔2014〕沪二中民四（商）终字
第 1261 号） 132、136、150、151、153、162、212、223、224、440

168. 苏州工业园区海富投资有限公司增资纠纷案（〔2012〕民提字第 11 号） 342

169. 苏州周原九鼎投资中心（有限合伙）等其他合同纠纷案（〔2014〕民二终字第 111 号） 342

170. 宿迁市伟光照明电器有限公司清算责任纠纷案（〔2015〕沪二中民四（商）终字第 570 号） 557

171. 孙宝荣公司增资纠纷案（〔2015〕民二终字第 191 号） 133

172. 孙茂才损害公司利益责任纠纷案（〔2016〕鲁民终 1454 号） 477

173. 孙艳股东资格确认纠纷案（〔2013〕镇民初字第 00545 号 ） 130

174. 汤敏股权纠纷案（〔2011〕豫法民二终字第 199 号） 149、150、222

175. 唐山金顺达水泥有限公司合同纠纷案（〔2009〕大民初字第 402 号） 555、558

176. 通联资本管理有限公司与公司有关的纠纷案（〔2017〕最高法民再 258 号） 344

177. 同兴药业有限公司股东知情权纠纷案（〔2015〕穗中法民四终字第 81 号） 100、172

178. 童丽芳等股东权纠纷案（〔2007〕沪一中民三（商）终字第 172 号） 262、273

179. 万家裕股东资格确认纠纷案（〔2014〕民提字第 00054 号）
192、131、137、149、150、201、222、255、265、269、276

180. 汪秋娣公司解散纠纷案（〔2014〕沪二中民四（商）终字第 459 号） 526

181. 王德忠股权确认纠纷案（〔2006〕沪高民二（商）终字第 20 号） 128

182. 王捷股东知情权纠纷案（〔2013〕一中民终字第 9866 号） 166

183. 王克股东知情权纠纷案（〔2011〕厦民终字第 2347 号） 166

184. 王云股东资格确认纠纷案（〔2014〕民二终字第 21 号） 126、129、144

185. 韦波公司解散纠纷案（〔2014〕深中法商终字第 1440 号） 527

186. 无锡利欧锡泵制造有限公司公司解散纠纷案（〔2012〕锡商外初字第 32 号） 528

187. 芜湖瑞业股权投资基金（有限合伙）增资协议纠纷仲裁案（〔2014〕中国贸仲京裁字
第 0423 号） 343

188. 吴国璋决议效力确认纠纷案（〔2013〕厦民终字第 668 号） 178、449

189. 武汉供销集团有限公司小额借款合同纠纷、公司决议撤销纠纷案（〔2016〕鄂 0106
民初 6551 号） 78

190. 厦门卓信成投资有限责任公司股东损害公司债权人利益责任纠纷案（〔2014〕鲁民四
终字第 155 号） 138、212、219

191. 香港大千国际企业有限公司民间借贷纠纷案（〔2016〕最高法民申 1045 号） 88

192. 香港捷成有限公司股东知情权纠纷案(〔2011〕津高民四终字第 170 号)　　　　　　180

193. 香港锦城投资有限公司中外合资经营企业合同纠纷案(〔2010〕民四终字第 3 号)　137、222、307

194. 香港裕正投资有限公司、湖南省金帆经济发展公司投资、借款纠纷案(〔1999〕经
终字第 469 号)　　　　　　187

195. 襄樊市襄阳区农业开发经济技术协作公司股权纠纷案(〔2010〕民二终字第 113 号)　　142

196. 谢华栋公司盈余分配权纠纷案(〔2008〕成民终字第 3038 号)　　　　　　155

197. 星展银行(香港)有限公司债权转让合同纠纷案(〔2011〕苏商外终字第 0072 号)　　334

198. 邢美云等公司盈余分配纠纷案(〔2015〕港商初字第 00079 号)　　　　　　70

199. 徐工集团工程机械股份有限公司买卖合同纠纷案(〔2011〕苏商终字第 0107 号)　　116

200. 徐荣志公司决议效力确认纠纷案(〔2015〕桂民四终字第 36 号)　　　　　　120

201. 许光全、许光友股权纠纷案(〔2011〕民提字第 78 号)　　　　　　133

202. 阎育红公司决议效力确认纠纷案(〔2014〕穗天法民二初字第 4492 号)　　　　454

203. 杨剑强公司解散纠纷案(〔2013〕民提字第 110 号)　　　　　　527

204. 杨金国股权转让纠纷案(〔2017〕最高法民申 2454 号)　　　　　　142

205. 杨霖股权转让合同纠纷案(〔2015〕衡中法民二终字第 105 号)　　　　　　147

206. 杨敏捷股东出资纠纷案(〔2016〕沪 01 民终 5205 号)　　　　200、265

207. 杨荣兴损害股东利益责任纠纷案(〔2016〕桂民申 680 号)　　　　　　146

208. 姚富荣股东资格确认纠纷案(〔2016〕川民终 1066 号)　　　136、222、307

209. 宜昌山水投资有限公司公司决议效力确认纠纷案(〔2017〕鄂民再 57 号)　　　449

210. 宜兴市工业设备安装有限公司建设工程施工合同纠纷案(〔2015〕苏民终字
第 0069 号)　　　　　　107、111

211. 亿达信煤焦化能源有限公司买卖合同纠纷案(〔2017〕最高法民终 87 号)　　　88

212. 亿中制衣厂有限公司股东出资纠纷案(〔2016〕最高法民再 357 号)　　152、159、223

213. 尹国明公司决议撤销、股东资格确认纠纷案(〔2012〕驻民四终字第 78 号)　　　134

214. 应高峰其他合同纠纷案(〔2014〕沪一中民四(商)终字第 S1267 号)　　51、111、115

215. 游斌琼民间借贷纠纷案(〔2016〕最高法民申 733 号)　　　　　　103

216. 于守河、滨州市中金豪运置业有限责任公司证照返还纠纷案(〔2013〕鲁商终字
第 145 号)　　　　　　105

217. 余钦股权转让纠纷案(〔2018〕京 01 民终 792 号)　　　252、255、257、270

218. 云南江东房地产集团有限公司股东资格确认纠纷案(〔2016〕最高法民申 2613 号)　132

219. 云南省纺织品进出口公司保理合同纠纷案(〔1997〕云高经终字第 39 号)　　　332

220. 张春英财产损害赔偿纠纷案(〔2011〕民提字第 320 号)　　　　　　145

221. 张桂平股权转让合同纠纷案(〔2006〕苏民初字第 0009 号)　　125、231、247、248

222. 张建中股权确认纠纷案(〔2009〕静民二(商)初字第 585 号)　　　122、141

223. 张王玉公司决议效力确认纠纷案(〔2014〕琼民终三字第 1 号)　　　　　　179

224. 张艳娟股东权纠纷案(〔2006〕玄民二初字第 1050 号)　　178、448、452

225. 章吉波公司决议纠纷案(〔2016〕浙 03 民终 4223 号)　　　　　　453

226. 招商银行股份有限公司大连东港支行借款合同纠纷案(〔2012〕民提字第 156 号)　　451

227. 招商银行天津分行诉天津华通润商贸发展有限公司等保理合同案（〔2005〕津高
　　　民二初字第 48 号）　　　　　　　　　　　　　　　　　　　　　　334
228. 赵小菊公司决议效力确认纠纷案（〔2015〕穗中法民二终字第 138 号）　　　65
229. 赵宣股权转让纠纷案（〔2014〕深中法商终字第 1175 号）　　　　　　　184
230. 浙江东航建设有限公司装饰装修合同纠纷案（〔2017〕浙民申 896 号）　　104
231. 浙江复星商业发展有限公司股权转让合同纠纷案（〔2012〕沪一中民四（商）初字
　　　第 23 号）　　　　　　　　　　　　　　　　　　　　　　　　　176
232. 浙江和信电力开发有限公司等损害公司权益纠纷案（〔2008〕民二终字第 123 号）　124、182
233. 浙江金华市自来水公司联营建设索道纠纷案（〔2001〕民二终字第 197 号）　282
234. 镇江唐老一正斋药业有限公司不正当竞争纠纷案（〔2009〕苏民三终字第 0091 号）　91
235. 郑国凤公司盈余分配纠纷案（〔2011〕淮中商终字第 2 号）　　　　156、265
236. 郑平凡、潘文珍股权转让纠纷案（〔2017〕最高法民申 3671 号）　　　345
237. 郑山江合同纠纷案（〔2016〕琼执复 96 号）　　　　　　　　　　　209
238. 郑州国华投资有限公司股权确权纠纷案（〔2011〕民提字第 6 号）　66、131、136
239. 中国长城资产管理公司乌鲁木齐办事处借款合同纠纷案（〔2008〕民二终字第 79 号）
　　　　　　　　　　　　　　　　　　　　　　　　　　　197、219、305
240. 中国长城资产管理公司武汉办事处债务纠纷案（〔2010〕民提字第 32 号）　67
241. 中国工商银行股份有限公司乌拉特后旗支行保理合同纠纷案（〔2011〕内民二终字
　　　第 30 号）　　　　　　　　　　　　　　　　　　　　　　　　334
242. 中国工商银行股份有限公司无锡分行借款案（〔2007〕南民二初字第 500 号）　334
243. 中国工商银行股份有限公司浙江省分行营业部金融借款合同纠纷案（〔2015〕浙商
　　　初字第 10 号）　　　　　　　　　　　　　　　　　　　　　　327
244. 中国光大银行苏州分行借款合同纠纷案（〔2008〕苏民二终字第 0065 号）　335
245. 中国华融资产管理公司贵阳办事处股权置换纠纷案（〔2007〕民二终字第 190 号）　185
246. 中国黄金集团公司偿还黄金基金纠纷案（〔2006〕民二终字第 78 号 ）　　199
247. 中国计算机世界出版服务公司股东损害公司债权人利益责任纠纷案（〔2017〕京 01
　　　民终 5521 号）　　　　　　　　　　　　　　　　　　　　　　68
248. 中国建设银行成都市金河支行借款担保纠纷案（〔2002〕川民初字第 17 号）　109
249. 中国建设银行上海市浦东分行借款合同纠纷案（〔2001〕民二终字第 155 号）　104
250. 中国进出口银行借款担保合同纠纷案（〔2006〕民二终字第 49 号）　　　462
251. 中国信达资产管理公司成都办事处借款担保合同纠纷案（〔2008〕民二终字第 55 号）
　　　　　　　　　　　　　　　　　　　　　　　　　　　86、111、117
252. 中国信达资产管理股份有限公司黑龙江省分公司借款合同纠纷案（〔2010〕民二终字
　　　第 77 号）　　　　　　　　　　　　　　　　　　　　　　　68、211
253. 中国银行股份有限公司太原并州支行借款担保合同纠纷案（〔2011〕民提字第 316 号）　83
254. 中国银行股份有限公司西安南郊支行执行异议之诉案（〔2015〕民申字第 2381 号）　85
255. 中航证券有限公司股权确认纠纷案（〔2011〕西民四初字第 00024 号）　　81、84
256. 中化国际（新加坡）有限公司国际货物买卖合同纠纷案（〔2013〕民四终字第 35 号）　44、45

257. 中静实业(集团)有限公司股权转让纠纷案(〔2014〕沪二中民四(商)终字第 1566 号)　　175

258. 中山市沙溪镇骏纺服饰有限公司加工承揽合同纠纷案(〔2008〕西民四终字第 122 号)　　151

259. 中盛金融(集团)有限公司请求变更公司登记纠纷案(〔2016〕津 0116 民初 2618 号)　　259

260. 中信银行股份有限公司厦门分行金融借款合同纠纷案(〔2014〕民二终字第 5 号)　　332

261. 中冶全泰(北京)工程科技有限公司损害公司利益赔偿案(〔2010〕一中民终字第 10249 号)　　476

262. 周春梅、三亚中海生态旅游发展有限公司股东出资纠纷案(〔2016〕最高法民再 87 号)　68、304

263. 朱绍义股东资格确认纠纷案(〔2017〕最高法民申 909 号)　　130

264. 朱树美、刘傲雪、朱燕林、陈珍喜、苏维琰、胡镇海公司决议撤销纠纷案(〔2014〕南市民二终字第 339 号)　　162

265. 朱志华股权转让纠纷案(〔2008〕成民终字第 1464 号)　　272

266. 株洲市建筑设计院有限公司股权转让纠纷案(〔2016〕湘民再 1 号)　75、181

267. 祝长春、江苏华宇房地产开发有限公司股东权纠纷案(〔2005〕民一终字第 25 号)　　446